평화의
전환

공론화 이후
한국의
양심적
병역거부

평화의 전환

공론화 이후
한 국 의
양 심 적
병 역 거 부

강인철 지음

성균관대학교
출 판 부

한국에서 양심적 병역거부로 인한 갈등의 역사는 거의 한 세기 전으로 거슬러 올라간다. 식민지 말 태평양전쟁 때 징병제가 도입되면서 갈등의 불씨가 생겨났다. 당시 개신교 계통 평화주의 교회들이 일부 있긴 했지만 교세도 미약한 데다 식민 당국에 의해 교단 해체까지 강제당한 처지였기에, 식민지 조선에서 양심적 병역거부로 인한 직접적인 교회-국가 충돌은 발생하지 않았던 것으로 보인다. 다만 1939년 상반기 일본에서 투옥된 조선인 여호와의증인 신자들, 1944~1945년 사이에 집단적으로 징집을 거부하고 항일 무장투쟁에 나서거나(함양의 보광당 그룹, 경산 죽창 의거 그룹), 징집 후 탈영하여 중국에서 항일 무장저항세력에 합류한 학병 출신자들이 한국 최초의 양심적 병역거부자들이 되었다.

해방과 함께 징병제는 폐지되었다. 그러나 한국전쟁 발발 직전 및 도중에 남북한에서 징병제가 실시되면서 양심적 병역거부를 둘러싸고 처음으로 교단 차원에서 국가와 종교가 대립하게 되었다. 전쟁을 전후하여 남한과 북한 곳곳에서 병역 혹은 집총執銃을 거부하는 제칠일안식일 예수재림교회(재림교회) 및 여호와의증인 신자들과 국가·군대의 갈등 사례가 속출했다. 남한의 경우 1949년에 도입되었지만 여러 사정으로 시

이번 책에서는 양심적 병역거부 문제 공론화와

정치적 거부자 등장으로 완전히 달라진 이데올로기지형 속에서

근 20년에 걸친 갈등과 대체복무제 성취 과정

대체복무제 도입 및 시행 이후에도 여전히 드러나는 한계들

양심적 병역거부운동 안에서 인권운동과 반전평화운동의 분화·전환

정치적 병역거부자들 자신의 내러티브에 대한 분석

종교-폭력·전쟁-평화의 복합적 얽힘 속에서 드러나는 종교와

양심적 병역거부의 관계를 밝히는 데 주력했다

행되지 못하고 있던 징병제가 전쟁 발발 후 본격 시행에 들어가면서 양심적 병역거부자들이 출현하기 시작했다. 1951년에 학도군사훈련 제도, 1953년에 예비군(민병대) 제도가 신설됨에 따라, 양심적 병역거부자들과 국가의 충돌은 학교와 직장으로까지 확대되었다. 양심적 병역거부자들은 욕설과 구타 등 온갖 형태의 폭력에 노출되었다. 1953년 종전終戰 직전에는 양심적 병역거부자 중 최초의 투옥자도 나타났다. 1956년에는 예비군 중에서도 투옥자가 발생했다.

1950년대만 해도 군 당국의 통일적이고 일관된 처리 기준이 부재했기에 실형 선고 여부와 형량 모두에서 일관성이 부족했다. 그러나 1958년부터는 집총거부 군인들에게 6개월 이상의 실형이 선고되었다. 군대 바깥의 여호와의증인 신자들도 같은 해부터 일제히 병역기피죄로 투옥되기 시작했다. 1961년 쿠데타를 통해 군사정권이 들어서면서 양심적 병역거부자들에 대한 국가의 처벌은 한층 가혹해졌다. 양심적 병역거부자들에 대한 형량이 늘어났을 뿐 아니라, '중복처벌'과 '가중처벌'이 관행화되는 대신, 특사·가석방을 통한 감형 혜택은 아예 사라지거나 대폭 축소되었다. 1950년대 초 등장했던 학생군사훈련 및 예비군제도는 1950년

대 중·후반에 각각 폐지되거나 유명무실해졌지만, 예비군제도는 1968년에 '향토예비군'이라는 형태로, 학생군사훈련 제도는 1969년에 '교련교육'이라는 형태로 부활했다. 그에 따라 양심적 병역·집총 거부자를 둘러싼 "갈등의 시공간"이 최대한 확장되었다. 군대 공간은 물론이고 학교와 마을·직장 공간까지, '징집 연령대'에는 물론이고 '징집 이전 연령대'인 고등학생·대학생 때부터 '징집 이후 연령대'까지 충돌의 시공간이 급격히 증가되었다. 무장·집총훈련과 전투 참여를 거부하는 평화주의자는 자신의 생애사life history 중 20년 안팎의 시간 동안 처벌·폭력의 악순환에서 벗어날 수 없게 되었다.

한국에서 양심적 병역거부 입장 때문에 국가폭력에 시달려야 했던 이들은 거의 예외 없이 재림교회와 여호와의증인 교단 신자들이었다. 그러나 반전反戰 및 평화주의 교리로 인해 이 두 개신교 계통 소수 교단 신자들이 감내해야 했던 폭력과 공포, 차별과 배제의 고통은 사회적 시선이 차단된 채 오랫동안 암영shadow 속에 묻혀 있었다. 이 비극의 역사에 사회적 조명spotlight이 비치기까지 반세기의 기나긴 세월이 필요했다. 이 반세기 동안 한국 사회의 주류 종교들은 "안보-이단異端 동맹"이라 부를 만한 국가와의 공고한 연대 속에 안주하면서 무관심과 침묵, 혹은 종교적 소수자 억압에 대한 동조의 태도로 일관했다. "안보의 걸림돌 및 이단으로 간주된 '공동의 적'에 대항하기 위한 국가와 주류 종교들의 협력 체제"를 우리가 '안보-이단 동맹'으로 명명할 수 있다면 말이다.

병역과 군입대를 거부하는 여호와의증인 신자들은 병역법 위반(병역기피죄)으로, 일단 입대한 후 집총 및 집총훈련을 거부하는 재림교회 신자들은 국방경비법과 해안경비법, 1962년 이후엔 군형법 위반(항명죄)으로 처벌되었다. 군복무 자체를 거부하는 여호와의증인 신자들과 달리 재림교회 신자들은 무장 전투 요원으로서의 군복무만을 거부하는 "비무장 군복무 혹은 양심적 집총거부noncombatancy"라는 비교적 온건하고 타협적인 입장을 취해왔다. 그럼에도 불구하고 그들은 군형법의 항명죄인으로 간주되어 여호와의증인 신자들보다 훨씬 가혹한 처벌을 받았다. 그로 인해 1960년대에 재림교회 교세는 격감했고, 군대에서 비무장 군복무 교리를 배반하는 청년 신자 수는 격증했다. 이런 상황에 떠밀려 재림교회는 1976년에 비무장 군복무 입장을 공식적으로 포기했다. 이렇듯 양심적 병역거부자들에 대한 국가의 강경한 처벌 의지는 '종교의 자유'에 심각한 위협으로 작용했다. 국가권력은 퇴로를 막은 채 개인에게는 "배교背敎냐 투옥이냐"는 양자택일을 하도록, 교단에게는 "교리 포기냐 교단 소멸이냐"를 선택하도록 끊임없이 강요했다. 당시의 국가는 벌거벗은 폭력 그 자체였다.

2001년 초에 한 언론사의 노력으로 양심적 병역거부 주제가 공론의 무대 위로 올라오는 '일대 전환'이 발생했다. "90년대 매년 500명 이상의 청년들이 집총을 거부해 교도소로 향하고 있으며 현재 전국 교도소에 수감된 인원은 1천 명이 넘는다"는 충격적인 사실의 폭로, 그리고 "양심적 병역거부자들, 그들이 갈 곳은 감옥뿐인가"라는, 기자의 항변 섞인 애절한 호소는 깊고도 넓은 울림을 수반했다. 한국 언론사에 길이 남을 장면 중 하나였다.

최초 공론화라는 촉발 행위가 무서운 기세의 후폭풍을 몰고 왔다. 반세기의 침묵과 무관심이 무색할 정도로 양심적 병역거부 문제는 순식간에 한국 사회의 가장 뜨거운 이슈 중 하나로 떠올랐다. 2001년 이후 소수자 인권, 평화운동, 종교·양심의 자유 등 다양한 각도에서 양심적 병역거부 문제가 재조명되면서 사회적 공론의 의제로 떠오르자, 주류 종교들 내부에서도 의미 있는 균열과 변화가 나타나기 시작했다. 2001년 이후 불교, 천주교, 그리고 주류 개신교 교단들에서도 양심적 병역거부자들이 10명 넘게 나타났으며, 정치적·사상적·윤리적 이유로 병역을 거부한 이들도 50명 이상 등장했다.

2001년 이래 우리 사회가 양심적 병역거부라는 쟁점을 바라보는 시각은 크게 변했다. 그럼에도 불구하고 2001년 이전은 물론이고 2001년 이후에도 너무나 많은 이들이 양심적 병역거부 신념 때문에 감옥생활을 해야 했다. 양심적 병역거부로 옥고를 치른 이들 가운데 재림교회 신자가 100여 명인 데 비해, 여호와의증인 신자는 2011년 11월 말까지 무려 16,225명에 이르렀다. 법무부의 2018년도 국가인권정책계획에 의하면, 1950년대부터 2017년까지 양심적 병역거부로 수감된 누적 인원이 19,720명이었다. 한국전쟁 발발 이후 정치적·사상적 이유로 투옥된 이들, 예컨대 국가보안법이나 반공법 위반 사범보다 훨씬 많은 투옥자들이 평화주의 신념에 따라 병역을 거부했다는 "단 하나의 죄목으로" 이처럼 대량생산되었던 것이다. 이들은 비록 내키지는 않을지라도 '자발적 투옥'을 감수하는 독특한 유형의 범죄자들이었다. 1970~1980년대에는 군대 안에서 5명의 양심적 병역거부자가 고문과 구타로 사망하기도 했다.

2001년 이전에는 우리 사회에서 양심적 병역거부라는 단어 자체가 생경했다. 양심적 병역거부 주제에 대한 우리 학계의 연구도 사실상 그때부터 시작되었다. 그로부터 25년이라는 적잖은 세월이 흘렀지만, 세계와 한국을 아우르면서 양심적 병역거부 문제를 통사적으로 추적한 역사서는 이번 2부작이 처음이다. 필자는 단순한 역사적 연구를 넘어 양심적 병역거부 연구를 평화연구peace studies의 일부로 자리매김하는 것이 중요하다고 생각한다. 이 책은 넓은 의미에서 평화연구의 일환이자, (인권운동뿐 아니라) 평화운동이라는 특정 사회운동에 대한 연구이기도 하다. 이번 2부작은 양심적 병역거부 이슈의 '공론화 이전'(1권)과 '공론화 이후'(2권)로 나뉘는데, 이 책은 '공론화 이후' 시기를 집중적으로 다룬다. 공론화 이전 시기의 양심적 병역거부에서는 평화운동의 성격이 아주 약하거나 모호했던 데 반대, 공론화 이후 시기의 양심적 병역거부, 특히 이른바

‘정치적 거부’는 명확히 평화운동의 성격을 띠고 있다. 한국 사회에 큰 충격을 가한 2001년 2월 초의 한 주간지 기사는 역설적으로 한국 사회운동에서 “평화운동의 부재 혹은 지체 현상”을 극명하게 드러냈다. 이 기사 직후부터 진보적 사회운동가들과 진보 성향 학자들 사이에 부끄러움을 고백하는 언사들이 잇따르는 가운데, 한국 사회에서도 평화운동이 급성장하기 시작했다. 양심적 병역거부 문제의 부상과 맞물린, 한국 평화운동의 형성 및 변화 과정을 꼼꼼하게 추적하는 것도 이 책의 주된 과제 중 하나이다.

이미 언급했듯이 이 책은 한국의 양심적 병역거부 역사를 다루는 2부작 중 두 번째 책에 해당하며, 2001년 이후의 변화를 집중적으로 다룬다. 2부작이라고는 하나 두 권은 각자 충분한 독립성과 완결성을 갖도록 집필되었으므로 독자들로선 따로 읽어도 무방할 것이다. 첫 번째 책에서는 양심적 병역거부의 세계사와 한국사, 양자의 대조를 통한 한국의 특수성 규명에 중점을 두었으며, 한국 병역거부사史는 1939~2000년 시기를 대상으로 했다. 이번 책에서는 양심적 병역거부 문제 공론화와 정치적 거부자 등장으로 완전히 달라진 이데올로기지형 속에서 근 20년에 걸친 갈등과 대체복무제 성취 과정, 대체복무제 도입 및 시행 이후에도 여전히 드러나는 한계들, 양심적 병역거부운동 안에서 인권운동과 반전평화운동의 분화·전환, 정치적 병역거부자들 자신의 내러티브에 대한 분석, 종교-폭력·전쟁-평화의 복합적 얽힘 속에서 드러나는 종교와 양심적 병역거부의 관계를 밝히는 데 주력했다. 이 책은 다시 세 부분으로 나뉜다. 양심적 병역거부 문제가 처음 공론화된 후부터 2020년 ‘한국형 대체복무제’가 도입되고 시행에 들어가게 되는 과정을 다루는 1부와 2부, 종교와 폭력, 종교와 양심적 병역거부의 관계를 폭넓게 탐구하는 3부가 그것이다.

제1부에서는 2001년 공론화부터 헌법재판소와 대법원 판결을 통해

양심적 병역거부자를 위한 대체복무제 도입이 확정되기 직전까지의 갈등적인 과정, 그리고 제도 도입 이후의 양상과 문제들을 분석한다. 우선, 2001년 공론화 전후의 상황, 공론화를 가능케 한 요인들, 공론화의 성과들을 분석한 데 이어, 2002~2007년 사이 새로운 유형의 병역거부자들이 속출하는 가운데 대체복무제 도입을 둘러싼 교착적 갈등의 전개 과정을 기술했다. 아울러, 양심적 병역거부운동이 인권운동과 반전·평화운동으로 분화되고, 인권운동에서 반전·평화운동으로 점차 전환되는 과정을 심층적으로 관찰했다. 다음으로, 병역거부 소견서·편지·수필 등을 활용하여 '정치적 거부자들'의 생생한 목소리를 재현하는 작업을 집중적으로 시도해보았다. 여기서는 그들이 양심적 병역거부를 선택한 다채로운 이유와 동기, 고뇌로 점철된 세월을 거쳐 공개적인 병역거부 선언에 이르는 역정에 대해 주로 서술했다. 모쪼록 독자들이 완전히 새로운 시도인 제1부 3~4장에 흥미를 느끼길 기대한다.

제2부에서는 대체복무제가 갈등적으로 도입되는 과정, 그리고 이 제도가 시행된 이후의 과정을 천착했다. 먼저 노무현 정부의 전격적인 대체복무제 도입 결정이 정권교체와 더불어 이명박 정부에 의해 극적으로 뒤집히는 어지러운 사태 전개, 그 이후 한국의 양심적 병역거부 문제를 둘러싼 국내외 동향을 분석하는 작업이 이뤄진다. 이어서 2018년 초부터 시작된 하급심 판사들의 '반란'에서부터 헌법재판소·대법원의 전향적 판결이 이뤄지기까지의 긴박했던 상황 변화, 2018년 헌법재판소·대법원의 전향적 판결을 계기로 2019년 한 해 동안 요란한 논쟁 속에서 양심적 병역거부자들에게 매우 불리한 대체복무제도, 말하자면 '한국형 대체복무제도'가 마련되는 과정 등이 서술된다. 2부의 마지막 장에서는 2020년부터 대체복무제가 본격 가동되면서 발생한 온갖 시행착오와 고통, 갈등 등을 심층적으로 분석하면서 제도 개선의 방향도 함께 모색해보았다.

이 책의 제3부에서는 폭력, 전쟁, 양심적 병역거부 문제에 대한 세계 종교 및 한국 종교들의 대응을 집중적으로 분석했다. 이런 시도가 지금까지 거의 없었기에, 이번에 최대한 심층적이고 입체적이고 종합적인 분석이 되도록 노력했다. 전쟁·군대·병역에 대한 주요 종교들(천주교, 개신교, 불교)의 입장을 고찰함과 동시에, 군종제도에 대한 주요 종교들의 접근법, 양심적 병역거부와 관련하여 국제적으로도 여전히 미해결 쟁점으로 남아 있는 '선택적인 양심적 병역거부' 문제를 두루 다뤘다. 특히 한국 불교사에서 "호국불교" 담론과 "승군僧軍" 담론이 전쟁·폭력과 병역을 정당화하는 "두 전통"으로 확고히 자리하고 있음을 강조했다. 아울러 불교가 "의로운 전쟁"으로 내세우는 유형들을, '국교'의 지위에서 외국·이민족 침략에 대항하는 "호국불교 전쟁(1)", '비국교' 지위에서 불교에 대한 국가의 차별·주변화 경향을 역전시키기 위해 전쟁에 참여하는 "호국불교 전쟁(2)", 역시 '비국교' 지위에서 국가의 불교 억압에 대항하는 "반反정부 호교護敎 전쟁"의 세 가지로 제시했다. 3부에서는 한국의 3대 종교인 개신교·불교·천주교에 중점을 두었지만, 이슬람교와 힌두교의 전쟁·평화 윤리에 대해서도 개략적으로 소개했다. 3부의 마지막 장에서는 2001년 갑자기 돌출한 양심적 병역거부 문제에 대한 한국 개신교, 천주교, 불교의 태도와 대응을 상세히 분석하고 평가했다.

이번 2부작이 '한국 대체복무제의 인간화'에 조금이나마 기여했으면 좋겠다. 끝없는 가시밭길을 걸으면서 형언할 수 없는 고초를 겪어온 양심적 병역거부자들에게 이 책이 작은 위로가 됐으면 좋겠다. 계속 건강하시길 비는 마음을 담아 올해 구순을 맞은 어머니 오용숙 권사께 이 책을 바친다.

2025년 가을

강인철

제3부 종교와 양심적 병역거부

제 1 부

대 전 환

제
1
장

2001년의 거대한 전환
: 양심적 병역거부의 공론화

이 책 1부에서는 2001년의 양심적 병역거부 최초 공론화, 이후 주류 종교 신자 거부자와 비非종교적 거부자의 연이은 등장, 평화운동의 일환인 병역거부운동 태동과 내적 변화, 양심적 병역거부를 둘러싼 논란 확산과 그로 인한 갈등의 전 사회적 확대 과정을 다룬다. 시기적으로는 2001년 2월부터 2007년 8월까지에 해당한다.

최초 공론화 이후의 복잡다단한 과정에서 필자는 두 그룹에 특별히 주목할 것이다. 첫째, 병역거부나 집총거부를 교리로 제도화함으로써 모든 신자들에게 의무로서 부과하는 소규모·비주류의 개신교 평화주의 교회들pacifist churches, 그리고 이 교회의 신자들이다. 이들은 1950년대부터 수십 년 동안 무관심과 망각 속에서 고난을 당해왔다. 둘째, 이른바 "정치적 거부자들"과 병역거부 운동가들이다. 2001년 말부터 출현한 정치적 거부자들은 종교인과 비종교인으로 구성된다. 전자는 불교·개신교·천주교의 주류 교단들에 속하면서 '종교적 양심'에 따라, 혹은/그리고 '반전평화운동'의 일환으로 병역거부를 선택한 이들이다. 이들은 2001년 말부터 등장했다.

필자는 양심적 병역거부권 혹은 대체복무권 부여 문제를 둘러싸고 다양한 입장을 보인 주류 종교 및 교단들도 중요한 관찰 대상이라고 생각한다. 지난 반세기 동안 양심적 병역거부자의 거의 전부가 종교인이었기에 한국에서는 양심적 병역거부 쟁점이 일차적으로 '종교 문제'로 간주되는 경향이 강했다. 따라서 이 쟁점에서 주류 종교·교단들의 영향력이 크게 작용할 수밖에 없었다. 주류 종교·교단들 역시 2001년 이후 내부의 찬반양론이 분분한 가운데, 양심적 병역거부 문제에 대해 공식적 입장 표명을 강력히 요구받았다. 주류 종교·교단들의 대응은 이 책 마지막 장에서 상술하려 한다. 특히 공론화 초기부터 강력한 반대 세력으로 등장하여 2007년 발표된 노무현 정부의 대체복무제 도입 계획을 정권교체 이후 중단시키는 데 결정적으로 기여한 '보수 개신교' 세력의 입장과 동향을 심층적으로 탐구해볼 것이다.

1. 공론화의 과정

누구나 인정하듯 한국 사회에서 양심적 병역거부 문제는 2001년을 분기점으로 획기적인 변화를 겪었다. 완전히 '새로운 시대'가 시작되었다. 여호와의증인Jehovah's Witnesses 교단과 (종종 안식교로도 불리는) 재림교회Seventh-day Adventists 신자들의 엄청난 희생과 고통에도 불구하고 좀처럼 사회적 주목을 끌지 못하던 양심적 병역거부권 및 대체복무권 문제가 급속히 공론화되었다. 공론화의 결정적 계기는 2001년 초부터 일부 언론의 집중적인 문제 제기와 뒤이은 시민·사회단체들, 학계 인사들의 가세와 지원에 의해 제공되었다. 이들은 양심적 병역거부권을 소수자 인권 및 양심의 자유 보호라는 차원에서 부각시켰다. 한홍구는 2001년 이후의 변화를 이렇게 설명했다. "양심적 병역거부란 말은 10년 전만 해도 인권운동가들조차 잘 모르는 생소한 것이었지만, 2001년 이후 양심적 병역거부는 우리 사회의 가장 뜨거운 문제 중 하나로 등장했다. 1만 명이넘는 여호와의증인들이 묵묵히 감옥에 가는 동안 놀라울 정도로 관심을표하지 않았던 한국 사회는 갑자기 양심적 병역거부를 둘러싼 논란에 빠져들었다." 임재성에 의하면, "2001년 2월 「차마 총을 들 수 없어요」라는제목의 『한겨레21』 기사로 시작된 양심적 병역거부의 공론화 이후 지난10년간 병역거부는 줄곧 뜨거운 사회적 이슈가 되어왔으며, 진보와 보수를 나누는 '가늠자'의 위상으로까지 자리 잡게 되었다."[1]

2001년과 2002년에 도대체 무슨 일이 일어났는가? 간략하게나마 가파른 상황 전개를 추적해보자. 발단은 한 주간지 기사였다. 2001년 2월초 커다란 대중적 반향을 일으키면서 격렬한 논쟁을 촉발했던 『한겨레21』의 최초 기사는 '종교적 소수자'를 다룬다는 의미에서 '마이너리티'난에 실렸다. 신윤동욱 기자가 쓴 "차마 총을 들 수가 없어요"라는 제목의 두 쪽짜리 짧은 기사였다. 기사의 부제는 "묻혀져왔던 '여호와의 증인'의 양심적 병역거부자들, 그들이 갈 곳은 감옥뿐인가"였다.[2] 여호와의증인 교단에 속한 청년들이 매년 500명 이상 집총을 거부하여 교도소로 끌려가고 있고, 2001년 현재 전국 교도소에 1천 명 이상이 수감되어있다는, 우리 사회의 '충격적인 비밀'이 주류 언론사에 의해 처음 폭로되었다. 이 기사가 보도된 이후 개설된 해당 언론사의 토론방에는 두 달 만에 무려 7천 건에 달하는 의견 글들이 쏟아졌다.[3]

임재성은 신윤동욱 기자에 의한 『한겨레21』의 보도가 이뤄지게 된 경위를 상세히 소개한 바 있다.[4] 2000년 10월 서울에서 열린 제3차 아시아유럽정상회의(Asia Europe Meeting: ASEM)에 대응하여 세계의 사회운동가들이 아셈피플스포럼ASEM People's Forum이라는 대안 행사를 개최했다. 여기에 평화인권연대의 활동가인 최정민도 참여했다. 최정민은 거기서 퀘이커 단체인 미국친우봉사회AFSC 활동가인 카린 리로부터 "한국에서도 징병제에 대한 문제 제기 활동을 할 때가 되지 않았나" 하는 제안과 함께 양심적 병역거부 관련 책자를 제공받았다. 최정민은 관련 활동과 책자의 번역 문제를 동료 몇몇과 상의했고, 이후 신윤동욱 기자와의 인터뷰 때 여호와의증인 투옥자들과 병역거부 문제를 거론함으로써 취재와 보도가 이어졌다. 임재성에 의하면, "결국 외국 활동가의 제안 이후에야 활동가들은 '양심적 병역거부'가 무엇이며, 병역거부자를 처벌하는 것이 심각한 인권침해라는 것을 깨닫게 된다. 그리고 병역거부 문제와 관련한 현황 파악과 외국 자료 번역과 같은 기초적인 작업을 시작한다. 대중들에게 이 문제가 알려진 계기가 된 『한겨레21』의 "차마 총을 들 수 없어요" 역시 외국 활동가를 통해 이 문제에 대한 고민을 시작했던 최정민이 있었기에 가능했다."[5]

아셈피플스포럼에서 우연히 성사된 외국 평화운동가들과의 만남은 일회성에 그치지 않았다. 외국 활동가들은 '징병제와 군복무의 실태 및 대안 모색을 위한 워크숍'을 열자고 제안했고 준비 과정에서도 중요한 역할을 담당했다.[6] 『한겨레21』 보도 직후인 2001년 3월 17~18일 파주에서 징병제와 양심적 병역거부에 관한 워크숍이 비공개로 열렸다. 신윤동욱 기자에 따르면, 워크숍은 김창수 자주평화통일민족회의 실장의 기조발제, 치엔시치에簡錫堦 입법위원의 대만 대체복무제 소개, 콜롬비아의 양심적 병역거부 운동가 리카르도 핀존의 중남미 병역거부운동 소개, 영국 브래드포드대학의 평화학 전공자인 이대훈의 발제, 전체 참여자들의 주제토론과 종합토론 순서로 진행되었다. 다음은 신윤동욱 기자의 리포트 중 일부이다.

3월 17일 오후 2시 30분, 파주의 한 연수원에는 배낭을 멘 사람들이 속속 모여들었다. 50명의 참가자들 속에는 평화단체와 장애인단체 여성단체 활동가들, 대만의 입법위원, 남미 콜롬비아의 양심적 병역거부운동가, 그리고 검은 옷을 입은 '전국군폭력희생자유가족협의회' 회원들이 고루 섞여 있었다. 미국친우봉사회AFSC가 후원한 이 행사는 우리나라에서 처음으로 열린 '징병제와 군복무의 실태 및 대안 모색을 위한 워크숍.' 참석자들은 이 워크숍의 부제를 '감히 징병제를 논하다'로 붙였다. 반세기 동안 가슴에 묻어두었던 의문들은 1박 2일 내내 비로소 말이 되어 쏟아져 나왔다.……18일 오후 3시, 주제별 토론이 모두 끝난 뒤 실천 방향을 집중 논의한 종합토론이 벌어졌다. 군대 인권과 관련해서는 병사권리장전의 제작과 배포가 제안되었다. 양심적 징집 거부에 관련된 실천 대안도 쏟아져 나왔다. 우선 양심적 병역거부를 고민하는 사람들을 위한 네트워크 구성이 논의되었다. "네트워크 구성이 탈영을 유도하는 것으로 공격받을 수 있다"는 우려가 제기됐다. 이에 대해 한 참석자는 "양심적 병역거부를 고려하는 사람들은 정보에 목말라 한다"며 "이들에게 양심적 병역거부의 의의와 구제 방법을 알려줄 정보 사이트를 개설하자는 취지"라고 설명했다. 한 여성단체 활동가는 "징집제가 중요한 문제임에도 그동안 시민운동에서 소홀히 됐다"며 "활동가들의 인식 수준을 높이는 것이 급선무"라고 말했다. 2시간의 토론을 통해 참가자들은 징집 거부를 담은 소책자 발간과 홍보에 주력하기로 합의했고, 매달 월례토론회를 기약하며 수련원을 벗어났다.[7]

아울러, 이 워크숍에서 "평화인권연대에서는 병역거부 관련 활동을 하고, 평화를만드는여성회에서는 군 의문사 관련 활동을 한다"는 방식으로 평화운동 단체들 사이에 역할이 분담되었고, "이 워크숍을 통해서 한국 병역거부운동의 초동 주체들이 꾸려지고 이후의 활동을 만들어 나가는 토대가 형성"되었다고 한다.[8]

2001년 2월 이후 양심적 병역거부 문제의 공론화에 언론사와 기자들이 앞장섰다. 『한겨레21』과 일간 「한겨레신문」의 후속 보도가 잇따르는 가운데, 3월 말부터 4월 초에 걸쳐 전국적 네트워크를 가진 공중파 방송사들까지 이 문제를 심층적으로 다룸으로써 양심적 병역거부는 곧 뜨거운 사회적 쟁점으로 떠올랐다. 대표적 보수언론인 조선일보사가 발행하는 『월간조선』조차 이 해 5월호에 소수자 관용이라는 차원에서 여호와의증인 병역거부자들에 대한 대체복무제 도입을 옹호하는 미국 메릴랜드대 교수 백호정의 글을 게재했다.[9] 2001년을 기점으로 한 극적인 변화가 〈표 1-1〉에 잘 나타난다. 2000년까지의 '절대적 무관심'에서 2001년 이후 '적극적 관심'으로의 선회가 확연한 것이다. 이슈화를 선도한 「한겨레신문」의 보도량이 상대적으로 많기는 하나, 언론사의 정치적 성향을 가리지 않고 관련 보도의 양이 급증했음은 명백하다. 이처럼 언론사들의 경쟁적인 보도가 이어지는 가운데, 얼마 지나지 않아 한국이 양심적 병역·집총 거부자들에게 대체복무의 기회를 제공하지 않고 가혹하게 처벌하는, 경제협력개발기구OECD는 물론이고 세계적으로도 매우 희귀한 '인권 후진국'이라는 불편한 진실이 드러났다.

시민사회도 이 문제에 적극적이었다. 2001년 봄 '민주사회를 위한 변호사모임'(민변)이 10여 명의 소속 변호사들로 변호인단을 꾸려 양심적 병역거부자들의 변론에 나섰다. 같은 해 5월 말에는 평화인권연대, 인권

〈표 1-1〉 1999~2003년 '병역거부/대체복무' 에 관한 언론사별 보도량 증감[10]

연도	동아일보	문화일보	조선일보	한겨레신문	한국일보
1999	0/0	0/0	0/0	1/0	0/0
2000	0/1	0/1	0/1	1/1	0/0
2001	8/4	4/2	2/2	21/10	2/1
2002	23/17	20/19	15/22	65/33	20/14
2003	12/15	27/11	21/18	54/19	18/14

운동사랑방 등 9개 시민·인권 단체들과 진보정당이 '양심·종교의 자유와 군 대체복무를 위한 토론회'를 열어 문제의 공론화에 나서기 시작했다. 이 행사는 양심적 병역거부와 관련된 "최초의 공개토론회"였다.[11] 그 직후 이 단체들이 중심이 되어 자연스럽게 '대체복무제를 지지하는 모임'이 형성되었고, 이 무렵부터 광범위한 시민·사회단체들이 참여하는 상설조직 결성이 추진되기 시작했다. '대체복무제를 지지하는 모임'은 2001년 7월에 대만을 방문하여 양심적 병역거부권의 도입 과정과 대체복무제도 현황을 시찰한 후 8월 초에 보고대회를 열기도 했다.

국회와 정치사회도 움직이기 시작했다. 2001년 4월 초에 민주당의 천정배 의원이 『한겨레21』을 통해 양심적 병역거부권 인정을 위한 입안立案을 추진할 계획임을 처음으로 밝혔다.[12] 같은 해 6월에는 (천정배 의원과는 별도로) 양심적 병역거부자들을 공익요원으로 활용하는 병역법 개정안을 준비해온 민주당 장영달 의원이 국회 발의를 앞두고 공청회를 예고하는 단계로까지 발전했다. 이 움직임은 개신교 보수 세력의 거센 반격에 밀려 일단 제동이 걸렸다. 대체복무제 입법안에 대한 국회 공청회는 애초 2001년 6월 25일로 예정되었으나, 6월 1일에 한국기독교총연합회(한기총)가 강경한 반대 성명을 발표함에 따라 7월 20일로 일단 연기되었다. 그러나 입법을 추진해오던 장영달 의원과 천정배 의원은 같은 해 7월 2일 공동으로 발표한 입장문을 통해 "대체복무제 논의가 교리를 둘러싼 종교 간의 갈등과 분쟁의 양상으로 비화되고 있다"면서, "이에 대한 교계의 자율적 논의와 연구 결과가 나올 때까지 공청회를 무기한 연기한다"고 밝혔다.[13] 그럼에도 「문화일보」 2001년 9월 19일자 관련 기사에 의하면, 그 후에도 장영달 의원이 2001년 8월에 대만의 대체복무제 추진 과정을 조사했고, 같은 해 9월에는 민주당 정대철 의원이 국회 국방위원회에서 군교도소에 수감 중인 집총거부자 문제를 거론한 바 있다. 찬성이든 반대든 뜨거운 논란 자체가 양심적 병역거부 문제를 무서운 속도로 공론화하는 효과를 발휘했다.

양심적 병역거부권을 얻어내기 위한 길고도 고통스러운 여정에서 가장 중요한 조력자 역할을 담당할 국가기구가 마침 "공론화의 해"에 태어났다. 2001년 11월 25일 설립된 국가인권위원회가 그것이었다. 실제로 2001년 이후 정부 안에서 양심적 병역거부권 문제에 대해 가장 전향적인 입장을 줄곧 견지했던 곳도 바로 국가인권위원회였다.

2001년 여름을 지나면서 양심적 병역거부에 대한 사회적 관심이 다소 가라앉은 것처럼 보였다. 2001년 12월에 또 한 번의 반전 기회가 찾아왔다. 먼저, '인권의 날'인 그해 12월 10일에 맞춰 학계의 움직임이 가시화했다. 서울대 공익인권법센터가 양심적 병역거부 문제에 대한 대규모의 공개토론회를 개최했던 것이다(이날 토론회에서 발표되고 논의된 성과들은 2002년 2월 『양심적 병역거부』라는 제목으로 출간되었다).[14] 같은 날 국제사면위원회(엠네스티) 한국지부는 양심적 병역거부 문제 공론화에 기여한 언론기관에 인권상을 수여했다.[15] 이보다 훨씬 중요한 사건은 2001년 12월 17일에 벌어졌다. 그날 불교 시민단체에서 활동해 온 오태양이 불살생不殺生 교리를 내세워 양심적 병역거부를 선언하고 나섰던 것이다.

오태양은 병역거부 선언 직후부터 국가인권위원회에 진정서를 제출하고 "자발적인 대체복무"에 들어갔다. 당시 오태양의 행적은 언론에 대대적으로 보도되었다. 이로 인해 전쟁과 집총·병역에 대한 양심적인 거부의 문제가 개신교 소수 종파 신자들에게만 국한된 것이 아니라는 인식이 대중적으로 확산되었다. 북한에 대한 인도적 지원 활동을 해왔던 오태양은 '주류 종교'와 '반듯한 이타적 활동가 이력'의 결합이 갖는 좋은 이미지와 설득력을 갖춘 인물이었다. 그는 "한국 최초로 공개적인 기자회견을 통해서 군사훈련을 받을 수 없다는 '선언'을 했다."[16] 이를 계기로 여호와의증인 신자들이 사실상 전부였던 양심적 병역거부자들에게 가해진 "이단 낙인"도 설득력을 크게 상실했다. 한국의 진보적인 사회운

『양심적 병역거부』(2002)

동가들조차 공유하고 있던, 그리하여 양심적 병역거부 문제의 해결을 위한 사회운동적 연대를 가로막아왔던, 여호와의증인 신자들을 집요하게 따라다니던 이단 낙인과 편견 말이다.[17] 임재성은 오태양이라는 주류 종교 거부자의 등장이 갖는 의의를 이렇게 설명했다.

> 이단 편견에 맞서 운동은 여호와의증인 이외의 병역거부 사례 발굴이나, 해외 사례 소개 등의 노력을 전개했지만 뚜렷한 인식 변화로 이어지지는 못했다. 결국 이단 논쟁을 종결지을 수 있었던 계기는 비非여호와의증인 병역거부자의 등장이었다. 사회운동이 시작된 지 채 1년도 되지 않았던 2001년 12월, 공개적으로 병역거부를 선언한 오태양의 등장은 한국 병역거부운동에 있어서 결정적인 기점이었다. 오태양의 선언 이후 이단 낙인은 근거를 잃었고, 병역거부에 대한 사회적 시선은 크게 변화했다. 그중에서도 사회운동 단체들의 변화는 극적이었는데, 병역거부운동에 거리를 두던 단체들도 오태양의 등장 이후에는 적극적인 연대 의사를 보였으며, 이전에 좌절되었던 병역거부운동의 연대체 역시 바로 꾸려질 수 있었다.……이 '선언'(오태양의 병역거부 선언—인용자)이 가지는 의미는 상징적 차원에서부터 실제 사회운동의 차원까지 다양하겠지만, 당시 가장 두드러졌던 점은 병역거부가 여호와의증인만의 문제가 아니라 보편적인 양심의 문제라는 것이 '말'이 아닌 '행동'으로 증명되었다는 것이다. 비록 단 한 명의 선언이었지만, 오태양의 선언 이후 더 이상 병역거부 문제를 특정 종교의 문제로 한정시키는 논리는 힘을 잃게 되었다.[18]

오태양의 선언은 이후 다른 주류 종교들인 개신교와 천주교, 그리고 비종교적 평화주의자들로 양심적 병역거부운동이 확산되는 기폭제가 되었다. 그런데 우리는 최초의 공론화가 이루어진 2001년 2월이 아니라 그로부터 10개월이 지난 2001년 12월에 병역거부 선언이 이루어졌다는 사실을 주목할 필요가 있다. 다시 말해 오태양의 공개적인 병역거부 선언은 미국이 9·11테러에 대한 보복으로 아프가니스탄을 침공하면서 한국군 파병을 요청한 후 우리 사회에서 파병 반대운동이 본격적으로 전개되는 와중에 감행된 사건이었다. 여호와의증인이나 재림교회 신자들이 병역거부나 집총거부를 교리로 공식화함으로써 모든 신자들에게 부과된 의무를 따른 것이라면, 오태양은 종교적으로 동기화된 '반전평화운동'의 차원에서 소속 교단의 공식 방침과 무관하게 순전히 자발적인 의사로 병역거부를 선택했던 것이다.

1991년 걸프전 파병 당시에도 일부 대학생들을 중심으로 파병 반대운동이 벌어졌지만, 한국 사회에서 시민단체들의 광범위한 참여 속에 반전평화운동 성격의 파병 반대운동이 조직적으로 벌어진 것은 2001년 가을과 겨울이 처음이었다. 이로 인해 반전평화운동은 「시민의 신문」이 2001년 12월에 시민운동가 200명을 대상으로 전화 설문조사를 실시하여 선정한 '2001 시민운동 10대 뉴스'에도 포함되었다. 당시 "언론사 세무조사 촉구 등 언론개혁운동"(17.5%), "새만금 간척 반대 등 환경운동"(13.5%), "상가임대차 보호법 제정 등 개혁입법 시민운동"(13.0%)에 이어, "아프간 파병 반대 등 반전평화운동"(11.5%)이 4위를 차지했던 것이다. 「시민의 신문」은 해설기사에서 2001년의 반전평화운동을 다음과 같이 평가했다. "9·11테러는 21세기 세계역사상 전대미문의 사건이었다. 미국의 발 빠른 대응과 공습은 한국 사회에서도 한국군 파병과 테러방지법안 논란을 유발시켰다. 민주노총, 참여연대, 통일연대 등 전국 7백65개 시민사회단체는 '미국의 보복 전쟁 중단, 한국의 전쟁 지원 반대, 한반도 평화를 위한 반전평화 시국선언대회'를 지난 10월에 열고, 미국의 아프가니스탄 공격 중단을 요구하기도 했다."[19] 미국으로 하여금 지구적 차원의 '테러와의 전쟁'에 나서도록 만든 9·11테러가 한국에서는 전혀 엉뚱한 울림,

즉 반전평화운동의 성격을 띠는 '공개적 양심적 병역거부 선언 운동'의 촉발 계기로 작용했던 것이다.

2002년 1월 말 민변이 유엔인권위원회(United Nations Human Rights Commission: UNHRC)에 한국의 양심적 병역거부 문제를 논의해달라는 제안문을 제출하는 등 2002년 들어 쟁점은 국제무대로도 확산되었다. 2002년 2월 초에는 민변 등 29개의 주요 시민·사회단체들로 구성된 '양심에 따른 병역거부권 실현과 대체복무제도 개선을 위한 연대회의'(병역거부연대회의)가 발족되었다. 병역거부연대회의는 발족식에 맞춰 기자회견을 열고 병역거부자 지원 활동, 병역거부자 가석방 촉구 활동 등을 진행할 예정임을 밝히는 동시에, 교사·언론인·종교인·군인 등 사회 각계 인사 1,552명이 서명한 '1천인 선언'을 발표하여 양심적 병역거부자들의 인권 개선을 위한 대안을 마련하라고 촉구했다.[20] 그해 3월 말부터 4월 초까지 2주 동안 병역거부연대회의는 민간단체 참가단을 제네바에서 열리는 제58차 유엔인권위원회에 파견했다. 한국 참가단의 활동은 유엔 인권기구 실무자와의 만남, 국제적 인권·평화 NGO들과의 만남, 세계 및 각국의 병역거부 문제에 대한 간담회 참여, 크로아티아·독일 정부 대표와의 만남, 서면으로 제출된 '구두 발제' 등을 포함했다. '구두 발제문'에는 한국 정부에게 ① 양심에 따른 병역거부자들에 대한 인권침해를 공개적으로 인정할 것, ② 양심에 따른 병역거부 수감자를 즉각 사면·석방할 것, ③ 양심에 따른 병역거부자들에 대한 형사처벌을 중단하고 다양한 형태의 대체복무제도를 제공할 것, ④ 복역 중인 병역거부자들과 이들의 사회생활에 대한 모든 차별적 관행을 즉각 시정할 것을 요구하는 내용이 담겼다.[21] 비슷한 시기에 대한변호사협회도 처음으로 '양심적 병역거부와 인권 토론회'를 개최했다.

2002년 2월에 서울대 공익인권법센터가 『양심적 병역거부』를 출간한 데 이어, 3월에는 한동대 김두식 교수가 양심적 병역거부의 권리를 옹호하면서 사회적 공론화를 촉구하는 『칼을 쳐서 보습을』을 출간했다. 같은 해 5월에 나온 계간지인 『황해문화』, 『당대비평』, 『사회비평』, 부정기간행물인 『아웃사이더』 등도 문제의 공론화 과정에 가세했다. 역시 5월에는 대체복무법 제정을 촉구하는 거리 캠페인과 서명운동, '국방부 인간 띠 잇기 행사', 자전거 대행진과 문화제 등이 연이어 열렸다. 특히 이 행사들은 병역거부연대회의가 전국학생회협의회, 21세기진보학생연합 등 3개 학생운동 단체들과 공동으로 주관한 것으로, 시민·사회단체들을 중심으로 전개되어왔던 '양심적 병역거부권 실현 운동'이 대학사회로 확산되는 중요한 계기가 되었다.[22]

2002년 7월 초에는 병역거부연대회의가 국회의원 연구단체인 '나라와 문화를 생각하는 모임'과 공동으로 '대체복무제도 입법을 위한 공청회'를 열어 '대체복무 요원 판정 절차 법안'을 포함하는 독자적인 대체복무제도 입법안을 제시했다. 이 입법안은 (국내·해외 전쟁 등 전쟁의 구별 없이) '모든' 전쟁을 거부하는 사람만으로 양심적 병역거부자를 제한했지만, 양심적 병역거부의 사유에 대해서는 "종교뿐만 아니라 윤리적·정치적·평화주의적·인도적 사유까지 포괄하는 양심적 이유"로 최대한 넓게 규정하고 있었다.[23] 이 법안은 장영달 의원안, 천정배 의원안, 독일과 대만의 대체복무제도, 유엔인권위원회의 결의사항들을 참조해 만든 것으로서, 대략 다음의 내용으로 구성되어 있었다: ① 병역거부 사유는 종교적인 것에 국한하지 않고 윤리적, 평화주의적 양심도 폭넓게 포함한다, ② 독립된 심사위원회를 설치하여 양심적 결정의 진정성을 엄격하게 판정하는 절차를 둔다, ③ 양심적 병역거부자로 인정된 자는 군사적 업무와 관련 없는 사회적이고 공공적인 업무에서 대체복무를 이행한다, ④ 예비군이나 현역군인의 경우에도 병역을 거부할 수 있으며, 예비군의 경우에는 대체복무에 투입하고, 군인의 경우에는 비전투 업무에 배치한다, ⑤ 대체복무 기간은 군복무 기간에 준해서 설정하며 과도하게 장기간이어서는 안된다, ⑥ 전시동원의 경우 대체복무자도 유사한 대체복무 영역에 동원하도록 한다, ⑦ 대체복무와 관련해 어떠한 차별도 받지 않아야 한다, ⑧ 1만여 명에 달하는 기존 병역거부자들에 대한 유죄 판결을 파기하고 사면·복권 조치를 한다, ⑨ 현재 수감 중인 병역거부자에 대해서는 긴급구제 조치로서 잔형殘刑 기간을 사회복지시설 등의 대체복무에 투입한다.[24]

2002년 7월 9일에는 유호근이라는 평화운동가가 기자회견을 열어 "전쟁 반대와 평화 실현을 이유로" 병역거부를 공개적으로 선언했다. 선언 직후 그는 국가인권위원회에 진정서를 접수하고 병무청에도 병역거부 의사를 통보했다.[25] 유호근은 공론화 이후 병역거부를 선언한 최초의 비종교적 평화주의자, 최초의 비종교적인 양심적 병역거부자였다. 고조되는 반전평화운동의 열기 속에서 이후 수십 명의 청년들이 유호근과 같은 길을 걸어갔다.

『한겨레21』의 신윤동욱 기자는 2001년 2월 이후 약 1년 동안의 주요 사건들을 요약한 바 있다.[26] 한편 대체역심사위원회도 2021년 발간한 『제1차 대체역심사위원회 연간보고서: 2020.6.30~2021.6.30』에서 2001년 2월 초 『한겨레21』의 최초 보도 이후 약 1년 반 동안의 주요 사건들을 정리한 바 있다.[27] 〈표 1-2〉는 이 두 자료를 종합한 것이다.

〈표 1-2〉 한국에서 양심적 병역거부 쟁점의 공론화 과정(2001.2~2002.7)

시기	사건
2001년 2월	『한겨레21』이 제345호 기사 "차마 총을 들 수 없어요"를 통해 양심에 따른 병역거부 문제를 최초로 공론화.
2001년 3월	『한겨레21』이 대만의 병역거부권 인정 과정과 대체복무 현장을 현지 취재.
2001년 봄	민변 소속 변호사 10여 명이 양심적 병역거부자들을 변론.

시기	사건
2001년 4월	종교적 병역거부자들이 군사법정 대신 민간법정에서 재판받기 시작함. 대부분의 병역거부자들이 재입대를 피할 수 있는 법정 최소형량인 1년 6개월을 선고받음.
2001년 5월	시민·인권단체들과 진보정당이 '양심·종교의 자유와 군 대체복무를 위한 토론회'를 개최.
2001년 9월	『한겨레21』과 최정민 평화인권연대 활동가 등이 튀르키예(터키)에서 열린 전쟁저항자인터내셔널(WRI) 연례 세미나에 참석하고 취재.
2001년 9월	국방부 고등군사법원이 공론화의 영향으로 3년 형을 선고받은 병역거부자에게 최초로 2년 6개월 형을 선고.
2001년 11월	여호와의증인 신도 양지운(성우)이 국가인권위원회에 "양심적 병역거부자 수형자에 대한 차별행위의 개선 권고 및 구제에 관한 진정서"를 제출.
2001년 12월	평화운동가이자 불교 신자인 오태양이 여호와의증인이 아닌 사람으로는 최초로 양심에 따른 병역거부를 선언.
2002년 1월	서울지법 남부지원 박시환 판사가 병역거부자 이경수가 신청한 위헌법률심판 제청을 받아들여 병역법 88조 1항의 위헌 여부를 묻는 심판을 헌법재판소에 신청.
2002년 1월	민변이 유엔인권위원회에 한국의 양심적 병역거부 상황에 대한 서면 발제문을 제출.
2002년 2월	민변과 참여연대 등 29개 시민·사회단체들이 '양심에 따른 병역거부권 인정 및 대체복무제도 개선을 위한 연대회의'(병역거부연대회의)를 발족.
2002년 3월	병역거부연대회의는 58차 유엔인권위원회에 민간단체 참가단을 파견하였고, 비슷한 시기에 대한변호사협회도 '양심적 병역거부와 인권 토론회'를 개최.
2002년 3~5월	2002년 2월 서울대 공익인권법센터가 『양심적 병역거부』를, 2002년 3월 한동대 김두식 교수가 『칼을 쳐서 보습을』을 발간하여 양심적 병역거부의 권리를 옹호하면서 사회적 공론화를 촉구.
2002년 5월	계간지인 『황해문화』, 『당대비평』, 『사회비평』, 부정기간행물 『아웃사이더』 등도 양심적 병역거부를 주제로 한 글들을 게재.
2002년 5월	병역거부연대회의와 전국학생협의회·21세기진보학생연합 등 3개 학생운동 단체가 공동 주관하여 대체복무법의 제정을 촉구하는 거리 캠페인, 서명운동, '국방부 인간띠 잇기 행사', 자전거 대행진과 문화제를 개최.
2002년 7월	병역거부연대회의가 '나라와 문화를 생각하는 모임'과 공동으로 '대체복무제도 입법을 위한 공청회'를 개최하여 '대체복무제도 입법안'을 제시.

2. 왜 2001년이었나?

2001년 당시 가장 열정적인 병역거부운동 활동가 중 한 사람이었고, 매우 드물게 이 경험을 깊이 있는 연구로도 발전시킨 임재성은 초기 공론화 과정에서 드러난 한국의 특성을 세 가지로 정리한 바 있다. 첫째, "사회적인 인정"의 과정과 방향 측면에서 '종교에서 정치로'가 아닌 '정치에서 종교로' 진행되었다는 점에서 한국은 독특했다. 다시 말해 양심적 병역거부권 인정에서 역사적 평화교회historic peace churches 신자들에서 시작하여 정치적 거부자까지 확대해 가는 경로가 아니라, 정치적 거부자들이 처음부터 양심적 병역거부권 인정투쟁을 선도해왔다는 것이다. 둘째, (첫 번째 요인과 연관된 것으로) 양심적 병역거부운동이 종교의 자유 확장에 크게 기여하지 못했다는 것, 즉 다른 나라들과는 달리 "종교와 국가의 관계, 종교의 자유가 가진 한계 등과 관련된 치열한 논의"를 촉발하지 못했다는 것이다. 셋째, 정치적 신념까지 허용하는 대체복무제에 대한 지지 여론, 즉 "대체복무가 허용될 경우 정치적 신념까지를 포함해야 한다는 여론이 상당히 높다"는 점이다.[28] 임재성이 말하는 첫 번째 특징은 메노나이트Mennonites를 비롯한 재세례파 혹은 아나뱁티스트Anabaptists, 퀘이커Quakers, 브레드런Church of the Brethren으로 대표되는 '역사적 평화교회'의 부재와 연관되며, 그 대신 한국에서 평화주의적 교회들은 사회적 인정을 제대로 받지 못하는, 또 자주 이단 시비에 시달리는 이들이었다는 사실에서 비롯한다.

'과거(사)청산의 맥락'에서 양심적 병역거부가 의제화되었다는 점, 그로 인해 1만 명이 넘는 양심적 병역거부자들에 대한 처벌을 국가권력의 정당한 집행이 아닌, '국가폭력'의 일환으로 새롭게 조명하게 된 것도 한국의 특성이라 할 만했다. 과거청산은 항상 '과거의 재발견과 재해석', '과거의 현재화', '은폐되어온 사실들의 폭로'를 동반한다. 2001년의 최초 보도 이후 국가가 양심적 병역거부자들을 집요하고 잔인하게 학대해 왔던 과거가 낱낱이 폭로되었다. 단일 죄목으로 양산된 엄청난 수형자 숫자도 그렇지만, 강제입영, 훈련소에서 군구치소·군교도소까지 온갖 종류의 폭력이 총동원되었던 일, 반복·가중 처벌, 고통의 대물림, 가족 전체가 처벌당하는 고통, 구타와 고문으로 인한 사망자들과 정신질환자 들·장애인들의 존재가 하나씩 드러났다. 1980년대 중반부터 개시된 한 국 과거청산의 오랜 역사에서 양심적 병역거부자들에 가해진 국가폭력 은 최후에 발견되고 공론화된 의제였던 셈이다.[29]

외부의 조력과 개입이 양심적 병역거부운동을 촉발하는 가장 중요한 계기가 되었다는 사실도 한국의 특성 중 하나이다. 그러나 우리는 외적 자극에 반응하는 주체적 역량, 특히 '강한 사회운동'이라는 토양을 동시 에 보아야 한다. 이것이 외부 조언을 즉각적으로 수용할 수 있었던 이유 이고, 늦었지만 매우 빠른 대응이 가능했던 비결이었다. 2001년 12월 오 태양의 병역거부 선언 이후 이 문제에 소극적이던 사회운동 단체들까지 포함하여 광범위한 연대조직이 신속히 조직될 수 있었던 것도 강한 사회 운동의 토양이 있었기에 가능한 일이었다.

사회운동과 관련하여 한 가지 더 지적할 대목은 1987년부터 개시된 민주화 이행 이후 한국 사회운동의 독특한 발전 과정에 관한 것이다. 민 주화 이행이 개시되자 소위 '시민운동'이 현란한 성장세를 보였다. 그러 나 민주화 이행을 가능케 했던 '민중운동'의 전통 역시 강력하게 유지되 었다. 따라서 때로 주도권 경쟁을 벌이고 때로는 협력하면서 "민중운동 과 시민운동이 동시적으로 급성장한 것"이 1980년대 말부터 1990년대 초까지 한국 사회운동의 뚜렷한 양상이었다. 그러다 1990년대 초중반을 지나면서 "시민운동 우위, 민중운동 퇴조"의 흐름이 뚜렷해졌다.[30] 그러 나 우석훈에 의하면, 시민운동 역시 1997년 IMF 구제금융사태로 상징되 는 '97년체제'가 대량 생산하는 곤경과 비참에 대응하는 데 상대적으로 무력했으며, 그로 인해 "시민운동이 절정기에 달했던 2000년에서 2002년을 경계로" 위기를 겪기 시작했다.[31] 결국 1990년대 중후반부터 저항적 사회운동의 주류를 이루던 민중운동이 퇴조하고, 1990년대에 급성장했던 시민운동도 2000년대 초에 위기를 겪는 상황에서 양심적 병역거부 문제가 공론화되고, 정치적 병역거부자들이 연이어 출현했던 것이다. 양심적 병역거부운동은 상대적 침체 상태를 타개할 수 있는 새로운 '사회운동적 돌파구'로 작용할 잠재력을 갖고 있었다. 시민운동 성향의 사회운동 단체들과 민중운동 성향의 사회운동 단체들을 가릴 것 없이 양심적 병역거부운동에 광범위하게 동참했던 사실의 배후에는 이런 역사적 흐름이 작용하고 있었던 것 같다. 나중에 다시 거론하겠지만, 시민운동 활동가들과 민중운동 활동가들은 이후 몇 년 동안 양심적 병역거부에 대한 '인권적 접근'과 '반전·반反군사주의적 접근'으로 분화되어간 것으로 보인다.

그러나 강한 사회운동 전통과는 대조적으로 '평화운동의 약세와 지체' 현상 또한 한국 사회운동의 중요한 특징이었다. 정욱식의 표현처럼 "개인적인 차원의 평화운동은 간간히 있었지만, 1945년부터 1980년대 후반까지의 평화운동은 매우 부진했다."[32] 이런 상황은 1990년대 들어 비로소 반전되었다. 원전·핵무기 반대와 긴장 완화 및 군비축소를 주장한 반핵평화운동, 북한에 대한 인도적 지원 운동과 탈북자 보호 운동, 여성운동이 주도한 방위비 삭감 캠페인 등의 군축 운동, 대인지뢰 금지 운동, 주한미군주둔군지위협정SOFA 개정 운동과 주한미군범죄 근절 운동, 걸프전 종식과 한국군 파병 반대 운동 등이 1990년대를 장식했다.[33] 1990년대 중후반부터는 평화와 통일을 여는 사람들(1994년), 평화를 만드는 여성회(1997년), 평화네트워크(1999년), 평화인권연대(1999년) 등 명칭에 '평화'를 명시한 단체들도 등장했다.[34] 서보혁과 정주진은 1990년대의 평화운동에 대해 이렇게 총평한 바 있다: "탈냉전기 10여 년 짧은 시간이었지만 급격한 국제질서 변환기는 한국 평화운동이 본격화한 시기로 기록될 것이다. 운동의 영역에서 통일운동은 물론 반전·반핵·군축·인권운동으로 크게 확대되었고, 국제적 시각과 연대도 갖게 되었고, 무엇보다 조직적인 기반을 갖게 되었다."[35] 한국의 평화운동 출현은 비록 지체되었지만 1990년대, 특히 1990년대 중반 이후 평화운동의 역동적인 성장은 '2001년의 폭발적 공론화', 즉 주간지 보도라는 점화點火 혹은 촉발을 계기로 양심적 병역거부 이슈의 급속한 여론화와 확산을 가능케 했던 가장 중요한 사회운동적 토대로 기능했다.

2001년 이후 다양한 분야의 사회운동들이 연대하고 합류하여 양심적 병역거부운동을 전개해나가는 과정은 기존 평화운동 진영 내부에서 "독특한 색깔을 지닌 새로운 사회운동이 탄생하는" 과정이기도 했다. 임재성이 지적하듯이, 2000년대 초의 양심적 병역거부운동은 활동가나 거부자들이 '평화운동가'라는 자아 정체성을 형성하고 공고화하는 과정이기도 했다.[36] 그런 과정은 평화운동에 고유한 특이성들singularities을 구축하면서, 평화운동과 다른 사회운동을 점점 차별화함으로써 이들 사이의 차이를 보다 선명히 부각시키기 마련이다. 이에 대해서도 다시 상세히 논하게 될 것이다.

걸프전 파병 반대 관련 기사(1991)

과거청산의 맥락에서 양심적 병역거부가 의제화된 점에 대해선 이미 언급했다. 한국의 안보 특수성이나 분단 특수성 등을 명분으로 양심·종교의 자유를 인정치 않고 대체복무제 도입을 거부하는 정부의 태도나 행위 자체를 '국가폭력'으로 인식한다는 것은 '성역화된 안보 논리', "한국적 예외주의Korean exceptionalism"라 할 수 있는 '분단 논리'에 정면으로 도전하면서 이 논리들을 더 이상 수용하지 않으려는 태도가 상당히 확산되어 있었음을 뜻한다. 그러나 분단·안보 논리 극복은 결코 일회적이고 최종적인 과업이 아니다. 양심적 병역거부의 공론화 이후에도 분단·안보 논리의 질곡에서 완전히 해방되려는 지루하고 지난한 과정이 이어질 수밖에 없었다.

바로 이런 맥락에서 양심적 병역거부 운동가들은 직전인 2000년에 대체복무제를 도입한 대만 사례에 주목하고 집중했다. 대만은 경제 성장에는 성공했지만 양심적 병역거부자에 대한 강한 처벌의 역사,[37] 무엇보

타이베이시 대체역센터(2019)

다도 분단국가라는 공통점을 갖고 있었다. 한국과 비슷한 분단국가이면서도 한국보다 훨씬 더 위협적인 "압도적 반쪽"과 대면해 있고, 한국보다 더 극심하게 양심적 병역거부자들을 탄압했던 대만 정부가 2000년에 대체복무제도를 과감히 도입했을 뿐 아니라, 도입 이후 복무기간 축소 등 빠르게 인간화의 방향으로 대체복무제도를 개선해갔던 일이 한국 양심적 병역거부 운동가들에게 크나큰 자극과 격려로 작용했음은 말할 것도 없다. 그보다 더욱 중요한 사실은 대만 사례 자체가 여전히 분단 논리에 사로잡힌 채 대체복무제도에 반대하는 일반 대중을 설득할 수 있을 유용한 "담론적 무기"이기도 했다는 것이다.

동시에, 분단 논리로 인한 제약도 뚜렷했다. 한국에서 평화운동의 초기 형태는 통일운동으로 등장했고, 평화통일을 지향하는 이 운동은 "한국적 맥락에서의 평화운동"일 수도 있었다.[38] 통일운동이야말로 "한국형 평화운동의 특징을 잘 드러내는 영역"일 수 있다.[39] 그러나 바로 그 통일운동이 평화운동을 '민족주의적으로 제한하고 왜곡할' 가능성 또한 존재한다.[40] 2001년 2월 양심적 병역거부 문제와 관련하여 최초로 열린 워크숍이 비공개로 열렸던 것도 안보 주제를 다루는 데서의 조심스러움이나 가능한 역풍에 대한 우려 때문이었다. 물론 그럼에도 경찰이 이 행사를 문제 삼긴 했지만 말이다.[41] 2001년 이후 몇 년 동안 대체복무제가 양심적 병역거부 문제의 유일한 해결책으로 간주되어온 사실도 분단·안보 논리로 인한 제약이 여전히 작용하고 있음을 입증하는 것일 수 있다. 이재승에 의하면, "병역거부자가 반드시 대체복무를 해야 한다는 논리는 성립하지 않는다.……그러나 우리나라에서는 병역거부자들 전부가 대체복무제를 도입해달라고 청원하고 있는 실정이다."[42] 대체복무제에 몰두하는 이런 인식 자체가 한국만의 독특한 특성이기도 하다. 그리고 어느 사회나 양심적 병역거부운동의 초기 단계에서는 이런 접근이 지배적일 가능성이 높기도 하다. "한국의 병역거부운동이 개인의 권리를 중심에 두고 있는 '인권운동'의 지향을 강하게 가졌던 초기의 모습"이라는 임재성의 언술도 이런 운동 단계론적 인식을 반영하고 있는 것 같다.[43] 분단·안보 논리와 정면충돌하는 '반전·반군사주의적 접근'보다는, 분단·안보 논리와의 정면충돌을 피해갈 여지가 큰 온건한 '인권적 접근'이 활동가들에 의해 선호되었다고 볼 수 있는 것이다.

2001년 이전과 이후를 가르는 가장 중요한 차이는 '갈등구조'의 변화였다. 2001년 이전에는 국가-종교 간의 "이원적 단순 갈등구조"였다. 주요 행위자는 국가와 종교의 둘뿐이었고, 갈등의 한 축인 종교는 여호와의증인밖에 남아 있지 않았다. 더구나 여호와의증인 교단은 대체로 국가의 강압에 순응하는 모습을 보였으므로 "갈등 자체가 부재한 것처럼" 보이기조차 했다. 그러나 2001년 이후에는 기존의 두 행위자 외에 이 쟁점에 개입하는 행위자들의 폭증에 따라 "다원적 복합 갈등구조"가 형성되었다. 종전에는 침묵 혹은 무관심의 태도를 보이던 의회·정당 등의 정치사회, 그리고 시민사회 내의 시민운동, 종교단체, 언론, 법조계 등이 새로운 행위 주체들로서 적극 개입했다. 더구나 정치사회와 시민사회의 행위자들은 그 내부에서 다시 찬성과 반대의 입장으로 갈라졌다. 심지어 유엔 등 국제기구와 국제시민사회international civil society 혹은 국제인권사회도 처음으로 이 문제에 개입했다. 입장이 첨예하게 나뉜 국내와는 달리, 국제적 행위자들은 대체로 양심적 병역거부자들을 위한 대체복무제 도입에 찬성하는 쪽이었다.

필자는 2001년의 의의를 "정당성이 결여된 체제의 희생양 찾기"와 연관하여 해석해볼 수도 있다고 생각한다. 식민지엘리트colonial elites 출신으로 구성된 해방 후 지배층은 정치적 정당성을 심각하게 결여하고 있었기에 반공주의와 분단체제에 의존할 수밖에 없었다. 양심적 병역거부자들은 "분단체제에 의해 적극적으로 선택된 무죄한 희생양들"이었다. 양심적 병역거부자들은 보복 능력과 의지가 없을 뿐 아니라 처벌을 감수

휴전선 경비(1974)

할 의사가 있음을 밝혀왔다는 점에서 "체제 위험도가 가장 낮은 희생양들"이기도 했다. 역으로, 무력하고 순종적인 희생양 역할을 충실히 수행함으로써 양심적 병역거부자들이 분단체제 공고화에 기여하는 역설 또한 발생했다. 이처럼 분단체제와 양심적 병역거부 사이에 '악순환적 상승작용'이 반세기 동안이나 '정상' 작동하고 있었다. 2001년의 공론화는 분단체제와 양심적 병역거부 간 악순환적 상승작용의 '정상성'이 더 이상 당연시되지 않음을, 그것이 심각한 의문의 대상으로 떠올랐음을 의미했다.

르네 지라르는 그가 희생양 논리, 희생양 메커니즘, 희생양 선택, 대리 희생자 기제, 박해자 논리·시각 등으로 다양하게 불렀던 현상을 비판하고 해체하는 데 일생을 바쳤다. 그는 '희생제의'[44]가 '자기희생'으로 대체되면서 종교의 폭력성이 크게 약해졌다고 보았지만, 이런 역사적 이행 이후에도 대다수 사회들이 희생양을 여전히 요구하고 생산·창출해내고 있다는 데 주목했다. 이를 통해 지라르는 희생양 논리·기제를 종교에서 정치·사회 영역으로 확대했다. 그는 희생양 논리가 두 가지 속임수—혹은 무지—와 두 가지 환상—혹은 신화—에 기초하고 있다고 보았다. 논리적으로 정합하지 않은 두 가지 속임수는 희생제의의 폭력성 자체를 부정하는 것, 즉 희생제의는 폭력이 아니라는 주장하는 것, 그리고 이로운·좋은·생성적 폭력과 해로운·나쁜·파괴적 폭력의 이분법을 제시하면서 희생제의를 전자 쪽에 위치시키는 것이다. 환상은 두 가지 당연시된 믿음, 곧 "희생양은 유죄"라는 믿음, 따라서 희생양에 대한 폭력이 정당하다는 믿음, 그리고 자신들이 속한 사회와 민족이 "성스러운 사회, 성스러운 사람들(선민)"이라는 믿음을 가리킨다. 지배층만이 아니라 일반 대중까지 희생양으로 선택된 소수 집단에 대한 박해자로 스스로 나서는 것도, 거의 당연시되고 자연스럽게 여겨지는 이런 무지와 환상이 효력을 발휘하기에 가능해진다.[45] 2001년의 의의는 "희생양은 유죄라는 집단적 환상"이 계속되는 것, 그럼으로써 "무죄한 희생양에게 가해지는 불의한 대규모 폭력의 정당성에 대한 당연시, 의문을 제기하지 않음, 공론 무대에서 논의하지 않음의 상황"이 수십 년 만에 중단되었다는 데 있었다. "희생양은 유죄가 아니라 무죄하고 결백하다는 것"을 명백하게 드러내고 주장함으로써 집단적 환상·신화·무지를 깨뜨리고 해체해버린 것이었다. 그것은 "희생양 논리·메커니즘의 효력 정지"였다. 지라르에 의하면, 그게 바로 무고한 그리스도가 스스로 '자기희생의 희생양'이 되어 이룩한 위대한 업적이었다. 역사의 수면 아래 감춰져 있던, 너무 오랜 세월, 너무 많은 수의 억울한 희생양들이 자신의 무고함을 절규하면서 역사의 수면 위로 드러난 거대한 순간이었다. 양심적 병역거부자들이 분단체제 공고화에 기여하는 역설과 악순환적 상승작용이 삐걱거리거나 결정적으로 약해지는, 나아가 분단체제 균열의 방향으로 반전되는 계기였다. 이것이 2001년의 또 다른 중차대한 의미였다.

3. '비국민'에서 '양심수'로
: 공론화의 과실果實들

앞에서 2001년 2월 이후 약 1년 반 사이에 양심적 병역거부 문제가 공론화되는 과정을 요약했지만, 이 과정은 전체적으로 매우 성공적이었다고 평가할 만하다. 2001년 이후 언론사들의 주목과 거부자들의 공개선언 방식이 맞물리면서 범사회적인 논쟁이 촉발되고 격화했다. 이토록 짧은 시기에 이렇게 강렬하고 성공적인 공론화 혹은 의제화가 이뤄진 사례는 정말 드물었다. 한홍구의 표현대로 "이슈화에서는 너무 빨리 성공"한 것이다.[46]

여호와의증인 신자의 시각에서 홍영일은 2001년 이후의 변화를 "다양성과 관용의 증가" 혹은 "다양성의 증가, 인권 의식의 성장, 관용의 증가", "편견의 감소" 등으로 요약하면서, 이것을 "70년대와는 너무나 극적인 대비"라고 평가했다.[47] 보다 구체적으로, 그는 변화를 뚜렷이 확인할 수 있는 영역들로 사법부, 언론, 학계의 세 가지를 꼽았다. 사법부는 양심적 병역거부자들에 대한 보석 허가, 재징집을 면하는 최소형량 선고, 형 선고 연기 등의 변화를 보였고, 언론은 고통의 과거를 조명하고 해외의 대안을 소개하는 등 문제해결을 유도했고, 학계는 연구와 세미나를 통해 양심적 병역거부의 범죄화 행태를 비판해왔다는 것이다.[48] 공론화의 가장 즉각적인 효과들로는 강제입영 관행의 소멸, 법정최고형 선고 관행의 소멸, 형량의 감소 및 고정이었다. 2000년까지도 병무청 직원의 "대동帶同 입영" 시도가 나타났지만, 공론화 이후에는 강제입영 시도가 사라지는 대신 양심적 병역거부자가 편지나 전화로 병무청에 연락을 하여 처벌 수용 의사를 밝히는 패턴이 굳어졌다. 2001년 4월 16일부터 군사법정이 아닌 민간법정에서의 재판을 거쳐 형량 1.5년의 형량이 선고되곤 했다. 병역을 거부하는 여호와의증인 신자들이 감옥으로 가기까지의 경로 측면에서 "1970년대 초반의 경관"으로 회귀했다고 말할 수 있었다. 2002년 1월 말에는 일부러 형량을 높여 "제2국민역 편입" 자격을 부여하는 일도 있었다.[49]

여기서는 2001년 공론화 이후의 가시적인 성과들을 정리해보자.

우선, 양심적 병역거부의 공론화는 우리 사회에서 인권 의식 및 인권 담론의 심화, 나아가 평화 의식 및 평화 담론의 심화를 상징하는 사건이었다. 1980년대 말부터 한국의 시민운동이 급속히 발전되어왔음에도 불구하고 신앙과 양심에 따른 병역거부 문제는 오랫동안 시민적 의제로 부각되지 못했다. 이 문제는 민주주의의 심화 과정을 반영하여 장애인, 동성애자, 외국인노동자, 비전향 장기수 등 다양한 사회적 약자들의 인권 문제가 쟁점화될 때까지도 사회적 의제로 떠오르지 못했다. 심지어 1991

년 이후 반전평화운동이 차츰 확산하는 와중에도 제대로 주목받지 못했던 이슈였다. 그러나 2001년 이후 한국의 사회운동은 우리 사회의 근저에 끈질기게 남아 있으면서 무고한 희생자들을 양산해왔던, 그러면서도 토론과 성찰의 대상이 되기를 거부해왔던 또 하나의 금기를 상당 부분 깨뜨려버렸다.

주류 종교·교단 거부자 그리고 비종교적 거부자들이 등장함으로써, 그리고 국제적 공론화까지 이뤄짐으로써, 양심적 병역거부 문제는 이제 '소수자 종교' 문제에서 벗어나 '평화운동'으로 성격이 재규정되었다. 2001년을 계기로 양심적 병역거부의 성격에서 중대한 변화가 발생했던 것인데, 변화의 핵심은 "평화운동 지위의 획득 혹은 회복"이었다고 말할 수 있다. 다시 말해 양심적 병역거부 행위가 비로소 평화운동의 맥락에서 해석되기 시작했고, 비로소 평화운동의 한 중요한 분야로 자리매김 내지 인정되기 시작했다는 것이다.

우리 사회의 음지에 엄청난 숫자의 양심적 병역거부자들이 존재한다는 사실이 뒤늦게 알려지고 이들을 위한 대체복무제 도입 문제가 공론화되면서, 어느 정도의 사회적 자유공간social free-space이 새롭게 창출되었다. 그러자 정치적 마녀사냥의 희생양이었던 이들이 당당하게 '커밍아웃'을 할 수 있게 되었다. 이제 이들은 공론의 장들에서 과거에 비해 훨씬 더 많은 발언 기회를 향유하게 되었으며, 이 발언들은 과거에 비해 한층 경청되었다. 무엇보다도 양심적 병역거부로 인한 수감자들은 이제 "비국민非國民"에서 "양심수良心囚"로 처지가 바뀌었다. 여호와의증인 신자를 대변하는 홍영일은 공론화의 결과 양심이 "자기 확신의 진정성"을 가리키는 개념으로 정립될 수 있었다고 평가했다.[50] 이재승은 양심적 행위 여부를 평가하는 기준으로 "양심의 진정성, 양심적 행위의 일관성, 보편화 가능성, 행위의 수행 방식(작위 부작위, 폭력성 여부, 침해성 여부)" 등을 제시하면서,[51] 양심적 병역거부자를 '양심범'으로 간주해야 한다고 주장했다. "필자는 양심적 병역거부자는 도덕적으로 비난받을 요소를 담고 있지 않기 때문에 양심범良心犯에 속한다고 생각한다. 양심범은 보다 높은 도덕적인 차원에서 옹호되지만 특정한 국가의 법질서 안에서만 우연적으로 범죄로 취급되는 자이다. 윤리적으로는 무죄이나 특정한 실정법틀 안에서 유죄로 취급되는 경우이다. 양심적 병역거부자들의 병역거부 행위가 바로 이 경우에 해당한다."[52]

비국민에서 양심수로의 "상징적인" 위치 변화는 양심적 병역거부자들, 특히 여호와의증인 교단 신자들에게도 상당한 "실질적인" 이득을 제공했다. '수감자'요 '전과자'인 사실에는 여전히 변함이 없지만, 그 내용이나 과정은 달라졌다. 여호와의증인 신자들은 국가권력의 강제로 인해, 그리고 자신들을 비국민으로 낙인찍는 사회를 향해 스스로의 애국심을 입증하기 위해, 굳이 징집 영장을 들고 신병훈련소에 들어가 군형법의 항명죄로 더 가혹한 처벌을 받을 필요가 없어졌다. 아울러 군인 신분이기 때문에 헌병대 영창營倉과 군구치소·육군교도소를 거치면서 감수해야 했던 온갖 직접적·문화적 폭력에 더 이상 시달리지 않아도 되었다. 이제 여호와의증인 신자들은 민간법정에서 병역법의 입영기피죄로 더 낮은 형기의 실형을 선고받은 후 민간교도소에서 형량을 채우면 그만이었다. 이전엔 주어지지 않던 가석방이나 특사의 혜택도 주어지기 시작했고, 그로 인해 조금이나마 복역 기간이 단축되었다. 양심적 병역거부자들이 교도소 내에서 종교집회를 갖는 것도 허용되었다. 여호와의증인 수인들이 2001년 8월경부터 민간교도소로 일시적 거처를 옮김에 따라 육군교도소의 고질적인 과잉수용 문제도 상당 부분 해소되었다.[53]

양심적 병역거부 공론화 과정의 성공을 보여주는 가장 중요한 지표는 이 문제를 바라보는 사회 여론이 단기간에 우호적 방향으로 급변하는 모습을 보였다는 사실이다. 예컨대 동아일보사가 2002년 2월에 실시한 전화 여론조사에서는 "헌법상 보장된 양심과 종교의 자유가 병역법에 의해 침해받아서는 안되며, 사회봉사 활동 등으로 군복무를 대신할 수 있도록 해야 한다"는 주장에 공감하는 응답자가 61%에 이르렀다. 양심적 병역거부자에 대해서는 "대체복무제를 탄력적으로 운용해 사회봉사 활동으로 병역의무를 대신하게 해야 한다"는 의견(34%)과 "현행 병역법을 개정해 양심적 병역거부자에 대한 근본적 대안을 마련해야 한다"(20%)는 의견을 가진 이들이 "다른 병역거부자와 마찬가지로 현행 병역법에 따라 처벌해야 한다"는 응답(41%)을 상회했다.[54] 한겨레신문사가 2002년 4월 실시한 온라인 및 오프라인 여론조사에서도 "종교적 신념 등을 이유로 한 대체복무는 인정해야 한다"는 의견에 찬성하는 응답이 온라인 조사에서는 72.4%, 오프라인 조사에서는 65.6%에 이르렀다.[55] 또 동아일보사가 2002년 6월에 실시한 온라인조사에서는 병역거부자들에 대해 "현행대로 징역형"을 주장한 이들이 전체의 36.3%이었던 반면, "대체복무 허용"을 주장한 의견은 63.7%로 나타났다.[56]

양심적 병역거부권 실현 운동은 처음부터 격렬한 찬반 논란을 불러일으켰다. 그로 인해 자유시민연대, 참여네티즌연대, 재향군인회 등을 중심으로 이에 대한 조직적인 반대운동이 조직화되기도 했다.[57] 이런 조직적 반대를 포함하는 치열한 논란 자체가 쟁점의 공간적 확산과 공론화를 촉진하는 효과를 낳았다. 한국과 같은 국민개병제 사회에서 병역이나 징집과 관련된 쟁점들은 항시 '국민적인' 관심사일 수밖에 없다. 이런 사회문화적 토양 위에서 양심적 병역거부자에 대한 처벌과 대체복무권 부여 문제가 금세 전 사회적 관심사로 부각될 수 있었다. 적어도 한국의 성인 및 청소년 남성 가운데 이 문제 자체를 '모르는' 사람들은 결정적으로 줄어들었다.

여호와의증인과 재림교회에 대한 뿌리 깊은 사회적 편견과 종교적 억압으로 인해, 양심적 병역거부 문제는 반세기 동안이나 헌법학 강의실, 병역법·군형법 위반자를 처벌하는 법정과 교도소의 귀퉁이에 단단히 갇혀 있었다. 그런데 이 문제가 시민운동과 언론, 학계를 중심으로 한 시민사회의 역동적인 움직임에 힘입어 불과 1~2년 사이에 지배적인 여론을 상당 부분 역전시키고 국회의 입법화 시도까지 추동해 낼 정도의 성과를 거두었다는 것은 놀라운 일이다. 2001~2002년의 공론화 과정은 한국 시민사회가 지닌 엄청난 활력과 에너지를 유감없이 과시했다.

우리의 관심사와 관련하여 주목할 만한 또 다른 변화는, 그동안 "신성한 국방의 의무"를 앞세워 종교적 신념을 이유로 집총 혹은 병역을 거부하는 이들에게 가혹한 처벌만을 고집해온 "행정부·사법부의 견고한 공조 체제"가 균열 조짐을 보이기 시작했다는 사실이다. 시민사회와 정치사회에서 일어난 변화가 국가기구에까지 영향을 미친 것이다.

물론 국가기구에서 일어난 변화를 과장해서는 안될 것이다. 행정부, 특히 국방부, 병무청, 법무부, 경찰청의 양심적 병역거부자에 대한 처벌 의지는 확고했고 대체복무제도를 도입할 수 없다는 강경한 입장 또한 여전했다. 일례로 국방부는 2001년 10월에 "병역거부자 대체복무에 대한 국방부 입장"을 발표하여 "우리의 특수한 안보환경과 병역의무의 형평성 문제 등 때문에 허용할 수 없다"고 공개 천명한 바 있다.[58] 한국 정부는 국제무대에선 1998년 이후 양심적 병역거부권을 공식 인정하면서도, 국내에선 이를 부인하는 이중적 행태를 보여왔다. 한국 정부는 1998년과 2000년에 잇따라 "사상·양심·종교의 합법적 표현으로서 양심적 병역거부권을 인정"하며 "양심적 병역거부와 관련된 법률과 관행을 재검토한다"는 요지의 유엔인권위원회 결의안에 찬성한 바 있다.[59] 항명죄에 해당하는 집총거부자를 심판하는 군사법원 역시 과거에 비해 좀 더 성실하게 심리를 진행하는 정도의 변화가 있을 뿐, 1994년 이후 양심적 집총거부자들에게 일률적으로 3년 형이라는 중형重刑을 선고해왔다.

1999년 말부터 2001년 사이에 두 가지 의미 있는 변화가 일어났고, 이 변화가 또 다른 의미 있는 변화들을 재촉했다. 그 하나는 병역면제(제2국민역 처분)의 기준이 '1년 6개월 이상'으로 하향된 것이고, 다른 하나는 여호와의증인 신자들에 대한 강제입영 조치가 중단되었다는 것이다. "1999년 12월 31일 '병역법 시행령'의 개정으로 수형자에 대한 제2국민역 처분기준이 기존 2년 이상의 징역 또는 금고에서 1년 6월 이상의 징역 또는 금고로 조정되고, 2001년부터 강제입영 조치가 사라져 양심적 병역거부자들은 기존과 달리 입영 자체를 거부하기 시작하였다. 결국 이들은 '병역법' 제88조 위반죄에 따라 징역 1년 6개월을 선고받고 제2국민역 처분을 받는 방법으로 병역거부를 하게 된 것이다."[60]

2001년부터 군사법정에서도 부분적인 변화가 나타나기 시작했다. 2001년 5월 육군보통군사법원은 1차 공판에서 선고를 내리던 관행을 깨고 양심적 집총거부자 18명에 대해 선고를 연기했다.[61] 같은 해 9월 국방부 고등군사법원은 양심적 집총거부자 39명의 항소심 선고공판에서 34명에 대해서는 원심과 마찬가지로 징역 3년을 선고한 반면 가족 중 같은 죄목으로 옥고를 치른 사람이 있는 5명에게는 6개월을 감형함으로써 일률적으로 징역 3년 형을 선고해왔던 관례를 깼다.[62]

검찰은 군사법원에 비해 한층 전향적인 태도 변화를 보여주었다. 특히 2002년 들어 양심적 병역거부자들을 무조건 구속 수사하던 과거 관행에서 벗어나 불구속 기소를 한 뒤 법원의 판단에 맡기는 쪽으로 방침을 바꾸는 사례가 늘어났다.[63] 수사 및 기소 관행의 부분적 변화가 구형求刑의 내용에까지 직접적으로 영향을 미치는 것은 아닐지라도, 이러한 변화는 검찰이 입영 기피 후 곧 자수하여 현행법에 의한 처벌을 자발적으로 감수하는 "양심적 병역기피자"의 특수성을 인정 내지 존중하면서, 이들을 일반적인 병역기피자들과 구분하여 접근하기 시작했음을 뜻하는 것이다.

병역법을 위반한 양심적 병역거부자들을 다루는 사법부의 변화는 행정부에 비해 훨씬 괄목할 만한 것으로서, 이는 여러 방면에서 확인되었다. 가장 먼저 나타나기 시작했고 또 사법부 전반에 관철된 변화는 양심적 병역거부자들에게 선고되는 실형이 병역을 면제받을 수 있을 만큼의, 이른바 "맞춤 형량"으로 바뀌었다는 사실이다. 2001년 1월부터 약 1년 동안 병역법 위반으로 기소된 양심적 병역거부자 248명 가운데 83.8%가 1심 또는 2심에서 병역법 시행령상 병역을 면제받을 수 있는 최소형량인 징역 1년 6월형을 선고받았다. 이 가운데 18명은 1심에서 1년 6월 이상의 징역형이나 집행유예 등을 선고받았다가 2심에서 징역 1년 6월로 형량이 낮아졌다.[64] 심지어 양심적 병역거부자가 병역을 면제받을 수 있도록 항소심에서 1심 형량을 높이는 판결까지 나왔다. 2002년 1월 말 서울지방법원 형사항소1부는 병역법 위반으로 1심에서 징역 8월에 집행유예 2년 형이 선고된 한 양심적 병역거부자에 대해 징역 1년 6월의 실형을 선고하면서, "종교적 이유로 군복무를 할 수 없다는 피고인의 입장과 1년 6월 이상의 실형을 받아야 병역이 면제되는 점을 감안, 1심 형량을 높이기로 했다"고 밝혔다.[65] 대법원은 1965년 이래 1992년에 이르기까지 네 차례에 걸쳐 종교 혹은 양심을 이유로 병역의무를 거부할 수 없다는 취지의 판결을 내린 바 있다.[66] 양심적 병역거부권을 인정하지 않는 최고법원의 이런 입장은 계속 고수되었지만, 2001년 이후 사법부는 이미 현행법 질서의 한계 안에서 피고인들의 종교적 신념을 최대한 존중하고 배려하는 결정을 내렸던 것이다.

2002년 1월 29일 획기적인 법원 결정이 내려졌다. 이날 서울지방법원 남부지원의 박시환 판사가 여호와의증인 신자인 피고의 요구를 받아들이는 형식으로 관련 병역법 규정(제88조)에 대해 위헌법률심판 제청 수용 결정을 내린 것이다. 박 판사에 따르면, "이른바 양심적, 종교적 병역거부자들의 경우에는 헌법상 기본적 의무로 되어 있는 '병역의 의무'와 자유민주적 기본질서의 핵심적 기본권인 '사상·양심의 자유' 및 '종교의 자유' 사이에 충돌이 일어나게 되어, 그 양자의 본질적 내용을 훼손하지 않는 범위 내에서 양자를 적절히 조화 병존시킬 필요가 있다.……
현역 입영 거부자 처벌 규정이 양심적·종교적 병역거부자에게 아무런
제한 없이 그대로 적용된다면, '병역의 의무'만을 완전히 이행시키는 대
신 '사상·양심의 자유' 및 '종교의 자유'는 심각하게 침해하는 결과가 된
다."[67] 입영 기피자를 처벌하면서도 '양심적·종교적 병역거부자'에 대
한 예외조치를 두지 않은 병역법 규정이 위헌 소지가 있다고 법원 자신
이 처음 인정함으로써, 이 결정은 양심적 병역거부권과 대체복무권 문
제의 공론화 과정에서 또 하나의 중요한 이정표이자 전환점이 되었다.
뿐만 아니라 이 결정은 다른 양심적 병역거부자들에 대한 재판에도 곧
바로 영향을 미쳤다. 2002년 1월 말 이후 병역법 88조에 대한 헌법재판
소의 위헌 여부 심판 결과에 따라 재판 결과가 달라질 수 있다는 점을 들
어 심리를 중단하고 피고인에게 보석 결정을 내리거나, 심리가 끝났더라
도 선고공판을 무기한 연기하는 일이 잇따랐던 것이다. 또 2002년 2월 8
일 한 양심적 병역거부자[68]에 대한 구속영장이 법원에 의해 처음으로
기각된 이후, 양심적 병역거부자를 상대로 검찰이 신청한 구속영장이
기각되는 일이 잦아졌다.

　2001년의 공론화 직후 한국에 새로운 평화주의 교회가 등장했다. 재
림교회, 여호와의증인, 퀘이커에 이은 네 번째 교단인 메노나이트 혹은
아나뱁티스트 교단이 그것이었다. 네 교단은 모두 '평화주의 교회'로 불
릴 수 있지만, 메노나이트는 '역사적 평화교회'로 인정받는 교단으로는
퀘이커에 이은 두 번째였다. 메노나이트 사역자들이 한국에 처음 도착
한 것은 1952년이었지만 오랫동안 교회를 설립하지 않다가, 2001년에 가
서야 캐나다 교회와의 협력을 통해 비로소 교단을 설립하게 되었다는 것
이다. 이 교단의 명칭이기도 한 한국아나뱁티스트센터(Korea Anabaptist
Center: KAC)가 설립되는 경위와 배경에 대해 다음과 같은 설명이 제공되
어 있다.

KAC의 탄생은 역사적으로 두 가지 사건에 기인하고 있습니다. 첫 번째는 1952년 6·25전쟁이 한창일 당시 수십 명의 메노나이트 선교사들이 당시의 황폐해진 한국 땅에서의 물자 원조, 교육, 사회복지 등을 위해서 그리스도의 사랑과 섬김, 봉사의 정신으로 경상도 땅에 처음 발을 내딛었습니다.……이미 다른 많은 교단이 존재해 있었고 1970년이 넘어서는 한국은 더 이상 국제 원조가 필요한 나라로 간주되지 않았기에 메노나이트 사람들은 당시의 또 다른 전쟁이 발발한 베트남에서의 원조와 도움이 필요한 사람들을 위하여 한국을 떠나기로 했습니다.……KAC가 시작될 수 있게 영향을 준 두 번째 사건은 강원도 화천의 아바샬롬공동체와 춘천의 예수촌교회 사람들이 성경적 교회 회복을 위한 모임을 통하여 16세기 재세례신앙운동의 의의와 적절성을 재발견하였고 이를 둘러싼 새로운 인식과 운동이 한국 땅에서도 필요하다는 데 공감하면서부터 한국에서의 아나뱁티스트/메노나이트 센터의 필요성을 느끼기 시작하면서 비롯되었습니다. 그들은 곧 이러한 그리스도인의 공통된 비전을 한국의 다른 기독교인들과도 함께 나누었으며 2001년에는 캐나다 메노나이트교회와의 협력 사역의 일환으로 한국아나뱁티스트센터Korea Anabaptist Center가 정식으로 발족하게 되었습니다. KAC는 현재 세계 여러 나라의 지역교회를 섬기고 그리스도인의 공동체 삶을 더욱 풍요롭게 하는 각국의 아나뱁티스트/메노나이트 센터와의 네트워크 사역의 한 부분을 담당하고 있습니다.[69]

2013년 10월 29일 한국 메노나이트 신자 중에서 처음으로 이상민이 양심적 병역거부를 선언했다. 그는 2014년 4월에 1년 6개월 형을 선고받고 투옥되었다.[70]

2001년 공론화는 '양심적 집총거부' 전통이 끊어졌던 재림교회 안에서도 의미 있는 변화를 수반했다. 재림교회에서는 일찍이 1970년대에 양

심적 집총거부 전통이 단절되었다. 그러나 2001년의 공론화 이후 재림
교회 내부에서도 "1970년대와 80년대 군정기를 지나며 MCC 교육이 중
단되고, 재림교회의 비무장 전투원칙과 정체성이 희석된 현실은 반성해
야 할 것"이라는 지적이 자주 나왔다.[71] 이지춘이 언급하고 있듯이 삼육
대 신학과의 오만규 교수가 큰 영향을 미쳤다.[72] 이런 새로운 분위기 속
에서 2002년 3월에는 삼육대 신학과에 재학하다 입대한 윤영철이 양심
적 집총거부에 따른 항명죄로 구속되어 3년 형을 선고받았다. 2003년 3
월에는 임희재가 훈련소에서의 집총훈련 거부로 1년 6개월 형을 선고받
았다. 2004년 5월에는 역시 삼육대 신학과 학생인 이윤길 등 7명이 예비
군훈련에서 집총을 거부하여 40일 동안 감옥생활을 하기도 했다.[73] 2005
년 9월에는 집총을 거부한 재림교회 신자인 이등병 이 아무개가 대법원
으로부터 1년 6개월 형의 확정판결을 받았다. 그는 상고이유서에서 "나
의 신념을 국가로부터 인정받아 일선 부대로 복귀하는 것이 가장 큰 바
람"이라면서 "생명 존중 사상을 실현하며 양심적 협력자로서 복무할 수
있는 제도적 길을 열어주길 바란다"고 호소했었다.[74] 2006~2009년 사
이에도 6명의 재림교회 신자들이 집총거부 신앙을 고수하다가 형사처
벌을 받았다.

> 2006년 이ㅇㅇ 군은 현역에서 집총거부로 1년 6개월의 실형을 선고받
> 고 복역하였으며, 제대 후 예비군훈련에서도 집총을 거부하다가 벌금
> 형을 받았다. 2006년 박ㅇㅇ 군은 집총거부로 징역 2년을 선고받은 후
> 에도 2007년 5월 23일 안식일 훈련 및 근무 거부로 다시 1년의 실형을
> 선고받고 복역하였다. 2007년 강ㅇㅇ과 동생 강ㅇㅇ 그리고 김ㅇㅇ은
> 여호와의증인과 같이 병역거부로 1년 6개월의 실형을 선고받고 복역
> 하였다. 2009년 이ㅇㅇ은 안식일에 집총수여식을 거부하여 육군교도
> 소에서 1년간 복역하였다.[75]

이런 상황 변화를 반영하여, 재림교회 측에서도 (종전의 집총거부 교리를 되살리거나 재강조하는 데까지 나아간 것은 아닐지라도) 집총거부를 결행한 자파自派 신자들이 대체복무 혜택을 누릴 수 있도록 교단 차원에서 대체복무제 도입을 위해 일정한 노력을 기울이게 되었다.[76]

지금까지 살펴보았듯이, 2001년 초부터 약 1년 반 동안 양심적 병역거부 문제와 관련된 우리 사회의 변화는 대단히 역동적이고도 압축적이었다. 무엇보다 그것은 이 쟁점을 둘러싼 이데올로기지형의 빠른 변화에서 확인된다. 무서울 정도의 공론화 속도뿐 아니라, 이 문제를 바라보는 일반 시민과 정부의 태도에서도 중대하고도 급속한 변화가 진행되었다. 양심적 병역거부 주체들의 다변화 추세도 현저했다. 종교 영역에 머물렀던 양심적 병역거부가 비종교 영역으로 확장되었다. 종교 영역 내에서도 여호와의증인 교단에 한정됐던 양심적 병역거부자들이 다른 주류 종교들로 확산되었다. 1970년대 이후 집총거부 전통이 사실상 끊어졌던 재림교회에서도 집총거부자들이 다시 등장하기 시작했다. 양심적 병역거부의 동기가 다채로워졌고, 그로 인해 이전에 비해 한층 다양한 유형의 양심적 병역거부자들이 등장하게 되었다. 이런 변화는 2001년 이후 양심적 병역거부를 둘러싼 문제 상황의 복합성이 한결 커졌었음을 보여준다.

제
2
장

희망과 절망의 교차

2001년 2월 최초의 문제 제기부터 불과 1년 반 사이에 양심적 병역거부자들을 바라보는 한국 사회의 시선이나 대응 방식은 몰라보게 달라졌다. 2002년 여름 이후에도 이 문제와 관련하여 몇 가지 중요한 변화가 진행되었다. 양심적 병역거부자나 평화운동가 입장에서 보면, 2002년 여름 이후의 상황은 희망과 절망이 교차되는 그 무엇이었다.

1. 증가하는 정치적 거부자들

2001년 초에 양심적 병역거부 문제가 공론화되면서 양심적 병역거부자 숫자가 급격히 증가했다. 물론 그 대부분은 여호와의증인 교단 소속이었다. 2000년에 700명에도 미치지 못했던 여호와의증인 교단 소속 양심적 병역거부자는 2001년에 804명으로 크게 증가했다. 이후에는 2002년 734명, 2003년 705명 등 다소 감소 추세를 보였다.[1] 2001년부터 2008년 8월까지 4,768명에 달하는 여호와의증인 신자들이 실형을 선고받았다.[2]

2011년 11월 26일 현재 여호와의증인 신자 중에 병역거부로 복역 중인 사람은 776명이었고, 1953년 이후 양심적 병역거부로 투옥된 이 교단 신자들을 모두 합친 숫자는 16,225명에 이르렀다.[3] 앞 장에서 보았듯이, 1970년대까지 양심적 집총거부 혹은 비무장 군복무라는 독특한 교리로 인해 100명 가까운 청년 신자들을 감옥으로 보내야 했던, 그러나 국가의 거친 압력에 굴복하여 결국에는 자신들의 집총거부 교리를 포기했던 재림교회에서도 2001년 이후 '집총거부 전통의 부활' 조짐이 나타났다. 2002년 3월 이후 투옥자들이 연이어 발생하면서 재림교회 내부에서 양심적 집총거부 내지 비무장 군복무라는 전통이 부분적으로나마 재생되었던 것이다.

2002년 7월의 유호근 이후 2004년 7월까지 2년 사이에 모두 11명이 '반전·평화주의'라는, 비종교적인 정치적·이데올로기적 신념에 따라 병역거부를 선언했다. 이들에 대한 간략한 정보가 〈표 2-1〉에 요약되어 있다.

2003년 4월 말에는 한국대학생불교연합회 회원인 김도형이 오태양에 이어 '자비'와 '불살생'의 불교 교리와 계율을 내세워 두 번째로 양심적 병역거부를 선언했다.[4] 2006년 3월 병역거부를 선언한 김훈태와 2010년 6월 병역거부를 선언한 이조은도 양심적 병역거부자가 된 불교 신자들이었다. 이들은 세 번째와 네 번째 불교 거부자가 되었다.

2003년 11월 휴가 중에 "침략전쟁(이라크전)에 대한 파병 반대의 신념"을 내세워 공개적으로 병역거부를 선언하고 기독교회관에서 일주일 동안 농성을 벌였던 강철민 이병은 '선택적인 양심적 거부selective objection'와 '군복무 중의 양심적 거부in-service objection'라는, 양심적 병역거부의 새로운 유형 두 가지를 한국 사회에서 동시에 선보인 셈이 되었다. 1958년 장로교 신자로서 훈련소에서 집총훈련을 거부하여 투옥됨으로써 주류 개신교 교파 최초의 양심적 병역거부자이자 해방 후 최초의 '군복무 중 양심적 거부자'가 되었던 문기병, 현역 군인으로 복무 중에 베트남전

<표 2-1> 비종교적 병역거부자 현황: 2002.7~2004.7

이름	신분 혹은 직업	병역거부 선언일	병역거부 사유
유호근	민주노동당 당원	2002.7.9	반전평화주의
임치윤	대학생	2002.7.30	반전평화주의
나동혁	대학생	2002.9.12	반전평화주의
최준호	풀무농업기술학교 전공학부 수료	2003.3	생태평화주의
임성훈	출판사 아웃사이더 대표	2003.7.1	반전평화주의
임태훈	국제앰네스티 한국지부 성적소수자 그룹 대표	2003.7.22	반전평화주의. 성적 소수자를 정신질환자로 판정하는 징병 당국의 차별에 반대.
염창근	대학원생, 이라크반전평화팀 활동	2003.11.13	반전평화주의
강철민	현역 육군 이등병	2003.11.21	한국군 이라크 파병 반대
전영민	노동문화방송 joy3.net 활동가	2004.1.26	반전평화주의
김석민	대학생	2004.4.29	반전평화주의
최진	초등학교 교사	2004.5.15	반전평화주의

* 출처: 신윤동욱, "다양한 양심, 감옥행 시작되다", 『한겨레21』, 2004.7.29, 74쪽.

파병을 거부하며 탈영한 후 일본으로 밀항했던 김동희와 김이석, 1970년대 말 훈련소에서 집총훈련을 거부하여 투옥됨으로써 불교 최초의 양심적 병역거부자가 된 승려 효림과 군입대 후 탈영한 신학교 출신자 김홍술에 이어,[5] 강철민은 해방 후 한국에서 여섯 번째로 복무 중의 양심적 병역거부자, 즉 현역군인 거부자가 되었던 것이다. 문기병과 효림의 경우가 '양심적 병역거부'라는 용어조차 생소한 상태에서 교계나 사회에 거의 알려지지도 반향을 불러일으키지도 못한 사례였다면, 강철민 이병의 경우는 잠시나마 강렬한 사회적 관심과 주목을 이끌어낸 사례였다고 하겠다. 필자는 『민주화와 종교』에서 강 이병 사건을 다음과 같이 기술한 바 있다.

휴가 중이던 강 이병은 2003년 11월 21일에 NCCK(한국기독교교회협의회—인용자)를 찾아와 보호를 요청했다. 그는 기독교회관 2층 강당에서 연 기자회견을 통해 현역군인으로 유일하게 이라크 파병 반대 양심선언을 한 후, 회관 7층의 인권위원회 사무실에서 부대 복귀를 거부한 채 농성에 들어갔다. NCCK는 다음날(22일) "이라크 파병안을 반대하는 것이 NCCK의 기본입장인 만큼 개인적인 불이익을 감수하며 '명분 없는 전쟁'을 반대한 강 이병의 보호 요청을 받아들이기로 했다"면서, "강 이병의 뜻이 사회에 충분히 알려질 때까지 그를 보호할 계획"이라고 밝혔다. NCCK는 11월 27일 기독교회관 강당에서 '강 이병을 위한 긴급기도회'를 연 뒤 촛불집회를 갖기도 했다. 강 이병은 11월 28일 오전에 기자회견을 가진 후 노무현 대통령과의 면담을 위해 청와대로 행진을 시도하다 헌병대 수사관에게 연행되었다.[6]

그로부터 약 2년 후인 2005년 10월에는 예비신학교 과정에도 참여한 적이 있고 서울대교구 가톨릭대학생연합회 부회장의 이력을 지닌 고동주라는 대학생이 『사목헌장』 등 교회의 가르침과 개인적 신앙고백에 의거하여 양심적 병역거부를 선언했다. 그럼으로써 그는 한국 천주교 역사상 최초의 양심적 병역거부자가 되었다. 고동주에 이어 백승덕(2009년 9월)과 홍원석(2011년 8월)이 천주교 신자로서 양심적 병역거부 대열에 합류했다.

고동주보다 약간 앞선 2005년 5월에 김대산이 공론화 이후 '주류' 개신교 교단의 신자로는 처음으로 종교적 신념에 따른 병역거부를 감행했다. 그가 병역거부 선언에 즈음하여 발표한 장문의 "양심적 병역거부에 대한 진술서"는 전쟁을 거부하고 평화를 염원하는 그리스도교적 언어들로 가득했다.[7] 또 2006년 7월에 "예수 그리스도의 비폭력 저항"의 길을 따르겠다면서 병역을 거부한 박정경수,[8] 감리교신학대 신학과 출신의 장애인운동 활동가로서 2008년 11월에 병역을 거부한 권순욱,[9] 2009년 7월 기독교회관에서 연 병역거부 기자회견에서 "예수께서 가셨던 길을 따라서, 내게 보여주셨던 평화와 사랑의 걸음을 걷는 것이야말로 나의 인생에 있어 최고의 가치"라고 천명한 연세대 신학과 학생회장 출신의 하동기 등이 김대산의 뒤를 이었다.[10]

2001년 말 이후 종교적 소수파에 머물던 양심적 병역거부 문제가 이제 한국 사회의 3대 종교 모두로 파급되었고, 2002년 여름부터 비종교적인 양심적 거부자들도 증가하고 있는 것이다. 2011년까지 주류 종교 출신 양심적 병역거부자들의 사례들을 한데 모아 정리하면 〈표 2-2〉와 같다.

〈표 2-2〉 주류 종교 신자들의 양심적 병역거부: 2001~2011년

종교/거부자		병역거부 선언 시기	신분 혹은 직업
불교	오태양	2001.12.17	불교 시민단체 활동가
	김도형	2003.4.30	한국대학생불교연합회 간부
	김훈태	2006.3.28	초등학교 교사
	이조은	2010.6.15	대학생, 평화운동 단체 활동가(부친이 불교 승려임)
개신교	김대산	2005.5.13	목회자 지망
	박정경수	2006.7.13	대학생
	권순욱	2008.11.11	감리교신학대 신학과 출신의 장애인운동 활동가
	하동기	2009.7.13	연세대 신학과 학생회장 출신
천주교	고동주	2005.10.19	서울대교구 가톨릭대학생연합회 부회장
	백승덕	2009.9.9	서울대교구 가톨릭대학생연합회 회원
	홍원석	2011.8.23	인권단체에서 활동하면서 수도회 입회 준비

〈표 2-3〉은 2001년 12월부터 2010년 12월까지 모두 50명에 이르는 양심적 병역거부자들의 거부선언 일자, 선언 당시의 직업 혹은 활동 단체

〈표 2-3〉 정치적 병역거부자들: 2001.12~2010.12[11]

순번	이름	선언일	선언 당시 직업 혹은 활동 단체
1	오태양	2001.12.17	정토회(淨土會)
2	유호근	2002.7.9	민주노동당
3	임치윤	2002.7.30	대학생
4	나동혁	2002.9.12	대학생, 사회당
5	최준호	2003.3	풀무농업기술학교 수료
6	김도형	2003.4.30	한국대학생불교연합회
7	임성환	2003.7.1	출판사 ‘아웃사이더’ 대표
8	임태훈	2003.7.22	전(前) 앰네스티 성소수자그룹 대표
9	염창근	2003.11.13	이라크반전평화팀 사무국장
10	강철민	2003.11.21	현역 육군 이등병
11	김석민	2004.4.29	학생운동 활동가
12	최진	2004.5.15	초등학교 교사
13	이원표	2004.8.23	사회당
14	임재성	2004.12.13	전쟁없는세상
15	조정의민	2005.4.4	대학생
16	문상현	2005.6.7	장애인권 활동가, 사회당
17	이승규	2005.6.20	다산인권센터
18	오정록	2005.10.4	전(前) 평화네트워크 활동가
19	고동주	2005.10.11	대학생, 서울대교구 가톨릭대학생연합회
20	김영진	2005.12.1	대학생, 민주노동당
21	김태훈	2005.12.1	전쟁없는세상
22	이용석	2005.12.1	전쟁없는세상
23	최재영	2005.12.6	대학생
24	유정민석	2006.3.6	현역 전투경찰, 대학생
25	김훈태	2006.3.28	초등학교 교사
26	송인욱	2006.5.9	대학원생
27	박철	2006.7.10	대학교 졸업
28	박정경수	2006.7.13	대학생
29	정재훈	2007.2.6	대학생
30	김치수	2007.5.15	대학원생, 사회당

순번	이름	선언일	선언 당시 직업 혹은 활동 단체
31	오승록	2007.10.30	현역 육군 이등병
32	안홍렬	2008.1.7	대학원생
33	이길준	2008.7.27	현역 의무경찰, 대학생
34	김영익	2008.11.4	대학생, 다함께 활동가
35	권순욱	2008.11.11	장애인권 활동가, 사회당
36	오정민	2009.1.6	다중지성의정원
37	은국	2009.2.19	한의사
38	하동기	2009.7.7	대학생
39	백승덕	2009.9.7	대학생, 서울대교구 가톨릭대학생연합회
40	이정식	2009.10.13	대학교 중퇴
41	현민	2009.11.10	대학원생
42	박상원	2009.11.10	비공개
43	김영배	2010.3.2	대학생사람연대, 사회당
44	이조은	2010.6.15	전쟁없는세상
45	장임마누엘	2010.8.31	무직
46	상우	2010.10.19	대학원생, 영화감독
47	이태준	2010.11.9	사회당
48	김영준	2010.11.29	비공개
49	안지환	2010.11.30	서비스업 노동자
50	문명진	2010.12.14	전쟁없는세상

를 임재성이 정리한 것이다. 앞의 두 표들과 중복되지만, 〈표 2-3〉을 통해 다양한 배경을 가진 이들이 양심적 병역거부 대열에 합류했음을 확인할 수 있다.

2. 밀고 당기기, 혹은 교착

2001년 이후 우리 사회에서 양심적 병역거부를 둘러싼 격렬한 논쟁이 벌어지면서, 찬성과 반대의 논리도 어느 정도 드러났다. 이남석은 양심적 병역거부를 둘러싼 논쟁이 법학적인 관점에서의 논쟁, 종교적인 관점에서의 논쟁, 대체복무와 관련된 논쟁 등 세 축으로 진행되고 있다고 평가했다. 첫째, 법학계의 논쟁은 기본권과 의무, 내심의 자유로서의 양심과 실현의 자유로서의 양심, 헌법 37조 2항의 유보조항을 둘러싼 대립 등 헌법 차원의 논의, 인권을 규정한 국제법에 대한 논의, 양심적 병역거부자 처벌의 정당성과 부당성에 대한 형사법상의 논의로 전개되었고, 둘째, 종교계의 논쟁은 "양심적 병역거부를 주장하는 것이 이단인가 아닌가" 논의를 중심으로 하며, 셋째, 대체복무제와 관련된 논의는 현 단계에서의 제도 도입이 시기상조인지 여부, 도입 시의 장단점, 국가안보에 대한 순기능과 역기능 등을 중심으로 전개되고 있다는 것이다.[12] 2002년의 시점에서 신학자인 정종훈은 찬성과 반대의 논리를 세 가지씩으로 압축한 바 있다(〈표 2-4〉). 그는 찬성보다는 반대 논리가 우세한 상황을 감안하여 반대 논리부터 소개했다.[13]

이남석이 "언어를 둘러싼 헤게모니투쟁"이라고 부른,[14] '용어 경쟁' 혹은 '프레임 경쟁'도 치열하게 전개되었다. 특히 국가기구 내에서 양심적 병역거부 문제에 대한 가장 강력한 반대 세력인 법무부와 국방부는 병역에 대한 '거부'가 아닌 '기피'라는 용어를 고집해왔다. 이남석은 그 이유와 효과에 대해 다음과 같이 설명한다.

국가의 공식적 입장에 따르면 양심에 따른 병역거부는 존재하지 않는다. 시스템의 기준에서 보면 양심에 의한 거부는 없고, 다만 병역기피가 있을 뿐이다.……시스템은 병역거부를 병역기피로 폄훼함으로써

<표 2-4> 양심적 병역거부에 대한 반대 논리와 찬성 논리

반대 논리	찬성 논리
① 양심의 자유를 다 허용할 수는 없다. 양심을 표명하고 실현하는 자유는 타인의 기본권이나 다른 헌법적 질서, 국가안전보장이나 공공복리에 저촉되는 경우 제한할 수 있다.	① 양심의 자유는 절대주권으로서 누구도 양심에 따라 행동하는 것을 저지할 수 없고, 또한 양심에 반해 행동하도록 강제될 수 없다. 양심의 문제는 다수결로 결정지을 수 있는 사안이 아니다.
② 국가의 안전과 국민의 생명 보호를 위해 병역의 의무는 불가피하다. 개인의 양심에 따라 군복무 여부를 결정하도록 한다면 병력 수급이 불가능해지고, 병역의무의 형평성을 위배함으로써 국민적 갈등이 유발된다.	② 현재의 안보 상황에서도 양심적 병역거부를 인정하고 대체복무제의 도입이 가능하다. 양심적 병역거부자의 숫자는 현역 집총 복무자의 숫자를 위협하지 않으며 또 급격하게 늘어날 것이라 전망되지도 않는다.
③ 특정 종교인 여호와의증인에게 특혜를 줄 수 없다. 병역거부나 대체복무를 인정하게 되면 종교 평등의 원칙 및 국가의 종교적 중립성을 훼손하게 된다.	③ 그 누구의 인권도 동일하게 배려되어야 한다. 진정한 민주주의의 실현을 위해 차별받는 소수자의 인권이라는 측면에서 양심적 병역거부자들에게 관심을 주어야 한다.

병역거부의 정치적 성격을 부정하는 반면, 거부자는 병역기피라는 용어 대신 병역거부라는 용어를 부각시키고 그 정당성을 얻고자 한다.……시스템은 '거부'란 용어 대신 '기피'란 용어를 사용함으로써 의도하는 '정치적 효과'를 얻고자 한다. 그 효과는 첫째, 거부의 정치적 성격의 제거 효과이며, 둘째, 또 다른 거부의 발생 가능성을 미리 막는 예방 효과이다. 이것은 시스템이 거부 대신 사용하는 '기피'라는 용어가 대단히 정치적이라는 것을 보여준다.[15]

2004년 5월 21일 서울지방법원 남부지원의 이정렬 판사는 3명의 양심적 병역거부자에 대해 "병역법상 입영 또는 소집을 거부하는 행위가 오직 양심상의 결정에 따른 것으로서 양심의 자유라는 헌법적 보호 대상이 충분한 경우에는 정당한 사유에 해당한다"면서 무죄를 선고했다.[16] 이 판결은 언론의 비상한 관심을 끌었고, 「조선일보」와 「동아일보」 등 보수지까지 포함하여 언론 보도의 논조를 변화시켰다. 언론의 변화는 여론의 변화를 이끌어냈다. 다음은 홍영일의 기술이다.

> 남부지방법원의 무죄 판결 이후 한 달간 언론은 무려 1,000회가 넘는 보도를 하여 우리 사회가 이 문제에 대해 가지는 관심을 반영하였다. 위헌법률심판 제청 건으로 큰 관심을 끌었던 2001년 초와 비교하여 3년 사이에 뚜렷이 달라진 보도 경향은 '양심'에 대한 일반인들의 이해를 증진시키려는 노력과 대안 모색 보도로 요약할 수 있다.……무죄 판결 이후 한 달간의 언론 보도를 분석한 보고서에 의하면 신문과 방송은 관련 보도 내용 중 40% 이상을 양심적 병역거부에 대한 대안 모색에 할애하고 있었다.[17]

위 인용문에서 언급된 보고서에서 양심적 병역거부 언론 보도의 논조를 분석한 결과는 〈표 2-5〉와 같다. 이때 방송 매체에서 '시사교양물'(6회)은 "모두 해외 대체복무 사례를 소개하는 등 우호적인 태도"를 보였고, 지면 매체에서 "논조를 분명히 하는 사설/칼럼은 찬성 50%, 반대 34%, 중립 16%"로 나타났다.[18]

2005년의 시점에서 지난 4년을 회고하면서 이재승은 우리 사회의 "놀라운 학습 과정"을 확인한다. 인권 차원의 양심적 병역거부권 문제 공론화는 "민주주의 심화"의 지표이며, 그 결과 인권운동 진영에서는 양심적 병역거부 문제를 "민주주의와 인권 발전의 시금석"으로 평가할 정도가 되었다는 것이다.[19]

양심적 병역거부는 비로소 인권의 문제로 이해되기 시작하였다. 이러

<표 2-5> 양심적 병역거부 무죄 판결에 대한 언론 보도 분석: 2004.5.21~6.23[20]

구분	방송 매체		지면 매체	
	회수	비율	회수	비율
찬성	67	44%	218	52%
우호적 중립	8	5%	22	5%
중립	34	22%	77	19%
비우호적 중립	1	1%	9	2%
반대	42	28%	90	22%
합계	152	100%	416	100%

* '찬성'은 "찬성 인터뷰가 주를 이루거나 다른 나라의 대체복무 사례를 보도하는 등의 대안을 모색하는 경우"를, '반대'는 "반대 인터뷰나 논조가 주를 이룰 경우"를, '중립'은 "사실적인 면, 논란의 증폭, 기계적인 형평성을 맞춘 경우"를 가리킴.

한 흐름은 군사주의, 애국주의, 평등주의가 강력하게 결속되어 있는 한국 사회에서 최근 십수 년간 지속되어온 민주주의 이행 과정이 이제 심화 단계로 접어들고 있다는 것을 의미한다. 언론 보도도 과거에는 개선책을 찾기보다는 대개 '여호와의 증인'을 이단시하는 보수적인 기독교계의 시각에서 병역거부자를 종교적 이물질로 다루거나 군필자들의 억울한 본전 심리에 영합하여 이들을 무임편승자로 격렬히 비방하거나 고작해야 관용의 정신을 더듬거려야 했다. 그러나 최근에는 확연하게 달라진 모습이다. 무절제한 성토에서 벗어나 양심의 자유, 양심적 병역거부를 중립적 관점에서 해명하려 하거나 대체복무제에 대한 오해를 불식시키려는 노력까지 보여주고 있다. 양심적 병역거부는 실험이나 호기심의 대상이 아니라 한국 사회의 주요 현안으로 받아들여지고 있다. 이 모든 과정이 공론화된 지 4년 만에 일어났으니 놀라운 학습 과정으로 여겨진다.[21]

그러나 이 문장들에 곧바로 뒤따르듯이, 당시에도 "이와 같이 빼어난 학습 능력이 대법원이나 헌법재판소에서는 아직도 발휘되고 있지 않고" 있었다.[22] 이정렬 판사의 무죄 판결로부터 약 두 달 후인 2004년 7월 15일에 대법원은 "양심의 자유는 법률에 의해 제한될 수 있는 '상대적 자유'이고, 국방의 의무는 국가의 존립을 가능하게 하는 '기본적인 의무'"이며, "특히 남북분단의 현실을 고려하면 국방의 의무는 더 강조돼야 한다"면서 "종교적 양심의 자유가 위와 같은 헌법적 법익(국방의 의무)보다 우월한 가치라고 할 수 없는 이상, 그 자유가 제한된다 하더라도 이는 헌법상 허용된 정당한 제한이라고 할 것"이라는 판결을 내렸다. 그러나 12명의 대법관 중 이강국 대법관은 "양심의 자유와 국방의 의무가 충돌할 때는 양심의 자유가 좀 더 존중되고 보장돼야 한다"는 반대의견을 제출했다. 다른 5명은 보충의견을 통해 유죄를 선고한 다수의견에 동의하면서도 "대체복무를 도입할 필요성이 있다는 점에서는 반대의견과 의견을 같이한다"는 입장을 밝혔다. 결국 대법관 중 절반이 대체복무제 도입의 필요성을 인정한 것이다. 어쨌든 2004년 7월 대법원 판결로 인해 그동안 보류되어 있었던 220여 건의 양심적 병역거부자 재판이 재개되었다.[23] 검찰의 구속수사 관행도 되살아났고, 양심적 병역거부자들에 대한 실형 선고가 잇따랐다.

대법원의 판결이 있은 지 약 한 달 후인 2004년 8월 26일에 헌법재판소는 종교적 신념에 따라 입영을 거부한 사람을 처벌하도록 한 병역법 규정(제88조)이 헌법에 위배되지 않는다고 결정했다. 그러면서도 "입법부가 병역거부자의 양심을 보호할 국가적 해결책을 찾을 때가 됐다"며, 재판관 9명 중 7명의 다수의견으로 대체복무제 도입을 국회에 권고했다. 아울러 김경일, 전효숙 등 2명의 재판관은 "양심적 병역거부자에게 현역복무 이행의 기간과 부담 등을 총체적으로 고려해 이와 유사하거나 그보다 높은 정도의 의무를 부과한다면 형평성 회복이 가능하다"면서, "입법자가 이

대한민국 헌법재판소 대심판정

런 사정을 고려해 양심적 병역거부자에 대해 최소한의 고려라도 한 흔적
을 찾아볼 수 없어 이 사건 법률조항은 위헌”이라는 소수의견을 냈다.[24]

양심적 병역거부 운동가들은 대법원과 헌법재판소의 판결에 깊은 실
망과 좌절감을 드러냈다. 다음은 오정민의 병역거부 소견서 중 일부이
다. “지난 2004년 8월 26일 헌법재판소의 ‘병역법 제88조 제1항 제1호 위
헌제청’의 판결과 2004년 7월 15일 대법원의 ‘양심에 따른 병역거부에
대한 대법원 판결’로 한국의 민주주의는 다시 한 번 유예되었습니다. 저
는 ‘국방의 의무’가 ‘양심의 자유’보다 우선한다는 헌법재판소와 대법원
의 국가주의적 판결에 깊은 상심에 빠졌습니다. 이런 판결이 지속된다
면 헌법에서 보장하고 있는 국민의 자유는 항상 국가주의적 판단에 의해
뒤로 밀려날 수밖에 없는 것입니다.”[25]

이재승은 2001~2004년 사이의 양심적 병역거부 관련 판례들, 특히
2004년의 헌법재판소와 대법원 판례를 통해 드러난 쟁점들을 양심의 자
유, 병역거부권, 대체복무 요구권, 국제인권법, 보편화 가능성, 기대 가
능성을 포함한 일곱 가지로 압축한 바 있다. 그는 그것들을 ① 양심의 자
유는 인권인가, ② 상대적 자유도 도대체 자유인가, ③ 병역거부권이나
대체복무 요구권은 헌법에 규정되는 경우에만 인정되는가, ④ 인간으로
서의 존엄과 가치는 병역거부권의 반대 근거도 될 수 있는가, ⑤ 헌법 제
6조 제1항은 장식 조항이고 국제인권법은 참고사항인가, ⑥ 양심적 병역
거부자의 양심은 보편화 불가능한가, ⑦ 양심적 병역거부자의 집총 행위
는 기대 가능한가 등의 질문들로 제시했다.[26] 그는 헌법재판소와 대법원
의 판단을 다음과 같이 요약했다.

우선 대법원 판결의 논리는 대체로 다음과 같이 정리할 수 있다. 양심
적 병역거부자들의 행위는 헌법상 양심의 자유, 종교의 자유, 평등의
원칙, 인간으로서 존엄과 가치에 입각해서 옹호될 수 없으며, 나아가

시민적 및 정치적 권리에 관한 국제규약ICCPR 제18조(사상 양심 종교의 자유)로부터 양심적 병역거부권과 같은 권리는 추론되지 않으며, 병역법에 대체복무제도를 도입하지 않고 병역거부자를 처벌하도록 규정한 것은 입법자의 재량사항에 속하므로 비례원칙이나 과잉금지원칙 그리고 종교 간의 차별금지원칙에도 위배되지 않으므로, 따라서 병역법은 위헌법률이 아니므로 양심적 종교적 이유로 입영을 기피하는 행위는 병역법을 위반한 것이고, 부대 입소를 명령받은 경우 평균치 인간들은 입영하는 것이 통상 '기대가능'한 행위인 까닭에 병역거부자는 병역법상 입영기피죄의 책임을 면할 수 없다는 것이다.

헌법재판소에 따르면, 양심의 자유는 상대적인 자유이고, 국가안보를 위하여 제한 가능하며, 병역법에 대체복무제를 둘 것인지의 여부는 입법자의 재량에 속하고, 양심의 자유로부터 병역거부권이나 대체복무 요구권이 도출되지 않으며, 따라서 병역을 기피하는 행위는 처벌이 불가피하다는 것이다. 한편 대체복무제를 도입하지 않는 현행 병역법은 위헌법률이라 할 수 없지만, 장차 대체복무제나 기타 양심을 우호적으로 취급하는 방안을 고려해봄 직하다는 것이다.[27]

이재승은 위의 일곱 가지 논점에 따라 헌법재판소와 대법원의 판단을 조목조목 비판했다. 그중에서도 국제인권법과 관련된, "헌법 제6조 제1항은 장식 조항이고 국제인권법은 참고사항인가?"라는 쟁점에 대한 그의 비판은 특히 신랄하다. "대법원이나 헌법재판소는 자신들의 결론 방향에 따라 국제인권법을 자의적으로 배척한다. 헌법 제6조 제1항에 따라 국제조약은 국내법으로서 효력을 지니므로 자유권규약은 당연히 법률심으로서 대법원이나 헌법재판소가 싫든 좋든 진지하게 논증해야 할 법률문제이다. 그러나 다수의견은 그러한 헌법 규정에 맞게 법률심으로서의 논증 자세를 취하고 있지 않다.……우리 정부도 양심적 병역거부권을 인정해야 한다는 인권위원회의 결의에 동참하기도 하였다. 유엔인권위원회나 자유권규약위원회의 일반논평과 권고에 연성법soft law으로서 의미를 부여하려는 노력이 적지 않지만, 법적 구속력이 없다는 전통적인 견해에 따르더라도 양심적 병역거부권의 마그나 카르타로 지칭되는 유엔인권위원회 77호 결의(1998년)에 대해 대법원과 헌법재판소는 최소한 이성적 논증 의무를 지는 것이 아닌가!"[28] 결국 이재승은 다음과 같은 결론에 도달한다. "윤리적으로 보편화 가능한 양심적 결정에 위반하여 집총하는 것을 병역거부자들에게 기대하는 것은 불가능하다. 이제 병역거부자들이 터잡고 있는 근본적 평화주의를 진지하게 생각해야 한다. 법원은 길가는 나그네를 불러다 재판의 홍두깨로 사용할 것이 아니라 바로 근본적 평화주의자들을 기준으로 해서 양심적 병역거부자를 판단해야 한다. 이것이 '추상적 행위자 표준설'의 결론이라고 할 수 있다."[29] 이기철은 "두 가지 의무 간의 충돌"에 주목하면서 2004년의 대법원과 헌법재판소 결정을 강하게 비판했다. 국가의 기본권 보장 의무(양심의 자유 보장 의무)와 개인의 국방의무가 충돌할 때 항상 "분단국가 상황"을 이유로 후자를 우선시한다면, 그 국가는 '산도적'과 다를 바 없다는 것이다.[30]

하급심을 중심으로 한 사법부 그리고 언론계·학계·국회는 부지런히 앞으로 움직였지만, 양심적 병역거부자의 처벌을 담당하는 법무부와 국방부는 제자리걸음만 거듭했다. 2004년의 현실은 법무부와 국방부가 '병역거부'가 아닌 '병역기피'라는 부정적 낙인의 용어를 여전히 고집하는 가운데, 민주화와 공론화 이후에도 양심적 병역거부자에 대한 인권침해와 차별이 끈질기게 지속되고 있었음을 보여준다. 병역거부연대회의, 민변, 전쟁저항자인터내셔널(War Resisters' International: WRI)이 2004년 2월 제60차 유엔인권위원회에 낸 공동보고서에는 (불구속 재판이 아닌) 수사 개시부터의 구속 관행, '특별유형' 분류로 가석방 자체를 막지는 않지만 형기 50% 경과 기준이 아닌 75% 이후 가능케 하는 가석방에서의 차별, 사면·복권 대상에서의 제외, 2003년 중반까지 지속된 종교집회 불허 등이 열거되고 있다.

현재 행해지고 있는 처벌과 관련하여 한국의 양심적 병역거부자들에게 가해지는 인권침해 실태를 분류해보면 다음과 같다.

첫째, 한국의 헌법은 유죄의 확정판결을 받기 전까지는 무죄로 추정된다고 규정하고 있고, 도주나 증거 인멸의 우려가 있지 아니한 피의자는 구속되지 않은 상태에서 재판을 받는 것이 형사소송법의 일반 원칙인데, 병역거부자들은 대개 수사 개시 때부터 구속되어왔다.…… 둘째, 일반 재소자들과는 달리 '여호와의 증인'인 병역거부자들은 가석방 심사 기준에서 특별한 유형으로 분류되어 심사되고 있다. 이들은 교도소 내에서 대표적인 1급 모범수로 평가받고 있음에도, 통상의 경우 50% 이상 형기를 복역하면 가석방의 혜택이 주어지는 데 반하여, 반드시 형기의 75% 이상 복역해야 가석방을 신청할 수 있도록 하고 있다. 또한 매년 몇 차례씩 정부가 전체 수감자들을 대상으로 하는 사면·복권 대상에도 포함되지 않고 있다.

감옥 내 수감 실태와 관련하여 2003년 중반 이전까지는 여호와의 증인 수감자들에 대해 "특유한 종교 교리를 이유로 병역의무를 기피하는 등 실정법을 위반하고, 이로 인하여 형 집행 중인 상태에 있으므로 이들의 잘못된 신념을 굳건히 할 수 있는 종교집회 허용은 교정, 교화 목적과 배치된다"는 등의 이유로 이들의 감옥 내 종교집회가 허용되지 않았다. 2003년 중반에 이르러서야 국가인권위원회의 권고를 받은 법무부가 수감 중인 여호와의증인 병역거부자들을 비롯해 소수 종교 신봉 수용자들의 종교집회를 허용함으로써 현재 이러한 차별은 시정되었다.[31]

양심적 병역거부는 유죄이고 양심적 병역거부자 처벌은 합헌이라는 실망스러운 결정에도 불구하고, 2004년 헌법재판소 결정과 대법원 판결이 주는 메시지는 고도로 '중의적'이었다. 그것은 마치 '양날의 검'과도 같았다. 7월 15일에 대법원은 유죄 선고를 했지만 "대법관 12명 중 절반인 6명이 입법자에게 대체복무제를 검토하라는 의견을 냈고", 8월 26일에 헌법재판소도 '7:2 합헌 결정'을 내렸지만 "다수의견으로 입법자가 대체복무제를 통해 양심의 자유와 병역의 의무의 충돌을 해결할 것을 권고"했던 것이다.[32] 양심적 병역거부가 "양심의 자유에 속하지 않는다고 일관되게 판시한 이전의 판결들"과는 대조적으로 대법원 판결은 양심적 병역거부가 '양심의 자유'에 해당하는 사안임을 공식적으로 인정함과 동시에, 양심적 병역거부자들에 대체복무의 기회를 주라는 메시지를 남겼다. 나아가 헌법재판소 결정은 대체복무제 도입이 "시기상의 문제일 뿐이라는 인식을 사회 전반에 심어주는 계기"로 작용했다.[33] 이런 기대는 긍정적인 파장을 불러왔다. 임종인 전 의원이 증언하듯이, 헌법재판소 결정 직후 법안을 발의했을 당시 놀랍게도 "절반도 넘는 국회의원들이 대체복무제 도입에 호의적"이었다.[34] 양심적 병역거부 문제에 대한 대법원과 헌법재판소의 보수적 판결에도 불구하고, 하급심 판사들은 2002년 1월 이후 2010년까지 7차례나 위헌심판제청 결정을 내려 최고법원을 압박했다.

한편, 대법원과 헌법재판소의 권고에 따라 2004년 9월 열린우리당 임종인 의원이, 11월에는 민주노동당 노회찬 의원이 각각 발의한 '병역법 중 개정법률안'이 국회에 상정되었다. 2005년 3월에는 국회 국방위원회가 처음으로 병역법개정안 관련 공청회를 열었다.[35] 임종인 의원 등 22명이 발의한 병역법 개정안의 골자는 다음과 같았다.

① 양심적 병역거부의 인정 대상을 '종교적 신념'에 한하지 않고, '양

심의 확신'을 이유로 병역거부 하는 사람까지 포함하고,

② 양심적 병역거부자의 대체복무 기간은 현행 육군 복무기간 24개월의 1.5배인 36개월로 정하며,

③ 병역거부자를 심사할 기구인 '양심적 병역거부 판정위원회'는 병무청과 지방병무청 산하에 두며, 판정위원회는 교수, 법조인, 공무원, 종교인 등 9명으로 구성한다.

④ 양심적 병역거부자로 인정받은 사람은 보충역인 사회복지요원으로 편입돼 대체복무를 하고, 사회복지요원은 사회복지시설에서 아동·노인·장애인 등의 보호·치료·요양·자활 또는 상담 등의 업무를 보조·지원하는 일을 한다.

⑤ 사회복지요원은 단체숙박 생활을 원칙으로 하되 상황에 따라 출퇴근도 허용된다.

⑥ 현재 수감 중인 병역거부자는 판정위원회의 심사를 거쳐 병역거부자로 인정받으면 형의 집행을 면제받는 대신 잔여기간 동안 대체복무를 한다.[36]

국가인권위원회 역시 2005년 10월 '신념에 따른 병역거부 관련 청문회'를 처음 열었다. 국가인권위원회는 같은 해 12월 양심적 병역거부권이 헌법 제19조와 '시민적·정치적 권리에 관한 국제규약' 제18조에 규정된 양심의 자유에 해당한다고 판단하고, 국회의장과 국방부 장관에게 대체복무제도 도입을 권고했다.[37]

한편 양심적 병역거부자들은 유엔을 비롯한 국제법적 질서에 호소할 수도 있다. 이석우에 의하면, 한국인 양심적 병역거부자가 국제법상으로 활용 가능한 구제 방법들은 크게 세 가지로 나뉜다(〈표 2-6〉 참조). 이석우는 이 가운데 개인청원제도individual complaint를 이용하는 것, 그리고 특별보고자의 한국 방문을 유도하는 것을 적극적으로 활용하도록 권고했다.[38]

〈표 2-6〉 양심적 병역거부자들이 국제법상 활용 가능한 구제 방법들[39]

구분	세부 사항
유엔 인권보호 체계와 개인통보제도	유엔의 인권보호 체계는 ① 헌장 기구들(charter bodies): UNCHR (유엔인권위), SCPPHR(유엔인권증진소위), 유엔인권위의 특별절차, ② 국제규약 기구들(treaty bodies): 시민적 및 정치적 권리에 관한 국제규약(ICCPR) 등 7개 규약에 따른 ICCPR 인권이사회(HRC) 등의 7개 위원회로 구성됨. 양심적 병역거부와 관련해서는 ICCPR 및 동 규약의 선택의정서(optional protocol)가 중요함. 한국에서는 특히 ICCPR 선택의정서에 근거한 개인통보제도(individual communications)가 많이 논의됨.
유엔인권위원회 특별절차와 주제별 위임사항	유엔인권위의 특별절차(special procedures)는 ① 특별보고자(special rapporteur), 대표(representative), 독립 전문가(independant expert) 등의 개인, 혹은 ② 작업반(working group)이라 불리는 전문가 그룹으로 구성됨. 이들에게 위임되는 사항은 ① 국가별 위임사항(country mandates), ② 주제별 위임사항(thematic mandates) 혹은 주제별 인권보호장치(thematic machinery)로 구분되며, 양심적 병역거부는 '주제별 위임사항'에 해당함.
종교 및 신념 자유에 관한 특별보고자와 개인청원제도	양심적 병역거부 문제를 다루는 종교 및 신념의 자유에 관한 특별보고자는 질의서·문서 등의 발송, 현지 국가방문, 연차보고서 작성 등의 활동을 전개. 특별보고자는 개인청원제도에도 대응하며, 이 제도는 탄원서 제출(allegation letters)이나 긴급청원(urgent appeals)으로 구분됨.

 1993년에 유엔이 채택한 일반의견general comment을 비롯하여, 1948년 유엔에서 채택된 세계인권선언 이래 양심적 병역거부에 관한 '국제적 기준들'이 만들어져왔다. 또 "양심적 병역거부권의 마그나 카르타"라고 불리는 1998년 유엔인권위원회 결의를 포함하여, 1984년 유엔 경제사회이사회 결의 이후 양심적 병역거부 문제에 관한 유엔 '결의들'도 누적되면서 점점 정교하게 발전되어왔다.[40] 유엔인권위원회는 1987년 3월

양심적 병역거부권을 처음으로 공식 인정하고 각국에 그 이행을 요구했다.[41] 한국의 인권운동가들도 이를 활용하고 나섰다. 이런 움직임은 2002년부터 가시화했다. 앞서 언급했듯이, 2002년 1월 말 민변이 유엔인권위원회에 한국의 양심적 병역거부 문제를 논의해달라는 취지의 제안문을 제출했던 게 그 출발점이었다.

대법원과 헌법재판소의 병역법 88조에 대한 합헌 판결이 잇따르자, 병역거부연대회의는 2004년 10월 18일 양심적 병역거부를 불허하는 한국 정부를 유엔인권이사회(Unites Nations Human Rights Council: UNHRC)에 제소했다.[42] 보다 정확히 말하자면, 이때 여호와의증인 신자인 한국의 병역거부자 두 명(윤여범과 최명진)이 병역거부연대회의의 도움을 얻어 이석태 변호사를 통해 유엔인권이사회에 '개인통보'를 신청한 것이었다.[43] 이 제소는 2006년 11월 3일 유엔인권위원회에 의해 수용되었다. 유엔인권이사회는 양심적 병역거부권을 인정하는 입법 조치를 한국 정부에 권고했다.[44] 유엔인권고등판무관실(Office of the High Commissioner on Human Rights: OHCHR) 홈페이지에 의하면, 2020년 말 현재까지 양심적 병역거부자들이 한국 정부를 상대로 유엔자유권규약위원회(Unites Nations Human Rights Committee: UNHRC)에 진정한 사례는 5건에 이르렀고, 위원회는 모두 양심적 병역거부자의 손을 들어주었다. 2004년 10월 제출된 윤여범·최명진의 진정은 2006년 11월 3일에, 2007년 5월 정의민 등 11명의 진정은 2010년 3월 23일에, 2007년 9월과 11월 정민규 등 100명의 또 다른 진정은 2011년 3월 24일에, 2008년 388명의 진정은 2012년 10월 25일에, 2012년 진정은 2014년 10월 15일에 각각 위원회의 견해가 채택되었다.[45] 유엔인권이사회도 2008년 5월 29일과 2012년 12월 12일에 한국 정부에 대한 요청사항이 포함된 '권고'를 한 바 있다. 물론 그 핵심은 양심적 병역거부의 비非범죄화, 즉 양심적 병역거부권의 법적 인정 및 거부자에 대한 형사처벌 중단 요구였다.[46]

2000년대 초반 양심적 병역거부운동의 중요한 성취 중 하나는 이 쟁점을 유엔 등 국제무대로 가져간 것이었다. 그리스의 인권운동가이자 유럽병역거부사무국 이사를 역임한 알렉시아 수니는 양심적 병역거부 문제에서 '국제연대'의 중요성을 이렇게 피력한 바 있다.

> 여전히 병역의무가 존재하는 대부분의 나라, 어쩌면 그런 모든 나라에서 양심적 병역거부권은 환영받지 못한다. 아마 완전 모병제 국가에서 직업 군인의 양심적 병역거부권보다도 못한 취급을 받을 것이다. 실제로 병역거부자에 대한 여론은 압도적으로 부정적이고, 때로는 적대적이기까지 하다. 이 점에서 국제연대의 역할은 병역거부 당사자의 자신감을 위해서나 국가 당국에 대한 압력을 위해서 특히나 중요하다.[47]

2004년에 병역거부연대회의가 양심적 병역거부 문제를 유엔 등 국제무대로 확산시켰다면, 2006년부터는 일부 양심적 병역거부자들이 해외망명을 시도함으로써 이 문제의 국제화를 시도했다. 이 역시 국제법, 특히 국제인권법international human rights law 질서에 호소하는 측면이 강하다. 퀘이커유엔사무소 자문위원을 역임한 레이첼 브렛이 말하듯이, "국제사회의 양심적 병역거부권 인정은 병역거부자를 위한 입법의 의무를 국가에 부여하는 직접적인 효과뿐 아니라, 그런 법안을 마련하지 않을 경우 국제 난민법에 따른 망명 신청의 근거가 될 수 있음을 내비친다는 점에서 그 의미가 크다."[48] '평화주의자이자 동성애자'인 김경환이 2006년 6월 캐나다에 입국해 망명을 신청했던 것이 최초의 사례였다. 이런 일련의 일들, 그리고 민주화 이후 정부 스스로 지키겠노라고 국제사회에 약속한 바로 그 법적 규범으로 인해, 역대 한국 정부들은 양심적 병역거부권을 수용하라는 국제사회의 거듭된 압력에 시달리게 되었다. 한국 양심적 병역거부자의 국외 망명에 대해서는 제5장에서 다시 언급할 것이다.

　　양심적 병역거부 이슈에 대한 국제사회의 개입은 크게 두 가지 방향에서 전개되었다. 이를 한국인 양심적 병역거부자의 관점에서 보면 "국제연대의 두 채널"이 될 것이다. 하나는 유엔으로 대표되는 정부 간 국제기구로서, 대체복무권의 법제화와 대체복무제도의 개선에 중점이 주어지는 경향이 강했다. 다른 하나는 사회운동 성격을 띤 국제기구들 혹은 국제시민사회이다. 후자는 한국의 양심적 병역거부운동에 대한 정서적 지원과 지지 활동뿐 아니라, 오랜 시간과 시행착오 경험들을 축적한 "평화운동 선진국"으로서 귀중한 조언과 노하우, 사회운동 기술들을 제공해주었다. 한국의 양심적 병역거부 운동가들은 이들의 개입과 도움으로 일종의 "의식화", 눈을 뜨고 깨달음을 얻는 개안開眼 체험을 할 수 있었다. 인권운동 차원을 넘어서야 한다는 외국 활동가들의 문제 제기에 의해 노선의 의미 있는 변화가 이루어지기도 했다. 한국의 활동가들이 양심의 자유 획득이나 대체복무제 도입에 그치지 않고 시민불복종운동과 반군사주의 입장으로 전환하는 데, 한마디로 인권운동에서 반전·반군사주의 평화운동으로 전환하는 데서 외부의 조력과 자극, 연대가 큰 기여를 했다는 점을 대부분이 인정하고 있다. 이 과정에서 전쟁저항자인터내셔널WRI이 특별히 중요한 역할을 담당했던 것으로 보인다.[49]

제
3
장

양심적 병역거부운동의
분화와 전환

2001년 말 '정치적 병역거부자' 출현의 역사적 기원은 1990년대 중후반에 등장한 '평화운동'에서 찾을 수 있을 것이다. 앞에서 보았듯이, 특히 1999년에 창립된 평화인권연대가 양심적 병역거부운동의 등장과 이슈 공론화에 크게 기여했다. 임재성에 의하면 1990년대 말의 평화운동 활동가들에게는 이미 "군대나 군사주의에 대한 문제가 심각하다는 공감대가 어느 정도 있었"다.[1] 이런 공감대와 문제의식이야말로 2001년에 양심적 병역거부 문제의식의 수용과 폭발적 확산을 가능케 한 비옥한 토양이었다. 그렇게 한국에서도 '양심적 병역거부운동'이 시작되었다. 이 장은 병역거부운동 내부의 차이들, 시각과 접근 방식의 분화, 차이들의 긴장 어린 공존, 그런 미묘한 갈등 속에서의 의미 있는 변화 등을 다룬다.

1. 두 접근

2001년 이후 양심적 병역거부운동 진영에서는 두 가지 상이한 접근 혹은 패러다임이 연이어 등장했다. 이남석은 두 접근을 '인권주의'와 '반전주의anti-war-ism'로 명명했다. 이와 유사하게 정용욱도 '병역거부운동의 인권적 접근'과 '반군사주의 운동으로서의 병역거부'를 구분했다. 인권주의 접근에서는 양심적 병역거부자들을 국가권력에 의한 '피해자 위치'에 두는 경향이 강하고, 따라서 병역거부자들이 겪는 아픔과 고통을 강조하는 경향이 강하다. 아픔과 고통의 종식은 양심의 자유와 병역거부권 인정에 의해 가능하다. 이처럼 인권적 접근은 인권, 즉 "양심적 병역거부권의 인정 정도"에 초점을 맞춘다. 그러나 반군사주의 접근은 "국가의 군사화 정도"에 집중한다.[2] 임재성 역시 "양심의 자유와 반군사주의 간의 긴장 관계"에 주목했다.[3] 임재성에 의하면, 전자 곧 '양심의 자유-인권운동' 조합은 개인의 자유, 피해자 구제, 개인적 병역거부, 그리고 "세상이 어떻게 병역거부자를 구제할 것인가"에 일차적인 관심을 두는 반면, 후자 곧 '반군사주의-평화운동' 조합은 정치적 불복종으로서의 병역거부, "병역거부는 세상을 어떻게 바꿀 것인가"에 일차적인 관심을 둔다.[4]

반전주의 혹은 반군사주의 접근은 "병역거부가 가진 반군사주의적 가치, 평화주의적 가치들"에 주목하면서[5] 양심적 병역거부가 "'개인'이 전쟁에 저항하는 방법 중 매우 근본적인 방법"으로서 "반전운동을 위한 하나의 '도구'" 혹은 "반전평화운동의 발전을 위한 촉매제"가 될 수 있다고 본다.[6] 소극적으로는 '반군사주의'를, 적극적으로는 '평화주의'를 추구하는 반전주의 접근은 "징병제도의 소멸, 전쟁에 대한 대중적 저항, 전쟁의 원인을 제거하기 위한 사회적 변혁"을 목표 삼는다는 점에서 고도로 정치적이다.[7] 반면에 인권주의 접근의 정치화 정도는 다양하고 가변적이다.

　　이남석은 인권주의 관점과 반전주의 관점을 다음과 같이 대조시켰다
(〈표 3-1〉 참조). 2001년 이후 한국에서 출현한 인권주의 관점의 옹호자들은
조직적·공개적으로 행동했고, 사회 구성원들에게 병역거부의 양심을 적
극적으로 설명·설득하려 애썼고, 다분히 정치적이었다. 따라서 〈표 3-1〉
의 인권주의 관점은 2001년 이전, 즉 재림교회와 여호와의증인 신자들의
양심적 병역거부와 보다 가깝다고 할 수 있겠다.

〈표 3-1〉 인권주의 관점과 반전주의 관점의 비교[8]

구분	인권주의 관점	반전주의 관점
행동 방식	개인적, 비공개적으로 활동	조직적, 공개적으로 활동
사회적 확산	개인적·종교적 양심을 사회에 적극적으로 알리지 않은 채 병역거부	병역거부 이유를 사회에 적극적으로 설명
저항의 방식	국가에 대해 '무저항의 저항'	국가를 상대로 대중에 기반을 둔 '선동적인 저항'
국가폭력/징벌에의 대응	국가의 폭력과 징벌을 불평 없이 수용	국가의 폭력과 징벌에 강하게 저항
정치효과	무저항의 저항을 통해 광범위한 대중의 동의를 얻어내는 '의도하지 않은 정치효과'를 만들어냄	적극적 정치 활동을 통해 대중에게 평화주의 신념을 설파하여 '의도적인 정치효과'를 창출하고자 함

　　인권주의의 관점에서 보면, 양심적 병역거부권의 인정은 "우리 사회
가 형식적인 절차적 민주주의 단계를 넘어 소수자에 대한 관용이 넘치는
실질적 민주주의의 단계로 나아가는 것", 혹은 우리 사회가 "소수자를
인정하고 포용하는 실질적 민주주의 단계로" 나아감을 의미한다.[9] 사실
'인권주의 접근' 자체가 다양한 갈래들을 포괄한다. 인권주의적 병역거
부는 정치적인 것과 탈정치적/비정치적인 것을 모두 포함한다. 인권주

의 성향을 띤 병역거부운동은 그것이 사회운동의 일환인 한 당연히 '정치적' 차원을 내포한다고 봐야 할 것이다. 이남석에 의하면 인권주의 접근은 징병제·병역·반전·평화의 의제화에서 어려움을 겪는 편이지만, 그것이 반드시 탈정치적인 것은 아니며 종종 "폭넓은 정치적 효과"를 수반한다.[10]

임재성은 루스 린의 도식을 약간 수정하여 불복종의 '도덕적 동기'와 '정치적 동기'를 체계적으로 대조시킨 바 있는데(〈표 3-2〉), 여기서 '도덕적 동기'에 근거한 양심적 병역거부는 아무래도 '인권주의', 곧 인권주의적 병역거부와 근접할 것이다. 또한 '도덕적' 동기에 근거한 양심적 병역거부는 '종교적으로 동기화된' 병역거부와 더욱 친화적일 것이다. 그러나 '종교적 동기'의 병역거부가 반드시 비정치적이거나 탈정치적인 것은 아니다. 역사적 평화교회들은 "내면적 양심의 목소리에 충실함"을 무엇보다 강조한다는 점에서 예외 없이 인권주의적 접근을 출발점으로 삼는 게 사실이다. 그런데 대다수 퀘이커교도와 다수의 아나뱁티스트들을 포함하는 평화교회 신자들은 반전주의나 반군사주의, 시민불복종으로

〈표 3-2〉 불복종의 정치적 동기와 도덕적 동기[11]

정치적 동기	도덕적 동기
① 대중적인 행동이 되길 원한다.	① 행동이 대중 속에서 행해질 수도 있고, 아닐 수도 있다.
② 행동을 주목하게 하는 것이 필수적인 전략이다.	② 윤리적 확신을 우선시한다.
③ 공동체의 구성원들에게 실천을 촉구하는 것에 대해서 고민한다.	③ 정치적 행동보다 전략적이지 않다.
④ 정책을 바꾸겠다는 외적인 목표를 가지고 있다.	④ 정치적 행동에 비해서 제한된 목표를 가지며 동기를 주목한다.
⑤ 행동의 효율성에 대해 강조한다.	⑤ 결과보다는 원칙을 강조한다.
⑥ 행동에 초점을 둔다.	⑥ 행위자에 초점을 둔다.

서의 양심적 병역거부를 수용한다. 물론 극소수의 퀘이커와 소수의 아나뱁티스트들은 이런 접근들과 의도적으로 거리를 두는 입장을 고수하고 있지만 말이다.

인권주의와 반전주의를 포함하는 '접근과 관점의 다양함' 때문에 양심적 병역거부의 의미가 더욱 풍요롭고도 복합적으로 변했다. 곧 양심적 병역거부는 "개인의 양심을 타고난 권리로 인정하라는 시민의식의 내면 투쟁이자 우리 사회 소수자의 차별을 일소하라는 집단적인 시위였으며, 다른 한편으로는 우리 사회의 다수 시민의 통일성과 획일성에 대한 싸움이자 우리 사회의 무의식적인 내면에 잠재한 군사주의와의 투쟁"이 되는 것이다.[12]

세계 여러 곳에서 인권주의 접근과 반전주의 접근은 서로의 차이로 인해 긴장 관계에 놓이기도 하고, 주도권 경쟁을 벌이기도 했다. 한국에서도 마찬가지였다. 임재성의 말대로 2001년 이후 "사회운동으로 등장한 병역거부운동 내부에서는 양심의 자유와 반反군사주의라는 두 개의 지향점이 긴장 관계를 형성했다."[13] 그러나 인권주의 접근과 반전주의 접근은 근본적으로 서로 연결되어 있다. 무엇보다도 양심적 병역거부로 이끄는 정치적 동기의 근저에는 심원한 윤리적-철학적 동기가 작용하고 있다.[14] 두 접근은 적잖은 상보성相補性을 갖고 있기도 하다. 이 경우 두 접근 사이의 균형 발견과 생산적인 접합 방식을 찾아내는 게 중요해지며, 두 접근을 대표하는 세력들 사이의 연대와 협력 관계를 형성하는 문제가 중요해진다. 정용욱이 이런 입장을 강력하게 개진한 바 있다.

인권적 접근방식과 반군사주의적 접근방식 간의 접점을 좁혀나갈 필요가 있다. 한국의 경우 아직은 이 두 입장 간의 뚜렷한 대립이 발견되지 않고 있지만 국제적인 병역거부운동 과정에서 이 두 입장은 오랜 긴장 관계를 유지해왔다. 반군사주의 운동으로 병역거부를 강조하는 입장에서는 인권적 접근만을 강조할 경우 오히려 국가의 군사화를 세련 되게 하고 첨단화시킬 수 있다고 우려한다. 또한 대체복무제도와 관련 해서도 국가가 자국의 시민들을 징집할 권리가 있는지에 대한 문제, 그 리고 대체복무제도가 오로지 민간 성격의 것이라 해도 전시체제의 일 부가 될 수 있는 문제점을 안고 있다고 본다. 따라서 양심에 따른 병역 거부의 가장 핵심적인 주장은 인권에 관한 것이라기보다는 군사적 수 단에 대한 저항과 비폭력을 지향하는 사회적 변화에 있음을 강조한다. 그러나 지나치게 반군사주의적 접근방식이 강조될 경우 병역거부자들 의 다양한 개인적 동기들이 간과될 수 있으며 당장 수많은 병역거부 수 감자들이 양산되는 문제에 대처하기 힘들 수밖에 없다.[15]

이런 문제의식에 터하여 정용욱은 두 접근의 "바람직한 접점"을 모색 해야 한다고 주장한다. 한국의 특징은 "두 접근의 주체가 동일하다"는 점인데, 이는 "두 접근 간의 큰 충돌 없이 양자의 접점을 모색하기에 긍 정적이고 유리한 조건으로 작용"할 수 있다고 보았다.[16] 그가 제시하는 대안의 방향은 "인권·시민권 개념의 과감한 확장"이었다.

당면한 인권적 과제와 장기적인 과제로서의 반군사주의 접근을 어떻 게 조화롭게 모색할 것인지가 현시기 병역거부운동에 주어진 과제 중 하나가 아닐 수 없다. 이를 위해서는 반군사주의적 측면의 인권적 접 근과 개인 인권의 사회적 권리로의 확장이라는 측면으로 나아가야 할 것이다. 우선 국가가 부여해 왔던 '시민권' 의미의 확장과 전환이 요구 된다. 즉 과거 국가로부터 부여되고 '법적·형식적 권리'에 국한되었던 시민권 개념을 평등이나 '사회정의, 시민적 가치나 원리'를 포괄하는 개념으로 확장시키는 것과 '개인적·독립적 권리'에 국한되었던 의미 를 '집단적·관계적 권리' 개념으로 전환시키는 노력이 필요하다. 이러한 노력은 한국의 경우 군대 내 인권 실태 개선과 같은 군대에 대한 시민사회의 통제 강화, 군사안보 패러다임에 대한 비판으로서 인간안보 개념의 확대, 집단적 권리로서의 평화권 모색 등으로 보다 구체화될 수 있을 것이다.[17]

한편 이남석은 "시민불복종civil disobedience으로서의 양심적 병역거부"라는 '제3의 접근'을 선보인 바 있다. 시민불복종은 저항권과 상통한다. 저항권이 "국가권력의 불법적인 행사에 대해서 저항할 수 있는 권리"를 가리킨다면, 시민불복종은 "법이나 정부 정책의 변화를 목적으로 행해지는 공적이고 비폭력적이며 양심적이지만 법에 반하는 정치적 행위"(존 롤즈)를 가리킨다.[18] 이남석은 법에 반하거나 법에 순응하지 않는 양심적이고 공격적이며 비폭력적인 행위인 시민불복종의 대표적 사례 중 하나로 양심적 병역거부를 자리매김할 수 있다고 본다.[19] 그는 "양심에 따른 병역거부가 단지 개인의 내면 고백으로 끝나는 것이 아니라, 사회적인 문제를 제기하고 사회에 커다란 반향을 일으키고 그 결과 커다란 정치적인 결과를 가져온다면, 양심에 따른 병역거부는 시민불복종으로 기능한다"고 주장한다.[20]

2. 운동의 분화와 전환

2001년 2월 초 『한겨레21』에 실린 신윤동욱 기자의 "차마 총을 들 수가 없어요" 기사를 통해 양심적 병역거부 문제가 한국 사회에 큰 반향을 불러일으키자, 넓은 의미의 병역거부운동 영역에서 대략 네 그룹에 해당하는 행위 주체들 사이의 복합한 얽힘 혹은 합종연횡이 본격화되었다. ①

여호와의증인 교단과 신자들, ② 1990년대에 등장한 한국의 평화운동 단체들, ③ 한국의 범진보 진영에 속하는 다양한 그룹들, 그리고 ④ 외국의 평화운동가들이 그들이었다. 범진보 진영에는 시민운동, 진보 언론, (시민운동 출신들을 중심으로 한) 진보 성향의 정당 및 정치사회 인사들이 속한다고 볼 수 있겠다. 사회운동의 관점에서 보면 21세기 들어 양심적 병역거부 문제와 관련된 두 차례의 큰 전환이 진행되었다고 할 수 있다.

(1) 두 번의 전환

제1차 전환은 2000년 10월 서울 아셈피플스포럼에서 한국 평화운동가와 외국 평화운동가의 만남, 2001년 2월 『한겨레21』의 보도, 다음 달 파주에서 열린 '징병제와 군복무의 실태 및 대안 모색을 위한 워크숍'에 이르는 약 5개월 사이에 진행되었던 것으로 보인다. 첫 번째 전환은 양심적 병역거부 문제에 대한 침묵과 무관심에서 벗어나 공론화로 나아가는 과정과 겹친다. "사회운동으로서의 양심적 병역거부운동 탄생"이 변화의 핵심이었다. 양심적 병역거부라는 행위가 사회운동, 특히 "양심과 종교의 자유를 획득하기 위한 인권운동"으로 재규정되었다. 동시에, 정치와 절연한 특정 종교 신자들의 '고난 행진'으로만 점철되던 일들에 갑작스럽게 '정치적' 성격이 가미되었다. 이로써 양심적 병역거부자들에 대한 사회적 이미지도 달라졌다. 이전에는 피해자, 희생자, 동정받는 존재, 보호받고 존중받아야 할 약자이자 소수자로 간주되었다면, 이제는 당당한 사회운동 주체로 부상한 것이다.

　이처럼 양심적 병역거부의 '사회운동으로의 정립'에도 불구하고, '병역거부자'와 '사회운동가'의 괴리는 매우 심했다. 사회운동가의 정치성과 병역거부자의 '비非정치성', 나아가 '반反정치성'이 뚜렷한 대조를 이뤘다. 엄격히 말하자면, 사회운동가들은 여전히 정치와 거리를 두는 "양심적 거부자들conscientious objectors"을 지원하는 이들, 즉 "양심적 지지자들conscientious supporters"의 자리에 있었다. 이런 상황은 2001년 12월 여호와의증인 신자가 아닌, 불교 신자이자 사회운동가인 오태양의 등장, 그 직후부터 연이어 출현한 이른바 '정치적 병역거부자들'로 인해 다시금 크게 흔들렸다. 이제 사회운동가들은 "양심적 거부자이자 양심적 지지자"가 된 것이다. 2002년 2월 결성된 병역거부연대회의(병역거부권 실현과 대체복무제도 개선을 위한 연대회의)는 병역거부운동의 구심체가 되었다. 이 단체의 명칭에서 나타나는 것처럼 당시 병역거부운동의 초점은 "양심적 병역거부권 실현"과 "양심적 병역거부자들을 위한 대체복무제도 도입"에 맞춰졌다. 당시의 병역거부운동은 입법청원운동의 형태를 취하고 있었고, 이에 따라 운동의 초점과 일차적 목표는 병역법을 개정해 양심적 병역거부자들을 위한 대체복무제를 도입하는 데 두어졌다.[21] 이 운동은 '인권운동'의 성격이 뚜렷했다.[22]

제2차 전환은 인권운동 일색이던 양심적 병역거부운동 내부에서 '반전·반군사주의 운동'이 분화되었던 게 핵심이었다. 그에 따라 양심적 병역거부자의 성격 및 위상 변화, 즉 국가권력의 '피해자'이자 (처벌 혹은 관용의) '대상'에서 '사회운동가'이자 '저항의 주체'로의 전환도 더 가팔라졌다.[23] 이런 변화는 대체로 2003년 봄부터 2005년 말까지 진행되었던 것으로 보인다. 필자가 보기에 반군사주의 병역거부운동의 시작을 알린 가장 상징적인 사건은 2003년 5월 15일 '전쟁없는세상'의 창립이었다. 이 단체는 "양심에 따른 병역거부자들과 그 후원인들의 모임"으로 시작되었다.[24] 그러나 이 그룹은 단체의 명칭에서부터 '전쟁 반대'의 입장을 명확히 밝히면서 출발했다. 자체 홈페이지의 단체 소개 글에서도 이 점을 분명히 밝히고 있다.

전쟁없는세상은 2003년 병역거부자들과 그 후원인들의 모임으로 첫 활동을 시작했습니다. 초창기 병역거부운동은 대체복무제도 도입을 필두로 한 병역거부권의 제도적 인정을 촉구하는 데 많은 노력을 기울였습니다. 이 과정에서 병역거부자는 전쟁과 군사주의에 저항하는 저항자들이 아닌 국가에 의한 피해자로 인식되었고, 동시에 병역의 의무를 가지지 않는 여성 활동가들은 운동의 주체가 아닌 피해자를 돌보는 주변인으로 인식되기도 했습니다. 전쟁없는세상은 병역거부운동에 대한 그 같은 인식을 넘어서서 전쟁과 전쟁을 일으키는 사회적 구조에 대한 저항에 초점을 둔 운동을 만들고자 노력했습니다.[25]

전쟁없는세상이 2003년 3월부터 거세게 일어난 이라크전 한국군 파병 반대운동과 반전운동의 열기 속에서 결성되었다는 사실에도 유념해야 한다. 한국 역사상 최대의 반전운동이 배경으로 작용하면서 양심적 병역거부운동이 '반전·반군사주의 접근'으로 빠르게 전환할 수 있었던 것이다. 2003년 9월에 행해진 '무기 장례식'은 그 자체가 전환의 강력한 행동이자 상징이었다.

전쟁없는세상이 출범하고 얼마 지나지 않았던 2003년 9월, 정치적 병역거부자들은 10월 1일로 예정되었던 국군의 날 퍼레이드에 반대하는 퍼포먼스를 하기로 결정한다. 탱크와 미사일 등이 퍼레이드를 하고 있는 광화문에서, "무기로는 평화를 살 수 없습니다"라는 슬로건으로 '무기 장례식' 퍼포먼스를 진행했다. 강력한 무기가 평화를 지켜준다는 군사주의가 가장 극적으로 드러나는 것이 무기들의 도심 행진이라고 한다면, 평화주의자들은 그것에 반대하는 퍼포먼스를 해야 한다는 문제의식을 실천한 것이었다. 이는 한국 병역거부운동이 했던 첫 번째 반군사주의 퍼포먼스였다.[26]

이런 상황 전개를 배경으로 2004년에는 전쟁없는세상 내부에서 "병역거부운동의 확장이나 분화가 필요한 때가 되었다는 논의가 제기"되었다.[27] "군사주의 해체"와 "전쟁 반대"가 병역거부운동의 "궁극적 목표"라는 인식, 그런 견지에서 대체복무제 도입은 병역거부운동의 "과정"일 수는 있어도 "최종 목표"일 수는 없다는 인식이 활동가들 사이에 공유되었다.[28] 반군사주의로의 전환에 따라 군대를 보는 시각도 달라졌다. 임재성이 말하듯이 병역거부운동 초기에는 군대를 '폭력기구'로 보는 관점이 지배적이었지만, 전환 이후에는 군대를 '훈육시스템'으로 보는 관점도 중시되었다.[29] 좁은 의미의 군대만이 아니라 시민사회 영역으로 확장하여 군사주의 문화를 비판하게 된 것이다.

이처럼 양심적 병역거부운동 내부에서 반군사주의 입장이 출현하고 확산함에 따라 이르면 2003년 봄부터, 늦어도 2004년부터 양심적 병역거부운동은 대체복무권 획득을 위한 인권운동과 반전·반군사주의운동의 두 흐름을 모두 포괄하는 용어로 재정립되었다. 이 무렵 보다 중층적이고 복합적인 유형의 양심적 병역거부운동, 말하자면 "인권주의적-반군사주의적 병역거부운동"이 한국에서 모습을 드러냈던 것이다. 그러므로 이즈음에 양심적 병역거부운동이 인권주의적 접근에서 반군사주의적 접근으로 이행했다거나, 전자가 후자에 의해 대체 혹은 교체되었다고 누군가 주장한다면 그건 오류에 가까울 것이다. 두 접근은 중첩하고 공존했다. 따라서 중요한 쟁점은 두 접근의 조합 방식, 내지 접합의 방식이 어떠했던가이다. 아마도 큰 흐름은 "인권주의 접근 우위의 반군사주의 접근 포용"으로부터 "반군사주의 접근 우위의 인권주의 접근 포용" 쪽으로 점차 변해갔다고 말할 수 있을 것이다. 변화의 요체는 두 접근들 간의 상호 대체가 아니라, 양자의 중첩 속에서 둘의 결합 방식 그리고 무게중심의 이동에 있었던 것이다. 적어도 정치적 병역거부운동 진영 내부에서는 말이다.

　　그러나 실제 현실은 더 복잡했던 것 같다. 2004년에 전쟁없는세상 활동가들 사이에서 "인권운동의 반군사주의운동으로의 전환" 논의가 제기되었지만, 최종적으로는 '현실론'과 '단계론'이라고 부를 만한 일종의 '전략적 선택'으로 귀착되었다고 한다. "여전히 강고한 군사주의라는 장벽" 앞에서 "당면 과제인 대체복무제 도입의 지연과 그에 따른 대규모의 구속자 계속 발생"이라는 객관적인 상황 그리고 "운동의 주체적 역량 부족" 등을 두루 고려하고 고민한 결과가 현실론과 단계론이었던 셈이다. 병역거부운동 활동가들은 이념 지향과 활동의 괴리, 즉 운동이념에서는 반군사주의가 우세하나 구체적 활동에서는 인권주의가 우세한 불균형을 충분히 의식하면서, 이런 불편한 상황을 당분간 감내하기로 결정했다는 것이다. 이용석과 한홍구의 증언을 토대로 임재성은 이런 착잡한 상황을 다음과 같이 설명했다.

　　대체복무제에 초점이 맞춰진 현실 운동과, 대체복무제를 넘어서는 급진적 문제의식이 점점 더 팽팽한 긴장 관계를 형성하게 되었지만, 그 긴장 관계가 운동 외적인 뚜렷한 변화로 이어지진 못했다. 군사주의라는 '문턱'을 병역거부운동 역시 넘지 못했던 것이다. 이용석은 2004년 전쟁없는세상 내부에서 병역거부운동의 확장이나 분화가 필요한 때가 되었다는 논의가 제기되었지만, 결국 대체복무제 개선의 우선성을 인정하는 것으로 정리되었다고 말한다. "평화운동의 지향을 가진 이들을 중심으로 병역거부운동이 분화될 수도 있음을 고민하기도 했다. 그것을 내부에서 '병역거부운동 제2라운드'와 같은 용어로 표현하기도 했다.……그러나 결론은 신중하게 내려졌다. 당장 구속자가 발생하는 상황에서 이 문제(대체복무제 개선)가 가장 시급하다는 생각에 모두 동의했고, 사실상 이 문제가 해결되어야 이 이상의 운동이 가능할 수 있겠다는 현실적, 또는 단계적인 판단도 있었다"(이용석). 내부의 긴장이 이러한 방식으로 귀결될 수밖에 없었던 가장 큰 이유는 당면 과제였던 대체복무제 개선이 지연된 것에 있다. 그러나 이 상황을 뛰어넘을 수 없는 운동의 역량 부족 역시 중요한 이유였다. 한홍구는 극소수만이 이 운동에 참여했던 현실적 역량 부족이 대체복무제 이상의 활동을 만들지 못한 중요한 원인이었다고 지적했다. "이슈화에서는 너무 빨리 성공을 했지만, 사람들의 조직적 확산에 대해서는 실패했다고 볼 수 있다.……이 운동이 시끌벅적했던 것에 비하면 실제 이 운동에 참여했던 사람의 숫자는 아주 극소수이다.……만약에 보다 많은 이들이 운동에 참여하고, 병역거부를 선언했다면 양상은 달랐을 수 있다."(한홍구)[30]

양대 접근의 접합 방식에서 "반군사주의 접근 우위의 기조에서 인권주의 접근을 포용한다"는 방향성, "이념 지향에서의 반군사주의 우세, 실제 활동에서 인권주의 우세라는 불균형을 전략적으로 감내한다"는 기조는 2004년은 물론이고 2005년 말 이후에도 꽤 오래 지속되었던 것으로 보인다. 병역거부운동 활동가 사이에서 반군사주의적 의식은 날로 증가하지만, 대체복무제 도입을 통한 병역거부의 시급한 비범죄화 그리고 양심·종교 자유 보장이라는 개인 인권의 증진이 병역거부운동의 제1단계 목표로 고수되었다. 병역거부운동의 반군사주의 성격이 점점 강해지고 관련 활동도 증가했지만 그것은 "담론적 접근과 문화적 접근"에 한정되었고,[31] 전체적으로는 대체복무제 도입 운동에 비해 종속적이고 부차적인 활동으로 배치되었다.

(2) 계속되는 성찰과 자기 변화

그런 가운데서도 병역거부운동 내부에서 비판적 자기 성찰은 계속되었
다. 이런 성찰은 반군사주의적 전환을 촉진했던 그것과 동일한 과정의
연장이었다. 외국 병역거부운동가들의 조언과 페미니즘 진영의 비판이
라는 외적 자극도 성찰 과정을 더 풍요롭게 만들었다.

정치적 병역거부 운동가들은 자신들의 과거 활동이 여러 한계들을
드러냈다고 인정했다. 그중에서도 반군사주의적 주장을 의도적으로 자
제한 것, 여성과 병역기피자들을 외면한 것, 양심적 병역거부자들을 민
주주의 사회가 포용해야 할 "예외적 소수자"로 자리매김한 것, 병역의
이행이든 거부든 "모두 다 양심적 행위"라고 주장하면서 "평화운동의
당파성"을 포기한 것 등이 보다 중요한 문제들로 지적되었다. 안보 논리,
군대의 존재, 국가의 동원권·징집권을 인정하는 등 "실용적·공리적" 언
어와 담론을 구사한 것도 극복해야 할 문제 중 하나
로 거론되었다고 한다.[32]

내적 성찰의 과정에서 인권주의적 접근
이 목표 삼은 대체복무제에 대한 인식도
더욱 심화되었다. 특히 대체복무제의 여
러 한계들, 그 제도에 내재하는 딜레마
들에 대해 더욱 예민하게 의식하게 되었
다. 전쟁저항자인터내셔널WRI에 의하면,
양심적 병역거부운동은 "대체복무 인정의 세
가지 딜레마"에 직면하게 된다. 첫째, "군사적 대체복
무든 민간 부문의 대체복무든, 대체복무가 전시체제의 일부가 될 수 있
다"는 것이다. "완전한 의미의 민간대체복무"조차 "국가에게 자국 시민
들을 징집할 수 있는 권리가 있음을 인정하는 것이며", "대체복무의 내

전쟁저항자인터내셔널 로고

용이 오로지 민간 성격의 것이라 할지라도 또다시 전시체제의 일부가 될 수 있기 때문"이다. 예컨대 독일의 경우 전쟁이 발발하면 "양심적 병역거부자들은 병원, 민방위, 지뢰 제거, 난민 통제와 같은 대체복무에 무기한 소집된다." 둘째, 대체복무의 선택적 허용은 "불평등의 딜레마"를 만들어낸다. 누군가는 불살상不殺傷의 혜택을 누리는 반면, 누군가는 사람을 살상하는 병역을 이행해야만 한다는 것이다. 셋째, "전쟁체제를 폐기하지 않은 상태에서도 사실상의 대체복무를 허용할 수 있다는 딜레마"가 존재한다. 다시 말해 "국가의 체제는 군사화와 침략화로 치달으면서도 양심에 따른 병역거부자들에게는 대체복무를 허용할 수 있다"는 것이다.[33] 대체복무제 확대가 징병제를 더욱 공고화하고, 나아가 정당화하는 역설도 나타날 수 있다. 임재성과의 인터뷰에서 마케도니아의 평화운동가 보로 키타노스키는 이렇게 말했다. "우리는 대체복무제가 확대되는 것이 오히려 징병제를 공고화할 수 있다는 우려를 가지고 있었다. 독일의 사례가 그러한데, 독일의 경우 상당한 비율의 병역거부자들이 대체복무로 사회의 다양한 곳에서 저렴한 임금으로 복무를 하고 있다. 그렇기에 징병제를 폐지할 경우 이러한 노동을 유급노동으로 대체해야 하기 때문에 징병제 폐지에 큰 부담이 생길 수밖에 없다."[34] 결국 대체복무제는 국가의 징집권을 인정하는 것이고, 민간 성격의 대체복무조차 전시체체의 일부가 될 수 있으므로, 결국 징집제 폐지를 주장할 수밖에 없게 되고, 나아가 모든 형태의 국가 징집과 징발을 거부하는 쪽으로 나아갈 수밖에 없다는 것이다.[35]

2005년 12월 이후 정치적 병역거부자들의 소견서에서 대체복무에 관한 언급 자체가 감소하는 현상도 이런 인식 변화를 반영하는 것이라고 한다. 임재성에 따르면, "병역거부 선언이 이어질수록 병역거부자들은 대체복무제에 대한 설명이나 개선 촉구보다는 자신의 신념을 드러내는 것에 집중해나갔다. 2005년 12월 1일에 병역거부를 선언한 이용석, 김태훈, 김영진 이후 병역거부자의 병역거부 소견서에서는 '대체복무'라는 단어를 거의 찾을 수 없다.……초기 병역거부 소견서의 절반 이상이 대체복무제에 대한 설명과 요구로 채워진 것과 대비되는 모습이다."[36]

페미니즘과 여성학 쪽으로부터 제기된 도전과 비판 역시 병역거부운동에 조용하지만 의미심장한 변화를 초래했다. 군사주의와 남성중심주의가 수렴될수록, 군인화와 남성성의 결합이 이상화될수록, 병역거부운동에는 "비겁함"이나 "여자 같음"의 이미지가 덧씌워지기 쉽다. 2002년에 권김현영이 말했듯이, "지금 대체복무제의 도입, 양심적 병역거부권, 모병제로의 전환을 주장하는 이들은 주로 "비겁하다", "남자답지 못하다"는 이유로 비난받는다. 집총거부를 하는 여호와의증인에 대해 많은 남성들은 "그럼 대신 지켜달라는 거냐?"며 비웃는다. "대신 지켜 달라는 거냐?"는 말 이면에는 '남자답지 못하게' 혹은 '여자 같이'라는 말이 숨어 있다. 군인화와 남성성의 밀착은 병역에 대한 비판적 문제 제기를 병역의무에서 기피하려는 비겁한 행위라고 이해하도록 종용한다."[37] 페미니스트들은 이 젠더화된 도식 혹은 사회심리 문법을 전복시킨다. 다음은 "'양심적 병역기피'를 옹호함"이라는, 정희진이 2005년 12월에 쓴 주간지 칼럼의 일부이다. 당시 병역거부 운동가들에게 "상당한 충격을 주었던",[38] 그랬던만큼 병역거부 운동가들이 자주 인용하는 대목이기도 하다.

양심적 병역거부는 이른바 '지도층' 인사들의 병역비리, 병역기피와는 전혀 다르다. 이들은 평화주의적인 개인의 양심에 따라 사격이나 총검술, 전쟁과 살인을 정당화하는 군대의 목적에 반대한다. '생명을 해치지 않을 권리로서의 인권'을 주장하는 것이다. 양심적 병역거부는, 폭력을 자원으로 삼고 나약함을 여성성과 등치시켜 비하하는 가부장제에 대한 저항이기도 하다. 문제는 군사주의가 일상에 뿌리 깊은 한국 사회에서, 병역거부는 사회 전체의 군사주의 시스템에 도전하는 행위로 간주되기 때문에 거부자 개인의 엄청난 용기와 결단(강함)을 요구한다는 점이다. 그래서 병역거부운동에는, 사회가 요구하는 강한 남성성을 비판하기 위해서 그보다 더 강해야 한다는 역설이 존재한다.……하지만 이러한 저항도, 잔인한 명령을 단호히 거부할 수 있는 '남자다운' 사람이어서 가능한 것이 아니라, '두렵고 손이 떨려서 할 수 없는 나약함'을 옹호하는 데서 출발해야 한다고 생각한다. 강력한 군사주의에 저항하기 위해서 더 강한 남성다움을 요구하는 '거부'보다는, 나약함과 폭력 '기피'를 긍정적으로 재해석하는 인식의 전환이, 좀 더 근본적인 따라서 현실적인 대안이 아닐까?[39]

양심적 병역거부자를 '영웅서사'와 결부시키는 일, 그들을 '저항 영웅'이나 '강고한 신념 주체'로 재현하는 일은 점점 감소했다. 양심적 병역거부자들은 더 이상 "용감한 자들", "용기와 강한 결단력의 소유자", "투사나 순교자", "고매한 영혼의 소유자", "도덕적인 인간", "대단한 신념의 소유자"로 전형화되지 않게 되었다. 이와는 반대로 약함의 긍정, 마음의 여림과 두려움, 군사문화에 대한 공포, 폭력에 민감한 겁쟁이, 부모를 생각하며 가슴 아파하는 자식 등의 모습이 자주 병역거부 소견서에 등장하기 시작했다.[40] 사실 그 이전인 2003년 11월의 염창근 이후 병역거부 선언이라는 행위 자체가 경직되고 "무거운 분위기"에서 벗어나는 모습을 보였는데, 임재성은 이런 변화를 '탈脫영웅서사'의 한 표현으로 해석했다. "여기에는 병역거부자가 감옥을 감수하는 '대단한' 신념의 소유자, 혹은 감옥행을 앞둔 '피해자'로 재현되는 것에서 조금씩 벗어나야 한다는 고민 역시 담겨 있었다"는 것이다.[41] 이런 흐름은 '성소수자인 병역거부자들'이 등장하면서 더욱 강해졌다.

현민은 자기 내면의 이중성을 굳이 감추려 하지 않는다. 그는 스스로를 "모난 곳투성이라 운동 주체로서 병역거부자의 이미지로 잘 귀결되지 않"는 인물로 묘사한다. "나는 병역거부자들의 소견서를 읽어보면서 양심으로 집약되는 완결된 서사와 고도의 성찰성을 공통적으로 발견했다. 병역거부자의 소견서에는 최초의 계기와 중요한 문턱을 거쳐 마침내 병역거부를 선언하기까지의 드라마틱한 서사가 담겨 있다. 그들은 일찍이 고유한 문제의식과 목표를 지니고 살아온 우직한 선구자처럼 보였다.……내가 병역거부자가 되어 소견서를 작성하려고 보니, 내세울 만한 신념이 없었다.……나는 병역거부를 할 만큼 훌륭한 인물이 아닌 것 같았다."[42] 그의 이야기는 이렇게 이어진다.

운동에 적합한 주체와 부적합한 주체, 병역거부와 병역기피 사이에 엄연한 구분이 있다. 이는 병역거부를 신성시하는 효과를 낳는다. '신성한' 병역을 문제 삼는 병역거부는 병역의무 이상으로 신성시된 면이 있다. 그래서 병역거부자 개인은 묵직한 실존적 결단을 감수해야 한다.……병역거부자의 서사에 이질적인 이력이나 행적이 노출됐을 때 운동의 도덕성이 훼손되기도 한다.……사회운동가조차 병역거부자가 간디 이미지에서 벗어나면 납득을 못한다.……나는 병역거부를 하기 위해 자신을 완전무결한 도덕적 주체로 포장하고 싶지 않다. 대의에 기대고 싶지도 않다.……내겐 진정성과 속물성, 소심함과 뻔뻔함, 귀여움(?)과 섹시함(?)이 공존한다. 어떤 사람의 눈에는 병역거부자의 모순처럼 보이겠지만 실로 모든 삶은 이질성으로 그득하기 마련이다. 내게 완결된 서사는 불가능하며 매력이 없다. 완결된 서사의 이면, 즉 내밀한 일상의 파편은 정치적 올바름을 훼손하는 것이 아니라 오히려 정치를 다르게 사고할 수 있는 자원이라고 생각한다. 나는 병역거부를 하면서 내 몸에 얽혀 있는 감정을 부정하고 싶지 않았다. 자신의 찌질함조차 자학하지 않고 긍정하는 병역거부운동을 하고 싶다.……이 병역거부 소견서에는 드라마 같은 인생 역정이 없다. 정치적 대의의 담지자도 없다. 소견서 어디를 뒤져봐도 신념을 전달하려고 결연한 눈빛을 보내는 젊은이는 없다. 겁 많고 소심한 젊은이가 웅크리고 앉아 눈치를 보고 있을 따름이다.[43]

이런 변화는 "누가 더 강한가?"라는 맥락에서 '강함 대 약함'을 대비시키는 남성중심주의androcentrism 프레임 자체가 해체되거나 설득력을 점차 상실해 가는 과정일 수 있다. 그것은 '강함 대 약함'의 프레임이 '폭력 대 비폭력·평화'의 프레임으로 전환되는 것일 수 있다. 병역거부자도 현역 군복무를 이행하는 남성 못지않게 '강한 남자'라는 주장 대신 '나약함의 긍정' 혹은 '나약함의 옹호'에 나서는 것, 그리고 폭력에 대한 공포라는 보편적인 인간적 정동affect에 호소하는 것이다. 병역거부 소견서에 두렵다, 무섭다, 겁난다는 감정 표현이 속출하는 것의 진정한 의미를 우리는 바로 여기서 찾아야 할지도 모른다.

이러한 일련의 변화들은 개인들이 운동문화movement culture나 전문적 사회운동단체의 압력 못지않게 자신의 내면적 목소리에 귀기울이게 되는 변화와 나란히 간다. 그런 면에서 우리는 이를 '개인의 발견'에 기초한 "병역거부운동의 개인화" 추세라 부를 수도 있을 것이다. 점점 더 많은 병역거부자들이 개인적 동기나 욕망을 억누르는 '집단주의적 운동문화'를 거부할 뿐 아니라, 양심적 병역거부자들에 대한 과도한 '동질화'를 거부하면서 개인적 동기의 다양성을 강조한다. 국외 망명을 기도하거나 외국에 난민 신청을 한 병역거부자들이 등장하면서 이런 추세가 더욱 뚜렷해진 것 같다. 이들이 처음에는 활동가들로부터 환영받지 못했고 심지어 이기적 개인주의자라는 의혹의 대상이 되기도 했지만 얼마 지나지 않아 '정당한 병역거부자'로 인정된 것도 이런 개인화 추세를 반영하는 것일 수 있다.

이런 추세는 병역거부자를 위한 대체복무제 도입 계획이 무산된 2008

년 7월 이후 더욱 뚜렷해졌다. 이명박 정부가 대체복무제 도입 계획을 전격 취소하자, 2007년 9월 공개된 노무현 정부의 대체복무제 도입 결정에 잔뜩 고무되었던 병역거부 운동가들 사이에선 좌절감이 팽만해졌다. 병역거부운동의 동력 자체가 크게 약해졌고, 운동에 대한 사회적 관심도 감소했다. 이전처럼 화려한 사회적 조명social spotlight 속에서 고조된 병역거부의 물결에 편승하는 것이 명백히 불가능해진 새로운 상황에서, 2008년 말 이후 병역거부자들은 어쩔 수 없이 좀 더 성찰적으로 변해갔다. 그들은 격렬한 사회운동 감성과 어느 정도 거리를 두면서, 개인적으로 자신을 표현하는 데 보다 충실해지려 했다.[44]

"평범하지 않지만 영웅적이지도 않은", 새로운 유형의 정치적 병역거부자들이 등장하기 시작했다는 것은 그 자체가 양심적 병역거부운동이 새로운 단계로 진입하고 있다는 징후인지 모른다. 힘들지라도 자연스러운 생애주기life cycle의 한 부분인 병역거부와 감옥행이라는 점에서 조금은 '평범한' 느낌을 주는 여호와의증인 병역거부자들과 비교할 때, 정치적 병역거부자들은 평범하지 않은 이들이다. 동시대 청년 중에 예외적이고 이색적인 선택을 한다는 점에서, 감옥에 가고 전과자가 돼야 하기에 실존적인 결단도 요구된다는 점에서, (가족들의 따뜻한 격려와 위로 속에 병역거부를 선택하는 여호와의증인 신자들과 달리) 대부분 감정적 상처를 수반하는 부모와의 격렬한 불화·갈등 과정을 통과해야만 한다는 점에서 그러하다고 말할 수 있을 것이다.

양심적 병역거부자들과 병역거부 운동가들의 정체성도 의미 있는 변화를 겪었다. 이용석을 비롯한 병역거부자들 스스로가 토로하고 있듯이, 그들 자신은 병역거부운동의 과정에서 "평화주의자가 되어갔다." 진정한 평화주의자가 되고 평화주의자로 사는 것은 채식菜食 실천이나 페미니스트가 되는 것 등의 연쇄적인 개인적 변화들로 이어졌다. 이런 가운데 '평화 감수성'이라고 말할 수 있는 새로운 정동의 점증적 변화도 자연

스럽게 진행되게 마련이다. 병역거부운동의 활동가들은 평화학을 학습
하면서 "평화적 수단에 의한 평화peace by peaceful means 추구"라는 갈퉁의
정식화를 자신의 신념으로 받아들이게 되었다. 병역거부운동이 평화운
동의 성격을 강화할수록, 그 운동이 "평화주의자들의 운동"이 될수록,
특정 개인이 평화주의자라는 정체성을 강하게 내면화할수록, 그들 사이
에 폭력에 대한 반감과 불편감은 증폭되게 마련이다. 반면에 비폭력적
이고 평화적인 저항에 대한 선호는 증폭되기 쉽다. 비폭력 노선만이 폭
력의 악순환을 막을 수 있다는 오태양의 신념이나, 힘에 의한 평화는 진
정한 평화가 아니며 불안과 끝없는 대응 폭력을 촉발할 뿐이라는 안홍렬
의 신념 등이 이런 변화를 보여준다.[45] 당위적·규범적 차원을 넘어, 개인
적·집단적 경험을 통해 사회운동에서도 평화적 저항의 힘과 효과에 주
목하는 것 역시 운동 주체의 평화주의적 전환을 촉진한다. 폭력적 저항
보다는 오히려 평화적 저항이 훨씬 더 성공 가능성이 높다는 체험적 자
각 혹은 그런 역사적 사례들에 대한 학습이 보태지면 평화주의적 신념은
한층 강해지게 될 것이다. 평화적-비폭력적 사회운동은 사회를 변화시
키는 실질적인 힘이 있을 뿐만 아니라, 소기의 목표를 달성할 가능성도
상당히 높다는 믿음 말이다.[46]

결국 이런 일련의 과정들을 거치면서 평화운동의 독자성과 차별성이
점점 뚜렷해지는 것이다. 1980년대 학생운동 등 한국의 진보적 사회운
동에서 나타났던 군사주의적 색채나 폭력 긍정, 남성중심주의 등을 고려
할 때,[47] '비폭력 저항' 노선은 평화운동의 독특성 내지 특이성을 가장
잘 표현해주는 요소일 가능성이 높다. 평화운동의 고유성 내지 독자성
은 학자들이 평화운동의 '조건' 혹은 '기준'으로 제시하는 것들과 상통할
것인데, 특히 "평화적 방식에 의존하는 원칙", "문제나 갈등의 평화적 해
결", "비폭력적 저항 방법" 등이 그에 해당할 것이다.[48]

이런 과정은 병역거부운동에 여성의 참여와 비중이 커질수록, 성소수

자들의 참여가 활발해질수록, 병역거부운동과 페미니즘 및 여성학 결합이 공고해질수록 가속화하는 경향을 보인다. 여성의 발견, 성소수자의 발견, 외국으로 도망가는 병역기피자들의 발견이 더불어 그리고 동시에 작용하면서 병역거부운동의 성격을 변화시키고 있다. 병역거부운동의 평화운동으로서의 성격도 점점 강해지고 있다. 평화주의적 정체성과 평화운동의 독자성 강화가 길지 않은 한국의 병역거부운동 역사에서 새로운 움직임인 것만은 분명하다. 물론 이것이 새로운 전환, 말하자면 사회운동 형성이라는 제1차 전환, 반군사주의적 평화운동 지향이라는 제2차 전환에 이은, 제3차의 전환으로 평가될 수 있을지는 아직 불확실하지만 말이다. 어쨌든 이런 변화는 2004~2005년 무렵부터 지금까지 계속 진행되고 있는 것으로 보인다.

2009년 11월에 병역거부를 선언한 현민은 스스로 '한 세대의 끝' 혹은 '새로운 세대의 첫머리'임을 자임했다. 다음은 "다음 세대를 위한 병역거부 길잡이: 나의 병역거부 소견서"라는 제목을 단 그의 소견서에 실린 짤막한 "추기"이다. "나는 스스로가 오태양의 출현을 충격으로 받아들인 세대의 끝임을 의식하며 이 글을 작성했다. 오태양 이후의 비여호와의증인 병역거부자는 대개 서울 소재 대학 출신으로 학생운동 경험이 있었다. 이제 그런 병역거부자 세대는 종말을 고하는 것처럼 보인다. 시대적 조건이 달라졌고 다른 상황과 배경 속에서 병역거부를 고민하는 사람이 늘고 있다. 전형적으로 굳어진 병역거부자의 모습 또한 변화하고 있다."49

지금까지 살펴보았듯이 다양한 어려움들의 한복판에서, 혹은 그 어려움들 때문에 양심적 병역거부운동의 방향 전환이 조금씩 모색되었다. 방향 전환은 어떤 동질적이고, 질서정연하고, 한 방향만을 향한 것이 아니었다. 방향 전환은 '입장의 다변화'를 수반했다. 그 때문에 양심적 병역거부 및 그 운동의 색깔은 이전에 비해 훨씬 다채롭게 되었고, 그 외연 또한 한층 넓어졌다.

병역거부연대회의가 주관한 자료전 '총을 들지 않는 사람들' 포스터(2005)

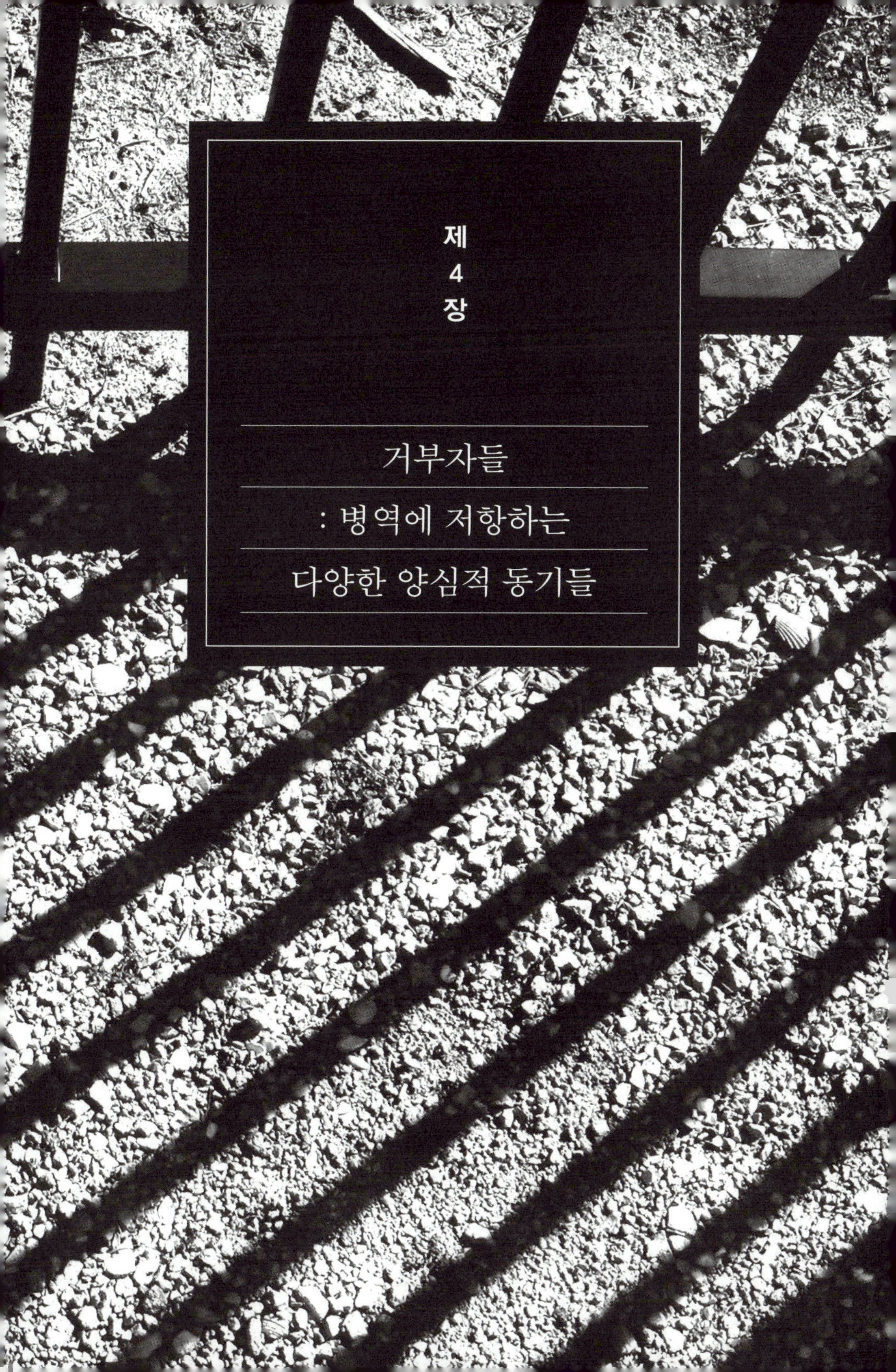

제
4
장

거부자들
: 병역에 저항하는
다양한 양심적 동기들

이 장에서는 2001년 이후 등장한 '정치적 병역거부자들'에 초점을 맞춘다. 그들은 대체 무슨 생각으로 병역을 거부하고 나섰는가? 그들의 생각과 고민은 하나로 수렴되기보다는 여러 갈래로 나뉘었다. 이번 장에서는 "병역에 저항하는 다양한 양심적 동기들"에 주목하려 한다. 이를 위해 그들의 생생한 목소리와 주장을 들을 수 있는 문헌과 자료들을 활용할 것이다.

2001년의 대전환 이전에도 양심의 명령에 따른 "정치적 거부자·고발자들"이 존재했다. 그들은 현역 군인이나 경찰이었으므로 일단 '탈영자'로 취급되어 고통을 당했다. 이 군인·경찰들은 정치적 병역거부자의 전조前兆이자 맹아萌芽였던 이들, 말하자면 일종의 "유사類似 병역거부자들" 혹은 "초기적 병역거부자들"이라 할 만했다. 거부자 중 군인이 아닌 경찰도 여럿이라는 사실은 한국의 특징 중 하나라 하겠다. 물론 전투경찰이나 의무경찰로 불린 이들도 "군인 같은 경찰" 혹은 "군사화된 경찰militarized police"이었다.

1987년 6월항쟁부터 1990년대 초에 이르기까지 "50여 명"에 이르는 군인과 경찰들이 이른바 "양심선언"을 했다.[1] 2001년 이후와 같은 "양심적 병역거부 선언"이 아닌, "양심선언"이나 "명예선언"에 그들의 목소리가 담겼던 셈이다. 특히 1980년대 말부터 다수의 현역 군인들과 경찰들이 서울 종로의 기독교회관을 찾았다. 『한국교회 인권운동 30년사』에는 그 사례들이 상세히 소개되어 있다.[2] ① 1987년 7월 8일 경기도 이천경찰서 타격대 소속 양승균 상경이 기독교회관 안의 '민주헌법쟁취 국민운동본부' 사무실에서 군인·전경으로서는 첫 양심선언을 했다. 그는 "독재에 고함"이라는 글을 통해 "5만 경찰과 7만 전경도 경찰권 독립이 민주화의 첩경임을 알고 부당한 명령에 명령불복종운동을 벌이자"고 호소한 후 한국기독교교회협의회 인권위원회에서 농성을 시작했다. ② 1988년 1월 28일 서울 서부경찰서 201전투경찰대 소속 연성흠(감리교신학대 3년 휴학)이 양심선언을 했다. 연성흠은 시위 진압에 양심의 가책을 느끼고 인권위원회 사무실에서 전투경찰 해체 및 경찰 중립을 요구했다. ③ 1988년 6월 24일 서울시경 동대문지구대 8중대 소속 노재학 상경이 "조국의 자주 민주 통일"과 "전경대 해체"를 주장하며 인권위원회 사무실에서 양심선언을 했다. ④ 1988년 11월 18일 공군 제1전투비행단의 김상철 일병이 인권위원회 사무실에서 군軍의 비리·폭력 등을 척결하자고 주장했다. ⑤ 1989년 1월 5일 육군 30사단 소속 이동균 대위, 김종대 중위, 이청록 중위, 박동식 소위, 권균경 소위 등 다섯 명의 장교들을 대표하여 이동균 대위와 김종대 중위가 인권위원회 사무실에서 군의 정치적 중립과 민주화를 촉구하는 "명예선언문"을 발표했다. 이들의 행동은 "최초의 집단적인 군인 양심선언"이었다. ⑥ 1990년 10월 4일 윤석양 이병이 인권위원회 사무실에서 기자회견을 갖고, 국군보안사령부의 민간인 사찰을 폭로하는 양심선언을 감행했다. ⑦ 1991년 5월 4일 현역 전투경찰이던 박석진이 "정권의 방패막이인 전투경찰대를 해체할 것"을 요구하면서 공개적으로 '전투경찰 복무 거부'를 선언했다. ⑧ 1992년 1월 15일 전북경찰청 제2308전경대 소속 강태중 일경이 인권위원회 사무실에서 양심

그리운 벗
하느님의 진리를 실현하는 모든 이들께,

령어영위 45. 10. 14.
애전. 연 성흠.

하느님의 조국이 둘로 갈리오, 갈라진 이땅에서
나는 방패를 들어야만 했습니다.

방패를 들고 서 있는 나의 가슴에서 두텁게도 흘
어지던 응어리들, 제도고의 적늘아래 에서 하
염없이 흘러 내리던 눈물들, ㅡ

부당한 명령과 노예적 복종으로 얼룩진 하루 하루
의 체면 속에서 희망이란, 삶이 희망이란 아무것도
어느곳에서도 찾을수 있었던 그 시절, 돌이켜 생각
해 그러면 이 암울한 시대에 그 시절은 너무나도
멀게만 느껴 지고 있습니다.

방패는 바로 나의 갈라진 조국, 나의 양심을 얽어맨
노예의 쇠사슬, 이시대의 또다른 틀란 이였던
것입니다. 정어도 양심 전경이 되기 가까지도...

부당한 명령을 거부하고 오 모든 노예적 복종
에서 떨쳐 일어섰던 희망의 몸부림, 나의 양심 선언
은 참 삶이 무엇인줄을 쓰스로에게 일깨워 주
었읍니다.

굴종과 체념은 불의와 폭력에 대항 분노로, 그
분노는 참 삶의 열정으로 바뀌어 갔습니다.
잃어 버린 양심, 똑재에 유린당한 우리의 애국적 양
심을 되찾기 위하여 나의 젊음은 분노 했고 투쟁했
던 것입니다. 나의 방패 속에 갇힌 젊음의 아픔,
민중의 아픔, 민족의 아픔을 딛고 나의 양심은 하느
님의 뜻에 따라 역사와 건국 앞에 선견하게 나섰수
있었던 것입니다.

그러나 이제 나의 작인으로 라하지 못한 불상한
외눈으로 창살에 넋든 가들디 저녁 햇살을 바
라 봅니다. 이 시대의 어둠을 해소 하는 모든 이들
과 더불어 닫힌 자유, 그러나 열린 미래의 세계를
그려 오늘을 이어 내일을 봅니다.

선언을 하고 "전경 해체와 군의 민주화"를 촉구했다.

　이들 가운데 1991년에 군복무 자체를 거부하고 나선 전투경찰 박석진은 특별한 주의를 요하는 인물이었다. 실제로 박석진은 '사후에' 양심적 병역거부자로 재발견·재해석되었다. 박석진 스스로도 자신을 양심적 거부자로 인정했을 뿐 아니라 직접 평화운동가로 활동하기도 했다.[3] 2001년 정치적 병역거부자가 등장하자 전투경찰 혹은 의무경찰의 양심적 병역거부 선언이 재차 등장했다. 2006년 3월 전투경찰인 유정민석이, 2008년 7월 의무경찰인 이길준이 병역거부를 선언했다. 2008년 6월에는 전투경찰인 이계덕 상경이 촛불집회를 진압하는 전투경찰로서는 더 이상 복무할 수 없다면서, 전투경찰 업무가 자신의 양심에 반한다면서 '육군으로의 전환 복무'를 신청했다. 이들은 모두 '군복무 중의 양심적 병역거부자'에 해당한다. 이제 다시 2000년대의 정치적 거부자들에게 초점을 맞춰보자.

1. 정치적 병역거부자들: 인물과 자료

여기서는 정치적 병역거부자들이 직접 쓴 다양한 형식의 글들에 대한 일종의 '담론 분석'을 시도해보려 한다. 다행히 형식도 다양하고 시기적으로도 고루 분포된 관련 자료들이 꽤 축적되어 있는 편이다. 국가(병무청)를 향해 병역거부 의사를 공개적으로 밝히는 글의 목적상 '병역거부 소견서'는 병역거부의 동기나 이유가 가장 명확히 드러나는 글이다. 공개 선언문 발표는 정치적 병역거부자들의 독특한 특징이기도 하다.

　전쟁없는세상의 편집으로 2014년 출간된 『우리는 군대를 거부한다: 양심에 따른 병역거부자 53인의 소견서』에는 2001년 12월 오태양부터

2014년 3월 강길모까지 12년 남짓 기간에 해당하는 53인의 소견서들이 수록되어 있다. 전쟁없는세상·한홍구·박노자가 공동으로 저술하여 2008년에 출간한 『총을 들지 않는 사람들: 병역거부자 30인의 평화를 위한 선택』에는 병역거부자 숫자는 보다 적을지라도, 소견서뿐 아니라 편지, 수기, 수필 등 다양한 형식의 글들이 실려 있다. 『총을 들지 않는 사람들』에는 『우리는 군대를 거부한다』(53명)에 등장하지 않는 5명(최준호, 이승규, 최재영, 정재훈, 오승록)의 글들이 포함되어 있다. 따라서 이 두 권의 책에 수록된 글의 저자 숫자는 모두 58명으로 늘어난다.

먼저 『총을 들지 않는 사람들』에는 양심적 병역거부자 28명의 글 50편

〈표 4-1〉 『총을 들지 않는 사람들』(2008.6)에 수록된 병역거부자들

2001~2002년	2003~2004년	2005~2006년	2007~2008년
오태양(01.12)[5]	최준호(03.3)	조정의민(05.4)	정재훈(07.2)
임치윤(02.7)	김도형(03.4)	문상현(05.6.7)	오승록(07.11)
나동혁(02.9)[6]	임성환(03.7)	이승규(05.6.20)	안홍렬(08.1)
	염창근(03.11.13)[6]	오정록(05.10.4)	
	강철민(03.11.21)	고동주(05.10.11)	
	최진(04.5)	김영진(05.12.1)	
	이원표(04.8)	이용석(05.12.1)	
	임재성(04.12)[7]	김태훈(05.12.1)	
		최재영(05.12.6)	
		유정민석(06.3.6)	
		김훈태(06.3.28)[6]	
		송인욱(06.5)	
		박철(06.7.10)	
		박정경수(06.7.13)	
3명	8명	14명	3명

* [ ]안의 수치는 수록된 글의 편 수를 가리킴.

이 수록되어 있다. 이 가운데 오태양, 나동혁, 염창근, 임재성, 김훈태 등 다섯 명의 경우 두 편 이상의 글을 실었고, 나머지 23명은 1편씩 게재했다. 특히 2001년 12월 최초의 병역거부 선언을 한 오태양의 글이 5편, 2002년 9월 병역거부를 선언한 나동혁의 글이 6편, 2003년 11월 거부 선언한 염창근의 글이 6편, 2004년 7월 거부 선언한 임재성 관련 글이 7편(그중 3편은 아버지의 편지임), 2006년 3월 거부 선언한 김훈태의 글이 6편을 차지한다.

한편 『우리는 군대를 거부한다』에 수록된 53명의 병역거부 필자들을 시기별로 구분하여 제시한 것이 〈표 4-2〉이다. 이 가운데 2006~2009년에는 2007년 9월 대체복무제 도입 발표(노무현 정부), 2008년 7월 대체복무제 도입 재검토 발표(이명박 정부), 2008년 12월 대체복무제 도입 백지화 발

〈표 4-2〉 『우리는 군대를 거부한다』(2014.5)에 수록된 병역거부자들

2001~2005년	2006~2009년	2010~2014년
오태양(*), 유호근, 임치윤, 나동혁, 김도형, 임성환, 임태훈, 염창근(*), 강철민(*), 김석민(보챙), 최진, 이원표, 임재성(*), 조정의민(*), 문정대(가명), 오정록(*), 고동주, 김영진, 김태훈, 이용석	[2007.9 대체복무제 도입 발표 이전] 유정민석, 김훈태(*), 송인욱(*), 박철(타랑)(*), 박정경수, 김치수 [2007.9 대체복무제 도입 발표 이후] 안홍렬(*) [2008.7 대체복무제 도입 재검토 발표 이후] 이길준, 김영익, 권순욱 [2008.12 대체복무제 도입 백지화 발표 이후] 오정민(우공), 은국, 하동기, 백승덕, 이정식, 현민	김영배, 이조은, 이태준, 안지환, 문명진(날맹)[2010], 이준규, 홍원석, 최기원, 전길수, 유윤종(공현)[2011], 김무석, 김동현, 박정훈, 조익진, 이상민, 김성민(들깨)[2013], 강길모[2014]
20명	16명	17명

* (*) 표시는 『총을 들지 않는 사람들』과 중복되는 경우를 가리킴. 『우리는 군대를 거부한다』에 등장하는 문정대라는 가명은 『총을 들지 않는 사람들』에서 '문상현'으로 확인됨.

표(이명박 정부) 등 정책의 혼선이 극심했으므로, 시기를 넷으로 세분하여 제시했다.

2015년 출간된 대담집인 『저항하는 평화: 전쟁, 국가권력에 저항하는 평화주의자들의 대담』에는 필자를 포함한 8명의 지식인들이 10명의 병역거부자 및 병역거부운동 활동가와 나눈 대화가 실려 있다.[4] 병역거부자 자신이 집필한 책들도 몇 권 출판되었다. 탁월한 연구서이기도 한 임재성의 『삼켜야 했던 평화의 언어: 병역거부가 말했던 것, 말하지 못했던 것』(2011년)에는 저자 자신은 물론이고 병역거부자들의 생생한 목소리도 실려 있다(특히 2부). 이 밖에 자전적 서술이 상당히 포함되어 있는 현민의 『감옥의 몽상』(2018년), 이용석의 『평화는 처음이라』(2021년)와 『병역거부의 질문들: 군대도, 전쟁도 당연하지 않다』(2021년), 김동주의 『총으로 글을 쓸 수는 없지 않은가?』(2013)도 활용할 수 있다.[5] 강인화의 2007년 이화여자대학교 석사학위논문인 "한국 사회의 병역거부운동을 통해 본 남성성 연구", 임재성의 2009년 서울대학교 석사학위논문인 "평화운동으로서 한국 병역거부운동 연구: '양심의 자유'와 '반군사주의' 간의 긴장관계를 중심으로"와 후속 연구,[6] 오세영의 2014년 성공회대학교 석사학위논문인 "삶의 한 방식/과정으로서의 병역거부: 구술을 통해 본 2000년대 이후 '정치적' 병역거부자의 자기생애 인식"에도 병역거부자들에 대한 심층면접 혹은 구술사 자료가 수록되어 있다.

한편, 앞서 제3장에서 필자는 한국의 양심적 병역거부운동에서 나타난 두 차례의 전환에 관해 설명했다. 첫 번째 전환의 시기는 2000년 10월부터 2001년 3월까지로, "사회운동(인권운동)으로서의 양심적 병역거부운동이 탄생한 것"이 그 요체였다. 2003년 봄부터 2005년 말까지 진행된 두 번째 전환은 "인권운동의 성격을 강하게 띠던 양심적 병역거부운동 내부에서 발생한 반전·반군사주의 운동의 분화"가 핵심이었다. 2차 전환 이후, 혹은 2차 전환과 시기적으로 일부 중첩되면서, 주목할 만한 새로운 움직임들도 연쇄적으로 출현했다. 페미니즘과 여성학의 도전, (여옥으로 대표되는) 병역거부운동에 참여하는 여성들의 출현, 성소수자 거부자의 대두, 국외 망명을 시도하거나 외국에 난민 지위를 신청하는 병역기피자의 등장 등이 복잡하게 상호작용하면서 병역거부운동 안에서 "낯선 흐름들"을 만들어냈다. 그것은 "강한 남성 영웅으로서의 병역거부자" 서사 혹은 프레임의 약화, 동질화를 강요하는 집단주의적 운동문화를 거부하는 병역거부운동의 개인화, 병역거부 운동가들의 평화주의적 정체성과 의식 강화로 압축된다.

양심적 병역거부운동에서 진행된 이런 변화들은 양심적 병역거부자들에 대한 사회적 이미지social images에도 의미 있는 변화를 가져왔다. 병역거부 이유나 동기의 다양성과 주로 관련되겠지만, 2001년 이후 병역거부자 이미지는 적어도 세 차례 전환되었던 것으로 보인다. 2001년 이후의 한국 사회에서 등장한 양심적 병역거부자의 첫 번째 사회적 이미지는 "피해자", "희생자", "동정받는 존재"였다. 따라서 그들은 보호받고 존중받아야 할 약자, 혹은 소수자로 비쳤다. 두 번째 등장한 이미지는 "사회운동 주체"였다. 기존에는 국가폭력에 시달리는 수동적이고 무력한 대상 혹은 객체의 이미지가 강했다면, 이제는 국가폭력에 저항하는 능동적인 주체 이미지가 뚜렷해졌다. 물론 여기서 사회운동은 인권운동이나 평화운동을 가리킨다. 인권운동의 성격을 띤 평화운동, 혹은 평화운동의 지향을 내포한 인권운동 등 둘의 혼합도 얼마든지 가능할 것이다. 평화운동가 스펙이 말하듯이, 애초부터 "병역거부는 인권 문제 이상의 무엇이며 반전 평화주의자들과 반군국주의자들의 원칙적인 행동"이었다.[7] 그런데 병역거부 '운동'의 주체들은 '강인한 저항 영웅' 이미지에 가까웠고,[8] 개인적 고뇌보다는 집단적 대의를 앞세우는 편이었다. 세 번째 등장한 이미지는 "성찰적이고 감성적인 개인"에 가까웠다. 병역거부 행동과 관련된 영웅서사나 영웅신화에서 벗어나고, 병역거부자가 저항 영웅에서 평범한 이웃으로 새롭게 이미지화하는 일종의 '탈영웅화'가 진행되었다. 개인과 개성이 중시되면서 양심적 병역거부에 나서는 동기는 더욱 다양해졌고, 사회운동적 주체성을 추구하면서도 내면의 두려움과 떨림을 과감하게 고백하는 편이었다. 중요한 점은 양심적 병역거부자들의 변화하는 이미지들이 병역거부의 상이한 동기나 욕구를 반영하고 있을 가능성이 높았다는 것이다.

개개 병역거부자 내면 혹은 양심에서는 "동기화와 탈脫동기화의 교차 혹은 중첩"이라고 표현할 만한 일들이 진행되었다고 보는 게 정확하지 않을까. 달리 말하자면 "병역거부로 마음을 이끄는 동기화 요인들"이 작용하는 한편, 그와 동시에 "병역거부를 미루고 회피하도록 마음을 흔드는 탈동기화 요인들"도 작용하고 있었을 가능성이 높다는 것이다. 병역거부를 유발하고 촉진하는 동기화 요인은 다시 반군사주의·반전·인권과 같은 적극적인 것과 폭력적이고 남성적인 군대 생활에 대한 공포 등 소극적인 것으로 나뉠 수 있을 것이다. 병역거부를 억제하는 탈동기화 요인도 부모를 포함한 가족의 만류, 그동안 쌓아온 경력과 학력이 중단되거나 허물어지는 것, 전과자가 되고 취업이 어려워지는 것에 대한 두려움과 불안 등 다양할 수 있다. 정치적 거부자들의 목소리를 통해 동기화 요인들부터 살펴보자.

2. 이끄는 마음: 동기화 요인들

2001년 이후 등장한 "새 유형의 양심적 병역거부자들"이 스스로 내세운 동기와 명분은 다양했다. 이를 몇몇 범주들로 구분해 보자. 물론 개별 거부자들은 단 하나의 거부 동기를 내세우기보다 몇 가지를 동시에 제시하는 편이지만, 각각의 범주들을 조합하는 방식도 거부자마다 다채로웠다. (이하에서 『우리는 군대를 거부한다』는 '우군거'로, 『총을 들지 않는 사람들』은 '총들사'로 약칭하며, 괄호 안의 숫자는 해당 쪽수를 가리킨다.)

■ **전쟁 반대, 평화 추구** 모든 양심적 병역거부자들에게 '전쟁 반대와 평화 추구'는 병역거부에 나서도록 만드는 지극히 당연한 동기이자, 어쩌면 숙명과도 같은 것이리라. 공론화 이후 최초의 정치적 병역거부자인 오태양은 "비폭력의 훈련과 체화"를 내세웠다.

'평화를 원한다면 전쟁을 준비하라'는 낡은 역사적 명제 앞에서, 제가 선택한 것은 '평화를 원한다면 평화를 준비하라'는 새로운 관점과 접근이라고 하겠습니다. 폭력적 상황에서 자신을 보호하기 위해 무력 행위를 연습하고 준비하는 것보다, 자신은 물론 상대방마저 폭력으로부터 보호할 수 있는 '비폭력의 훈련과 체화'야말로 궁극적 평화를 달성할 수 있으며, '폭력의 악순환'을 막을 수 있다는 것이 저의 현재적인 종교적 믿음이자 가치관입니다. 그것은 제 삶의 모델인 부처님의 가르침이자 삶의 방식이었고, 대학 시절 인류의 평화 문제를 연구하던 끝에 내린 일단의 결론이었으며, 여호와의증인들을 비롯한 전 세계 병역거부자들의 유구한 전통과 존재 자체가 일깨워준 소중한 교훈이었습니다. 그렇기에 저에게 있어서 '비폭력적 삶과 사회발전'의 실현은 단지 군사훈련 거부에만 한정되는 것이 아니라, 채식과 한 끼 금식, 명상과 사회봉사 등의 일상적 실천을 통해 부족하지만 끊임없이 닦아나가는 것이라 하겠습니다.……이러한 이유로 제게 있어 병역거부는 진리와 평화를 추구하는 한 평범한 개인으로서의 이상을 실현해 가는 일련의 실험에 다름 아닙니다. (우군거, 15-16)

　　"비폭력"과 "정당폭력"("정당한 전쟁", "정당한 폭력")의 입장을 모두 긍정하는 데서 보듯이 오태양이 절대적 평화주의자인 것은 아니지만(우군거, 16-17, 20), 오태양의 비폭력 테제는 전통적인 그리스도교 평화주의가 아닌 "불교 평화주의"에 근거하고 있다. 2002년에 병역을 공개 거부한 나동혁은 '정의로운 전쟁론'을 단호히 반대하는, 그러면서도 "현실에 단단하게 토대한" 자신의 평화주의를 다음과 같이 설명했다: "저희들이 말하는 '평화주의'는 단순한 평화 애호도 아니고 이기심이나 방관이나 무기력도 아닙니다. 전쟁에 정의는 없습니다. 전쟁의 바탕이 되는 모든 유무형의 폭력에 '비폭력'으로 일관되게 맞서 싸우는 신념이 '평화주의'입니다. 저는 여기서 이상과 꿈을 말하려 하는 것이 아닙니다. 현실의 사태에 입각해서 말하고 있습니다. 분쟁지역 난민 구제, 평화 재건, 국가 간 빈부 격차를 비롯한 불평등 해소, 평화교섭의 중재와 실현, 양심의 자유 인정, 평화교육 확산 등 평화를 위해 해야 할 일이 태산입니다"(총들사, 84). 2013년 병역거부 선언자인 김동현도 "정의로운 전쟁은 없다"고 선언했다.

　　병역의 성스러움, 나아가 군대의 필요성을 역설하는 이들의 공통된 주장은 "정의로운 전쟁은 있다"이다. 그들이 정의하는 '정의로운 전쟁'이란 대개 침략 가능성을 억제하기 위한 침략전쟁이나, 침략에 대한 정당방위로서의 방어전쟁이다. 결론부터 말하자면, 정의로운 전쟁은 없다.……이제 우리는 역사상 존재했던 모든 전쟁이 정당하다는 것을 인정하여야 한다. 모든 침략전쟁은 당사자의 입장에서 정당하고 모든 방어전쟁 또한 당사자의 입장에서 정당하다. 그리하여 역설적으로 모든 전쟁이 정당하므로 모든 전쟁은 정당하지 않다. 전쟁이 어떤 상황에서든 최악의 선택이라는 점에서 그러하다.

　　폭력은 언제나 폭력으로 치환된다. 폭력의 본질은 순환성이다. 그리고 폭력의 가장 극단적인 형태가 전쟁이다. 누군가 주먹질을 하였을 때 똑같이 주먹을 날리고 곧 뒤엉켜 싸운다면 그것은 쌍방과실일 뿐이다. 우리는 누군가 주먹을 날리기 전에 말을 걸 수 있다. 주먹이 날라오더라도 똑같이 주먹을 내뻗지 않을 수 있다. 폭력에 대한 대안이 폭력밖에 없다면 그것이 '야만'이 아니고 무엇이란 말인가. (우군거, 232-234)

2008년에 병역거부를 선언한 안홍렬은 '힘에 의한 평화'는 진정한 평화가 아닐뿐더러, 끝없는 불안과 함께 또 다른 폭력을 촉발할 것이라고 비판했다.

평화를 목적으로 삼고 있으면서 동시에 총을 들고 합법적으로 살인 기술을 배우는 이율배반적인 곳이 바로 군대다. 총은 국민의 안전을 지키고 평화를 유지하는 수단이 될 수 없다. 오히려 총은 불안을 불러일으키고, 나아가 총을 든 자의 폭력성을 불러일으키거나, 만들어낸다. 이라크전쟁이 우리에게 남겨준 교훈 중 하나는, '무기나 무력은 평화를 위한 수단일 뿐이며, 이것은 인간의 이성으로 올바르게 관리할 수 있다'는 믿음이 환상이라는 사실이다. 무기를 드는 순간부터 인간은 무기의 노예가 되었던 것이다.⋯⋯서로의 가슴에 총부리를 겨누고 있는 한, 손에서 무기를 내려놓지 않는 한, 평화는 찾아오지 않는다. 서로에 대한 불신에서 비롯되는 긴장감과 불안한 정적은 평화가 아니다. 그저 언제 터질지 모르는 시한폭탄일 뿐이다. (총들사, 199-200)

나동혁도 "서해교전 사태"를 예로 들면서 '힘에 의한 평화론'을 적극 반박했다. "전쟁의 긴장 속에서 계속되는 무력 대립은 무고한 젊음을 앗아갔습니다. 평화를 만들기 위해서는 정말 평화로운 행동을 해야 합니다. 힘으로 평화를 가져올 수 있다는 생각, 무력으로 상대를 제압하고 그를 통해 평화를 이룰 수 있다는 생각은 인류에게 더 큰 아픔만을 가져다

줄 뿐입니다.……천문학적 규모의 전쟁 비용과 전 국민을 동원하는 총력
전으로 진행된 20세기 전쟁에서 선은 누구고, 악은 누구였는지 우리는 분
명하게 말할 수 있을까요?……전쟁으로 인해 무고하게 죽어간 수천만의
생명 앞에서 우리는 이제 전쟁 대신 평화를, 국가에 의한 일방적인 희생
강요 대신에 인권과 민주주의 확장을, 끝없는 무한경쟁 대신 공존을 외
쳐야 할 때라고 생각합니다. 무엇보다 저는 전쟁을 반대하고 평화를 원
합니다"(우군거, 33-34). 2009년 병역거부 선언자인 오정민은 "전쟁은 민주
주의와 양립할 수 없다"고 단언했다. 그는 "전쟁은 민주주의의 즉각적인
유보"이기 때문에, "우리의 민주주의를 지키기 위한 절박한 선택"으로서
스스로 병역거부를 감행할 수밖에 없었노라고 주장했다(우군거, 135-136).

앞의 인용문에서 오태양도 채식 실천을 언급했지만, 꽤 많은 정치적
병역거부자들이 평화주의적 신념과 생명 존중 사상을 실천하기 위해 채
식을 시도했고 페미니즘을 받아들였다. 병역거부자들에게 페미니즘은
'폭력' 대신 '돌봄의 윤리'를 수용함을 뜻하는 것 같다. 2010년 병역거부
를 선언한 안지환의 아나키즘도 페미니즘과 연결되어 있는 듯하다: "우
리가 모두 이어져 있음을 느낄 때에, 우리의 승리는 시작될 것입니다. 사
랑과 분노와 안타까움, 애타는肝苦 연대의 마음, 그것을 느낄 수 있는지
없는지를 생각할 겨를도 없이, 우리의 마음에서 마음으로 전달되어질 따
뜻한 그 무엇이 우리를 끝까지 살게 할 것입니다. 살아남아 사랑합시
다"(우군거, 196). 2005년에 병역거부 선언을 한 이용석은 채식에서 "어긋
난 관계의 회복"과 "새로운 삶의 방식을 살아가기", "새로운 세상 만들
기", "성찰적인 삶", "비폭력 시민불복종의 실천" 등의 의의를 발견한다.

나는 채식이 총체적으로 어긋난 관계를 회복하는 첫걸음이 될 거라고
생각한다. 상품으로 전락해버린 음식을 넘어서 생명 창조와 영속의 매
개체로서 음식을 다시 인식하는 것은 현재 음식산업의 가장 추악하고

거대한 음모, 거대 축산업과 육류업계에 대한 거부로부터 시작될 수 있다.……채식은 육식 거부를 넘어서 새로운 세상을 만들어 가는 다양한 실천의 시작이 될 수 있다.……중요한 것은 무엇을 안 먹는가가 아니라 내가 먹는 것에 대해 끊임없이 반문하고 자신이 할 수 있는 것을 실천해 가는 것이다.……채식이 결국은……우리의 존엄한 생명 창조 활동과 깊은 관계를 가지는 셈인데……채식은 비폭력 시민불복종의 가장 중요하고 흥미로운 삶의 방식인 것이다. (총들사, 283-286)

이용석은 병역거부운동을 하면서 자신이 자연스럽게 평화주의자가 되었노라고 말했다. 이용석을 비롯하여 꽤 많은 이들이 "병역거부와 평화주의의 뒤집힌 선후 관계"를 언급하고 있다. 많은 경우 시민단체 활동이나 사회운동 참여 경험이 병역거부 선언으로 이어졌던 한국 사례는 평화주의 신념이 병역거부 행동을 낳았던 서구형 경로와는 뚜렷한 차이를 보였다.

그러니까 평화가 나에게 왔습니다. 아주 조용조용하게. 아주 사뿐사뿐하게. 그것은 겨울날 얼굴을 에는 찬바람처럼 무서운 표정으로 빠르게 다가오지도 않았고, 한여름 푹푹 찌는 더위 속에 쏟아져 내리는 소나기처럼 갑작스레 오지도 않았습니다. 평화는 한겨울을 이겨낸 새싹이 돋아나듯이 우리가 인식하지 못하는 시간으로 나에게 다가왔습니다. 평화는 빨갛게 봉숭아 물든 손톱이 자라나 붉은 반달을 이루듯, 아주 익숙한 속도로 나와 만났습니다. 내가 평화를 만나는 과정이 바로 '평화'였습니다. 평화를 알게 되고 병역거부를 결심한 것이 아니라, 병역거부를 결심하면서부터 평화를 만나게 되었습니다. 그렇기 때문에 병역거부는 저에게 있어서 어떤 커다란 사건이라기보다는 일상적인 삶의 방식입니다. (우군거, 90)

2010년 병역거부를 선언한 문명진도 병역거부가 삶의 방식을 성찰하고 전환하는 계기였다고 고백했다. "제게 있어 병역거부는 저의 삶의 방식 자체에 대한 성찰을 할 수 있도록 도와준 계기입니다.……저 역시 애초에 평화로워서 병역거부를 결심하게 되었다기보다는 오히려 병역거부를 고민하면서 여성주의와 평화주의에 대한 고민을 심화시킬 수 있었습니다. '전쟁없는세상'을 통해 만난 사람들 덕분에 채식을 시작했고, 자전거를 타게 되었습니다. 적게 벌고 덜 소비하며 세상에 가능한 한 해를 덜 끼치며 사는 삶의 방식에 대한 고민들을 시작한 것입니다"(우군거, 200). 2005년에 병역거부 선언을 한 김태훈은 일찌감치 병역거부를 감행하리라 결심했지만, 평화운동과의 대면 이후 평화 감성의 학습을 비롯해서 개인사의 심대한 변화를 겪게 되었다. 이용석, 문명진, 김태훈의 각성 혹은 거듭남은 윌리엄 제임스가 말한 '점진적인 종교적 회심 체험'을 연상시킨다.[9]

함께 활동했던 동료들을 통해 병역거부란 것을 처음으로 접했습니다. 그 동료들 중 몇몇이 병역거부자가 되기를 결심했을 때, 저 역시 병역거부자가 되기를 결심했습니다. 병역거부라는 행동에 대해서 잘 알지는 못했지만, 저는 앞장서 싸워야 한다고 생각했기 때문에 병역거부자가 되기로 결심했습니다.……하지만 오만한 확신과 사상이 그리 오래 가지는 못했습니다.……사상의 한 귀퉁이가 심각하게 무너졌을 때, 저는 껍데기뿐인 병역거부자였습니다.……두려움에 떨면서 멍하니 하늘을 바라보고 있을 때, 평화운동을 접했습니다.……저는 잃어버린 감성을, 아니 처음부터 가지고 있지 못했던 감성들을 배우게 되었고, 지금도 배우고 있습니다. 껍데기 병역거부자였던 저에게, 평화운동은 병역거부의 진정한 이유에 대해서 고민하게 만들었습니다. 비록 혼란스러운 20대 중반이었지만, 이때부터의 고민과 실천은 저의 하루하루를

행복하게 만들어주고 있습니다.……평화의 진정한 의미와 인간관계
에 대해 고민하기 시작하면서, 현재 저의 삶이 수많은 사람들의 고통
에 기대어 있다는 것을 깨달았습니다. 이 세상에서 누군가 필요 이상
으로 풍요롭게 산다는 것은, 누군가가 자신의 의지와 상관없이 고통스
럽게 산다는 것을 뜻하고, 함께 누려야 할 자연환경이 파괴된다는 것
을 뜻합니다. (우군거, 87)

병역거부자들은 대개 1심 판결이 나면 항소하지 않은 채 이를 수용해
왔다. 2001년 이후 1심의 형량 자체가 군복무 의무를 면제받을 수 있는
'맞춤형'으로 선고되곤 했기 때문이다. 그러나 2004년에 병역거부 선언
을 했던 이원표는 '전쟁 반대'라는 메시지를 주장하기 위해 수감 기간이
늘어나는 불이익을 감수하면서까지 이례적으로 항소를 불사했다.

구속된 지 한 달 반이 지났습니다. 1심 재판에서 1년 6개월을 선고받고
항소한 상태입니다. 주변에서는 뻔한 재판에 왜 항소를 해서 고생을 하
느냐고 합니다.……(2004년—인용자) 8월 초에 결국 자이툰부대가 이라크
로 떠나면서 그동안 거셌던 파병 반대의 여론은 잠잠해졌습니다.……우
리는 혹시 이 전쟁에 대해 책임을 회피하려던 것은 아닌가 생각해봅니
다.……전 그러기 싫었습니다. 마치 파병이 강행될 것을 예상하고 파병
반대운동을 했던 것처럼 당장 빠지기에는 걸프전으로 방사능에 피폭된
채 살아남은 아이들이 눈에 밟혔습니다. 그때 제가 할 수 있는 것은 군
인이 되길 거부하고 감옥으로 향하는 것이었습니다.……그렇게라도 해
서 전쟁을 반대하는 일은 되면 좋고, 안되면 마는 그런 것이 아니라는 메
시지를 전달하고 싶었습니다. 그런데 전쟁과 폭력에 무감각한 세상에
하고 싶은 말을 다 못했는지 마음에 응어리가 남아 있습니다. 피곤하게
소용도 없는 항소를 하는 이유도 그래서일 것입니다. (총들사, 251-252)

자이툰부대 창설식(2004)

이원표는 병역거부 소견서에서 전쟁이 "인간성을 말살하는 피와 살육의 잔치"이며, 따라서 "전쟁은 범죄"라고 주장했다. 그에 의하면 "범죄인 전쟁이 따로 있는 것이 아니라 전쟁이 바로 범죄"이다(우군거, 62).

■ 생태주의 평화론을 주장하다 채식이 생명 존중의 평화사상과 상통하는 것과 유사하게, 2003년에 병역거부 선언을 한 최준호는 홍성 풀무학교를 다니면서 목가적인 농부의 삶을 꿈꾸다 병역을 거부한 경우였다. 그는 독특한 생태주의·공동체주의 평화론의 소유자였다.

> 제가 병역거부를 하고자 하는 이유인 '자연과 더불어 살아가는 삶을 위해서, 생태적 삶과 공동체 질서를 위한 양심 때문'이라는 말을 풀이하면 자연을 신 그 자체로 모시고 생태적 삶을, 그러니까 거짓으로 꾸미지 않고 사람들과 농사를 지으면서 작은 공동체를 만들어가면서, 살아가겠다는 말입니다. 전 거창하게 말하지 못합니다. 이른 봄 농부가 생존을 위해서 농사 준비를 하는 것이 평화이고, 소와 더불어 호흡을 맞추면서 쟁기질하고 소와 같이 목욕하는 것이 평화이고, 씨앗을 뿌리는 것이 평화이고, 작물들을 정성껏 가꾸는 것이 평화이고, 가을철 잘 익은 작물들을 거둬들여 돌아오는 모습이 평화이고, 농사철 내내 일을 한 소에게 쇠죽을 끓여주는 것이 평화라고 생각합니다. (총들사, 169)

2006년에 병역거부를 선언한 박정경수도 확장된 평화 개념을 펼쳐 보였다. "군이 전쟁을 떠올리지 않더라도 평화롭지 않은 모습들을 우리는 너무 쉽게 만나게 된다. 매일 최저 생계선 아래에서 일하는 노동자들, 차별받는 소수자들, 그리고 삶의 터전에서 내몰리는 주민들의 삶이 그렇다. 벌겋게 드러난 산비탈처럼, 파괴된 자연도 평화롭지 못하다"(총들사, 245).

■ **적에 대한 비인간화, 적 만들기에 대한 거부** 병역거부자인 임재성은 자신의 책에서 '적 만들기 거부', 그리고 '적에 대한 비인간화 거부'가 병역거부자들을 추동한 주요 동기 중 하나였다고 주장했다.[10] 안홍렬은 전쟁에 동원된 군인들이 "누가 진짜 적인지도 모른 채, 정치꾼들이 '만들어 낸' 적, 또는 적'일 것 같은' 적을 해치우기 위해 총을 들 뿐"이라고 했다 (총들사, 200). 임재성도 인용하고 있듯이, 이원표와 문명진은 적에 대한 비인간화를 거부하고 나섰다.

> 초등학교 시절, 전국의 학교를 순회하면서 상영하는 반공 영화들이 있었습니다.……적에 대한 적개심을 기르기 위해 어린 초등학생들에게 살육이 난무하는 끔찍한 영화를 강제로 보게 하고, 믿을 수도 없는 공비 이야기들을 반복했던 혐오스런 기억만 남아 있습니다. 그렇게 해서 '적'이라면 아무렇지도 않게 죽일 수 있는 반공 영웅이 탄생할지는 모르지만, 그와 함께 왜곡되고 파탄 난 인간성을 가진 집단과 마주하게 될 것입니다.
>
> 지금도 전쟁터에서는 이런 인간성 파탄이 그대로 드러납니다. 한국전쟁 당시, 전쟁에 참가한 미군들은 한국인을 아무렇지 않게 죽일 수 있도록 아시아인은 개, 돼지와 같다는 교육을 반복적으로 받았다고 합니다. 그래서 그들은 들개 떼에게 총을 겨누듯 무고한 양민을 아무렇지도 않게 학살해왔습니다. 이라크전쟁에 참전한 군인들도 크게 다르지 않을 것입니다. 전쟁은 상대를 인간으로 보지 않게 합니다. 그저 나를 죽일지도 모르는 '적'일 뿐입니다. 그 증거가 아부그라이브 교도소입니다. 이라크인을 인간으로 보았다면 그런 처참한 포로 학대가 발생했겠습니까? (이원표, 우군거, 62-63)

제게 있어 군대는 '인간을 인간으로 보지 않는 것'을 내면화하는 공간입니다. 평택 대추리, 광우병 촛불집회, 용산참사 때의 전·의경을 보면서 저는 한 인간이 어떻게 다른 인간에게 폭력을 휘두를 수 있는지 질문을 던져보았습니다. 이라크전쟁, 아프가니스탄전쟁 동안 투하되는 미사일을 보면서 어떻게 사람이 살고 있는 곳에 미사일을 쏠 수 있는지 이해해보고자 했습니다. 제가 내린 결론은, 상대를 나와 같은 감정과 욕구를 지닌 인간으로 보지 않을 때에야 비로소 총구를 겨눌 수 있다는 것이었습니다. (문명진, 우군거, 198)

다음은 오태양을 괴롭혔던, '군대에 대한 끔찍한 상상'이다.

저는 제 군 생활을 상상해보았습니다. 사람 모양의 사격판을 향해 얼굴과 심장을 정조준하여 방아쇠를 당긴다는 것, '찔러 총! 베어 총!'을 외치며 불특정 대상을 향해 총검술을 익힌다는 것, 더 많은 사람들을 더 효율적으로 살상할 수 있도록 수류탄을 조작하고 투척하는 연습을 하는 저의 모습이 몇 날 며칠을 제 머릿속에서 유령처럼 맴돌았습니다. 각종 군사훈련이 직접적인 살상 행위는 아닐지언정 살심殺心을 유발하는 행위임에는 분명하였습니다. 제가 진정 두려웠던 것은 급박한 상황에서 우발적으로 발현되는 폭력 행위 그 자체가 아니라, 그런 위기 상황에서 직·간접적 폭력 행위가 당연하고 자연스럽게 유발되도록 쉴 새 없이 주입받고 훈련받는다는 사실이었습니다. 매일 같이 불특정 다수를 대상화하여 총과 칼을 휘둘러야 하는 행위는 그 목적과 방법, 모든 면에서 도저히 받아들일 수 없는 것이었습니다.……제게 군사훈련의 위험성은 그것이 외부의 명령과 강제적 규율에 따라 살상 행위를 반복함으로써 '일상화·내면화·자기정당화'될 것이라는 점이었습니다. (우군거, 15)

적의 비인간화에 대한 거부는 자신의 비인간화에 대한 거부와 맞닿아

고교교련총검술실기대회(1975)

있다. 2005년 말 병역을 거부하여 감옥에 갇힌 김영진은 극한의 역경 속에서도 '인간의 동물화'를 거부했던 '아우슈비츠 생존자' 프리모 레비와 자신을 오버랩시켰다. "레비가 수용소에 갇혔을 때 그에게 삶을 지속시키게 만든 것은……스스로 짐승이길 거부하고 문명을 지켜야 한다는 생각을 잊지 않았다고 하네.……인간으로 남길 원해서 그럴 수밖에 없었던 것 같네.……갇힌 내가 그걸 읽으니 글쎄 뭐라 표현할 수 없는 것들이 마구 떠오르더군.……그러면서 진짜 인간이란 것에 나의 물음이 집중되더군"(총들사, 274).

　　■ **종교적 신념: 비폭력주의 혹은 평화주의** 공론화 후 최초의 정치적 거부자가 독실한 불교 신자였던만큼, 평화주의적인 종교 신념은 (그 이전과 마찬가지로) 2001년 이후에도 중요한 병역거부 동기로 작용했다. 오태양은 병역거부의 근거로 "'불살생'의 종교적 신념과 평화와 봉사의 인생관"을 들었다. 그에 따르면, "부처님의 생애와 가르침은 어느덧 제 생활의 가장 근본적인 지침이 되었고, 그것은 봉사하는 삶, 평화로운 삶을 살고자 하는 신념을 더욱 굳건히 해주는 밑거름이었습니다. 어려운 일이 생길 때면 늘상 '부처님이라면 어떻게 하셨을까?' 하고 생각하게 되었던 것입니다. 지금도 저는 총칼을 들고 있는 부처님을 상상할 수가 없습니다"(총들사, 38). 오태양에게 병역거부라는 선택은 자신이 불교적 가르침에 따라 오래 지속한 '자발적 선택'이었던 사회봉사 활동의 또 다른 표현이자 그 연장이었다: "제가 대학 시절부터 스스로 선택한 사회봉사 활동은 국가적, 혹은 사회적 의무 이전에 제 인생의 자발적 선택과 자기실현으로서 이루어진 자연스런 행동입니다. 제가 믿고 따르는 불교적 전통에서는 '나의 삶이 타인의 희생과 고통 위에 존재하기에 대가 없는 이타행利他行 즉, 자발적인 사회봉사'를 불자의 기본도리로 여기고 있다고 알고 있습니다. 그것은 모든 생명체의 존재는 상호의존하며 지속 가능하기에, '타

인의 삶을 이롭게 하는 것이 곧 자신의 삶을 풍요롭게 하는 것'이라는 자리이타自利利他의 정신에 기초한 것이라 여겨집니다. 자비의 실천을 최고의 덕목으로 여기는 불자로서 사회봉사는 어쩌면 자연스러운 종교 생활일 것입니다"(우군거, 18). 굳건한 종교적 신념은 그에게 현실의 고난 속에서도 긍정적 감정 상태를 유지할 수 있는 버팀목이었다. 그는 2002년 4월 박노자에게 쓴 편지에서 이렇게 말했다.

> 종교적 신념과 인생관에 따르는 삶을 살아가기 위해 군사훈련 대신 감옥을 선택하겠다는 것, 그것이 외형상으로는 '고난의 길'일는지는 모르겠으나 내면의 홍역을 충분히 거친 저에게 그것은 '자기 진정성을 실현하는 길'이었음에 결코 후회되거나 두렵지 않았습니다. 그렇기에 법명과 오계 수계를 받으면서, 병역거부를 결단하면서, 비폭력의 삶과 사회변화를 서원하면서, 생의 과제를 안고 집으로 가는 길목에서 하염없이 흘러내렸던 눈물은 거듭남에 대한 환희의 눈물이었을까요? 인간은 진정 자기 내면의 소리와 거짓 없이 마주할 때 자기 정화를 통한 무한한 자긍심과 행복감을 맛볼 수 있다고 믿습니다. 그 믿음이 병역거부자에 대한 신랄한 비난과 예고된 감옥살이 앞에서도 저의 마음 중심을 올곧게 세워주었습니다.[11]

오태양은 한국 사회에서 "양심적 병역거부가 '종교적·국가적·사회적 이단 행위'로 치부"되고 있으며, 특히 종교적인 차원에서 여호와의증인의 경우 "주류 기독교단"에 의해, 자신은 "호국불교의 전통"에 의해 이단자로 규정되고 있다고 짚었다. 따라서 양심적 병역거부권 인정은 "'개인의 구제'로서뿐만이 아니라 오히려 '사회적 구원'의 의미", 그리고 "종교적 관용과 화해의 길이 열린다는 의미"를 갖는다고 보았다(우군거, 19). 그는 호국불교론자를 향해 "성도 이후 단 한 차례 폭력을 사용한 적이 없는 부처님의 삶과 법을 따르는 이들이 왜 평범한 한 불자의 "살인 연습을 하지 않겠다"는 서약에 대해 일제가 태평양전쟁 동원을 위해 주입한 '호국불교론'을 내세우며 비판하거나 무관심으로 침묵하는 것일까요?"라고 항변하기도 했다.[12] 오태양은 "'이 세상의 모든 것은 연관되어 존재하므로 서로 영향을 주고받으며(제법무아), 끊임없이 변화하므로 고정된 실체는 없다(제행무상)'는 불교적 세계관을 따르는 저로서는 양심에 따른 병역거부자들의 권리가 보장되고 그들에게 대체복무제도의 기회가 주어질 날이 반드시 올 것을 확신"한다고도 했다(우군거, 19-20).

2003년 봄 불교 신자로는 두 번째로 병역거부 선언을 한 김도형도 한국대학생불교연합회에서 활동했을 뿐 아니라, 스스로 승려가 되기 위해 출가를 결심하기도 했다(총들사, 266). 그는 오태양, 틱낫한 등의 영향으로 병역거부 결심을 굳혀갔다. 병역거부 선언에 즈음해서는 양심적 병역거부 문제를 적극적으로 논의해달라고 종단에 촉구하기도 했다.

오태양 법우를 만나면서 저의 가치관에 변화가 일어났습니다. 부처님의 가르침인 자비와 계율 중 하나인 불살생계에 대한 이야기를 들으며 스스로가 얼마나 폭력을 정당화했었던가를 느끼게 되었습니다. 그리고 사회봉사를 요구하며 종교적 신념을 지키려는 오태양 법우의 모습이 가치 있게 다가왔습니다.……지난 3월 한국에 오신 틱낫한 스님의 강연회는 제 삶의 목표를 정립하는 데 중요한 계기가 되었던 것 같습니다. 스님은 폭력은 폭력을 낳는다면서 스스로가 평화로울 때만이 모든 생명이 평화로울 수 있다고 하셨습니다. 평화의 씨앗을 뿌리라고 하셨습니다.

부처님의 가르침인 '연기'와 '무상'을 받아들이며 평생 수행자로서 살아가겠다는 서원을 세웠습니다. 부처님과 부처님의 가르침, 사부대중에 귀의하며 오계를 지키고 바라밀을 궁행하며 모든 생명들이 다 함께 행복할 수 있는 삶을 살자고 서원하였습니다.

더불어 삶의 목표가 생겼습니다. 나를 찾는 수행을 하고 모든 생명과 더불어 살아가는 공동체를 만드는 것입니다. 그것이 모든 생명이 평화롭게 살아갈 수 있도록 하는 평화의 씨앗을 심는 일이라는 생각이 듭니다. 그러면서 입영의 문제가 다가왔었고 불교의 가르침과 전쟁에 대하여 고민했었습니다.……불교계에서 양심적 병역거부에 대한 문제를 적극적으로 논의했으면 합니다. 오태양 불자에 이어 제가 병역거부를 결심하게 되었습니다. 석가모니 부처님께서도 전쟁을 막기 위해 발 벗고 나섰으며, 눈앞에서 죽어가는 석가족들을 보면서도 비폭력으로 평화를 지켜 나가셨습니다. 군입대를 앞두고 불교적 신념과 현실 앞에서 갈등하는 수많은 청년 불제자들이 있다고 생각됩니다. 종단 차원의 적극적인 문제해결을 요청드립니다. (우군거, 38-39)

김도형의 병역거부 소견서는 이렇게 마무리된다. "부처님의 가르침 중 '자비무적'이 있습니다. 자비 곧, 평화로움은 그 어떤 힘으로도 이길 수 없다는 가르침입니다. 온 생명이 자비무적을 보편적 가치로 받아들이는 삶을 살았으면 합니다. 저 또한 그렇게 살아가도록 수행정진하겠습니다"(우군거, 39).

앞서 소개했듯이 김대산 이후 몇몇 개신교 신자들이 그리스도교 평화주의 정신에 따라 병역거부 대열에 합류했다. 신학생이던 하동기도 그 중 한 명이었다. 그는 예수의 이웃사랑 가르침을 평화의 메시지로 재해석한다.

초등학교 4학년 시절부터 저의 꿈은 '목사'가 되는 것이었습니다.……신학을 공부하면서, 성경을 읽으면서 만난 예수님께서 제게 항상 하셨던 말씀은 '이웃을 사랑하라'는 것이었습니다. 그 이웃에 대한 사랑은 그저 곁에 다가가 사랑한다고 속삭이라는 의미가 아니라, 헐벗고 고통받는 이웃에게 다가가 그와 함께 있으면서 그 아픔을 함께 나누라는 의미였습니다. 또한 누구도 이러한 아픔과 고통에 내몰리지 않도록 세상을 바꾸어 나가라는 이야기였습니다. 더욱 이 말씀이 와닿았던 것은 내게 말씀하신 '이웃'이라는 존재가 내가 알고 있는, 혹은 사랑할 수 있는 사람들만을 가리키는 것이 아니라 '원수'라고 불리는 존재들까지 포괄하고 있었기 때문입니다.

하지만 제가 살아가고 있는 세상에서는, 이 세상의 군대에서는 그 사랑을 말하기보다는 분쟁과 폭력을 이야기합니다. 하나님께서 사랑하시는 사람들을 적으로 상정하고 그들의 목숨을 뺏는 방법과 효과적으로 그들을 타격하는 법을 가르칩니다. 제가 신앙하는 예수님은 제가 그런 자리에 가도록 허락하지 않습니다. 예수께서 그러하셨듯이 국가와 권력의 폭력에 휩쓸려 죽음의 자리에 이를지언정 묵묵히 자신의 길을, 평화의 길을 걸어가야 한다고 말씀하십니다. (우군거, 142-143)

또 다른 개신교 신자 박정경수도 "예수의 비폭력 저항"에서 희망을 발견했다. "불가능해 보이더라도 가야 할 길이 있습니다.……저는 그것을 예수 그리스도의 비폭력 저항, 제3의 길에서 찾으려 합니다.……폭력을 행하지 않으면서 저항을 통해 자신의 존재감을 확립하는 예수의 비폭력 저항에서 적극적인 평화운동의 가능성을 찾습니다. 이제는 자신의 존재를 세우면서 사람들에게 더 많은 고민을 던져주는 병역거부가 폭력도 타협도 아닌 예수의 비폭력 저항을 실천하는 제3의 길이라고 믿고 싶습니다"(우군거, 116-117). 2013년에 한국 메노나이트 신자 중에서 처음으로 병역거부를 선언한 이상민은 '기독교 평화주의와의 만남'을 통해 힘과 용기를 얻었다고 했다: "끊임없이 사색하고 관련 자료들을 찾아보고 막막할 때 신에게 기도하며 이 시간을 보냈습니다. 그러던 중 '기독교 평화주의'

에 대해 알게 되었습니다. 기독교는 로마시대 때부터 병역거부자가 있었습니다. 제1차 세계대전이 있을 때도, 미국이 베트남이나 다른 나라와 전쟁을 벌일 때도 병역거부자들이 있었습니다. 제가 본 기독교는 혐오와 배척, 아집과 독선의 종교가 아니라 용서와 사랑, 화합과 관용의 종교임을 알게 되었습니다. 저는 신앙인으로서 이러한 길을 걸었던 많은 선배들이 무척 자랑스럽고 제가 혼자가 아니라는 사실에 용기를 얻었습니다"(우군거, 247-248).

천주교에서도 고동주에 이어 백승덕, 홍원석 등의 병역거부자가 속속 등장했다. 고동주는 대학 진학 후 가톨릭학생회에서의 생태 농촌공소 활동, 반전 캠페인 등을 통해 '생명'과 '평화'의 가치를 체득하게 되었다고 했다. "평화는 생명을 가진 존재들이 서로를 배려하고 사랑해주는 상태"라는 그의 독특한 평화 이해에서 잘 드러나듯이, 그의 삶 안에서 생명 가치와 평화 가치가 상호 영향, 상호 침투를 거듭함으로써, 앞서 소개한 최준호와 유사하게 고동주도 생태주의적으로 확장된 평화사상을 갖게 되었다고 말할 수 있을 것이다.

생태 농촌공소 활동이 저에게 '생명'이라는 프리즘을 가지고 세상을 보게 하였다면 '9·11테러'와 '아프가니스탄전쟁과 이라크전쟁'은 저에게 '평화'라는 프리즘을 더 얹어주었습니다. 평화는 생명을 가진 존재들이 서로를 배려하고 사랑해주는 상태라 할 수 있을 것입니다. 그래서 농민의 일방적인 희생으로 도시 소비자가 편하게 사는 것이나, 자연의 희생으로 인간이 무한한 풍요를 누리는 것은 평화라 부를 수 없을 것입니다. 하물며 수많은 존재들의 생명을 빼앗아버리는 전쟁은 가장 극단적으로 평화를 깨뜨리는 것입니다.……이렇게 '생명'과 '평화'는 제가 그리스도인으로서 살아가는 데 있어 중요한 가치가 되었습니다. 저는 서울대교구 가톨릭대학생연합회에서 노둣돌이라는 노래패 활동을 했는데 일상 속에서 반전을 이야기해보자는 주제로 공연을 하고, 학교에서는 한국군 파병을 반대하는 사진 전시회를 열고 서명을 받는 등, 미국의 전쟁과 한국의 파병을 반대하는 활동에 다양하게 참여했습니다. 그리고 군입대를 앞둔 입장에서 병역거부자들의 존재를 알게 되었고 나 자신은 어떻게 할 것인지 고민하게 되었습니다. 여호와의증인들이 우리 사회에서는 사이비 집단으로 매도되지만 그들이 이야기하는 예수님의 말씀은 분명 저의 중요한 가치인 생명, 평화와 맞닿아 있었습니다. 병역거부에 대한 고민이 싹트면서 저는 병역거부자들을 직접 만났고 그들의 이야기를 들어보았습니다. 그리고 신앙적으로뿐만 아니라 진정 이 사회에서 증오의 악순환이 끊어지기 위해서는 나부터 무기를 내려놓아야 한다는 생각이 들었습니다.······ 특히 김선일 씨가 이라크 저항 세력들에게 무참히 살해되었을 때 그 죽음이 저에게도 책임이 있다는 생각까지 들었습니다. 진정한 생명과 평화의 문화가 퍼지려면 우선 나부터 무기를 내려놓아야 한다는 의지가 더욱 강해졌습니다.······저 역시 주님께서 말씀해주신 생명, 평화의 길로 걸어가는 데에 있어서 어려움이 참으로 많을 것입니다. 그럴 때마다 주님께 믿음과 용기를 청할 것입니다. (총들사, 194-196)

■ **군사주의에 대한 반대** 2005년에 병역거부를 선언한 조정의민은 자신의 경험에 빗대어 가정, 학교, 군대를 지배하는 한국의 군사주의와 군사문화를 고발했다. "한국 사회는 군사주의와 군사문화가 만연해 있으며, 폭력이 일상화되어 있습니다. 그래서인지 제가 처음 폭력과 권위주의를 접한 곳 역시 태어나 처음으로 만난 공동체인 가족이었습니다.······ 일상화된 폭력은 집 밖을 나서더라도 다르지 않았습니다. 가장 민주적인 공간이어야 할 학교에서도 폭력과 군사주의는 여전히 큰 힘을 발휘하고 있었습니다.······저는 지난 학기 동안 중·고등학교에서의 체벌에 관

한 다큐멘터리를 만들었습니다.……자유롭고 평등하게 소통하기보다는 폭력이라는 직접적인 수단에 의지하고, 인격체로 대우하기보다는 권위로 억누르는…, 그리고 그것은 단지 선생님과 학생의 관계에만 국한되지 않습니다. 단지 후배라는 이유만으로, 분위기를 잡는다는 이유만으로 쉽게 폭력을 가하는 모습, 또 자신이 선배가 되었을 때 아무런 반성 없이 똑같은 폭력을 행사하는 모습 속에서 우리 사회에 뿌리 깊은 군사문화의 얼굴을 볼 수 있었습니다.……저는 한국 사회의 군사문화, 권위주의, 일상화된 폭력의 중심에는 군대가 있다고 생각합니다. 지금의 군대는 강력한 재교육 기관이자 이데올로기 기관으로 작동하고 있고, 또한 박정희 이후 한국 사회는 전체적으로 병영화되었고, 한국에서의 삶은 점점 군사주의에 젖어드는 삶, 그 자체이기 때문입니다"(총들사, 177-179).

이상민은 "삶 깊숙이 파고든 일상 속 군기軍紀"(우군거, 250)라는 말로 사회에 만연한 군사주의를 꼬집었다. "우리 사회는 구석구석 빈틈없이 군대의 방식으로 구성돼 있다. 그것은 사람들의 몸과 마음에 배어 있다. 그것은 우리의 삶을 언제나 전시 상태로 만든다.……군대가 된 사회에서는 행복하기 어렵다. 폭력과 경쟁을 내면화한 우리는 전쟁에서 그렇듯, 서로가 서로의 적이다. 군대의 방식에 맞지 않는 이들은 도태되고 약한 자들은 낙오된다. 우리는 긴장 속에서 치열하게 산다. 목표는 생존, 동력은 공포다. 살아 남게 하기 위해, 경쟁에서 승리하게 하기 위해 부모들은 자식을, 선생들은 학생을 군대로 보낸다. 해병대 캠프에서 누군가 죽어도 계속"(우군거, 250-251). 2014년에 병역거부 선언을 한 강길모도 유사한 현상을 거론한다: "폭력이 가장 쉽게 정당화되는 방법은 '어쩔 수 없다'고 말문을 막는 일이다.……우리 사회가 굴러가기 위해선 모두 어쩔 수 없다고 말한다. 그 어쩔 수 없는 일로 발생하는 고통들은 모두 무시된다.……우리 사회의 군사주의 문화는 이를 증폭시킨다. 군대 안에선 불합리한 처우도 생과 사를 다루는 살벌한 조직 안에선 그저 견뎌야만 하

는 작은 일에 불과하며, 그런 조직의 위계질서는 명확해야 한다.……사
나이라는 강조된 남성성, 진정으로 우월한 인간이라는 이 남성성은 군대
를 다녀온 남성들에게 권위를 부여한다. 군대는 개인들에게 이러한 논
리를 강요한다. 그리고 그 개인들은 이러한 논리를 군대 이후의 삶의 영
역에서도 적용시킨다. 이러한 군대의 논리는 사회에서도 똑같이 적용된
다. 무한경쟁 속에서 살아남으려면 노동자는 불합리한 처우도 견뎌내야
만 하고, 일이 능률적으로 진행되려면 갑을 관계의 권위에 의문을 품어
선 안된다"(우군거, 259).

2008년 병역거부를 선언한 안홍렬은 군대를 다녀와야 "사람"이 되고
"진짜 남자"가 된다고 끝없이 속삭이는 목소리는 결국 "힘들어도 군소리
하지 않고 명령에 따라 성실하게 작동하는 로봇"을 양산하는 것이라고
주장한다(총들사, 197). 문명진도 "저에게 군인이 되는 것의 의미는 정부의
정책을 관철시키기 위한 동원과 명령에 복종해야 하는 로보트가 되는
것"이라고 말했다(우군거, 198). 2007년 병역거부 선언자인 정재훈은 군대
생활을 자유의지가 배제된, 오로지 복종만을 요구하는 "매뉴얼 대로의
삶"의 한 극단으로 간주했다: "메뉴얼 대로 행동하고 생각하라!"(총들사,
277-278). 2011년 병역거부 선언자인 홍원석도 조직 및 상급자에 대한 복
종과 충성을 요구하는 한국 사회의 군사주의 내지 군대문화를 비판했다:
"나에게 있어서 병역을 거부한다는 것은 한편으로 인간관계에서 상하관
계를 인정하지 않겠다는 것을 드러내는 것이라는 생각도 들었다. 충성
이란 두 글자가 가장 빛을 발하는 것은 군대 조직일 것이다. 하지만 학교
에서도 일터에서도 어디에서든 사람들은 끊임없이 상대방과 나 사이에
상하를 나누고 드러나든 암묵적이든 복종을 강요하게 하지 않던가. 중
요한 것은 상대방이 나와 같은 인간이라는 인식에서 비롯되는 존중이지
이와 같은 강요된 충성과 복종이 아니라 확신한다"(우군거, 210).

2011년 병역거부를 선언한 유윤종은 힘에 의한 평화를 주장하는 '군

사주의적 평화론'을 정면으로 반박했는데, 이런 논리는 대다수 병역거부자들에 의해 공유되고 있다. "저는, 군사력을 강화하고 전쟁을 준비함으로써 평화를 이룩한다는 사고방식에 반대하기 때문에 군사력의 일부인 군인이 되는 것을 거부합니다. 국가들이 군비경쟁을 하고 더욱 더 효과적인 살상·파괴 무기를 준비하는 것이 결국 더 큰 전쟁, 더 많은 희생을 의미한다는 것을 우리는 역사 속에서 배워왔습니다. 멀리 갈 것도 없이 한반도 역시 남한과 북한 사이의 군사적 긴장과 충돌로 많은 비용과 희생이 끊이지 않고 발생하고 있습니다. '전쟁을 하지 않는 상태'가 평화가 아니라 전쟁과 그와 같은 폭력들이 일어나는 원인과 구조를 제거하고 억제해야만 평화라고 할 수 있을 것입니다. 저는 우리가 전쟁을 준비하는 한 평화는 이룰 수 없다고 생각합니다.……군사력 강화가 자위에만 쓰일 것이고 우리는 침략자·가해자가 되지 않을 것이라는 생각이야말로 철없는 환상입니다"(우군거, 223). 아울러, 유윤종은 "인권·반국가주의"와 "평화주의·반군사주의" 모두를 병역거부의 명분으로 수용했다. "인권·반국가주의와 평화주의·반군사주의는 서로 다른 결의 이유이지만 완전히 분리되어 있지는 않습니다. 예컨대 군대가, 국가가 개인의 인권을 존중하는 원칙을 지킨다면 섣불리 전쟁 행위에 나설 수도 없고 군사주의 역시 약화될 수밖에 없을 것입니다. 또한 전쟁을 준비하고 군사력을 강화하는 것에 제동을 걸고 평화적 수단을 통한 진정한 평화를 추구한다면, 국가가 개인을 무리하게 강제로 동원하고 희생을 강요할 이유도 많이 없어질 것입니다. 그러므로 이 둘은 하나의 생각 덩어리·가치관의 두 얼굴뿐일지도 모르겠습니다"(우군거, 224).

■ **폭력적인 군대문화 비판** 현민은 군대가 "가해자·피해자의 동시 생산"으로 특징지어지는 곳이라고 비판했다. "권력과 폭력을 제대로 이름 붙일 수 없는 사람들이 있다. 그들은 피해자다. 하지만 안타깝게도 피해

자는 자신의 경험을 성찰할 수 있는 기회를 갖지 못함으로써 가해자가 되기도 한다. 권력에 공모하는 것이다. 아니, 피해자와 가해자를 포개서 악순환을 재생산하는 것이 권력의 작동방식이다. 군대는 피해자와 가해자를 동시에 생산하는 대표적 기구다. 때문에 병역거부자(와 평화운동가)를 향한 예비역의 분노는 생뚱맞지 않다."[13]

한국의 정치적 거부자들은 거의 대부분 대학을 다닌 고학력 남성들이었다. 그러다 보니 "대학 내의 군대문화"에 대해 언급하는 빈도가 높다. 다음 인용문들은 "군대 다녀온 남성들", 특히 대학생들에 초점을 맞추고 있다.

> 군대는 둘 중 하나입니다. 거부할 것인지, 적응할 것인지. 적응하는 것, 익숙해지는 것은 저에게 가장 두려운 것입니다. 고된 육체 활동으로 생각은 점점 적어지고, 군대의 살인 훈련에 몸은 익숙해지는 것, 선임병이 되어 후임병에게 욕설과 폭력을 행하는 것, 종국에는 전투명령에 저항하지 못하고 집단의 부속품처럼 살인의 행위자가 되어버릴 수 있는 것은 모두 군대에 적응할 때 가능한 것입니다. 저는 군대를 다녀온 한국 남성들은 정도의 차이는 있지만 군대의 폭력과 문화가 몸과 마음에 새겨져 있다고 생각합니다. (오정록, 총들사, 205-206)

> 대학에는 복학생, 또는 예비역이라는 특수한 집단이 존재한다. 바로 군대에 갔다 온 남성들, 흔히 나이가 제법 많은 남자 선배들을 일컫는 말이다. 하지만 누군가에게는 예비역이라는 말이 조금 더 특별한 의미를 갖는다. 후배에게 술을 강요하는 선배, 폭력에 무감각한 사람, 그리고 여성에 대한 집단적인 음담패설을 즐기는 사람. 몇 년 만에 학교에 돌아온 그들에게서 후배들은 분명히 다른 문화를 발견할 수 있다.…… 윗사람에게는 순응하면서도 아랫사람에게는 폭력적인 그들의 모습은

여성들, 혹은 후배들에게 결코 환영받을 수 없었다. 그것이 철든다는 것, 사람이 된다는 것일까. (박정경수, 총들사, 247-248)

군대에 다녀온 복학생들이 많아서인지 제가 입학한 2001년도의 대학 사회는 군사문화가 매우 크게 자리를 잡고 있었습니다. 엄격한 위계적 학번 질서와 남성 중심의 분위기, 술자리에서의 군대 이야기와 성적 대상화된 여성에 대한 농담들은 저를 많이 불편하게 만들었습니다. 무엇보다 마음이 아프고, 두려웠던 것은 군대에 가기 전에는 함께 더 나은 사회를 만들자고 했던 친구들과 선후배들이, 성매매를 반대하고 평등한 관계를 논하던 선배들이 자랑스레 자신의 성매매 경험을 늘어놓거나 후배들을 자기 부하를 부리듯이 하는 모습이었습니다. 도대체 군대가 어떤 곳이기에 사람이 저렇게 변하게 되었을까, 군대에 다녀오면 나도 그렇게 변하게 될까 두려웠습니다. (김영배, 우군거, 169)

초·중·고등학교 시절, 여느 학생들처럼 하루에도 수십 대에서 많게는 백 대가 넘는, 체벌이라는 이름으로 포장된 폭력에 시달려 고통스러웠던 저는 때리지 않는 선생이 되겠다며 교대를 선택했습니다. 하지만 교대에선 복학생과 ROTC를 중심으로 한 남자단합대회라는 것이 있었습니다. 학내에서 남단이라고 불렸던 이것은 남자들끼리 모여 선후배 간의 관계를 돈독히 한다는 명목하에 선배의 권력을 확인하는 행사였습니다. 행사는 강압적인 분위기에서 선배들의 일방적인 지시를 수용하기를 요구받고 그를 따르지 않을 때는 폭언과 때로는 폭행이 이어지곤 했습니다. 불행하게도 이런 문화는 남단에만 그치지 않고, 노골화의 수준의 차이는 있었지만 학내 문화 전반에 퍼져 있었습니다. 그리고 곧 그것이 학내 문화만이 아니라 사회 전반의 문제라는 것을 알게 되었고, 그 중심에 군사주의가 있다는 것을 알게 되었습니다.……저는

2005년 대학에서 수업 시간에 교수에게 폭행을 당했습니다.……교수
는 학교로부터 아무런 징계도 받지 않았고 검찰에서도 그것이 교수의
'체벌'이라는 터무니없는 주장을 받아들여서 기소유예 처분을 내렸습
니다. 그 일로 저는 엄청난 분노와 절망에 휩싸였습니다.……중학교
때의 대규모 체벌, 고등학교 때 같은 방을 썼던 친구가 체벌이라는 이
름으로 폭행당한 후 엉덩이가 검게 변한 일, 대학 시절 남단과 교수의
폭행까지. 언제나 고통과 상처로 남았습니다. (이준규, 우군거, 203-205, 인
용자가 문단을 일부 조정했음)

■ **국가의 본질 혹은 국가폭력을 문제 삼다** 많은 병역거부자들이 국가의
폭력적 본성을 지적했다. 임재성은 자신의 책에서 "병역거부운동은 근
대사회에 있는 폭력 구조 그 자체에 대한 문제 제기"(참여연대 협동사무처장
이태호), "'조국, 민족주의'라는 말에 우리는 속지 말아야 할 것"(병역거부자
최준호)과 같은 주장을 소개하면서, 병역거부자들이 "조국 방어를 위한 정
당한 폭력이라는 마법적 논리"에 포획당하지 않을 수 있었던 비결을 "적
에 대한 비인간화를 거부하는 마음"에서 찾았다.[14]

그렇다면 왜 이들에게는 '정당한' 폭력이라는, '지키기 위한' 폭력이
라는, 즉 살인을 살인이 아니게 하는 국가폭력의 마취가 작동하지 않
았던 것일까? 왜 이들은 군인이 되는 것이 적으로부터 우리를 지키는
숭고한 의무가 아니라, 살인 훈련을 받는 것이라고 느꼈던 것일까? 무
엇이 이들에게 국가폭력의 맨얼굴을 직시하도록 만든 것일까? 물론
그 이유에는 개별적 성장 배경과 경험, 사상 등이 존재하겠지만, 병역
거부자들의 언어에서 공통적으로 확인할 수 있는 것은 적에 대한 비인
간화를 거부하는 마음이었다. '적'이라 지목된 이들 역시 나와 같이 고
통을 느끼는 존재라는 것을 느끼게 되었을 때, 이들은 폭력의 본모습

과 대면할 수 있었다.[15]

　2009년 병역거부 선언을 한 백승덕은 국가권력의 모순, 그리고 국가에 대한 의무·순응과 국가에 의한 동원을 당연시하는 세태를 거부하고자 병역을 거부한다고 주장했다. "언제나 위기를 변명 삼아 가난하고 소외된 이들의 목소리를 탄압하는 데만 열심인 국가권력의 모순을 고발하고자 합니다. 이 저항을 통해, 의무와 순응 그리고 동원을 당연시하는 국가의 성찰을 요구하고자 합니다. "우리는 전시 상황이다"라며 모든 것을 덮어버리려는 시도 앞에 "우리는 쓰고 버리는 일회용이 아니다!"라고 외치고자 합니다"(우군거, 146-147). 2013년 병역거부 선언자인 박정훈도 국가폭력의 문제를 제기하면서 "야만적인 국가폭력에 동참하는 것을 거절한다"고 외쳤다: "밀양 주민들에게 '국가'란 존재하는 것일까?……이들은 전쟁의 침략자처럼 폭력을 휘두르고 주민들을 그야말로 쓸어낸다. 국가는 선택된 사람들만을 보호했고, 비국민들에게 빨갱이, 불법시위자, 님비라는 딱지를 붙였다. 10월 8일 오늘, 군대에 입대하라는 국가의 명령을 받은 나는 선택할 수밖에 없었다. 정의롭지 못한 국가폭력에 동참할 수 없다. 나는 이제부터 국가의 보호를 받지 못하는 비국민이 되겠지만, 국가로부터 배제되고 폭행당하는 사람들의 친구가 되고자 한다. 최소한 그들을 탄압하는 국가의 편에 서지 않고자 한다"(우군거, 237). 2011년 병역거부를 선언한 최기원은 좀 더 직설적이다. 그는 병역거부의 최우선 사유로써 "현 대한민국 공권력을 국민의 안전보다는 가진 자의 재산과 권력만을 지키는 파수견으로 여기기 때문"임을 꼽았다(우군거, 213).

　많은 병역거부자들이 '국익' 논리, 특히 한국군의 해외파병을 정당화하는 국익 논리를 비판했다. 문명진은 대학 신입생 시절 이라크 파병 반대 집회에 참석하면서 이른바 '국익'에 대해, "국가의 이익은 구체적으로 누구의 이익을 의미하는 것인가"를 스스로 질문하게 되었다고 말했다(우군거, 197). 2007년 병역거부 선언자인 김치수는 "국가 이익이 정치적 판단의 최종적인 척도가 되었을 때, 이는 자국의 이익(?)과는 상관없는 모든 문제에 대해 사유 금지를 강요하는 우울증과 허무주의를, 즉 구조적인 파시즘을 내포"하고 있다고도 했다(우군거, 119-120). 두 가지만 추가로 인용해보자.

> 이미 한 사람이 무고하게 죽었습니다. 높으신 분들이 매일 같이 말하는 국익의 실체입니다. 그들에게 한미동맹은 종교처럼 되어버렸습니다. 힘의 동맹으로 국익을 추구하고, 남의 나라 국민은 물론 내 나라 국민까지 해치는 일이 있더라도 지켜야 할 것이 국익이란 말입니까? 전쟁은 또다시 테러를 낳고, 테러는 또다시 더 큰 전쟁을 부를 것입니다. 우리는 그 폭력의 악순환 속에서 희생되어간 죄 없는 목숨들의 아픔을 충분히 경험하지 않았습니까? (나동혁, 총들사, 84)

> 파병을 둘러싸고 '국익' 논란이 뜨거웠다. 파병을 해야, 그 지역의 사업 이권을 챙길 명분이 생긴다는 한 정치꾼의 말이 아직도 귓가에 맴돈다. 이라크 국민들이 흘리는 붉은 피는 정치꾼들에게 푸른 지폐 조각으로 보인다. 아이들의 울음소리는 국익 보장을 약속하는 승전보로 들린다. 그렇다, 죽음은 중요치 않다. 이라크 국민들의 죽음은 말할 것도 없고, 파병 군인들의 죽음도 중요치 않다. 군인은 국익을 위한 일종의 투자금일 뿐이다. 그리고 투자금을 담아 보내는 가방에는 커다란 두 글자가 쓰여 있다. 평화! 투자금의 가치를 높이기 위해, 그리고 평화를 위해, 오늘도 '대한민국 국군장병'들은 총을 들고, 사람을 죽이는 연습을 한다. (안홍렬, 총들사, 198)

■ **군대의 존재이유를 되묻기** 많은 병역거부자들이 군대의 존재이유를

진지하게 되물었다. 성찰의 결과는 엇갈렸다. 군대의 즉각적이고 전면적인 폐지를 요구하는 이들도 있었고, 점진적인 폐지, 폐지를 위한 여건의 조성 등을 제시하는 이들도 있었다. "터무니없이 적은 임금, 도서나 어플리케이션까지 검열하는 행태, 식사나 생활 환경의 열악함"(유윤종, 우군거, 222), 구타, 가혹행위로 인한 자살자 속출, 탈영 및 자살 충동을 느끼는 다수의 병사들(김무석, 우군거, 228) 등 한국군 현역 병사들의 열악한 인권이나 복무환경을 병역거부 이유 중 하나로 드는 경우도 있었다.

2005년에 병역거부 선언을 한 오정록은 군대를 "사회의 폭력성, 남성 중심성, 권위-위계가 가장 극단적으로 드러나는 곳"으로 규정하면서, 군대의 실상을 다음과 같이 기술했다. "일상적인 유무형의 폭력이 만연한 곳, 사람을 물건으로 취급하는 곳, 따라서 오직 번호로서만 존재할 수 있는 곳, 생명까지 내맡긴 채, 철저한 위계와 폭압적 권위 속에서 살아야 하는 곳, 여성에 대한 비하, 성적 대상화가 만연한 남성들만의 공간, 구체적 인간 개개인이 아닌 집단으로만 존재할 수 있는 곳, 모든 시간이 오직 전투력 강화, 즉 살인기술의 강화를 위한 훈련으로 쓰이는 곳, 살아남기 위해서 자신의 양심을 거스르는 거짓된 말과 행동을 해야 하는 곳, 양심에 반하는 행동을 반복하여 스스로 피해자이자 가해자가 되는 곳, 그 결과, 인류 역사에서 있어 왔던 수많은 전쟁(살인)의 행위자가 되는 곳"(총들사, 205-206).

2010년 병역거부 선언을 한 아나키스트 안지환은 보다 근본적으로 문제를 제기했다. 그는 법法 자체를 구조적 폭력으로 간주하면서, 법에 근거하여 설립되고 운영되는 군대에 대해 사회 구성원들의 지속적인 토론이 필요하다고 주장했다. "법에게 허용해주는 강제력이란 너무나 무서운 것입니다. 쉽게 생각해서는 안될 부분입니다. 하물며 군대라 하는 것은 전적으로 효율적으로 적을 살육하는 데에 그 목적을 두고 있으며, 군의 모든 체제와 운영 방식과 훈련들, 모든 군 물품들은 최대한으로 그 목적에 부합되게 그간 단련되어온 것들입니다. 법으로서 이러한, 너무나 무서운 '군대'라는 것을 인정하고 운영하고 있을 때에는, 우리의 안전을 위해서, 라고 단언하고 끝낼 문제가 아닌 것입니다. 왜냐하면 무력의 이용이란, 자위와 안전을 위한다고 말하여도, 전 세계가 합법으로 인정하여도, 그것의 근본은 내재하는 폭력이며, 그 폭력을 통한 협박이며, 또한 실제적 폭력, 그것도 무시무시한 폭력이기 때문입니다. 그러한 도구를 그래도 굳이 선택하겠다면, 그에 대해서 사회의 구성원들이 끝없이 계속 논의해도 부족하고 부족한 것입니다"(우군거, 190). 오정민은 "군대는 전쟁을 생산하는 국가기구"라고 주장했다: "군대는 이러한 전쟁을 준비하는 국가기구입니다. 실제 전쟁이 발생하지 않아도 군대는 전쟁이 발생했다는 가상의 전제 위에서 전쟁을 준비하는 군사훈련을 실행합니다. 그렇기에 군대는 '전쟁을 막기 위한 기구'가 아닙니다. 군대는 전쟁을 생산하는 기구입니다. 저는 이러한 군대에 입영할 수 없습니다. 이것은 '전쟁의 시대'라는 감옥 속에서 수인囚人으로 살아가는 것이 아니라 자유인으로 살아가기 위한 절박하고도 피할 수 없는 선택입니다"(우군거, 135). 2003년에 병역거부를 선언한 임성환도 유사한 취지에서 다음과 같이 말했다: "전쟁은 어떠한 형태로도 정당화될 수 없는 인류 미성숙의 표현입니다. 전쟁을 준비하기 위해 만들어진 '군대'라는 조직은 태생적으로 몰가치적일 수밖에 없으며 그 존재 자체가 끊임없는 긴장입니다"(우군거, 40). 이원표는 "유럽 소국가들에게나 있는 치안 군대가 아니라면 자국 방위만을 위한 군대는 있을 수 없"고 "언제나 군대의 존재는 침략과 전쟁을 예비하는 것"이라고 주장하면서도, "군대가 가지고 있는 폭력성과 전쟁 도발성은 억제될 수도 있다는 것도 상기"해달라고 호소했다(우군거, 64). 2023년 병역거부 선언자인 '사회주의자' 김무석은 "군대가 계급으로 나뉜 자본주의에서 소수 지배자가 다수 민중을 억압하고 지배하기 위한 대표적인 억압 기구라고 생각한다"고 밝혔다(우군거, 226).

반면에 군대에 대해 보다 신중한 접근을 시도한 병역거부자도 있었다. 유윤종이 그런 사례인데, 그는 즉각적이고 전면적인 군대 폐지 요구와는 거리를 두었다. "병역거부자들·평화운동가들마다 다르겠습니다만, 저는 치안유지를 위한 경찰의 역할이라거나 개개인이 자위를 위해 불가피하게 폭력에 호소하게 되는 것까지 부정하진 않습니다. 그러나 국가 단위에서 전쟁을 준비하고 훈련하는 조직화된 전쟁집단(군대)은 최소화되어야 하고 궁극적으로는 사라져야만, 진정한 인권과 평화의 실현이 가까워지리라 믿습니다"(우군거, 224). 불교도인 김도형도 유사한 입장이었다: "군대를 부정하지 않습니다. 세상의 어떤 필요에 의하여 만들어진 연기와 같은 존재이기 때문입니다. 그러나 받아들이지는 않습니다. 단지 군대가 평화라는 필요에 의해 없어지도록 하는 세상을 만들어가고 싶습니다"(우군거, 39).

■ **전투경찰·의무경찰 제도에 대한 비판** 누차 지적했듯이 현역 전투경찰이나 의무경찰인 병역거부자들이 꽤 많았고, 이들의 거부 선언 저변에는 그들이 고통스럽게 체험하는 독특한 국가폭력, 즉 "양심에 반해 국가폭력의 도구가 될 것을 강요하는 또 다른 국가폭력"의 경험이 자리하고 있다. 그들의 병역거부는 "대체복무의 군사화"에 대한 반발이기도 하다. 2008년 촛불집회 당시 시위 진압에 동원되었고, 특별외박을 나왔다가 부대로 복귀하지 않고 의무경찰 복무 거부를 공개 선언한 이길준이 대표적인 사례였다. 그는 시위 현장에서 자신이 감수해야 했던 격심한 심리적 고통과 상처를 이렇게 토로했다.

의경으로 있는 동안 제가 느낀 건, 언제고 우리는 권력에 의해 원치 않는 상황에 놓일 수 있다는 것입니다.……촛불집회에서 사람들은 하나의 주제로 다양한 목소리를 가지고 모였고, 여러 모습이 있었지만 기

본적으로 비장한 투쟁이 아닌 자신과 공동체의 삶을 위한 즐거운 축제였습니다. 하지만 삶을 위협할 수 있는 권력에게는 소통의 의지가 느껴지지 않았습니다. 오히려 제 또래의 젊은이들과, 그들과 같은 시대를 사는 시민들을, 적개심을 가지고 맞붙어야 하는 상황으로 내몰았죠.……이렇게 보이지 않는 힘 앞에서 개인은 무력해집니다. 방패를 들고 시민들 앞에 설 때, 폭력을 가하게 될 때, 폭력을 유지시키는 일을 할 때, 저는 감히 그런 명령을 거부할 생각을 못하고 제게 주어지는 상처를 고스란히 받아들이는 수밖에 없었습니다.……이런 나날이 반복되고, 저는 제 인간성이 하얗게 타버리는 기분이었습니다. 진압 작전에 동원될 때도, 기약 없이 골목길을 지키고 있어야 할 때도, 시민들의 야유와 항의를 받을 때에도 아무 말 못 하고 명령에 따라야 하는 스스로를 받아들이는 것은 끔찍한 일이었습니다. 근무시간이 늘어나고 육체적으로 고통이 따르는 건 감수할 수 있었지만, 그렇게 제가 하는 일이 대체 무엇을 지키기 위해서인가를 생각하면 더 괴로워지더군요.……사회의 안녕과 질서를 위해서라면 갓 스물의 젊은이들이 폭력적인 억압의 도구가 되어도 괜찮은가요?……힘든 시간 동안 전 일단 어떤 식으로든 도피를 모색했지만 어느 순간 더 이상 도피는 답이 아니라는 생각이 들더군요.……이대로 부당하다고 생각하는 명령에 순응하고 가해지는 상처를 외면하면 스스로에게 이율배반적이고 껍데기뿐인 인간으로 남을 거란 불안도 있었고요. (우군거, 126-127)

강길모는 소견서에 다음과 같이 적었다. "2011년 5월 24일, 난 입대를 했다. 꽤 늦은 나이에, 군대에 대한 좌절감과 분노, 일말의 기대감이 뒤섞인 채로 37사단 훈련소에 입소했다.……내가 상상했던 것보다 군대는 한편으론 훨씬 더 단순했고, 한편으론 정치적이었다.……몇 년 동안 끊임없이 추구해온 내 자신의 정치적 고민과 철학은 이 집단이 추구하는 가치체계 안에선 어떠한 의미도 없었다. 최종적인 결단은 사단 훈련소에서도 의경, 전경이 차출된다는 설명을 들었을 때 이루어졌다. 의경, 전경으로 차출되어 시위 현장에 투입된다면 도저히 군복무를 해낼 자신이 없었다. 결국 며칠 간의 우여곡절 끝에 난 스스로 집으로 돌아왔다"(우군거, 257-258). 강길모는 훈련소 퇴소 사건부터 약 3년이 지난 후 결국 병역거부를 선택했다.

성소수자인 유정민석은 입대 후 전투경찰로 차출되어 시위나 테러 진압훈련을 받으면서 '군대와의 불화'가 깊어지는 체험을 했다. 본인의 의지나 선호와 전혀 관계없는 대체복무 업무에 강제로 배치되는 제도의 모순이 적나라하게 드러난 경우였는데, 이를 유정민석은 "너무 안 외워지는" 본능적 거부 행위를 통해 표출했다. "가끔 테러 진압훈련을 했다. 그 전에는 며칠 전부터 떨렸다. 내가 이걸 왜 해야 하나. 너무 하기 싫은데, 귀찮은 건 둘째 치고 왜 해야 하는지도 모르겠고. 이를테면 지하철 폭발물을 제거하거나 하는 일인데, 내겐 전혀 익숙하지 않은 일이고 거기서 가르쳐주는 것이 너무 안 외워지는 것이었다.……총검술이나 그런 것들은 너무 안 외워졌다."[16]

■ 한국 현대사와 과거청산의 맥락: 특히 한국전쟁과 베트남전쟁에서 한국군의 행위 비판 많은 병역거부자들이 과거청산의 맥락에서 한국전쟁, 제주 4·3항쟁, 베트남전쟁, 광주항쟁, 군사쿠데타, 빈번한 위수령과 계엄령, 군 의문사 등에 대해 역사적 재해석을 시도하면서 한국군의 과오를 지적하곤 했다. 김동현은 4·3사건, 유신시대 위수령, 광주항쟁을 거론하면서 한국군을 "전쟁보다 소요 진압에 더 자주 쓰이는 군대"(우군거, 231)로 규정했다.

1947년 3월 1일, 제주의 한 어린이가 기마경관의 말발굽에 치었다. 성난 군중들이 말을 쫓았다. 경찰이 발포하였고 이로 인해 6명이 사망하고 6명이 중상을 입었다. 그로부터 1954년 9월 21일까지 7년 7개월 동안 이승만 정권은 끊임없이 육지에서 군대를 파병하여 도민들을 학살하였다. 사망자만 1만 4천여 명, 사상자는 3만여 명이었다.……유신정권은 이 땅에 거대한 병영국가를 이룩하였다.……캠퍼스에서 군인들이 총을 메고 돌아다니던 시절이었다.……1980년 5월 17일, 계엄령에 항의하는 학생들의 시위를 진압하기 위해 광주에 공수부대가 투입되었다. 이후 5월 18일부터 27일까지 열흘간 군대에 의한 유혈진압이 진행된다. 곤봉과 대검으로 난자된 생과 총에 관통된 삶들이 건물 안과 거리 곳곳에 누워 있었다. 사상자는 200에서 600명이라는 추측이 있지만 정확한 숫자는 알 수 없다. (우군거, 231-232)

2011년 병역거부 선언자인 전길수는 한국군의 과거사를 "오욕의 역사"로 압축했다. "군은 시민의 권리와 자유를 지키기 위해서 존재하는 것입니다. 시민들이 군대의 무력을 용인하고 있는 것은, 그것이 오직 시민의 안전을 지킬 것이라는 믿음이 있기 때문입니다. 그러나 한국군의 지난 역사를 돌이켜보면, 한국전쟁 중 민간인학살, 전시 성폭력, 성매매, 그리고 베트남전쟁 중 학살과 성폭력, 또한 군사쿠데타와 1980년 광주에서의 시민 학살로 얼룩져 있습니다. 한국군은 이러한 오욕의 역사를 어떻게 기억하고 있으며, 다시 반복하지 않기 위해서 어떤 노력을 하고 있습니까? 그러한 노력이 있었다면 이라크 파병은 없었을 것이며, 군 의문사도 없었을 것입니다"(우군사, 217). 임성환도 비슷한 입장이었다: "거대 병영국가인 한국에서 '군대'는 민주정부를 몰락시키는 쿠데타의 도구로 활용됐고 광주의 무고한 시민을 학살하는 총탄이었고 베트남, 이라크의 시민과 젊은이를 대량 학살한 주범이자 공범이었습니다. 군대의 일원으로 참가한다는 것은 '물리적, 신체적 억압'만을 뜻하지 않습니다. 세계사를 피로 물들인 국가폭력에 동참한다는 것을 뜻하며 개인의 가치에 반해 언제라도 위와 같은 부도덕한 조직적 살해에 동참할 의사가 있다는 것을 밝히는 행위입니다. 저는 이러한 국가폭력에 동참할 의사가 없으며 어떠한 전쟁, 혹은 이와 관계된 모든 사안에 관여할 생각이 없습니다"(우군거, 40).

2013년 병역거부를 선언한 조익진은 베트남전쟁 등 한국군의 해외파병을 문제 삼았다. "베트남에는 수십 개의 '한국군 중오비'가 있다. 이 비에는 "하늘에 가닿을 죄악, 만 대가 기억하리라"고 쓰여있다. '북한 놈'들과 같은 '빨갱이'들이니 가차 없이 적을 죽이라는 상부의 세뇌에 따라, 베트남에 파병된 한국군들은 미군보다 더한 악명을 얻었다. 한편 베트남전 파병 군인들은 당시 미군이 사용한 고엽제 때문에 아직도 후유증으로 고통받고 있다. 평범한 민중들이 전장에 파견돼 약소국의 민간인을 학살하고 자신의 생명도 위태롭게 한 대가로, 한국의 기업들은 대재벌로 성장할 수 있었다. 이후 아프가니스탄과 이라크와 소말리아와 동티모르와 레바논 등 셀 수 없이 많은 곳에 한국군이 파병됐다. 이 나라 지배자들은 미국의 침략에 동참하며 '국격'과 '국제적 책무' 운운했으나, 실제로 우리가 얻은 것은 테러 위협과 파병국의 국민이라는 오명뿐이다"(우군거, 242-243).

경북 문경에서 초등학교 교사로 일하다 2004년에 병역거부를 한 최진은 1949년 문경 석달마을 학살 사건을 소환했다.

저에게 병역거부에 대한 씨앗이 싹튼 계기는 55년 전 지금 제가 살고 있는 문경의 작은 마을에서 일어난 한 사건 때문이었습니다. 2003년이 시작되던 겨울, 제천에서 국어 교사를 하고 있는 한 선생님께서 제게 이런 제안을 하셨습니다. 양민 학살지인 단양의 곡계굴에서 문경의 석달마을까지 평화도보순례를 기획해보면 어떻겠냐는 것이었습니다. 자연스레 6·25사변 전후에 있었던 양민 학살의 역사를 접하게 되었습니다. 그 가운데서도 석달마을에서 일어난 사건은 큰 충격으로 다가왔습니다. 1949년 12월 24일 오후 2시경, 국군 2개 소대는 문경의 주흘산에 있는 공비를 토벌하기 위해 이동하던 중 석달마을에 도착하였습니다. "국방군이 와도 환영하지 않는 것을 보니 빨갱이 마을이다"라는 소대장의 불평과 더불어 24채의 집을 모조리 태우고 전 주민 127명 중 86명을 학살하였습니다. 그 가운데 13살 미만의 아이들이 27명이나 되었지요. 이때부터 막연하게 이해하고 있던 군대에 대해, 우리의 역사에 대해 공부하기 시작하였습니다. (우군거, 57-58)

■ **시민단체나 사회운동, 정당 참여 경험** 다수의 병역거부자들이 학생운동의 경험을 갖고 있었다. 사회당 등 정당 활동 경험을 가진 이들도 있었다. 앰네스티인터내셔널에서 활동했던 김성민을 비롯하여(우군거, 251), 시민단체에서 활동한 이들도 여럿이었다. 시민단체나 사회운동, 정당 참여 경험은 병역거부의 가장 중요한 요인 중 하나였고, 때로는 결정적인 단일 이유로 작용했다. 그것이 '전쟁없는세상'과 같은 반전평화운동 단체에서의 활동이었을 경우가 특히 그러했다.

이미 병역거부 선언을 했거나 그럴 가능성을 고민하는 동료들은 종종 '중요한 타자' 역할을 담당했다. 그리하여 병역거부 선언은 "개인적임과 동시에 공동체적인" 결정의 성격을 띠게 되었다. "병역거부는 분명 제 개인의 선택이지만 그것이 결코 저 혼자만의 고민의 결과는 아니라고 믿습니다"는 문명진의 고백이 보여주듯이 말이다. 문명진은 "지금 제 삶의 8할은 병역거부를 고민하고 '전쟁없는세상'에서 활동을 시작한 이후에 만들어졌다고 해도 틀린 말은 아닐 것"이라고 했다(우군거, 200-201). 작가의 길을 꿈꾸던 국문학도로서 학생운동을 경험한 염창근은 철학과 대학원에 진학한 후 병역거부에 대한 고민을 시작했고, 결국 2003년에 병역

거부를 선언했다: "(병역거부에 대한 그의 고민은—인용자) 2001년 겨울에 있었던 오태양 씨의 병역거부가 직접적인 계기가 되었고, 여러 사람의 의견들도 결심에 이를 수 있게 도움이 되었습니다. 친구이자 동료였던 나동혁의 병역거부를 계기로 후원회 활동을 하면서 병역거부를 준비했습니다"(총들사, 93). 염창근은 이라크에서 전쟁 기운이 고조되고 있을 때 국제 반전운동 단체의 제안을 받아들여 만들어진 한국의 '이라크반전평화팀 지원연대'에서 활동하면서 병역거부 결심을 굳혔다고 한다: "이라크반전평화팀 활동을 통해, 그리고 미국의 이라크 점령을 보면서 저는 전쟁과 평화는 양립할 수 없으며, 전쟁과 민주주의도 양립할 수 없음을 분명히 알게 되었습니다. 그리고 군사력과 폭력의 지배를 억제하는, 평화를 향한 길이 나의 길임을 분명하게 느꼈습니다"(총들사, 95).

2010년에 병역거부를 선언한 철학도 이조은은 가족을 남겨두고 출가한 아버지로 인해 큰 충격을 받았지만, 이후 아버지가 출가 당시 남긴 말("인간은 다 똥 싸는 부처다")을 화두로 삼아 성찰을 거듭하다 시민단체 활동을 시작했다.

아버지를 이해하기 위해 그가 남겨둔 책들을 탐독하기 시작했고, 사회과학·철학이 대부분이었던 그의 책들은 내 가치관을 조금씩 변화시켰다.……사회적 관습과 통념, 도덕, 규범을 당연시했던 나를 거부하고, 나 스스로 가치관과 세계관을 만들어야겠다는 목표가 생겼다.

목표는 확실해졌지만, 모든 것이 막연했다. 구체적인 무언가가 필요했다. 나에게 주어진 환경과 관계가 지금의 나를 만들었다면, 이제부터 그 환경과 관계를 주어지는 대로 받아들이는 것이 아니라 주체적으로 구체적인 환경과 관계를 만들어가겠다고 생각을 했고, 그 시작으로 시민단체 활동을 시작했다. 병역거부운동, 나아가 평화운동을 하는 단체를 선택했는데, 단체에서 접할 수 있는 경험이 내 고민과 깊이 맞닿아 있었기에 내린 결정이었다. '병역의무'에 대한 기존 가치관도 회의해야 할 범주에 들어 있었다.

지금 생각하면 시민단체 활동은 나에게 큰 행운이자 멋진 기회였다. 연대 활동을 통해 다양한 분야의 활동가분들을 만날 수 있었고, 그들과의 관계는 그 자체로 자극이었다. 넓은 범위의 평화단체, 인권단체, 조금 더 구체적 범위에서 여성단체, 퀴어 단체, 문화단체 등에서 활동하는 활동가들과의 만남은 내 가치관을 주체적으로 만들어가는 데 중요한 기제가 됐다. 그들과의 관계 덕분에 평화주의자, 페미니스트를 지향하는 나를 만들 수 있었다. (우군거, 174)

■ **외부로부터의 자극: 외국인 병역거부자 및 평화운동가와의 만남** 국내외에서 외국인 병역거부자 혹은 평화운동가와의 우발적인 만남이 병역거부의 자극제 구실을 하는 경우도 종종 있었다. 이런 만남은 대부분 시민운동의 과정에서 이뤄진다. 오태양도 한국에서 '해외 대체복무' 중인 독일인 청년과의 만남을 병역거부 소견서의 맺음말에서 소개했다. "언젠가 종교적 신념에 의한 병역거부자로서 한국에 파견되어 해외 대체복무를 하고 있다는 독일인 청년을 만난 적이 있습니다. 그는 독일인이었음에도 불구하고 자신의 처지를 볼 때 오랜 기간 군복무를 해야 하는 한국의 젊은이들에게 미안함을 느낀다고 했습니다. 제게 지극히 인상적이었던 것은 '자신이 만약 한국에서 태어나 무거운 죗값을 치루어야 한다고 하더라도 결국 자신은 병역거부를 할 것이며, 그 신념은 언제 어디서고 변함없으며 후회 없다'고 하던 그의 진지하고 당당한 입장과 태도였습니다. 양심에 따른 병역거부는 국가와 종교, 신념과 사상의 차이를 뛰어넘는 보편적인 인간 행위이자 권리임을 그의 모습을 통해 느낄 수 있었습니다"(우군거, 21-22).

2003년에 병역거부를 선언한 임태훈에게는 한 퀘이커 평화운동가와의 만남이 중요하게 작용했다. "대학원에 입학하기 전 군대 입영 문제로 고민을 많이 하였습니다. 그러던 중 '양심에 따른 병역거부'의 정의와 함께 이들도 양심수에 속한다는 이야기를 듣게 된 것은 국내인이 아닌 AFSC(미국친우봉사회)에서 활동하고 있는 미국인 카린으로부터였습니다. 그녀는 양심에 따른 병역거부자들의 각국 현황과 운동들에 대해 상세히 알려주었으며, 유엔인권이사회에서 이 문제를 매우 비중 있게 다루고 있을 뿐 아니라, 각국에 이들을 위한 대체복무제도를 도입할 것을 권고하고 있다는 이야기와 함께 이에 대한 많은 자료를 받기도 했습니다. 이를 계기로 한국 역시 양심에 따른 병역거부운동과 대체복무제도 도입이 필요함을 절실하게 느끼게 되었습니다"(우군거, 44).

박정경수는 이스라엘 나하리야의 한 키부츠에서 자원봉사를 하는 가운데 병역거부의 결심을 굳힌 경우였다. "이스라엘에서 올리브 열매를 따는 것은 그 자체로 평화운동이었다. 굶주리는 팔레스타인 주민들을 대신해 이스라엘의 평화 단체들 그리고 외국의 많은 평화 활동가들은 올리브 열매를 따는 일을 시작했던 것이다.……나는 그들과 함께 올리브 열매를 따며 비로소 병역거부에 대한 고민을 매듭지을 수 있었다. 총을 들어서 평화를 만들어낼 수 없다면 이 땅에서 함께 올리브 열매를 따보는 게 어떨까 하고"(총들사, 249-250). 홍원석도 외국 종교공동체에서 대체복무자와의 만남을 경험했다. 독실한 천주교 신자인 그는 자신이 "외국의 에큐메니컬 공동체에 입회하여 수도자로서 살아가는 꿈을 갖고 있는 성소자"임을 밝히면서, "언젠가 방문했던 그곳에서 대체복무를 위해 1년여 동안 봉사자로 일하고 있다는 친구의 이야기를 듣고는 한국의 현실을 생각하며 자괴감에 빠졌던" 적이 있노라고 회상했다(우군거, 208).

■ 동시대적 체험: 코호트로서의 양심적 병역거부자들 병역거부자들은 자신들이 직접 경험한 공통적인 체험을 자주 언급한다. 9·11테러와 미국

주도의 테러와의 전쟁, 아프가니스탄전쟁, 이라크전 파병과 참전, 평택 미군기지 이전, 제주 해군기지 건설, 쌍용자동차 파업 진압, 용산참사, 2008년 촛불시위, 밀양 송전탑 갈등 등의 공유된 경험들이 주로 환기되었다. 그중에서도 이라크전쟁이 가장 자주 소환되었다. 2003~2004년 무렵에 병역거부 선언을 한 이들은 말할 것도 없고, 그 이후 가담한 다수도 이라크전 파병을 병역거부를 결심한 주요 이유로 꼽았다. 2003~2004년에 걸쳐 이라크전쟁 파병 반대운동의 형태로 한국 최대의 반전평화운동이 발생했고, 그 와중에 정치적 병역거부자들이 속출했다. 1991년의 걸프전 참전 반대운동이 소규모 및 단기에 그쳤던 데 비해 이라크전 참전 반대운동 당시에는 대중적이고 대규모적인 반전평화운동이 벌어졌고, 병역거부자 상당수가 이라크전 참전 반대운동 참여자들이기도 했다.

작년 정부는 대다수 국민의 반대에도 불구하고 이라크에 군대를 보냈습니다. 당시 정부는 서희·제마부대는 이라크의 재건을 위해 파병되

역사상 처음으로 중동지역에 파견된 서희·제마부대(2003)

는 비전투병 부대이며 더 이상의 파병은 없다고 발표했습니다. 그러나 자이툰부대의 파병을 보면서, 우리 국민들은 정부의 치졸한 술책에 속았음을 뒤늦게 후회하였습니다.……저도 이라크에 가고 싶습니다. 군인이 아니라 민간 봉사자가 되고 싶습니다.……살육과 살생의 공포를 조장하는 군인이 아니라, 사랑과 희망의 미래를 선물하는 자원봉사자가 될 수 있다면 10년의 세월이라도 기쁜 마음으로 이라크로 건너가겠습니다. (이원표, 우군거, 63)

그러던 와중에 이라크전쟁이 일어났다. 이라크전쟁이 한창이던 어느 날 저녁 사무실 한 켠에 혼자 앉아 커피를 마시며 TV를 켰다. 뉴스에는 죽거나 불구가 된 아이들의 모습이 비춰지고 있었다. 그냥 여느 일상과 마찬가지로 무심하게 TV를 보고 있는데 눈물 한 방울이 무릎 위로 떨어졌다. 고등학교를 졸업한 이후 거의 울어본 기억이 없다.……잠시 후 난 내 눈물의 이유를 알았다. 모멸감, 인간존재의 비참함에 대한 모멸감 때문이었다. 인간은 가장 비참한 생물종일지도 모른다. 그러고 보면 그동안 이런 세계의 비극과 비참한 인간 본성에 대해 모른 척하고 살 수 있던 건 내 무지와 비겁함의 결과일는지도 모른다. 아마 병역거부를 결심했던 건 그즈음인 듯하다. (임성환, 총들사, 220-221)

미국의 이라크전쟁을 보며 잠 못 이루던 생각이 납니다. 그들이 그곳에 태어났다는 이유만으로 죽어가야 하는 것이, 그리고 내가 그들을 위해 아무것도 할 수 없다는 현실이 안타까웠습니다. 당장이라도 인간방패로 참여하여 전쟁을 막는 데 참여하고 싶었습니다. 우리나라가 살인을 지지하고 참전하는 것이 정말 원망스럽고 부끄러웠습니다. 그것이 병역거부의 결심을 굳히게 되는 계기가 되었던 것 같습니다. (김도형, 우군거, 39)

2008년에 병역거부 선언을 했던 김영익은 미국의 아프가니스탄 침공 때부터 반전운동에 참여했고, 이라크전쟁 파병 반대운동에도 적극 참여했다. 이 경험이 그를 병역거부로 이끌었다. "반전운동을 경험하면서, 그리고 한국의 힘 있는 자들과 가진 자들의 위선과 탐욕에 분노하면서 제 자신은 아주 많이 변하게 됐습니다. 그리고 제게 새로운 시각으로 우리 사회를 바라보게 되는 계기를 마련해줬습니다. 이제 제 눈에 한국은 지배자들의 이익을 위해 한국의 평범한 자식들에게 이국땅의 양민을 억누르는 일을 맡기는 소小패권국가로 보이게 됐습니다"(우군거, 129-130). 다음의 인용문들이 보여주듯이, 병역거부자들의 동시대적 경험은 이라크전쟁, 아프가니스탄전쟁을 넘어 넓게 확장된다.

> 병역거부를 계속 고민하던 저는 미군기지 확장 이전 반대 투쟁이 벌어지던 2006년 평택 대추리에서 펼쳐진 일련의 사건들을 경험하면서 병역거부에 대한 확신을 갖게 되었습니다. 그저 자신이 살아오던 땅에서 계속 살고 싶어 했던 주민들에게 정부가 한 일은 군대와 경찰을 동원하여 그들을 모두 몰아내는 것이었습니다. '여명의 황새울' 작전이 벌어지던 5월 4일 동틀 녘 대추리에서 저는 군대와 경찰의 무자비한 폭력을 눈앞에서 보았습니다.⋯⋯국가안보를 지킨다는 군대가 자국 국민을 적으로 몰아 공격하는 모습을 보면서 원초적인 두려움을 느꼈습니다.
> (문명진, 우군거, 197-198)

어쩌면 여러분은 군대의 민간 투입이 자행되던 시대는 암울한 군부독재 시절이 아니었느냐고 강변할지도 모른다. 그러나 역대 정권 중 가장 '민주적'이라고 평가받는 참여정부조차 평택의 대추리를 군홧발로 짓밟았다는 사실을 잊지 말아야 한다. 국방부는 주민들이 농사를 짓지 못하도록 철책을 세우고 마을로 들어가는 입구에는 검문소를 설치해 출입을 통제하였다. 2006년 5월 4일, '여명의 황새울' 작전이 시작되었다. 시위대 1천여 명을 진압하기 위해 투입된 공권력은 경찰 110개 중대 1만 3천여 명, 용역업체 직원(소위 깡패) 1천 2백여 명, 군인 2천여 명이었다. 다행히 사망자는 없었으나 200에서 300여 명의 부상자가 발생하였다. (김동현, 우군거, 232)

대략 3년 전인 2009년 1월 20일 새벽, 불길이 다섯 철거민의 목숨을 앗아갔습니다. 우리가 이른바 '용산참사'로 부르는 사건입니다.……저는 참사 당일 후배들과 함께 추모집회에 참여했습니다. 그 현장에서 철거민의 죽음을 공모한 공권력은 전혀 반성의 기미도 없이 방패와 곤봉을 휘둘렀습니다. 우리는 명동성당으로 쫓겨갔고 주변은 전투경찰로 가득 메워졌습니다. 자정이 가까울 무렵, 한 무리의 전투경찰이 다 때려 부술 기세로 시민들을 짓밟으며 달려들었고 거기에 한 후배가 말려들었습니다. 전경에게 머리를 심하게 구타당해 곤죽이 된 후배를 근처 병원에서 확인하고 그 친구의 부모님께 연락을 드렸습니다.……평범한 삶을 죽음으로 내몬 것도 모자라 추모하는 시민들을 폭도 취급하는 공권력에 깊은 절망감을 느꼈습니다. 철거민들은 무엇을 잘못했기에 불에 타죽어야 했던 겁니까? 후배는 무엇이 문제였기에 얻어맞아 두개골이 골절되어야 했던 겁니까? 군대와 경찰은 누구를 위해 존재하는 것이란 말입니까?……오랜 독재의 당사자로서, 또한 노근리와 5·18 등 수많은 민간인학살의 당사자인 대한민국 군대와 경찰은 21세기에 들어서서까지도 그 구태를 청산하지 못했다는 것입니다. 권력에는 굴종하고 힘없는 이들에게는 무자비한 폭력을 휘두르는 모습을 평택 대추리에서, 광화문 촛불집회에서, 용산에서, 쌍용자동차 공장에서, 그리고 최근에는 영도의 조선소와 제주도 강정마을에서 똑똑히 보았습니다. (최기원, 우군거, 212-213, 인용자가 문단을 일부 조정했음)

2010년에 병역거부 선언을 한 김영배는 미국·영국의 이라크 침공과 한국군 파병을 겪으면서 병역거부를 고민하기 시작했고, 2008년 촛불집회에 참여하면서 병역거부 신념이 더욱 강해졌다고 한다. "비폭력을 외치는 시위대를 전·의경들이 물대포와 곤봉, 무섭게 내리찍는 방패로 진압을 하는 것을 보고" 나서 "군대라는 조직의 폭력성"을 절감하게 되었다는 것이다(우군거, 170). 박정훈도 용산참사, 쌍용자동차 파업 진압, 제주 해군기지 반대운동 진압 등을 "야만의 국가"의 증거로 제시하고, "이웃들이 죽어가는 공동체에서 홀로 평화롭게 살아갈 수 없다"면서 "이러한 국가의 강제징집을 거부하는 것은 내가 할 수 있는 가장 적극적인 평화 행동"이라고 주장했다. (우군거, 239-240)

■ 학교에서의 폭력과 군사주의: 과거의 개인적 체험 혹은 성장 과정의 코호트적 경험 많은 거부자들이 폭력을 겪은 개인사적 배경을 병역거부의 한 요인으로 기술하고 있다. 그중에서도 학교에서의 폭력 체험이 가장 자주 언급되고 있다. 전길수는 자신의 학교폭력 피해 경험을 털어놓았다. "저는 중학교 2년을 폭력의 공포와 폭력에 대항하지 않는 나에 대한 비겁함에 시달렸으며, 자살과 살인을 고민하며 살았습니다.……힘이 세고 권력이 있는 학생에게 그렇지 못한 학생은 맞고 빼앗기고, 그럼으로써 위축되는 모습을 지겹도록 보아왔습니다. 그런 불의를 지켜보기만 하고, 다른 행동을 하지 않는 제 자신의 나약함에 괴로웠습니다. 저의 정당한 문제 제기가 계급에 구애받지 않고 받아들여질 수 있는 시스템이 지금 우리 군에 존재합니까?"(우군거, 218). 박정경수는 살벌한 약육강식의 경쟁주의와 체벌로 대표되는 군사주의 문화를 "학교의 독"이라고 불렀다: "체벌이 가르치는 것은 단지 당장의 아픔만은 아니라고 생각합니다. 성적이 낮은 누군가는 반드시 맞아야 하는 교실에서 저는 남의 아픔을 안타까워하기보다 '내가 아니어서 다행이다'라는 생각을 먼저 배웠습니

다. 그리고 저는 이것을 약자들을 바라보는 우리 사회의 시선에서 다시
확인하게 되었습니다. 평화에 대해 충분히 배우지 못한, 오히려 반평화
적인 교육을 받아온 저의 지난 모습에서 평화가 무엇이냐는 질문에 답을
찾지 못하는 것은 어쩌면 당연한지도 모르겠습니다. 그런 학교 교육의
문제점을 다시 확인하게 된 건 모순적이게도 학교를 벗어나면서부터였
습니다.……많은 사람들은 그것을 군사주의라고 이야기합니다"(우군거,
113-114). 초등학교 교사로 재직 중이던 2006년에 병역거부를 선언한 김훈
태는 자신의 체벌 가해 경험을 고백하면서 그 당시까지도 학교에 만연했
던 군사주의와 국가주의를 지적한다: "학교에서 군사주의와 국가주의는
아직도 너무나 당연한 것입니다. 월요일이면 아이들은 운동장에서 국기
에 대해 맹세하고 애국가를 부르며 차렷과 열중쉬어의 부동자세로 교장
선생님의 훈화를 듣고 이열종대로 교실에 들어가야 합니다. 경쟁과 발
전을 당연시하고 정당한 전쟁론을 옹호하며 비장애인과 이성애자를 정
상인으로 여기게 하는 교과서도 성찰 없이 받아들이게 됩니다. 민주주
의와 평화주의의 가치는 요원하기만 합니다." (총들사, 142-143)

이와는 달리, 최기원과 2002년 병역거부 선언자인 유호근은 가족사의
맥락에서 병역거부 문제에 접근했다.

> 평생 농사를 지으며 살아오신, 아흔이 되어가는 제 외할아버지는 일제
> 에 징용되어 강제 노역을 했고 한국전쟁에도 참전하여 처절한 고지 전
> 투에 투입되어야 했습니다. 큰외삼촌은 베트남에 파병되었다가 심각
> 한 고엽제 후유증을 얻고 아직도 고생하고 있습니다. 전쟁의 상처는
> 아직 저, 그리고 우리 안에 남아 있는 것입니다. 동서고금의 전쟁을 살
> 펴보십시오. 전쟁의 원흉인 자들은 권세와 영화를 누리면서도 그 쓰라
> 린 상처는 평범한 민중들이 다 짊어지는 것이 전쟁이라고 하는 괴물의
> 본질입니다. 왜 저들의 탐욕에 우리의 삶을 내놓아야 하는 것입니까?

(최기원, 우군거, 213-214)

전쟁을 경험하신 아버지께서는 어린 시절 저에게 말씀하셨습니다. 전쟁에서 총 맞아 죽은 것보다 좌익과 우익이 서로 반대파를 색출한다며 죽인 게 훨씬 많았고 서로들 대나무로 찔러 죽이고 낫으로 베어 죽였다는 이야기를 회상하며 또 한 번 확인할 수 있었습니다. 전쟁은 이미 인간의 이성을 마비시키고 사람들을 일종의 환각 상태로 만들어 돌이킬 수 없는 비극적인 결말로 이어질 수밖에 없음을 말입니다. (유호근, 우군거, 24-25)

■ **젠더와 병역: 정상성 이데올로기의 폭력성** 병역거부자들은 정상성의 획일적인 기준을 제시하는 남성중심주의를 거부하면서, 여성과 장애인 등 사회적 약자들을 배제하는 군대 제도를 비판한다. 2008년에 병역거부를 선언한 박철은 성소수자의 입장에서 이렇게 묻는다. "사람들이 '군대'라는 곳에 가야 되는 상황은 얼마나 당연할 수 있을까요? '남자'라서 현실적으로 '군대'에 가야 할 수밖에 없다고 하면서도, 정작 '군대' 가서는 이상적인 '남자'가 되어 돌아오라고 하는 현실은 또 어떻게 가능한가요? '군대'에 갔다 온 '남자'는 '사람' 되었다고도 하지만, 갔다 오지 않은 '사람'은 '남자'답지 못하거나 뭔가 부족하다 하는 순간들은 다시 왜 만들어지는 걸까요?"(총들사, 214). 여기서 징병제는 '생물학적 남성성'을 "규범적이고 이상화된 사회적 남성성"으로 전환하는 기제로 등장한다. 다음은 2006년에 병역거부를 선언한 성소수자 유정민석의 목소리이다.

남성은 남성성을 갖는 것이 미덕이며 그래야 정상으로 인지되는 세상에서 제 정체성은 국가와 사회가 요구하는 의무와 국민으로서의 권리, 둘 모두에 언제나 상충되곤 합니다.……군입대 전 내 의지와는 관계없이 군대라는 남성화된 공간으로 흘러 들어간다는 것은, 제게는 엄청난 공포와 두려움으로 다가왔습니다.……국가와 군대라는 남성화된 거대한 리바이어던은 거스를 수 없는, 그리하여 결국은 승복할 수밖에 없는 근엄하고 숭고한 남신의 아바타 같은 힘으로 다가왔습니다.……겁이 많고 어리바리한 제 심약함이 신념에 따른 병역거부의 사유로는 어찌 보면 미약할지도 모릅니다.……남성적인 가치들을 강요하는 군대에서의 경험을 통해 반작용적으로 깨닫게 된 섬세한 정체성과 내 안의, 또한 내가 옳다고 생각하는, 그런 여성성이 결코 부끄러운 것이 아니라면, 겁이 많고 남을 죽이는 연습을 해야 하는 시뮬레이션의 군사훈련조차 벌컥 손부터 떨리는, 아직은 사람들에게 낯설게 느껴지는 부류의 '사내자식이 계집애 같다'는 그러한 '성적 소수자'로서 바라보았던 남성화된 병영문화의 병폐와 호전적이고 공격적인 남성성을 재생산하는, 군대라는 '진짜 남자'가 되기 위한 통과의례를 거부할까 합니다.……남성우월주의적인 관점에서 규정되는 사회·문화적인 남성성은 그 모습이 때로는 군사주의로, 때론 권위주의와 위계주의로, 때론 목표 달성을 위한 진취성, 성취성 등을 가장한 호전성과 공격성으로 외양을 변태하고는 합니다. 그렇게 변태된 남성성은 제게는 성폭력의 형식으로, 여성 혐오로, 호모포비아나 게이 배싱 등의 소수자에 대한 폭력으로, 또한 '소외'나 '배제'의 양태로 다가왔습니다.……그러한 젠더 구획 짓기를 반대하는 페미니스트이자, 젠더 구획 짓기의 피안에 있는 게이인 저의 신념은 오로지 천편일률적이고 획일화된 남성성을 훈육, 교육시킴과 동시에 재사회화시키는 군대를 거부하려 합니다.……자매애보다는 전우애를, 상생과 공생보다는 상멸과 공멸의 결말을 가진 군사주의와 남성우월주의적인 군대를, 제 안의 겁 많고 어리바리한 여전사는 온몸으로 거부합니다. (우군거, 94-98)

동성애자인 임태훈은 '징병·신체검사 등 검사규칙'(국방부령)을 이용하면 군복무를 면제받을 수 있었음에도 불구하고, 이 규칙에 의거하여 이루어지는 "동성애자에 대한 합법적 차별"을 고발하기 위해 2003년 병역거부를 선언하고 감옥행을 감수했다.

내가 군대 문제에 관심을 가지게 된 것은 나의 성 정체성과 병무청에서 실시하는 신체검사 때문이기도 합니다. 군입대 전에 실시되는 신체검사들 중 하나인 인성검사(360여 문항으로 구성된)의 몇 조항들은 동성애자를 찾아내기 위한 조문으로 구성되어 있습니다. 저는 동성애자임에도 불구하고 그 조항에 표기할 수 없었습니다. 그 이유는 프라이버시 권이 보장되지 않은 불특정 다수가 어깨를 밀착하고 있어서였고, 동성애자라고 밝히는 순간 그곳에서 어떠한 일들이 벌어질지 그 누구도 알 수 없었으며, 그 사실을 가족에게 통보할지 모른다는 막연한 공포 심리 때문이기도 했으나, 무엇보다 나의 내면에 온갖 형언할 수 없는 수치심과 모멸감이 나의 성 정체성을 짓누르고 있었기 때문입니다.…… 성전환자(트랜스젠더)와 동성애자는 현행 '징병·신체검사 등 검사규칙(국방부령 제534호) 제11조(질병·심신장애의 정도 및 평가 기준) 별표2' 중 120번 인격장애 및 행태장애[인격장애, 습관 및 충동장애, 성 주체성 장애(성전환자), 성적 선호 장애(동성애자) 등] 정신과 진단서를 받을 경우 4급에서 5급 판정을 받을 수 있습니다. 이 조항을 근거로 저 또한 여타 다른 동성애자들처럼 병 진단서를 첨부하면 공익근무요원 내지는 병역의무를 완전 면제받을 수 있습니다. 그러나 이러한 규정은 미국정신의학회의 『정신병의 종류와 통계에 관한 편람DSM』의 규정과 세계보건기구 국제질병분류ICD 규정을 정면으로 위반하고 있는 것입니다.……저는 동성애자를 차별하고 소위 비정상으로 규정하고 있는 대한민국 군대의 입대를 시민불복종적 의미에서도 거부하고 싶습니다. 또한 인권 활동가로서 타인을 죽이는 연습이나 이에 동조하는 일체의 행위를 할 수 없습니다.
(우군거, 44-45)

안홍렬은 대다수 남성을 성차별주의자로 탈바꿈시키는 군대문화를, 나아가 이러한 군대문화에 침윤된 사회 풍토를 비판했다.

평소 수줍음이 많고 내성적이었던 다른 한 친구는, (군대를 갔다 온 후—인용자) 내가 알던 친구가 맞는지 의심스러울 정도로 많이 변해 있었다. 그렇게 싫어하던 담배까지 입에 물고서 그가 내뱉던 말들은, 담배 연기만큼이나 지독하고 거북했다. 여성에 대한 얘기로 시작해서 여성에 대한 얘기로 끝나던 그 지루하고 짜증 나던 대화에서, 여성은 그에게 단지 성적 소모품일 뿐이었다. 성매매업소의 출입을 부끄러워하지 않고, 마치 전리품을 얻은 듯 당당히 말하는 그를, 나는 이제 만나지 않는다. 학창 시절을 함께 보냈던 그는 친구가 아닌, 낯선 이방인이 되어버렸고, '진짜 남자'가 되어 가짜인 나를 하찮게 여기는 당당한 '대한민국 국군장병'으로 살고 있다.……군대를 경험하거나 군대문화를 체득한 사람들이 만들어 내는 '진짜 사나이'의 신화는 여성에 대한 성적 대상화와 성폭력을 미화한다. 사나이들의 우정을 경험하지 못한 여성들에 대한 남자들의 알 수 없는 우월감과 폐쇄된 공간에서 유포되는 왜곡된 성문화는 이러한 분위기를 더욱 부추기고 있다. 군대문화는 사회의 다양한 영역에서 공고하게 자리 잡고 있고, 그 속에서 여성들은 동등한 인간으로서가 아니라, 남성들의 성적 불만족을 충족시켜 주는 대상으로서 간주될 뿐이다. (총들사, 197-199)

동일한 취지에서 2013년 병역거부 선언자인 김성민은 "언제부터인가 강한 남성의 자리가 불편해졌다"면서 이렇게 덧붙였다. "나는 내게 남성일 것을 요구하는 것을, 나를 더 남성답게 만드는 것을, 나를 남성으로만 보는 것을 원치 않는다. 군대는 나를 남성으로만 여기고 전사로서만 훈련시킨다. 또한 그것은 대량으로 남성 전사를 만들어낸다. 그것은 우리 사회에 존재하는 남성성에 기반한 차별을 만들어내고 그 구조를 지탱한다. 나는 이러한 군대의 일원이 되기를 거부한다"(우군거, 252-253). 감리교 신학대학 출신으로 2008년 병역거부 선언자인 권순욱은 장애인단체 활동가였다. 그는 '정상성 이데올로기'에 의한 장애인 배제 및 차별 문제를 제기했다. 그는 군대와 국가가 시민권 혹은 국민 됨의 표준 내지 이상을 제시하고 그에 따라 군대를 통해 청년 남성을 훈육하고 순치시키고 만들어가는 이데올로기와 관행·제도에 대한 거부 의사를 표명했다. 그는 소견서에서 "소수자의 목소리도 허용하는 민주주의 확장"이라는 맥락에서 "다양한 양심들과 신념들이 인정되는 사회가 속히 오기를" 바란다고 했다. (우군거, 133)

> 저는 현재 장애인단체에서 활동하고 있습니다. 우리 사회의 장애인의 문제의 핵심은 군대가 병역의 의무를 부과하는 '신체 건강한 남성'의 정상성 규정과 일맥상통합니다. 바로 '신체 건강한'이라는 획일적 기준, 획일적인 사고가 지금 사회를 만들었습니다. 장애인은 비장애인 중심의 사회 안에서 배제된 사람들, 즉 사회적 약자로서의 장애인일 뿐입니다. 하지만 사회는 끊임없이 기준을 정해 정상과 비정상을 나누고 그 기준에 맞추어 사람을 획일적으로 양성할 뿐입니다.……사회는 끊임없이 기준을 만들어 그 기준에 맞게 사람을 만들어내고, 그 기준에 미달된 사람은 배제하고 사회에서 낙오시킵니다. 이렇게 정상적이며 획일화된 남성 문화를 권위주의적이며 전체주의적으로 주입하여 만들어내는 것이 바로 군대라는 조직입니다. (우군거, 132)

최기원은 장애인·여성 차별 문제를 해결하고 형평성을 제고할 수 있는 제도적 대안으로 '사회복무제'를 요구했다. "대체복무제를 넘는 '사회복무제'가 필요함을 감히 말씀드립니다. 대체복무제는 국방의 의무를 대체한다는 의미로, 병역의무의 예외로 인정하는 수준입니다. '사회복무제'는 '국방'이라고 하는 좁은 영역을 넘어 공공의 복리를 증진한다는 넓은 의미의 의무를 공동체 성원에게 부여한다는 것을 의미합니다. 꼭 군이 하지 않아도 되지만 실제로 하고 있는 재해복구나 대민 지원, 공익근무요원 등이 하고 있는 업무 등이 여기에 일단 포함될 것입니다. 나아가 교육, 복지, 의료 등 우리 사회에 필요하다고 판단되는 모든 공적 영역으로 확장할 수 있으리라 봅니다. '신체 건강한 남성'을 대상으로만 했던 '국방의 의무'에서 여성이나 신체적 부적합자, 저와 같은 병역거부자 등 모든 사회 구성원들이 참여할 수 있는 '사회공공에의 의무'로 전환하자는 것입니다. 이런 전환이 헌법의 정신에도 부합하고 국방을 포함한 각 분야의 효율도 증진할 수 있다고 봅니다." (우군거, 215-216)

■ 전쟁자본주의 혹은 전쟁의 산업화 몇몇 병역거부자들은 자본주의와 전쟁의 결합을 비판했다. 전쟁은 이윤 증식의 기회이자 수단이라는 것이다. 다음은 초등학교 교사인 최진의 육성이다.

현재 지구라는 혹성 위에서 벌어지는 상황은 극단적인 비대칭으로 이루어져 있다. 미국을 중심으로 한 가진자들의 평화는 빙산의 일각과 같아서, 가난한 민족과 국가의 인민(미국 안의 가난한 자도 포함한)을 비롯하여 지구 생태계 전체에 대한 착취와 억압과 파괴를 수면 아래 두고 있다. 세계화니 신자유주의니 하는 것도 한 꺼풀만 들춰보면 수면 위의 좋은 자리를 차지하기 위한 아귀다툼을 미화하는 포장지에 다름 아니다.……수면 아래는 가난, 질병, 미개, 야만, 제3세계 등등의 위험 표

식이 떠다니고 있다. 이런 것들을 향한 추락의 위험은 중류 의식을 가
진 사람들에게 있어서는 치명적인 것이어서 국가와 자본에 대한 맹목
적인 충성을 낳는다. 반면에 세계 각지의 기아나 재해, 전쟁에 대해서
는 무감각해진다.……자본주의 구조 안에서 살아가는 한 누구나가 전
쟁의 원인 제공자이고 전쟁을 수행하는 자이며 또 다른 전쟁을 부추기
는 자가 될 수밖에 없다. (총들사, 187-188)

안홍렬은 전쟁에 휘말린 나라의 "국민들이 흘리는 붉은 피는 정치꾼
들에게 푸른 지폐 조각으로 보인다"면서, 전쟁을 통해 '(국가)이익'을 추
구하는 "시커먼 정치꾼들의 속내"를 고발한다. "처음 걸프전을 TV에서
보고 환호하던 내 모습을 떠올려본다. 밤하늘을 수놓던 미사일의 불꽃
과 지상에서 벌어지던 수많은 폭죽놀이. 미국 무기의 이름과 성능을 달
달 외우고, 오늘은 또 어떤 무기가 새롭게 선보일지 기대하던 그 시절, 전
쟁은 일종의 게임이었다. 그러나 2003년 이라크전쟁과 세계 각국의 내
전을 보던 나의 눈은 더 이상 미사일의 궤적을 좇지 않는다. 폭죽놀이 속
에서 미처 발견하지 못했던 사람들의 주검과 전쟁의 폐허 속에서 울고
있는 어린아이들이 보인다. 그리고 석유만큼이나 시커먼 정치꾼들의 속
내가 보인다"(총들사, 198). 2009년 병역거부 선언자 이정식은 전쟁을 자본
가들의 '머니 게임'에 비유했다.

그런데 내가 애국심이 없다고 말하는 놈들을 보게.

　　나는 전쟁이 일어난다면 누구보다 먼저 총을 들고 전장에 뛰어든다
고 고백할 거야.

　　전쟁을 일으킨 이들이 체스 게임을 즐기듯 여유롭게 감상자적인 태
도를 취하고 있을 때 힘이 없는 아이와 여성, 노인들이 죽음 앞에서 유
린된다고 생각하면 도저히 비겁함을 보일 수 있는 문제가 아니거든. 게

임에선 인간의 죽음이 중요한 게 아니야. 경제적으로 이익을 보느냐 손해를 보느냐가 중요한 거지. (우군거, 150)

3. 흔들리는 마음: 탈동기화 요인들

이번에는 병역거부 행동에 대한 "억제 요인들", 병역거부를 미루거나 회피하도록 유도하는 "탈동기화 요인들"에 대해 간략히 살펴보자. 이 가운데 군대나 군대문화에 대한 '공포'와 '불안'은 병역거부를 '촉진'하는 요인으로도 작용할 수 있다고 하겠다. 물론 이런 가능성은 군대문화와 군대 생활에 대한 공포·불안이 또 다른 공포와 불안, 즉 감옥과 감옥생활에 대한 공포·불안, 전과자가 됨으로써 감수해야 할 사회적·경제적 불이익과 희생에 대한 공포·불안보다 더욱 커야 현실화할 것이다.

■ **나약함과 떨림의 고백** 여성학자이자 평화학자인 정희진이 2005년 12월에 신문 칼럼을 통해 "두렵고 손이 떨려서 할 수 없는 나약함을 옹호"하고 나선 이래, 여기서 위로와 용기를 얻은 병역거부자들이 두려움과 떨림의 감정을 조금씩 공개적으로 토로하고 나섰다. 임재성도 그중 한 명이었는데, 그는 이런 변화의 의미를 다음과 같이 설명한 바 있다.

시간이 지날수록 조금씩 변화가 생겨났다. 병역거부자들은 감추어두어야 했던 여린 마음을, 폭력을 두려워하고 사람 죽이기를 두려워하는 마음을 고백하면서 병역거부를 선언하기 시작했다. 병역거부자들의 소견서에는 대체복무제에 대한 설명보다는 자신의 삶을 통한 성찰이 담겨갔다. 비록 이러한 내부의 변화가 외부로 두드러지게 드러나지는 못했지만 병역거부운동은 소수자의 침해당한 권리를 구제하는 운동에서, 강철 같은 신념의 소유자들을 후원하는 운동에서 조금씩 다른 무엇으로 변해갔다. 병역거부자들은……이 사회의 폭력에 대한 자신의 고민을 담은 언어를 가지고 세상 사람들에게 말을 걸기 시작했던 것이다.[17]

군사문화에 대한 '거부'를 표현하는 병역거부자들의 언어 속에서, 이전까지 '강고한 신념의 주체'로서 표상되었던 병역거부자의 이미지가 변하고 있음을 확인할 수 있다. 군사문화에 대한 두려움을 드러내고, 자신이 그 공간에서 적응할 수 없을 것이라는 나약함을 긍정하는 모습은 분명 이전 병역거부자들의 언어에서는 없었던 부분이다. 감옥행을 멈춰달라는, 다른 방식으로써 의무를 다하겠다는 강한 외침은 점점 더 자신의 살갗에 닿는 군복의 느낌을 솔직하게 드러내면서 낮고 풍부한 울림을 가져갔다. 병역거부자들은 폭력에 민감한 겁쟁이로서 자신의 마음을 사람들과 나누고자 했고, 그들의 언어 속에서 "군대 가는 것이 두렵다"는 마음은 더 이상 감춰야 할 부끄러운 것이 아니었다.[18]

의무경찰 거부자 이길준도 유사한 입장을 표명했다. "전 스스로를 어지러운 정국의 희생양이나 순교자로 생각하지 않습니다. 그렇다고 분위기를 탄 영웅이 되고 싶은 건 생각도 없어요.……전 단지 스스로에게 인정될 수 있고, 타인과 평화롭게 조화를 이루는 평범한 삶을 살고 싶을 뿐이고, 그런 스스로의 욕망에 충실할 뿐이에요"(우군거, 127). 이제 병역거부자들은 영웅주의 서사를 버리는 것을 넘어, 폭력적인 군대문화 앞에서 겁먹은 약자의 모습을 가감 없이 드러내기 시작했다. 같은 맥락에서 조정의민은 병역거부 소견서를 통해 이렇게 말했다: "저는 군대를 간다는 것이 싫기도 했지만 두렵기도 했습니다. 권위주의를 혐오하고, 폭력을 거부하는 제가 민주적 의사 개진의 여지가 전혀 없는 그런 폭력적인 구조에서 과연 버텨낼 수 있을까 하는 두려움이 있었기 때문입니다"(총들사, 179). 앞서 인용한 유정민석의 소견서가 그렇듯이, 성소수자들의 소견서 에는 두려움에 떠는 여린 마음이 가득하다. 이용석은 병역거부가 약하 고 의존적인 존재임을 인정하는 행위라고 주장했다: "스스로 강하다고 믿는 오만함을 계속 유지시키기 위해서 강하지 않은 수많은 인류는 희생 당해오고 있습니다. 저는 병역거부는 우리 인간이 약하고 미흡한 존재 라는 것을 인정하는 행위라고 생각합니다.……우리는 약하고 미흡한 존 재이기 때문에 서로를 억누를 필요가 없습니다. 오히려 서로의 약함을 서로 보완해주기 위해서 함께 모여서 서로를 보듬어안아야 합니다"(우군 거, 91). 2011년 병역거부 선언을 한 이준규도 "여리고 약한 사람들의 돌 봄 공동체"를 꿈꾼다.

> 군대는 강하기를 요구합니다.……이런 강함은 약함을 폄하합니 다.……제가 꿈꾸는 세상은 여리고 약한 사람들이 모여 서로가 다치지 않게 서로 아끼면서 사는 곳입니다. 그리고 저는 사람들이 저처럼 겁 많고 여리다고 생각합니다. 심지어 군대도 말입니다.……다른 사람들 이 공격할까 봐 더 크고 많은 총을 들어야 할 것만 같은 겁 많은 사람 들, 저와 같은 여리고 겁 많은 사람들입니다.……제 여린 마음은 제게 다시 이야기합니다. 도망치라고. 군대에서 도망치라고. 내가 피투성 이가 되는 걸 보고 싶지 않다고. 다른 사람에게 약해도 된다고, 아픈 건 잘못이 아니라고 이야기하고 싶다고 말입니다. (우군거, 205-206)

이조은은 분열적이고 모순적인 자아와 가치관에도 불구하고 스스로 를 긍정하고 보듬어 안는다. "어설프게나마 만들어가던 내 가치관은 쉬 이 흔들렸다. 생활에 여유가 없거나 몸이 고될 때는 내 몸 하나 건사하기 어려웠다. 분명히 내 가치관은 분열적이고 모순적이었다.……이런 분열에도 나는 병역거부를 선택한다. 분열하기 때문에 나는 병역거부를 선택한다. 결국 완벽하고 이상적인, 분열하지 않는 나에는 도달할 수 없을 거라고 느낀다. 하지만, 그것을 향해 노력하는 것은 의미가 있다고 믿는다.……완벽해야 무언가를 할 수 있는 것이 아니라, 불완전한 자신을 안고 끊임없이 선택하는 실존적 모습이 내가 믿고 있는 유일한 도덕 체계다"(우군거, 174-175). 현민은 "나는 내가 겁쟁이임을 밝히지 않을 수 없다"면서, '겁먹음에 대한 정치학적·철학적 성찰'을 통해 '겁'을 긍정적인 감정으로 수용했다. 그는 겁이 "소심증"의 표현이기보다 "권력을 권력으로서 경험하고 인식하려는 자만이 겪는 감정"이라고 규정하면서, 이처럼 "겁을 권력의 증후로 사고했을 때……겁을 극복하거나 제거해야 할 부정적 감정으로 간주하지 않"게 된다고 했다.[19]

■ **오래 지속되는 고뇌의 시간** 병역거부자 중에는 상당히 오랜 기간 지속되는 고뇌와 고민의 과정을 거쳐 병역거부 선언에 이르는 경우가 적지 않았다. 병역거부에 대한 최초의 고민부터 마지막의 공개적인 선언까지 통상 수년이 소요된다. 물론 이것은 나약함과 떨림의 감정, 이율배반적인 감정들의 중첩과 교차, 여러 선택들 가운데 계속 동요하고 망설이는 마음의 직접적인 결과일 가능성이 높다. 이는 병역거부야말로 그들의 삶에서 가장 중요하고도 어려운 선택 중 하나였음을 보여주기도 한다. 김도형은 입영통지서를 받아든 자신의 복잡다단했던 심사를 이렇게 묘사했다. "2003년 4월 23일자로 군입영 통지서가 나오고 수없이 갈등했습니다. 감옥, 전과자, 미래에 대한 불확실성, 부모님. 그 모두 풀어내기 어려운 문제들로 다가왔습니다. 낮에는 군대를 거부할 것을 결심했지만, 저녁이 돌아오면 그냥 잘 다녀와야지 하고 마음을 바꾸었습니다."(총들사, 266-267)

문명진은 대학 신입생이던 2003년 이라크전쟁 때부터 병역거부 여부를 고민하다가 무려 7년 이상 지난 2010년 12월에 가서야 병역거부를 공개 선언했다. 이조은은 2004년부터 병역거부에 대한 고민을 시작했고 6년 후인 2010년 6월 병역거부를 공개적으로 선언했다. 두 사람의 병역거부 소견서는 각각 이렇게 시작된다.

> 군대 대신 감옥에 가는 것, 이것은 제 삶에 있어 가장 큰 화두 중 하나였습니다. 어느 특정한 시점에 병역을 거부하기로 결심한 것은 아닙니다. 병역을 거부하는 이유를 짧고 간결한 말로 설명하는 것도 쉽지가 않습니다. 다만 확실한 것은, 제가 병역거부라는 선택지를 처음 알게 된 2003년부터 지금에 이르기까지, 제 자신에게 군인이 되어 총을 들고 서 있는 저의 모습을 납득시키기가 점점 더 어려워졌다는 점입니다. 그래서 이 글은 제가 병역을 거부하기까지 거쳐온 고민의 여정을 보여주는 글이 될 것 같습니다. (문명진, 우군거, 197)

> 이 순간을 오래 기다려왔다. 처음 고민을 했던 시점이 2004년이니 6년을 고민하고 기다려왔다. 복합적인 감정이다. 설레고, 두렵고, 기쁘다. 오늘 이 순간부터 나는 병역을 거부한다. 별 특출할 것 없는 삶이지만, 내 삶의 궤적이 바로 병역거부의 이유라 생각한다. 내가 어떻게 나 자신을 만들어왔는지를 보이는 것이 병역거부의 이유를 가장 잘 드러내는 것이라 믿는다. (이조은, 우군거, 173)

임태훈의 소견서도 "2003년 7월 22일은 임태훈이라는 개인의 짧은 생애에 있어 가장 힘들고 어려운 결정을 내리는 운명의 날임과 동시에 6년 동안의 고민을 행동으로 옮기는 날이기도 합니다"라는 언명으로 시작된다(우군거, 42). 2013년 10월 병역거부 선언을 한 이상민도 "7년의 고민"을 언급했다: "선택의 순간이 다가왔습니다. 7년의 고민 속에서 스스로에게

던지던 많은 질문들이 있었습니다. '나는 과연 이런 힘든 선택을 할 만한 사람인가', '나는 평화주의자인가', '내 행동의 정당성을 입증할 수 있는가' 등 쉽지 않은, 하지만 피할 수 없는 질문들이 쏟아졌습니다. 그중 첫 번째 질문은 가장 저를 망설이게 하는 질문이었습니다"(우군거, 248). 2013년 10월에 병역거부를 선언한 김동현도 병역거부를 처음으로 결심한 때가 7년 전이었다고 밝혔다(우군거, 230).

앞서 보았듯이 강길모는 사단 훈련소에서도 의경·전경으로 차출될 가능성이 있으며, "의경, 전경으로 차출되어 시위 현장에 투입된다면 도저히 군복무를 해낼 자신이 없"어서 자발적으로 훈련소에서 퇴소한 사건부터 3년이 지난 시점에 가서야 병역거부를 선언했다. 현민도 공개적으로 병역거부를 선언하기까지 자신의 번민과 성찰의 과정을 찬찬히 소개했다. 이 과정이 얼마나 힘겨웠던지, 그는 "그래서 이토록 오랜 시간이 걸렸나 보다"라고 독백하듯 말했다.[20]

■ 가족과의 갈등 및 그로 인한 고통 대다수의 병역거부자들이 자신의 선택을 극구 만류하는 가족, 특히 부모와의 갈등, 그로 인한 심적 고통을 토로했다. 혹은, 자신의 병역거부 선언과 감옥행으로 인해 부모와 가족들이 겪을 충격을 예감하며 괴로워했다. 가족의 이해와 격려 속에 정치적 병역거부자가 된 사례는 거의 없었다. 이는 대부분의 여호와의증인 가정 출신 병역거부자들이 가족들의 아낌없는 지지와 후원을 받았던 사실과 첨예하게 대조된다.

감옥에 갔다가 나중에 후회하지 않겠느냐며 저의 결정을 만류하는 어머니의 얼굴을 보는 것은 결코 쉬운 일이 아니었습니다. 군대를 안 가고 감옥에 가는 것이 왜 꼭 저여야 하느냐고 말하는 부모님과 싸우면서 그분들에게 이해를 받지 못하는 것에 슬프고 화가 나기도 했지만,

한편으론 기어이 부모님의 뜻을 거슬러야만 하는 사실에 대한 죄송한 마음도 여전히 남아 있습니다. (문명진, 우군거, 200)

부모님께 말씀드리는 내내, 그리고 부모님의 만류를 듣는 내내 마음이 괴로웠습니다. 포기할까 하는 망설임이 들기도 했습니다.……결국 저도, 부모님도 서로를 설득하지 못했습니다. 하지만 저는 그 마음이, 그 상처가 저를 사랑하고, 걱정하시기 때문이라는 것을 알고 있습니다. 제가 군대에 다녀와 그저 다른 사람들처럼 적응하며 살아야 제 삶의 불안 요소가 줄어들 것이라 믿고 계시기 때문이라는 것을 알고 있습니다. 부모님께서도 지금은 비록 힘들더라도 시간이 지나면 제가 당당히 양심과 신념을 지키며 살아가는 것을 응원해주시리라 믿습니다. (김영배, 우군거, 171-172)

지난 오월 집에 돌아오는 길에 대문 옆 우편함에 꽂혀있는 입영 영장을 발견했습니다.……예기치 않게 급히 다가온 입영 일자를 바라보며 내가 없는 동안 나의 빈자리를 채우고, 내 부족함을 대신 짊어져야 할 이들에게 미안할 따름이었습니다. 한평생 고된 노동 속에서 누구보다 정직하게 살아왔지만 내 집 한 칸 장만하지 못하고 전셋집을 전전하며 못난 아들놈 걱정으로 마음마저 시커멓게 타버린 우리 부모님. (문정대, 우군거, 76)

오정민은 "부모님이 흘리시는 눈물에 제 가슴이 찢기는 것 같은 고통"을 느꼈다고 했다(우군거, 137). 나동혁은 만류 여부와 상관없이 부모에 대한 걱정 때문에 쉽게 결정을 내리지 못한 채 고민을 거듭한 경우였다. 그는 "2급 장애인으로 누워 계시는 어머니와 막노동을 하시는 연세 많으신 아버지"(총들사, 68)가 눈에 밟혀 괴로워했다: "참으로 오랜 시간 고민했습니다. 몸이 편치 않은 어머니를 생각하면서 많이 망설였습니다"(우군거,

36). 현민은 어머니보다도 외할머니가 받을 충격을 먼저 걱정했다: "결정적으로 나는 병역거부가 나를 아끼고 사랑하는 사람들에게 치명적 상처가 된다는 사실을 받아들이기 힘들었다. 누군가에게 지울 수 없는 상처의 가해자가 된다는 깨달음은 고통스럽다. 대표적으로 외할머니를 떠올릴 때마다 머리가 어질어질했다. 나는 유복자로 태어나서 생계부양자인 어머니와 가정주부인 외할머니 밑에서 자랐다. 때문에 아직까지도 어머니보다 외할머니에 대한 정서적·감정적 애착이 크다. 나는 여든 살의 외할머니에게 손자 인생의 가장 중요한 결심을 이야기하고 이해를 구할 수 없다."[21]

이례적으로 이길준은 병역거부 소견서를 "못난 아들을 위해 상처를 감수하고 이해하고 제 편이 되어주시는, 어려운 결정 내리신 부모님께 다시 한 번 고맙고 사랑한다는 말씀을 드립니다"고 맺었다(우군거, 128). 그러나 그 내막을 들여다보면 이길준의 부모가 처음부터 흔쾌히 그런 태도를 취했던 건 결코 아니었다. 임재성이 그 경과를 상세히 소개한 바 있다.

당시 가장 큰 이슈였던 촛불집회에서 진압의 주체였던 현역 의무경찰이 병역거부를 한다는 것에 대한 세상의 반응은 즉각적이었다. 기자회견장(종로 기독교회관—인용자)은 금세 수많은 인파로 가득 찼다.

그러나 정작 문제는 이길준의 신변이 아니라, 이길준 부모님의 마음이었다. 자식을 절대 감옥에 보낼 수 없다는 부모님의 절규. 기자회견장에 오셔서, "네가 결국 기자회견을 한다면 그 앞에서 내가 죽어버리겠다"는 부모님의 말에 그 어떤 자식이 대답할 수 있을까? 이길준은 부모님 앞에서 고개를 숙인 채 그래도 자신의 마음을 알아달라며 침묵의 매달림을 하고 있었고, 부모님은 눈물범벅의 얼굴로 빨리 집에 가자며 이길준의 손을 잡아끄셨다. 그렇게 시간은 흘러갔고, 결국 기자회견은 취소되었다. 근무지를 이탈한 이길준은 노출되지 않은 다른 장소로 이동해야만 했다.……이틀간의 잠행 후인 7월 27일 오후 7시, 결국 신월동성당에서 '진압의 도구에서 양심의 주체로'라는 이름으로 기자회견을 했다. 일요일 오후 7시에 기자회견을 했다는 것은 당시의 절박함을 보여준다. 당시 신월동성당에 이길준이 있다는 사실이 언론에 노출되면서 사람들이 모여들었고, 더 이상 시간을 끌다가는 아무것도 하지 못한 채 부대로 잡혀갈 수밖에 없다는 상황을 인지하신 부모님께서 결국 '이해'가 아닌 '인정'을 하셨던 것이다.[22]

『총을 들지 않는 사람들』의 임재성 관련 글들에는 스스로 아파하면서도 아들을 위로하려 애쓰는 아버지의 편지가 세 통 실려 있다. "영장실질심사 전날 전화기를 뽑아 던지시면서 이럴 수는 없다고 하시며 오열하셨던", "니가 감옥에 있는 동안 면회고 뭐고 절대 가지 않겠다고, 부모를 이렇게 만들고 가는 자식이 얼마나 잘되는지 두고 보시겠다고까지 하셨던" 어머니도 얼마 후부터 접견도 신청하고 "대체복무제를 만들어달라"고 매일 기도하게 되었다(총들사, 124-125, 129-133). 그러나 감정의 앙금은 오래 갔다. 임재성은 2011년에 『삼켜야 했던 평화의 언어』를 출간했는데 긴 머리말의 마지막 대목에 이렇게 적었다.

부모님께 이 책을 드리지는 못할 거 같다. 여전히 텔레비전에 병역거부라는 말만 나와도 청심환을 찾으시며 가슴을 쓸어내리시는 부모님께 이 책은 어쩌면 또 하나의 불효일 것이다. 서울구치소에서 8분 접견 동안 한마디도 못하시고 우시기만 했던 어머니의 모습, 항소심 재판에서 최후진술이 끝나자 등 뒤로 들렸던 아버지의 절규. 평생 치유하지 못할 상처를 드렸다는 죄책감이 크지만, 그래도 부끄럽지 않게 살아가고자 하는 자식을 지켜봐 주셨으면 한다. 힘든 시간을 견뎌주신 부모님께 감사드린다.[23]

제 2 부

대체복무제의
갈등적 도입과 시행

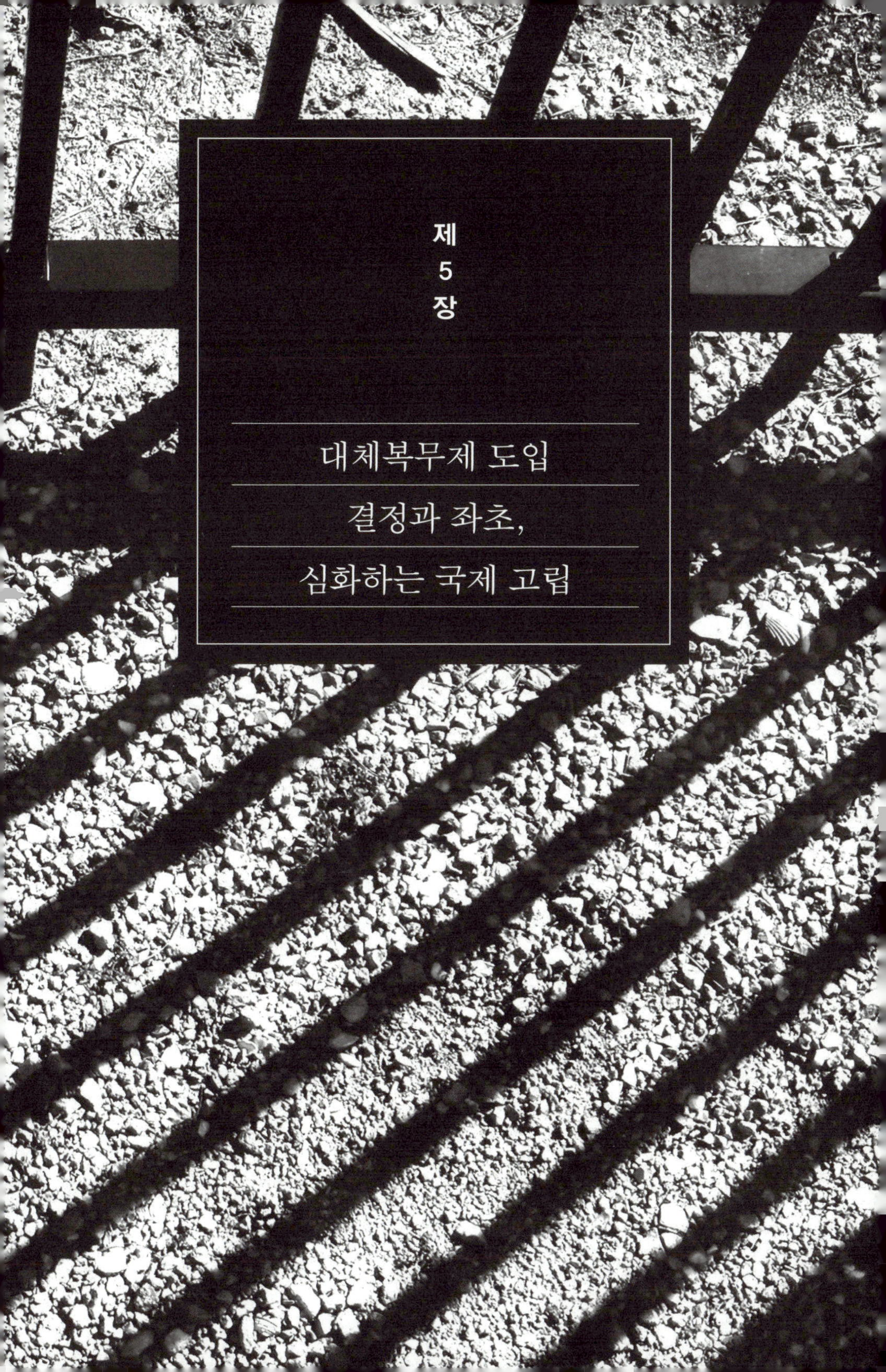
제
5
장

대체복무제 도입
결정과 좌초,
심화하는 국제 고립

이번 장은 시기에 따라 두 부분으로 나뉜다. 먼저, 노무현 정부의 대체복무제 도입 결정이 내려지고, 이후 정권교체 후 이명박 정부가 이 결정을 백지화한 시기를 다룬다. 구체적으로 2007년 9월부터 2008년 7월까지의 상황 전개를 추적한다. 다음으로, 정치적 이유로 좌초한 대체복무제를 되살리기 위한 다각적인 노력을 다룬다. 그중에서도 시민사회, 정치사회, 하급심 판사들을 중심으로 한 사법부 일각, 국제사회의 노력을 집중적으로 다루게 될 것이다. 시기적으로는 대략 2008년 8월부터 2017년 말까지에 해당한다.

1. 노무현 정부의 대체복무제 도입 결정

2001년 말 이후 '정치적 거부자'의 등장, 나아가 평화운동과 비폭력 저항, 비폭력 불복종의 본격적 등장으로 인해 "권력을 폭력으로 대체하려는 유혹"(아렌트),[1] 즉 분단·안보 논리를 내세워 양심적 병역거부자와 평화운동을 국가폭력으로 억압하고자 하는 유혹은 갑자기 그 매력을 잃어버렸다. 더욱이 정치적 거부자들의 연이은 등장 시기는 '제1기 민주정부' 때가 아니었던가? 물론 1기 민주정부를 이끈 김대중 대통령 자신은 양심적 병역거부권 인정을 단호히 거부했다. 그러나 '제2기 민주정부'인 노무현 정부에서는 "양심적 병역거부와 그 운동의 폭력적 무효화"는 더 이상 가능하지 않게 되었다.

노무현 정부는 2007년 9월 18일에 '역사적인' 액션을 취했다. 양심적 병역거부자들에게도 사회서비스 분야에서의 대체복무를 허용하는 계획을 2008년 말까지 추진하겠다고 공식 발표했던 것이다. 해방 후 양심적 병역거부로 인한 국가와의 충돌이 발생한 지 57년 만에, 최초의 수감자가 발생한 지 54년 만에, 그토록 냉담하고 위압적이던 국가가 종교와 양심의 자유를 획기적으로 증진시킬 조치를 드디어 내놓았다. 이 쟁점이 우리 사회에서 공론화된 지 6년 반 만에 이런 결정이 내려졌다는 점에서, 인권운동과 평화운동이 비교적 짧은 기간 내에 중대한 성과를 거뒀다고도 말할 수 있었다. 국제적 압력도 이런 변화를 이끌어내는 데 기여했을 것이다. 노무현 정부에서 외교통상부 장관을 지냈던 반기문이 2007년에 유엔 사무총장으로 취임했던 일도 한몫했을 것이다.

전사前史라고 할까, 이 결정이 내려지기까지의 과정에 대해서는 한홍구가 비교적 상세히 서술한 바 있다. 몇 가지 주목할 만한 장면들이 있었다. 첫 번째는 2005년 9월 29일 기획예산처가 주최한 대체복무제에 관한 전문가 간담회와 변양균 장관의 구상이었다. 대체복무제를 철두철미 "복지서비스"와 연결시키고 있다는 점, 대체복무제 확대를 "현역병들의 처우 개선" 방책으로 제시하는 점, 그리고 대체복무제 도입 논의를 '국방부'가 아닌 '기획예산처'가 주도해가는 모습 등은 우리가 특별히 주목해야 할 대목이다.

기획예산처는 9월 29일과 10월 13일 두 차례에 걸쳐 대체복무제에 관한 전문가 간담회를 열었다. 첫 번째 간담회는 변양균 장관이 직접 주재했는데, 대체복무제도에 대한 그의 구상은 연대회의 입장에서 볼 때도 매우 전향적이고 파격적인 것이었다. 이 자리에서 양심에 따른 병역거부 문제는 직접 거론되지 않았지만, 기획예산처는 매우 설득력 있게 일반대중들에게 대체복무제도의 필요성을 이야기할 수 있을 것 같았다. 기획예산처는 우리 사회의 저출산·고령화 경향으로 인해 국가는 복지서비스 전달을 위한 사회적 일자리를 엄청난 규모로 만들지 않을 수 없고, 여기에는 천문학적인 돈이 들어가게 되어 있는데, 이 문제를 대체복무제와 연결시키자는 생각을 갖고 있었다. 국가 차원에서는 복지서비스 전달을 위해 어차피 투입될 예산과 인력을 대체복무제도를 통해 해결하고 여기서 절감되는 예산으로 현역병들의 처우 개선을 한다면 일석이조의 효과를 거둘 수 있다는 발상이었다.……기획예산처 측이 간담회에서 직접 이야기하지는 않았지만, 사병들의 처우가 획기적으로 개선될 수 있다면, 양심에 따른 병역거부 인정에 대한 현역이나 예비역들의 거부감은 훨씬 줄어들 수 있을 것이었다. 변양균 장관은 저출산·고령화 문제의 해결에 대체복무제도를 적극 활용하자는 안은 대통령과도 이미 깊이 있게 이야기된 것이라고, 기획예산처가 구체적인 계획을 마련하게 된 배경을 설명했다.[2]

두 번째 의미 있는 장면은 2005년 10월 27일 국방부 장관, 청와대 안보보좌관, 3군 참모총장, 해병대 사령관, 국가안전보장회의 사무차장 등이 배석한 가운데 청와대에서 열린 '병영문화 개선대책위원회'에서의 노무현 대통령 발언, 그리고 뒤이은 오찬에서의 윤광웅 국방부 장관 발언이었다.

대체복무제도 문제는 병영문화 개선대책위 차원을 넘어서서 국회에서
해결해야 할 과제이다. 대통령 개인으로서는 수용해야 한다는 확실한
생각을 갖고 있는데, 군이나 국방부, 병무청은 나와는 생각이 다른 것
같다. 국방부 등의 입장이 최종적인 것이라면 내가 어떻게든 설득해
보겠지만, 국방부 등이 아직 최종 입장을 내놓은 것은 아닌 것 같아 그
냥 대통령 개인의 소신으로 두고 있다. 국회의 논의 과정을 지켜보면
서 꼭 필요하다면 국방부 등을 설득하겠다. 그러나 당장은 국민적 논
의가 중요한 것으로 보이니, 좀 더 두고보면서 했으면 좋겠다. 어느 경
우에나 국방력 약화나 군복무자에게 박탈감을 주는 것은 아니었으면
한다. 정치적 결단은 좀 미루면서 군이 받아들일 수 있는 적절한 타협
점을 찾기 위해 같이 노력하도록 하자.[3]

청와대 보고 후 열린 국방장관 주재 오찬에서 윤광웅 국방장관은 양심
에 따른 병역거부자들을 포함하는 대체복무제도에 대해 원칙적으로
받아들여야 한다면서, '현재 전 세계에 양심적 병역거부자로 수감되어
있는 사람이 1,200명이 안 되는데 그중 1,100명 이상이 한국에 수감되
어 있다, 징병제를 채택하고 양심에 따른 병역거부를 인정하지 않더라
도 한국처럼 처벌하는 나라는 없다'는 지적에 대해 "다른 선진국들이
이 문제를 다 해결했는데, 한국만 해결 못하고 있다면 안되지요, 꼭 해
결해야지요"라고 발언했다. 아직 국방부 전체적으로는 대체복무제도
에 대해 매우 부정적인 견해가 지배적이었지만, 대통령과 국방장관이
이 문제에 대해 전향적인 생각을 갖고 있다는 것은 매우 고무적인 일
이었다.[4]

2006년 4월이 되자 국방부가 민·관·군이 두루 참여하는 '대체복무제
도 연구위원회'를 구성했다. 그러나 많은 기대를 모았던 이 위원회가 대

체복무 문제에 전향적인 결론을 도출해내기는 쉽지 않았다. 처음부터 민간위원마저 다수가 양심적 병역거부에 대해 부정적인 견해를 가진 이들로 구성된 데다가, 2006년 11월에는 양심적 병역거부 문제에 긍정적인 입장을 표명한 바 있던 윤광웅 국방부 장관마저 교체되었다. 결국 2007년 6월이 되자 국방부는 "1년 여의 연구 끝에 병역의무의 형평성과 분단국가의 특수성, 국민 정서 등을 이유로 대체복무제를 도입하는 것은 시기상조라는 결론을 내렸다"고 공식 발표했다. 한홍구는 이 위원회에 대해 "찬반양론이 팽팽히 맞선 채 어떤 결론도 내리지 못한 채 유야무야되었으며, 국방부나 법무부처럼 양심에 따른 병역거부에 대해 소극적, 또는 적대적 입장을 펴는 정부 부처들에게 '현재 검토 중'이라는 방패막이만을 제공했을 뿐"이라고 혹평했다.[5]

그런데 어떤 알 수 없는 과정을 거쳐 이로부터 불과 3개월 후인 2007년 9월 18일에 국방부가 양심적 병역거부자들을 위한 대체복무제 도입 계획을 공표했다. 전후 맥락으로 보아 '대통령의 결단'이 작용했을 가능성이 높아 보이며, 한홍구과 「한겨레」도 동일한 판단을 내린 바 있다.

> 「한겨레」 등 언론에서도 보도했지만, 국방부가 태도를 바꾼 이유는 '청와대의 의지가 강하게 작용했기' 때문이다. 「한겨레」는 "복무 단축과 사회복무제 도입을 뼈대로 하는 병역제도 개혁과 맞물려 '양심적 병역거부' 문제도 참여정부 임기 안에 풀고 가야 한다는 것"이 청와대의 입장으로, '청년 인력의 효율적 활용과 사회서비스 확충을 통한 예외 없는 병역의무 이행을 위해 병역제도를 바꾸면서, 해마다 750여 명의 청년들을 감옥에 가두는 불합리한 상황을 계속 내버려둘 순 없다'고 판단했다고 보도했다.[6]

국방부는 그 당시에도 대체복무제 도입이 "병역의무를 거부할 수 있는 '권리'(병역거부권)를 인정하는 것은 아니라"는 점을 극구 강조했다. 또 국방부는 대체복무제 허용 범위를 "종교적 병역거부자"로 제한했다. 2007년 9월에 국방부가 제시했던 대체복무제의 윤곽을 〈표 5-1〉과 같이 요약할 수 있다.

〈표 5-1〉 2009년 9월 국방부가 제시한 대체복무제도의 개요[7]

구분	내용
양심적 병역거부의 권리	병역의무를 거부할 수 있는 '권리'(병역거부권)를 인정하는 것이 아니라, 국민적 합의를 전제로 '사회복무제도 내 하나의 복무 분야'로서 대체복무를 허용하는 것
허용 사유	"종교적 신념 등"에 한정
허용 시기	"입대 전 병역거부자"로 한정, "현역/예비역 복무 중 병역거부자"는 대상에서 제외(현역군인과 예비군의 양심적 병역거부는 인정하지 않음)
복무기간	현역병의 2배. "본인이 선택한 대체복무라는 점, 국민 정서, 현역의 사기 등을 감안 시 현역의 2배 수준의 기간이 적절"
복무 분야	사회복지, 보건의료, 환경 안전 분야 등. 한센·결핵·재활·정신병원 등의 특수병원과 국·공립 노인 전문요양시설을 예시
복무 난이도	24시간 근접 보호가 필요한 치매 노인이나 중증장애인 수발과 같이 사회복무자 배치 분야 중 난이도가 가장 높은 분야에 배치
복무 방법	출퇴근 없이 해당 복무시설에서 합숙 근무
심사제도	① 심사위원회: 준사법적 권한을 갖는 상설기구를 신설. 법조계, 학계, 사회단체, 관계 기관 등 적정 인원 ② 판정 방법: '서면 심사'(종교단체 증빙서류/증언, 신원조회 결과, 학력/경력, 무기 소지 기록, 신체검사 결과 등)와 '출석 심리 조사'(당사자·증인의 진정성 심리 조사 등)로 구분
복무 관리	① 복무 중에는 사회복무체제 내에서 특별관리: 복무기관장과 병무청에 의한, 제도 악용 방지를 위한 철저한 복무 관리 ② 복무 만료 후에는 예비군에 편성된 자와의 형평성을 고려하여 예비군훈련 시간에 상응하는 사회봉사 의무를 부여

국방부가 2009년 9월 디자인한 대체복무제도에 대한 반응이 긍정적인 것만은 아니었다. 예컨대 병역거부연대회의가 2007년 10월 17일 개최한 공청회에서 성공회대 사회복지학과 이영환 교수는 "국방부의 안이 여전히 병역거부자를 범죄자로 보는 시각에 바탕"하고 있으며, "이곳에서의 일이 사회적 존중을 받아야 함에도 불구하고 국방부는 위험성과 난이도만을 강조하면서 또 다른 형벌로서 접근하고 있다"고 강하게 비판했다.[8] 한홍구 역시 새로운 제도의 시행 시기로 예정된 2009년까지 징집영장이 나오는 이들에 대한 처리 대책 부재, 발표 당시 수감되어 있던 이들에 대한 관용 조치 부재, 지나치게 가혹한 복무기간과 조건 등 국방부안의 문제들을 지적한 바 있다. 특히 대체복무 기간과 관련하여 한홍구는 다음과 같이 말했다. "그동안의 거센 반대 목소리와 비교해볼 때, 반대 여론이 상대적으로 약한 것은 국민들이 보기에 대체복무의 기간과 조건이 충분히 '가혹'하기 때문일 것이다. 병역거부자들 입장에서 한센병환자 재활 기관이나 결핵요양소는 마다할 이유가 없다 하겠지만, 현역복무의 두 배라는 긴 기간은 재고되어야 한다. 유엔도 대체복무 기간을 현역 복무의 두 배로 잡는 것은 너무 길며 징벌적 성격을 띤 것이라 비판하고 있다."[9] 그러나 이런 한계들에도 불구하고, 한국의 양심적 병역거부 역사에서 2007년 9월이 하나의 '극적인 전환점'이었다는 점에 대해서는 이론의 여지가 없다.

2. 정권교체와 대체복무 도입 계획 백지화

하지만 문제는 노무현 정부의 결정이 대통령의 임기 말에 뒤늦게 단행되었다는 점이었다. 12월 19일로 예정된 차기 대통령선거를 불과 3개월 앞둔 시점이었다. 양심적 병역거부자를 대체복무제도의 틀 내로 포용하겠다는 결정 자체가 대통령선거의 뜨거운 쟁점 중 하나로 떠오를 수밖에 없는 상황이었다. 양심적 병역거부자를 위한 대체복무제 도입에 처음부터 가장 강력한 반대 세력이었던 '개신교 우파Protestant right' 혹은 '보수 개신교conservative Protestantism' 세력은 열정적인 선거운동을 통해 서울 초대형교회 장로였던 이명박을 대통령으로 당선시킴으로써 보수 정부로의 정권교체를 이뤄냈다. 결국 노무현 정부의 결정은 백지화되고 말았다.

노무현 정부의 계획에 따르면 일정한 준비 기간을 거쳐 2009년 초부터는 양심적 병역거부자들이 대체복무라는 탈출구를 얻게 될 예정이었다. 그러나 이명박 정부 출범 이후인 2008년 7월 초에 국방부가 양심적 병역거부자를 위한 대체복무제 도입 계획을 원점에서 재검토할 방침을 밝힘으로써 노무현 정부의 약속은 무산되었다. 그해 말인 12월 24일에 국방부는 양심적 병역거부자를 위한 대체복무제 도입을 보류한다고 발표했다. 여론조사 결과 대체복무제 도입을 반대하는 의견이 68%나 되어 아직 국민적 합의가 이뤄지지 않았다는 것을 주된 이유로 들었다. 다음은 임재성의 기술이다.

> 2007년 9월 18일 국방부는 '병역 이행 관련 소수자의 사회복무제 편입 추진방안'을 발표함으로써 병역거부에 대한 소모적인 찬반 논쟁이 끝날 수 있는 나름의 안을 제시했다.……국방부는 이 안을 제시하며 2009년 1월부터 시행할 것으로 말했지만, 2007년 말 대선에서 이명박

의 당선으로 정권이 교체된 이후부터는 감감무소식이었다. 그러다 결국 크리스마스이브에 달랑 여론조사 결과 하나를 보이면서 병역거부자들에 대한 대체복무제 허용을 무기한 연기하겠다고 한 것이다. 아직 국민 공감대가 이루어지지 않았다는 이유를 들면서 말이다. 언론은 이를 '백지화'라고 표현했다.[10]

그러나 임재성이 주장했듯이 "소수자의 문제를 여론조사로 결정한다는 것은 결코 사리에 맞지 않는다."[11] 더구나 백지화 결정의 근거로 삼은 여론조사는 다른 조사 결과들과 상충할 뿐더러, 다분히 편파적인 것이기도 했다. 임재성에 의하면, "국방부가 2007년 9월에 대체복무제 허용안을 낼 당시에 근거했던 자료는 2007년 7월 KBS의 여론조사 결과였다. 당시 50.2%가 대체복무제에 찬성했다. 2008년 9월 리얼미터의 여론조사 역시 찬성한다는 의견이 44.3%로 반대한다는 38.7%보다 높은 것으로 확인되었다. 하지만 비슷한 시기에 조사된 병무청 용역 조사 결과에서는 상반된 결과가 나왔고, 이 하나의 결과에 근거해서 국민 공감대가 형성되지 않았기에 무기한 연기한다는 결정이 내려진 것이다." 게다가 "병무청 용역 조사는 최고 난이도 복무 등 상세한 설명 없이 '군입대 대신 사회봉사'라고만 언급하여 면제나 특권으로 느껴지도록 유도"하는 문제점도 드러냈다.[12]

2008년 7월과 12월의 국방부 발표는 많은 이들에게 충격과 좌절을 안겨주었다. 대체복무제 도입 계획 중단 이후 양심적 병역거부운동은 침체를 면치 못했다.[13] 백지화 이후의 황량한 풍경을 임재성은 이렇게 묘사했다.

국방부의 발표를 믿고 법원은 병역거부자들에 대한 재판을 연기하고 있었다. 법이 개정되면 이 젊은이들을 감옥에 보낼 필요가 없는 상황에서 재판 연기는 자연스러운 결정이었다. 그러나 국방부의 '백지화' 발표 이후 연기된 재판은 다시 시작되었고, 젊은이들은 줄줄이 실형을 선고받았다. 감옥이 아닌 다른 선택이 있을 수 있다는 설렘에 입대를 연기해왔던 이들 역시 절망감 속에서 감옥으로 향했다. 뿐만 아니었다. 거부자들의 기자회견도 다시 시작되었다. 이들은 자신의 감옥행을 멈춰달라고 또다시 마이크 앞에서 호소해야 했다.[14]

대체복무제 도입을 둘러싼 우리 사회의 공방전은 2008년 여름 이후 지루한 교착 상태로 빠져들었다. 그럼에도 불구하고 2001~2008년의 기간 동안 양심적 병역거부라는 뜨거운 화두는 한국전쟁 후 반세기 동안이나 견고하게 유지된 "국가안보 사회", "반공 권위주의 사회"의 곳곳에 크고 작은 균열들을 끊임없이 만들어냈다.

대체복무제 도입이 무산된 이후의 교착적 갈등 상황이 이어지는 와중에도 양심적 병역거부자들의 감옥행은 끝없이 이어졌다. '양심적 병역거부 수형자 가족모임'이 2006년 3~4월 서면과 전화를 통해 전수조사한 바에 따르면, 1950년부터 2006년 5월 31일까지 여호와의증인 신자 1만 2,324명에게 2만 5,483년(20만 5,801개월) 형이 선고되었다.[15] 1950년 이후 2011년 11월까지 한국에서 1만 6,300명 이상이 양심적 병역거부나 집총거부로 수감되었다. 2004년부터 2011년까지 7년 동안에만도 같은 이유로 5,000여 명이 구속되었다.[16]

행정부만이 아니라 사법부도 소극적인 혹은 책임 전가의 태도를 견지했다. 헌법재판소는 대체복무제 입법을 국회에 촉구하면서도 반복적으로 병역법(병역기피죄)과 군형법(항명죄)의 관련 조항들에 대해 합헌 판결을 내렸다. 양심적 병역거부자들에 대한 하급심의 유죄 판결을 유도하거나 두둔했던 셈이었다.

그런 가운데 몇 가지 긍정적인 조짐도 나타났다. 우선, 2009년 1월에

군의문사진상규명위원회는 여호와의증인 신자들의 사망 사건에 대해
"종교적 양심을 지키고자 하는 과정에서 군 및 국가의 반인권적 폭력으
로 인해 사망에 이르게 된 것으로, 국가는 이들의 사망에 대한 책임이 있
다"면서 "양심적 병역거부자의 사망에 대한 국가의 책임을 최초로 인정"
했다.[17] 보다 구체적으로, 당시 군의문사진상규명위원회는 1975~1985년
사이 양심적 병역거부로 인해 고문과 폭력의 희생자가 된 여호와의증인
신자 5명(김종식, 이춘길, 정상복, 김선태, 김영근)을 '국가폭력에 의한 사망자'로
인정했다. 이 위원회는 "군 관계자들이 이들에게 가한 구타와 가혹행위
는 인간의 양심(종교)을 강제하고 강요하려는 행위이자 국제규약이 정한
명백한 고문이며, 헌법에서 보장하는 양심의 자유를 심각하게 침해하는
반헌법적이고 반인권적 행위"라고 판단했다.[18] 이 결정으로 인해 2010년
8월에는 서울고등법원이 가혹행위로 사망한 양심적 병역거부자에 대한
국가의 배상책임을 인정하는 최초의 판결을 내릴 수 있었다.[19] 여호와의

의문사진상규명 결과 대국민 보고회(2002)

증인 교단 입장을 대변해온 홍영일은 군의문사진상규명위원회의 이 결정을 2005년 12월 국가인권위원회의 양심적 병역거부권 인정, 2006년 11월 유엔자유권규약위원회UNHRC의 양심적 병역거부자에 대한 배상 권고 결정에 이은 "세 번째의 기념비적인 결정"이라고 높이 평가한 바 있다.[20]

2012년 3월 8일에 민주통합당과 통합진보당은 "양심적 병역거부자를 위한 대체복무제" 도입을 당면한 4·11총선에서 야권연대를 위한 '공동정책'의 하나로 합의했다. 대통령선거에서 야권 단일후보가 된 민주통합당 문재인 후보도 2012년 12월 10일에 "양심과 신념에 기초한 병역거부자에 대한 대체복무제를 도입하겠다"고 공약했다.[21]

3. 국제사회의 거세지는 압력, 한국 정부의 국제적 고립

2000년대 이후 양심적 병역거부 문제에서 한국 정부를 둘러싼 국제 환경은 점점 불리하게 흘러갔다. 2005년 현재 한국은 경제협력개발기구OECD 회원국인 31개 국가 중 유일하게 양심적 병역거부자들을 투옥하고 있었다. 당시 양심적 병역거부로 인한 전 세계 수인囚人의 93.2%인 1,077명이 한국의 여러 감옥들에 갇혀 있었다.[22] 2011년 9월 김부겸 의원(민주당)과 이정희 의원(민주노동당)이 양심적 병역거부자의 대체복무를 인정하는 법안을 조속히 심의·의결할 것을 촉구하면서 밝힌 바에 의하면, 2011년 현재로도 (한국을 제외할 경우) OECD 회원국 중 양심적 병역거부자들을 형사처벌하는 국가는 전무했고, 전 세계를 통틀어도 한국을 비롯하여 아르메니아(73명), 아제르바이잔(1명), 투르크메니스탄(1명) 등 오직 4개 국가만이 양심적 병역거부자들을 투옥하고 있었다고 한다.[23] 2013년 유엔인권이사회UNHRC가 발표한 『양심적 병역거부에 관한 분석 보고서』에 따르면, 당시 세계 각국에 투옥된 양심적 병역거부자가 723명이었는데, 그중 92.5%인 669명이 한국인이었다.[24]

2011년 7월에 유럽인권재판소ECHR는 아르메니아 정부에게 대체복무제를 도입하라고 판결했다. 이어 같은 해 11월에는 병역을 거부한 여호와의증인 신자를 거듭 기소한 튀르키예(터키) 정부에게 '사상과 양심, 종교의 자유를 누릴 권리'(유럽인권협약 제9조)를 위반했으므로 1만 유로의 위자료(보상금)와 소송비를 지급하라고 판결했다. 유럽인권재판소는 2012년 1월 10일과 12일에도 종교적 병역거부자들에게 징역형을 선고한 아르메니아 정부를 상대로 1만 유로씩을 해당자에게 보상하라고 판결했다. 아르메니아는 2000년 이후 이미 (재림교회 등이 요구해온) '비전투 군복무', 즉 병역의무를 이행하기 위해 의무대와 같은 군대 안의 비전투 부문에서 복무하는 것을 허용해왔음에도 불구하고, 유럽인권재판소는 (여호와의증인과 같이) '전면적인 군복무 거부자'의 권리까지 보호하도록 요구하고 나선 것이다.[25] 뿐만 아니라 유럽인권재판소는 "양심적 병역거부자 처벌이 위법이라는 선언에서 한발 더 나아가 이들에게 처벌 판결을 한 판사들의 불법 행위를 인정해 국가배상을 명령한 것"이었다.[26] 한국을 제외할 경우, 2011년 당시 전 세계의 양심적 병역거부 투옥자 대부분을 차지하던 아르메니아를 상대로 유엔인권재판소의 파상 공세가 이어진 것이다. 유럽인권재판소의 판결이 회원 국가들에 강제력을 갖는 점을 고려할 때, 양심적 병역거부자에게 실형을 선고하는 나라는 사실상 한국이 유일하게 될 가능성마저 배제할 수 없게 된 것이다.

이런 상황에서 21세기 들어 한국의 양심적 병역거부 문제는 국제사회의 집중 관심사로 떠올랐다. 주로 한국 상황을 염두에 두고, 유엔은 2011년부터 양심적 병역거부권을 국가안보의 비상사태에서도 제한할 수 없는 "절대적 권리"로 승격시켰고, 2014년 말에는 양심적 병역거부자에게 부과되는 징역형이 "자의적 구금"에 해당한다고 결정했다. 역설적이게도 양심적 병역거부를 둘러싼 한국의 열악한 상황이 인권에 관한 인류공동체의 성찰을 심화하는 동력으로 작용하고 있었던 것이다.

한국 정부에 대한 국제사회의 압박도 점점 강해졌다. 한국은 1990년에 자유권 규약을 비준했다. 그 이후 한국 정부는 정기적으로 자유권 규약 '이행'에 대한 '심의'를 받게 되었다. 유엔자유권규약위원회는 2006년 12월, 2010년 3월, 2011년 4월 등 세 차례에 걸쳐 한국 정부가 양심적 병역거부자를 대체복무 없이 형사처벌하는 것은 양심의 자유를 침해함으로써 '시민적·정치적 권리에 대한 국제규약'(B규약)을 위반한 것이라고 판정했다. 이에 따라 유엔자유권규약위원회는 양심적 병역거부자들에 대한 전과기록 말소, 권리침해에 대한 배상, 재발 방지를 위한 법률 제정을 한국에 요구했다. 유엔인권이사회도 2008년 6월의 '제1기 국가별 인권상황 정기검토UPR'와 2012년 10월의 '제2기 국가별 인권상황 정기검토'에서 양심적 병역거부자의 대체복무제를 조속히 실행하라고 한국 정부에 거듭 권고했다.[27] 2006년 12월부터 2012년 10월까지 채 6년도 되지 않는 기간 동안 무려 다섯 차례나 유엔 인권기구(인권이사회, 자유권규약위원회)로부터 한국이 '인권 후진국' 취급을 당한 셈이었다.

이명박 정부 출범 이후 우방友邦이자 동맹국인 미국도 양심적 병역거부자들을 위해 대체복무제를 도입하라는 국제적 압력에 합세했다. 2008년 9월에 콘돌리자 라이스 미국 국무부 장관은 『2008년 세계 종교자유 보고서』를 발표하는 기자회견 자리에서, 이례적으로 한국 정부와 국회를 향해 대체복무 도입 법안 통과를 촉구하고 나섰다. 이 보고서에 한국 정부가 양심적 병역거부자들을 처벌하는 게 잘못임을 지적하는 내용이 포함되어 있었음은 물론이다. 2010년 11월에 발표된 미국 국무부의 『2010년 세계 종교자유 보고서』 역시 병역거부자를 처벌하는 것이 종교자유의 침해라고 명백히 지적했다. 2011년 4월에 발표된 미국 국무부의

『2010 인권보고서』도 양심적 병역거부자를 처벌하는 한국의 인권 상황에 문제가 있다고 지적했다.[28] 미국은 2012년 10월 제네바에서 열린 유엔인권이사회에서도 "현재 700명 넘는 한국의 양심적 병역거부자들이 아무런 구제 수단 없이 수감됐다"면서, "즉시 대체복무제를 도입하라"고 이명박 정부에게 권고했다.[29]

제1장에서 언급했듯이, 병역법 88조에 대한 대법원과 헌법재판소의 합헌 취지 판결이 잇따르자, 양심적 병역거부운동을 선도해온 병역거부연대회의는 2004년 10월 양심적 병역거부 사건을 유엔인권이사회에 제소함으로써 "쟁점의 국제화"를 시도했다. 한국에서 행정부·사법부·입법부 모두에서 높은 장벽에 부닥쳐 진전이 없으니, 국제사회에 호소하여 한국 정부와 정치사회·법조계를 압박해보자는 의도였을 것이다.

역시 제1장에서 언급했듯이, 2006년부터 일부 양심적 병역거부자들이 국외 망명을 시도함으로써 또 다른 형태로 이 문제의 국제화를 시도했다. 평화주의자이자 동성애자인 김경환이 2006년 6월 캐나다로 출국해 망명을 신청했던 것이 첫 사례였다. 그는 2009년 7월에 캐나다 이민·난민심사위원회IRB로부터 "한국군에 입대할 경우 학대를 당할 가능성이 심각하다"는 이유로 난민 지위를 인정받는 데 성공했다. 김경환에 이어 2010년에도 한 동성애자가 병역거부를 위해 독일 정부에, 그리고 2011년에도 또 다른 동성애자가 같은 이유로 오스트레일리아 정부에 망명을 신청했다.[30] 2013년 4월 오스트레일리아 난민재심재판소RRT는 그를 난민으로 인정했다.[31] 2013년 6월에는 프랑스 난민·무국적자보호사무국OFPRA이 한국인 병역거부자 이예다의 난민 신청을 수용했다. 특히 이예다는 성소수자나 종교 등의 사유가 아닌, 오로지 '징병 거부'만을 이유로 난민 지위가 인정된 최초의 사례였다.[32] 2014년 3월에도 동성애자이자 병역거부자 한 명이 프랑스에 난민 신청을 했고, 2016년 11월 난민·무국적자보호사무국으로부터 난민 지위를 인정받았다.[33] 한국 정부가

별다른 조치를 취하지 않는 가운데 평화주의자인 동성애자들의 해외 망명 행렬이 이어졌던 것이다. 더구나 이예다 사례에서 보듯이 양심적 병역거부자 중 망명을 시도하는 이들이 동성애자로만 국한되리라고 장담하기도 어려워졌다.

이런 일련의 일들을 겪으면서 양심적 병역거부자 탄압은 국제무대에서 한국의 국익과 국가 이미지를 손상시키는, 따라서 정부로서는 무척 난처한 사안이 되어버렸다. 21세기 들어 "양심적 병역거부의 범죄화"는 "양심적 병역거부의 비범죄화"라는 국제적 추세에 반하는 한국만의 유별난 특수성으로 자리 잡았다. 양심적 병역거부의 범죄화는 2010년대 들어 한국의 인권 후진성을 입증하는 대표적인 상징이자 지표가 되었다. 인권 규범 측면에서 국제사회와 한국 사회 사이, 특히 선진국들과 한국 사이의 '시각 격차'가 점점 확대되고 있었던 것이다. 결국 한국 정부는 (충분히 예상되는 국내 '안보 보수세력'의 반발에도 불구하고) "국익을 지키기 위해서라도 양심적 병역거부자에 대한 대체복무권을 허용해야 하는" 모순적인 상황에 직면하게 되었다.

대체역심사위원회는 2021년의 『제1차 대체역심사위원회 연간보고서』에서 "국제사회의 한국의 양심적 병역거부에 대한 관심"을 유엔인권이사회(구 유엔인권위원회), 자의적 구금 실무그룹, 유엔자유권규약위원회를 중심으로 정리한 바 있다. 다음 인용문은 그 내용을 한데 모은 것이다.

유엔인권이사회는 양심적 병역거부권에 대한 결의안을 통해 각 나라별 병역거부권 이행 상황을 검토하여 보고하도록 요청했고, 유엔인권최고대표사무소는 2006년, 2008년, 2013년, 2017년 병역거부자를 처벌하는 한국의 상황을 네 차례 보고하였다. 유엔인권이사회에서는 5년 주기로 국가별 인권상황에 대한 검토(Universal Periodic Review, 이하 'UPR')를 진행하는데, 대한민국에 대해서는 2008년 5월 2개국 권고를 시작으로 2012년 10월(7개국 권고), 2017년 11월(12개국 13개 권고)까지 세 차례에 걸쳐 UPR이 진행되었다. UPR을 통해 여러 국가들은 대한민국에게 양심적 병역거부권의 법적 인정, 현재 수감 중인 양심적 병역거부자의 석방, 대체복무제도 도입 등을 재차 권고하였다. 유엔인권이사회 산하 자의적 구금 실무그룹은 2018년 대한민국이 양심적 병역거부자들을 구금하는 것은 '세계인권선언' 제18조 및 '시민적 및 정치적 권리에 관한 국제규약'(이하 '자유권규약') 제18조 제1항을 위반한 것이기 때문에 즉각 석방하고 범죄기록을 삭제하며 보상 및 배상할 것을 권고했다. 유엔자유권규약위원회는 자유권규약에 근거해 설립된 자유권규약 이행 감시기구로서, 자유권규약 이행보고서 검토, 이행보고서에 대한 최종견해 권고, 개인통보 심리 및 결정 등을 수행한다. 유엔자유권규약위원회는 2006년부터 대한민국에게 양심적 병역거부권을 인정하고 피해자들에게 보상하라는 취지의 권고를 표명하였다.[34]

이 인용문을 통해 유엔 관련 기구들의 한국 상황 개입은 2006년 이후에 집중적으로 이루어졌음을 확인할 수 있다. 이어지는 〈표 5-2〉는 역시

〈표 5-2〉 유엔자유권규약위원회(UNHRC)의 한국 관련 입장 표명 요약

연도	주요 내용
2006	〈대한민국 정부 보고서에 대한 최종견해〉 〈여호와의증인 병역거부자 2인이 제기한 개인통보에 대한 결정〉 - 양심적 병역거부권은 자유권규약 제18조에 의해 보호된다는 점, 당사국에 병역거부를 인정하는 법이 없다는 점, 양심적 병역거부를 인정할 때 국가안보에 발생할 수 있는 불이익을 제시하지 못했다는 점 등을 이유로 대한민국이 자유권규약 제18조 제1항을 위반하고 있다. - 대한민국은 피해 당사자들에게 보상을 포함한 유효한 구제조치를 하여야 하고, 향후 유사한 침해가 일어나지 않도록 하여야 한다.

구분	주요 내용
2010	〈정치적 신념에 의한 병역거부자 11명이 제기한 개인통보에 대한 결정〉 - 병역거부자들에 대한 유죄 판결이 양심의 자유를 침해하고 신념을 표현할 자유를 제한했기 때문에 대한민국은 자유권규약 제18조 제1항을 위반했다. - 대한민국이 피해 당사자들에게 보상을 포함한 유효한 구제조치를 할 의무, 향후 유사한 침해가 일어나지 않도록 할 의무를 제시했다.
2011	〈여호와의증인 병역거부자 100명이 제기한 개인통보에 대한 결정〉 - 대한민국의 되풀이되는 주장(국가안보, 현역 복무와 대체복무 사이의 형평성, 대체복무에 대한 국민적 합의의 부재 등)을 받아들이지 않고, 자유권규약 제18조 제1항을 위반했음을 결정했다. - 대한민국이 피해 당사자들에게 전과기록 말소와 충분히 배상할 의무, 양심적 병역거부권을 인정하는 법률 제정 의무를 제시했다.
2012	〈여호와의증인 병역거부자 388명이 제기한 개인통보에 대한 결정〉 - 당사국이 자유권규약 제18조 제1항을 위반하였다는 결론을 재확인하고, 보상을 포함한 효과적인 구제조치를 요구했다.
2014	〈여호와의증인 병역거부자 50명이 제기한 개인통보에 대한 결정〉 - 기존의 결정 내용을 유지하고 양심적 병역거부자에 대한 징역형은 자의적 구금(arbitrary detention)에 해당한다는 내용이 추가되었다.
2015	〈2015년 권고〉 44. 자유권규약위원회는 군복무에 대한 민간대체복무가 부재한 상황에서 양심적 병역거부자가 지속적으로 형사처벌을 받는 것을 우려한다. 또한 자유권규약위원회는 병역거부자의 신상정보가 온라인에 공개될 수 있다는 것에 우려를 표하며 이 사실에 주목한다.(제18조) 45. 대한민국 정부는 (a) 병역을 면제받을 권리를 행사한 이유로 징역형을 선고받은 병역거부자 전부를 즉시 석방할 것, (b) 병역거부자들의 전과기록을 말소하고, 적절한 배상을 제공하며, 이들의 신상정보가 공개되지 않도록 보장할 것, (c) 양심적 병역거부가 법적으로 인정되도록 하며 병역거부자에게 민간 성격의 대체복무를 수행할 수 있는 가능성을 마련할 것.

『제1차 대체역심사위원회 연간보고서』에 실린 것으로, 2006년 이후 한국 상황에 대한 유엔자유권규약위원회의 입장 표명 사례들을 집약해서 보여주고 있다.[35]

임재성은 이 가운데 2004~2006년 사이 한국 정부와 유엔자유권규약위원회 사이의 논전에 주목한 바 있다. 당시에도 그랬지만, 유엔 인권기구들이 한국인들의 양심적 병역거부권을 옹호하는 결정을 내릴 때마다 한국 정부는 비슷한 논리로 줄곧 반발했다. 그것은 '분단 논리'에 근거한 "한국적 예외주의"로 압축된다. 그러나 2006년에 유엔자유권규약위원회는 한국 정부의 논리를 정면으로 반박했다. "본 위원회는……지금껏 강제 징병제를 유지해오던 나라들 중 대체복무제를 도입하는 국가가 늘고 있다는 것과, 해당 국가가 제18조('양심과 종교의 자유에 대한 권리'를 가리킨다)에 의거한 당사자의 권리를 온전히 존중하였을 때 대체복무와 관련해서 해당 국가가 어떠한 특정한 손실이 있게 될 것인지 보이지 못했던 점들을 주목하였다." 다음은 이 결정에 대한 임재성의 해설이다.

> 유엔자유권규약위원회는 한국 정부의 답변을 검토한 결과, 분단이라는 조건 때문에 상당한 군사력이 필요하다는 점은 인정하겠지만 병역거부를 인정하면 군사력 보유에 문제가 생긴다는 주장은 근거가 없다고 지적한 것이다. 또한 위원회는 분단 상황을 이유로 해서 권리 제한이 가능하다 하더라도 그러한 "제한은 바로 그 권리의 정수를 손상시켜서는 안"되며, 병역거부권은 그 본질에 속한다고 분명하게 말하고 있다.[36]

한국과 관련된 유엔자유권규약위원회의 결정에서 어떤 중요한 변화가 발생했는지에 대해서는 유영재 판사가 칼럼을 통해 간명하게 개관한 바 있다. 특히 그는 (장원정의 연구에 기대어) 한국과 관련된 유엔의 결정이 유럽인권재판소의 결정에 미친 영향에도 주목하고 있다.

우리나라는 양심적 병역거부자들을 처벌했다. 처벌받은 이들은 유엔 자유권규약위원회에 진정했다(개인통보제도). 위원회는 원래 양심적 병역거부권 인정 여부가 당사국의 국내 문제라고 보았다. 그러나 2006년 양심적 병역거부자 윤 아무개 씨와 최 아무개 씨에 대한 형사처벌 사안 결정에서 양심적 병역거부권은 자유권규약 제18조(사상, 양심, 종교의 자유)에 따라 보장되는 권리라는 점을 인정했다. 다만 '양심을 표명할 자유'로서 공공의 안전 등 일정한 조건 아래 제한될 수 있다고 보았는데(제18조 제3항의 제한), 2011년 정 아무개 씨 등 100명이 국가를 상대로 낸 진정에서는 양심적 병역거부권을 양심·종교의 자유에 내재된 권리로 해석하면서 제18조 제3항의 제한도 불가능하다고 했고, 2014년 김 아무개 씨 등 43명이 역시 국가를 상대로 낸 진정에서는 양심적 병역거부자에 대한 징역형이 자의적 구금에 해당한다고 판단했다. 자유권규약위원회의 해석은 유럽인권재판소의 결정에도 영향을 미쳐 양심적 병역거부권이 유럽인권협약상 사상, 양심, 종교의 자유에서 파생되는 권리라는 법리를 확립시켰다. 양심적 병역거부권이 국제인권 규범에서 도출되는 권리로 인정되기까지는 '대한민국 병역 현실이 가지는 인권적 문제에 대한 국제적인 공감대, 우리나라 국민들이 신청한 개인통보에서 이뤄진 자유권규약위원회의 견해 발전, 이를 주목한 유럽인권재판소의 설시 등이 상호 영향을 주고받아 발전한' 과정이 존재했던 것이다(장원정, '사상, 양심 및 종교의 자유', '국제인권법의 이론과 실무 2023').[37]

『제1차 대체역심사위원회 연간보고서』에서 옮긴 앞서의 인용문에서 또 하나 주목할 대목은 'UPR'로 불리는 유엔인권이사회의 국가별 인권 상황 검토에서 시간이 지날수록 더욱 많은 국가들이 한국의 양심적 병역거부 관련 갈등에 비판적으로 개입하고 있다는 사실이다. 즉 2008년에는 불과 2개국만이 한국 정부에 권고 의견을 냈지만, 2012년에는 7개국으로, 다시 2017년에는 12개국으로 빠르게 증가했다는 것이다. 이 나라들이 서구 사회들에 국한된 것도 아니었다. 독일, 프랑스, 스위스, 포르투갈, 캐나다, 미국 등 이른바 '선진국'으로 불리는 유럽과 북미의 전통적인 서구 국가들뿐 아니라, 호주, 크로아티아, 멕시코, 아르헨티나, 파나마, 코스타리카 등 여러 대륙에 걸친 다양한 국가들이 한국 정부를 향해 양심적 병역거부권의 인정 내지 양심적 병역거부의 비범죄화를 촉구하고 나섰던 것이다.[38] 점점 심화하는 이런 국제적 고립 상황이 2018년 양심적 병역거부자들을 위한 대체복무제 도입을 사실상 강제한 헌법재판소·대법원의 결정에도 큰 영향을 미쳤을 것이다.

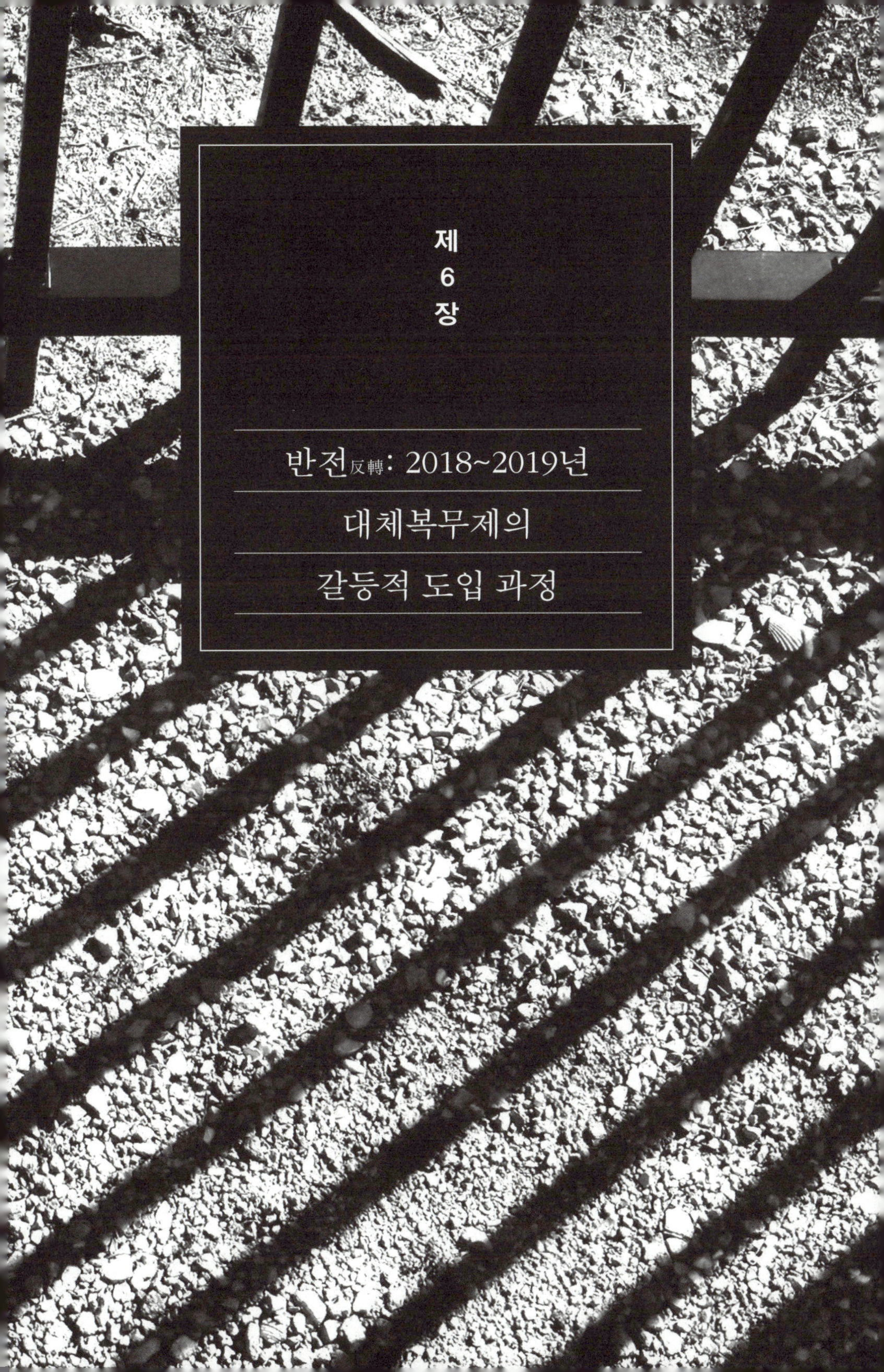
제
6
장

반전反轉: 2018~2019년
대체복무제의
갈등적 도입 과정

2008년 이후 답보 내지 교착 상태에 있던 대체복무제 도입 문제에서 2018
년에 극적인 반전 사건들이 연달아 발생했다. 2018년 6월 헌법재판소가
병역법 5조 1항에 대해 헌법불합치 결정을 내린 데 이어, 같은 해 11월
대법원이 양심적 병역거부자에게 무죄 판결을 내렸다. 답보 상황을 단
번에 깨뜨린 가히 혁명적인 변화가 가능했던 데에는 "하급심 판사들의
반란"이 결정적인 역할을 했다. 수많은 판사들이 양심적 병역거부자들
에게 끊임없이 '무죄'를 선고했고, 양심적 병역거부자에게 대체복무제
를 허용하지 않는 병역법 5조 1항에 대해 '위헌법률심판' 제청을 수용하
거나 직권으로 위헌법률심판을 청구했다.

　헌법재판소와 대법원의 획기적인 결정으로 양심적 병역거부자를 위
한 대체복무제 도입이 불가피해진 가운데, 헌법재판소에 의해 병역법 개
정 시한으로 명시된 2019년 말까지 격렬한 논쟁 속에서 독특한 한국적
맥락을 반영한, 매우 보수적이고 가혹한 성격을 띤 새로운 대체복무제가
만들어졌다. 논쟁의 주무대는 국회였다. 이번 장에서는 2018~2019년에
걸쳐 "한국형 대체복무제"가 탄생하는 갈등적 과정을 고찰한다.

1. 하급심 판사들의 반란과
헌법재판소·대법원의 역사적 판례 변경

이명박 정부에 의한 대체복무제 도입 계획 백지화 이후 양심적 병역거부
운동이 침체에 빠진 상태에서도 사법부, 특히 하급심 재판관들은 변화에
개방적인 분위기를 유지했다. 임재성의 표현처럼 사법부는 공론화 초기
부터 "매우 전향적"이었으며,[1] 이명박 정부의 '역사 뒤집기'에도 굴복하
지 않았다. 연이은 위헌법률심판 제청은 물론이고, 2004년에 이어 2007
년 10월에 두 번째 무죄 판결이 나왔고, 예비군 거부자들과 관련된 향토
예비군법 위헌법률심판 제청도 이어졌다. 그 결과 양심적 병역거부자들
과 평화운동가들에게 사법부는 암울한 상황에서 유일한 희망이 되어갔
다.[2] 판사들은 2015년부터 2017년 2월까지 2년 남짓한 기간 동안 양심적
병역거부자들에게 무려 18건의 무죄 판결을 내리면서 최고법원들의 태
도 변화를 압박했다.[3]

정부의 태도에서도 의미 있는 변화가 나타났다. 2012년 12월 대통령
선거 당시 양심적 병역거부자를 위한 대체복무제 도입을 공약했던 문재
인 후보는 양심적 병역거부권에 지극히 부정적이던 박근혜 대통령이 탄
핵된 후 치러진 2017년 5월의 대통령선거에서 당선되었다. 문재인 대통
령은 2017년 12월 국가인권위원회로부터 특별업무보고를 받는 자리에
서 "사형제 폐지나 양심적 병역거부 인정과 같은 사안의 경우 국제인권
원칙에 따른 기준과 대안을 제시하면 좋겠다"고 말한 데 이어, 2018년 3
월 20일 '대통령 개헌안'을 발표하면서 "기본권 강화"를 개헌안의 특징
으로 제시했다. 당시까지도 국제사회를 향한 문재인 정부의 공식 방침
은 "한반도의 특수한 안보 현실과 평등한 병역의무 보장의 중요성"을 이
유로 대체복무제 도입을 뒤로 미루는 것이었지만 말이다.[4]

이런 일련의 상황이 결국 최고법원들의 변화를 불러왔다. 양심적 병

역거부자에게 대체복무 기회를 허용하는 일대 전환이 현실화한 데는 2018년 6월 헌법재판소가 "대체복무제 없는 처벌은 위헌違憲"이라며 병역법 5조 1항에 대해 내린 헌법불합치 판결이 결정적인 계기로 작용했다. 헌재는 양심적 병역거부자들에게 대체복무조차 허용하지 않는 것은 위헌이라고 판단하면서, "지금도 의경, 산업기능요원, 전문연구요원 등 14개나 되는 다양한 사유에 의한 대체복무를 허용하면서 종교적 사유에 따른 병역거부자들에 대해서만 대체복무를 인정하지 않는 것은 문제"라고 판단했다.5 같은 해 11월 대법원 전원합의체 역시 "양심적 병역거부는 병역법 88조 1항에 규정된 입영 기피의 '정당한 사유'에 해당하므로 무죄"라는 역사적 판결을 내려 기존 판례를 뒤집었다.

이 역사적 판결들에 내포된 또 하나의 중대한 의의는 '종교적' 동기에 의한 양심적 거부뿐 아니라 '비종교적' 동기에 의한 양심적 거부도 인정했다는 것이다. 예컨대 대법원은 판결 당시 "양심에 따른 병역거부, 이른바 양심적 병역거부"를 "종교적·윤리적·도덕적·철학적 또는 이와 유사한 동기에서 형성된 양심상 결정을 이유로 집총이나 군사훈련을 수반하는 병역의무의 이행을 거부하는 행위"라고 정의했다.6 이런 취지가 2019년 말 국회의 입법에 그대로 반영되었다. 그에 따라 한국에서는 처음부터 종교적·비종교적 거부자들을 모두 포괄하는 대체복무제가 시행될 수 있었다.

헌재와 대법원 판결의 가이드라인 제시 역할 덕분에 양심적 병역거부권에서 "종교적 거부자에서 비종교적 거부자로의 점진적 확대"가 그 요체인, '서구형 경로'라는 우회 과정을 한국은 건너뛸 수 있었다. 한국은 유럽과 북미 사회들이 오랜 기간 걸어가야 했던 길과는 다른 지름길로 직행했다. '신성한 국방의무' 담론의 여전한 위력, 그리고 양심적 병역거부에 대해 여전히 강고한 반대 여론의 존재를 감안할 때, 대체복무제로의 길이 오로지 정부(행정부)와 의회에만 맡겨졌을 경우, "서구형 경로에 따른 우회와 시행착오"라는 고통스런 과정을 한국도 거쳤을 가능성을 배제할 수 없고, 대체복무제로의 여정도 훨씬 길어질 가능성이 높았다. 종교적 병역거부자로 한정했던 2007년 9월의 국방부 대체복무제안案이 그랬던 것처럼 말이다. 최고법원들의 전향적인 판결 덕분에 미국에서는 남북전쟁 때부터 베트남전 당시에 이르기까지 무려 100년 동안의 진통 끝에 성취된 과업이 한국에선 단숨에 해결되었다.

다음의 기사에서 보듯이, 헌법재판소의 2018년 결정에는 대체복무의 기간, 업무 강도, 복무 분야에 대해서도 의미 있는 내용들이 포함되어 있었다. 특히 "대체복무의 기간이나 고역의 정도가 과도해 양심적 병역거부자라도 도저히 이를 선택하기 어렵게 만드는 것은 대체복무제를 유명무실하게 하거나 징벌로 기능하게 할 수 있으며, 또 다른 기본권 침해 문제를 발생시킬 수 있다는 점에 유의할 필요가 있다"는 대목은 주목할 만하다. 헌법재판소가 공익 혹은 공공선에 기여할 대체복무 분야로 "노인·장애인·중증환자 등의 보호·치료·요양과 같은 사회복지와 관련한 분야"를 직접 언급했던 점도 대단히 중요하다.

당시 헌재의 결정문에는 대체복무가 또 다른 징벌로 작용할 수 있다는 점을 경계해야 한다는 내용이 담겼다. 헌재는 "대체복무의 기간이나 고역의 정도가 과도해 양심적 병역거부자라도 도저히 이를 선택하기 어렵게 만드는 것은 대체복무제를 유명무실하게 하거나 징벌로 기능하게 할 수 있으며, 또 다른 기본권 침해 문제를 발생시킬 수 있다는 점에 유의할 필요가 있다"고 판시했다. 헌재는 또 양심적 병역거부자가 노인·장애인·중증환자 등의 보호·치료·요양과 같은 사회복지와 관련한 분야에 복무한다면 "사회에 큰 혜택이 될 것"이라고 밝혔다.[7]

"우리의 민주주의가 국가적 위기의 시대에도 소수자 권리minority rights

를 보존하기에 충분할 정도로 큰지를 발견하기 위한" 가늠자라는 의미에서 양심적 병역거부가 "민주주의에 대한 실험experiment in democracy"이라고 했던, 미국 병무행정 책임자로 오래 봉직한 루이스 허시 장군의 언명은 한국에서도 자주 인용되었다.[8] 이 언명의 깊은 의미를 2018년의 한국 대법원이 부연 설명한 바 있다. 당시 대법원 판결문에는 다음과 같은 구절이 들어 있다.

> 자유민주주의는 다수결의 원칙에 따라 운영되지만 소수자에 대한 관용과 포용을 전제로 할 때에만 정당성을 확보할 수 있다. 국민 다수의 동의를 받지 못했다는 이유로 형사처벌을 감수하면서도 자신의 인격적 존재가치를 지키기 위해 불가피하게 병역을 거부하는 양심적 병역거부자들의 존재를 국가가 언제까지나 외면할 수는 없다. 일방적인 형사처벌만으로 규범의 충돌 문제를 해결할 수 없다는 것은 이미 오랜 세월을 거쳐 오면서 확인됐다. 그 신념에 선뜻 동의할 수는 없다고 하더라도 이제 이들을 관용하고 포용할 수는 있어야 한다.

헌법재판소 결정과 대법원의 판결로 인해 대체복무제 도입이 기정사실이 되면서 몇 가지 '의도치 않은 결과들'도 나타났다.

우선, 양심적 병역거부자를 위한 대체복무제도 도입이 '지원병제로의 전환' 논의를 활성화하는 효과를 발휘한 것이다. 칸트의 상비군 폐지론까지 소환되었고, 징병제는 국민군대·대중군대를 전제로 한 엄청난 '규모'

상비군 폐지론을 언급한 칸트의 『영구평화론』(1795)

를 중시하는 제도로서 군의 첨단화·현대화 추세 속에 점점 "구시대의 제도"가 되어가고 있다는 주장이 자주 제기되었다.[9] 이런 상황에서 모병제를 비롯하여, 징병·모병 혼합 제도, 그 밖의 다양한 '제3의 병역제도들'이 제안되었다. 국방대 교수를 역임한 문장렬이 제안하는, "모든 젠더와 거동 가능한 장애인까지 포함"하는 "모든 국민이 일정 기간 의무적으로 국가공동체를 위해 공익 봉사를 수행하는", 따라서 "공익복무가 기본이고 병역이 '대체복무'"가 되는 '공역제' 내지 '보편적 공익복무제'도 거론되었다.[10] 그러나 모병제에 대해서도 "국적을 가진 용병집단"일 뿐이라는 비판이 제기되었다.[11]

둘째, 양심적 병역거부자를 위한 대체복무제도 도입이 '군 인권 개선', 즉 현역군인들의 인권을 개선하는 촉진제로 작용할 가능성이다. 양심적 병역거부 운동가들은 초기부터 "예비역의 박탈감을 해결해야 한다"고 주장해왔다. 열악한 군 인권 상황을 개선하지 않고서는 성인 남성 인구 대부분을 차지하는 군복무 이수자들과 군 예비역들의 대체복무제 반대 여론을 꺾기 어렵다는 판단 때문이었다. 따라서 한국에서는 양심적 병역거부운동이 '군 인권운동'과 밀접하게 연결되었다. "'대체복무제도가 개선되면 군 인권이 향상된다'는 것은 대만의 사례를 근거로 병역거부운동이 주되게 사용했던 언사 중 하나였다. 실제 대만의 경우 군복무와 대체복무가 현역 복무의 '선택항'으로서 경쟁하게 되면서 군복무 조건이 개선되었고, 대체복무제 개선을 통해 한국 사회에서도 이런 긍정적 효과가 발생할 수 있다고 생각했기 때문이었다."[12] 실제로 2018년의 헌법재판소 결정 및 대법원 판결 전후에 휴대전화 사용, 봉급의 대폭 인상, 군복무 기간 단축 등의 긍정적인 변화들이 수반되었다.

대만 대체역 훈련반 훈련 모습(2013)

2. 논쟁 속으로
   : 어떤 대체복무제를 도입할 것인가?

헌법재판소와 대법원의 판결이 내려지기 전의 논쟁 구도에서 충분히 예측할 수 있었듯이, 판결에 대한 반응은 첨예하게 엇갈렸다. 판결 자체에 대한 찬성과 반대 의견이 나뉘었을 뿐 아니라, 앞으로 도입될 대체복무제의 내용에 대해서도 의견이 갈렸다. 판결은 논쟁의 종결이 아니라 또 다른 논쟁의 시작이었다. 하급심 판결을 포함하여 다소의 혼선도 빚어졌다.[13]

무엇보다, 복무기간과 복무 장소(복무기관 및 업무)가 핵심 쟁점으로 떠올랐다.[14] 병역법을 개정하고 새로운 법을 제정해야 하는 국회가 이데올로기적 전쟁터로 변했다. 그중에서도 복무기간이 가장 치열한 쟁점이었다. 복무기간과 관련하여 인권단체와 진보적 시민단체들은 유엔의 권고와 선진국 사례를 들어 현역의 1.5배를, 국방부는 36개월을 주장했다. 〈표 6-1〉에서 보듯이 육군의 1.5배에서 60개월에 이르기까지 다양한 법안이 국회에 제출되었다.[15] 정당의 보수성이 짙어질수록 대체복무의 기

〈표 6-1〉 국회에 제출된 법안들에서의 대체복무 기간

이름(대표 발의자)	소속 정당	복무기간
전해철	더불어민주당	육군의 1.5배
박주민	더불어민주당	육군의 1.5배
이철희	더불어민주당	육군의 2배
김중로	바른미래당	육군의 2배
이종명	자유한국당	육군의 2배
이용주	평화당	육군의 2배
김학용	자유한국당	공군의 2배
김진태	자유한국당	60개월

<표 6-2> 국회에 제출된 법안들에 나타난 대체복무의 기간, 업무, 관할 부처[16]

법률안 (대표 발의자)	대체복무 기간 (합숙 여부)	대체복무 요원의 업무	대체복무 관할 부처
병역법 일부 개정 법률안(김중로)	현역 육군의 2배	공익 목적에 필요한 사회복지, 보건·의료 등의 사회서비스 또는 소방, 재난복구·구호 등의 공익 관련 업무	국방부
병역법 일부 개정 법률안(이종명)	현역 육군의 2배	평화 증진, 대민 지원, 공익 목적에 필요한 사회복지·보건·의료 등의 사회서비스 또는 재난복구·구호 등의 업무	병무청
병역법 일부 개정 법률안(이용주)	현역 육군의 2배 (합숙 근무)	사회복지 또는 공익과 관련된 업무	병무청
병역법 일부 개정 법률안(김종대)	현역 육군의 1.5배	사회복지 또는 공익과 관련된 업무	행정안전부 소속의 중앙대체복무위원회, 특별시·광역시·특별자치시·도·특별자치도에 지방대체복무 위원회 신설
병역법 일부 개정 법률안(김진태)	5년(합숙 근무)	군사시설의 유지 및 보수 업무, 지뢰 제거 등 평화 증진 업무, 전사자 유해 등의 조사·발굴 업무, 신체적·정신적으로 난이도 높은 업무	병무청
대체복무역 편입 및 복무 등에 관한 법률안(김학용)	3년 8개월 (합숙 근무 원칙)	평화통일의 증진, 전쟁 예방, 보훈사업, 재해·재난에 대한 복구 지원 등	병무청
대체역의 편입 및 복무 등에 관한 법률안(이언주)	3년	대체복무 부대에서의 군사기지 및 군사시설의 관리·운영·유지·보수 업무	국방부 장관

간이 더욱 길게 설정되는 경향을 한눈에 알 수 있다. 자유한국당 소속의 김진태 의원이 대표 발의한 법안은 무려 5년(60개월)의 복무기간, 같은 당 김학용 의원이 대표 발의한 법안은 3년 8개월(44개월)의 복무기간을 명시하고 있었다.

〈표 6-2〉에는 대체복무의 기간뿐 아니라, 대체복무 요원의 업무, 대체복무 및 심사기관의 관할 부처까지 함께 소개되어 있다. 제출된 법안들의 보수성이 대체복무 관할 부처 설정에서도 재차 드러났다. 김종대 의원 안案만이 관할 부처를 '행정안전부'로 정하고 있을 뿐, 다른 모든 법안들은 의원들의 소속 정당과 무관하게 국방부 혹은 병무청 등 '군 관련 부처'를 지정하고 있었다. 국제적 규범인 '비군사 부처 원칙'이 완전히 실종된 것이다. 김중로 의원 안, 이종명 의원 안, 이용주 의원 안, 김종대 의원 안은 보건·의료나 사회복지 등 사회서비스를 대체복무 요원 업무에 포함시키고 있지만, 김진태 의원 안, 김학용 의원 안, 이언주 의원 안은 사회서비스 업무를 아예 배제하고 있었다. 특히 이언주 의원 안과 김진태 의원 안에서는 대체복무 요원의 업무가 현역군인과 거의 다를 바 없었다. 아울러, 김종대 의원 대표 발의 법안은 행정안전부 아래 '중앙대체복무위원회'와 '지방대체복무위원회'를 두는 방식으로 이원적 체제를 상정한 것이 이채로웠다. 대체복무권 신청자에게 항소 기회를 제공하는 2심제 구상을 담고 있었던 것으로 보인다.

치열한 논쟁 속에서도, 그리고 헌법재판소가 대체복무제를 규정하지 않은 병역법 조항이 위헌이라는 결정을 내리면서 대체복무의 내용이 과도하여 사실상의 징벌로 기능할 경우 또 다른 기본권 침해 문제를 초래할 수 있다고 경고했음에도 불구하고, 전반적인 분위기는 대체복무자에게 불리하게 전개되었다. 이용석은 당시 국회 안팎의 기류를 이렇게 설명했다. "현실에서 대체복무제 도입 논의는 대체복무제를 얼마나 더 어렵고 힘들게 만들 것인지로 흘러갔습니다. 국방부는 국제사회의 기준과 인권

단체들의 제안이 무색할 정도로 대체복무제를 징벌적인 제도로 설계했는데, 국회에서 법안에 대한 심사를 거치면서 세부적인 면에서 오히려 더 후퇴했습니다. 너무 긴 대체복무 기간이 인권침해라는 지적에 대해서 국방부와 국회의원들은 군복무자의 박탈감을 고려해 대체복무 기간을 길게 설정했다는 대답을 내놓았습니다."[17] 이용석은 "군복무자의 박탈감"을 내세워 대체복무자를 궁지로 몰아넣는 이런 상황을 "불행 경쟁을 부추기는 사회"로 묘사했다.[18]

2018년 헌법재판소와 대법원의 판결에 따라 2019년 한 해 동안 떠들썩한 논쟁 속에서 '한국형 대체복무제'라고 부를 만한 독특한 제도가 만들어졌다. 양심적 병역거부자를 위한 대체복무제 자체에 대한 부정적 여론을 고려하여 청와대와 국방부는 소극적 태도로 일관했다. 청와대와 국방부는 국제적 표준어 내지 공통어로 자리 잡은 "양심적 병역거부"라는 용어 자체를 꺼렸다. 특히 국방부는 2019년 1월 초 "양심"이라는 단어를 삭제하고 "종교적 신앙 등에 따른 병역거부자"라는 새로운 명칭을 제시하면서, "양심적 병역거부는 국제적으로 통용되는 단어"라던 기존 입장마저 뒤집었다. 김나루에 의하면, "최근 우리나라 국방부는 '양심적 병역거부'라는 명칭 대신 '종교적 신앙 등에 따른 병역거부'로 변경하여 사용할 것이라고 발표한 바 있고, 2019년 1월 15일에 발간한 『2018 국방백서』에도 양심적 병역거부를 '종교적 신앙 등에 따른 병역거부자'라고 표현했다. 그 이유는 군에서 병역의무를 했거나 이행 중인 사람들이 '비양심적' 또는 '비신념적'인 사람처럼 시민들이 오해할 수 있다는 우려를 고려했다는 것이다."[19]

다만 국가인권위원회는 2018년과 2019년 두 차례에 걸쳐 "대체복무제 도입 관련 '병역법 일부 개정 법률안'과 2019년 '대체복무제 편입 및 복무 등에 관한 법률안'에 대한 의견 표명"을 통해, ① 복무기간과 관련해서는 "대체복무의 내용과 난이도, 복무 형태 등을 종합적으로 고려하여, 대체복무 기간을 현역 군복무 기간의 최대 1.5배를 넘지 않도록 설정하는 것이 바람직하다”는 의견을, 또 ② 복무기관·업무 및 형태와 관련하여 “양심적 병역거부의 이념과 취지 등을 고려하여, 복무 영역을 구치소, 교도소 등 교정 분야 외 사회복지, 안전관리 등 다양한 공익 분야로 확대하고, 복무 형태도 합숙 복무 이외 업무 특성에 맞게 설계하기 바란다”는 견해를 개진했다.[20] 그러나 국가인권위원회의 전향적인 의견은 행정부 내에서 거의 경청되지 않았다. 그 결과 대체복무제는 보복적이라거나 징벌적이라는 평가를 받을 만큼 엄격하게 설계되었다. 국회는 2019년 12월 31일 국방부 입장이 대폭 반영된 '대체역의 편입 및 복무에 관한 법률'(약칭 대체역법)을 제정했다.

제
7
장

대체복무제 도입 이후

2020년 대체복무제 시행 이후에도 양심적 병역거부와 관련하여 여전히 미해결 상태로 남아 있는 실천적 과제들이 여럿이다. 이 쟁점들을 다음 몇 가지로 압축해볼 수 있을 것이다.

첫째, 한국형 대체복무제 자체의 다양한 문제점들이 나타나고 있다. 관할 부처를 비롯하여 대체복무의 기간, 분야, 근무환경 등 개선해야 할 여러 문제들이 출범 직후부터 지적되고 있다. 한마디로 '대체복무제도의 인간화'가 필요한 상황인 것이다. 한국형 대체복무제에서 파생되는 쟁점들도 나타나고 있다. 예컨대 대체복무가 '민간' 주도로 진행되는 것이 아니라 '군 관련 정부 기관' 주도로 이뤄지면서, 대체복무 자체를 거부하는 경우가 나타나고 있다. 높은 복무 강도에 더해 대체역심사위원회의 '엄격한 양심심사'에서 탈락하여 현역 군복무나 감옥행을 강제당하는 병역거부자도 이따금씩 나타나고 있다.

둘째, 장기복무자(직업군인)든 단기복무자든, 지원병이든 징집병이든, 군 훈련소를 수료하고 군부대에서 현역으로 복무하고 있는 군인 중에 양심적 병역거부를 선택하는 이가 있을 수 있다. 이른바 '군복무 중의 양심적 거부' 문제이다. 이 경우 비전투 임무·부대로 전출하거나, 민간대체복무로 전환하거나, 군에서 제대하는 선택지가 주어지고 있지 못하다.

셋째, '모든' 전쟁에 반대하는 것은 아니지만, 한국군과 연루된 '특정한' 전쟁에 참여하기를 거부하는 징집 대상자 혹은 현역군인이 있을 수 있다. 이른바 '선택적인 양심적 거부'의 문제이다. 사람들은 특정 전쟁이 '불의한 전쟁'이라고 생각할 때 정의로운 전쟁 교리 등 여러 이유에 근거하여 병역을 거부할 수 있다. 아파르트헤이트apartheid에 입각한 군사작전을 거부했던 남아프리카공화국의 군인이나 팔레스타인인들에 대한 무차별적 공격을 거부하는 이스라엘의 군인처럼, 특정한 전투·작전을 비인도적이거나 부도덕하다고 여겨 협력하지 않을 수 있다. 드물지만 한국에서도 이런 사례가 나타난 바 있다. 2020년 11월에 이르러 대체역심사위원회는 선택적 병역거부자를 대체역 편입 대상에서 배제하기로 최종 결정한 것으로 보인다.

넷째, 납세를 통해 전비戰備나 국방비, 전쟁 비용에 기여하기를 거부하는 이들도 있을 수 있다. 전쟁세war tax 거부, 혹은 '양심적 납세거부'로 불려온 영역이다. 한국에서 일종의 사회운동으로 이런 움직임이 나타난 바는 없다. 그러나 1990년 3월 서울에서 열린 '정의·평화·창조질서의 보전JPIC 세계대회'의 최종문서인 "서울협약"에는 "군대 복무와 세금에 대한 양심적 반대의 권리를 지원하고 평화와 납세를 위한 다른 형태의 봉사를 준비한다"는 내용이 포함된 바 있다.[1] 이 대회는 세계교회협의회WCC 중앙위원회의 행사였지만, 서울에서 열렸던 만큼 한국 개신교의 주도가 두드러졌던 행사였다.

다섯째, 대체복무제도 자체를 넘어서는 획기적인 병역제도 변화, 즉 징병제의 폐지 및 지원병제로의 전환 문제이다. 지원병제로의 전환은 그 자체로 새로운 논란들을 빚어낼 것이지만, 여하튼 징병제 도입에서 발단된 양심적 병역거부 갈등은 결정적으로 약해질 것이 틀림없다. 다른 의도와 맥락에서이긴 하지만, 한국에서도 지원병제로의 전환 논의가 때때

CONSCIENTIOUS OBJECTION FOR TAXPAYERS TOO!

Many citizens are not required to bear arms because their consciences forbid them participation in war — And it's legal.

When these same citizens, bound in conscience, choose not to pay for others to bear arms or for the widening arms race — It's not legal.

Join the campaign for a legal alternative to the payment of military taxes: The World Peace Tax Fund — S.880 H.R.4897. Send for information today.

2111 Florida Ave, NW,
Washington, D.C.
20008

World Peace Tax Fund

로 제기되고 있기도 하다.

뒤의 세 가지 문제 가운데 선택적 병역거부, 양심적 납세거부 문제는 서구 사회들에서도 여전히 논란이 되고 있는 미해결 쟁점들이다. 지원병제로의 전환 문제도 한국만 안고 있는 쟁점은 아니다. 따라서 이 세 쟁점을 제외한, 한국 현실을 보다 직접적으로 반영하는 쟁점들, 즉 대체복무제도의 인간화 문제, 대체복무제도의 한계에서 파생된 몇 가지 미해결 문제들, 그리고 현역군인의 양심적 병역거부 문제를 이번 장에서 집중적

세계평화세금펀드(World peace tax fund)의 납세자를 위한 양심적 병역거부 포스터(1965~1980)

으로 다루려 한다. 현행 대체복무제도에 의해 어느 정도 해결된 쟁점이지만, 예비군의 양심적 병역거부 문제도 간략히 다룰 것이다.

1. 대체복무제의 시행

2018년 6월 헌법재판소가 병역법 5조 1항에 대해 헌법불합치 판결을 내리면서 2019년 말까지 대체복무제를 포함하는 내용의 병역법 개정을 강제한 탓에, 우리 사회는 양심적 병역거부 역사의 새 시대로 갑작스레 쫓기듯 진입하게 되었다. 2019년 12월 27일 의결과 31일 공포를 거쳐 '법률 제16851호'로 이른바 '대체역법' 즉 '대체역의 편입 및 복무 등에 관한 법률'이 국회에서 제정되고 2020년 1월 1일부터 시행됨에 따라, 한국에서도 대체복무제 시행을 위한 작업이 본격화되었다. 2020년 6월 30일에는 대체역법의 시행령(대통령령 제30807호)과 시행규칙(국방부령 제1026호)이 각각 제정 및 시행되었다.

　대체역법 제정에 발맞춰 병역법도 개정되었다. 2019년 12월 27일 '병역법 일부 개정안'이 국회를 통과했고, 2020년 1월 1일부터 시행되었다. 그 핵심은 '병역의 종류'를 규정하는 병역법 제5조를 고쳐 기존의 현역, 보충역, 예비역 외에 '대체역'을 추가한 것이었다. 이에 따라 양심적 병역거부자는 "양심의 자유를 이유로 현역, 예비역 또는 보충역의 복무를 대신하여 병역을 이행하려는 사람"(대체역법 제3조)으로 규정되었다.[2] 또 대체역은 "종교적 신앙 등에 따른 양심을 이유로 군복무를 거부하는 사람에게 군사적 성격이 아닌 비군사적인 공익 분야에서 병역을 이행토록 하는 병역의 한 종류"로 간주되었다.[3] 대체역심사위원회의 초대 사무국장을 역임한 유균혜의 표현을 따르자면, 그것은 "병역 거부가 아닌 군복무 거부”인 것이다.[4] 대체복무 요원은 “군사적 성격이 아닌 비군사적인 공익 분야”에서 복무하도록 규정되었다. 따라서 “① 무기·흉기를 사용하거나 이를 관리·단속하는 행위, ② 인명 살상 또는 시설 파괴가 수반되거나 그러한 능력 향상을 위한 행위, ③ 그 밖에 제1호 또는 제2호에 따른 행위와 유사한 행위”는 대체 업무에서 제외되었다(대체역법 제16조). 그러나 대체복무 분야와 성격이 ‘비군사적’이라고는 해도, 대체복무 신청자 심사는 전적으로 군 관련 기관의 관할 아래 있고, 대체복무의 과정도 민간 주도가 아닐 뿐 아니라 군대와 유사한 교정기관이 관리하고 있다. 이런 한국식 해결책은 국제적 기준으로 정립된 원칙, 특히 ‘군대와의 분리 원칙’ 및 ‘민간 주도 관리·운영 원칙’과는 상당한 거리가 있는 것이었다. 양심적 병역거부에 대한 부정적 여론을 감안한 한국판 타협책인 셈이었다. 또 대체역법 시행령에서는 대체복무 요원에게 “현역병의 봉급에 해당하는 보수”(제33조)를 지급하도록 명시되었다.[5]

2020년 6월 대체복무 편입 신청자(신청인)의 양심심사를 담당할 기구인 대체역심사위원회가 설립되었다. 아울러 대체복무자 자격을 얻은 이들의 ‘유일’ 복무 영역으로 지정된 교정기관들에서도 대체복무자 합숙시설을 비롯한 준비작업이 분주하게 진행되었다. 대체역심사위원회는 신청자들에게 양심적 병역거부권 혹은 양심적 병역거부자 지위conscientious objector status를 부여할지 여부를 결정하는 단심제 기관으로서, 국가인권위원회, 법무부, 국방부, 병무청, 국회 국방위원회, 대한변호사협회에서 추천한 위원 29명으로 구성되었다. 보다 구체적으로, 국가인권위원회 위원장 추천 5명, 법무부 장관 추천 5명, 국방부 장관 추천 5명, 병무청장 추천 5명, 국회 국방위원회 추천 4명, 대한변호사협회 회장 추천 5명 등이다. 2023년 5월 대체역법 개정을 통해 위원 수는 29명에서 13명으로 축소되었다. 그 구성은 국가인권위원회 위원장 추천 2명, 법무부 장관 추천 2명, 국방부 장관 추천 3명, 병무청장 추천 2명, 국회 국방위원회 추천 2명, 대한변호사협회 회장 추천 2명 등으로 조정되었다. 대체역심사위원회는 2020년 6월 30일부터 대체역 편입 신청을 받아, 7월에 첫 심사위원회(전원회의)를 개최했다.

첫 심사를 통과하여 양심적 병역거부자 지위를 인정받은 63명이 36개월의 대체복무를 시작했다. 이들은 2020년 10월 26일 오후 대전교도소 내에 위치한 '대체복무교육센터'에 입교入校하여 첫 교육을 받았다. 그날 대체복무교육센터의 입구에는 "신념과 병역의 조화를 위한 첫걸음!"이라는 글귀가 씌어 있었다.[6]

대체역심사원회는 2018년 6월부터 2021년 5월까지의 보다 상세한 경과를 〈표 7-1〉과 같이 제시하고 있다.[7]

한편, 대체복무를 원하는 양심적 병역거부자들은 다음과 같은 절차에 따라 '인용'(대체역 편입) 혹은 '기각·각하'(징집·소집) 결정을 받게 된다. 〈표 7-2〉에서 보는 것처럼 시행 전 일각의 우려처럼 서류심사에만 의존하는 것이 아니라, 현장·온라인 조사, 신청인·참고인 조사, 2회에 걸친 신청인 진술 청취(사전회의, 전원회의) 혹은 대면심사 등 비교적 다양한 방식의 조사·심사 수단 및 채널들이 동원되고 있음을 알 수 있다. 물론 이런 제도적

〈표 7-1〉 대체복무제 도입 및 시행과 관련된 주요 경과

	시기	내용
2018년	6.28	헌법재판소, 병역법 제5조 제1항에 대해 헌법불합치 결정
	7.9	병무청, '대체복무제도 도입 추진단' 구성
	7.16	국방부·병무청·법무부, '대체복무제 도입 실무추진단' 구성
	10.4	국방부, 대체복무 도입 1차 공청회
	11.26	국회 국방위원회, 대체역 제도 도입 법률안(김중로안, 이종명안, 이용주안, 김학용안 등 4건) 상정
	12.13	국방부, 대체복무 도입 2차 공청회
	12.28	국방부, 대체복무 도입 정부안 발표, 제1차 입법예고

시기		내용
2019년	4.9	국방부, 대체복무 도입 법률안 제2차 입법예고
	4.25	정부 대체역법 제정 법률안 국회 제출
	4.29	정부 병역법 일부개정 법률안 국회 제출
	7.3	국회 국방위원회, 대체역 제도 도입 법안(정부안, 이언주안, 장제원안 등 3건) 상정
	9.19	국회 국방위원회 주관 대체복무 도입 법률안 공청회
	11.12~13	국회 국방위원회, 법률안심사소위원회 심사
	11.19	국회 국방위원회, 대체역 제도 도입 법안 일괄 상정, 병역법 일부개정안(대안)·대체역법(대안) 의결
	11.27	국회 법제사법위원회 의결
	12.27	병역법 일부개정안, 대체역법 대안 국회 본회의 의결
	12.31	병역법 일부개정안, 대체역법 공포
2020년	1.1	개정 '병역법', 제정 '대체역법' 시행
	1.13	병무청, 대체역위 설립 준비단 구성
	6.9	대체역위 직제 신설
	6.23	대체역위 위원 임명·위촉식
	6.30	대체역법 시행령, 대체역법 시행규칙 제정 및 시행 대체역위, 대체역 편입신청서 접수 시작
	7.15	대체역위, 제1차 전원회의: 첫 대체역 편입(35명), 대체역 편입심사 고려요소 의결
	8.25	대체역위, 대체역 편입심사 업무 매뉴얼 발간
	9.15	대체역위, 제1차 사전회의 개최
	10.19	대체역위, 인권보호헌장, 인권보호조사준칙 제정
	10.26	병무청, 대체복무 요원 최초 소집(63명, 3주 교육 후 복무기관 배치)
	11.6	대체역위, 제5차 전원회의: 위원회 운영규정 제정, 대체역 편입심사 고려요소 개정안 의결
	12.15	대체역위, 대체역 제도개선 TF 구성(3개 분과): 대체역 제도개선 분과(1분과), 심사제도개선 분과(2분과), 개원 1주년 기념사업 분과(3분과)
2021년	1.22	대체역위, 제2차 전원회의: 개인 신념에 따른 거부자 첫 인용 결정
	3.26	대체역위, 제7차 전원회의: 위원회 첫 기각 결정
	5.6	대체역위, 대체역 편입심사 업무 매뉴얼 개정

Ⅰ. 접수 및 배정	Ⅱ. 사실조사	Ⅲ. 심사·의결	Ⅳ. 심사 종료
1. 편입.신청 접수 - 신청요건 확인 - 징·소집 연기처리	3. 조사 준비 - 구비서류 보완 - 사실조사 계획 수립	5. 사전회의 - 사실조사 결과 보고 - 신청인 진술 청취 - 사전심사 결과 등록	7. 심사 결과 통보 - 결정서 송부 7-1(인용). 대체역 편입 - 대체복무 요원 소집
2. 조사관 배정 - 담당 조사관 배정	4. 조사 실시 - 현장·온라인 조사 - 신청인·참고인 조사 - 조사결과보고서 작성	6. 전원회의 - 사전심사 결과 보고 - 신청인 진술 청취 - 최종 심사 · 의결	7-2(기각·각하). 징집·소집 - 징·소집 연기 해소 - 의무 부과 - 행정심판·소송(불복 시)

규정이 실제로 현장에서 제대로 이행되는가는 별문제일 것이지만 말이다. 대체역심사위원회의 결정에 불복할 경우 '항소appeal' 절차는 인정되고 있지 않으며, 오로지 행정심판이나 소송에 의존할 수밖에 없도록 되어 있다. 아마도 향후 신청자가 많아지거나, 신청자의 편의 보장을 위해 지역별 대체역심사위원회가 설치·운영된다면, 지역-중앙 대체역심사위원회라는 이원구조를 통해 최소한 한 차례의 항소 기회를 제공하게 될 수도 있을 것이다. 물론 대체역심사위원회보다 상위의 심사기관을 신설하여 3심제의 구조를 갖출 수도 있을 것이다.

그렇다면 실제 심사에서 중점적으로 고려되는 요소들은 어떻게 구성되었는가? 다시 말해 '양심심사'의 실질적 내용은 무엇이었나? 대체역심사위원회는 2020년 7월과 같은 해 11월 등 두 단계에 걸쳐 "대체역 편입심사 고려 요소"를 성안·개정하는 과정을 밟았다. 2020년 7월에 처음 만들어진 안은 헌법재판소와 대법원의 견해, 해외 사례 등을 토대로 한 것이었다고 한다. 그렇다면 2020년 7월 '이전에' 정립된 양심심사의 기준은 어떤 것들이었나? 우선, 2018년 당시 대법원은 "종교적 신념에 따른 양심적 병역거부 주장에 대한 양심심사의 판단기준"으로, "종교의 구체적 교리가 어떠한지, 그 교리가 양심적 병역거부를 명하고 있는지, 실제로 신도들이 양심을 이유로 병역을 거부하고 있는지, 그 종교가 피고인을 정식 신도로 인정하고 있는지, 피고인이 교리 일반을 숙지하고 철저히 따르고 있는지, 피고인이 주장하는 양심적 병역거부가 오로지 또는 주로 그 교리에 따른 것인지, 피고인이 종교를 신봉하게 된 동기와 경위, 만일 피고인이 개종을 한 것이라면 그 경위와 이유, 피고인의 신앙 기간과 실제 종교적 활동"을 제시했다. 이와 유사하게, 대검찰청도 헌법재판소 결정 이후 "병역거부 진정성 판단기준 10"이라는 지침을 작성했다. 그 내용은 "① 종교의 구체적 교리의 존재, ② 교리가 양심적 병역거부를 명하는가 여부, ③ 실제로 신도들이 양심을 이유로 병역을 거부하는지, ④ 그 종교가 병역거부자를 신도로 인정하는지, ⑤ 피고인이 교리 일반을 숙지하고 철저히 따르는지, ⑥ 피고인이 주장하는 병역거부가 오로지 그 교리에 따른 것인지, ⑦ 피고인이 종교를 신봉하게 된 경위와 이유가 무엇인지, ⑧ 만일 개종하였다면 그 경위와 이유가 무엇인지, ⑨ 신앙 기간과 실제 종교적 활동, ⑩ 가정환경과 성장 과정, 사회 경험 등 전반적인 삶의 모습" 등이었다.[9]

대체역심사위원회는 2020년 7월에 처음으로 심사 고려 요소들의 리스트를 성안했다. 그런데 위원회 내부에서 몇 가지 문제가 제기되었다. 예컨대 "종교적 신념 기준에 따르면 여호와의증인 신도만이 종교적 사유를 이유로 대체역 편입 신청을 할 수 있는 것처럼 보인다는 점", "여호와의증인 외 다른 종교의 신자나 여타의 개인적 신념에 따른 양심적 병역거부자를 충분히 포섭하기에 부족하다는 점", "신청인이 이해하기 쉽도록 위원회의 고려 요소를 보다 상세하고 객관적으로 밝혀야 한다는 점", "군복무 거부 사유의 범주와 요소를 상세하게 설정하여 위원들이 신청인의 양심을 심사하는 편차를 좁혀 심사 안정성을 확보하여야 한다는 점", "대체복무 요원은 36개월 교정시설 합숙 복무를 하도록 하여 현역과 비교할 때 복무 강도가 높기 때문에 신청인의 군복무 거부 의사가 명료하고 확고하며 대체역 제도에 대한 이해와 수행 의지가 있는지에 초점을 맞춰야 한다는 점" 등이 지적되었다고 한다.[10] 결국 내부 토론을 거쳐 2020년 11월에 종교적·비종교적 신청자로 이원화되었던 종전안 대신 양자를 통합한 개정안이 만들어졌다. 아울러 최초 안에서는 '심사 분야'가 양심의 실체, 양심의 진실성, 양심의 구속력으로 범주화되었지만, 개정안에서는 양심 결정의 근거, 양심 결정의 실천, 대체역에 대한 이해 및 의지라는 범주로 재설정되었다(〈표 7-3〉과 〈표 7-4〉 참조).[11] 2020년 11월에

〈표 7-3〉 양심심사의 고려 요소(1): 2020년 7월의 최초 안

구분	심사 분야	판단 요소
종교적 신념	양심의 실체	① 정식 신도 인정 여부
		② 군복무 거부 관련 교리의 내용
		③ 군복무 거부가 오로지 또는 주로 교리에 근거한 것인지
		④ 신도들의 실제 군복무 거부 여부
	양심의 진실성	⑤ 종교를 믿게 된 동기와 경위
		⑥ 신앙 기간 및 실제 종교 활동 여부
		⑦ 개종의 경우, 그 경위와 이유
	양심의 구속력	⑧ 전반적인 삶의 모습(가정, 학교, 사회생활)
개인적 신념*	양심의 실체	① 신념의 구체적인 내용 및 근거
		② (단체활동 시) 활동 단체의 설립 목적·이념
	양심의 진실성	③ 신념이 형성된 동기와 경위
		④ 신념 형성 시기
		⑤ 신념에 따른 외부 활동(표출 형태)
		⑥ 신념의 일관성 여부
	양심의 구속력	⑦ 신념에 배치되는 행동 여부
		⑧ 전반적인 삶의 모습(가정, 학교, 사회생활)

* 여기서 '개인적 신념' 사유 신청인은 "여호와의증인 신자가 아닌, 다양한 개인적 신념에 따른 대체역 신청인"을 가리킴.

<표 7-4> 양심심사의 고려 요소(2): 2020년 11월 개정안

구분	고려 요소
양심 결정의 근거	① 양심 형성의 계기 — 종교 활동 및 교리 학습 — 평화와 관련된 인권·사회 활동 — 전쟁의 참상을 일깨우는 자료 등에 대한 접근 — 가정, 학교, 사회생활에서의 폭력의 경험 ② 양심 결정의 구체적인 근거 — 전쟁과 살상을 금지하는 종교의 가르침 — 평화주의를 지향하는 철학적, 윤리적, 정치적 세계관 등 — 신청인이 주장하는 양심의 구체적 내용
양심 결정의 실천	③ 양심 결정에 부합하는 행동 — 성실한 종교 생활 및 교리 학습 — 전쟁 반대와 관련된 사회 활동 — 양심적 거부와 관련된 연구 등 각종 활동 — 양심과 관련된 개인적인 기록, 주변인과의 소통 ④ 본인의 징계, 수사 및 범죄 경력에 대한 해명 — 양심의 갈등 상황에서의 극복 사례 — 징계처분이나 위법한 행동에 대한 해명
대체역에 대한 이해 및 의지	⑤ 군복무 거부에 대한 이해와 의지 — 군복무 거부를 충분히 이해하고 있는지 — 명분에 따른 선택적 전쟁 거부인지 보편적 전쟁 거부인지 ⑥ 대체역 복무에 대한 이해와 수행 의지 — 대체역 도입 취지와 복무 내용을 정확히 이해하고 있는지 — 대체역 복무를 충실하게 수행할 의지가 있는지

확정된 고려 요소 중 "명분에 따른 선택적 전쟁 거부인지 보편적 전쟁 거부인지"라는 대목은 대체역심사위원회가 '선택적 거부자'를 배제하기로 결정했음을 보여준다.

대체역 편입 신청자는 양심심사를 위한 기초 자료들을 제출해야 한

다. 예컨대 대체역 편입 신청을 하려는 사람은 '대체역 편입 신청서' 외
에도, '본인 진술서', 3명 이상의 주변인이 작성한 각각의 '주변인 진술
서', '범죄경력자료 및 수사경력자료 조회 회보서', '중·고등학교 학교생
활 세부사항 기록부 사본', '신도 증명서'(종교적 신앙에 따라 편입 신청을 하는
경우), "그 밖에 대체역 편입 신청의 이유를 확인할 수 있는 자료"를 대체
역심사위원회에 제출해야 한다.[12]

대체역심사위원회는 2020년 6월 30일 출범한 이래 1년 동안 신청된
2,173건 가운데 1,423건을 심사하여 전체의 99.7%에 해당하는 1,419건
은 인용, 1건은 기각, 3건은 각하 결정을 내렸다. 3건의 각하 결정은 필요
한 서류를 제출하지 않거나 사실조사에 응하지 않은 경우였다.[13] 유일한
기각 사례가 된 해당 신청인은 종교적 양심에 따른 병역거부를 주장했지
만 아동에 대한 디지털 성범죄에 해당하는 행위로 형사재판을 받고 있는
점 때문에 대체역 편입 신청을 거부당했다.[14]

무엇보다 처음 1년 동안 기각 사례가 단 한 건에 불과하고, 그마저 2021
년 3월 말에 가서야 비로소 등장했다는 사실이 눈에 띈다. 이런 사실은
긴 복무기간과 높은 근무 강도를 골격으로 한국형 대체복무제가 처음 설
계되었을 때부터 충분히 예상된 일이었다고 볼 수도 있을 것이다. 물론
대체역심사위원회가 출범 첫해에는 이미 법원에서 무죄 판결을 받음으
로써 '자동 인용'의 대상이 되는 이들을 주로 다뤘기 때문에 생긴 현상이
기도 했다. 아울러 대부분의 대체역 편입 신청인이 여호와의증인 교단
의 신자들이었던 사실도 영향을 미쳤다. 대체역심사위원회 스스로도
"신청인의 대부분은 여호와의증인 신도로서……위원회는 양심 결정의
근거, 양심 결정의 실천, 그리고 대체역에 대한 이해 및 의지를 종합적으
로 고려하여, 여호와의증인 신도 대부분에 대해서는 거의 일치된 의견으
로 인용 결정을 했다"고 밝힌 바 있다.[15] 첫 1년 동안 대체역 편입 신청과
심사 현황·경과는 〈표 7-5〉와 〈표 7-6〉에 제시되어 있다.[16]

<표 7-5> 연도별·동기별·역종별 대체역 편입 신청 현황: 2020.6.30~2021.6.30 　　　　단위: 명

구분	동기별					역종별			
	종교적 신념		개인적 신념		소계	현역	보충역	예비역	소계
	무죄 확정	무죄 외	무죄 확정	무죄 외					
2020년	756	1,195	0	11	1,962	1,884	72	6	1,962
2021년	60	146	1	4	211	177	28	6	211
합계	816	1,341	1	15	2,173	2,061	100	12	2,173

* 약간의 수치 오류를 인용자가 바로잡았음.

<표 7-6> 신청 사유(동기)별 대체역 편입심사 현황: 2020.6.30~2021.6.30 　　　　단위: 명

구분	종교적 신념			개인적 신념			합계
	무죄 확정	무죄 외	소계	무죄 확정	무죄 외	소계	
인용(편입)	804	611	1,415	1	3	4	1,419
기각	0	1	1	0	0	0	1
각하	0	0	0	0	3	3	3
철회	7	21	28	0	1	1	29
심사 대기	8	705	713	0	8	8	721
합계	819	1,338	2,157	1	15	16	2,173

대체역심사위원회는 "결정 과정에서 위원들 간의 이견과 논쟁이 두드러졌던 사례들"을 '집중 논의 사례'로 제시하기도 했다. <표 7-7>에서 보듯이 일곱 유형의 쟁점 사례들이 소개되고 있는데 이 중 여섯 사례에서 인용 결정이 내려졌다.[17] 전체적으로 초기 대체역심사위원회는 대체역 신청자의 양심을 존중하는 방향에서 양심심사를 진행해왔다고 평가

사례(심사 결과)	논의 개요
예비군 대체역 신청인에 대한 심사(인용)	신청인은 복무를 마쳤고 예비군에 편성된 후 두 차례 훈련을 이수하였다. 하지만 과거 폭력에 대한 트라우마를 갖게 된 특별한 사건을 경험했고 그리스도교 신자로서 신앙생활과 독서를 통해 평화적 신념을 비교적 최근에 키우게 되었다. 이에 지금 자신의 신념과 상태로는 남은 예비군훈련을 군사훈련 방식으로는 이행할 수 없다고 판단하여, 예비군을 군사훈련이 아닌 대체역으로 수행하기 위해 대체역 편입을 신청한 사례이다.
비(非)여호와의증인으로서 평화주의 신념에 근거한 대체역 신청인에 대한 심사(인용)	이 건은 평화운동과 연결된 병역거부에 대한 신념 및 성소수자로서의 정체성과 관련된 병역제도의 차별성을 지적한 신청인을 다룬 것이다.
동물해방 신념에 기초한 대체역 신청인에 대한 심사(인용)	신청인은 동물도 고통과 감정을 느끼며 이 세상은 인간을 비롯한 여타 동물들도 같이 살아가는 곳이라는 세계관을 밝혔다. 동물도 고통과 감정을 느끼는 존재라고 여기기에 동물을 포함하여 고통받는 존재가 없기를 바란다는 신념에서 대체역을 신청한다고 밝힌 사례이다.
여호와의증인 신자이나 미침례 상태인 신청인에 대한 심사 (인용)	여호와의증인 신도로서 양심적 병역거부를 한 피고인의 병역법 위반 사건에 관한 대법원의 2018년 전원합의체 판결을 존중하여 침례 여부를 양심 결정과 실천의 주요 요소로 고려하는 의견과, 이에 반해 특정 종교의 침례 여부가 대체역 심사에 중요한 고려 요소가 되어서는 안된다는 의견이 팽팽했기에 심도 있게 논의한 사례이다.
디지털 성범죄와 관련된 신청인에 대한 심사(기각)	신청인은 종교에 기반한 평화주의 신념을 근거로 대체역을 신청했다. 하지만 신청인은 디지털 성범죄에 해당하는 행위로 형사재판 중이었고, 이 사실은 본인 스스로 위원회 심사 과정에서 인정했다. 위원회는 무죄추정 원칙에 따라 신청인과 관련해 진행 중인 재판의 판결을 예측·예단하지 않았다. 신청인이 현재 주장하고 있는 평화주의 신념에 부합되는가 여부를 중심으로 판단했다.

사례(심사 결과)	논의 개요
학교폭력과 관련된 신청인에 대한 심사(인용)	신청인은 고교 재학 시절 학교폭력으로 보호관찰 처분을 받은 바 있지만, '학교폭력'이라는 사건명만으로 그 맥락과 상황을 유추하거나 판단할 수는 없다. 위원회는 성인이 되기 이전인 고교 시절에 신청인이 연루된 학교폭력 사실에 대해 세심하게 질문하였고 이후 신청인이 살아온 삶의 궤적과 변화를 면밀하게 따져보았다.
병역법 위반 유죄 판결을 받은 신청인에 대한 심사(인용)	신청인은 병역법 위반(도망, 신체훼손)으로 유죄 판결을 받은 전력이 있다. 그런데 재판부는 유죄로 인해 이후 병역이 면제될 형을 부과한 것이 아니라 집행유예를 선고하여 병역을 이행하도록 하였다. 신청인이 불법을 저지르게 된 상황은 매우 특수하고 절박한 것이어서 위원회의 논의 과정도 순탄하지는 않았다. 결론은 신청인의 그 흠결이 '총을 들 수 없는 양심'을 부인할 사정과 직결된다고 볼 수 없고, 이미 벌을 받고 나서 병역의무를 이행하려 위원회에 대체역 복무를 신청했다는 점을 위주로 사건을 판단하였다.

할 수 있겠다.

기간을 2020년 6월 말부터 2023년 12월 말까지로 연장하여 대체역 편입 신청 및 심사 상황을 새로 정리한 결과가 〈표 7-8〉과 〈표 7-9〉이다. 3년 반 동안 모두 3,357명이 대체역 편입을 신청했고, 이 가운데 종교적 신념을 사유로 제시한 이들이 3,322명(99.0%)으로 대부분을 차지하고, 개인적 신념을 사유로 한 이들이 35명(1.0%)이었다. 또 3,357명 중 현역 대상 신청자가 3,091명, 보충역 신청자가 211명, 예비역 신청자가 55명이었다. 그리고 심사 결과는 전체 3,222명 가운데 인용(대체역 편입)이 3,139명으로 전체의 97.4%를 차지했다. 기각은 6명으로 전체의 0.2%에 불과했고, 이 가운데 종교적 신념에 근거한 신청자가 5명, 개인적 신념에 근거한 신청자가 1명이었다.

단위: 명

구분	동기별					역종별			
	종교적 신념		개인적 신념		소계	현역	보충역	예비역	소계
	무죄 확정	사실 조사자	무죄 확정	사실 조사자					
2020년	760	1,191	0	11	1,962	1,884	72	6	1,962
2021년	106	459	2	7	574	505	62	7	574
2022년	24	421	0	8	453	392	33	28	453
2023년	9	352	0	7	368	310	44	14	368
합계	899	2,423	2	33	3,357	3,091	211	55	3,357

* '무죄 확정자'는 "위원회가 지체 없이 인용 결정하는 사람"을, '사실 조사자'는 "위원회가 사실조사 및 심사를 거쳐 의결하는 사람"을 가리킴.

〈표 7-9〉 신청 사유(동기)별 대체역 편입심사 현황: 2020.6.30~2023.12.31[19]

단위: 명

구분	종교적 신념			개인적 신념			합계
	무죄 확정	사실 조사자	소계	무죄 확정	사실 조사자	소계	
인용(편입)	889	2,231	3,120	2	17	19	3,139
기각	0	5	5	0	1	1	6
각하	0	2	2	0	5	5	7
철회 등*	10	51	61	0	9	9	70
합계	899	2,289	3,188	2	32	34	3,222

* '철회 등'에는 신청자의 사망으로 심사가 중단된 두 사례가 포함되어 있음.

〈표 7-8〉에서 또 하나 주목되는 현상은 제도 시행 2년차인 2021년 이후 대체역 편입 신청자 숫자의 뚜렷한 감소이다. 2020년에는 불과 6개월 동안 신청자가 1,962명에 달했지만, 이듬해인 2021년에는 1년간 574명으로 줄어들었고, 2022년에는 453명, 2023년에는 다시 368명으로 큰 폭의 감소 추세를 이어간 것이다. 2022년 신청자 숫자는 2021년의 78.9%, 2023년 신청자 숫자는 2021년의 64.1%에 불과하다.

2. 한국형 대체복무제

정당 등 정치사회가 시민사회 여론을 수렴하여 입법부인 국회에서 법을 개정한 것이 아니라 사법부의 일회적인 판결에 의해 상황이 급반전되고 법 개정이 강제된 탓에, 판결 이후의 과정은 다시금 시민사회의 양분된 여론을 반영하는 방식으로 진행되었다. 그 결과 양심적 병역거부권에 대한 강력한 반대 여론이 법 개정과 대체복무제 설계 과정에도 고스란히 반영되었다. 국방부 산하로 운영되었던 '대체역 자문위원회'의 권고도 수용되지 않았다. 자문위원회 멤버이자 대체역심사위원회 초대 위원장을 역임한 진석용에 의하면, 자문위는 "기간은 현역보다 1년 더 복무하는, 현역 복무기간 대비 약 1.7배를 제안했다. 보건·복지, 사회보장 등 복무지에서 출·퇴근하는 방식을 제안했다." 그러나 이 제안은 "고통의 평등" 논리, 즉 "양심적 병역거부자는 현역병만큼 혹은 그 이상의 고통을 겪어야 하기에 합숙해야 한다는 논리"에 밀려났다.[20] 국가인권위원회의 2023년 4월 결정문에도 언급되어 있듯이, "현재의 대체복무제도는 대체복무제 도입에 대한 병역기피 풍조 방지 및 사회적 반발 여론을 감안하여 복무 강도를 통상의 현역병과 같거나 높게 하려는 데 주안점을 두고 설계됨으로써 합숙의 형태가 가능한 교정시설만을 대체복무 분야로 선정"했던 것이다.[21] 뿐만 아니라 여전히 갈라진 여론 때문에 대체복무제도 '시행 이후'에도 그 운용을 둘러싼 사회적 논란이 상당 기간 지속될 가능성이 높아졌다.

(1) 드러나는 문제들

많은 이들이 우려한 대로 '한국형 대체복무제'는 보복적이라거나 징벌적이라는 평가를 받을 만큼 엄격하게 설계되었다. 이 제도의 핵심 골격은 "36개월 교정시설 합숙 근무"로 압축된다. 이 제도는 ① 세계 최고 수준의 복무기간, ② (비록 죄인 신분은 아닐지라도 '가둬 둔다'는 이미지가 강한) 교도소로 한정된 복무기관 내지 복무 장소, ③ 대체복무자 심사기관이 군대의 직접적인 영향권에 있는 정부 부처에 소속된 점, ④ 긴 복무기간과 강한 일상생활 통제의 결합(출퇴근이 아닌 합숙이라는 근무 형태), ⑤ 양심심사에서 대체복무 신청자에게 서면에 의한 소명 자료를 제출하도록 함으로써 양심적 병역거부 사유에 대한 입증책임을 신청자에게 전가하는 점 등의 여러 문제들을 노정하고 있다.[22]

예상대로 한국형 대체복무제도에 대한 국제인권사회의 평가도 하나같이 부정적이었다. 국가인권위원회 결정문의 일부인 다음 인용문은 유엔인권이사회UNHRC, 유엔최고인권대표사무소 특별조사관, 미국 국무부 산하 국제종교자유위원회의 비판적인 평가와 권고를 담고 있다. 특히 국제종교자유위원회는 한국의 대체복무제에 대해 "대체형벌"이라고까지 언급했다. 유엔자유권규약위원회는 2023년 1월에도 한국 정부에 대체복무제도 개선 권고를 한 바 있다.[23]

유엔인권이사회는 대한민국에 대한 제3차 국가별 정례인권검토UPR

실무그룹의 권고에서 비형벌적 대체복무제 도입과 군복무에 상당하는 기간, 공익적 병역거부 사유와 양립할 수 있는 다양한 형태의 대체복무를 제공할 것을 권고한 바 있다. 또한, 유엔최고인권대표사무소OHCHR의 특별조사관은 2019.11.28자 특별보고서에서 대한민국의 대체역법 초안과 관련하여 "(대체복무를 병역보다 긴 36개월로 제안하는 것은) 이러한 구분에 대한 객관적인 정당성은 없어 보인다. 자유권규약에 부합하려면 신념에 따른 불평등한 대우는 객관적인 근거가 있어야 하고, 필요성이 있어야 하며 균형 잡혀야 한다. 그러나 정당성을 제시하지 못하는 것은 자유권규약 제26조에 위반될 뿐만 아니라 징벌적이라고 여겨진다"고 한 바 있고(Special Rapporteur on Freedom of Religion or Belief, OL KOR 4/2019), 미국 국무부 국제종교자유위원회는 2020.11 보고서("Issue Update: The Global Persecution of Jehovah's Witnesses")에서 한국의 대체복무제와 관련하여 대체형벌에 해당할 수 있다는 점을 지적하였다.[24]

황일호는 현행 대체복무제도는 병역기피 방지에 주안점을 둠으로써, 헌법재판소와 대법원의 판결이 요구하는 "현역 복무와 대체복무의 등가성", 대체복무제도를 통해 달성하고자 하는 "헌법상 양심의 자유와 국방의 의무 이행의 조화" 그리고 "병역의무의 대체라는 공익성과 양심의 자유라는 사익성 사이의 균형"을 오히려 훼손하는, "중복적 가중적 규제", "지나친 다중 규제", "과잉 입법"에 해당한다고 주장했다. 그는 특히 양심심사, 복무기간, 복무기관·임무에서 두드러지는 "3중의 중복적 규제"를 강조했다. 요컨대, 현행 대체복무제도는 "첫째, 양심심사에서 대체복무 신청자에게 서면에 의한 소명 자료를 제출하도록 하고 있고, 사실상 입증책임을 신청자에게 전가하여 집총거부를 교리로 하는 종교 신자 이외에는 그 소명이 어렵게 하고 있고, 둘째, 대체복무 기간을 현역 육군의 복무기간 18개월에 비하여 현저히 긴 36개월을 규정하여 병역의무 기피에 대한 응보적 성격을 분명하게 나타내고 있고, 셋째, 대체복무 기관을 교정기관 등으로 한정하고 합숙을 요구하여 군복무에 상응하는 복무 형태를 요구하고 있다"는 것이다.[25] 또 현행법상으로는 현역으로 복무하는 도중에 양심적 병역거부를 선택하는 군인들에게 비전투 부대·임무로의 재배치나 제대를 허용하는 등의 구제책이 허용되지 않는 것도 문제라고 하겠다.

「한겨레」의 하어영 기자는 재소자-민간인-군인 사이에 낀 대체복무자의 모호한 정체성과 위치를 "복무와 수감 사이…'다나까'는 없고 부동자세는 있고", "센터는 교도소 안이자 수용시설 밖", 그리고 "점호 아닌 점검, 부동자세는 군대처럼" 등으로 압축했다.[26] 합숙과 부동자세와 제복 착용은 군인을 연상시키고, 24시간 교정시설 안에 머물면서 이전에는 수형자들이 하던 업무를 대체복무자가 담당한다는 점에서는 재소자를 연상시키는 것이다. 다만 「오마이뉴스」 2024년 11월 29일자 기고문에서 '지훈'이 밝혔듯이, 2023~2024년에 걸쳐 법무부 교정본부는 재소자들이 담당해오던 일(구매, 세탁, 청소)을 줄여 '보안과 지원' 등 다른 일로 재배치하는 대체복무자 업무 재편을 꾀했다고 한다. 황일호가 말하는 "군복무에 상응하는 복무 형태"는 국방부와 병무청이 대체복무제도 설계와 운영을 주도할 때부터 이미 예상되었던 일이었다.

사실 교정시설 합숙 강요에 내포된 보다 중요한 함의는 양심적 병역거부자의 "사회적 비가시화"일 수 있다. 형사·법무정책연구원 연구위원인 강태경은 교정시설 밖으로의 복무기관 확대가 어려운 이유로 '제도에 의한 거부자 비가시화'를 언급했다: "병역 거부자를 불편해하는 사회 분위기가 걸림돌이다.……제도적으로 대체복무자들을 '비가시화'시키는 것 같다. 사회가 이들이 불편한 거다."[27] 반전사상과 페미니즘으로 양심적 병역거부권을 인정받아 교정시설에서 대체복무 중인 정시우는 '시민과의 접점 차단'을 거론했다: "시민과의 접점을 아예 차단한다. 사회적으로 의미 있는 곳은 교도소 이외에도 많다. 재난 현장, 돌봄 시설 등 손길이 필요한 곳에서 일하며 시민들과 접점이 늘어나면 좋겠다."[28] 2001년 공론화 이전에는 양심적 병역거부자의 비가시화가 "시민사회의 무관심", 특히 언론·시민운동·종교인의 무관심 때문이었다면, 2020년 대체복무제 도입 이후의 거부자 비가시화는 "국가권력에 의한 사회적 시선의 인위적 차단" 때문에 빚어진 현상이라고 말할 수 있을 것이다.

이 밖에도, 두 단계로 구성되어 있는 양심심사 절차 자체가 지나치게 까다롭다는 점, 대체역심사위원회의 인용 결정에 따라 대체역으로 편입된 때부터 소집일, 즉 실제 대체복무 개시 때까지의 "대기 기간"이 지나치게 길다는 점도 큰 문제로 지적되고 있다. 긴 대기 기간 문제는 교도소만으로 복무 장소를 한정한 것, 그리고 합숙을 강제하는 점에서 비롯되고 있다. '교도소 합숙시설'의 태부족 때문에 대기 기간 장기화라는 예기치 못한 문제가 발생하고 있는 것이다. 이 문제는 생각보다 매우 심각해 보인다. 다음은 2022년 8월 보도된 「중앙일보」의 "징벌인가 공정인가: 대체복무 심층리포트" 기사의 일부, 그리고 양심적 병역거부자의 아버지인 정재영의 2023년 7월 「한겨레」 기고문의 일부이다.

> 대체역 편입이라는 산을 넘은 뒤에는 36개월 복무 시작에 앞서 현역병보다 긴 복무 대기 기간을 견뎌야 한다. 제도 초기 대기자가 많고 합숙 시설이 부족해 적체 현상이 계속되고 있기 때문이다. 지난 (2022년—인용자) 5월 말 기준(병무청) 대체역 편입 인원 2,271명 중 1,407명이 복무 대기자다. 이 중 28세 이상은 404명이다. 학원 강사 송민(27) 씨는 지난 6월 병무청으로부터 소집에서 탈락했다는 메시지를 받고 한숨을 쉬었다. 지난해 하반기, 올해 상반기 소집에 이어 하반기 소집에서도 탈락해 총 3번의 고배를 마신 것. 3년 복무에 앞서 대기 기간이 이렇게 길어질 줄 몰랐다고 한다. 송씨는 "복무를 마치면 30대 초반이다. 경제학

·국제통상학을 전공했지만 적지 않은 나이와 3년의 경력 공백으로 강
사 이외 안정적 직업을 가질 수 있을지 모르겠다"……그에 따르면 하
반기 지원의 경우 올해 7·10·11월 입소자 106명 정도를 뽑았는데 지원
인원은 600명가량 됐다고 한다. 그가 마지막으로 확인한 경쟁률은
5.9:1이었다.……박수혁(28) 씨도 "대체역 편입 통보를 받은 뒤 1년 반
정도 기다린 뒤 소집됐다"고 말했다. 아내와 함께 입소식에 참석한 박
씨는 "사회에서 타일공으로 일했는데 입소 대기 기간 좋은 일자리 제
안을 거절한 적도 많다"면서 "앞으로의 경력단절이 걱정된다"고 덧붙
였다.[29]

대체역 신청 및 처리 현황을 보면, (2023년—인용자) 5월 말 현재 복무 인
원은 1,138명이고 대기자는 1,652명으로 예산 부족으로 인한 복무시설
확충이 지지부진해서 2년 내지 3년을 기다려야 한다. 이들은 복무 개시
지연으로 인해 결혼까지 보류하고 있다. '인용 후 포기'인 철회는 63명
으로 늘어가는 추세다. 복무시설을 늘리고 복무기간을 줄이지 않으면
대체역 포기는 더 늘어날 수밖에 없다.[30]

이 인용문만 보더라도 2022년 5월 말 현재 1,407명이던 복무 대기자
숫자는 1년 후인 2023년 5월 말에는 1,652명으로 증가했다. 인용한 「중
앙일보」 기사에서 병무청 관계자는 2024년부터는 "소집 지연" 문제가 점
차 해결될 것이라 공언했지만, 정재영의 글에서 보듯 "예산 부족으로 인
해 복무시설 확충이 지지부진한" 상태였다. "대체역 편입 후 포기"(철회)
를 선택하는 이들도 늘어나고 있다. 2021년 이후 대체역 편입 신청자의
뚜렷한 감소 현상도 대기 기간 장기화 문제가 얼마나 심각한가를 입증하
는 증거가 아닐까? 이런 충격적인 통계를 접하면서, 필자는 정말 이런 사
태를 예견하지 못했을까, 이야말로 애초 '제도 실패'를 예정하거나 작정

한 제도, "실패를 목표로 탄생한 제도"가 아닌가 하는 의문마저 들었다. 36개월 복무기간만 해도 충분히 긴 시간인데 여기에 대기 기간까지 추가되면서 양심적 병역거부자 개개인은 병역 문제를 해결하는 데에만 4~5년을 허비하게 되고, 그로 인한 경력단절과 고용불안까지 떠안게 되었다. 교도소 합숙이라는 복무 형태가 양심적 병역거부자들을 대체복무제도 바깥으로 밀어내는 거대한 구조적 장벽으로 기능하고 있음은 분명해 보인다. 2024년 11~12월 "대체복무 표류기"라는 타이틀로 「오마이뉴스」에 6회 연재된 기획물에서 시우(정시우)와 장길완 등이 이구동성으로 지적했듯이, 현행 대체복무제는 '정치적 병역거부자들'조차 선택하기를 꺼릴 지경이 되었다. 2007~2008년에 준비 중이던 대체복무제도가 정권교체로 인해 공중분해된 것이 '제도의 외파外破'에 해당한다면, 대체복무 신청 자체를 과도하게 억제하고 제도의 정상적 작동을 어렵게 만드는 2021년 이후의 상황은 '제도의 내파內破' 위기에 해당한다고 하겠다.

　대체복무제가 도입되던 2018~2019년 당시 재판 과정을 거쳤던 이들이 2020년(760명)과 2021년(108명) 한꺼번에 몰린 탓으로 2021~2022년에 신청자 숫자가 크게 감소한 현상은 어쩌면 자연스런 일이었다. 또 대체역심사위원회와 국가인권위원회의 대체복무제 개선을 위한 제안과 권고가 잇따랐던 2023년의 신청자 수 감소는 복무기간 단축 등 제도 개선에 대한 기대감 탓일 수도 있다. 여하튼 교정시설 합숙 고수야말로 한국의 대체복무제를 예외적이고 기형적인 제도로 만든 핵심 요인인 것 같다. "교정시설 합숙 복무에 대한 국방부의 고집"(박문언 한국국방연구원 연구실장), "합숙을 위한 합숙" 정책(황민욱 천안교도소 복무관리팀장)[31]이 초래한 치명적이고 자해적인 결과는 사실 복무 분야·장소, 복무 방식·형태를 약간 개선하는 것만으로도 당장 해결할 수 있는 문제이다.

　대체역심사위원회의 '탈脫군대화' 문제와 함께 이 기관의 '독립성' 문제도 제기될 수 있다. 대체역심사위원회의 독립성을 규정한 내용, 즉 4조

3항의 "위원회는 그 권한에 속하는 업무를 독립하여 수행한다"는 내용이 대체역법에 포함되어 있기는 하다. 그러나 대체역법의 '소관 부처'가 '국방부와 병무청'으로 법에 명시되어 있을 뿐 아니라, 대체역심사위원회도 "병무청장 소속"이다. 전체 심사위원 29명 중 10명을 국방부 장관과 병무청장이 추천하게 되어 있고, 국회 국방위원회 추천 위원(4명)도 군 출신자가 될 가능성이 높다. 전체 위원 중 34.5%가 국방부 장관과 병무청장 추천이고, 국회 국방위원회 추천 위원까지 합치면 48.3%로 거의 절반에 가깝다. 위원 수가 13명으로 축소된 2023년 5월 이후에는 국방부 장관과 병무청장 추천 위원(5명)의 비율이 38.5%로 외려 증가하며, 국회 국방위원회 추천 위원(2명)까지 포함하면 과반(53.8%)에 이른다. 이런 점들을 감안하면 현재의 대체역심사위원회는 군軍의 보수적 영향력을 차단하기에 충분치 못하다. 독립성 부족으로 인한 문제는 군의 과도한 영향력뿐 아니라 정치 상황 변동에의 취약성, 즉 위원회가 정치지형 변동이나 정치 상황의 변동에 휘둘릴 가능성으로도 나타날 수 있다. 이 경우 위원회가 보수-진보 성향 위원들 간 이념투쟁의 장場이 되거나, 정통-이단 논쟁이 횡행하는 종교투쟁의 장이 될 우려도 있다.

양심심사에서 입증책임을 대체복무 신청자에게 전가하는 문제에 대해 앞서 언급했지만, 이 문제는 '종교적' 거부자에 비해 '비종교적' 거부자의 양심적 병역거부권 획득을 어렵게 만듦으로써 부당한 차별대우와 또 다른 양심 침해로 이어지는 예기치 못한 결과를 낳을 수 있다. 황일호가 이 문제를 강하게 제기했다.

대법원 판결과 헌법재판소 결정에 기초하여 양심심사를 한다면 대체복무 신청자가 양심적 병역거부라는 점에 대한 소명 의무를 부담하고 그 소명은 대체로 서면으로 이루어져야 할 것이다. 집총거부를 교리로 하는 특정 종교에 가입하여 활동한다면 서면에 의한 소명이 쉽게 이루어질 것이나, 종교적 동기가 아니라 윤리적·철학적 또는 그와 유사한 동기로 형성된 양심임을 서면에 의하여 소명하라는 것은 쉽지 않은 일이고, 따라서 종교적 동기 이외의 동기에 의한 양심을 근거로 한 대체복무 신청은 거의 인정되기 어려운 결과가 예상된다. 더구나 대체복무 신청자에게 서면에 의한 소명 자료를 요구하고 그 소명이 미흡하여 바로 대체복무 신청을 기각한다면, 이는 양심적 병역거부 사유에 대한 입증책임을 국가가 지도록 하는 대법원 판례와는 달리 사실상 입증책임을 대체복무 신청자에게 전가한 결과와 다름없을 것이다.[32]

앞에서 살펴본 것처럼 대체역심사위원회의 양심심사가 서류 심사에만 의존하는 것은 아니며 대면조사를 비롯하여 비교적 다양한 방식의 심사 수단들이 활용되고 있다. 그럼에도 불구하고 "양심적 병역거부 사유에 대한 입증책임"을 국가가 져야 할 것인지, 대체복무 신청자가 져야 할 것인지의 쟁점이 완전히 해소된 상태라고 보기는 어려울 듯하다. 이용석의 주장처럼 헌법재판소의 2018년 결정 이후 국가로부터 '양심의 진실성' 여부를 끊임없이 의심받는, "가짜 양심 아니냐"는 공격적 프레임과 담론적 실천은 오히려 더 활성화되고 제도화되었다.

헌법재판소의 결정 이후, 다시 말해 병역거부가 더 이상 불법이 아니고 병역거부자가 감옥에 가지 않고 대체복무를 할 수 있게 되면서부터 '가짜 양심'이라는 말이 등장했다.……차라리 병역거부를 선언하고 바로 구속되었다면 적어도 양심이 가짜라는 의심은 받지 않았을 텐데, 더 이상 병역거부가 불법이 아니게 된 상황에서는 이들의 양심이 판사에 의해 가짜로 판단될 수 있었다.……대체복무제 도입 이후 입영통지서를 받고 병역을 거부하는 사람들은 이제 재판 대신 대체역심사위원회를 통해 양심이 진실한지 아닌지를 심사받는다. 대체역심사위원회의

심사 과정은 재판 과정보다는 부드럽게 진행되지만, 그것과 별개로 양심이 가짜인지 아닌지를 의심받는 건 똑같다. 군복무 기간보다 2배나 긴 대체복무를 대체 누가 양심을 들먹이며 선택하겠느냐고 항변해 봐도 소용없다. 결국 병역거부자는 전과자가 되지 않을 '기회'를 부여받는 대신 끊임없이 자신의 양심을 의심받는 상황이 된 것이다.……다른 한편으로는 개인의 사상, 신념, 정체성을 국가나 사회가 심사하고 재단하고 판단하는 것에 대한 문제의식이 없기 때문이기도 하다.……존재 자체가 증거인 사람을 앞에 두고 국가와 사회는 증거를 요구한다.……존재론적 사유인 평화주의 양심을 이유로 병역을 거부하는 병역거부자에게 양심의 증거를 내놓으라 한다.……입증책임을 오롯이 개인에게 부과한 채, 국가와 사회는 색안경을 끼고 '어디 네가 가짜가 아니라는 걸 증명해 봐'라는 태도로 심사에 임한다.[33]

'양심의 진정성'을 판단하는 잣대로 대법원과 검찰이 제시한 기준들 그리고 이를 활용한 대체역심사위원회의 "대체역 편입심사 고려 요소"가 '종교적 거부자' 위주로 되어 있어서 심사 과정에서 '비종교적 거부자'에게 차별적인 불이익이 발생할 가능성이 있다. 다시 황일호에 의하면, 현재의 양심 판단 기준과 절차는 "실제 양심심사에서 병역거부를 교리로 하는 특정 종파 신자들 이외의 양심적 병역거부자를 인정하기를 매우 어렵게 하고 있다."[34] 양심의 자유를 보장하기 위해 설립된 기관이 양심의 자유를 일상적·조직적으로 침해하는 역설적 사태가 발생할 수도 있다는 것이다.

현행 대체복무제의 문제점들과 연관된 파생적 쟁점들도 간혹 나타나고 있다. 우선, 양심적 병역거부자들은 '민간 주도성'이 보장되지 않는, 여전히 '군대 및 관련 기관의 주도성' 아래 있다는 이유로 현행 대체복무제마저 거부할 가능성이 있다. 이에 정확하게 부합하는 사례는 아닐지라도, 대체복무의 일종인 '사회복무'도 거부한 여호와의증인 신자가 있었고, 이 사안에 대한 대법원의 판결도 엇갈렸다. 이 여호와의증인 신자는 "국방부 산하 병무청장이 사회요원의 복무를 직접적·구체적으로 지휘·감독하기 때문에 병역을 거부할 이유가 있다"거나, "국방부 산하 병무청장 관할의 사회복무요원 신분으로 복무한다는 것이 군과 무관하다고 보기 어려워 양심적으로 용납이 안된다"는 주장을 내세웠다.[35] 그는 '병무청장 관할'만 아니라면, 즉 민간 관리가 보장된다면 대체복무(사회복무) 의사가 있음을 밝혔다. 요컨대 그는 대체복무제 자체를 거부하는 '절대적인 양심적 거부'를 내세웠던 것이 아니라, 군대의 영향력이 강하게 미치는 특정 형태·방식의 대체복무제에 대해서만 거부했던 것이다. 그 사건 이전에도 또 다른 여호와의증인 신자가 "2015년 2월 육군훈련소로 소집하라는 사회복무요원 소집 통지서를 받고도 불응했다는 이유로 기소"된 바 있고, 그는 "정당한 사유 없이 입영이나 소집에 응하지 않은 경우 처벌하도록 한 병역법 조항에 따라 재판에 넘겨졌다."[36] 정시우의 「오마이뉴스」 2024년 11월 22일자 기고문에서 확인할 수 있듯이, 2024년 2월에도 "양심과 신념을 이유로 대체역을 거부한 이에게 징역 1년 6개월이 선고됐다." 이런 갈등은 대체복무제 운영 주체의 변경이나 사회복무요원 소집 주체·장소 변경 등을 통해 얼마든지 해결할 수 있는 문제라고 할 수 있다.

앞서 언급했듯이, 한국의 대체복무제는 '병역의 종류'를 규정하는 병역법 조항에서 종전의 현역·보충역·예비역에 '대체역'을 추가하여, 대체복무를 '병역거부'가 아닌 '병역의 한 종류'를 이행하는 것으로 간주했다. 이런 접근은 양심적 병역거부에 대한 부정적 여론을 감안한 한국식 타협책이었겠지만, '군대와의 분리' 및 '민간 주도 관리·운영' 원칙이라는, 국제법적으로 정립된 대체복무 기준과는 거리가 있는 것이었다. 이 문제가 단기에 개선될 것 같지도 않다. 2021년 6월 18일 열린 대체역심사위원회의 '2021년 제16차 전원회의'에서 2020년 12월에 구성된 '제도 개선 분과'가 '최종 활동결과'를 보고하면서 이 문제를 검토한 바 있다. 그러나 결론은 이를 '중·장기 과제'로 미루는 것이었다. 다시 말해 "대체 역을 병역법에서 분리하여 병역의 대체제도로 전환"하는 쟁점에 대해, "우리나라 현실을 고려할 때 대체역을 병역법과 분리하는 것은 어려울 것으로 보이고 시기상조"라는 것이 대체역심사위원회 제도개선 분과의 최종적인 판단이었다. 이 판단은 전원회의에 의해 수용되었다.[37]

(2) 제도개선의 시도들

2023년 4월 국가인권위원회 군인권보호위원회는 2021~2022년에 걸쳐 현행 대체복무제 개선에 관해 51명이 제기한 8건의 진정을 검토한 후 (〈표 7-10〉 참조),[38] 국방부 장관에게는 "대체복무 요원의 합숙 복무기간인 36개월을 '대체역의 편입 및 복무 등에 관한 법률'(대체역법) 제19조에 따라 6개월의 범위에서 그 기간을 조정할 것과 교정시설 외 대체복무 기관을 마련할 것"을, 법무부 장관에게는 "교정시설에 복무하는 대체복무 요원들의 적성 및 자격 등을 고려한 업무 부여가 실시될 수 있도록 관련 지침을 마련할 것"을 각각 권고했다.

국가인권위원회의 2023년 4월 결정문은 대체복무 '기간'과 관련해 변화된 상황을 지적하고 있어 주목할 만하다. 국방부는 병역법에 규정된 육군 현역병 복무기간(24개월)의 1.5배인 36개월을 대체복무 요원의 복무기간으로 설정한 것이므로, 한국의 현행 대체복무제도가 (현역병 복무기간의 1.5배로 수렴되는) 국제인권기준에 위배되지 않는다는 의견을 밝혀왔다. 그러나 이 견해는 두 측면에서 강력한 반론에 직면하기 쉽다.

첫째, 한국의 현역병 복무기간이 유럽 각국의 그것에 비해 원래부터 상당히 긴 편이었기 때문에, 1.5배라는 기준을 기계적으로 적용하더라도

〈표 7-10〉 대체복무제 관련 국가인권위원회 진정의 주요 내용

구분	주요 내용
가. 복무기간 관련	대체복무 요원은 대체역법 18조와 21조에 따라 어떠한 개인의 사정에 대한 고려도 없이 36개월간 합숙 복무를 해야 한다. 육군 현역병 복무기간의 2배에 달하는 복무기간은 합리적이고 형평성 있는 복무기간으로 재설정되어야 한다. 또한, 신체등급 4급 판정을 받아 사회복무요원 소집 대상인 자들에 대해서도 일률적으로 36개월의 합숙 복무를 강요하는 것은 부당하다.
나. 복무기관 관련	모든 대체복무 요원들이 예외 없이 교정시설에서 합숙을 하며 기존 수형자가 하던 업무를 36개월간 수행하는 것은 부당하다.
다. 처우 관련	대체복무 요원들은 교도소 시설 내에서 군인에 준하는 엄격한 자유의 제한을 받고 있다. 대체복무 요원들은 휴가(정원의 20%) 및 외출(정원의 50%)의 과도한 제한을 받는 등 이동이 제한되며, 일상생활에 필수적인 전자기기 사용에 제한을 받고 있다. 또한 대체복무 요원 중에는 배우자와 자녀가 있는 경우가 있는데 이러한 사정은 고려되지 않은 채 복무지가 배정되고 있으며, 대체복무 요원들의 자기 차량 운행도 제한되고 있고, 업무시간 외 자유시간에도 제복 착용을 강제당하는 등 부당한 처우를 받고 있다.

한국에서의 대체복무 기간이 유럽에 비해 1년 이상 길어지게 된다는 것이다. 황일호의 말대로, "유럽 여러 나라의 현역 복무기간이 대체로 1년 미만인 경우가 대부분인데, 그 전제를 고려하지 않고 단순히 유럽 여러 나라의 기준 중 현역병의 1.5배 내지 2배인 사실만 한국 현역병 기간에 대입하여 산술적으로 계산한 36개월을 대체복무 기간으로 규정한 점이다. 그 결과 유럽 여러 나라에서의 대체복무 기간이 18개월에서 24개월인데도, 현행 대체복무 기간 36개월은 징벌적(처벌적) 성격을 가미한 과도한 기간으로 보인다."[39]

둘째, 국방부는 대체복무제도 도입 과정 및 그 직후에도 현역병의 복

무기간을 점진적으로 단축해왔다. 이에 따라 2021년 12월 전역자부터는 육군 현역병의 복무기간이 18개월(해군 20개월, 공군 21개월)로 줄어들었다. 병역법 상의 육군 현역병 복무기간인 24개월을 기준으로 하면 대체복무 기간이 1.5배가 되지만, 2021년 말부터 적용된 18개월을 기준으로 삼으면 대체복무 기간이 정확히 2배가 되는 것이다. 현역병 복무기간에 비교한 대체복무 기간이 실제로는 2배인데도 (이미 현실성을 상실한 법 조문을 들어) 1.5배라고 강변하는 셈인 것이다. 따라서 국가인권위원회의 다음과 같은 권고를 경청할 필요가 있어 보인다.

> 대체복무 요원들은 사실상 육군 현역병의 실제 복무기간인 18개월의 2배에 해당하는 36개월을 복무하게 되는 것이므로, 현재의 대체복무 기간이 국제인권기준에 반하지 않는다는 지금까지와의 항변과는 달리 국가가 대체복무제를 시행하면서 국제인권기준에 반하는 복무기간을 적용하는 셈이 된다. 이는 우리 사회가 과거 양심적 병역거부자에 대한 형사처벌로 인해 국제사회의 비판과 대체복무제도 마련에 관한 권고를 지속적으로 받아오다가, 사회적 합의 및 입법적 결단을 통해 대체복무제를 제정하여 과거의 오명을 이제 막 벗어난 상황에서 또다시 양심적 병역 거부자에 대한 징벌적 처우를 하는 국가로 국제사회에 인식될 우려가 상당하다. 더불어 대체복무제도 시행 초기 병역기피 수단으로 악용되지 않도록 해야 한다는 사회적 여론을 반영하여 입법 과정에서 다소 엄격하게 적용되었던 '복무기간'은 제도가 시행된 지 2년이 경과한 현시점에 대체복무제도가 병역기피의 수단으로 악용되는 징후를 보이는 공식적 통계나 현황이 확인되지 않는다는 점에서 법률 적용의 적극적인 재검토가 필요하다고 사료된다. 따라서, 현역병의 실제 복무기간이 법률상 기간에 비해 단축되었음에도, 국방부가 대체복무 요원에 대한 복무기간 조정에 대해서 아무런 조치를 취하지 않는 것은,

동일하게 헌법상 병역의무를 수행하는 대체복무 요원들을 차별적으로 대우하는 것이라고 할 것인바, 이는 헌법상 보장된 대체복무 요원들의 평등권을 침해하는 것이다.[40]

국가인권위원회는 복무기관을 교정시설로 한정하여 예외 없이 합숙 형태의 복무를 하도록 강제한 것, 다시 말해 '병역기피 풍조 방지'나 '사회적 반발 여론'을 고려하여 '고강도 복무'만을 요구하는 것은 "개인의 양심적 신념의 진정성을 시험하는 수단으로 작용할 수 있다"고 우려한다. 제도의 작동 양식이 제도의 존재이유를 체계적으로 배반하는 것, 즉 양심·종교의 자유를 보장하려 대체복무제도가 도입되었음에도 불구하고 "업무가 과도하여 대체복무 선택을 기피하게 함으로써 양심의 자유와 종교의 자유를 침해하는" 모순적인 사태가 발생하는 것이다.[41]

2023년 6월 말에는 대체역심사위원회가 마련한 대체복무 개선방안이 같은 해 4월 말 병무청에 전달되었다는 사실이 보도되었다. 그 핵심은 복무기간 단축, 예외적인 출퇴근 허용, 복무 분야 확대 등 세 가지였는데, 대체복무 기간을 9개월 단축하여 현역병 복무기간의 1.5배인 27개월로 조정한다는 것이 특히 눈길을 끄는 대목이다. 당시 성안된 대체역심사위원회의 제도 개선방안을 요약하면 〈표 7-11〉과 같다.

대체역심사위원회는 2024년에 발간한 『3차 연간보고서』에서 이런 개선안을 마련하게 된 연유를 상세히 밝힌 바 있다.

제6차 전원회의(2023년 3월 31일—인용자)에서 복무기간 개선안에 대해 추가로 논의하여 최종 대체역 제도개선안을 다음과 같이 확정하였고, 관계 기관에 제도개선을 제안하였다. 이를 통해 병무 정책의 공정성을 제고하고 대체복무 요원의 권익이 향상될 수 있을 것으로 기대된다.

<표 7-11> 대체역심사위원회의 대체역 제도개선안(2023년 3월)

분야	현행 제도	개선안
복무기간	36개월 복무	• 현역병 입영 대상자: 27개월 복무 (육군 현역병 복무기간의 1.5배) • 사회복무요원 소집 대상자: 21개월 복무 (사회복무요원 복무기간과 동일)
복무 형태	합숙 복무	• 합숙 복무 원칙 • 예외적으로 출퇴근 복무 가능 – 합숙시설이 없는 경우 – 자녀를 양육하는 경우 – 질병 또는 심신장애 등으로 합숙이 어려운 경우 – 그밖에 업무 특성상 합숙이 곤란한 경우 등 소관 중앙행정기관의 장이 출퇴근 복무가 필요하다고 인정하는 경우
복무기관	교정시설(교도소, 구치소 및 그 지소)	교정시설 외에 소방서, 119안전센터 추가
대체 업무	급식, 물품, 보건위생, 교정·교화, 시설관리에 관한 업무 보조 등	복무기관 확대에 따라 '재난 및 안전관리 관련 현장 업무 보조' 업무 추가

* 출처: 대체역심사위원회, 『제3차 대체역심사위원회 연간보고서』, 24쪽.

▶ 복무기간 개선방안

현행 대체역 제도에 따르면 대체복무 요원은 36개월 동안 복무하여야 하는데, △ 제4차 국가별 정례인권검토(Universal Periodic Review: UPR) 실무그룹 보고서에서 양심적 병역거부자가 비징벌적 대체복무를 할 수 있도록 하고 합리적·객관적 기준에 근거하여 현역 군복무 기간에 상응하는 기간 동안 대체복무할 수 있도록 하는 등 법률 및 관행 개선을 권고한 점, △ 2022년 '대체역 제도 발전방안' 정책연구용역 결과 단계적인 복무기간 단축을 제언한 점, △ 대체역 편입 신청인의 경우 복무기간을 단축하더라도 군의 병력수급계획에 지장을 초래할 가능성이 낮은 점 등을 종합적으로 고려하면 현행 대체역 제도의 개선이 필요하다고 보았다. 위원회는 현역병 입영대상에서 대체역으로 편입된 사람은 현역병 복무와의 업무 성격·난이도 차이와 국민적 공감대 등을 종합적으로 고려할 때 복무기간을 27개월로 제안하고, 사회복무요원 소집 대상인 보충역에서 편입된 사람은 사회복무요원과의 형평성, 업무 성격, 난이도, 유사성 등을 감안하여 21개월의 복무기간을 제안하기로 하였다.

▶ 복무 형태 개선방안

대체복무 요원은 현재 일괄 합숙하여 복무하는데, 이로 인해 대체복무기관인 교정시설에 합숙이 가능한 시설을 마련하기까지 상당한 시간이 필요하고, 대체역으로 편입되었음에도 대체복무 요원으로 소집되기까지 장기간 대기하여야 하는 애로사항이 발생하고 있어 시급한 개선이 필요하다고 보았다. 현역병의 경우 군부대 복무를 원칙으로 하면서도 출퇴근 복무 제도를 병행하고 있고, 일정한 경우 출퇴근 복무를 원칙으로 하는 상근예비역 제도도 운영하고 있으며, 2022년 '대체역 제도 발전방안' 정책연구용역 결과 출퇴근 복무 원칙으로 점진적인 개선이 필요하다고 제안하는 등 대체복무 요원의 경우에도 합숙 복무를 원칙으로 하되 예외적으로 자녀 양육, 질병·심신장애 등의 사유가 있으면 출퇴근 복무를 할 수 있도록 개선안을 제안하기로 하였다.

▶ 복무기관·분야 개선방안

대체복무 요원은 현재 교정시설에서 급식, 물품, 보건위생, 시설관리 보조 등의 업무를 수행하는데, △ 제4차 국가별 정례인권검토UPR 실무그룹 보고서에서 국가에 기여할 수 있는 각자의 재능과 기술의 범위를 고려하여 다양한 대체복무 선택지를 제공할 것을 권고한 점, △ 2022

사회복무요원 표지장

년 '대체역 제도 발전방안' 정책연구용역의 여론조사 결과 다수가 대체복무 요원이 교정시설 외에 다양한 기관·분야에서 복무하도록 하는데에 찬성한 점, △ 교정시설로 복무기관이 한정되어 있어 대체역으로 편입된 사람들이 대체복무 요원으로 소집되기까지 장기간이 소요되는 점 등 제도개선의 필요성이 있다고 보았다. 위원회는 이미 의무소방대원을 위한 합숙시설이 갖춰져 있으나, 의무소방대 폐지로 인해 인력이 필요한 점 등을 감안하여 소방서, 119안전센터 등으로 복무기관을 확대하고 그에 부수되는 재난 및 안전관리 현장 업무 보조 등으로 복무 분야를 확대하는 개선방안을 제안하였다.[42]

그러나 이에 관한 「경향신문」 기사에 의하면 개선방안을 전달받은 병무청은 부정적이거나 신중한 반응을 보였다고 한다. "향후 헌법소원 사건에 대한 헌법재판소의 결정 방향과 국민 정서 등을 고려해 제도개선 여부를 신중히 검토할 예정"이라는 것인데, 2023년 6월 말 현재 "현행 대체복무제도가 기본권을 침해해 위헌이라는 취지의 헌법소원 100여 건이 헌재에 계류 중"이었다.[43]

3. 현역군인과 예비군의 양심적 병역거부

(1) 현역군인의 양심적 병역거부

병역거부연대회의는 2004년 7월 발간한 『양심에 따른 병역거부자들을 위한 가이드북』을 통해 군복무 중의 양심적 병역거부에 대해 소개한 바 있다. "1998년 유엔인권위원회는 결의안 77호를 통해 "복무 중인 군인일

지라도 양심에 따른 병역거부를 할 수 있는 권리가 있음"을 천명한 바 있습니다. 따라서 국제법을 기준으로 볼 때 군인 신분으로 집총거부를 했다 해도 병역거부권을 인정받을 권리가 있습니다. 다만 각 국가별로는 이에 대한 기준이 조금씩 달라 군입대 후 일정 시기까지만 병역을 거부할 권리를 두기도 합니다."[44]

같은 책에서는 '군복무 중의 양심적 병역거부'의 한 사례로서 강철민 이병에 대해 언급하고 있다. 인용문에 나와 있다시피, 강 이병은 자신이 불의하거나 부도덕·비인도적이라고 생각하는 특정한 전쟁, 이 경우엔 이라크전에 대한 참여(파병)를 거부하는 '선택적 거부자'이기도 했다.

> 드문 경우기는 하지만 입대 후 휴가를 얻어 나온 와중에 양심선언을 하고 군 복귀를 거부한 사례가 있습니다. 2003년 11월 파병 반대를 이유로 휴가 후 복귀를 거부하고 농성을 전개하다 수감된 강철민 씨도 그런 경우입니다. 강철민 씨는 집총거부로 항명죄를 적용받은 게 아니라 휴가 후 복귀를 거부해 군무이탈로 2심에서 실형 1년 6개월을 받고 현재 수감 중입니다. 강철민 씨 경우에는 군복무 자체를 부정하지 않고 이라크 파병과 침략전쟁이라는 특수한 정치적 사안에 대해 반대 의사를 표현한 것입니다. 현역군인으로서 병역거부를 할 경우 엄청난 사회적 비난과 가혹한 처벌을 각오해야 하며, 더욱이 정치적으로 민감한 사안에 대해 의사표시를 하는 것이기 때문에 사회적 논란은 불가피합니다. 또, 군법정에서 재판을 받게 되면 검사, 판사 역시 군인이기 때문에 경우에 따라서는 재판부의 인신공격도 예상할 수 있습니다.[45]

앞서 제4장에서 보았듯이, 민주화 이행이 시작된 1987년 이후 군인 혹은 준準군인의 '양심선언'이 속출했다. 한국형 대체복무제의 일환인 '전투경찰'의 경우 문제는 한층 심각했다. 이들 중 일부는 반전·반군사주의를 지향하는 평화주의 신념을 밝힌 것도 아니고, 일부는 군복무 자체를 거부한 것도 아니지만, 우리가 양심적 병역거부의 개념을 넓게 해석할 경우 이들 역시 양심적 병역거부운동 역사 속에 포함시킬 수 있을 것이다. 이용석이 그런 접근을 취했다.

노태우 정권은 공안정국을 조성하며 시민들의 시위를 진압하는 전담 부대 '백골단'을 만들었다. 1991년 3월부터 명지대학교에서 일어난 등록금 인상 반대 시위 과정에서 시위에 참여한 강경대 학생이 백골단의 강경 진압으로 사망하는 일이 발생한다. 이를 본 당시 전투경찰 박석진은 더 이상의 복무를 거부하며 '전투경찰 해체'를 요구하는 양심선언을 했다.

박석진처럼 양심선언을 한 군인은 1987년에서 1990년대 초까지 50여 명에 이르렀다. 양심선언의 이유는 다양했다. 백골단 해체, 군 민주화, 군대 내 구타 금지 등 정치적인 주장을 한 군인도 있었고, 입대 전에 대학교에 다니면서 정보기관의 프락치 역할을 했다며 고백하는 사람도 있었다. 당시만 해도 한국 사회에서 '양심적 병역거부'라는 개념은 제대로 자리 잡혀 있지 않았고, 따라서 양심선언을 한 이들도 스스로를 양심적 병역거부자로 인식하지 못했다. 또한 이들 중 상당수가 군복무 자체를 거부한 건 아니었다. 하지만 명백하게 자신의 양심에 반하는 부당한 명령을 거부한 것이므로, 병역거부운동에서 이들의 행위는 중요한 역사로 여겨진다.[46]

앞서 언급했듯이, 대체역법을 비롯한 현행 법체계는 현역 군복무 도중에 양심적 병역거부를 시도하는 군인들에게 비무장 군복무(비전투 부대, 비전투 임무로의 재배치)나 민간대체복무, 또는 제대(혹은 전역)를 허용하는 등의 구제책을 제공하지 않고 있다. 이 문제는 단기 의무복무를 이행하던

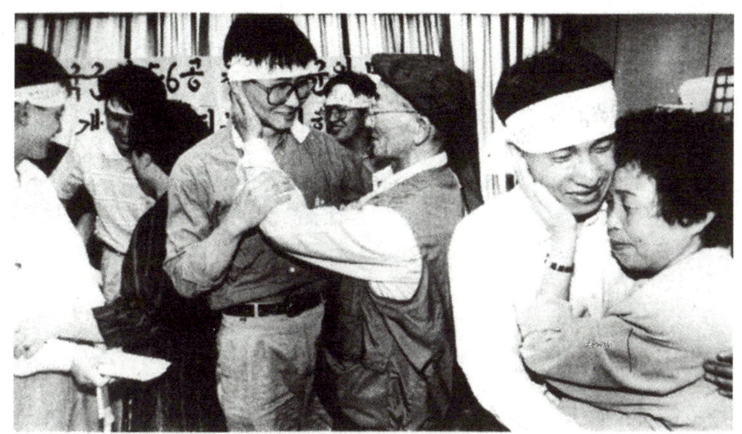

양심선언 수배자 가족과 재회

박석진(25·사진 가운데) 일경 등 군·경 양심선언과 관련해 수배된 8명이 25일 오전부터 서울 종로구 연지동 기독교회관에서 수배해제를 촉구하는 단식농성을 벌이던 중 농성장으로 찾아온 가족들과 만나 얼싸안고 재회의 기쁨을 나누고 있다.

이정우 기자

25일 오전 11시 서울 종로구 연지동 기독교회관 7층 한국기독교 교회협의회 인권위원회 사무실.

지난 91년 5월 연세대에서 '백골단' 해체 등을 요구하는 양심선언을 한 뒤 소속 부대를 이탈한 혐의로 수배중인 박석진(25·당시 서울경찰청 제1기동대·일경)씨가 아버지 박흥규(69)씨와 2년 만의 뜨거운 만남을 가졌다.

"그동안 이 불효자 때문에 얼마나 마음 고생이 많으셨습니까."

"내가 무슨 고생했겠느냐. 그동안 쫓겨 다니느라 얼굴이 반쪽이 됐구나."

아버지 박씨는 꿈에도 그리던 아들의 모습을 다시 보게 된 것이 믿어지지 않는 듯 연신 석진씨의 야윈 얼굴을 어루만졌다.

"그때 제가 한 일은 양심의 명령에 따른 것이기 때문에 지금도 한 치의 후회가 없습니다. 다만 명절이나 어버이날 전화로만 안부를 전해야 하는 처지가 견디기 어려웠습니다."

'그리운 사람을 보지 못하는 것'이 수배생활중 가장 힘든 고

'양심선언' 의경·사병의 항변

통이었다는 박씨는 어느 때는 돈이 모두 떨어져 열흘 동안 라면으로만 끼니를 때워야 했고, 집에 안부전화를 걸 때도 수사기관의 도청이 두려워 공중전화만을 이용해야 했다고 그동안의 힘든 수배생활을 털어놓았다.

지난 91년 8월 부대를 이탈해 경희대에서 주한미군 철수 등을 요구한 혐의로 수배된 고대성(2

2·제11사단 9연대·일병)씨도 이날 1년10개월 만에 만난 어머니 박윤순(55)씨의 거친 손을 부여잡고 흘러내리는 눈물을 닦을 줄 몰랐다.

"명절이나 아들 생일 때면 아들을 기다리다 꼬박 밤을 지새우기도 했다"는 박씨는 "이제는 떨어져서는 못산다. 잡아가려면 나를 잡아가라"며 흐느껴 주위의 눈시울을 적셨다.

"군과 경찰의 정치적 중립을 외친 우리 아이들의 행동이 이제는 정당한 평가를 받아야 합니다. 새 정부도 12·12사태를 쿠데타로 규정하고 관련군인들은 전역조처하지 않았습니까." 이제는 다시 헤어지지 않겠다는 듯 부여잡은 아들의 손을 놓지 못하는 부모들의 눈물어린 항변이었다.

김도형 기자

전투경찰 박석진 양심선언 관련 기사(『한겨레신문』 1993년 5월 26일자)

중에 양심적 병역거부를 선택하는 군인에게 특히 화급한 사안이 된다. 장기복무를 하는 직업군인의 경우, 언제든 '제대'를 선택할 수는 있을지라도 양심적 거부를 이유로 한 '비무장 군복무'를 선택할 기회는 제공되지 않는다.

대체역심사위원회에서도 이 문제가 부분적으로 논의된 바 있다. 2021년 6월 18일 열린 '2021년 제16차 전원회의'에서는 '제도개선 분과'가 '최종 활동결과'를 보고하면서 "현역에 대한 편입 신청 허용" 문제를 검토했다. 그러나 이에 대한 제도개선 분과의 보고 내용은 이를 '중·장기 과제'로 이월하는 것이었다. "현역병 사기 저하 및 군 기강에 미치는 영향이 크다는 점에서 장기 검토 필요"라는 게 분과 위원들의 결론이었다.[47]

(2) 예비군의 양심적 병역거부

한국에서는 양심적 병역거부를 감행하는 예비군 문제도 수십년 동안 미해결 쟁점으로 남아 있었다. 예비군 소집·훈련을 거부하는 이들은 벌금형과 실형 처벌 모두에 노출되었으며, 무엇보다도 유엔이 금지하는 반복처벌repeated punishment의 대상이 되었다. 앞서 인용한 2004년의 『양심에 따른 병역거부자들을 위한 가이드북』에는 예비군이 양심적 병역거부를 하게 될 경우 직면하게 될 상황에 대해서도 안내를 하고 있다. 아래에서 보듯이, 예비군의 양심적 병역거부는 "행위에 비해 처벌이 매우 가혹하고 한 차례 처벌로 끝나는 것이 아니라 반복처벌을 받기 때문에" 자못 심각한 문제라 하겠다. 국제법적 규준은 이런 반복처벌이 '시민적·정치적 권리에 관한 국제규약'(자유권규약 혹은 B규약)에 명백히 위배된다고 판단한다.[48]

군복무를 마친 이후에 새롭게 종교적, 평화주의적 신념을 갖게 되면서 예비군훈련을 거부하는 사례가 있습니다. 이 경우에는 향토예비군 설치법과 병역법 90조에 따라 병력동원 훈련소집 불응자로 처벌받게 됩니다. 처벌 방식은 예비군 몇 년차인가, 요구받고 있는 소집이나 훈련의 종류가 어떤 것인가에 따라 조금씩 다를 수 있습니다. 보통 벌금형이 선고되는데 벌금형의 경우에는 액수가 매우 큰 부담이 됩니다. 예비군 거부는 행위에 비해 처벌이 매우 가혹하고 한 차례 처벌로 끝나는 것이 아니라 반복처벌을 받기 때문에 이런 점들을 사전에 충분히 인지하셔야 합니다. 간혹 벌금형으로만 그치는 것이 아니라 실형이 선고되는 경우도 있습니다. 몇 차례 벌금형이 선고되다가 집행유예 선고가 내려지게 되는데 집행유예 기간에 다시 기소가 되면 원칙적으로 이 기간에 다시 집행유예가 선고될 수는 없기 때문에 유예된 기간까지 실형이 선고되는 것입니다.[49]

여호와의증인 신자인 홍영일이 말하듯이, 예비군 신분의 양심적 병역거부자들은 "단지 160여 시간의 훈련을 거부하고자 수십 건의 전과와 누적 벌금이 수천만 원에 이르는 처벌"을 감수해야 했다.[50] 『양심에 따른 병역거부자들을 위한 가이드북』에는 예비군으로서 병역거부를 선택했던 최홍기의 사례도 소개되어 있다.

최홍기 씨는 군복무를 마치고 제대 후에도 동원 및 예비군훈련에 빠지지 않고 참석하였습니다. 그러나 제대 이후 종교적 신념을 갖게 됨으로써 1999년부터는 군사훈련에 참석하지 않게 되었습니다. 처음에는 훈련소집 통지서는 수령하고 훈련에 참석하지 않았고, 그러한 훈련을 3차례 받지 않았을 때 처음으로 경찰서에 출두하여 조사를 받고 벌금(30만 원)을 납부하게 되었습니다. 그 후에도 군사훈련에 계속 불참하게 되었고 그때부터 불참한 훈련소집마다 하나의 사건으로 처리되었고 전문적인 법률 지식이 부족했던 최홍기 씨는 매 사건(2001 고약 42937, 고

약 44156, 고약 50701) 때마다 벌금을 4차례 납부하게 되었습니다. 이처럼 예비군 병역거부로 인해 경찰, 검찰 조사에 변호사 선임과 벌금 등 매우 힘든 과정을 밟았고, 아직도 재판이 진행 중입니다. 벌금형의 액수(합계 350만 원)와 변호사 수임료(합계 440만 원)를 합하면 약 790만 원이 소요되었는데 이는 일반 직장인에게는 버거운 액수입니다. 아직 계류 중인 사건의 예상 벌금 액수(합계 670만 원)와 무엇보다도 "정신적인 스트레스"는 이루 말할 수 없다고 합니다. 5년이라는 시간 동안 7번의 벌금형과 아직 계류 중인 10건의 사건들이 있는 상태입니다.[51]

최홍기는 벌금 외에도, 여러 건의 재판이 진행 중인 가운데 그중 한 건의 재판에서 '징역 1년에 집행유예' 판결을 받기도 했다. 그는 "무거운 형벌과 잦은 재판으로 인해 정상적인 방법으로 생계를 유지하기 어려운 지경에 누적된 실형까지 살아야 할 위기에 처해 있다."[52]

2004년 5월에는 삼육대 신학과 학생인 이윤길 등 7명이 예비군훈련에서 집총을 거부하여 항명죄(명령불복종)로 고발되었다. 보도에 따르면, "지난 (2004년—인용자) 5월 27일 경기도 의정부시의 한 군부대에서 치러진 서울 삼육대학교 예비군 입소 훈련에서 이 대학 신학과에 재학 중인 이윤길 씨 등 7명이 개인의 양심에 따라 집총을 거부, 고발 조치되는 일이 발생했다. 관할 예비군 대대는 이날 총기 수령을 거부한 이들에 대해 명령불복종으로 고발 조치했다. 군복무를 모두 마친 예비군들이 집총거부로 고발된 것은 매우 이례적인 일. 향토예비군이 창설된 지 8년만이던 지난 1976년 6월 오진규 씨 등 9명이 집단으로 집총을 거부한 이후 처음이다."[53] 2005년 7월에도 집총훈련을 거부한 한 개신교 목회자가 항명죄로 법정에 섰다. 이를 보도한 기자에 의하면, "지난 (2005년—인용자) 7월에는 예비군 동원훈련에서 집총을 거부한 한 목회자가 법원으로부터 2년간의 집행유예를 선고받기도 했다. 예비군이 집총을 거부해 항명죄

로 법정에 선 것은 지난 1976년 이후 29년만의 일이었다."[54] 2015년 5월
에는 그때까지 5년 동안 예비군훈련을 거부하여 약 4,300만 원의 벌금형
을 선고받은 김정식의 사연이 언론에 보도되었다. 그는 "총을 들고 북한
군 복장 마네킹을 쏘라는 명령을 받았을 때 마음에 고통을 느끼고 더 이
상 하기 힘들다는 생각이 들었다"면서 "참을 수 없어 상급자에 얘기했지
만 재판에 넘겨졌다"고 증언했다.[55]

예비군 중에서 '정치적 거부자'도 출현하고 있다. 전쟁없는세상의 이
용석 활동가는 2017년 12월 23일 필자에게 보낸 이메일에서 "전쟁없는
세상과 함께 예비군훈련을 거부하고 있는 병역거부자"가 당시 4명이었
는데, 그중 조성현과 김형수는 크리스천이라고 알려주었다. 두 사람은
언론 보도를 통해서도 이미 알려진 이들이었다. 조성현은 반전과 평화
신념 때문에 2014년부터 예비군훈련을 거부했다. 2015년 이후 병무청
은 예비군훈련에 불참할 때마다 그를 향토예비군설치법(현 예비군법) 위
반 혐의로 경찰에 고발했다. 조성현은 1심에서 벌금 150만 원과 200만
원을 각각 선고받았고, 2심에서는 벌금 300만 원을 선고받았다. 하지만
대법원은 2021년 2월 "필요한 심리를 다하지 않음으로써 판결에 영향을
미친 위법이 있다"며 사건을 서울지방법원 남부지원으로 돌려보냈다.
김형수 역시 2016년부터 예비군훈련을 거부하여 그해부터 여러 차례 기
소당했다.[56]

2018년에 '양심적 병역거부의 비범죄화'라는 역사적 판결을 내린 헌
법재판소와 대법원은 현역병 입영 거부와는 달리 예비군훈련 거부에 대
해 명확한 입장을 내놓지 않았다. 하급심 판사들은 이 문제에 대해서도
더 일찍부터 움직였다. 예비군훈련에 대한 양심적 거부와 관련해 2004
년에 첫 무죄 선고가 있었고, 2007년부터는 양심적 예비군훈련 거부자
를 형사처벌하는 조항에 대해 위헌법률심판 제청이 잇따랐다. 2018년 송
영환 판사는 예비군훈련 거부자에게 무죄를 선고하면서, 예비군을 위해

서도 대체복무가 허용되어야 한다는 뜻을 밝혔다. 다음은 2018년 11월의 관련 기사이다.

대법원 전원합의체가 양심에 따른 병역거부를 무죄라고 판결한 뒤 처음으로 '종교적 이유로 예비군훈련을 거부한' 피고인의 1심 무죄 판결이 나왔다. 대법원과 헌법재판소가 입영 거부와 달리 예비군훈련 거부에 대해서는 명확한 판단을 내놓지 않는 사이, 검찰은 해당 사건의 무죄 판결에 항소했다. 수원지법 안산지원 형사3단독 송영환 부장판사는 예비군법 위반 혐의로 기소된 홍아무개(31) 씨에게 무죄를 선고했다고 19일 밝혔다.……송 부장판사는 "피고인은 사람을 죽이거나 죽이는 것을 연습하는 것에 반대하는 양심을 형성하였고, 예비군훈련에 응하게 되면 양심의 결정에 반하는 행위를 하게 되어 정체성에 대한 중대한 위기 상황이 초래되므로 예비군훈련을 거부하였다"며 "예비군훈련 의무 이행을 강제한다면 헌법상 기본권인 양심의 자유는 일방적으로 무시된다"고 밝혔다. 송 부장판사는 이어 "피고인이 이행할 의사를 표시한 대체복무제는 국방의무의 헌법상 가치에 부합하고 군사 부문에서 예비군훈련 의무의 이행과 동등한 가치로 평가할 수 있다"며 "대체복무제가 예비군훈련의 종류로 예비군법에 규정되지 않은 것은 피고인의 양심의 자유를 부당하게 침해하므로 훈련을 거부할 정당한 이유가 있다"고 판단했다. 송 부장판사는 지난 10월에도 양심적 병역거부자 8명에게 무죄를 선고했다.

양심적 예비군훈련 거부자와 관련해서는 2004년 이정렬 판사가 처음 무죄 판결을 한 뒤 하급심에서 총 7건의 무죄가 선고된 바 있다. 현재 양심적 예비군훈련 거부 사건 4건을 심리 중인 대법원은 이 역시 지난 6월 전원합의체에 회부했으나 지난 1일 선고에서는 제외했다. 또 2007년 송승용 판사의 첫 위헌법률심판 제청을 시작으로 양심적 예비군훈련 거부자의 형사처벌 조항에 대해 총 3건의 위헌법률심판이 헌재에 제청됐는데, 헌재 역시 2011년 합헌 결정을 한 뒤 다른 입장을 내놓지 않고 있다. 오두진 변호사는 "적절한 대체복무제가 도입되면 예비군훈련 거부 문제도 해결될 것"이라며 "대법원 전원합의체 판결 취지대로 예비군훈련 거부도 '정당한 사유'로 보고 무죄 선고가 가능하다"고 말했다. 한 판사는 "양심적 예비군훈련 거부자들은 훈련을 거부할 때마다 벌금형이 선고되기 때문에 반복적으로 처벌받는 문제가 심각하다. 이미 군복무를 마쳤는데도 그런 부담을 감수한다는 것은 훈련 기피보다는 양심에 따른 결정일 가능성이 더 크다"고 말했다.[57]

2021년 2월에는 예비군훈련 거부와 관련하여 "여호와의증인 등 종교적 신념이 아닌 비종교적 신념도 '양심적 병역거부'로서 허용된다고 본 대법원 첫 판단"이 나왔다. 이는 1심과 2심에 이어 대법원까지 모두 무죄를 선고한 희귀한 사례였다. 다음은 해당 기사의 일부이다.

A씨는 수차례 예비군훈련 소집 통지서를 전달받고도 훈련에 불참하고, 병력동원훈련을 받으라는 통지서를 받고 훈련에 불참했다가 예비군법 및 병역법 위반 혐의로 기소됐다. A씨는 재판 과정에서 "폭력적인 아버지 슬하에서 성장해 어렸을 때부터 폭력에 대한 경각심을 가지게 됐고, 미군이 헬기에서 기관총을 난사해 민간인을 학살하는 동영상을 보고 큰 충격을 받아 살인을 거부하는 신념을 가지게 됐다"며 "입대 전 어머니와 친지들의 간곡한 설득과 전과자가 되어 불효하는 것이 이기적인 행동일 수 있다는 생각에 입대했지만 이후 반성하며 양심을 속이지 않기로 했다"고 주장했다. 1심은 "A씨는 예비군훈련 불참 등으로 수 년간 수십 회에 걸쳐 조사를 받고 총 14회에 걸쳐 고발되고 기소돼 재판을 받아, 안정된 직장을 구할 수 없어 일용직이나 단기 아르바이

트를 통해 생계를 유지했다"고 설명했다. 이어 "A씨가 신념을 형성하게 된 과정, 입대 및 군사훈련을 거부하게 된 과정에 대해 구체적으로 진술하고, 경제적 손실과 형벌의 위험 등을 감수하고 양심에 따른 병역거부를 일관해 주장하고 있는 점 등을 종합하면 A씨의 훈련 거부는 절박하고 구체적인 양심에 따른 것이라고 볼 수 있다"며 무죄를 선고했다. 2심도 "A씨가 병역거부 중 가장 부담이 큰 현역 복무를 이미 마쳤는데도 예비군훈련만을 거부하기 위해 수년간의 불이익을 모두 감수하고 있는 점, 유죄로 판단될 경우 예비군훈련을 면할 수 있도록 중한 징역형을 선고해달라고 요청하고 있는 점 등을 보면 A씨의 양심이 깊고 확고하며 진실하다는 사실이 결과적으로 소명된다고 인정할 수 있다"며 무죄 판단을 유지했다. 검사는 상고했으나 대법원은 이날 A씨에게 무죄를 확정했다.[58]

다행히도, 2019년 12월 제정된 대체역법은 아래와 같은 제3조를 통해 양심적 병역거부로 인한 대체복무자의 범위에 현역(현역병 입영 대상자) 및 보충역(사회복무요원 소집 대상자)뿐 아니라 '예비역'(예비군)도 포함시켰다. 예비군 병역거부자에게도 대체복무의 길을 열어뒀던 것이다.

제3조(대체역 편입 신청) ① '대한민국헌법'이 보장하는 양심의 자유를 이유로 현역, 예비역 또는 보충역의 복무를 대신하여 병역을 이행하려는 사람으로서 다음 각 호의 어느 하나에 해당하는 사람은 입영일 또는 소집일의 5일 전까지 제4조에 따른 대체역심사위원회에 '병역법' 제5조 제1항 제6호에 따른 대체역으로 편입을 신청할 수 있다.

1. 현역병 입영 대상자
2. 사회복무요원 소집 대상인 보충역
3. '예비군법' 제3조 제1항 각 호의 어느 하나에 해당하는 예비역 또는

보충역 중 그 복무를 마친 날의 다음 날부터 8년이 되는 해의 12월 31일까지의 기간에 있는 사람

대체역법은 제26조에서 "예비군으로서의 임무 수행 또는 훈련을 대신하여 대체복무기관에서 복무" 즉 "예비군 대체복무"를 "연간 30일 이내"에서 부과했다. 2020년 6월 제정·시행된 대체역법 시행령에서는 예비군 대체복무를 "연차에 따라 연 160시간 이내에서 실시한다"고 규정했다.[59] 대체역심사위원회가 발간한 『제1차 대체역심사위원회 연간보고서: 2020.6.30~2021.6.30』에는 첫 1년 동안 2020년(그해 6월 30일부터 12월 31일까지)에 6명, 2021년(1월 1일부터 6월 30일까지)에 6명 등 모두 12명의 예비역이 대체복무를 신청한 것으로 나타난다.[60] 예비군 대체복무가 빠르게 안착되어가고 있는 것으로 보인다.

4. 추가적 성찰의 쟁점들

인권의 차원에서, 그리고 양심·종교의 자유라는 차원에서 어렵게 탄생한 현행 대체복무제도를 덜 징벌적으로, 보다 인간적인 방향으로 개선해나가는 문제는 한국의 양심적 병역거부운동에서 여전히 시급하고도 중대한 쟁점으로 남아 있다. 복무기간, 복무 장소와 업무, 근무 환경 등 전반적인 개선책이 마련되어야 할 것이다. 2023년 4월 말 현재 양심적 병역거부자로 인정받아 대체복무를 수행 중인 이들은 1,140명이었다.[61] 이 수치는 한국의 연간 징병 인원을 30만 명으로 잡으면 0.38%, 1.5년간 징병 인원을 45만 명으로 잡으면 0.25%에 불과하다. 종교적 거부뿐 아니라 비종교적 거부도 보다 관용적으로 허용되고, 양심적 병역거부자들에 대한

부정적 편견이 약화되거나 사그라들고, 대체복무제도에 드리워진 징벌적 색채가 점차 옅어지고, 기간도 현역 복무기간에 근접하게 되면, 대체복무 선택자는 눈에 띄게 늘어날 것이다. 한국 대체복무제의 미래와 관련된 몇 가지 쟁점들을 더 논의해보자.

우선, 대체복무의 제도적 개선은 군인 인권 개선과 병행되어야 한다. 오정록을 비롯한 많은 정치적 거부자들의 소견서에서 자주 언급되었듯이, 병역거부 행위에 이미 한국 군대의 현실에 대한 문제 제기가 함축되어 있었다. 또 대체복무제 도입 자체가 복무기간 단축, 봉급 인상 등 현역군인들의 인권 개선을 촉진하는 효과를 발휘했다. "그럼에도 불구하고 여전히 열악한 군대 현실"은 이 고통스러운 경험을 겪고 있거나 앞으로 겪어야 할 '보통 남자들'의 박탈감을 자아내고, 이는 다시 대체복무제 개선에 대한 반대 여론을 지속시키는 요인으로 작용한다. 2023년 7월 경북 예천에서 발생한 한 해병대 병사의 죽음은 한없이 부끄러운 현실을 고발한다. 「한겨레」 이세영 논설위원의 "빨간 해병대가 떠내려간다"는 칼럼에는 이런 대목이 있다. "지반이 약하고 물살이 거세 숙련된 구조대원조차 장비 없인 들어가지 않았다는 내성천 모래 강물이었다. 삽 한 자루 달랑 든 병사들을 허리 깊이까지 밀어넣어 실종자를 찾게 한다는 발상은 대체 누구 머리에서 나온 것일까. 심지어 그들에겐 구명조끼조차 없었다.……그날의 위험을 무릅쓴 병사들에게 약속된 건 실종자 발견 때 주어진다는 14박 15일 포상휴가였다고 한다. '첨단 강군'을 자처하는 한국군 지휘관들 머릿속에, 병사들은 그저 바깥공기 쏘여주며 사제 음식 먹이고, 돈 안 드는 휴가증 몇 장 쥐어주면 그만인, 값싸고 순종적인 '졸卒들'에 불과했다는 얘기다."[62] 이런 현실이 계속되는 한 대체복무제를 개선하자는 주장에 대한 사회적 거부반응도 지속될 것이다.

다음으로, '양심의 심사' 문제 또한 아직 난제로 남아 있다. 양심적 병역거부의 비범죄화에서 결정적인 담당했던 2018년의 대법원은 그 이후에도 '양심심사의 필요성'을 강하게 고수해왔다. 다음 기사들이 그런 단면을 잘 보여준다.

'진정한 양심에 따른 병역거부는 처벌하지 않는다'며 14년 만에 판례를 바꾼 대법원이 그 의미를 퇴색시키는 후속 판결을 내놓기도 했다. '평화주의가 아닌 비권위주의를 주장하는 것은 진정한 양심이 아니다'라는 취지로 비종교적 병역거부자에게 유죄를 선고하는 등 양심의 내용을 심사하는 경향을 보이고 있다.[63]

법원은 대체복무제 시행 이전에 병역을 거부해 병역법 위반 혐의로 기소된 이들에 대해 굉장히 엄격한 기준으로 '양심의 진정성'을 따져왔다. 폭력적인 영화를 본 적이 있거나, 학창 시절 폭력성을 드러낸 적이 있거나, 비폭력주의 외부 활동을 공개적으로 하지 않았다는 이유로 병역거부의 양심을 '가짜'라 판단하는 식이다. 사실상 피고인이 스스로 양심을 입증하게 하는 재판 방식에 대해 기본권 침해라는 비판이 거셌지만, 대법원은 2021년 양심적 병역거부의 유무죄 판결에 '양심의 진정성 심리'가 반드시 필요하다는 설시까지 내놨다.[64]

오시진의 연구에 기대어 임재성이 서술한 바 있듯이, "병역거부 문제에서 '양심'을 검증하는 절차와 기준은 늘 뜨거운 쟁점이 되어왔다. 수많은 법률적·사회적 논점이 내포되어 있지만, 결국 본질적으로는 '양심'을 심사하거나 판단하는 것이 불가능하기 때문이다. 또한 양심을 심사한다는 것 자체가 이미 '양심의 자유'를 침해할 소지가 다분하며, 어떤 심사 과정이라도 고학력자에게 유리할 수밖에 없다. 때문에 이미 대체복무제를 시행해온 많은 나라들은 심사를 통한 판별을 사실상 포기하고, 대체복무의 강도를 통해 병역거부자를 인정하는 방식을 취하고 있다. 한국 사회 역시 병역거부를 인정하고 대체복무를 도입하는 과정에 있어서, 그 '진정성'에 대한 판단은 양심 자체에 대한 직접적 판단이 아니라 일정한 불이익을 감수할 수 있는가에 대한 간접적 판단을 통해 이루어지는 것이 보다 현실적이고 적합한 방식이라 할 것이다."[65] 대체복무제도의 개선과 관련하여, 궁극적으로는 거부자의 신념 검증 절차인 양심심사 자체를 폐지하는 것도 고려해볼 수 있지 않을까? 물론 그 경우 징벌적이지 않으면서도 양심심사를 대체할 수 있을 정도의 '적정 대체복무 강도'를 어떻게 정할 것인가가 난제로 남겠지만 말이다.

나아가, 대규모의 대체복무 지원자가 매년 발생하고 이들 대부분이 국민의 일상생활에 필요한 돌봄, 보건, 의료, 교육 등의 사회서비스social service 분야에 근무해왔던 독일이나 오스트리아의 행복한 고민, 즉 징병제를 폐지하고 모병제로 전환할 경우 "주요 사회서비스를 제공하는 값싼 노동력을 어떻게 대체할 것인가?"하는 고민을 한국에서도 할 수 있게 될 것인가?[66] 핀란드병역거부자연대 사무총장을 역임한 카이 라니넨에 의하면, "유럽의 몇몇 국가(적어도 독일과 오스트리아)는 민간대체복무를 징병제를 유지하기 위한 값싼 노동력의 원천이자 도구로 이용해왔고, 그 결과 대다수가 대체복무를 선택했다. 일례로, 독일에서는 징병제가 폐지될 당시를 기준으로 볼 때 대체복무를 선택하는 사람이 군복무를 선택하는 사람보다 더 많았다. 이것이 독일의 징병제 폐지가 다른 서유럽 국가들보다 더 늦어지고(2011년), 오스트리아가 아직도 징병제를 시행하고 있는 가장 큰 이유 중의 하나일 것이다. 실제로 오스트리아에서는 2013년에 징병제에 관한 국민투표가 있었는데, 국민들은 결국 징병제의 유지를 선택했다. 아마도 대체복무자가 제공하던 값싼 노동력이 사라지는 것에 따른 비용의 증가가 두려워서였을 것이다."[67]

독일과 오스트리아 사례는 우리로 하여금 '양심적 병역거부자의 대체복무'와 '복지국가 형성'이라는 별개의 사회현상을 서로 연관지어 사고

할 수 있게 해준다. 말하자면 대체복무가 복지국가 담론과 직접 연결될 수 있다는 발상인 것이다. 대체복무의 역할을 서구처럼 '사회서비스'를 중심으로 하면서 대체복무 신청자 심사를 대폭 완화한다면, "대체복무 활성화 → 사회서비스의 획기적 발전"이라는 선순환, 혹은 연쇄적인 선한 파급효과가 발생하면서, 보다 거대한 사회발전을 추동할 수도 있다. 징병 대상인 청년들에게 "국방이냐, 사회봉사냐"의 선택권을 줄 경우, 그리하여 후자를 선택하는 사람들이 유의미하게 증가할 경우, 그것이 한국 사회복지의 획기적 발전 기회로 작용함과 동시에, 대체복무제 자체가 타자·이웃에 대한 예민한 감수성과 공감 능력이 있는 청년층을 교육하는 장으로 기능할 수도 있다. 이런 흐름은 대체복무 업무가 군 관련 정부 기관 주도가 아닌 '민간 주도'로 재편 내지 전환될 경우 더 빨라지고 확고해질 것이다. 대체복무의 중심 영역을 복지 등 사회서비스로 설정하는 것은 2007년 당시 노무현 정부의 대체복무제 구상을 되살리는 일이기도 하다.

이런 변화는 한국의 종교들이 '사회적 건강성'을 제고하는 데도 도움이 될 것이고, 나아가 교세 감소에 대한 효과적인 방책으로 기능할 수도 있다. 같은 변화가 자기 종교 신자인 대체복무자들을 수용하기 위한 종교단체 측의 사회복지기관 설립이나 증설·재편 움직임을 자극할 것이기 때문이다. 실제로 미국에서도 2차 대전 기간 중에 민간—주로 종교기관—주도·관리 하의 대체복무제가 체계적으로 실시되자, 참여 교단들이 다수의 사회복지 및 의료기관들을 신설하거나 대체복무자들에게 개방했다. 역으로, 이러한 일들은 종교에 대한 사회적 이미지 제고뿐 아니라, 청년 신자 교육과 미래 종교 지도자 양성에도 매우 효과적인 수단으로 작용할 수 있다.

2022년 8월의 「중앙일보」 '대체복무 심층리포트'에서는 핀란드의 대체복무제가 자세히 소개되었다. 대체복무제도와 관련해 핀란드인들이 반복적으로 하는 말은 양심적 병역거부와 대체복무가 "결코 특별한 선택이 아니라는 것", 대체복무는 "징벌이 아닌 기회"라는 것, 대체복무자들이 하고 있는 일들은 "사회적으로 중요하며, 사회에 이익이 된다"는 것, 그 누구도 "왜 병역을 거부하고 대체복무를 하느냐고 묻지 않는다"는 것, 누구도 대체복무자에게 "시비를 걸거나 불평하거나 비판하지 않는다"는 것 등이었다.[68] 필자가 보기에 이런 말들은 완숙 단계에 이른 대체복무제의 두 가지 특징을 잘 보여준다. 그 하나는 "대체복무자와 그 업무에 대한 사회적 시선이 부정적인 것에서 긍정적으로 바뀐 것"이다. 다른 하나는 이마저 넘어서 "사람들이 대체복무제에 상당히 무심해진 것"이다. 필자는 후자가 "대체복무의 평범화·진부화banalization"라 불릴 만하다고 생각한다. 안드레아스 스펙은 독일 사례를 분석하면서 유사한 변화를 "양심적 병역거부 의제의 탈정치화"와 "양심적 병역거부의 사회적 정상성 획득"으로 표현했다.[69] 우리에겐 낯선 이런 '대체복무제 경관景觀'이 한국의 멀잖은 미래였으면 좋겠다.

최근에 벌어진 사건으로 인해 우리는 한국이 "전 세계 양심적 병역거부자의 피난처" 중 하나가 될지도 모른다는 상상도 하게 되었다. 2022년 2월 러시아가 우크라이나를 침공한 이후 9월 군사동원령을 내리자, 같은 해 10월에 3명, 11월에 2명 등 모두 5명의 러시아 남성들이 징집을 피해 한국으로 입국했다. 이들은 난민 심사를 신청했지만, 법무부(인천공항출입국·외국인청)는 난민 심사 회부를 거부했다. 법무부는 "단순 병역기피는 난민 사유에 해당하지 않는다"며 난민 심사를 받을 자격이 없다고 판단했다. 이후 러시아인들은 4개월 넘게 인천국제공항 여객터미널 출국대기실에서 사실상의 노숙 생활을 하면서 '난민 심사 불회부 결정 취소 소송'을 제기했다. 2023년 2월 14일 인천지법 행정1단독 이은신 판사는 2022년 10월 입국한 러시아인 3명 중 2명에게 원고 승소로 판결했고, 이중국적자로 확인된 나머지 1명은 난민 심사 요청을 기각했다. 이 판사는 "징집 거부가 정치적 의견을 표명한 것으로 평가할 수 있으면 박해의 원인으로 볼 수 있다"면서 "난민 심사를 통해 구체적인 판단을 받을 필요가 있다"고 밝혔다. 판결 직후 법무부는 승소한 2명의 입국을 허가했지만, 주거지를 인천국제공항 인근 외국인지원센터로 제한했다.[70] 한편 2022년 11월에 입국한 2명 중 1명은 이듬해 1월 "전쟁 징집을 피하려고 러시아에서 탈출했고, 다시 러시아로 돌아가면 처벌될 수 있다"며 난민 인정 신청을 했지만 정부는 "반정부시위에 1회 정도 참여한 것만으로는 본국 정부의 주목을 받을 정도라고 보기 어렵다" 등의 이유로 받아들이지 않았다. 그러나 2024년 5월 22일 서울행정법원 행정6단독 윤성진 판사는 러시아인이 서울출입국·외국인청장을 상대로 제기한 '난민 불인정 결정 취소 소송'에서 원고 승소 판결을 함으로써, 우크라이나전쟁 징집을 거부하고 한국으로 피신한 러시아인의 난민 지위를 처음으로 인정했다. 윤 판사는 "우크라이나전쟁에 반대하는 시위에 참여하는 등 반대 의견을 적극적으로 개진하고 외부적으로 표시해왔다는 주장은 일관되고 설득력이 있"으며, "정치적 의견에 따라 우크라이나전쟁을 위한 징집을 거부함으로써 러시아에서 박해를 받게 될 우려가 있다", "본국에서 신체 또는 자유에 대한 침해라는 박해를 받을 수 있다는 충분한 근거 있는 공포가 있다"고 인정했다.[71] 법무부는 양심적 병역거부자들에게 난민 지위를 부여하는 데 일관되게 반대하고 있지만, 이를 뒤집는 첫 판결이 나온 이상 동일한 취지의 판결이 이어질 가능성은 충분하다.

　마지막으로, 대체복무제 도입이 병역거부운동, 더 넓게 평화운동에 미칠 영향을 살피는 일 역시 중요한 연구 과제로 남아 있다. 대체복무제 도입은 병역거부운동에 양면적 영향을 미칠 수 있다. 우선, 대체복무제가 병역거부운동을 약화시킬 수 있다. 그것이 아무리 가혹하고 비인간적인 것일지라도 양심적 병역거부자들을 위한 대체복무제도가 일단 도입되면, 병역거부운동에서 '인권운동'의 동력은 감소할 가능성이 있다.

대체복무제 도입으로 병역거부운동 자체가 침체에 빠질 수도 있다는 것이다. 이런 가능성은 상당 부분 현실화했다. 「오마이뉴스」 2024년 12월 6일자 기고문에서 장길완이 썼듯이, "대체복무가 제도화된 이후, 시민사회의 목소리는 실종되었고 대체복무제도 개선은 인권운동의 주요 의제로 인식되지 않았다."

반면에, 대체복무제 도입이 병역거부운동에 분발과 혁신의 압력을 가하는 측면도 있다. 대체복무제의 인간화 과정과 맞물릴 경우, 대체복무제 도입이 양심적 병역거부운동의 질적 발전과 도약을 추구하는 계기로 작용할 수 있는 것이다. 대체복무제 도입과 개선 그리고 징병제의 모병제 전환으로 운동 동력의 급속한 상실 혹은 약화를 겪었던 유럽의 경험으로 미루어, 양심적 병역거부운동에 대한 이른바 '개인주의적 접근'의 한계를 넘어서는 것이 숙제로 떠오를 수 있다. 이는 개개인의 인권―종교·양심의 자유―신장을 넘어서 양심적 병역거부운동의 평화운동으로서의 정체성을 명확히 하는 것과 주로 연관된다. 아마도 전쟁 반대와 반군사주의가 여기서 핵심 지향으로 떠오를 것이다. 그런 면에서 대체복무제 도입은 병역거부운동의 무게중심이 인권운동에서 반군사주의 운동으로 이동하는 전환점이 될 수도 있다.

앞서 제3장에서 상세히 검토한 바 있지만, 한국 병역거부운동에서 새로운 접근에 대한 요청은 대략 두 가지 각성에서 비롯하는 듯하다. 첫째, 자유권·시민권 등 인권에만 초점을 맞출 경우 반전·반군사주의 평화운동의 측면에 대한 고려가 미흡해지기 쉽다는 각성, 둘째, 평화운동도 남성중심주의나 개인들을 억압하는 집단주의 성향으로 흐를 수 있다는 각성이 그것이다. 그 위에서 다양한 형태의 거부를 인정하는 양심적 병역거부 개념의 확대, 특히 탈영자나 국경을 넘는 병역기피자도 양심적 병역거부자로 인정하는 추세, 양심적 병역거부와 페미니즘·젠더 연구의 결합 추세, 대체복무제도의 가치와 의의에 대한 비판적 재평가 시도 등

「탈영자 심문」(1901)

이 현실화하고 있다. 여성, 장애인, 동성애자 등 사회적 약자와 소수자에 대한 보다 예민한 인식도 조금씩 자라났다. 군사주의와 군사문화에 대한 문제의식 역시 더욱 심화할 것이다. 징병제와 군대 자체에 대한 비판적 성찰도 점차 확산할 것이고, 군비경쟁 제한 및 군축 요구도 증가할 가능성이 높다. 군내 폭력을 포함한 군인 인권 문제에 대한 사회적 감시도 보다 강해질 것이고, 직업군인의 병역거부권 문제가 대두할 가능성도 있다. 이런 일련의 과정들을 통해 대체복무제 도입 이후에도 반전·반군사주의 평화운동의 맥락에서 양심적 병역거부운동의 정체성을 새롭게 발견해갈 수 있을 것이다.

서구에서 대체복무제의 인정, 나아가 징병제 폐지와 지원병제 전환으로 양심적 병역거부운동이 침체와 혼선을 겪는 데 비해, 아직 양심적 병역거부권의 불인정, 거부자들에 대한 처벌과 억압, 혹은 비인간적 대체복무제도로 인한 고통이 남아 있는 사회들로 양심적 병역거부운동의 주도권이 이양되는 세계적인 추세도 감지된다. 다시금 강조하거니와, 한국 역시 "비인간적 대체복무제도로 인한 고통이 남아 있는 사회들" 중의 하나이다. 아직 대체복무제도 내부로 진입하지 못하는 이들이 존재하고 있기도 하다. 양심적 병역거부 주제는 우리 사회에서 여전히 중요한 이슈인 것이다.

2001년부터 평화운동이라는 맥락에서 새롭게 시작된 양심적 병역거부운동의 여정은 근 20년 만에 대체복무제 실현으로 중요한 결실을 맺었다. 그 여정은 한편으로는 "대체복무제도의 인간화"를 위한 노력으로, 다른 한편으로는 우리 사회를 보다 평화로운 곳으로 만들고 그 평화를 유지하기 위해 사회적 정의를 구현하고 온갖 차별과 불평등을 제거하려는, "사회의 인간화·평화화"를 향한 긴 행로行路로 이어지고 있다.

제 3 부

종교와 양심적 병역거부

제
8
장

종교와 폭력,
군대, 전쟁

세계적 차원에서 볼 때 양심적 병역거부의 역사와 거부 행위, 특히 제1차 세계대전 이전까지 거부 행위의 대부분이 종교인들과 관련되어 있었다. 한국에서도 2000년까지의 양심적 병역거부자는 거의 모두 종교인이었다. 이런 사실을 감안하여 이 책의 3부에서는 종교에 한정하여 양심적 병역거부 문제를 보다 깊이 다루고자 한다.

종교적 병역거부에 대한 기존 논의들이 국가와 (역사적) 평화교회들, 그리고 양자의 상호작용에 초점을 맞추는 경향이 강했다면, 여기서는 '주류 종교들'에 일차적인 초점을 맞추려 한다. 메노나이트, 퀘이커, 브레드런 등 역사적 평화교회들이 '종교적 소수파religious minorities'에 가깝다면, 3부에서 다룰 '종교적 다수파religious majorities'에는 가톨릭과 개신교 주류 교파들, 그리고 불교가 주된 논의 대상이 될 것이다. 개신교 주류 교파들에는 감리교, 장로교, 성공회, 루터교, 침례교, 성결교, 하나님의성회 등이 우선 고려될 것이다. 제10장에서는 이슬람교와 힌두교에 대해서도 간략히 서술할 것이다. 이 책 마지막 장인 제11장에서는 2001년에 있었던 양심적 병역거부 최초 공론화에 대한 한국 주류 종교들의 반응을 고찰하고 평가해보려 한다.

1. 종교, 폭력, 평화(1)
: 종교-폭력 관계의 다양성

(1) 폭력과 평화의 개념화

요한 갈퉁은 "생명에 대해서 가해지는 피할 수 있는 상해"라는 기존 개념을 대신하여, "잠재적으로는 가능한 어떤 수준 이하로 그 욕구에 대한 만족의 실제 수준을 저하시키는 것"이라는 새로운 폭력 개념을 제시했다. 기본 욕구는 생존, 복지, 정체성, 자유의 네 범주로 압축된다.[1] 한편 갈퉁은 직접적 폭력direct violence, 구조적 폭력structural violence, 문화적 폭력cultural violence을 구분했다. 전쟁으로 대표되는 직접적 폭력에는 적자생존, 자신에 대한 폭력·자살, 제노사이드, 문화 말살 등이, 정치·경제 영역에서의 억압과 착취로 대표되는 구조적 폭력(혹은 간접적 폭력)에는 환경 파괴, 가부장제, 인종주의, 계급 차별, 제국주의와 불평등 무역, 문화제국주의 등이 포함된다.[2]

갈퉁의 폭력 유형론에서 종교는 문화적 폭력과 관련된다. 문화적 폭력은 "직접적 폭력과 구조적 폭력을 정당화하거나 합법화하는 폭력"을 가리킨다. "직접적-구조적 폭력의 이면에 문화적 폭력이 존재"한다.[3] 이케다 다이사쿠와의 대담집 서문에서 갈퉁은 이렇게 말했다. "또 하나의 (폭력의—인용자) 근원은 직접적 폭력과 구조적 폭력을 정당화하는 문화적 폭력입니다. 이것은 신이나 역사의 이름을 빙자해 다른 사람들에게 피해를 주고, 혹은 살해조차도 정당하다고 변명할 뿐만 아니라, 그렇게 하는 것을 의무라고 믿고 있는 사람들에 의해 가해집니다."[4] 갈퉁은 문화적 폭력의 대표적인 영역들로서 종교, 이데올로기, 언어, 예술, 과학(경험과학과 형식과학), 우주론 등 여섯 가지를 들고 있다.[5] 갈퉁이 문화적 폭력을 얼마나 중시하는지는 다음의 문장에 잘 나타난다: "이들(군사·정치·경제－인용자) 모두 중요한데 특히 문화가 더 중요하다.……필자의 입장은……인과관계를 따져볼 때 문화로부터 정치와 경제를 통해 군사 방면으로 영향을 미치는 것이 반대 방향으로 영향을 미치는 것보다 일반적이라는 입장이다. 이와 같이 폭력은 주로 문화적 폭력으로부터 구조적 폭력을 경유하여 직접적 폭력으로 번지는 것이다.”[6] 아울러, (젱하스가 현대 인도 사회를 예로 들어 설명한 바 있듯이) 만연한 구조적 폭력과 문화적 폭력 상황 또한 직접적 폭력으로 전환되기 쉽다.[7] 평화학과 국제정치학에서 처음엔 전쟁으로 대표되는 직접적 폭력에 논의가 집중되었지만, 점차 구조적 폭력과 문화적 폭력에 대한 관심으로 이동했다.[8]

지젝도 독자적인 폭력 유형론을 전개한 바 있다. 그는 가시적인 ‘주관적 폭력’과 비가시적인 ‘객관적 폭력’을 구분하고, 후자의 대표적인 유형으로 구조적 폭력과 상징적 폭력을 들었다. 그에 의하면 구조적 폭력은 “하나의 체계 속에 내재된 폭력”이다.[9] 필자가 보기에 지젝의 기여는 주관적 폭력과 구조적 폭력 사이의 복잡한 관계와 맥락의 중요성을 강조한 것, 이 복잡한 관계를 교묘히 악용하는 위선, 호도 혹은 현혹, 이데올로기적 대체나 바꿔치기 등을 적절히 부각한 것이다.[10] 폭력은 폭력이라는 성격 자체를 은폐할 수도 있다. 최근 이찬수가 신자유주의 시대의 “탈폭력적 폭력”으로 규정한 폭력도 그중 하나이리라. 그것은 “폭력인 줄도 모른 채 폭력에 시달리는” 상태, “폭력이 내면화되어 가해자가 실종되어 버린 상태, 가해자와 피해자가 동일하기에 폭력의 책임을 물을 수 없는 상태……폭력의 피해자는 있는데 그 피해를 스스로 감내함으로써 가해자가 실종된, 폭력의 원인이 모호해진 상태”를 가리킨다.[11]

도미야마 이치로는 폭력의 정동적 차원을 강조했다. 폭력에 직면했을 때 육체와 감정은 동시에 그리고 뒤엉켜 반응한다. 임재성이 소개하듯이, “‘살해당한 시체 옆의 자리’……‘결정이 나지 않은’ 취약한 상태 속에서 육체를 가졌기에 나약할 수밖에 없는, 겁쟁이일 수밖에 없는 ‘시체

옆자리'의 존재는 무엇을 두려워하는가? 두려움이란 임박한 폭력을 예 감하는 것이다.……도미야마는 폭력이란 물리적으로 행사되면서 기능 하는 것이 아니라 그 존재가 암시된 시점에서 이미 작동하는 것이라고 본다. 누군가가 폭력을 예감한 순간 이미 폭력은 시작된 것이다."[12]

이처럼 폭력은 다양한 형태와 성격을 갖고 있다. 서보혁·이성용·허 지영 등은 최근 출간한 『폭력개념 연구』에서 더욱 세분된 폭력 유형론을 시도했다. 이들에 의하면 폭력은 국가폭력, 종교폭력, 젠더폭력, 공동체 폭력 등 기성 폭력("여전히 건재한 폭력"), 그리고 생태폭력, 인도주의폭력, 일상적 폭력, 긍정성의 폭력, 사이버폭력 등의 신흥 폭력("부상하는 폭력") 으로 나뉠 수 있다.

평화 개념은 폭력 개념과 쌍을 이룬다. 따라서 폭력 개념화에서 진행 되는 변화는 평화 개념에도 즉각 영향을 미치게 된다. 갈퉁은 '평화 대對 전쟁'이라는 종전 평화학의 대립 패러다임을 '평화 대 폭력'이라는 대립 패러다임으로 전환한 후, 평화를 "전쟁뿐 아니라 모든 종류의 폭력이 없 는 상태"로 새롭게 정의했다.[13] 평화는 "모든 종류의 폭력이 없거나, 폭 력이 감소하는 것"을 의미함과 동시에, "비폭력적이고 창조적인 방식으 로 갈등의 변형transformation을 이뤄내는 것"을 의미한다. 이때 폭력의 감 소는 평화적 수단에 의해 달성되어야 한다.[14]

갈퉁, 젱하스, 레이츨러 등의 논의를 종합하여, 서보혁은 최근 평화 개 념의 특징을 "전쟁 부재의 제한적 평화관을 비판하는 것", "(일국적, 지역적, 세계적 차원의) 사회 전반에 걸쳐 사고하도록 평화의 지평을 확장하는 것", "평화가 안보는 물론 정의, 민주주의, 인권, 발전 등과 상호작용하며 만 들어지는 역동적 개념이자 가치라는 것" 등 세 가지로 요약한 바 있다.[15] 이런 맥락에서 최근의 평화학에서는 평화권right to peace, 평화문화culture of peace, 인간안보human security 등의 개념들이 중요하게 부상하고 있다. 평화권은 "평화롭게 살 권리"를 뜻하며, "군비 보유의 배제, 국가에 의한

「전쟁 포로들의 길」(1878)

평화 저해 행위(무기 수출 등)의 배제, 양심과 종교의 자유에 따라 군사 활동에 참여하지 않을 권리, 군사적 목적의 기본권 제한(재산 압류, 표현의 자유 제한 등) 금지, 전쟁 위험(군사적 긴장 혹은 갈등)에 처하지 않을 권리, 안보 정책으로 인해 시민의 권리와 근본적 자유가 침해받지 않을 권리, 안보 정책이 투명하게 전개되고 거기에 시민이 참여할 권리" 등으로 구성된다.[16] 이렇게 보면 양심적 병역거부권은 평화권의 일부를 이루는 셈이다. 유네스코에 의하면, 평화문화는 "인권 존중, 폭력 거부, 양성평등, 민주주의 옹호, 국가 및 집단 간 소통과 이해를 표현하는 일련의 윤리적이고 심미적인 가치, 습관과 관습, 타자에 대한 태도, 행동 및 생활방식"를 가리킨다. 그것은 "전쟁과 폭력을 인정하는 경향을 대화, 존중, 공정함이 사회관계를 규율하는 문화로 전환하도록 하는 삶"으로도 정의될 수 있다.[17] '(국가)주권'에 집중하는 국가안보national security와는 별개로, 1994년 유엔개발계획(UNDP)의 『인간개발보고서Human Development Report』 이후 본격적으로 사용되기 시작한 '인권' 중심의 인간안보 개념도 유사한 관심 이동을 보여준다. 안보의 비군사적 측면들이 집중 조명되기 시작하면서, "평화학과 안보학의 수렴과 공생 현상"이 나타났다.[18] 인간안보는 국가와 군사 중심의 전통적인 안보 개념을 넘어 개인의 안전과 복지까지 고려하는 개념이다.[19] 1994년 UNDP의 『인간개발 보고서』에 따르면, "인간안보는 존엄성을 갖고 살 수 있는 권리를 의미한다. 이것은 단지 정치적·시민적 권리의 실현을 통해서만 달성될 수 없고 경제발전에 대한 권리를 포함하여 경제적·사회적·문화적 권리의 실현을 통해서만 가능하다."[20] 아울러, 최근 평화학계에서 폭넓게 인정되는 '평화 추구의 길'은 ① 평화조성 혹은 평화 만들기peacemaking, ② 평화 유지peacekeeping, ③ 평화 구축 혹은 평화 세우기peacebuilding가 있으며, 갈수록 평화 구축 접근의 중요성이 강조되고 있다.[21]

갈퉁이 직접적·구조적·문화적 차원을 망라하는 포괄적인 폭력론-평

화론을 제시한 이후 폭력-비폭력 혹은 폭력-평화의 이분법dichotomy 도식
에 의거하기보다, 폭력-평화 혹은 폭력-비폭력의 연속체continuum라는 시
각에 입각할 필요가 있다는 견해가 확산하고 있다. 폭력-평화 연속체는
"폭력과 평화가 각각 정도와 형태의 차이가 있을 뿐 하나의 연속체라는
인식의 발로"로서, "이상적인 폭력과 평화를 양극단으로 하는 하나의 스
펙트럼 위에서 폭력과 평화의 상대적 비중에 의해 폭력을 파악하는 접근"
이다. 현실은 "폭력 혹은 평화"가 아니라 "폭력-평화"라는 것이다.[22] 따
라서 폭력과 평화의 중첩·혼합은 비교적 흔한 현상이며, '힘에 의한 평
화'를 추구하는 '군사주의적 평화', 혹은 '현실주의적 국제질서 인식과
평화주의 신념의 결합' 등에서 이런 현상이 또렷하게 나타난다.

폭력-평화 연속체의 시각은 당연히 폭력의 형태적·내용적 다양성을
전제로 하고 있고, 그 반대편에서 평화의 다양성을 전제한다. '폭력 연속
체'나 '평화 연속체'라는 개념도 이런 인식을 반영한다. 요한 갈퉁은 직
접적 폭력, 구조적 폭력, 문화적 폭력이라는 폭력 유형론에 대응하는 평
화 유형론, 즉 직접적 평화direct peace, 구조적 평화structural peace, 문화적
평화cultural peace라는 유형들을 제시한 바 있다. 갈퉁은 또 전쟁 등 직접
적 폭력이 없는 상태를 소극적 평화negative peace로, 구조적 폭력과 문화
적 폭력이 없는 상태를 적극적 평화positive peace로 개념화하기도 했다.
이찬수가 말하듯이 "평화는 단수가 아니라 복수"이며, '평화들' 사이의
조화도 가능하다는 '평화다원주의'로 나아갈 수 있다.[23] 유사한 맥락에
서 비폭력주의도 '원칙적 비폭력주의principled nonviolence'와 '실용적 비
폭력주의pragmatic nonviolence'로 나뉠 수 있고, 양자의 공존과 혼용, 유기
적 연결도 가능하다.[24] 평화주의 역시 다양한 유형들을 포괄하고 있
다.[25] 이런 다양성에도 불구하고, 평화 개념의 핵심은 "폭력의 부재"에
있다는 데 폭넓은 합의가 이루어져 있는 편이다.[26]

평화학 혹은 평화연구는 처음부터 실천지향적이었고 가치지향적이

었다.[27] 그런 면에서 평화학은 평화운동과 분리될 수 없다. 평화운동은 "전쟁을 비롯한 모든 폭력을 지양하고 상호 이해와 관용으로 공존공영의 삶을 추구하는 시민의 제반 비폭력 활동"을 말한다.[28] 정욱식은 평화운동을 "'평화를 원하거든 평화를 준비하자'는 정신으로 비폭력적이고 평화적인 방법을 통해 평화를 추구하는 사회운동"으로 정의한다.[29] 엘리스 볼딩이 말하듯이, "평화운동의 전략과 전술은 시위와 행진, 파업, 단식과 대규모 이주에서부터 전략적 비협력, 교육, 제삼자의 중재, 화해, 그리고 유토피아적 공동체의 건설에 이르기까지 다양하다."[30]

서보혁은 폭력-평화 이분법 관점에서 벗어나 폭력-평화 연속체 관점으로 전환하는 것이 우리로 하여금 "평화 정착 방안을 좀 더 유연하고 현실적으로 생각하도록" 인도해주리라 기대한다. "폭력을 줄여나가는 비폭력적 과정"을 중시하는 폭력-평화 연속체 접근은 "폭력에서 평화로의 전환을 전망하면서 폭력을 점진적으로 그러나 연속적으로 줄여나가는 과정과 전략에 초점"을 맞춘다. "평화의 길은 폭력과 평화 사이에서 평화를 늘려가는 평화적 접근"이다.[31] 결국 평화로의 길은 비폭력적 수단에 의해 폭력을 줄이거나, 반대로 평화를 늘려가는 과정인 셈이다.

(2) 폭력과 종교의 다양한 관계들: 개연성, 친화성, 필연성

이미 보았듯이 갈퉁의 폭력 유형론에서 종교는 주로 문화적 폭력과 관련된다. 갈퉁은 문화적 폭력의 여러 영역 중 종교를 특히 중시하기도 했다. 종교는 폭력의 주요 원천이자 발현 형태 중 하나인 것이다. 더구나 종교는 강력한 힘을 갖고 있다. 그러나 때때로 그 힘은 위험하다. 이제부터는 종교와 폭력의 관계, 종교폭력의 성격과 유형 등에 대해 좀 더 자세히 살펴보고자 한다.

종교와 폭력의 관계는 양면적이다. 필자가 2003년 출간한 『전쟁과 종교』에서 레스터 쿠르츠에 기대어 말했듯이, 우리는 "가장 큰 폭력과 비폭력이 모두 종교에서 발원한다는 아이러니"에 주목할 필요가 있다.[32] 클라우스너의 표현처럼, "이데올로기적으로, 종교들은 폭력을 초래하기도 하고 평화를 요구하기도 한다."[33] 클라우스너는 "그 어떤 주요 서구 종교도 평화주의적이지는 않지만, 그럼에도 모든 서구 종교들은 폭력의 정당성을 시험한다"고 말하기도 했다.[34]

대부분의 평화사상들은 종교에서 연원한다. 오랫동안 종교들은 평화운동의 선도자였고, 평화운동 참여자들을 공급하는 가장 넓고도 마르지 않는 수원지였다. 거의 모든 종교들은 비폭력을 강력하게 옹호하는 메시지들을 생산해왔다. 많은 종교들은 '비폭력'을 하나의 종교적 '원칙'으로 정립하고, 이 '비폭력 원칙'을 강력히 지지하는 교리적 자원들을 풍부하게 갖고 있다.[35] 예컨대 불교는 불살생을 "첫째 계율"로 간주한다. 뿐만 아니라 류제동에 의하면 불살생은 단지 '죽이지 않는다'는 것을 넘어, "살아 있는 것을 괴롭히는 일체의 행위를 금하는 데 그 취지가 있으며⋯⋯ 일체의 살아 있는 것들이 그 삶을 온전히 누리도록" 해준다는 복합적인 의미를 갖고 있다.[36] 평화학의 개척자 요한 갈퉁은 "평화가 열반이고 열반이 평화"라고 주장했다.[37] 근대적 국제법의 형성은 그리스도교 정의로운 전쟁 교리의 세속적 버전이라고 말할 수 있을 만큼, 그리스도교의 전쟁·평화 이론은 전쟁의 도덕화와 인간화에 크게 기여했다. 조지프 나이가 설명했듯이, 정의로운 전쟁 교리는 17세기 이후 세속화되면서 칸트 등의 국제정치사상과 국제법에 반영되었다.[38] 초국가적 질서를 다루는 세속적 법규범과 사상 안에서도 그리스도교적 휴머니즘의 각인 과정이 진행되었던 것이다. 종교계의 평화운동은 여전히 강력하다. 엘리스 볼딩에 의하면, "역사적으로 신앙공동체에 뿌리를 둔 평화문화는 전쟁을 반대하고 평화와 정의를 수립하는 운동에서 특별한 역할을 해왔다. 서구 세계의 점증하는 세속화와 함께 서구 평화운동 역시 세속화되었다. 그러나 신앙에 기초한 평화운동 부문은 여전히 강력하다."[39] 1960년대 중반 대표적인 역사적 평화교회의 하나인 퀘이커 신자들은 평화학의 국제적 확산에 기폭제 역할을 하게 되는 국제평화학회(International Peace Research Association: IPRA)의 결성을 후원했다. 퀘이커 신자들은 1963년 스위스 클라렌스에서 열린 평화 연구자들의 국제적 모임을 후원했고, 이를 모태로 1964년 네덜란드 흐로닝언에 본부를 둔 국제평화학회가 설립될 수 있었다. 1973년에는 퀘이커의 지원으로 브래드퍼드대학교에 영국 최초의 평화학 교수직이 탄생했다.[40]

앞서 언급했듯이 평화학자들과 국제정치학자들의 관심은 직접적 폭력에서 구조적 폭력과 문화적 폭력 쪽으로 이동해갔다. 이에 발맞춰 주류 종교계의 관심도 구조적 평화와 문화적 평화로 이동해갔다. 예컨대 "평화는 정의와 사랑의 열매"라는 가톨릭교회의 정식화는 구조적 평화와 문화적 평화에 대한 관심을 동시에 표명하는 것이다. 이 입장에 따르면 "평화는 단순히 전쟁의 부재가 아니며, 적대세력 간의 균형 유지로 격하될 수 없다. 그보다 평화는 인간에 대한 올바른 이해를 바탕으로 하며, 정의와 사랑에 기초한 질서의 확립을 요구한다." 가톨릭교회는 "분쟁과 폭력을 막으려면, 평화를 사람의 마음속 깊이 자리 잡고 있는 가치로 뿌리내리게 하는 일이 절대 필요하다"면서 문화적 평화 혹은 평화문화 구축의 차원에서 '마음의 습관'까지 고려해야 함을 역설하고 있다.[41] 이 대목은 1945년 유네스코헌장의 정신, 즉 "전쟁은 인간의 마음에서 비롯되기 때문에 평화의 수호도 인간의 마음에서 구축되어야 한다"는 정신을 정확히 반영하고 있다.[42]

그러나 특정 종교의 ('교리'가 아닌) 실제 '역사' 속에서는 평화와 폭력의 추구가 섞여 있거나 번갈아 나타나곤 한다. 인류학과 심리학만 전쟁에 동원되었던 게 아니다. 신학과 윤리학의 전쟁 동원 역사는 훨씬 장구하며, 우리는 이에 응당한 관심을 기울여야 한다. 인류 역사에서 많은 신학자·교학자들은 전쟁에 신성한 후광을 제공해왔고, 때때로 전쟁 참여를 신자들의 의무로 제시했으며, 전쟁에서의 희생을 숭고한 순교 행위로 미화해왔다. 심지어 역사적 평화교회를 중심으로 한 평화주의 교단들조차 '전쟁 레토릭'에서 자유롭지 않다. 신약성서 요한계시록에 나오는 아마겟돈 전쟁 이전의 모든 전쟁 참여를 거부하면서도 인류 최후의 종말론적 전쟁을 기다리고 준비하는 이들을 피터 브록은 '종말론적 평화주의'로 분류한 바 있다.[43] 여기서도 영적 전쟁spiritual warfare이나 우주적 전쟁cosmic war 담론이 종종 등장한다. 존 로스가 말하듯이, "슐라이트하임 고백서[44]의 핵심에는 선과 악의 세력들이 영적인 전투를 하며 서로 대적한다는 세계관이 반영되어 있다. 이러한 우주적 전쟁의 참가자로서, 인간은 탐욕, 이기심, 폭력 등의 자연스러운 충동에 어떻게 반응하며, 사랑, 자비, 평화의 원칙들을 가르쳐주신 예수께 어떻게 충성을 하는가에 대한 진정한 선택을 마주하고 있다."[45]

우리는 종교와 폭력의 관계를 어떻게 설정할 수 있을까? 종교가 어떤 상황에서 폭력 사용을 촉진하거나 정당화할 수 있음은 널리 인정되는 사실이다. 그런데 조금 더 자세히 보면, 종교-폭력의 관계에 접근하거나 그것을 정식화하는 데서 의미 있는 차이도 나타난다. 필자는 이를 개연성 접근probability approach, 친화성 접근affinity approach, 필연성 접근inevitability approach의 세 가지로 나눌 수 있을 것으로 본다.

필자는 여기에 '비상관非相關 혹은 대립성 접근uncorrelation or confrontation approach'을 추가할 수도 있을 것이라 생각한다. 다시 말해 종교는 폭력과 아무 관계가 없거나, 종교는 본디 폭력과 대립적이라는 견해도 있을 수 있다. 그러나 역설적이게도 폭력을 극구 배척하는 종교적 평화주의자들은 종교의 폭력성—물론 주류 종교의 폭력성—에 깊은 공포를 느꼈을 가능성이 높고, 실제로도 그들은 종교폭력의 희생자가 되는 경우가 많았다. 종교적 평화주의자들만큼 종교-폭력 유착의 위험을 뼈저리게 체감하는 이들도 드물 것이라는 얘기이다. 따라서 적어도 평화주의자들에게 종교-폭력의 비상관 혹은 대립성 명제는 '사실성'의 차원이라기보다는 '규범성'의 차원에 가깝다고 해야 할 것이다.

필자는 종교-폭력 관계에 관한 '유형론' 정립도 중요하지만, (폭력-평화의 관계에서와 마찬가지로) 종교-폭력 관계를 하나의 '연속체'로 접근하는 게 바람직하다고 생각한다. 다시 말해 종교-폭력 관계의 특정 유형을 하나의 종교-폭력 스펙트럼 안에 다양하게 분포하는 특정한 위치나 지점들로서 파악하는 게 필요하다고 본다. 물론 구체적인 위치는 종교와 폭력의 거리, 양자의 결합 강도에 따라 달라질 것이다.

■ **개연성 접근** 이 접근에서는 종교의 폭력적 잠재력을 인정한다. 그러나 그것은 '억제 가능한' 잠재력이다. 따라서 이 접근에서 종교-폭력의 연계 가능성에 대한 인정은 '조건부 인정'에 가깝다. 종교-폭력의 연결은 필연적이라기보다는 '우발적'이고 '우연한' 것이다. 종교는 주어진 조건들에 따라, 그 조건들의 조합 방식에 따라, 폭력을 촉진할 수도 있고 반대로 억제할 수도 있다. 이 접근에서는 조건적·확률적 논증 방식을 선호한다. 필자 역시 이 개연성 접근이 가장 설명력이 높다고 판단하고 있다.

평소에는 종교-폭력의 연계를 고도로 경계하면서도 때때로 혹은 예외적으로 폭력 사용의 필요성을 수용하는 종교인들이 있을 수 있다. 이를 '선택성 접근selectivity approach'으로 부를 수도 있을 것이다. 필자는 이 입장 역시 넓은 의미의 개연성 접근으로 포괄할 수 있으리라 본다.

■ **친화성 접근** 어떤 이들은 폭력과 보다 친화적인 종교, 김형민의 표현으로는 "폭력에 취약한 종교"가 있다고 생각한다.[46] 이 접근에서는 종교-폭력의 보다 밀접한 관계를 인정한다. 종교-폭력의 친화성을 발견하

기란 결코 어려운 일이 아니라는 것이다. 이 접근을 지지하는 이들은 특정 범주의 종교들은 구조적으로 폭력적이거나 비관용적이고, 온갖 근본주의의 온상이 된다고 주장한다.[47] 물론 이런 종교-폭력 연계는 종종 불편하고 불쾌한 연결로 묘사되지만 말이다. 이 접근법에서는 특정 유형의 종교들은 다른 종교들보다 폭력으로 흐를 가능성이 높다는 논증 방식이 전형적으로 나타난다. 보다 폭력 친화적인, 혹은 폭력 유혹에 취약한, 혹은 폭력에 관용적인 종교 유형을 가려낼 수 있다는 이들이 꽤 있다. 이런 부류의 주장들은 서너 가지 정도로 수렴하는 경향을 보인다. 주장들은 일부 중첩되어 있기도 하다.

첫째, 다신론—아스만의 '우주종교'—보다는 유일신론monotheism이 보다 폭력 친화적이라는 주장인데, 필자가 보기에는 얀 아스만과 지그문트 프로이트가 이런 입장에 가깝다. 이에 따르면, 배타적 신神 관념에 폭력 가능성이 내재하며, 특히 불신자, 이단, 타종교에 대한 부정과 공격이 횡행한다. 유일신은 '질투하는 신'이자 '정의의 신'이자 '폭력의 신', 곧 '감시하고 징벌하는 폭력적 신'이다. 여기서 신의 정의란 폭력으로 부도덕한 이방異邦과 그 종교를 몰락시키는 행위이며, 정의의 신인 유일신은 불의자不義者에게 언제든 폭력을 행사할 태세를 갖추고 있고, 이방과 불의자에 대한 인간의 폭력은 신에 대한 절대적 순종 행위가 된다.[48] 프로이트는 아멘호테프 4세(아케나톤)가 창시한 태양신 숭배의 아톤교를 "인류 역사상 최초의 유일신교"로 간주했는데, 이 유일신교는 우상숭배를 엄격히 금하면서 타종교들을 기만, 속임수, 주술적 사고, 사후 삶에 대한 환상에 기초한 것으로 여겨 가차 없이 박멸했다.[49] 프로이트를 따라 얀 아스만도 아케나톤을 "인류사에서 유일신교적 반-종교counter-religion의 첫 창시자"로 간주했고, 이 유일신교는 여타 종교들에 대해 극단적으로 폭력적이었다고 보았다.[50] 아스만이 '우주신교'라고도 부르는 '우주적 종교들'이 "상호 문화적 번역 수단"으로 기능하는 데 반해, 반종교이자 반-다신교로서의 유일신교는 "상호문화적 이질화의 수단"으로 기능했다. 아스만은 다신교, 범신론, 이신론, 신비종교(신비주의), 자연종교(스피노자주의, 프리메이슨), 헤르메스주의, 신플라톤주의, 연금술, 카발라 등을 우주적 종교의 사례들로 열거했다.[51] 프로이트와 아스만의 고대 이집트 유일신 신앙 출현에 관한 연구가 서구 그리스도교 문명, 나아가 유대교와 이슬람 문명까지 겨냥하고 있음은 명백하다. 갈퉁 역시 이원론적 세계관과 유일신 관념의 연결에 주목하면서, "힌두교와 불교가 접목된 '아시아적 방법'"을 통해 "잘못된 이분법"을 회피할 수 있다고 보았다. 갈퉁은 "이분법적 세계관이 세계 갈등과 분쟁을 일으키는 주요인"인데, "이것은 주로 신의 세계와 인간의 세계 혹은 선과 악의 이원론적 세계관을 갖고 있는 유일신 종교에서 나타나는 현상"으로, "불교의 일원론적 세계관이야말로 갈등구조를 해결할 수 있는 평화의 원리"라고 주장했다."[52] 존 그레이는 일신교가 '세속주의'와 연결되는 데 비해, 다신교에는 '성속 이원론' 자체가 부재하다는 차이를 강조하기도 했다.[53]

둘째, 혼합주의syncretism보다는 근본주의적 순혈주의—혹은 유일신적 절대주의—가 보다 폭력 친화적이라는 주장인데, 울리히 벡, 로버트 퍼트넘과 데이비드 캠벨이 이런 입장에 가깝다. 벡이 개인적 수준의 종교적 혼합주의를 강조한다면, 퍼트넘은 사회적 수준에서의 종교적 혼합주의, 즉 다원적 종교 상황에서의 종교적 혼합 과정을 중시한다. 퍼트넘과 캠벨은 『아메리칸 그레이스American Grace』에서 종교적 혼합주의를 종교 간의 갈등을 줄이는 '미국의 은총'으로 해석했다. 퍼트넘과 캠벨은 "미국 내에서의 높은 정도의 종교 수용성이 미국인들의 높은 수준의 종교 간 협의체, 또는 우리들 대부분이 의지해서 살아가게 하고, 서로 친구가 되게 하고, 다른 신앙을 가진 사람들과 결혼을 하게 하는 "가교"와 연결되어 있다"는 것을 보여주는 다양한 증거들을 제시한다. 서로 다른 종교를 가진 이들이 이웃, 친구, 가족 관계를 형성하는 과정에서 활발한 "종교 간 혼합"이 발생하며, 그로 인해 "미국은 종교적 다양성과 신앙심 둘 다 평화롭게 공존하는 축복을 받"았다는 것이다.[54] 벡이 "종교적 칵테일", "칵테일 종교성", "칵테일 종교", "주관적 다신론", "혼합 종교성" 등으로 부르는 "자기만의 신"은 종교, 특히 폭력적 잠재력을 지닌 "유일신적 이항대립('이거냐 저거냐')"이 아닌, "'이도 저도 다'의 통합적 관용"을 특징으로 한다. "'자기만의 신'은 더 이상 신성을 독점하는 유일신이 아니다.……그것은 자기 멋대로 역사에서 편을 가르고, 상대편에게 불관용과 폭력을 휘두를 권력을 스스로에게 부여하는 유일신이 아니다. 종교적 칵테일의 원칙에 의해 주관적 다신론이라는 인간적인 원칙이 성립할 수 있는데……종교 간의 경계를 넘는 '혼합 종교성'은 이처럼 개인화된 행태들을 의미한다. 그것은 무엇보다도 신앙의 절대성에 집착하는 제도적 경직성에 대한 저항이다."[55]

셋째, 내재성보다는 초월성을 강조하는 종교들이 보다 폭력 친화적이라는 주장으로, 요한 갈퉁이 이런 입장에 가깝다. 갈퉁은 종교와 폭력/평화의 관계에 큰 관심을 쏟았다.[56] 갈퉁은 간디의 힌두교에서 시작해 불교로 관심을 확대해 갔는데,[57] 무엇보다 힌두교와 불교의 비폭력적 잠재력에 주목했다. 갈퉁은 초월적 신을 숭배하는 유대교, 그리스도교, 이슬람교 등 '딱딱한 종교들hard religions'이 폭력과 친화적인 반면, 내재적 신을 추구하는 불교 등 '부드러운 종교들soft religions'은 비폭력과 친화적이라고 보았다. 또 퀘이커교를 "부드러운 타입의 그리스도교"로 분류했다.[58]

넷째, 종말론적-목적론적 역사관 유무를 기준으로 종교의 폭력적 잠재력을 비교하는 견해도 있다. 예컨대 존 그레이에 의하면 종말론적-목적론적 역사관을 고수하는 그리스도교와 달리, 힌두교, 불교, 플라톤, 고대 유대교, 신비주의, 도교에는 "인류 구원이라는 목적"을 상정하는 "목적론적 관점"도, 역사를 "특정한 목적을 향해 가는 과정"이나 "시작과 끝이 있는 이야기"라는 관점도, "역사 속에서의 구원"이라는 관점도 없다.[59] 그리고 후자에 속하는 종교들은 폭력적 잠재력이 상대적으로 적다는 것이다.

하나의 종교 내에서도 특정 분파들이 더욱 폭력-친화적일 수 있다. 뢰어는 "문자주의적 종교"의 위험을 경고한다. "문자주의적 종교가 안고 있는 위험은, 그 종교가 사람들에게 불합리한 것을 믿으라고 가르치는 데 있는 것이 아니라 잔학한 행위들을 저지르게끔 준비시킨다는 데 있다."[60] 문자주의적 종교는 종종 근본주의fundamentalism로 불린다. 그런데 근본주의적 종교는 종교적 순수성을 보존하기 위해 전투적 분리주의militant separatism, 즉 내부인과 외부인, 진실한 신자와 불신자 사이의 선명한 구분·차별화·경계 짓기를 시도한다. 근본주의자들은 외부인과 불신자를 '이교도'나 '우상숭배자'로 규정할 뿐 아니라, "불신자이며 이교도적인 사악한 원수를 대적"하라고 가르친다.[61] 따라서 근본주의 성향의 종교보다는 자유주의 성향의 종교가 다른 종교인이나 비종교인에게 더욱 관용적일 가능성이 높다는 것이다. 하버마스도 "종교적 근본주의에 대한 혐오"를 표명하면서, 종교가 근대적 공론장public sphere에 참여하고 기여하기 위한 필수적 조건 중 하나로 "종교다원주의를 받아들이는 태도"를 요구했다.[62]

각 종교 내부의 근본주의적 위험 외에, 특정 종교 내의 특정 신학적·교학적 흐름 혹은 그룹이 폭력과 좀 더 친화적이라는 주장도 제기되었다. 예컨대 '정치와 종교의 결합'을 추구하는 신학·교학은 '정치-종교 분리'를 추구하는 신학·교학에 비해 폭력과 결합할 가능성이 높은 것으로 간주된다. 정치철학자인 마크 릴라는 전형적으로 종교-정치 융합을 지향하는 이슬람적 정치신학의 잠재적 위험만을 강조하는 이들을 비판하면서, 오히려 홉스·로크·흄에게서 발원하는 서구의 정치-종교 '분리주의 전통'의 예외성, 그것의 깨지기 쉬운 유약함을 강조했다. 그는 종교와 정치의 행복한 재결합을 추구하는 그리스도교와 유대교 내부의 흐름, 특히 19세기부터 20세기 초반에 걸쳐 독일에서 번성했던 '자유주의적 정치신학liberal political-theology'에서도 유사한 폭력화 잠재력을 발견했다. 19세기에 등장한 자유주의 정치신학은 정치로부터의 분리와 정치에의 개입 모두를 긍정했고, 양자 사이의 모순적 균형을 얼마든지 성취할 수 있으리라는 그릇된 낙관주의에 빠져 있었다. 릴라가 보기에 이는 애초부터 실패할 운명인, 말하자면 "사산된 신stillborn God"을 품은 신학이었다. 그는 정치-종교의 결합에서 비롯하는 정치의 종교화 위험, 정치적 메시아주의를 향한 열정, 종말론적-메시아주의적 정치신학의 유혹, "(정치와 종교—인용자) 분리주의 한계를 무너뜨리고 정치 생활을 보다 광범위한 신학적 또는 역사적 드라마 속으로 흡수시키고자 하는 유혹"이 19~20세기뿐 아니라 21세기에도 의연히 지속되고 있음을 강조한다.[63]

그러나 어느 것이든 친화성 접근이 안고 있는 공통적인 약점이자 한계도 있다. 그것은 종교의 역사적 가변성을 경시하는 '본질주의essentialism의 함정'에 빠질 위험이다. 특정 종교를 본질화하려는 유혹을 이겨내고, 친화성 접근에 속하는 이들의 귀중한 통찰들을 더욱 발전시키는 문제는 여전히 과제로 남아 있다.

■ **필연성 접근** 이 접근은 단순한 '친화성'을 넘어서, 종교의 '필수적 일부an integral part'로서의 폭력, 종교-폭력의 불가분성, 종교-폭력 연계의 불가피성을 주장한다. 폭력은 종교에 배태되거나 깊이 뿌리내린 것이라는 점에서, 폭력과 종교는 일종의 '배태됨 내지 착근성embeddedness'의 관계로 간주된다. 종교와 폭력의 본질적이고 필연적인 결합을 통해 종교폭력의 편재성 또한 주장된다. 이 접근에서 종교는 사실상 '종교-폭력 결합체'이다.

이런 접근을 대표하는 이가 르네 지라르이다. 그의 희생제의 이론은 "폭력(종교적 폭력)을 통해 폭력(사회적 폭력)을 방지한다"는 명제로 압축될 수 있다. 작은 폭력으로 큰 폭력을 방지 혹은 예방한다는 것, 무해한 폭력으로 유해한 폭력을 예방한다는 것이다. 필자는 이렇게 쓴 바 있다. "종교적 폭력 상징의 편재성은 르네 지라르에 의해서도 강조된 것으로, 그에 의하면 종교적 희생religious sacrifice의 성격을 띠는 폭력은 적극적인 사회적-심리적 기능을 갖고 있다. 즉 의례화된 폭력ritualized violence의 형태를 취하는 종교의 상징적 폭력은 자기 공동체 성원에 대한 적대감의 분출을 허용함으로써 사회적 결속을 증진시키며, 아무런 보복도 초래하지 않는 희생물에게 폭력을 소비시킴으로써 진정으로 파괴적인 '폭력을 정화한다purify violence.' 폭력의 의례화된 실행이 공격성을 대체함으로써 세계는 보다 평화로운 장소가 된다는 것이다."[64] 지라르는 종교-폭력의 이중적이고 역설적인 관계를 제시하는데, 양자는 상호 배척하기보다는 상호 침투하는 논리로 연결된다. 사람들은 종교적 폭력(희생제의)을 통해 어긋난 신과의 화해를 도모하거나 기존의 좋은 관계를 유지·강화할 뿐 아니라, 사람들 간의 더 큰 갈등·폭력을 예방한다.

진화심리학의 입장에서 '종교폭력의 진화적 기원'을 천착한 존 티한은 '종교와 폭력의 필연적 연계'를 주장하기도 한다. 그는 종교적 폭력과 종교적 도덕이 동일한 원천에서 나왔음을 강조한다.[65] 종교는 집단 형성의 원동력이며, 이를 통해 외집단에 대한 부정적 편견을 강화한다. 특히 '집단 경계 단속'에서 종교적 폭력이 비롯되는데, 이는 내집단의 응집을 위협하는 이들(배신자들)에 대한 폭력적 제재로도, 외집단에 대한 가혹한 처벌로도 분출할 수 있다는 것이다.[66]

적극적 무신론을 주장하는 이들도 대체로 필연성 접근에 가깝다고 말할 수 있다. 예컨대 "지구상에 존재하는 거의 모든 사회에서 신 때문에 발생하는 혼란 그리고 그 혼란을 일으키는 사람들 사이의 증오"에 주목하는 신경과학자 샘 해리스는 종교가 윤리적·지적 혼란과 증오의 원천이라고 주장하는 셈이다.[67] 그는 "종교는 부족주의·인종주의·정치보다도 훨씬 더 심각하게 인간들끼리의 충돌을 부추기고 있다"고 단정했다.[68]

2. 종교, 폭력, 평화(2)
   : 종교폭력의 유형과 메커니즘

(1) 종교폭력의 요인과 기제

종교가 직접적·구조적 폭력을 합리화하는 문화적 폭력의 일환이라면,
종교는 어떤 방식으로 폭력을 합리화하는가? 폭력에 대한 종교의 기여,
혹은 폭력과 연결될 수 있는 종교의 잠재력을 어떻게 정식화할 수 있을
까? 종교의 폭력적 잠재력을 보여주는 요인들(이 절에서는 '종교 내적인' 요인
들에 주목할 것이다), 그리고 종교폭력을 촉진하는 기제들을 간략히 탐색해
보자. 우선, 필자는 과거의 책에서 종교가 폭력 사용을 정당화, 나아가
의무화하는 방식들, "폭력적 갈등과 종교 사이에 적극적인 관계가 성립
될 수 있는 가능성들"을 다섯 가지로 요약한 바 있다: ① 이원론적 세계
관에 기초한 상황의 도덕화 내지 일상생활의 재신비화, ② '타자와의 경
계 지음을 통한 질서의 재구축'이라는 종교적 메커니즘 자체에 내재된
분쟁의 잠재력, ③ 의례적 혹은 사회적 맥락에서 폭력과 성스러움을 연
계시킴으로써 폭력을 성화하고 때로 폭력 사용을 의무화하는 것, ④ 우
주적 전쟁의 레토릭을 동원하여 폭력 사용을 정당화하고 폭력적 갈등을
수반하는 대의명분을 성화하는 것, ⑤ 이단의 정치학을 통해 내부의 개
혁주의적이거나 온건한 종교 분파들을 공격하는 것.[69]

　　브루스 링컨이 말하듯이, 종교-폭력 간에 필연적 관계는 없을지라도,
키에르케고르가 말하는 "윤리에 대한 종교적 유보"를 촉진하는 방식으
로 종교적 담론·권위·정체성은 "비폭력에서 폭력으로의 도약"을 용이하
게 만드는 데 동원될 수 있다.[70] 물론 여기서 '윤리'란 폭력 사용을 비판
하고 제약하는 규범적 압력을 가리킨다. 나아가 종교는 살인이나 폭력
을 "단순히 윤리적인 행동의 문제가 아닌 신성한 의무"로 받아들이도록

만듦으로써, "잔인한 폭력을 성스러운 의무로 둔갑시키는 능력"을 발휘할 수 있다.[71] 즉 어떤 종교적 담론들은 "살인이 희생제의로 규정되거나, 파괴가 정화로, 또는 전쟁이 십자군 원정으로 규정되는 경우처럼, 그냥 그 자체로는 문제가 되는 행동들을 의로운 행위나 성스러운 의무 따위로 다시 코드화하는 담론들"로 기능한다.[72] 갈퉁이 문화적 폭력 중 가장 중요한 것으로 종교를 꼽는 이유도 여기에 있을 것이다.

쿠르츠에 의하면, 종교적 갈등의 진정한 기초가 정치적·계급적·종족적인 것일 수도 있지만, 폭력적 갈등에서 종교가 갖는 독특한 중요성은 '폭력의 정당화justification of violence', 그리고 갈등 당사자들이 추구하는 '대의의 성화sacralization of cause'에 있다.[73] 이와 유사하게 클라우스너는 종교문화가 사회적 폭력을 선동하는 방식으로, ① 일상적 쟁점의 절대화, 즉 일상적 문제들mundane issues을 삶과 죽음의 문제로 전환하는 것, ② 적의 특정화, 즉 악마·적그리스도·이교도 등의 규정을 이용하여 공격할 적을 식별하는 것, ③ 폭력 주체로 위임된 이들에게 폭력 행위를 위한 이유, 원리, 명분rationale을 제공하는 것을 들었다.[74]

한편 우주적 전쟁 프레임 속에서 종교적 폭력이 구사될 경우 폭력의 정화, 공포의 제거, 폭력에 대한 정당화와 면죄免罪 같은 효과들이 발생한다. 우주적 전쟁 담론의 맥락에서, 주어겐스마이어는 실제적인 폭력 충돌의 현장에서 종교가 수행하는 기능을 다음과 같이 요약했다: ① 우주적 전쟁의 이미지를 통해 상징화함으로써 실제적인 폭력을 '소독하는sanitize' 것, ② 종교적 의미를 덧입힘으로써 폭력에 부착된 공포를 제거하는 것, ③ 갈등에 연루된 사람들을 우주적 전쟁의 드라마를 경험할 수 있는 의례의 일부로 만듦으로써 폭력을 정당화하고 면죄해주는 것.[75] 따라서 종교는 승리에 대한 확신이나 희망, 죽음이나 희생을 감수할 용기를 제공할 뿐 아니라, 외상 후 스트레스 장애PTSD 등 전투·살인으로 인한 심리적 상처를 방지하거나 최소화하는 데도 기여할 수 있다. 주어겐스마이어는 테러리즘-종교 관계에 대해 논의하는 맥락에서 종교가 "갈등이 아니었거나 비폭력적 갈등이었던 것을 폭력적 갈등으로 이끄는" 요소들을 여섯 가지로 제시한 바 있다: ① 종교적 공훈功勳, 구원, 천상의 호화로움 등의 개인적 보상 제공을 통한 갈등의 개인화, ② 사회적 동원 수단 제공, ③ 조직적 네트워크 제공, ④ 정치적 충돌에 대한 도덕적 정당화를 제공, ⑤ 폭력에 대한 정당화, 즉 폭력에 도덕적 승인을 제공할 수 있는 국가 아닌 유일한 실체가 바로 종교라는 것, ⑥ 우주적 전쟁 이미지의 제공을 통한 '종교적 군사'라는 역할 제공, 갈등의 절대화(타협의 배제), 상대의 악마화, 갈등의 영속화.[76]

종교는 스스로 적敵으로 지목한 이들을 "하느님의 적, 성서를 모독한 자, 우상숭배자"로 규정할 수 있다.[77] 브루스 링컨은 더 나아가 '탈脫인간화' 혹은 '물화物化' 메커니즘을 중심으로 살인 혹은 생명의 탈취가 법적·도덕적·문화적·종교적으로 승인되고 심지어 축복되는 조건들을 밝힌 바 있다. 여기에는 "주어진 살해 행위의 희생자가 진정 인간인가truly human 하는 문제"가 개입된다면서, 전쟁에서는 적의 타자성otherness of enemy을 극적으로 강조함으로써 적을 준準인간적subhuman, 비非인간적 nonhuman, 나아가 짐승 같은monstrous 존재로 규정하는, 탈脫인간화의 패턴pattern of dehumanization이 작용한다고 주장했다. 이것은 "사람(적)을 물건으로 만드는 과정process of turning a man into a thing"이기도 하다. 링컨에 의하면, 전쟁의 마지막 역설은 (적의 탈인간화만이 아니라) 죄의식, 공포, 동정심과 같은 인간적 경향으로부터 벗어나 스스로 효과적인 살인 도구가 되기 위한 '전사戰士 자신의 탈인간화'에서 찾을 수 있다.[78]

종교 지도자들은 당면한 전쟁이나 전투를 거룩한 전쟁, 십자군전쟁, 혹은 의로운 전쟁으로 미화하거나 찬양하고 나설 수 있다. (적과 아군 모두를 포함하는) 인간의 탈인간화·물화를 동반하는 살인 정당화 논리 역시 성전聖戰 혹은 십자군 담론에서 가장 명료하게 나타날 가능성이 높다. 성전

·십자군 논리의 신봉자 중 일부는 '선善의 승리를 위한 폭력 동원'을 넘어, '창조적 파괴'를 비롯한 "폭력의 해방적 힘"을 내세우거나, "폭력에 의한 인류 정화淨化"를 주장하고 나설 수도 있다.[79] 군종을 통해 전승戰勝을 기원하거나, 전투에 임하는 군인들을 축복하거나, 그들의 죄를 면제해주는 행위 역시 종교가 폭력에 기여하는 한 방식이다.

박충구는 종교가 폭력을 정당화하는 세 가지 명분으로 ① 악에 대한 징벌, ② 사회의 질서와 안전 유지, ③ 교회·교권·교리 보호를 들었다.[80] '호교護敎', 즉 내·외부의 위협으로부터 자기 종교를 보호하고 방어한다는 대의는 종교가 폭력을 정당화하는, 심지어 의무화하는 대단히 유력한 방편으로 봉사한다. 비록 드물지만 성직자나 수도자가 직접 '전사'로 전투에 참여하는 성직자 전사, 성직자 부대, 성직자 군인priest soldiers 현상도 발견된다. 고려시대와 조선시대의 승군僧軍·승병僧兵처럼 '칼을 든 승려들'도 존재했고, 2021년 2월 군사쿠데타 이후의 미얀마 내전에서는 반군 진영에 가담한 '총을 든 승려들'도 등장했다. 19세기 말부터 20세기 후반까지 힌두교 수호를 명분으로 무장투쟁 혹은 전투적 저항을 계속한 나가 사두Naga Sadhu의 사례도 떠올릴 수 있을 것이다.[81] 무기를 든 군인(경비병)이 상주하는 바티칸의 스위스인 근위대처럼, 종교조직이 경호나 방어 등의 명목으로 무장 병력을 직접 고용할 수도 있다. 이 모두가 호교를 명분으로 한 행위들이다. 그런데 호교 논리는 '호국護國' 논리와 병행하는 경향이 강하다. 예컨대 불교에서는 '불법佛法 수호'와 '국가 수호'를 양대 명분으로 폭력과 전쟁을 정당화해왔다. 여기서 국가 수호 명분은 호국불교론으로 발전하곤 했는데, 이 논리는 국가 자체를 성화하는 '불국토佛國土 사상'을 전제로 하는 경우가 많았다.[82] 이처럼 호교와 호국의 경계는 종종 모호해지며, '호교를 위한 호국' 혹은 '호국을 통한 호교' 등 우선순위의 역전도 자주 발생한다.

종교적으로 정당화된 폭력의 유난한 잔혹성도 주목을 받아왔다. 이

발칸전쟁에서 게릴라로 참전했던 세르비아정교회 수석사제(1912)

역시 종교를 통한 인간의 탈인간화·물화, 적에 대한 악마화로 인한 것일 가능성이 높다. 박충구가 지적했듯이, "종교의 재가를 받아 치러진 전쟁은 이성의 동기보다 신앙의 동기가 작용함으로써 십자군전쟁과 같은 잔혹성을 동반"하는 경향, "더욱 가공할 만한 폭력성과 비인간성을 불러"오는 경향을 보여준다.[83] 악惡과 한통속으로 간주되는 외집단/외부자는 "기생충", (내집단의 순결함을 훼손하는) "오염원" 등으로 비인간화되며, 이런 비인간화는 다시 외집단/외부자에 대한 억압과 회피는 물론이고, "인종청소"와 "진멸殄滅"까지도 정당화할 수 있다. 이런 진멸 행위 자체가 일종의 "희생제의"로 간주되면서 살인에 부수되는 공포심, 혐오감, 도덕적 고통도 제거되거나 경감될 수 있다.[84] 뢰어에 의하면, '평화의 신학'과 대조적으로 '전쟁의 신학'은 "아주 작은 내집단과 아주 큰 외집단의 목록으로, 악의 근원에게 분노와 증오와 무기를 겨냥하게끔 초점이 맞추어져 있다."[85] 찰스 킴볼은 폭력에 대한 종교의 탁월한 기여라는 "슬픈 진실"을 토로한 바 있다: "인류 역사상 종교의 이름으로 치러진 전쟁이 가장 많고, 종교의 이름으로 살해된 사람이 가장 많으며, 종교의 이름으로 자행된 악행이 가장 많다."[86] 종교와 결합한 폭력은 중단할 방책을 발견하기가 쉽지 않고, 그 때문에 장기 지속하는 경향이 강하다. 정태식이 말했듯이, "인류의 역사에서 가장 오랜 기간 동안 지속되어왔고, 가장 해결하기 어려운 갈등 구조는 정치와 종교의 결합이 만들어낸 갈등 구조이다."[87] 사회적 갈등에서 대립하는 양쪽 모두가 "폭력에 대한 종교적 정당화"[88]에 나설 때 갈등은 장기적이고, 맹렬하고, 극도로 파괴적인 양상을 띠기 쉽다. 폭력을 정당화하는 종교의 능력은 결코 과거의 유물이 아니다. 그것은 "탈이데올로기의 시대"로 여겨지는 20세기 말과 21세기에 오히려 더욱 커졌다는 게 슬라보예 지젝의 견해이다.

종교적으로(혹은 민족적으로) 정당화되는 폭력이 만연하는 이유는 우리가 이 시대를 탈이데올로기의 시대라고 여기기 때문이라 할 수 있다. 더 이상 거창한 공적 대의를 동원해 전쟁과 같은 집단적 폭력을 정당화하는 근거로 삼을 수 없기에, 또 우리가 가진 지배적 이데올로기가 우리에게 인생을 즐기고 자아를 실현할 것을 요구하기에, 대부분의 사람들에게 다른 인간을 고문하고 죽이는 혐오 섞인 공포감을 극복한다는 것은 어려운 일이다.……따라서 누군가에게 그런 일을 하도록 하기 위해서는 보다 크고 '성스러운' 대의가 있어야 한다. 사람을 죽인다는 일에 대해 개인이 느끼는 감정쯤은 하찮은 것이라 느끼게 해줄 대의 말이다. 종교적 혹은 민족적 소속감이야말로 이런 역할을 하는 데 제격이다.……오늘날의 테러리즘이 주는 교훈은 바로, 만일 신이 있다면, 모든 일이, 심지어 아무 상관 없는 수백 명의 무고한 이들을 날려버리는 일조차도, 신의 의지를 행사하는 도구로서 신의 뜻을 직접 받들어 행동한다고 주장하는 이에게 허용된다는 점이다. 신과 직접 연결되어 있다면 우리가 '그저 인간이 만든 것에 불과한' 제약과 고려사항을 위반한다 해도 깨끗하게 정당화될 수 있기 때문이라는 것이다.[89]

(2) 종교적 폭력의 다양한 발현 형태들: 종교폭력 유형론

우리가 종교-폭력의 필연적 연계를 가정하지 않더라도, 종교와 연루된 폭력의 유형화는 충분히 가능할 것이다. 우리는 "종교적으로 승인되고 정당화된, 심지어 의무화된 폭력"을 '종교폭력religious violence'으로 명명할 수 있을 것이다. 종교적 폭력과 관련하여, 최근 수십 년 동안 학술적 혹은 정치적 관심을 끈 현상들을 ① 전쟁, ② 집단자살collective suicide, ③ 테러리즘terrorism, ④ 근본주의, ⑤ 종교적 우파religious rights, ⑥ 군종 등 대략 여섯 가지 정도로 요약할 수 있을 것 같다. 전쟁이나 폭력을 미화·정당화하는 군종은 다음 절에서 별도로 다룰 것이므로, 여기서는 나머지 다섯 가지에 대해 개관해보자.

첫째, 종교적 갈등은 종족·계급 갈등 등 다른 갈등 요인들과 중첩되거나 결합하여 격렬하고 지속적인 폭력적 갈등으로 비화한다. 종교와 폭력의 체계적인 결합인 '종교분쟁religious conflicts'은 "분쟁의 당사자들이 둘 혹은 그 이상의 뚜렷하게 구분되는 종교적 성향 혹은 정체성을 지닌 집단들로 구성되고, 대립하는 각 진영에 가담한 인구의 종교적 구성이 상대적으로 동질적이거나, 갈등의 과정에서 점점 동질화되어가며, 당면한 대립과 갈등이 종교적으로 해석·정당화되고, 전투에서 승리하기 위해 신자들, 조직, 리더십, 신학…등 종교적 자원들이 적극적으로 동원되는, 폭력적이고 지속적이며 조직적인 갈등"을 가리킨다. 그리고 종교분쟁의 더욱 격화된 형태를 '종교전쟁religious war'으로 간주할 수 있을 것이다.[90] 냉전 시기에는 비서구 곳곳에서 폭력적 종교분쟁이 빈발했다. 서구 사회들이 장기 평화long peace를 구가하던 냉전 시대의 아시아에서 벌어진 열전熱戰들을 연구한 폴 체임벌린은 순차적으로 등장했던 세 전선戰線을 제시하면서, 특히 '냉전 말기'인 1975~1990년에 레바논·이란·아프가니스탄 등 중동과 중앙아시아를 주무대로 등장한, 종교적·종족적 정체성에 기초한 '거대한 종파 반란'(대종파 반란)에 주목했다.[91] 탈냉전기인 1990년대 이후에는 (냉전 말기 종교분쟁들의 상당수가 여전히 지속되는 가운데) 동유럽 사회주의국가들에서 종교분쟁이 연쇄적으로 벌어졌다. 최근의 가자전쟁이나 러시아-우크라이나전쟁 등에서 보듯이, "특정 전쟁에 대한 종교인들의 적극적인 지지와 참여"도 유사한 범주로 분류할 수 있을 것이다.

둘째, 종교인들의 집단자살은 미국인들과 관련된 1978년의 인민사원 사건, 1993년 다윗파 사건, 1997년 '천국의 문' 사건을 비롯하여, 1994~1997년 스위스·캐나다·프랑스에서 발생한 태양사원 사건, 2000년 우간다에서 발발한 '십계명 회복 운동' 사건 등을 우선 거론할 수 있을 것이다. 한국에서도 1989년 발생한 오대양 사건과 1998년의 '양양 영생교' 사건 등을 떠올릴 수 있다. 데이빗 치데스터에 의하면, 종교적 집단자살의 네 가지 기본 형태는 의례, 해방, 보복, 혁명이다. 다시 말해 종교적 자살은 ① 정화의 의례, ② 고통과 질곡으로부터의 해방(자기 운명에 대한 직접적이고 의식적인 지배로서의 해방 행위), ③ 적에 대한 보복, ④ 적에 굴복하지 않고 적에 대항하는 혁명을 가리킨다.[92] 치데스터는 인민사원 신자들의 집단자살에서 "이해할 수 없는 폭력·파괴·죽음의 분출"뿐 아니라, "종교·정치·폭력의 기이하고 일탈적인 교차점" 혹은 "종교·정치·폭력의 기이한 혼합물"을 발견한다. 인민사원 신자들에게 "자기의 생명을 파괴하는 폭력"은 의미 있고 가치 있는 행위로 해석되었다. 그것은 "구원적 자기희생", 곧 "폭력적인 수단으로 성취된 종말에 의해 정당화되는 강력한 구원적 희생"으로 간주되었다.[93] 아울러 그것은 "상징적 전도의 전략"을 실행하는 혁명의 행위, 즉 "자신들을 비인간화하는 분류체계를 전도시키는 초인간적 행위"로서의 "혁명적 자살"로 간주되었다. 인민사원 신자들에게 집단자살은 "폭력이 야기한 폭력"이자 "구조적 폭력에 대한 폭력적 대응"이었다.[94]

셋째, 종교적 테러리즘은 브루스 링컨이 '거룩한 테러holy terror'라 불렀던, "종교의 이름으로 행해지는 테러"를 가리킨다. 제시카 스턴의 표현처럼 "신의 이름으로 행해지는 테러terror in the name of God"라고 부를 수도 있겠다.[95] 이는 1995년 옴진리교의 도쿄 지하철 독가스 테러나 2001년 9·11테러로 대표되며, 세계 곳곳에서 빈발하는 자살폭탄테러나 인터넷으로 생중계되는 공개적 참수 등을 망라한다. 우리는 종교단체의 테러조직화, 혹은 테러 조직으로 변형된 종교단체를 종종 발견하게 되는데, 이는 홀이 전前묵시록적 전투 종파preapocalyptic warring sects라 불렀던 집단이기도 하다.[96] 로빈 라이트는 전투적 이슬람Islamic militancy이 등장한 것은 1979년으로, 그해 발생한 이란혁명이 하나의 전환점이었다고 보았다. 자살 폭탄테러의 시초는 1980년대 초 레바논의 헤즈볼라에 의한 것이었고, 1980~1990년대에는 지역적으로 중동과 스리랑카에 한정되었지만, 2000년대로 접어들면서 서구를 지향하는 쪽으로 극적인 변화가 발생했다.[97] 론 도슨은 종교적 폭력이나 종교적 테러리즘을 과장하는 경향도 문제이나, 테러리즘·폭력에서 종교 요인을 의도적으로 경시하거나 무시하는 경향 또한 문제라고 지적한다. 그는 프레이밍framing과 해석, 종교성 급증의 세 가지 측면에서 종교가 테러리즘의 동기 부여 요인으로 중요하다고 강조한다.[98] 스콧 애트런은 종교적 테러리스트에 대해 '헌신된 행위자devoted actor' 가설을 제시한다.[99] 그는 성스러운 가치, 집단 역학, 개인적 정체성의 삼중적 융합에 의해 헌신된 행위자가 창출된다고 본다.[100] 나닝하는 테러나 공개적 참수斬首와 같은 극적인 상징적 폭력 행위의 표현적이고expressive 수행적인performative 성격을 강조했다.[101] 테러리스트들은 폭력 행위를 의례적으로 공연함으로써 자신들의 정체성을 정의하거나 승인하고, 자신들의 메시지를 표현하고, 집단적 결속을 창조하고, 경계를 재확립하여 적에 대한 자신들의 도적적 우위를 주장하고, 어떤 권능감을 체험한다. 특별히 이슬람국가IS에 초점을 맞출 때, 테러리즘 혹은 폭력 행위는 네 가지 의미를 지닌다: ① 자신들은 '예언자'의 발자국을 따라서 적에게 복수하고 있음, ② 기꺼이 죽겠다는 의미의 시현, ③ 현세의 일들로부터 초연하게 거리를 두고 있음을 강조하는 것, ④ 폭력 행위 자체가 그 행위자의 명예와 존엄을 표상한다는, IS 투쟁의 명예로운 본질을 개인화하는 것.[102]

넷째, 근본주의운동은 "전통사회의 침식을 중단시키고 세속적 근대성secular modernity의 잠식성에 맞서 싸우기 위해, 한 전통종교의 '본질essentials' 혹은 '근본fundamentals'을 복원, 윤색, 구성하는 과정"으로 이해될 수 있다.[103] 근본주의운동은 세속화를 촉진하는 정체polity, 사회, 문화에 대한 종교적 도전이라는 양상을 띤다. 아몬드, 시반, 애플비는 근본주의운동이 적으로 인식하는 대상perceived enemies을 기성 종교, 세속국가, (세속화된) 시민사회, 종교적 경쟁자, 종족적·민족적 경쟁자, 제국주의·신식민지주의 등 여섯 가지로 제시한 바 있다.[104] 근본주의운동은 다원주의에 대해서도 적대적인데, 예컨대 이슬람 근본주의자들은 다원주의를 "문화적 파탄의 표출", "이슬람이 등장하기 이전의 무지몽매와 타락의 반복", "도덕적 타락의 표시"로 간주하는 경향이 있다.[105] 아몬드 등은 '세계와의 관계 혹은 상호작용 패턴'에 따라 다양한 근본주의운동들을 세계 정복자world conqueror, 세계 변혁자world transformer, 세계 창조자world creator, 세계와의 단절자world renouncer 등 네 가지로 분류할 수 있다고 보았다.[106] 근본주의운동은 특정 종교, 특정 지역에 국한된 현상도 아니다. 아몬드 등이 찾아낸 근본주의운동 사례 22개는 그리스도교 계통 6개(개신교 5개, 가톨릭 1개), 이슬람교 계통 8개, 유대교 계통 5개, 힌두교 계통 1개, 시크교 계통 1개, 불교 계통 1개로 구성되어 있다. 그 지리적 분포는 미국, 유럽, 중남미, 중동 및 이스라엘, 북아프리카, 남아시아 등을 망라한다. 20세기 말과 21세기 초의 종교적 근본주의는 종교인들의 체제전복운동(국지적 종교분쟁)과 국제적 근본주의운동(글로벌 종교분쟁)을 포함한다.[107] 또 오늘날 이란과 아프가니스탄의 신정정치에서 보듯이 폭력을 동반하는 근본주의적 통제도 여기에 해당한다.

다섯째, 미국 개신교와 주로 관련된 '종교적 우파'도 종종 폭력 사태를 불러일으키곤 했다. 테러리즘에 맞서는 '테러와의 전쟁'도 빈번하게 종교 우파와 연결되었다. 개신교를 중심으로 한 그리스도교 우파Christian right 지도자들은 9·11테러 이후 조시 부시 대통령에 의해 선포된 테러와의 전쟁, 미국이 그 일환으로 촉발한 아프가니스탄전쟁과 이라크전쟁을 선악 이분법에 기초한 성전 혹은 의로운 전쟁으로 승화시켰다.[108] 존 그레이는 테러와의 전쟁이 '종말론적 종교'의 신념에 기초하고 있었다고 보았다.[109] "테러리스트를 추적하여 주님의 이름으로 사살해야 한다"고 공공연히 말하는 보수 개신교 지도자, 암살·살인을 부추기거나 심지어 총기를 교회로 반입하고 과시하는 그리스도교 우파 목사들과 같은 다소 극단적인 사례들도 나타났다.[110]

한편, 존 홀은 만하임의 이데올로기 및 유토피아 개념에 근거하여 종교적 폭력의 두 가지 유형을 구분한 바 있다. 그 하나는 '규범적인 이데올로기적 폭력normative ideological violence'이고, 다른 하나는 '대항문화적인 유토피아적 폭력countercultural utopian violence'이다. 전자는 이데올로기적으로 규범화된 폭력, 기성 사회질서 내에서 정당화된 폭력, 종교적 실천의 일부로 일상화된 폭력을 가리킨다. 홀은 후자와 관련하여, 모든 대항문화적 유토피아 운동은 궁극적 의미의 문제를 전면화하게 되므로 어느 정도는 종교적 색채를 띠고 있다고 주장한다.[111] 이를 세분하면 〈표 8-1〉

〈표 8-1〉 종교적 폭력의 유형들

양대 유형	하위유형과 사례
규범적인 이데올로기적 폭력	(1) 성직정치적 지배(hierocratic domination)하의 폭력(독점적 종교지형): ① 스스로 부과한 고행, ② 사회통제 도구로서의 폭력 (2) 종교 간 경쟁과 관련된 폭력(다원주의적 종교지형): ① 경쟁에서의 반칙, ② 종족 갈등으로 발전하는 종교경쟁, ③ 정치 갈등의 종교 갈등으로의 발전(근본주의자의 온건파 공격), ④ 근본주의운동 간 경쟁의 폭력적 공격으로의 비화 (3) 국가 지배와 식민화의 측면을 조직화하는 힘으로서의 종교
대항문화적인 유토피아적 폭력	(1) 민족주의, 반란, 혁명 (2) 식민주의에 대한 종교적 대응 (3) 대항문화적인 종교전쟁 (4) 대항문화적 종교운동과의 갈등: 반(反)컬트운동 등 (5) "박해"와 패배에 대한 폭력적인 반문화적 대응: 집단이주와 집단자살 등

과 같다.

홀이 규범적인 이데올로기적 폭력의 하위유형 중 하나로서 "국가 지배와 식민화의 측면을 조직화하는 힘으로서의 종교"를 언급하고 있듯이, 주류 종교들은 통상 기성 질서를 지지하며, 그 연장선상에서 국가폭력까지 지지하는 경향이 있다. 따라서 반란이나 대량학살의 형태로 나타나는 폭력에는 반대하지만, 사형死刑이나 전쟁의 형태를 취하는 폭력은 종종 지지하곤 한다.[112]

한편, 필자는 20여 년 전에 출간한 『전쟁과 종교』에서 종교분쟁의 유형들을 네 가지로 제시한 바 있다. 그것은 ① 종교 간 대립이 종족 분쟁과 결합한 '종족-종교 분쟁', ② 세속화를 촉진하는 정체polity, 사회, 문화에 도전하면서 정치와 종교의 융합을 추구하는 '근본주의운동', ③ '분쟁의 근본주의화 효과'에 따라 대두하는, 종족-종교 분쟁과 근본주의운동의 혼합형 종교분쟁인 '종족-근본주의 분쟁', ④ 하나의 국가 혹은 영토 안에 다양한 대립축을 지닌 종교 갈등이 중첩적·중층적으로 발생하는 '복합 종교분쟁' 등이었다. 여기서 '종족-종교 분쟁'과 '근본주의운동'이 종교분쟁의 기본 유형이라면, '종족-근본주의 분쟁'과 '복합 종교분쟁'은 기본 유형들에서 파생된 유형들이다.[113]

3. 종교와 군대: 군종제도

양심적 병역거부는 폭력, 전쟁, 평화뿐 아니라, 군대라는 주제와도 긴밀히 연관되어 있다. 근대 이후 '폭력·전쟁·평화와 종교'라는 주제와 관련된 핵심 쟁점을 꼽으라면, 아마도 대부분은 군종제도military chaplaincy, 양심적 병역거부, 평화운동 등을 우선 거론할 것이다. 이 가운데 평화운동의 필요성과 중요성을 부정할 종교 지도자들은 없을 것이다. 그렇다면 군종제도와 양심적 병역거부의 관계는 어떠한가?

오늘날 대부분의 주류 그리스도교 교단들은 군종제도에 참여하면서 양심적 병역거부도 인정한다. 양자가 항상 서로 모순되는 것은 아니다. 군종제도 참여와 양심적 병역거부에 대한 인정·지지는 양립할 수 있다. 그러나 양자 사이에 미묘한 균형을 만들어내고 그것을 오래 유지하는 게 결코 쉬운 일은 아니다. 군종제도가 '전쟁 정당화'에 기여하기 쉽다면, 양심적 병역거부는 명백히 '전쟁 반대'로 기울어져 있다. 이 때문에 양자는 언제든 서로 충돌할 수 있다.

이런 문제의식을 갖고 여기선 논의의 초점을 군종제도에 맞춰보자. 필자는 2017년에 출간한 『종교와 군대』에서 군종의 역사와 관련하여 다음과 같이 서술한 바 있다.

군종은 1600년 이상의 장구한 역사를 지닌 제도이자 활동이다. '군대 사제military priest, army priest'라고 부를 수 있는 이들이 3세기부터 시리아, 불가리아, 이집트, 페르시아 등지에서 광범위하게 발견된다. 유럽에서는 8세기에 이르러 군종이 군대조직 내부의 공식적인 '직책'으로 명확히 인정받았다. 또 십자군전쟁을 거쳐 13세기 중반에 이르면, 군종이 역대 교황과 각 지역 주교들의 확고한 법적 뒷받침을 받으면서 완숙하게 발달된 형태로 존재하게 되었다. 종교개혁 이후 유럽에서 진행된 장기간의 종교전쟁들 역시 군종제도의 발전을 가속화하는 촉매로 작용했다.

그리스도교가 아닌 다른 종교 문명권에서도 군종이라고 이름 붙일 만한 활동들이 일찍부터 널리 행해져왔다. 독자적인 군종 요원은 존재하지 않았을지라도, 근대 이전의 중국과 조선에서도 정기적으로 혹은 출병이나 군사훈련 때에 맞춰 군신軍神 내지 군대·전쟁의 신을 대

상으로 전승을 기원하는 국가의례들이 행해지곤 했다. 마제禡祭나 독
제纛祭가 대표적인 사례였다.……천 년 이상의 오랜 역사를 거치는 가
운데 군인들을 상대로 행해지는 종교 활동의 내용, 기능, 목적, 주체
등은 변화를 거듭했다.……특히 18세기 이후 상비군 제도의 등장, 19
세기 이후 징병제의 도입과 확산, 그에 따른 용병군에서 국민군으로의
상비군 성격 변화는 군종제도가 전시만이 아니라 평시에도 필요한 상
설조직으로 서서히 자리 잡도록 만들었다.

군종제도가 전쟁을 자양분으로 성장했음은 부인할 수 없는 역사적
사실이다. 특히 십자군 원정이나 종교개혁 이후의 일련의 전쟁처럼 '종
교전쟁'의 성격을 강하게 띤 전쟁들에선 더더욱 그러했다. 이런 종교전
쟁들은 군종 역할의 중요성과 가치를 최대한 끌어올리면서, 군종에 대
한 사회적·군사적 수요를 폭증시키곤 했다. 강렬한 민족주의에 추동된
'민족국가들의 전쟁'도 군종제도의 확산에 결정적으로 기여했다. 민족
주의 전쟁들의 정점에 위치했던 제1차 세계대전을 전후하여 군종은 적
어도 유럽에서는 사실상 '보편적인' 제도가 되었다. 특히 20세기의 두
차례 세계대전을 겪으면서 서구 국가들의 군종제도는 조직의 위상, 제
도화, 양적 팽창, 관료화 등의 측면에서 전성기를 구가하게 된다.

2차 대전 이후 공산화된 동유럽 국가들에서는 군종제도가 속속 폐
지되었지만, 같은 시기에 많은 비서구 신생국들은 서구의 군종제도를
모방한 자신들만의 군종제도를 발전시켰다. 중동을 포함한 아시아권
으로만 한정하더라도 우리는 유교 문화권인 한국을 비롯하여, 유대교
문화권인 이스라엘, 힌두교 문화권인 네팔, 불교 문화권인 타이와 스
리랑카·베트남(공산화 이전의 남베트남), 이슬람교 문화권인 인도네시아
나 사우디아라비아·이란, 그리스도교 문화권인 필리핀 등지에서 군종
제도를 운용해왔음을 확인할 수 있다.[114]

한국에서 군종제도는 독립정부 수립 직후이자 한국전쟁 직전인 1949년 1월 손원일 제독과 정달빈 목사에 의해 해군에서부터 시작되었고, 육군에서는 전쟁 발발 직후인 1950년 8월경부터 태동하기 시작하여 1951년 2월부터 정식으로 시작되었다. 공군에서도 1951년 가을부터 군종 업무가 개시되었다. 해군의 경우 한국 자체적으로, 육군과 공군의 경우 미군과 미국인 선교사의 도움을 얻어 군종이 출범하게 되었다.[115] 한국의 군종제도는 미국 군종제도를 이식하다시피 하면서 '모방에 의한 압축성장'의 과정을 거쳐왔다.[116]

군종제도에 참여하는 종교의 숫자와 폭에 주목하면, 한국의 군종 역사는 1950년부터 1967년까지의 '그리스도교 독점 시대'와 1968년 이후의 '종교다원화 시대'로 나눌 수 있다. 두 시기를 가른 결정적 사건은 불교의 군종 참여였다. 이를 더 세분하여, ① 그리스도교 독점 시대(1950~1967년), ② 준準독점 시대, 혹은 3대 종교 정립鼎立 시대(1968~2006년), ③ 다원화 시대(2007년 이후)로 나눌 수도 있는데, 두 번째와 세 번째 시기를 가른 결정적 사건은 원불교의 군종 참여였다. 세 번째 시기로 접어들면서 원불교는 물론이고 다른 소수파 종교들도 군종제도에 참여할 가능성이 생겼다.[117]

군종의 성격에 주목할 경우, 한국의 군종제도는 창립 이후 지금까지 '전투력 증강 수단으로서의 군종'이라는 오랜 전통을 고수해왔다. 군대조직으로의 '통합integration' 정도, 혹은 군대조직에 대한 '일체화/동일시identification' 정도에 따라 군종을 군대와의 적극적이고 능동적인 일체화 혹은 동일시로 특징지어지는 '완전한 통합 유형', 군대조직과의 '비非통합' 그리고 '군종에 대한 시민적 통제'로 특징지어지는 '자율 유형', '완전한 통합 유형'과 '자율 유형'의 사이에 위치하는 '부분적 통합 유형'으로 나눌 경우, 한국은 완전한 통합 유형에 속한다. 완전한 통합 유형에 속하는 군종들은 군인이라는 정체성이 강한 편이다. 그들은 군대의 지배적

이데올로기를 내면화함으로써 교회 안에서 군대의 대변자 역할을 수행하거나, 종교적 군사주의religious militarism 같은 '종교의 군사적 버전'을 교회 안에 퍼뜨리는 역할을 할 수 있다. 이 유형의 군종은 소속 교단의 입장과 무관하게, 심지어 소속 교단의 입장에 반해서 군 당국의 선전원 노릇을 하기 쉽다.[118] 교회의 '평화주의적 문화'를 군대로 전파하는 채널이기는커녕 군대의 '군사주의적 문화'를 교회 안으로 침투시키는 창구로 기능할 수 있는 것이다.

루터교와 가톨릭 소속 군종장교가 히로시마와 나가사키에 원자폭탄을 투하할 폭격기 승무원들의 성공적인 임무 수행과 무사 귀환을 위해 축복 기도를 바치는 모습에서 단적으로 드러나듯이,[119] 2차 대전 당시 미국의 군종들도 한국의 군종들과 유사한 모습을 보였다. 그러나 베트남전쟁 당시 고조된 군종제도 비판에 직면하여, 미국의 군종들은 1970년

2차 대전 당시 미군 가톨릭 군종(1944)

대에 "사기 증진자morale builder에서 도덕 옹호자moral advocator로의 전환"이라는 중대한 변화를 추구했다. 이는 첫째, 군종의 전통적인 '사기 증진자 역할'을 점진적으로 축소하는 반면 '도덕 지도 역할'은 대폭 확대하는 것, 둘째, 이와 동시에 사기 증진자 역할의 내용도 (군인의 전투의지를 고취하는 게 아니라) 군대의 인간화·자유화·참여·소통 등 '군인 공동체의 삶의 질 향상'에 초점을 두는 것이었다.[120] 이탈리아의 군종은 1999년에 군종의 임무를 '정의의 봉사자'와 '평화의 건설자' 두 가지, 혹은 이를 하나로 합쳐 '정의와 평화의 봉사자'로 압축한 바 있다.[121] 그러나 1970년대에도 한국 군종은 '전투력과 군종의 결합'을 오히려 강화함으로써, 세계적 추세와의 괴리가 더 증폭되는 시대착오를 드러냈다.[122]

양심적 병역거부 문제를 이해하는 데 군종제도가 왜 중요한가? 필자는 크게 두 가지를 고려해야 한다고 본다.

우선, 군종제도가 이에 참여하고 있는 종교들의 '평화 감수성'을 무디게 만들 가능성 때문이다. 한국전쟁 당시 만들어진 한국의 군종제도는 '전쟁 정당화'와 '전투 군인의 사기 진작'이라는 기능을 처음부터 중시했다. 1976년 박정희 대통령이 제공한 '신앙전력화'라는 "군종병과의 업무 지침"이자 군종병과의 금과옥조가 이런 지향을 압축적으로 보여준다.[123] 이런 유형의 군종은 군인 신자들의 평화 감수성을 마비시키기 쉽다.

종교백화점에 가까운 한국의 다원주의적 종교지형 안에서 군종제도에 참여하는 권리를 획득한 종교는 극소수에 불과했다. 이처럼 문호를 제한함으로써 군종제도는 한국에서 '특권 종교'의 상징이자 지표가 되었다. 두 가지 요인이 군종 참여 특권을 더욱 매력적인 것으로 보이도록 만들었다. 그 하나는 1961년부터 무려 30년 넘도록 군부엘리트의 국가권력 장악이 계속되었다는 것이다. 군종제도는 군종장교들을 매개로 교단이 한국 파워엘리트의 핵심인 군부엘리트들과 초급 장교 시기부터 돈독한 관계를 형성할 수 있도록 해주었다. 다른 하나는 1970년대의 '전군

신자화全軍信者化운동'이었다.[124] 강제적 입교入敎와 개종이 횡행했던 이 운동은 '군대=선·포교 황금어장 신화'를 탄생시켰다. 이런 상황에서 군종의 기능에 대한 비판적 성찰과 방향전환은 사실상 불가능해진다. 군종제도에 참여하는 폭과 강도가 증가할수록 평화주의와는 더욱 멀어지게 된다.

두 번째로, '군종제도'와 '양심적 병역거부'의 상호 충돌 가능성 때문이다. 앞서 언급했듯이 양자가 서로 모순되는 것은 아니지만, 양자 사이에 미묘한 균형을 유지하는 게 쉬운 일은 아니다. 더욱이 한국의 경우 양자의 충돌 가능성이 매우 높은 유형에 속한다. 이는 군종제도 참여를 목표 삼아 양심적 집총거부 혹은 비무장 군복무 교리 자체를 포기한 한국 재림교회의 사례에서 단적으로 드러났다.

집총거부 포기를 주장했던 재림교회 지도자들은 군종 참여와 집총거부 간의 균형을 추구해야 한다는 '딜레마'를 '대립적 이분법'으로, 곧 '양자택일적 선택' 문제로 치환했다. 집총거부 교리를 포기하도록 종용한 재림교회 지도자들은 아마도 군종제도에 참여함으로써 "고통받는 '소수자 종교'에서 영광과 특권을 누리는 '주류 종교'로의 대변신"을 꿈꾸었을 것이다. 공교롭게도 재림교회가 양심적 집총거부 교리를 공식적으로 폐기한 시점은 전군신자화운동과 그것이 만들어낸 '군대=황금어장 신화'의 위력이 여전히 강렬하게 감지되던 때였다. 군종 참여를 향한 재림교회의 욕망은 1960~1970년대에만 나타났던 것도 아니다. 2003년에 병역법 시행령이 개정되어 군종 참여 자격에 관한 기존의 기준들이 완화되자 재림교회는 군종 참여 경쟁에 뛰어들었다. 비록 실패하고 말았지만 재림교회는 2006년에 군종 참여 티켓을 놓고 마지막까지 원불교와 치열하게 경쟁했다.[125] 군종에의 선망과 욕망을 드러내며 집총거부 교리를 방기했던 재림교회만큼 군종 참여와 양심적 병역거부 사이의 '부정적 상관관계'를 극명하게 보여주는 곳은 없다.

4. 언제 평화 지지자가 전쟁 지지자로 바뀌는가?
 : 정치적·사회문화적 결정 요인들

앞서 논의한 종교-폭력 관계 접근법 중에서 '필연성 접근'과 '친화성 접근'은 종교의 역사적 가변성과 유동성을 인정하지 못하는 본질주의의 함정에 빠질 위험이 높다. 그만큼 이런 접근은 생산적인 논의를 이끌 여지가 적다. 필자는 '개연성 접근'에 입각하여 논의를 전개하는 것이 보다 바람직하다는 입장이다. 폭력, 전쟁, 군대, 병역에 대한 종교의 태도를 결정하는 요인들은 다양하고 가변적일 것이다. 따라서 우리는 종교의 폭력적 잠재력을 증폭시키거나 밖으로 표출시키는 기제나 요인들, 종교를 폭력의 한가운데로 뛰어들게 만드는 요인들, 종교를 폭력에 대해 관용적으로 변화하게 만드는 요인들을 더 탐구해봐야 한다. 언제 그리고 왜 종교적 평화주의자가 전쟁 지지자로 변하는가? 비폭력 평화주의를 견지하던 종교가 폭력·전쟁·군대·병역에 대해 긍정적인 태도로 전환하도록 유도하는 요인들은 무엇인가?

우리는 종교에 따른 교리의 차별화 경향—즉 종교마다 타종교와 상이한 교리를 발전시킴으로써 종교적 정체성을 차별화하려는 경향—에도 불구하고, 특정 종교 내부에서 교리의 '공시적-동시대적 복수성plurality'과 '통시적-역사적 가변성variability'이 나타남을 인정할 필요가 있다. 동일한 종교적 텍스트에 대해서도 그에 대한 해석은 집단에 따라 여러 가지로 분화할 가능성이 있으며, 동시에 텍스트에 대한 해석은 역사나 시대 흐름에 따라 변화할 가능성이 있음을 인정해야만 한다는 것이다. 따라서 우리는 텍스트 그 자체보다는 그것에 대한 해석이 더욱 중요하며, 집단과 시대마다 해석이 달라지는 이유가 무엇인지를 따져야 할 것이다. 전쟁, 군대, 병역에 대한 종교적 해석 역시 집단과 시대에 따라 당연히 달라질 수 있다. 이런 맥락에서 우리는 앞에서 다룬 바 있는 '종교 내적인'

요인들을 넘어 '종교 외적인' 요인들, 즉 사회적-정치적 요인들로 나아갈 필요가 있다.

'모든' 종교들이 내부/외부의 잠재적/현재적 적들에 대한 폭력 사용을 정당화하거나 폭력적 갈등을 불사하는 대의명분을 성화하고 있는 것은 아니다. 또 현재 이러한 메커니즘이 작동되고 있는 것으로 보이는 종교들이 과거에도 '항상' 그러했던 것은 아니다. 대부분의 종교들이 분쟁의 잠재력을 가지고 있다고 인정하더라도, 현실적으로 표출되고 사회적인 중요성을 갖는 폭력적이고 대규모적인 갈등에 종교가 직접적이고도 지속적으로 개입하는 사례는 여전히 소수에 그치고 있다. 따라서 우리는 종교의 '내적인' 특성에 대한 분석만으로는 종교분쟁을 충분하게 설명할 수 없다. 종교가 집단적이고 폭력적인 갈등을 발생시키거나, 그에 개입하고 촉진시키는 '종교 외적'이고 '비종교적인' 조건들을 찾아내는 것이 중요한 것이다. 어떤 조건들 아래서 종교의 분쟁 잠재력은 실제적인 폭력적 분쟁으로 발전하는가?[126]

(1) 국제적 차원과 국내적 차원: 국가권력, 계급·종족, 종교지형

우리는 글로벌 종교인 '세계종교', 그리고 국지적이고 소규모 종교인 '평화종교'의 차이에 유념해야 한다. 세계종교는 여러 나라로 확산된 초거대 종교로서, 국제질서에서의 헤게모니적 국가들을 다수 포함하고, 상당수 국가들에서는 국가종교state religion 혹은 민족종교national religion의 지위에 올라 있고, 주류의 지배적 종교로서 신자들의 평균적인 계급적 지위도 높은 편이고 지배계급과의 관계도 원만하다는 특징을 보인다. 중요한 점은 세계종교에서 평화-폭력 관계의 복합성이 특히 강하게 나타난다는 것이다. 다시 말해 세계종교들에서는 '폭력과 평화의 혼합' 경향,

그리고/혹은 폭력 지지와 평화 지지 사이의 빈번한 순환·대체를 의미하는 ‘폭력과 평화의 진자운동’ 경향이 뚜렷하다. 반면, 오래 지속되고 일관성 있게 반反폭력·비非폭력 성향을 드러내는 평화주의적 종교공동체는 대체로 ‘국제적 확산도’ 측면에서, 그리고 위계적 계급구조 내의 위치와 관련하여 ‘지배층 지위로의 상승 정도’ 측면에서 세계종교들과 뚜렷한 차이를 보인다. 클라우스너에 의하면, “종교엘리트와 정치엘리트가 동일 계급 출신이거나 이해관계의 일치를 발견하는 사회에서 종교제도는 국가폭력state violence을 정당화하는 경향이 있다.”[127]

한편, 개별 국가 수준에서 볼 때 전쟁과 군대·병역에 대한 특정 종교의 태도를 예측할 수 있는 가장 중요한 지표는 ‘국가권력과의 거리’인 것 같다. 아마도 다음과 같은 명제화가 가능할 것이다: “국가권력과의 거리가 가까울수록 특정 종교의 전쟁과 군대·병역에 대한 태도가 허용적으로 될 가능성이 높은 반면, 국가권력과의 거리가 멀어질수록 특정 종교는 전쟁과 군대·병역에 대해 비교적 자유로운 선택을 할 수 있게 된다.” 종교가 국가권력의 일부를 이루는 정도를 넘어, 종교가 국가권력의 중심부에 자리 잡고 있는 상태에서, 종교 지도자들이 전쟁·군대에 대해 비판적인 태도를 취하는 것은 거의 불가능해진다. 군대의 존재는 당연시되며, 군대에 대한 ‘신자=시민’의 기여 또한 의무적인 것으로 간주된다.

이와 유사하게 정교분리형 국가보다는 정교일치형 국가에서 지배적 종교의 지도자들은 전쟁·군대에 대해 긍정적인 태도를 취할 가능성이 높다고 말할 수 있을 것이다. 초기부터 정교일치형 국가-종교 관계를 추구했던 이슬람의 경우, 전쟁·군대·국가폭력에 대해 보다 긍정적으로 나아갈 가능성이 높았다. 또 종교개혁 직후 정교분리적 성격을 띤 국가교회 체제를 지향했던 루터에 비해 정교일치형 국가교회 체제를 지향했던 칼뱅의 경우, 전쟁·군대·국가폭력에 대해 긍정적으로 흐를 가능성이 높았다.[128] 마찬가지로 국교國敎 내지 민족종교의 지위에 있는 종교는 비국교 지위의 종교에 비해 전쟁·군대에 대해 긍정적 태도를 취할 가능성이 높다. 또 군종제도가 존재하고 그 제도에 참여하는 종교는 그 제도에 무관심하거나 참여 의사가 없는 종교에 비해 전쟁·군대에 긍정적 태도를 보일 가능성이 높다.

우리는 '종교와 계급·종족의 연계 구조'에도 주목할 필요가 있다. 한 사회가 계급이나 민족(종족)으로 대표되는 사회적 경계들과 중첩되는 종교들로 분할되어 있는 곳에서는 종교폭력이 빈발하고 또 강력할 수 있다. 이것은 잉어가 종교와 폭력의 결합 가능성이 최대화되는 경우로 본 분절 모델segmented model, 그 다음 순위로 본 기둥 모델columnar model에 부합할 것이다. 여기서 분절 모델은 계급과 종족과 종교가 모두 겹쳐 있어서 종교적 차이가 계급 및 언어적·종족적 차이들에 의해 강화되는 경우를 가리킨다. 기둥 모델은 종족과 종교는 겹치고 계급은 겹치지 않는 경우, 즉 모든 종교집단들이 각각의 계급 수준에서 거의 동등한 비율로 대표되긴 하지만 종교집단들이 종족 및 언어에 의해 분화되어 있는 경우를 가리킨다. 반면에 계급과 종족과 종교가 모두 겹치지 않는 다원주의 모델pluralistic model에서는 종교폭력이 발생할 가능성은 최소화한다. 다원주의 모델에서는 각 종교집단 내에 존재하는 계급·종족·지역·직업 등의 이질성으로 인해, 또 이런 속성들이 종교적 경계선들을 가로질러 공유됨으로써, 종교적으로 동질적인 하위사회들sub-societies이 성립되는 게 어려워지기 때문이다.[129]

아울러, '종교지형religious terrain의 구조'를 유심히 살펴볼 필요가 있다. 전체 인구 중 종교인구의 비율이 매우 높은 종교지형, 사회성원 대부분이 동일 종교에 속한 동질적·독점적 종교지형, 혹은 두세 개의 거대종교들이 분할하여 치열하게 경합하는 준準독점적 종교지형, 종교들 간의 관계가 적대적이고 이들 간의 교류·대화가 부족한 종교지형에서는 종교폭력의 발생 가능성이 상대적으로 높다고 할 수 있다. 반면에 종교폭력의 여지를 축소할 가능성이 높은 종교지형 구조도 존재한다. 특히 총인구 중 무종교인의 비율이 높아지는 것, 그리고 혼합주의적 종교문화가 지배적으로 되는 것은 종교폭력의 발생 가능성을 줄이는 중요한 요인이자 지표일 것이다. 예컨대 북유럽 사회들을 지배하는 비종교적·세속적 종교문화 속에서 종교폭력이 대규모로 그리고 자주 분출되기는 어려울 것이다. 또한, 그것이 울리히 벡이 강조한 개인적·집단적 수준에서의 '교리적 혼합'('신들의 혼합', '모자이크신앙')이든, 퍼트넘과 캠벨이 강조한 이웃·친구·배우자 선택에서의 '사회적 혼합'이든, 단순한 다원적 공존을 넘어 종교들이 서로 침투하고 섞이고 교차하는 혼합주의 종교문화가 지배적인 곳에서 종교갈등이 발생할 가능성은 확실히 감소할 것이다. 물론 이런 사회들에도 종교적으로 동기화된 '전투적 소수 종파sect'의 극단적인 행동은 있을 수 있지만, 자주 발생하지도 않을뿐더러, 그 사회적 영향도 광범하지 않고, 오래 지속하지도 못할 가능성이 높다.

(2) 국교화, 민족화, 합법화

폭력·전쟁·군대·병역 등에 대한 종교의 태도 결정 요인과 관련하여, 필자는 종교 지도자들과 정치엘리트 간의 '관계', 그리고 권력구조 내에서 종교엘리트가 차지하는 '위치'가 중요할 것으로 본다. 다시 말해 "특정 종교의 지도층은 권력과의 관계 및 권력구조 내의 위치에 따라 국가엘리트와의 전략적 상호작용에서 상이한 목표를 추구하도록 동기화될 가능성이 높다"는 것이다. (이 요인들이 앞서 살펴본 '특정 종교와 국가권력의 거리' 요인과 밀접한 관련이 있음은 말할 것도 없다.) 필자의 견해로는 세 가지 역사적 계기가 중요할 것 같다. 이를 각각 국교화, 민족화, 합법화라는 키워드로 압축할 수 있다. 국교화와 민족화가 지배 종교에 해당하는 계기라면, 합법화는 비주류의 주변적 종교에 해당한다.

■ **국교화國敎化** 대부분 종교의 역사에서 '국교화', 즉 국가종교로의 지위 상승은 전쟁·폭력·군대에 대한 태도의 변화를 불러오는 압도적 요인이었던 것으로 보인다. 그리스도교뿐 아니라 불교, 이슬람교에서도 국교화가 전쟁·폭력·군대에 대한 입장 변경의 주요 변인으로 작용했을 가능성이 높았다는 것이다. 그런 면에서 종교와 전쟁·폭력·군대 사이, 즉 국가종교 지위 획득과 전쟁·폭력·군대에 대한 관용적 태도 사이에는 말하자면 '강한 상관관계'가 존재한다고 말할 수도 있겠다. 박노자는 "국가 밖의 불교"에서 "제도권 불교"로 변해간 불교 역사를 "초기 불교의 탈脫국가적 성향과 평화, 비폭력주의"의 쇠퇴 과정으로 설명하면서, 이런 관찰을 과감하게 확대하여 "제도화된 국가폭력과 만난 종교집단의 태도에 변화가 생기는 것은 세계종교사의 보편적인 현상"이라고까지 주장한다.[130] 국교화는 해당 종교 성직자 집단의 계급적 지위 상승, 종교엘리트와 정치엘리트의 이해관계 수렴 내지 일치를 촉진하게 마련이다. 또 국교제도 아래서 종교 지도자들과 국가권력의 거리도 최대한 가까워진다.

■ **민족화民族化** 근세 혹은 근대 시기에는 '종교의 민족화民族化', 즉 종교와 민족주의 이념의 결합, 종교와 민족운동의 결합, 종교와 민족적 정체성·문화 형성의 결합, 민족국가 경계와 일치하는 종교적 분화 등도 전쟁·폭력·군대에 대한 태도 변화를 촉진한 요인이었던 것으로 보인다. 이는 11세기 동방-서방 그리스도교의 분리로까지 소급될 수 있지만, 여기서도 동방교회의 민족화는 근세·근대에 와서 가속화되었다. 16세기 종교개혁으로 등장한 개신교의 민족화도 장기적인 유럽 종교전쟁들을 겪으면서 촉진되었다. 근대 민족국가 체제 성립 이후에는 종교의 민족화 추세가 가톨릭 국가들에도 상당 부분 관철되었다. 종교의 민족화 경향은 특정 종교의 국교화 움직임과 병행하거나, 이미 확보한 국교 지위를 더욱 강화하는 경향이 있다. 종교-민족(종족)의 수렴과 단단한 결합은,

해당 국가의 종교지형 구조를 앞서 언급한 잉어의 '기둥 모델'에 가깝게 변화시킬 것이다.

■ **합법화合法化** 필자는 특히 한국 불교의 역사를 고려하여 여기에 한 가지 예외적인 상황을 추가해야 한다고 본다. 필자는 불교가 국교의 지위에 있었던 삼국시대와 고려시대 당시 불교 승려들의 전쟁 지지와, 비국교非國教 지위로 밀려나 억압을 받았던 조선시대 승려들의 전쟁 참여는 외양의 유사성에도 불구하고 그 성격이 질적으로 다를 것이라고 본다. 필자는 종교엘리트와 국가(정치엘리트)의 전략적 상호작용에서 특정 종교의 정치적·사회적 지위에 따라 종교엘리트들이 상이한 전략을 구사하며, 이때 지배적 지위에 있는 주류 종교의 종교엘리트들이 주로 '영향력 전략influence strategy'에 의존한다면, 주변적 지위에 있는 비주류 종교의 종교엘리트들은 '합법화 전략legalization strategy'에 의존하는 경향이 있다고 보았다. 합법화 전략은 부정적인 사회적 낙인social labeling과 차별·억압을 피하면서 종교적 시민권을 회복하는 데 초점이 맞춰진다.[131] 삼국시대와 고려시대의 불교 승려들과 달리, 조선시대의 승려들은 합법화 전략을 추구하는 주변적-비주류 종교의 지위에 더욱 가까웠다. 국교 지위를 상실하거나 국가권력의 구조적이고 지속적인 억압·차별에 직면할 경우, 종교엘리트들은 불리한 처지를 만회하기 위해 '과잉 충성'이나 '과잉 동조' 행위의 성격을 띤 전쟁 참여에 나설 수 있으며, 임진왜란이나 정유재란 때 불교 승려들의 자발적 승군 조직이 여기에 해당할 수 있다는 것이다. 이와 유사하게 한국전쟁과 베트남전 때도 특혜적 지위에 있던 그리스도교와의 격차를 줄이면서 군종제도에 참여할 권리를 얻기 위해 불교지도자들이 적극적인 전쟁·군대 정당화에 나섰을 수 있다는 것이다.

이상의 고찰에 기초하여, 우리는 종교와 전쟁의 관계에 대해 약간 색다른 접근을 시도해볼 수도 있다. 전쟁의 임박성은 평화주의자들을 일시적인 전쟁 지지자로 바꿔놓을 수 있다. 그러나 이는 '평화주의적 신념(양심)과 현실주의적 국제관의 절충'에 따른 것일 뿐 전쟁 미화나 찬양과는 아무런 관련이 없다. 그러므로 이들의 전쟁 지지는 원치 않는, 불편하고 불쾌한 것이다. 잉어의 표현을 빌자면 이들이 지지하는 전쟁은 "내키지 않는 슬픈 전쟁reluctant and mournful war"이다.[132] 이런 부류의 현실주의자들 중 상당수는 순진한 유토피아적 낙관주의나 진보주의를 경계하는, 일종의 "디스토피아적 사고"의 필요성을 인정한다.[133]

그러나 '진정한 전쟁 지지자들'에게 전쟁은 일정한 이득과 선善을 가져다주는 기회일 수도 있다. 평화주의 종교들에게는 전쟁이 악몽이자 지옥의 현현을 의미하지만, 전적으로 전쟁을 배제하지 않는 주류 종교들에게 전쟁은 좋은 것일 수도 나쁜 것일 수도 있다. 이들에 의하면 전쟁이 종교에 해로운 것만은 아니다. 군대를 이끄는 고위 군인들처럼 종교도 자신의 제도적 이익institutional interests을 위해 전쟁을 지지할 수 있다. 통상 전쟁과 같은 폭력적 분쟁 상황에서 신자들의 '종교적 충성도'는 최고조에 달하며, '종교적 의탁依託'도 증가하기 쉽다. 전쟁 중에 종교적 소속감과 정체성은 더욱 강해지며, 전쟁 도중 및 직후에는 종교의례 참여와 종교인구가 증가하는 경향이 나타난다. 평화로운 곳에서 종교는 자주 힘을 잃는 반면, 전쟁은 종교적 열정·충성·의탁·참여를 증가시킴으로써 종교의 영향력을 확대할 수 있다. 종교는 전쟁을 통해 뜻밖의 다른 제도적 이익을 획득할 수도 있다. 한국에서도 한국전쟁 발발은 군종제도의 탄생이라는 큰 선물을 안겨주었다. 베트남전쟁 파병은 불교의 군종제도 참여, 군종제도의 전반적인 재활성화의 계기였을 뿐 아니라, 전군신자화 운동이 개시될 수 있는 동력을 제공했다.

제
9
장

양심적 병역거부와
종교(1)
: 그리스도교

제9장과 제10장에서 필자는 1960년대 말 이후 '한국 3대 종교'로 군림해온 개신교, 천주교, 불교를 중심으로 전쟁과 평화에 대한 주요 종교들의 입장을 정리해보고자 한다.[1] 이와 관련된 전체 역사를 개관하면서도 20세기 이후의 변화를 더욱 심층적으로 살펴볼 것이다.

3대 종교의 입장이 '정의로운 전쟁' 이론에 가깝다고 한다면, 거기서 여전히 미해결의 쟁점으로 남아 있는 '선택적인 양심적 병역거부' 문제를 이번 장의 마지막 절에서 추가로 검토해볼 것이다. 전쟁, 폭력, 군대에 관한 불교계의 입장에 대해서는 제10장에서 상세히 다루게 된다. 또 제10장의 마지막 절에서는 개신교, 천주교, 불교와 함께 '세계 5대 종교'에 속하는 이슬람교와 힌두교의 전쟁 및 평화 윤리에 대해서도 간략히 살펴보려 한다.

1. 천주교

그리스도교의 전체 역사 안에서는 전쟁에 대해 크게 성전, 정의로운 전쟁, 평화주의의 세 입장이 나타났다. 초기 그리스도교에서는 '평화주의' 태도가 지배적이었지만, 4세기에 교회-국가(로마제국)의 관계가 적대에서 동맹 관계로 극적 전환을 겪은 이후, 특히 어거스틴 이후로는 '정의로운 전쟁' 교리가 점차 지배적으로 되었으며, 중세의 십자군 원정 시기를 중심으로 한동안 '성전 혹은 십자군'의 입장이 위세를 떨쳤다.

4~5세기 사람이었던 어거스틴은 정의로운 전쟁의 조건으로, ① 정의로운 명분, ② 정당한 권위, ③ 올바른 의도의 세 가지를 요구했다.[2] 13세기에 토마스 아퀴나스는 순서와 내용을 조금 바꾸어, ① 정당한 권위에 의한 전쟁 선포, ② 정의로운 명분, ③ 정의로운 수단의 세 가지를 정의로운 전쟁의 조건으로 제시했다.[3] 아퀴나스는 '올바른 의도' 대신 '정의로운 수단'을 강조한 것이다. 이를 정리하면 〈표 9-1〉과 같이 될 것이다.

〈표 9-1〉 정의로운 전쟁의 조건들: 어거스틴과 아퀴나스

어거스틴	아퀴나스
① 정의로운 명분(just cause) ② 정당한 권위(legitimate authority) ③ 올바른 의도(right intention)	① 정당한 권위에 의한 전쟁 선언 　　(declaration by legitimate authority) ② 정의로운 명분(just cause) ③ 정의로운 수단(just means)

4세기 이후 점차 발전되어 오던 정의로운 전쟁 교리는 십자군전쟁 이후의 중세 말기 혹은 근대 초기에 이르러 보다 분명한 실체를 갖게 되었는데, 그 핵심은 성전·십자군 모델과의 차별화, 그리고 마키아벨리적 현실주의의 배제라는 두 가지로 요약된다. 정의로운 전쟁 전통은 "전쟁이

도덕적으로 바람직하고 나아가 거룩할 수도 있다"는 생각, 그리고 "전쟁 상황에서는 윤리와 법의 효력이 중지된다"는 관념을 명백히 배척한다. 존 요더는 정의로운 전쟁 전통의 윤리적 가치와 중요성이 바로 이 두 가지에 있다고 역설했다.[4] 요더는 점점 세속화하는 근대적인 정황 안에서 평화에 대한 교회의 관심을 교회 밖 정치인들과 공유할 수 있는 "적절한 소통의 도구"라는 점을 정의로운 전쟁 전통의 또 다른 강점으로 제시하기도 했다.[5]

그러나 '정의로운 전쟁의 조건·기준'과 관련된 어거스틴 이후의 다양한 제한들에도 불구하고 구체적인 역사적 현실 속에서 정의로운 전쟁 교리는 비교적 무력했다. 정의로운 전쟁론은 종교개혁, 르네상스와 계몽주의, 근대 국가의 발전을 연이어 거치면서 "몰락"에 가깝게 영향력을 잃어갔다.[6] 특히 '절대화된' 근대 국가가 수행하는 전쟁은 '전면전'으로 치닫는 경향을 주체하지 못하며, 이런 상황에서 정의로운 전쟁의 기준들이 개입할 여지는 축소되기 쉽다. "전쟁의 전면적인 확대를 따르는 결과로 얻을 수 있는 것은 또 다른 십자군전쟁이거나 '냉소적이고 현실주의적인' 전쟁이며, 이런 전쟁에서는 적대적인 상대에게 어떠한 권리도 부여하지 않으며, 그들의 행동을 제어할 수 있는 그 어떤 효과적인 장치나 약속도 존재하지 않는다."[7] 이런 상황에서 교회 스스로도 정의로운 전쟁 교리를 강하게 고수하지 못했다. 요더는 이렇게 단언했다: "우리는 진지하고 지속적으로 정당전쟁의 주장에 입각하여 전체 기독교 공동체와 교회, 또는 교회의 책임 있는 신학자들이 그들의 국가 정부가 그들에게 전쟁 참여와 지지를 요청할 때 그 요청에 따르지 않고 거절하는 그런 상황을 아직 발견하지 못했다."[8]

근대 국민국가의 발전과 나란히 고조된 민족주의의 물결 속에서, 그리고 각 나라의 천주교회들을 사로잡은 민족주의적 열정과 결합하여, 교회의 정의로운 전쟁 교리는 사실상 형해화했다고 해도 과언이 아니었다.

이남석이 지적하듯이 정의로운 전쟁론은 "자신은 처벌하는 주체로서의 선善을, 상대는 처벌받는 주체로서 악惡을 대표한다"는 자의적 선악 이분법에 근거한 것으로, 그것은 '애국심'과 '당위성'으로 포장되었고 '의무' 관념과도 결합했다. 현실에서 정의로운 전쟁론은 "자국을 방어하기 위한 정당한 전쟁 또는 정의로운 전쟁의 참여에는 어느 누구도 예외가 있을 수 없으며, 승리하기 위해서 국가를 구성하는 모든 시민들이 참전해야 한다"는 명령으로 작용했다.[9]

정의로운 전쟁 교리는 전쟁을 억제하는 본래 역할을 수행하기는커녕, 민족국가 간의 전쟁을 부추기고 서구 민족국가들의 폭력적인 제국주의적 팽창을 지지하는 편리한 종교적 도구로 이용되었다. 정의로운 전쟁론은 제국주의적이고 약육강식이 횡행하는 국제질서의 '무정부성'을 더욱 증폭시킬 따름이었다. 20세기 들어 벌어진 첫 번째 '세계대전世界大戰' 당시에도 "정의로운 전쟁론의 민족주의적 악용" 행태가 재연되었다. 정의로운 전쟁론은 양심적 병역거부를 주장하는 평화주의자들에게는 거대한 장벽이나 마찬가지였다. 다시 이남석에 의하면, 정의로운 전쟁론은 양심적 병역거부 지지자가 "넘을 수도, 깰 수도 없는 철옹성 같은 또다른 장벽"이자, "다수의 시민이 양심에 따른 병역거부를 이해하고 관용하는 데 가장 넘기 힘든 심리적인 저항선"이었다.[10]

이탈리아 통일운동으로 위기에 처한 19세기 후반의 교황청 역시 자체의 무장 계획을 추진하는가 하면, '교회의 군대 보유 권리'를 부정하는 이들을 단죄斷罪하는 등 정의로운 전쟁 교리를 무력화하는 데 일조했다.[11] 제1차 세계대전 당시 대부분의 천주교회들은 여전히 명분으로나마 '정의로운 전쟁' 입장을 내세웠지만, 일부 지역교회들에서는 '성전' 및 '십자군'의 논리가 되살아났다.[12] 따라서 1차 대전 시기는 정의로운 전쟁과 성전-십자군의 논리가 뒤섞였던 것이 특징이었다.

1차 대전이 그리스도교 전쟁 교리에 미친 영향은 대략 세 가지로 요약될 수 있다. 첫째, 정의로운 전쟁 교리가 민족주의 이데올로기의 하위개념처럼 변질된 사태에 직면하여, 민족국가들의 일방적인 전쟁 선언·도발 권리를 제한함과 동시에 '교회들의 민족주의'를 제어함으로써 '교회의 일치'를 도모하는 것이 시급한 과제로 부각했다. 이런 사태는 한편으로 국제법 및 초국가적 중재 기구에 대한 교회들의 높은 관심으로 이어졌으며, 다른 한편으로 교황청의 지도력 강화를 위한 노력을 촉발했다. 둘째, 성전-십자군의 입장이 1차 대전을 계기로 결정적으로 약화했고, 이런 추세는 2차 대전 시기에도 계속되었다. 셋째, 교회들 안에서 평화주의적 입장이 크게 강화되었다. 그러나 1차 대전 이후 재활성화한 평화운동에 천주교 신자들은 거의 가담하지 않았다. 어쨌든 1차 대전 이후 평화주의가 재차 고조되고 성전-십자군 논리가 후퇴함으로써, 그리스도교 교회들의 전쟁에 대한 접근방식은 '평화주의'와 '정의로운 전쟁'으로 단순화되었다.

2차 대전 시기에도 정의로운 전쟁 교리가 천주교회의 공식적 입장으로 고수되었지만, 이 교리의 무기력함과 불모성만 다시 드러났을 뿐이다. 더욱이 이탈리아 파시즘 및 독일 나치즘과 천주교회의 타협, 이탈리아의 에티오피아 정복 및 스페인의 프랑코 정권에 대한 교황청의 승인 및 지지, 프랑스의 비시 정권에 대한 천주교 성직자들의 지지 등이 겹치면서 전후戰後에는 서구 사회들에서 광범위한 '반反가톨릭운동'이 일어날 정도가 되었다.[13]

2차 대전을 직접 겪은 교황 비오 12세는 대전 말엽부터 "전쟁에 대한 전쟁"이라는 표현으로 압축되는, '정의로운 전쟁 교리의 쇄신'에 진력했다. 교회들이 서로 적대하는 '교회 간의 전쟁'을 방치하고, '전쟁의 정당화' 수단으로 오용되어왔던 정의로운 전쟁 교리를 '전쟁의 탈脫정당화' 수단으로 되돌려놓는 것이 이 노력의 핵심 목표였다. 정의로운 전쟁 교리가 교회의 공식교리라는 점에서는 2차 대전 이전과 이후에 아무런 차

이가 없었지만, 2차 대전을 계기로 이 교리에 대한 '해석' 그리고 그에 따른 이 교리의 '기능'과 '효과'라는 측면에서는 극적인 변화가 진행되었던 것이다. 이렇게 보면 2차 대전은 가톨릭 전쟁 교리의 전개 과정에서 분수령을 이룬다고 할 수 있다. 후버와 로이터에 따르면, 비오 12세의 정의로운 전쟁 교리 혁신은 네 단계에 걸쳐 발전되었다.[14] ① 그는 1944년 말부터 '방어전쟁'만이 종교적으로 정당화될 수 있다고 간주하기 시작했고, 따라서 모든 형태의 '공격전쟁' 혹은 '선제공격preemptive strike'은 정의로운 전쟁의 범주에서 자동적으로 제외되었다. ② 1948년 이후 '정당방위의 권리'뿐 아니라 '방어의 의무'에 대해서도 엄격한 제한을 가하기 시작했는데, 이와 관련하여 승리할 가능성이 적거나, 승리를 위해 과도한 조치들을 취해야만 할 경우에는 방어조차 의무가 아니라는, '성공 가능성probability of success'이라는 새 기준을 제시했다. ③ 1953~1954년에 걸쳐 방어전쟁의 경우에도 '방어수단의 적절성'이라는 기준 그리고 '방어수단의 통제 가능성'이라는 기준을 새롭게 제기함으로써, 핵무기·생물학무기·화학무기 등 대량살상무기(weapons of mass destruction: WMD)의 사용을 제한했다. ④ 1957년에 이르러 '핵무기의 정치적 이용'이라는 견해를 부분적으로 수용하면서, '핵 위협을 통한 평화 확보'를 정치적 과제 중 하나로 제시했다.

비오 12세 이후에도 천주교회 안에서 방어전쟁에 대한 제한들이 더 추가되고 엄격해졌다. 이런 작업은 1960년대 전반에 열린 제2차 바티칸 공의회에서 집중적으로 이루어졌다. 공의회를 소집한 요한 23세의 회칙 『지상의 평화』가 발표된 1963년은 "주의 깊게 구조화된 가톨릭의 핵 평화주의적 입장 수용의 시작점이 되는 때"였다.[15] 방어적 목적의 핵무기 '보유'에 대해서는 조심스러운 관용의 태도가 유지되었을지라도, 공의회는 핵무기의 실제적인 '사용'에 대해 명백히 부정적인 태도를 취했다. 공의회는 또한 전면전 혹은 총력전total war에 대해서도 강력하게 단죄하고 비판했다. 공의회는 정의로운 전쟁의 기준들과 관련하여, '전쟁 결정war-decision'의 기준들만이 아니라 '전쟁 행위war-conduct'와 관련된 기준들을 새롭게 추가했다. 예컨대 민간인을 직접 공격의 대상으로 삼는 것을 금지하고 민간인에게 간접적인 피해가 최소화되도록 노력할 것을 요구하는 비전투원 보호 원칙noncombatant immunity, 전투의 과정에서 복수復讐와 무차별적 폭력행위를 금지하는 올바른 의도right intention의 기준 등이 추가되었다.[16] 전통적으로 정의로운 전쟁 교리가 전쟁을 '정당화하는legitimating' 동시에 '제한하는limiting' 이중적 기능을 갖고 있었다면,[17] 2차 대전 이후의 추세는 이 교리의 '(전쟁) 정당화 기능'을 최소화하면서 '제한 기능'은 최대화하는 방향으로 전개되었다.

천주교 전쟁 교리의 발전 과정에서 2차 대전이 갖는 또 다른 중요성은, 이 전쟁을 계기로 교회 내에서 정의로운 전쟁 교리 자체에 대한 비판의 목소리가 갈수록 거세졌고, 평화주의자들이 크게 증가했다는 사실에서 찾을 수 있다. 천주교회 내의 평화주의적 움직임은 한편으로 비폭력 노선의 중요성을 강조하는 방향으로, 다른 한편으로 '양심적인 전쟁·병역 거부'를 옹호하는 방향으로 나타났다. 전자의 흐름은 베트남전쟁을 겪은 미국 천주교회에 의해, 후자의 흐름은 제2차 바티칸공의회에 의해 주도되었다. 우선, 비폭력 노선 강조를 통한 천주교 전쟁 교리의 혁신 작업은 1983년에 발표된 미국 주교들의 공동교서인 『평화의 도전The Challenge of Peace』, 그 10주년인 1993년에 발표된 『정의의 수확The Harvest of Justice』을 통해 집중적으로 진행되었다. 미국 주교들에 의한 교리적 혁신의 초점은 '비폭력' 노선을 '정의로운 전쟁' 교리와 대등한 지위를 갖는 "두 전통two traditions" 중 하나로 격상시키면서, 양자 사이의 화해를 모색하는 데 있는 것으로 보인다. 현대 무기의 엄청난 파괴력과 민간인 사상자 숫자의 급증 추세 등으로 인해 전쟁은 갈수록 평화에 대한 비현실적인 대안이 되어감에 반해, 조직화하고 적극적인 비폭력은 분쟁을 해결하거나 악에 대항하는 데 더욱 유효한 수단이 되어가고 있다는 판단이 이 새로운 사고를 뒷받침하고 있다. 미국 주교들은 두 전통의 관계가 역사적으로 변해왔고 둘 사이에는 언제나 긴장이 존재했다는 것, 그리고 현재도 교회 안에 다양한 의견들이 존재한다는 사실을 인정한다. 그럼에도 불구하고 주교들은 두 전통이 공유하고 있는, "폭력 사용에 대한 강력한 반대추정"이라는 공통의 출발점, 그리고 "이 세상에서 폭력을 감소시킨다"는 공통의 목표를 더욱 강조한다. 이와 유사한 취지에서, 요한 바오로 2세 교황은 1980년에 '비폭력의 원칙'을 옹호하면서 비폭력 원칙만의 사회는 불가능할지 몰라도 "사랑에 근거한 사회"를 만드는 것은 가능하다고 주장했다.[18] 요한 바오로 2세는 2000년 세계평화의 날 담화에서 "비폭력의 가치 위에 삶을 일구어왔던 사람들은 우리에게 예언자적인 빛나는 모범을 보여주었다"고 높이 평가하면서, 교회가 "평화의 문화"를 증진하는 데 기여해야 함을 강조했다(4항).[19]

　　현재까지도 전쟁에 관한 천주교의 공식교리는 정의로운 전쟁 이론이다. 제2차 바티칸공의회 개막 30주년을 기념하여 1992년에 처음 반포되었고 1997년에 수정된 표준판이 발표된 『가톨릭교회 교리서』에서는 정부가 지닌 정당방위의 권리와 의무가 옹호되면서도(2308, 2321항), '정당한 전쟁'의 "엄격한" 혹은 "엄중한" 조건들이 네 가지로 제시되었다(2309항). "① 공격자가 국가나 국제 공동체에 가한 피해가 계속적이고 심각하며 확실해야 한다. ② 이를 제지할 다른 모든 방법들이 실행 불가능하거나 효력이 없다는 것이 드러나야 한다. ③ 성공의 조건들이 수립되어야 한다. ④ 제거되어야 할 악보다 더 큰 악과 폐해가 무력 사용으로 초래되지 않아야 한다. 이러한 상황 판단에서 현대 무기의 파괴력을 신중하게 고려하여야 한다."[20]

　　1993년에 미국 주교들은 정의로운 전쟁의 조건들을 더욱 세분하여 제시했다.[21] 이에 따르면, "치명적인 무력lethal force"이 사용될 수 있는 기준들jus ad bellum은 다음 일곱 가지이다: ① 정의로운 명분just cause, 즉 폭력은 심각하고 공적인 악grave, public evil을 바로잡는 데만 사용될 수 있다는 것, ② 비교 정의comparative justice, 즉 한 당사자가 감수하는 불의가 상대방이 겪는 불의보다 훨씬 커야 한다는 것, ③ 정당한 권위legitimate authority, 즉 적법하게 구성된 공적인 권위duly constituted public authorities만이 치명적인 무력을 사용하거나 전쟁을 치를 수 있다는 것, ④ 올바른 의도, 즉 폭력은 진정으로 정의로운 명분 아래에서만 사용될 수 있고, 오로지 그 목적을 위해서만 사용되어야 한다는 것, ⑤ 성공 가능성, 즉 무익한 명분futile cause 아래서, 혹은 성공하기 위해서는 과도한 조치들disproportionate measures이 요구되는 경우에는 무기가 사용되면 안된다는 것, ⑥ 비례성proportionality, 즉 폭력 사용으로 기대되는 전반적인 파괴가 달성될 선善보다 적어야 한다는 것, ⑦ 최후의 수단last resort, 즉 모든 평화적 대안들이 진지하게 시도되고 소진된 연후에만 폭력이 사용될 수 있다는 것.

한편 무장 분쟁 행위의 도덕적 기준들jus in bello은 다음의 세 가지이다: ① 비전투원 보호 원칙, 즉 민간인은 직접적인 공격의 대상이 될 수 없으며, 군사 요원은 민간인에 대한 간접적인 피해를 회피하고 최소화하기 위한 적절한 노력을 기울여야 한다는 것, ② 비례성, 즉 적대행위가 벌어지는 중에도 군사적 필요를 넘지 않을 만큼의 폭력만을 사용하여 군사적 목적을 달성하고, 민간인의 생명과 재산에 대한 과도한 쌍방 피해가 발생하지 않도록 노력해야 한다는 것, ③ 올바른 의도, 즉 분쟁 중일지라도 정치-군사 지도자들의 목표는 정의를 겸비한 평화peace with justice여야 하며, 따라서 개인이든 군대든 정부든 보복행위와 무차별적 폭력행위를 금해야 한다는 것.

한편 (미국 주교들이 1993년에 제시한 조건들보다는 다소 단순하지만) 주디스 디시유가 제시한 정의로운 전쟁과 관련된 기준들을 집약해 보면 〈표 9-2〉와 같다. 여기서 '구별의 원리'는 위의 '비전투원 보호 원칙'과 같은 것으로,

<표 9-2> 정의로운 전쟁과 관련해 정립된 기준들[22]

	'전쟁 결정' 혹은 '폭력 허용'의 기준들 (war-decision; *jus ad bellum*)	'전쟁 행위'의 기준들 (war-conduct; *jus in bello*)
토마스 아퀴나스	- 정당한 권위에 의한 선언 - 정당한 명분 - 정당한 수단	
아퀴나스 이후	- 최후 수단 - 실재하고 확실한 위험 　(real and certain danger) - 성공에의 합리적 희망 　(reasonable hope of success) - 올바른 의도	- 비례성의 원리 - 구별의 원리 　(principle of discrimination) - 이중적 효과의 교리 　(doctrine of double effect)

전투원과 비전투원을 구별하고 후자를 보호하라는 것이다. 그러나 전투 상황에서 전투원-비전투원의 구별이 쉽지 않을뿐더러, 특히 초토화 폭격, 핵전쟁, 생화학전을 포함하는 '현대전'에서는 이 구별이 더욱 어렵게 된다. 또 '이중적 효과의 교리'는 '예측하지 못했던 결과' 그리고 '예측했지만 의도하지 않은 결과'를 용인한다는 것을 가리킨다.

특정한 전쟁이 정당화되기 위해 요구되는 이처럼 수많은 까다로운 조건들을 '모두' 충족시키는 것이 거의 불가능하기 때문에, 2차 대전 이후 오늘날에 이르기까지 80년 동안 천주교의 정의로운 전쟁 교리는 사실상 '모든' 종류의 전쟁을 탈정당화하는de-legitimize 강력한 무기로 탈바꿈했다고 해도 과언이 아닐 것이다. 2차 대전 이후 천주교회 안에서는 정의로운 전쟁의 입장과 평화주의의 입장이 공존해왔고, 이 과정에서 정의로운 전쟁 교리 내부로 평화주의의 요소들이 침투해 들어왔다. 그 결과 20세기 후반기를 거치면서 "정의로운 전쟁 교리의 평화주의적 전환", 혹은 "정의로운 전쟁론과 평화주의의 수렴" 경향이 뚜렷해졌다.

요더가 말했듯이, 최근 수십 년 사이에 나타난 "새로운 사실은 그러한 기준(정의로운 전쟁의 기준—인용자)을 정직하게 적용시킨 사람들이 부정적인 결론에 도달하게 되었다는 것이다.……현대 전쟁의 특성들은 점점 더 많은 사람들로 하여금 그것을 용인하지 못하게 만드는 부정적인 결론에 이르게 만든다."[23] 그 기준들을 정직하게 적용하는 정의로운 전쟁론은 결국 평화주의의 하나로, 즉 "정의로운 전쟁 평화주의just-war pacifism"로 변모했다.[24] 물론 예외적으로 폭력 사용을 허용하는 정의로운 전쟁론자는 "적을 사랑하는 영적 헌신에 기반"하여 일관되고 철저한 비폭력 옹호를 내세우는 '절대적 평화주의자들'과 여전히 구분되겠지만 말이다. 현대의 정황에서 '정직한' 정의로운 전쟁론자들은 다음과 같이 묻게 될 것이다: "우리는 '모든' 전쟁에 원칙적으로 반대한다. 그런데 폭력이 용인되는 이 '치명적인 예외 상황', 혹은 '뼈아픈 예외 상황'은 과연 무엇인가?"[25]

현대의 정의로운 전쟁 교리는 전쟁을 포함한 폭력 사용이 예외적인 상황에서 최후의 수단으로만 용인될 수 있으며, 폭력의 사용 과정에서도 세심하게 주의하지 않으면 안된다고 강조한다. 전쟁 교리의 평화주의적 전환과 맞물려, 양심적 전쟁-병역 거부에 관한 입장 또한 변화되었다. 교황청이 양심적 병역거부에 대해 부정적인 입장을 공식 표명한 것은 1956년이 마지막이었던 것으로 보인다. 그해 말 성탄절 라디오 메시지에서 비오 12세는 정당한 정치 권위에 의한 방어 권리를 옹호하는 맥락에서, 천주교 신자들이 양심적인 이유를 내세워 병역을 거부할 수 없다고 말했다.[26] 이런 입장은 1965년 제2차 바티칸공의회에 의해 뒤집혔다. 양심적 병역거부와 관련된 천주교의 주요 문서들은 다음과 같다.

(1) 양심의 동기에서 무기 사용을 거부하는 사람들의 경우를 위한 법률을 인간답게 마련하여, 인간 공동체에 대한 다른 형태의 봉사를

인정하는 것이 마땅하다.

— 1965년 12월, 제2차 바티칸공의회 문헌 『현대세계의 교회에 관한 사목 헌장』(79항)

(2) 어떤 국가에서는 '병역' 의무를 '사회봉사' 또는 더 짧게 표현해서 '봉사'로 부분적이나마 대체하고 있음을 알고 대단히 기쁘게 생각한다.

— 1967년 3월, 바오로 6세의 회칙 『민족들의 발전』(74항)

(3) 비폭력 전략을 장려하고, 모든 국가는 이른바 양심적 병역거부를 법으로 인정하고 규정해야 한다.

— 1971년 11월, 세계주교대의원회의 제2차 총회 문헌 『세계 정의』(59항)

(4) 양심상의 이유로 무기 사용을 거부하며 다른 방법으로 인간 공동체에 봉사하려는 사람들을 위해서는, 국가가 공정한 방법으로 조치를 취해야 할 것이다.

— 1992년 10월 처음 반포되고 1997년 8월 수정판이 발표된 『가톨릭 교회 교리서』(2311항)

1960년대 이후 '비폭력 노선' 옹호와 정의로운 전쟁 조건의 정식화라는 맥락에서 세계가톨릭교회의 전쟁 교리 전환을 주도해온 미국가톨릭교회는 양심적 병역거부권 개념의 발전 과정에도 크게 기여했다. 미국인 주교들은 1968년 사목서한에서 '평시 징집제' 폐지를 요구했고, 1971년과 1980년에는 교회가 양심적 병역거부자들을 위해 대체복무 일자리를 제공해야 하며, 선택적 병역거부자들에 대한 법적 보호장치를 마련할 것을 촉구한 바 있다.[27] 미국의 전국사제협의회연맹National Federation of Priests' Council은 1980년에 양심적 병역거부의 가톨릭적 정당성을 재확인하면서, 거부자들의 진술들을 수집하고 보존할 아카이브를 구축하자고 제안했다. 미국팍스크리스티Pax Christi-USA는 1979년 징집제 재도입에 반대하는 입장을 천명한 데 이어, 1982년에는 징병 대상자 등록 거부 운동까지 지지하고 나섰다.[28]

2. 개신교

종교개혁 이후 개신교의 '주류' 교파들은 대부분 정의로운 전쟁 입장을 채택했다. 루터는 이슬람과 가톨릭을 상대한 전쟁을 정의로운 전쟁으로 간주했다. 칼뱅은 정의로운 전쟁을 평화·안녕·국가 보호를 위한 국가의 임무라고 주장했다. 츠빙글리는 선제공격까지 정의로운 전쟁으로 인정하는가 하면 그 자신 전사戰死하기까지 했다.[29] 정의로운 전쟁 교리의 힘은 종교개혁 이후에도 막강했다. 요더의 말대로, "십자군전쟁 이후로 정당한 전쟁 신조는 소수의 작은 '평화교회'들과 몇몇의 예언자들을 제외한 모든 서구 그리스도인 공동체의 공식적 입장이었다."[30]

그러나 평화주의적 입장이 20세기 이후에 비로소 등장하고 20세기 후반에 들어서야 활성화된 주류 천주교회와는 대조적으로, 개신교의 경우 처음부터 '평화주의'(소수)와 '정의로운 전쟁'(다수)이 '두 전통'으로 공존해왔다는 특징을 보여준다. 신원하의 표현에 의하면, "전체적으로 가톨릭교회가 성전론을 거쳐 정당한 전쟁론의 입장으로 정착했다고 하면 개신교회에서는 평화주의 그리고 정당한 전쟁론의 두 전통이 계속해서 흘러왔다."[31]

먼저, 종교개혁 이후 역사적 평화교회들로 불려온 개신교 계통 소수파들은 분쟁 해결의 수단으로써 전쟁의 정당성에 대해 분명한 반대 입장을 취해왔다. 아나뱁티스트 중 최대 교파인 메노나이트와 그 분파인 아미시Amish를 비롯하여, 퀘이커, 브레드런, 그리고 19세기에 미국에서 등장한 재림교회와 여호와의증인 등이 그들이다. 그러나 개신교 평화주의 진영 내에서도 의미 있는 차이를 발견할 수 있다. 잉어의 분류법을 활용할 경우, 예컨대 메노나이트의 전쟁에 대한 태도가 죄와 폭력의 세상으로부터 완전하게 '물러나기withdrawal'와 '무저항non-resistance'에 가깝다면, 퀘이커는 비폭력적 수단들을 사용하여 평화를 위한 적극적인 투쟁을 벌이는 '비폭력 저항nonviolent resistance'에 가깝다. 초기의 여호와의증인 역시 '세상으로부터의 철수'와 징집 대상 연령층의 모든 이들에게 요구되는 '등록의 거부refusal to register'로 기울어 있었다.[32] 재림교회는 직접적인 전투준비 및 전투행위에 가담하는 것만을 거부하는, '양심적 집총거부' 혹은 '비무장 군복무'라는 입장을 취해왔다.

한편, 전통적으로 정의로운 전쟁 입장을 고수해온 장로교, 감리교, 루터교, 침례교, 성공회(감독교회) 등 주류 개신교 교파들에서도 전쟁 교리와 관련하여 20세기 전반기에 의미 있는 변화가 진행되었다. 19세기 초부터 주류 개신교 진영 내에서 평화운동이 등장했지만 1차 대전 발발 후 약해졌고, 전쟁 시기에는 정의로운 전쟁과 성전-십자군의 논리가 뒤섞여 나타났다. 그러나 성전-십자군 입장은 1차 대전을 계기로 결정적으로 약화된 반면 개신교 평화운동이 재차 고조되었다. 따라서 2차 대전 당시에는 전쟁을 '거룩한' 일이라거나, '축복할 만한' 일이라거나, '영광스러운' 일이라고 간주하는 교회 계열 단체는 거의 없었다. 그 결과 2차 대전 당시 개신교 주류 교회들의 전쟁 관련 접근방식은 '평화주의'와 '정의로운 전쟁'으로 단순화되었다. 특히 미국의 개신교 주류 교회들은 2차 대전 직전 혹은 과정에서 전쟁 및 병역에 대한 양심적 반대자들의 권리를 적극 옹호하고 나섰다. 더욱이 홀로코스트, 무차별 공중폭격, 핵무기까지 등장한 참혹한 전쟁을 겪은 후 개신교 주류 교회들 내에서는 정의로운 전쟁 교리 자체에 대한 비판이 강력히 대두했다.[33]

천주교에서와 마찬가지로 개신교에서도 2차 대전은 다시 한 번 전쟁 교리에서 중대한 변화가 발생한 계기였다. 특히 핵무기의 보유와 사용 문제를 둘러싸고 입장이 분화되었다. 평화주의자들은 자연스럽게 '핵무장 해제론'으로 나아간 반면, 정의로운 전쟁의 입장을 취하는 이들은 "핵을 전쟁 억지를 위한 위협의 수단으로만 활용해야지 결코 사용해서는 안 된다는 핵 평화주의nuclear pacifism의 입장"과 "공격을 당하면 사용하는 것은 당연하다고 생각하는 핵 억지론nuclear deterrence의 입장"으로 나뉘었다.[34]

이하에서는 1948년에 창립된 세계교회협의회WCC의 역대 총회 최종 문서들을 중심으로 2차 대전 이후 개신교의 전쟁 교리 변화를 살펴보려 한다. 먼저, 1948년 "인간의 무질서와 하나님의 경륜"이라는 주제로 네덜란드 암스테르담에서 열린 제1차 총회는 "전쟁은 하나님의 뜻에 반대된다"는 것을 분명히 밝히는 한편, 전쟁의 양상이 크게 변하면서 정의로운 전쟁 전통이 도전에 직면하고 있음을 인정했다.

> 오늘날 우리의 국제적 삶에 있어서 전쟁이 담당하는 역할은 하나님께 대한 죄요, 인간의 타락이다.……전쟁의 양상은 상당히 달라졌다. 전쟁은 이제 전면전이 되었고 모든 남녀가 전쟁에 동원될 것이 요구되고 있다. 게다가 공군력의 놀라운 사용과 핵무기 및 기타 새로운 무기들의 발전으로 인해 과거 전쟁에서는 전혀 경험해보지 못한 의미에서 현대전의 전면 수행에 내재하는 광범위하고도 무차별적 파괴가 가능하게 되었다. 이러한 상황에서 정당한 명분과 정당한 수단 사용을 요구하는 의로운 전쟁의 전통이 지금 도전받고 있다.[35]

아울러 1차 총회의 종합보고서는 정의로운 전쟁 교리를 둘러싼 당시 개신교회들의 "서로 모순되는" 입장을 세 가지로 압축해 제시하면서도,

단일한 입장 표명은 유보하는 대신 향후 과제로 남겨두었다.

　　그러므로 피할 수 없는 문제가 제기된다. 그것은 전쟁이 정의의 한 행위가 될 수 있는가라는 문제이다. 이 질문에 대해 한 목소리로 대답할 수는 없지만 크게 다음의 세 가지 입장이 지지되고 있다.
①　특정한 상황에서는 전쟁에 참가하는 것이 의무가 될 수도 있겠지만 대량파괴를 수반하는 현대전은 정의의 한 행위가 될 수 없다고 생각하는 사람들이 있다.
②　공명정대한 초국가적 기관이 부재한 상황에서는 군사행동이 법치의 최종적 재가裁可이며, 필요한 경우에는 시민들이 무력에 의해서라도 법을 수호하는 것이 그들의 의무라고 분명히 가르쳐져야 한다고 생각하는 사람들이 있다.
③　한편 어떤 사람들은 모든 종류의 전쟁 행위를 거부하면서 그들에게 있어서 전쟁을 반대하고 평화를 지지해야 하는 절대적 증언은 하나님의 뜻이라고 확신하고 있다. 또 그들은 교회가 같은 취지로 말할 것을 요구하고 있다.
이러한 서로 모순되는 견해들에 접하면서 깊은 당혹감을 솔직히 인정하지 않을 수 없으며, 모든 기독교인들에게 그들이 제기한 문제들과 계속해서 씨름할 의무와 하나님의 인도를 겸손히 기도할 의무가 있음을 촉구하는 바이다. 우리는 신학자들에게는 관련된 신학적 문제들을 숙고할 특별한 의무가 있음을 믿는다.[36]

　　한국전쟁 직후인 1954년 미국 에번스턴에서 열린 제2차 총회는 "전쟁에 대한 두려움"과 "평화에의 희구"를 더욱 절실히 드러냈다. 동시에 핵무기를 이용한 '공포의 균형balance of terror'에 대한 명백한 거부 의사를 밝혔고, 보다 적극적으로 전쟁의 탈정당화를 시도했다. 또한 전쟁에 대한 개신교의 태도를 '그리스도교 평화주의Christian pacifism'와 '정의로운 전쟁'의 두 가지로 압축하면서, 둘 모두에 대해 긍정적인 평가를 내리고 있다. 1948년 1차 총회 당시 인정했던 세 가지 입장 중 전쟁에 대해 보다 허용적인 입장을 명확히 배제한 것이다.

> 12. 교회가 전쟁은 악하다라고 선포하는 것만으로는 충분하지가 않다. 교회는 평화에 대한 기독교적인 접근 방법들을 새롭게 연구해야 할 것이며, 증거의 한 수단으로서 기독교적 평화주의와 어떤 상황하에서는 군사적 행동도 정당화될 수 있다는 기독교인들의 확신 모두를 고려할 수 있어야 할 것이다. 이러한 접근법에 대해 기독교인들이 어떠한 견해를 가지고 있든지 간에 기독교인들은 전쟁에 대한 심리적, 사회적, 정치적, 그리고 경제적 원인들을 찾아내고 분석하며 또 제거하는 데 도와야 한다.[37]

1961년 인도 뉴델리에서 개최된 제3차 총회는 전쟁에 대한 종전의 비판적 입장을 간단히 재확인하는 데 그쳤다.[38] 그러나 1960년대는 베트남전쟁에 휘말린 미국 교회를 중심으로 개신교 안에서 전쟁 교리의 진보적 전환이 두드러졌던 시기였다. 그 변화가 1968년 스웨덴 웁살라에서 열린 제4차 총회에 부분적으로 반영되었다. 웁살라 총회는 전쟁과 핵무기 경쟁에 대해 다시금 강도 높게 비판했다. 또한 전쟁과 관련하여 개신교 내에 존재하는 두 가지 견해의 존재를 어떤 평가도 없이 재확인하면서도, 정의로운 전쟁의 조건을 세분하여 제시했다.

> 14.……유감스럽게도 아직까지는 무력 사용에 의지하고 있는 이 세계 안에는 절대 평화주의야말로 진정한 기독교적 응답이라고 생각하는 사람들이 있다. 그들과 또 이러한 신념을 갖고 있지 않은 사람들에게

무력 사용의 한계라는 오래된 문제가 있다. 무력 사용의 한계에 대한 예를 들어보자면 경제의 사회구조 보존, 비전투원 보호, 인간적 고통 감소, 무력만으로는 새 질서의 출현을 결코 보장할 수 없으며 심지어 그것을 방해할 수도 있다는 인식 등이 있다.[39]

1983년 캐나다 밴쿠버에서 열린 6차 총회는 '핵 억지'의 입장에 대해 집중적으로 언급하면서 단호한 거부 입장을 천명했다. 이에 따르면, "핵무기 사용뿐만 아니라 핵무기 생산과 배치도 역시 인류에 대한 범죄"이며, "안보와 전쟁 예방의 명목으로 핵무기를 정당화시켜온 전략적 주장으로서의 핵 억지책은 이제 우리의 생명과 평화 되시는 예수 그리스도께 대한 우리의 신앙에 반하는 것으로서 단호히 거부되어야 한다." 나아가 "회원 교단들이 각 교단 소속 교회들에게 핵무기를 불법화하고 핵 억지책을 비非신화화하는 일의 시급성을 교육시키도록 촉구"하였다.[40] 밴쿠버 총회는 WCC 비가맹 교단들과 천주교회의 참여까지 포함하는 폭넓은 협력 속에서 "정의와 평화와 창조질서 보전(Justice, Peace and Integration of Creation: JPIC)에 공동으로 참여하는 (계약을 맺는) 화해의 과정에……가담하도록" 촉구한 바 있다.[41]

이 결의에 따라 1990년 3월 WCC 중앙위원회의 주관으로 1천여 명의 세계 교회 대표들이 참가한 가운데 서울에서 '정의·평화·창조질서의 보전 세계대회'가 열렸다. 여기서 산출된 최종문서가 "서울협약Seoul Covenant"이라는 이름으로 발표되었다. 이 협약에는 개신교 전쟁 교리에 관한 획기적인 인식 전환이 담겨 있다: "많은 교회들이 지니고 있는 전통적인 정당한 전쟁 교리에서 정당한 평화 교리로 바뀌어야 한다."[42] 이제 '정의로운 전쟁just war'이라는 전통적 교리가 '정의로운 평화just peace'라는 새 교리로 대체되어야 할 시점이 되었다는 놀라운 주장이었다. 서울협약은 같은 맥락에서 그리스도교인과 교회들에게 "정의와 해방을 추구하는 적극적인 비폭력 문화"를 위해 헌신하도록 촉구하고 있다.[43] 그 직후인 1991년 호주 캔버라에서 열린 WCC 7차 총회는 서울협약을 지지하면서,[44] "평화지향적 삶의 양식"과 "적극적인 비폭력의 힘"을 재차 강조했다. 다시 말해 "기독교 영성을 표현하는 또 다른 하나는 평화지향적 삶의 양식으로써 사회의 변혁을 위하여 적극적인 비폭력의 힘을 연구한다"는 것이다.[45]

같은 취지에서, 1998년 12월 짐바브웨 하라레에서 열린 8차 총회는 '폭력 극복을 위한 10년Decade for Overcoming Violence' 프로그램을 전개하기로 결의하면서 날로 증가하고 있는 세계의 폭력문화culture of violence를 극복하고 평화문화를 세우기 위해 교회가 헌신하기로 다짐했다.[46] WCC는 2013년 10월 30일부터 11월 8일까지 부산에서 열린 10차 총회에서 "정의로운 평화의 길에 관한 성명Statement on the Way of Just Peace"을 채택했다. 이에 따르면 정의로운 평화는 공포로부터 자유로운 공동체의 평화, 생명이 지속가능한 지구와의 평화, 존엄한 삶이 이뤄지는 시장에서의 평화, 모든 생명이 보호받는 민족 간의 평화로 구성된다.[47]

1990년대를 거치면서 개신교 측 학자들과 평화운동가들은 정의로운 평화를 구현하기 위한 다양한 실천 강령들을 공동으로 만들었다. 다음은 그 강령의 일부이다. "① 비폭력 직접행동을 지지한다. ② 위협을 줄이기 위해 독자적으로 솔선수범한다. ③ 협동적인 분쟁 해결 방식을 이용한다. ④ 분쟁과 불의에 대한 책임을 인정하고 참회와 용서를 구한다. ⑤ 민주주의, 인권, 종교의 자유를 위해 노력한다. ⑥ 정의롭고 지속 가능한 경제발전을 추구한다. ⑦ 국제체제 속에서 새로 떠오르는 협조적인 세력과 함께 노력한다. ⑧ 협동과 인권을 위한 유엔과 국제기구들의 노력을 강화한다. ⑨ 공격 무기와 무기 거래를 줄인다. ⑩ 평화를 추구하는 풀뿌리단체들과의 자발적인 협동을 권장한다."[48]

한편, 1948년의 WCC 창립총회 종합보고서는 양심적 병역거부 문제에 대해 언급하지 않았다. 그러나 WCC는 1951년에 열린 중앙위원회 결의를 통해 양심적 병역거부의 '권리'를 인정했고, 이 입장을 1954년의 2차 총회에서 재확인했다. 이것은 천주교회가 1965년 말『현대세계의 교회에 관한 사목헌장』을 통해 양심적 병역거부를 공식 인정했던 것보다 14년이나 앞선 일이었을 뿐만 아니라, 천주교회의 경우 그때조차 양심적 병역거부를 신자들이 누구나 선택할 수 있는 '권리'로 인정한 것은 아니었다는 점을 감안할 때,[49] 매우 과감한 진보적 태도였다고 할 수 있다. 나아가 WCC는 4차 총회(1968년)와 6차 총회(1983년)에서 특정 전쟁이나 전쟁 수행방식에 대한 반대인 '선택적인 양심적 병역거부'도 지지했다. 1990년 서울에서 열린 '정의·평화·창조질서의 보전JPIC 세계대회'에서는 불의한 전쟁에 대한 병역거부만이 아니라 이 전쟁에 대한 재정적 기여를 거부하는 '양심적 납세거부'의 권리까지 옹호했다. '양심적 납세거부'는 '납세자들을 위한 양심적 거부자 지위 부여conscientious objector status for taxpayers', 즉 전쟁에 대한 양심적 거부의 권리를 (모든 성인 남녀가 그 주체인) 납세 행위로까지 확대시키자는 운동인 것이다. 에번스턴 총회를 비롯하여 WCC의 주요 문서에 나타난 양심적 병역거부 관련 언급을 정리하면 다음과 같다.

> (1) 1951년 중앙위원회가 공인한 바 있듯이, 세계교회협의회가 양심에 따르는 반대의 권리에 대해서 최근 연구하고 또 지지한 것은 그 권리를 보호하기 위한 국내적, 국제적 행동으로 나아가는 데 필요한 단계이다. 한편, 교회는 평화를 위하여 이 일을 증거하도록 개인적으로 부르심을 받았다고 생각하는 사람들을 정당하게 판단하고 인간적인 처우를 해줄 것을 가능한 한 널리 호소해야 한다.[50]
> ―1954년 세계교회협의회 제2차 총회(에번스턴)
> (2) 양심의 보호를 위해서 교회는 군인들뿐만 아니라 특별히 현대 무

기의 본질의 견지에서 볼 때 양심상 반대해야 한다고 느끼는 그러한 전
쟁에 참가하는 것을 거부하는 사람들과, 또 자신은 무기를 들 수 없고
또 양심상 군복무를 할 수 없다고 생각하는 사람들에 대해 영적인 관
심을 보이고 또 이들을 지지해주어야 한다. 이러한 지지에는 필요한
법률 개정에 대한 압력도 포함되며 나아가 대량살상무기에 관한 과학
적 연구에 대해 도덕적 혼란에 빠져 있는 모든 이들에게까지 확대되어
야 한다.[51]
　―1968년 세계교회협의회 제4차 총회(웁살라)
　(3) 군사주의militarism에 반대하고 전쟁 참여나 핵탄두와 그 운반수단
생산을 포함한 전쟁 준비에의 참여를 양심적으로 거부하는 사람들을
교회는 목회적으로 또 실제적으로 지지해야 한다.[52]
　―1983년 세계교회협의회 제6차 총회(밴쿠버)
　(4) 군대 복무와 세금에 대한 양심적 반대의 권리를 지원하고 평화와
납세를 위한 다른 형태의 봉사를 준비한다.[53]
　―1990년 정의·평화·창조질서의 보전 세계대회(서울)

　베트남전쟁으로 특징지어지는 1960년대 후반기는 양심적 병역거부
에 대한 입장의 진보적 전환기이기도 했다. 20세기 이후 세계 개신교를
확고히 주도해온 미국의 경우, 1960년대를 거치면서 다수의 보수 교단
까지 포함하는 주요 개신교 교단 대부분이 양심적 병역거부권을 인정하
게 되었다. 개신교 연합기관인 미국교회협의회(National Council of Churches
of Christ in the USA: NCCCUSA)는 1967년에 선택적 거부를 포함한 거의 모든
형태의 양심적 병역거부권 옹호 입장을 재확인한 데 이어, 1968년에는
정부의 부당한 명령에 대한 시민적 불복종을 요구하는가 하면, 1980년
에는 의무적 징병 등록을 위한 예산과 법률 제정에 반대한다는 입장을
천명했다.[54]

미국 최대의 장로교 교단인 미국연합장로교회United Presbyterian Church in the USA는 1967년 총회에서 양심적 병역거부자의 범주에 '종교'뿐 아니라 "심오한 인간 양심의 결과로 인한" 거부까지 포함하도록 확대하라고 의회에 요청했다.[55] 이 교단의 1969년 총회 성명서는 정의로운 전쟁론("빈민 속의 참전론")과 평화주의라는 양대 그룹 외에, "제3의 그룹"으로서의 선택적 거부 모두를 인정하면서 이를 위한 입법을 촉구했고, 나아가 징병제 자체에 반대하는 반군사주의자도 인정함과 동시에 대체복무자를 위한 일자리 제공 의지를 밝혔다. 미국장로교회Presbyterian Church in the US는 1969년 총회에서 다음과 같이 선언했다: "미국장로교 총회는 1949년에 '우리 교회는 양심에 거리낌 없이 또는 종교적 신앙 교리에 위배되므로 무기를 드는 것을 거부하는 시민들의 권리를 지속적으로 옹호해왔다'는 것을 확고히 했다. 이 권리를 지속적으로 주창함과 동시에, 교회는 무기를 행사하는 사람들도 감히 포기하지 않는다." 미국개혁교회Reformed Church in America는 1938년부터 1980년에 이르기까지 누차 양심적 병역거부권 지지 입장을 천명해왔고, 아울러 병역거부자를 위한 대체복무 일자리 마련에 나서는 한편(1971년), 군사문화 확산 및 대학 군사훈련을 비판했다(1938년). '개혁장로교회 복음주의시노드Reformed Presbyterian Church—Evangelical Synod'도 1968년에 병역은 개인의 선택 문제이며 양심적 병역거부라는 선택 또한 인정한다고 밝혔다.[56] 미국 구세군과 모르몬교 일부도 양심적 병역거부권 지지 대열에 합류했다. 미국 구세군은 1971년에 양심적 병역거부를 포함한 모든 선택을 존중한다는 입장을 정했다. 미국 모르몬교의 한 분파인 '예수그리스도후기성도교회 재조직파Reorganized Church of Jesus Christ of Latter Day Saints'는 1982년 열린 세계대회에서 군입대자와 선택적 병역거부자 모두를 존중한다고 결정했다.[57]

3. 여전한 딜레마
  : 정의로운 전쟁 전통과 선택적 거부

천주교의 경우 통일된 공식적 입장으로 정의로운 전쟁 교리가 채택되어 있고, 종교개혁 이후 개신교 주류 교파들 역시 이와 유사한 입장을 고수해왔다. 다소 논란의 여지는 있지만, 불교 역시 다수 세력이 이와 유사한 입장을 취하고 있다고 말할 수 있을 것이다. 또 천주교와 개신교, 불교 모두에서 소수 입장으로서, 그러나 점점 증가하는 세력으로서 평화주의자들이 공존하고 있는 상황이라고 할 수 있다. 앞에서 보았듯이 개신교의 경우 1990년대 이후 WCC의 주도 아래 정의로운 전쟁 교리와 평화주의 교리가 융합된 '정의로운 평화' 입장으로 전환해갔다.

그것이 불교든 천주교든 그리고 그 어떤 종교든 평화주의 입장에 선 이들은 양심적 병역거부와 거부자들에 대한 민간대체복무alternative civilian service의 권리를 지지할 것이다. 여기엔 아무런 논리적 문제도 없다. 그러나 "정의로운 전쟁 입장은 과연 양심적 병역·전쟁 거부와 무관한가?" 하는 질문이 아직 남아 있다. '정의로운 전쟁just war' 이론은 당연한 논리적 전제로써 정의로운 전쟁의 범주에 포함되지 않는 전쟁들, 즉 '불의한 전쟁unjust war'의 존재를 상정한다. "그렇다면 정의롭지 않은, 명백히 불의한 전쟁에 대해서는 어떻게 대응해야 하는가?"

앞서 보았듯이 2차 대전 이후 천주교에서 정의로운 전쟁으로 인정받기 위한 조건들은 세세해졌고 그만큼 까다로워졌다. 이런 상태에서 험난한 기준들의 시험test을 성공적으로 통과하여 정의로운 전쟁으로 인정될 수 있는 전쟁은 극히 예외적인 소수 사례가 될 수밖에 없으며, 대부분의 전쟁들은 시작되어서도 안되고 신자들이 참여해서도 안될 '불의한 전쟁'으로 판정될 가능성이 훨씬 높아졌다. 인종청소ethnic cleansing와 같은 지극히 야만적인 상황에 대한 '인도주의적 개입humanitarian intervention'의 필요성이 정의로운 전쟁론의 새로운 명분이 될 수는 있겠지만,[58] 모든 형태의 공격전쟁과 선제공격은 정의로운 전쟁이 될 수 없다는 것이 2차대전 이후의 기본적 합의에 속하며, 방어전쟁 가운데서도 정의로운 전쟁으로 인정받을 수 있는 범위는 크게 축소되었다.

정의로운 전쟁 교리를 지지하면서도 대부분의 전쟁들이 '불의한 전쟁'으로 판정될 가능성이 높은 시대를 살아가는 종교인들은 어떻게 행동해야 하는가? 바로 여기서 '선택적인 양심적 병역거부'의 문제가 제기된다. 선택적 거부는 잉어가 "'이번 전쟁'에 대한 반대(opposition to 'this war')"라고 표현했던 바로 그것이기도 하다.[59] 파워스 등에 의하면, 전쟁 혹은 병역에 대한 양심적 거부는 대략 다음의 세 가지 유형들로 구분될 수 있다: ① 절대적 거부absolute objection, 즉 모든 형태의 병역과 전쟁을 반대하는 것, ② 선택적 거부selective objection, 즉 특정한 전쟁에 대한 거부, 혹은 특정한 전쟁 수행방식, 예컨대 핵·생물학·화학무기 등의 대량살상무기를 사용하는 전쟁 수행방식을 거부하는 것, ③ 군복무 중의 양심적 거부in-service objection, 즉 입대 전에 양심적 거부자임을 주장하면서 민간대체복무를 수행하는 징집대상자들과는 달리, 군복무 중에 "양심의 구체화crystallization of conscience" 과정을 겪음으로써 제대하는 길을 택하는 것.[60] 래리 메이는 선택적 거부자의 신념을 '조건적 평화주의contingent pacifism'로 명명하기도 했다.[61] 논자에 따라서는 특정한 전쟁만을 반대하는 선택적 거부와 구분하여, "전쟁 자체에는 반대하지 않으나 대량살상무기, 그중에서도 특히 핵무기의 사용을 거부하는" 재량적 거부discretionary objection를 별도 유형으로 제시하기도 한다.[62] 재량적 거부는 보다 구체적이고 특정화된 거부, 즉 '전쟁' 자체가 아니라 특정 '무기' 혹은 그 무기를 사용하도록 강제하는 '임무'를 거부하면서 전역을 요구하거나 부대 재배치를 요구하는 경우를 가리키지만, 필자는 재량적 거부도 넓은 의미의 선택적 거부 범주 안에 포함할 수 있지 않을까 생각한다.[63] 2008년

6월 촛불집회를 진압하는 전투경찰로 더 이상 복무할 수 없다면서 '육군으로의 전환 복무'를 신청했던 이계덕 상경이 '재량적 병역거부자'에 가까운 사례라고 하겠다. 이남석이 지적했듯이 선택적 거부자가 반드시 평화주의자여야 하는 것은 아니다. 실제로 많은 재량적 거부자들은 비非평화주의 거부자들이었다.[64] 선택적 거부자가 반드시 종교인인 것도 아니다. 선택적 거부는 '양심의 변화 가능성'과 '양심적 거부의 다양한 근원들'을 긍정하며, 군입대 후나 군사훈련을 마친 후에도 가능하기에 '시간의 비제약성'이라는 특징도 갖고 있다.[65]

천주교와 개신교에서는 베트남전쟁이 한창이던 1968년을 전후하여 선택적 거부에 관한 주장들이 활발하게 제기되었던 것으로 보인다. 개신교와 가톨릭을 가릴 것 없이 선택적인 양심적 병역거부권을 인정하라는 요구가 빗발쳤고, 몇몇 주류 교단들의 공식적 결의들 그리고 천주교 주교회의 차원의 공식 문서들이 발표되었다. 그러나 법제화에는 대체로 실패하고 말았다. 그러나 1990년대의 오스트레일리아처럼 이를 정책적으로 수용한 희귀한 사례도 존재한다.

미국 장로교단 중 두 번째 규모인 미국장로교회(The Presbyterian Church in the United States: PCUS)는 1969년의 제109차 총회 결의에서 양심적 병역거부를 지지해온 20여 년의 역사를 언급하면서 선택적 병역거부에 대한 지지 입장을 공식 천명했다.[66] 이 결의는 선택적 거부에 대한 불인정은 차별적이고 불평등한 것이고, 심지어 불의한 것이며, 국가의 안녕과 정치구조에도 해악을 미치며, 따라서 이를 인정하는 법 개정이 반드시 필요하다고 주장했다.

'일반 군사훈련 및 복무법Universal Military Training and Service Act'은 '어떤 형태의 전쟁이든지 간에 전쟁에 참여하는 것을 양심상 반대하는' 사람에게는 누구에게나 대체복무를 제공하고 있다. 그러나 어떤 형태이건 모든 전쟁에 참여하기를 양심상 거부하지 않으면서, 특정 전투에서 전투원으로 참여할 것을 요구받은 복무를 양심상 거부하는 사람에게는 대체복무가 가능하지 않다.

특정 전투에 참여할 것을 양심상 거부하는 것을 허용하지 않는 '선발징병시스템Selective Service System'의 허점은 이것이 한 종류의 양심적 병역거부는 존중하고 있으나, 다른 한편의 양심적 병역거부는 무시하고 있다는 점에서 차별적이며, 특정한 전투에서 각자의 양심적 결단을 내릴 개인의 권리를 박탈하고 있다는 점에서 불의한 것이다.

이러한 허점의 결과는 충성스럽고 애국적인 시민들이 특정 전투에서 대체복무가 아닌 전투원이 되지 않으려고 자신의 양심적 명령에 충실했다는 것 때문에 범죄자로 처벌을 받게 된다는 점에서 그 나라의 안녕을 해치는 것이며, 정치구조에도 해가 된다.

그러므로, 미국장로교회 제109차 총회는 다음과 같이 결의한다.

① 모든 전쟁에 전투적 참여를 거부할 권리뿐 아니라, 특정 전투에 전투적 참여를 양심상 거부할 시민의 권리를 인정하며;

② 미국 의회를 향하여 현행 '일반 군사훈련 및 복무법'을 특정 전투에 전투적으로 참여하는 것을 양심상 거부하는 자들을 위한 적절한 대체적 군복무나 사회복무를 제공하는 제도로 신속히 개정할 것을 촉구하며;

③ 이 낡은 법 안에 존재하는 불평등을 제거하기 위하여 '일반 군사훈련 및 복무법' 전반에 대한 전면적이고 즉각적인 검토를 신속하게 진행하여 법제화할 것을 권고한다;

④ 총회 서기는 이 결의문 사본을 대통령, 국방부 장관, 상원의장, 하원의장 앞으로 보낸다.[67]

미국 최대의 장로교단인 연합장로교회UPCUSA도 1969년 총회에서 유사한 입장을 표명했다.[68] "전쟁, 평화, 양심에 관한 제181차 총회 성명서"는 선택적 거부가 "정의로운 전쟁의 가르침에서 비롯되어지는 윤리적 의무"임을 강조했다. 선택적 거부권 없이는 정의로운 전쟁 교리 자체가 효력을 상실할 수밖에 없음을 주장하고 있는 것이다.

> 이들 두 그룹—번민 속에서 전쟁에 참여하는 자들이나 전쟁에 반대하는 평화주의자들—모두 자신들의 입장을 지지하는 데 교회의 가르침을 동등하게 사용할 수 있다. 그리고 제3의 그룹—어떤 특정한 전투에 대하여 불의하고 비양심적이라고 판단하여 참여하기를 거부하는 개인들—도 교회의 가르침을 자신들의 도덕적 입장의 근거로 내세울 수 있다.……
> 이제, 양심상 선택적 병역거부자들의 윤리적 입장을 위한 법적 구제책이 있어야 한다는 것을 고려해야 함이 분명해졌다. 어떤 특정한 전쟁이 개인의 양심에 따라 잘못된 것이라 판단되어 거부하는 것은 기독교의 정의로운 전쟁 just war의 가르침에서 비롯되어지는 윤리적 의무이다.
> 관련된 난제들에도 불구하고, 양심을 존중하기로 한 자유사회라면 이러한 도덕적 당위성을 위한 법적 수용을 제공할 방안을 찾아야만 한다. 그렇게 하는 것이 의견을 달리하는 양심에게 불복종이나 반역 또는 망명 대신 대안을 제시함으로써 공공의 이익을 위해 봉사하는 것이 된다.[69]

앞에서 살펴보았듯이 WCC는 1968년의 4차 총회에서 선택적 거부권을 옹호했다. 총회 결의문에 등장하는, "특별히 현대 무기의 본질의 견지에서 볼 때 양심상 반대해야 한다고 느끼는 그러한 전쟁에 참가하는 것을 거부하는 사람들"이나 "대량살상무기에 관한 과학적 연구에 대해 도덕적 혼란에 빠져 있는 모든 이들"과 같은 표현은 WCC가 '선택적 거부'를 지지하고 있음을 강력하게 시사한다. "군사주의에 반대하고 전쟁 참여나 핵탄두와 그 운반수단 생산을 포함한 전쟁 준비에의 참여를 양심적으로 거부하는 사람들을 교회는 목회적으로 또 실제적으로 지지해야 한다"는,[70] 1983년 6차 총회의 종합보고서의 구절—특히 "핵탄두와 그 운반수단 생산을 포함한"이라는 구절—에 대해서도 같은 해석이 가능할 것이다. 나아가 6차 총회는 "평화와 정의에 관한 선언문"에서 "그리스도인들은 대량살상이나 무차별적 결과를 빚을 무기가 사용되는 어떤 폭력과 전쟁에도 참여하기를 거부하는 증언을 해야 한다"고 선언했다.[71] 이는 명백히 불의한 전쟁에 대한 '선택적인' 거부를 '의무' 수준으로 격상시키고, 이 의무를 개개 그리스도교인들에게 부과한 것이라고 해석할 수 있다.

한편, 이미 언급했듯이 베트남전쟁은 미국 천주교회에서 전쟁 교리의 결정적인 변화를 초래했다. 그레밀리언의 표현을 빌리자면, "월남전은 미국 가톨릭 안에서 초超애국주의와 자랑스런 군복무로부터 양심적 거부로의 갑작스런 전환을 가져왔다."[72] 바로 이런 맥락에서 미국 주교들은 1968년 발표된 사목서한인 『우리 시대의 인간생명 *Human Life in Our Day*』을 통해 선택적 거부 문제를 공론화하기 시작했다. 주교들은 선택적 거부를 적극적으로 지지하면서, 이것이야말로 "정의로운 전쟁 전통에 부합하는" 입장이며,[73] 정의로운 전쟁 교리의 자연스럽고도 불가피한 논리적 귀결이라고 주장했다. 이 사목서한에서 미국 주교들은 선택적 거부자를 "스스로 판단하기에 정의롭지 못하다고 생각되는 전쟁, 혹은 무차별적 살상에 대한 깊이 간직된 도덕적 신념에 반하는 행동을 강요받게 될 수도 있는 특정 군부대(예컨대 전략핵무기 부대)에서 복무하기를 거부하는 이들"이라고 정의했다.[74] 이렇게 볼 때 미국 주교들이 말하는 선택적 거부는 앞의 파워스 등의 구분법에서 '선택적 거부'와 '군복무 중의 거부' 유형을 모두 포함하는 것이라고 할 수 있다. 1968년 사목서한이 발표된 후 정의로운 전쟁 교리와 선택적 거부의 관계를 둘러싸고 상당한 논란과

WOLTERING
RESTAURANT
WIMPY
NEDERLAND uit NATO
NATO uit NEDERLAND
VREDE. ZELFBESCHIKKING voor VIETNAM
US-moordtroepen weg uit Vietnam
VREDE REDT ONS!! WANT WE GAAN STERVEN
MOORD IS CHRONISCH
Vietnam moet leven
DOOD AAN AMERIKAANSE INDRINGERS!

함께 명백히 모순적인 결론들이 제기되었다.[75]

주교들은 선택적 거부자들에 대한 법적 승인을 미국 정부와 의회에 요구하는 한편, 산하 교회들에게 징병과 관련된 법적·윤리적 권리에 대해 자문해주는 프로그램을 마련하도록 권고했다. 주교들은 1969년에 발표된 '세계 정의와 평화에 관한 주교위원회'의 성명을 통해 천주교 신자는 "종교적 훈련과 신념을 이유로" 양심적 병역거부자가 될 수 있음을 재확인하고, 교회 기관들에게는 (단순한 징집 대상자 상담을 넘어) 양심적 거부자를 위한 '대체복무기관 alternative service agencies'으로 인정받도록 지원하라고 권고했다.[76] 1971년 10월에 미국가톨릭협회(United States Catholic Conference: USCC)는 "양심적 거부와 선택적인 양심적 병역거부에 관한 선언 Declaration on Conscientious Objection and Selective Conscientious Objection"을 통해 "양심적 거부와 선택적인 양심적 거부를 건전한 도덕적 자각과 인간 생명에 대한 존중을 보여주는, 교회 내의 긍정적인 지표들로 간주해야 한다"고 주장했다.[77] 이런 입장에 근거하여 선언은 선택적 거부를 비범죄화하는 법 개정, 기존 투옥자들에 대한 사면을 요구했다.

> 양심에 의한 선택적 병역거부자들의 지위는 현재의 법이 이런 종류의 양심적 병역거부에 대해 면죄부를 제공하지 않기 때문에 복잡하다. 우리는 양심상 선택적 병역거부가 이 시민사회에서 자리하는 매우 복잡한 과정적 문제를 인지하고 있다; 우리는 윤리학자, 법률가들, 그리고 행정 공무원들에게 함께 심사숙고하여 이 문제에 대한 도덕적 요구와 시민사회의 명령을 화해시킬 정책을 만들어낼 것을 요청한다. 우리는 1968년 목회서신인 『우리 시대의 인간생명Human Life in Our Day』에 담겨 있는 이 주제에 대한 제안들을 다시금 강조한다. ① [선발징병 프로그램] 수정안(우리가 요구하는 병역법률 개정안—인용자)은 양심상 선택적 병역거부자들로 하여금 감옥에 가거나 시민권을 잃거나 하는 두려움 없이

베트남전쟁 반전 시위(1968)

그들이 불의하다고 생각하는 전쟁에 복무할 것을 거부할 수 있게 만든 것으로, 그들이 인간 사회에 다른 어떤 복무를 하도록 하고, ② 평화 시 징집에 막을 내릴 것을 제안한다.……우리는 법을 개정하고 있는 공직자들에게 양심상 선택적 병역거부자들이기 때문에 감옥에 갇혀 있던 사람들에게 사면을 취하고…….[78]

나아가 미국 주교들은 1980년에 발표한 한 성명에서는 '양심적 거부'를 "전쟁 도덕에 관한 천주교의 가르침에서 중심적 요소a central element"라고 주장하면서 선택적인 양심적 거부의 '권리'를 재차 옹호했다.[79]

그러나 앞에서 보았듯이, 대부분의 국가들은 선택적인 양심적 병역거부의 권리를 인정하지 않고 있다. 오스트레일리아 정도만이 예외적으로 이 권리를 인정하고 있다고 말할 수 있을 정도이다.[80] 1940년 미국에서 창립된 '양심과 전쟁센터Center on Conscience & War'는 2017년 7월 지침에 근거하여 미국 정부의 정책을 다음과 같이 소개하고 있다.

- "모든 형태의 전쟁In Any Form"이라는 표현은 특정한 전쟁particular war에 반대하는 사람들을 배제한다. 이런 사람들은 선택적인 양심적 병역거부자selective conscientious objectors라고 불리는데, 양심적 병역거부자에 대한 현행 정의를 충족시키지 못한다.
- 누군가가 많은 종교 전통들에 의해 고수되고 있는 정의로운 전쟁 이론Just War Theory을 믿고 있다면, 그 사람은 사실상 정의로운 전쟁 은 없다there are in fact no just wars고 결론짓거나 그렇게 믿어야만 할 것이다. 그래야만 그가 양심적 병역거부자에 대한 현행의 법적 정의를 충족할 수 있게 될 것이다.(원문의 강조)[81]

진석용이 설명하듯이 이스라엘에서도 주로 선택적 병역거부자들이 출현하고 있다. 그러나 이들이 그 권리를 인정받는 경우는 드문 것으로 보인다.

이스라엘의 경우, 헌법이나 법률에 명문 규정은 없다. 그러나 국가방위복무법 제36조에 "교육, 안보, 국가경제의 필요상, 가정 사유 또는 기타의 이유"로 군 당국은 병역면제 처분을 내릴 수 있도록 되어 있고, 이에 따라 1995년 이스라엘 방위군Israeli Defence Force 산하에 "양심 사유 병역면제 인정위원회Committee for Granting Exemptions from Defence Service for Reasons of Conscience"가 설치되었다. 신청 절차는 공표된 바가 없고, 재심 절차도 없다. 양심 사유로 면제판정을 받는 경우에도 "병역 부적합unsuitable" 판정을 내린다. 이 위원회에 병역면제를 신청하는 사람들의 대부분은 '점령지구Occupied Territories 근무'를 거부하는 이른바 '선택적 거부자들'인데, 거의 대부분이 기각棄却 판정을 받는 것으로 알려져 있다.[82]

이스라엘은 여전히 "특수한 안보 상황special security situation"을 내세워 양심적 병역거부권 인정에 소극적이며, 이스라엘 대법원 역시 2002년에 "안보적 필요가 절박한 상황에서는 심지어 평화주의자도 병역면제를 받지 못할 것"이라고 판결했다.[83]

특정한 전쟁을 불의한 전쟁으로 판단한다는 것, 이런 판단에 근거하여 양심적 병역거부를 주장한다는 것은 종교적·윤리적 행위일 뿐 아니라, 고도의 '정치적' 행위이기도 할 가능성이 높다. 그리고 이런 정치적 행위는 불의한 전쟁을 수행하는 국가와 정치세력을 겨냥하기 쉽다. 대부분의 국가들이 여전히 그리고 끈질기게 '선택적인 양심적 병역거부'를 인정하지 않는 근본적인 이유가 바로 여기에 있다고 할 것이다.

앞서 언급했듯이 베트남전쟁을 거치며 선택적 병역거부에 대한 논의가 급진전되었다. 비록 미국에서는 이 권리가 인정되지 않고 있지만, 오스트레일리아는 베트남전쟁과 걸프전쟁을 거치면서 1992년에 방위법 Defence Act을 개정하여 "전시 징집 시 특정 전쟁이나 전쟁과 유사한 특정 작전에 참여할 수 없는 신념을 가진 사람persons whose conscientious beliefs do not allow them to participate in a particular war or particular warlike operations은 징집에서 면제된다"고 규정했다. 노르웨이에서는 핵무기 사용에 대한 반대가 양심적 병역거부의 근거로 인정되었다. 2005년에 독일 연방행정법원은 이라크전쟁이 부당하고 불법이라는 신념에 따라 이 전쟁에서 사용될 수도 있는 소프트웨어의 개발 작업을 거부하여 징계를 받은 독일군 소령에게 무죄를 선고하기도 했다.[84] 한국의 경우 2020년 11월 대체역 심사위원회가 확정한 '위원회 심사 고려 요소'에서 '양심 결정의 실천' 범주의 일환으로 "명분에 따른 선택적 전쟁 거부인지 보편적 전쟁 거부인지"를 심사하도록 했다.[85] 이로 미루어 한국에서도 선택적 거부는 인정되고 있지 않은 것으로 보인다.

'모든' 전쟁에 반대하는 평화주의와 '특정' 전쟁에 반대하는 정의로운 전쟁론의 구분, 그리고 양자 간 '전쟁 교리의 차이'에 유념할 경우, 서구의 양심적 병역거부권 인정은 철저히 '평화교회'(평화주의)에 맞춰져왔음을 알 수 있다. 양심적 병역거부권을 인정하는 대다수 서구 사회들이 여전히 '모든 전쟁' 반대자만의 양심적 병역거부권을 인정하고 있기 때문이다. 따라서 "왜 종교적 다수파를 배제하고 소수파의 견해를 취하는가, 이는 불합리하거나 모순된 태도가 아닌가?" 하는 질문이 자연스레 제시될 수 있다. 필자가 보기에는 어떤 실용적인 이유, 즉 '상대적 소수'인 평화교회만을 인정하는 것이 안정적 군대 운용에도 더욱 유리할 것이라는 판단 또한 함께 작용하고 있는 듯하다. 뿐만 아니라 시민사회의 '다수파'인 주류 종교·교단들이 고수해온 '정의로운 전쟁론의 양심적 병역거부권'을 인정하는 것은 안정적 군대 운용의 문제, 그리고 그것을 넘어 전쟁을 수행하는 정부와 주류 종교 간의 정면 대결 사태, 다시 말해 주류 종교들에 의한 정부 탈정당화 내지 탄핵 사태, 그로 인해 전쟁 수행 자체가 불가능해지는 사태로 이어지는 악순환을 의미할 수도 있다. 어쩌면 선택적 병역거부 문제의 잠재력 폭발력이 바로 이 지점에 존재한다고도 말할 수 있을 것이다.

2차 대전 이후 냉전적 양극체제의 한 축을 이끌어왔고 1990년대 탈냉전 시대에는 일극체제를 주도하고 있는 미국이 한사코 선택적 거부 인정을 거부하고 있다는 점도 주목할 만하다. 냉전 시대부터 세계의 많은 분쟁과 전쟁에 직간접적으로 연루되곤 했던 미국의 개입주의 정책도 선택적 거부 인정을 어렵게 만드는 요인으로 작용하고 있는 듯하다. 이에 비해 선택적 거부를 부분적 혹은 전면적으로 인정하게 된 오스트레일리아, 노르웨이, 독일 등은 2차 대전 이후 직접적·전면적으로 외부의 전쟁에 개입할 가능성이 현저히 낮아진 나라들이기도 하다. 그런 면에서 세계적 차원에서 전쟁 가능성이 감소할수록 선택적 거부를 인정하는 나라들이 늘어날 가능성도 배제할 수 없다고 하겠다.

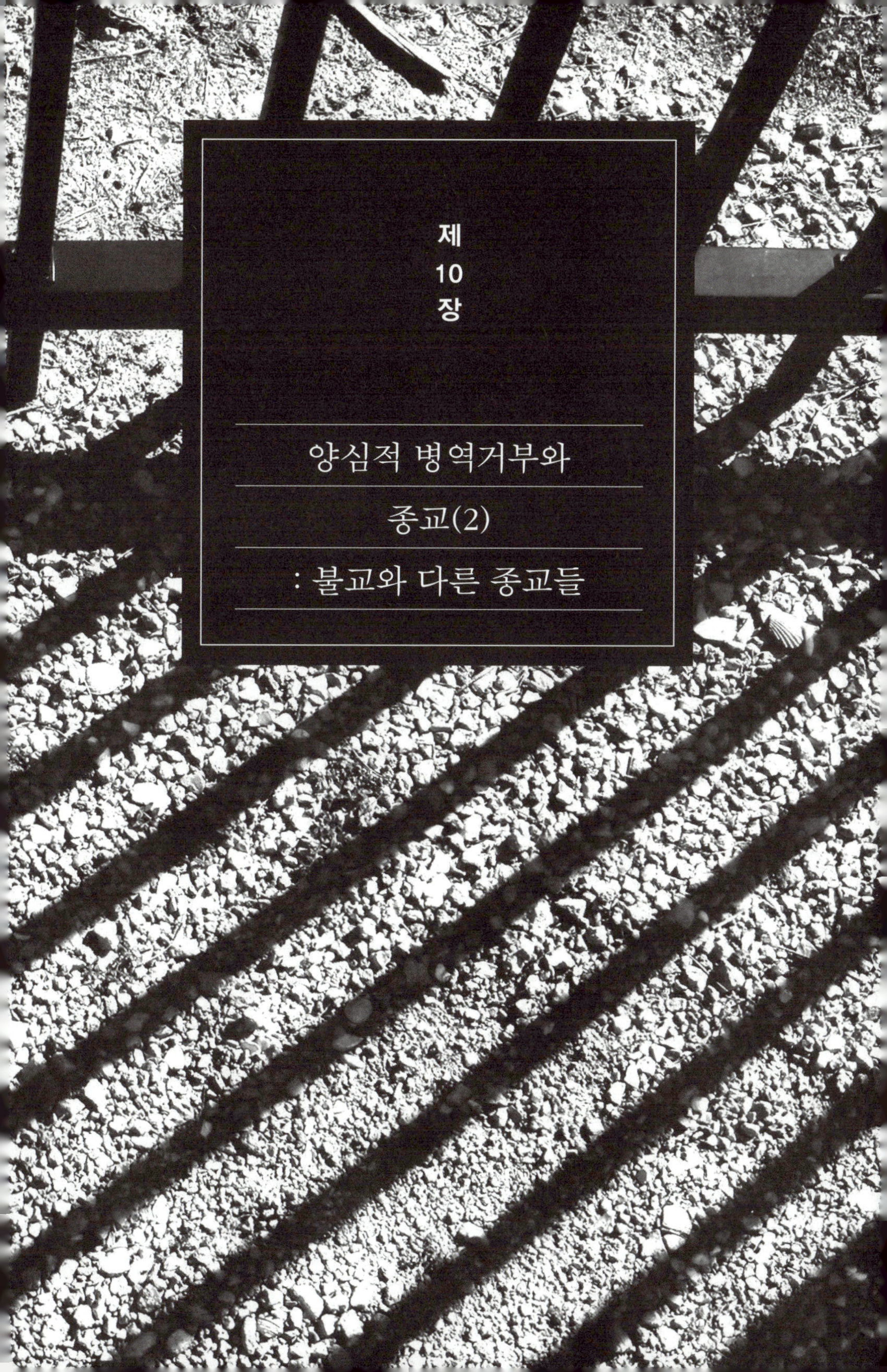
제
10
장

양심적 병역거부와

종교(2)

: 불교와 다른 종교들

1. 불교, 폭력, 전쟁

전쟁에 대한 교리나 신학적 해석은 주로 그리스도교에서 발전되었으며, 불교의 경우 그에 상응하는 수준의 교리적·교학적 발전은 발견되지 않는다. 천주교나 개신교와 비교할 때 불교에서는 초교파적·초국가적으로 어느 정도의 구속력을 갖는 합의된 입장이 존재하지 않는다. 교황청과 같이 통일적인 지도 기구가 없는 것은 물론이고, 개별 국가의 교회협의회들로 구성된 개신교의 세계교회협의회나 교파별 국제기구들에 비해서도 조직력이 많이 떨어지는 상황이다.

예컨대 1950년에 설립된 세계불교도우의회(The World Fellowship of Buddhists: WFB)의 경우 조직의 목적과 관련하여 "정치 활동에 대한 직접, 간접적인 참여를 하지 않을 것"을 천명하고 있어 정치적인 사안일 수밖에 없는 전쟁과 평화 문제에 관해 구체적인 입장 표명을 스스로 자제하는 분위기이다.[1] 이 단체의 평화지향적 입장은 명백하지만 여전히 추상적인 수준에 머물러 있다. 일례로 2002년 12월 말레이시아 샤알람에서 열린 22차 총회의 세계불교도우의회 샤알람선언Shah Alam Declaration의 경우, "자기개발self-development과 사회적 진보를 위한 평화와 안보의 증진에 기여하는 종교의 중요성을 지지"하고, 자비심 등 다양한 불교적 원리들에 내재되어 있는 사명에 기초하여 "분쟁 해결과 전쟁 예방에 적극적으로 참여한다"고 천명하고 있지만, 구체적 실천 지침이 없는 탓에 선언적 의미 이상은 갖지 못한다.[2]

양심적 병역거부 문제에 관해서도 세계 불교계에서 폭넓게 결집된 입장은 부재한 상황이다. 불교국가들 가운데 양심적 병역거부권을 인정하여 대체복무제를 시행하고 있는 사례도 매우 드문 편이다. 2010년 현재 징병제를 운용하고 있는 불교계 국가들 가운데 베트남, 캄보디아, 부탄, 타이 등은 양심적 병역거부권을 인정하고 있지 않았다. 이전에 소련에 속한 사회주의 사회였던 몽골만이 2010년 당시 예외적으로 징병제 아래서 양심적 병역거부권을 인정하고 있었다.[3]

널리 알려져 있듯이 불교에서는 살생을 엄격히 금한다. 불교에서 불살생 계율은 십계명의 살인 금지 계명보다 더 무겁게 취급된다. 그리스도교의 십계명에서 살인 금지는 여섯 번째 계율이나, 〈표 10-1〉에서 보듯이 대개의 불교 계율에서는 첫 번째를 차지한다.

〈표 10-1〉 살생이나 전쟁·무기와 관련된 불교 계율들[4]

구분	살생 관련 계율
오계(五戒)	첫째, 살아 있는 목숨을 죽이지 마라.
사미십계 (沙彌十戒)	첫째, 살아 있는 목숨을 죽이지 마라. 부처님과 성인과 스님을 비롯하여 날아다니고 기어다니는 보잘것없는 곤충에 이르기까지 목숨이 있는 것은 무엇이건 내 손으로 죽이거나 남을 시켜 죽이거나 죽이는 것을 보고 좋아하지 마라. 벌레가 있는 물은 걸러 먹고 등불을 가리며 고양이를 기르지 마라. 은혜를 베풀고 가난한 사람을 구제하여 편히 살게 하며, 죽이는 것을 볼 때에는 자비심을 내라. 이 사미의 계를 범하면 사미가 아니다.

구분	살생 관련 계율
팔관재계 (八關齋戒)	첫째, 산목숨을 죽이지 마시오. 아라한은 산목숨을 죽이려는 생각이 없습니다. 자비로 중생을 사랑하여 원망하는 마음이 없고 모든 생명에 대해 내 몸처럼 아낍니다.
십중대계 (十重大戒)	첫째, 살아 있는 것을 죽이지 마라. 온갖 목숨 있는 것을 죽이거나 남을 시켜 죽이거나, 수단을 써서 죽이거나 칭찬하여 죽게 하거나, 죽이는 것을 보고 기뻐하거나 주문을 외워 죽여서는 안된다. 즉 죽이는 인(因)과 죽이는 연(緣)과 죽이는 방법과 죽이는 업(業)으로 목숨 있는 것을 죽여서는 안된다. 보살은 항상 자비스런 마음과 공손한 마음으로 중생을 구원해야 하는데, 도리어 방자한 생각과 통쾌한 마음으로 산 것을 죽인다면 큰 죄가 된다.
사십팔경계 (四十八輕戒)	열째, 살생하는 도구를 가지고 있지 마라. 사람을 죽이는 무기나 짐승을 잡는 기구는 무엇이건 마련해 두지 마라. 보살은 자기 부모를 죽인 사람에게도 원수를 갚지 않는데 하물며 중생을 죽일 것인가. 그러므로 그런 도구를 마련해 두면 죄가 된다. 열한째, 국가의 사신(使臣)이 되지 마라. 어떤 이익을 바라는 나쁜 생각에서 나라의 사신이 되어 적국과 통하거나 전쟁을 일으켜 많은 중생을 죽게 하지 마라. 보살은 군대와 어울려 다니지도 않는데 하물며 자기 이익을 위해 나라를 해롭게 해서 될 것인가. 그러므로 그런 일을 하면 죄가 된다. 스무째, 산목숨을 놓아주고 죽게 된 것을 구제하라. 보살은 자비스런 마음으로 산 것을 놓아주어야 한다. 따지고 보면 육도(六道) 중생이 모두 내 아버지요, 어머니이다. 짐승을 잡아먹는 것은 곧 내 부모를 죽이고 내 옛 몸을 먹는 일이 된다. 스물한째, 성내고 때려 원수 갚지 마라. 보살은 마주 성내거나 때려서는 안된다. 설사 부모 형제가 남에게 맞아 죽었더라도 원수를 갚지 마라. 산목숨을 죽여 원수를 갚는 것은 효도에 맞는 일이 아니다. 출가한 보살이 자비심이 없어 원수를 갚는 것은 죄가 된다. 서른두째, 중생을 손해보게 하지 마라. 산 것을 해치는 데에 쓰는 무기를 팔지 말며, 속이는 저울과 적게 드는 말(斗)을 마련해 두지 마라. 서른셋째, 나쁜 일은 보고 듣지도 마라. 방일한 마음으로 남녀의 싸움이나 전쟁이나 도둑들끼리 싸우는 것을 구경하지 마라.

서상문의 표현대로, "불살생은 5계나 10선계에서 모두 으뜸 계목으로 제시돼 있다. 구족계에서는 살인을 승려를 승단에서 축출할 정도의 중죄에 해당하는 4 바라이 죄(음행죄, 도둑죄, 살생죄, 거짓말죄)로 치죄한다."[5] 프리드리히 스트랭이 말하듯이, "『팔리어 대장경 *Pali Tipitaka*』에서 무수히 되풀이되는 도덕적 교훈은 생물의 살생을 삼가라는 말씀이다. 살아 있는 생물의 영역, 즉 땅속의 구더기에서 거대한 코끼리에 이르기까지 어떠한 동물의 학살도 결과적으로는 폭력이 적용되어 있으므로 피해야 한다. 그 누구도 증오감으로, 개인적인 공포로 인해, 부富를 축적하기 위해 살아 있는 것을 죽여서는 안된다. 일반적으로 불살생ahimsa은 불교사를 통해 중요한 윤리적 기준이 되어왔다."[6] 박노자에 의하면, 대승불교의 가장 중요한 계율서인 『범망경梵網經』에서는 "불살생계뿐만 아니라, 살생 도구를 준비하지 말라든지, 군사의 사절이 되지 말라든지, 싸움을 구경하지 말라든지"를 규정하는 철저한 비폭력주의를 견지했다.[7] 또 초기 불교의 계율 지침서인 『사분율四分律』에는 다음과 같은 내용이 규정되어 있었다.

> 비구가 특별한 일이 없는 이상 군주의 군대를 구경이라도 할 수 없고, 부득이한 사정으로 병영에 가더라도 일정한 기한을 넘어 거기에 머무를 수 없었으며, 병영에 있더라도 전쟁의 참혹한 모습을 구경할 수 없었다.……비구 자신도 당연히 폭력을 절대적으로 멀리해야 했고 막대기나 칼, 창 등의 무기를 가진 이에게 설법할 권리도 없었다.[8]

불교의 비폭력적 면모를 강조하여, 일찍이 칼 야스퍼스는 "불교는 폭력과 이단자의 처벌, 종교재판, 마녀사냥, 십자군전쟁을 모르는 유일한 세계종교가 되었다"고 칭송했다.[9] 야스퍼스는 '속세로부터의 철저한 자유'를 추구하는 불교의 세계관이 속세 안에 존재하는 '일체의 이질적인 사상·종교·생활양식에 대한 관용'을 가능케 했다고 보았다.[10] 일본의 불교학자 이치카와市川白弦는 "최고의 선善은 물과 같다. 싸우지 않고 서로 허물이 없는, 바로 그것이다"로 압축되는 노자의 "부쟁不爭" 개념과 대비시켜, 불교의 평화·화합 사상을 '무쟁無諍' 개념, 즉 "안으로는 극념克念의 공에 힘쓰고 밖으로는 부쟁의 덕을 넓힘"에서 찾았다. 그는 무쟁을 대승 불교의 "절대관용" 정신과 사실상 동의어로 간주했다.[11]

그러나 다른 종교들과 마찬가지로 불교의 역사 속에서도 평화·비폭력의 정당화 사례뿐 아니라 전쟁의 정당화 사례를 풍부하게 발견할 수 있다. 젱하스도 야스퍼스의 불교 칭송을 인용한 직후에 "불교도 그 자체가 원래부터 공격적인 것에 면역력이 있지 않다"고 지적했다.[12] 붓다와 아소카 왕이 고대 인도의 성전sacred warfare 전통을 '성스러운 평화 만들기sacred peacemaking 전통'으로 변혁했다고는 하나, 실제 역사에서는 '불교식 성전 Buddhist holy warfare' 담론 및 행동이 자주 등장했다.[13] 동남아시아 역사 속에서 불교 국왕들이 벌인 수많은 전쟁들은 말할 것도 없고,[14] 한국사에서도 신라 화랑도나 조선 승군 같은 사례들을 확인할 수 있다. 최근에도 독립을 추구하는 힌두교 계통 타밀족에 맞서 무자비한 폭력을 휘두르는 스리랑카의 불교도, 그리스도교계 소수민족들이나 로힝야족 같은 이슬람계 소수민족 분리주의운동에 맞서 싸우는 미얀마의 불교도, 분리주의운동을 벌이는 이슬람계 파타니 말레이족과 갈등하는 타이의 불교도, 중국으로부터의 독립을 위해 투쟁하는 티베트의 불교도 등은 불교가 '평화의 종교'만은 아님을 보여주는 사례들이다.

불교 경전에 대한 학자들의 해석도 전쟁에 대한 긍정과 부정이 교차하고 있다. 일찍이 조일훈은 '일살다생一殺多生'의 공덕, 붓다 자신의 언행, 한국의 사례 등을 들어 불교가 "공리공익公利公益을 위한 전쟁", "정의와 진리를 위한 전쟁"을 인정한다고 해석했다.

(1) 일살다생이란 말씀은 한 사람의 해독이 만인에게 미치는 경우에는

그 한 사람을 죽이는 것이 죄가 되지 않고, 복이 되느니라 한 것이다. 따라서 정의를 위한 전쟁은 긍정하였으니 정의를 위한 전쟁이 없고는 평화가 돌아올 수 없는 것이다.

(2) 부처님께서 계빈국罽賓國에 계실 때의 일인데 계빈국 왕이 다른 나라의 무리한 침략을 받고 이것을 어찌하면 좋겠느냐고 부처님께 물은즉 부처님은 반드시 전쟁을 하여서 그 삿된 것을 바르키고, 그 그릇된 것을 고치라 하시었다. 그리고 석존 자신이 원수 장군의 무장을 하고, 천이백 제자에게 무장속대武裝束帶를 하게 하고, 외국에서 온 사신과 담판하여 그 모든 것을 꾸짖으시고, 말씀하되 너의 나라 왕이 나의 말을 듣고 불응하고, 침략하여 들어올 때는 일전을 불사할 뿐 아니라 내가 어떠한 신통이든지 방법을 써서라도 너의 나라를 전멸시킬 자신을 갖고 있다고 하시면서 전쟁이 미연에 중지되게 하신 일이 있다.

(3) 신라시대에 원광법사圓光法師라는 이가 화랑도花郎徒의 오계를 제정하여 주시되, 사군이충事君以忠, 사친이효事親以孝, 교우이신交友以信, 임전무퇴臨戰無退, 살생유택殺生有擇이라는 오계를 지어주시어서 신라의 삼국통일을 보게 한 일이 있는 것이다.……이조 초엽에 임진왜란이 있을 때에 서산대사西山大師와 사명대사泗溟大師와 같은 도승이 의승군義僧軍을 일으켜서 대성공을 거둔 것은 모다 국가 만민을 위하여 감행하신 전쟁이 아닌가.[15]

김호성 역시『대승열반경』의 금강신품에서 말해지는 '호법론'이 폭력과 전쟁을 정당화하는 역할을 수행해왔음을 인정하면서,『대승열반경』에 대한 평화주의적 재해석을 시도한 바 있다.[16] 반면에 김용표는 불살생계不殺生戒, 초기 경전에 나타난 붓다의 행적,『자타카』에 나타나는 붓다의 전생담前生談, 아소카 왕의 행적 등을 들어 불교는 "평화의 덕목을 강조해온 종교"임을 부각했다.

(1) 불교의 윤리 규범을 가르치는 율장律藏에는 제1계로 '불살생계'를 들고 있다. 율장은 "스스로 생명을 죽이거나, 또는 다른 사람을 시켜 죽이거나, 어떤 방편을 써서 죽이거나, 죽이는 것을 찬탄하거나, 죽이는 것을 함께 기뻐하는 것은 모두 바라이 죄이다"라고 규정하고 있다. 살생과 관련된 모든 마음과 행동도 다 불살생계를 범한 것으로 보는 것이다. 여기에서 '바라이 죄'란 불교 교단에서 추방됨은 물론 사후에 아비지옥에 떨어지는 중죄를 말한다.

(2) 초기 경전에는 석가모니가 폭력에 대해 자비의 빛과 힘으로 조복調伏시킨 설화가 많이 나오고 있다. 살인자 앙굴리말라를 자비의 위신력으로 교화시킨 이야기, 성난 코끼리의 조복, 데바닷타의 부처님 살해 기도의 조복, 코살라국의 석가족 침입에 대한 침묵시위 등 석가모니가 보여준 언행은 자비보다 더 큰 힘은 없으며, 폭력으로 폭력을 대응해서는 결국 폭력의 악순환을 막을 수 없다는 진리를 명확하게 알려주고자 한 것이었다.

(3) 석가모니의 전생담을 모아놓은 『자타카』에는 무저항과 비폭력주의를 찬양하는 이야기로 가득 차 있다. 석가모니는 승단에 속한 수행자들을 군대로부터 될 수 있는 대로 유리시키는 계율을 제정했으며, 국가의 통치자에게는 전쟁보다는 대화와 협상으로 국가를 경영하도록 가르쳤다. 전쟁으로 국가의 세력을 확장하려는 욕망을 지닌 왕은 큰 죄업을 짓게 된다는 것이다.

(4) 인도 불교사에서 불교의 정법(正法, Dharma)으로 정치이념을 구현하려고 노력했던 마우리아 왕조의 아소카 왕(재위 BC 260~232년)이 있다. 아소카 왕은 군사적 전쟁으로 인도를 통일하기 위해 동남 인도의 칼링가국을 정복하였다. 이 전쟁에서 그는 비로소 전쟁의 비참함과 부도덕함을 통감하고 종교적 참회를 함으로써 마침내 불교로 회심하였다. 그 후 아소카 왕은 살생 금지와 방생放生을 강조하였다.[17]

이와 유사한 취지에서 권기종은 다음과 같이 주장하고 있다. "부처님의 가르침에는 자비慈悲라는 근본 사상根本思想이 스며 있다.……이 자비 사상은 나아가 무연자비無緣慈悲와 동체자비同體慈悲에까지 확대된다. 무연자비란 아무런 관계因緣가 없는 이까지도 사랑하라는 말이요, 동체자비란 모든 중생衆生을 자기의 몸처럼 사랑하라는 뜻이다.……이와 같이 극치의 사랑을 주창하는 종교인 불교는 살상을 전제로 하는 일반적인 전쟁을 부정한다. 전쟁이란 어떤 종류의 것이건 간에 최후의 방법임에는 틀림이 없다."[18]

대다수의 불교학자들은 불교의 평화주의적 성격을 강조하면서도 불교 역시 특정한 유형의 전쟁에 대해서는 인정하는 입장을 취해왔다고 주장하는 것으로 보인다. 앞서 지적했듯이 조일훈은 불교가 "공리공익公利公益을 위한 전쟁", "정의와 진리를 위한 전쟁"을 승인해왔다고 주장했다. 청정한 비구를 수호하기 위해서는 불살생계 등 오계五戒를 지키지 않아도 좋다는 『대승열반경』의 '호법론' 또한 그러하다. 권기종 역시 "불교가 긍정할 수 있는 다른 의미의 전쟁이 있다. 이것은 선善과 악惡의 투쟁이다"라고 주장한다.[19]

김용표도 붓다 이후 불교 신자들이 직면한 현실적인 딜레마 속에서 불가피하게 전쟁의 필요성을 인정하게 되었다고 했다. 그에 따르면, "불멸佛滅 후, 불교도들은 자비의 정신을 실현하고자 노력해왔으나, 약육강식으로 점철되어온 역사 속에서 불살생계를 실제로 실천하는 데는 많은 어려움이 있었다. 예를 들어, 통일 전쟁에 임해야 했던 신라의 화랑도들이나 임진왜란과 같이 선량한 국민을 유린하는 침략자에 대해서도 비폭력으로 대응해야 하는가 하는 심각한 문제에 봉착하게 된 것이다. 불교도들은 대승 경전이 가르치는 열린 계율관에서 불살생계에 대한 새로운 해석의 길을 발견하였다. 대승불교는 '모든 중생을 이롭게 하는 것이 가장 중요한 계'라는 섭중생계攝衆生戒의 정신이 중요하다고 보기 때문이다. 불교의 호국사상도 이러한 적극적인 계율 해석에서 파생된 것이었다. 더 많은 사람을 구할 수 있다면 살생도 불가피하게 허용될 수밖에 없다는 것이다."[20] 김용표는 『대살차니건자소설경大薩遮尼乾子所說經』에 근거하여 불교의 전쟁 교리를 다음과 같이 정리했다.[21]

> 『대살차니건자소설경』에는 부득이 전쟁을 하지 않을 수 없는 상황에 직면했을 때 군의 통수권자가 내려야 할 판단기준을 말하고 있다. 곧 양군이 동등한 전력일 때는 싸움을 회피하고, 적이 강할 때에는 강화해야 하며, 아군이 강함을 과시하여 전쟁을 미리 예방하고 억제해야 한다는 것이다. 만일 대화의 노력이 결렬되어 전쟁을 하게 될 경우라도, 가능한 한 살생을 적게 해야 한다. 되도록 항복을 권하여 전쟁을 조기에 끝내도록 하며, 살생보다는 포로로 하는 작전을 우선하라는 것이다. 필요 이상의 살생이나 정의롭지 못한 탐욕의 전쟁은 아무리 그 도덕적 정당성을 내세운다고 해도 명백히 불살생계를 거스르는 것으로 보아야 할 것이다.

위의 논의와 다소 중복되지만, 정웅기는 불교의 전쟁 교리에 대한 가장 체계적인 해석을 제공한다.[22]

> 불교 전통의 가르침을 통해 불교가 분쟁에 대해 전통적으로 어떤 입장을 갖고 있는지는 크게 세 가지 줄기에서 정리될 수 있다.
>
> 첫째, 기본적으로 불교는 모든 존재가 싸움의 당사자가 되어서는 안 된다고 가르친다. 앞서 『유마경』의 구절처럼 아예 싸우려는 의지를 버려야 한다고 가르친다. 싸우고 제압하려는 투쟁 정신이 저항의 기초가 되는 것이 아니라, 싸우려는 의지를 버리고 살아 있는 모든 존재에게 도움을 주려고 하는 보살의 마음이 세상을 바꿔가는 기본이 되어야 한

다는 것이다. 『범망경』에서는 나아가 "이익을 얻으려는 모진 마음利養惡心 때문에 나라의 사명을 받들고, 군진軍陣에서 회합하고, 군대를 일으켜 서로 치고 무량한 중생을 죽이지 말라"고 말한다. 전쟁을 일으키는 마음의 밑바닥에 '탐욕'과 '분노'를 꼽을 수 있고, 이 가운데 탐욕이 근본이라 보기 때문에 『범망경』에서는 이익을 얻으려는 모진 마음이 전쟁을 일으키는 원인이라 설명한다. 나라의 사명을 받드느니 하는 것은 명분일 뿐 궁극적으로 이익을 얻으려는 모진 마음, 즉 탐욕이 근본이라는 것을 가르치고 있는 것이다. 이처럼 불교는 모든 존재가 생명을 죽이거나 해칠 수 있는 싸움의 당사자가 되어서는 안된다고 가르치고 있다.

둘째, 불교에서는 당사자가 아닌 제3자라도 전쟁과 폭력을 막기 위해 적극 나서라고 가르치면서 그 방법으로 '다툼이 있는 곳에서는 두 편의 힘이 같아지도록 한 후 갈등을 화해시키라'고 말한다. 이는 어느 일방의 힘의 우위가 지속되는 선에서는……진정한 화해와 평화가 힘들다는 상식적 진리를 가르치고 있으며, 또한 분쟁 지역에서 평화를 가져오기 위한 협상의 지침으로 해석할 수 있다.

셋째, 부득이하게 전쟁을 하게 되었을 경우에는, 전쟁을 하기 전에 반드시 세 가지를 고려해야 한다고 말한다. ① 적왕敵王의 병력이 아군과 동등한지 월등한지를 고려하고, 만약 적왕의 친한 벗이나 선지식이 있거든 이를 청해 분쟁을 해결한다. ② 적군이 아군과 동등한지 월등한지 살핀다. 가능하면 적왕이 요구하는 물건을 주어 분쟁이 없도록 한다. ③ 적군 수가 많고 아군의 수가 적을 경우 술책을 써서 아군이 많은 것처럼 보여서 '경외의 마음'을 일으켜 분쟁을 없앤다.

이 세 가지(친우, 재물, 경외심)가 없을 때 부득이하게 전쟁을 하게 되는데, 다시 세 가지 마음을 내어서 전쟁에 임한다. ① 적의 왕에게 자비심이 없기 때문에 중생을 죽이게 되지만, 되도록 사람을 죽이지 않는다. ② 어떤 방편을 쓰든지 적왕을 항복시켜 군대를 서로 싸우지 않도록 한다. ③ 방편을 써서 적군을 생포해 살해하지 않겠다는 마음을 가진다.

최근 한국의 몇몇 학자들이 요한 갈퉁의 평화이론에 비추어 불교 교리를 평가해보려 시도한 일은 매우 흥미롭다. 예컨대 이병욱은 불교의 교리가 갈퉁의 이론에 대체로 부합한다고 보고 있는 데 비해, 심재룡은 불교가 직접적 폭력에 대해서는 적절한 대응책을 제시하지만 구조적·문화적 폭력에 대해서는 제대로 대응하지 못했다는 유보적인 입장이고, 류제동은 불교가 직접적·구조적·문화적 폭력 모두를 정당화해왔다는 비판적 입장을 피력한다.[23] 이를 통해서 불교의 전쟁·평화 교리에 대한 해석에서 수렴보다는 분기分岐 현상이 지배적임을 재차 확인하게 된다. 이처럼 불교 교리에 대한 통일된 해석이 존재하지 않으므로, 불교의 전쟁·평화 교리 그리고 이와 직결된 양심적 병역거부에 대한 입장은 개별 국가나 민족의 역사적 맥락 속에서 추적해볼 수밖에 없는 측면이 있다. 이제부터는 한국 역사 속의 불교에 주목해보자.

2. 한국 불교와 폭력·전쟁: 두 전통

세계적인 흐름과는 별개로 한국 불교는 삼국시대 이후 폭력 사용이나 전쟁 참여를 용인하는 규범을 발전시켜왔고, 이를 하나의 '전통'으로 고착화하는 과정을 밟아온 것으로 보인다. 그리스도교 측의 정의로운 전쟁 교리와 닮은 구석이 있지만, 그리스도교처럼 전쟁 참여 정당화를 위한 세부적인 기준이나 조건들을 구체화하는 데까지 이르지는 못한 것 같다. 한국 불교에서는 '호국불교'와 '승군/승병/의승군義僧軍'이라는 '두 전통'이 전쟁과 병역을 정당화하는 양대 담론으로 자주 제시되어왔다. 두 전통은 서로 긴밀히 연결되어 있기도 하고, 상당 부분 중첩되어 있기도 하다.

(1) 호국불교 전통

우선, 정승석은 호국불교 전통이 (대승 경전에 이르러 강조된 것으로 알려진 통설과 는 달리) 인도의 '초기 불교' 시대부터 발견된다고 주장했다. 그는 호국불 교 이념의 요체 혹은 논리적 돌파구가 단순한 '호국' 논리를 넘어서는 것, 그럼으로써 "호교護敎와 호국의 (적극적인) 연계"를 시도하는 데 있다고 보 았다.[24] 정승석에 따르면 그것은 다음과 같은 '불교적 딜레마' 때문이다: "불교에서 불살생은 양보할 수 없는 대원칙이다. 이 때문에 살생을 허용 하는 호국을 부처님의 직언으로 거론한다는 것은 딜레마가 되지 않을 수 없다. 살생과 폭력이 난무하는 적대국의 침략에 봉착해서도 과연 비폭력 의 호국이 가능하겠는가? 바로 여기에 이상적인 호국만을 지향할 경우의 고충이 있다. 평화의 파괴에 대처하는 호국불교는 이러한 고충을 나름대 로 해소함으로써 성립되었다고 말할 수 있다."[25] 그렇다면 결국 호국불교 의 논리적 핵심은 '호국을 통한 호교' 혹은 '호교를 위한 호국'에 놓여 있 다고 볼 수 있겠다.

호국불교 담론과 전통은 동아시아 불교 모두에서 발견되는 특징이기 도 했다. 조준호에 의하면, "불교가 동아시아로 전래되면서 호국불교는 한·중·일 삼국의 공통적인 현상이었다. 각국 호국불교의 사상적인 근거 가 호국삼부경에 바탕하고 있음도 비슷하다."[26] 여기서 말하는 호국삼부 경護國三部經은 『인왕경仁王經』, 『금광명경金光明經』, 『법화경法華經』을 가리 킨다. 동일한 취지에서 김종명은 호국불교가 "중국과 일본 불교의 특징 중의 하나를 표현하기 위하여 사용된 개념"이었다고 말했다.[27] 서상문 역 시 동아시아의 대승불교권에서 호국불교 전통이 공통적으로 발견되며, 전쟁이 정당화되는 상황은 대개 호법護法, 즉 불교 교단 및 사찰의 방어,

그리고 외침으로부터 국가의 방어 두 가지로 나타난다고 보았다: "대승 불교권에서 살생과 전쟁에 대한 정당화는 두 가지 양태로 나타난다. 평화 시에는 세금과 군역 면제, 토지와 노비 등의 소유를 통한 경제적 토대의 거대화를 이룬 사찰의 기득권 보호 차원의 반정부 전쟁의 형태로 나타났고, 타국의 침략에 직면했을 경우에는 이른바 '호국불교'로 나타났다. 그것은 중국, 일본, 한국 등 동아시아 국가들에서 공통적으로 나타난 현상이었다."[28] 여기서 서상문이 말하는 살생·전쟁 정당화의 두 양태 중 후자가 호교와 호국의 연계에 기초한 '호국불교'에 해당한다면, 전자는 국가가 불교의 제도적 이익을 침해하는 상황에 대항하는 "반反정부 전쟁"에 해당한다고 하겠다.[29] 요컨대 전자가 '호국불교 전쟁'이라면, 후자는 '반정부 호교 전쟁'인 셈이다.

정승석은 동아시아에서 호국불교 전통이 강세임을 인정하면서도, 한국 호국불교 전통의 특이함에 대해서도 강조했다. 보다 구체적으로 말하자면, "중국이나 일본의 호국불교는 일종의 이념적 구호에 그쳤다고 한다면, 한국의 호국불교는 역사의 현장에서 행동으로 실천한 가장 적극적인 사례에 속한다"는 것이다.[30] 혹은, "세속오계로 발아한 한국의 호국불교는 조선시대에 임진왜란을 맞아 최고의 실천 수위에 도달했다. 승병僧兵을 조직하여 전쟁에 참여함으로써 국가의 위난을 극복한 사례는 한국 불교가 거의 유일하다."[31] 고영섭은 호국불교를 '참여불교'나 '실천불교'의 발로로 높이 평가하기도 했다. 호국불교는 국왕이 주체가 되는 '국가불교'와 대조적으로 불자(대중)가 주체가 되는 참여불교로서, "주체화된 참여불교의 호국적 지향", "역사 속에 능동적이고 적극적으로 동참한 '참여불교'의 모델", "역사의식과 시대정신의 체인體認"을 보여준다는 것이다.[32]

그런데 류제동은 호국불교 논리의 대전제인, 외침으로부터 방어해야 할 '국가의 정당성', '국가의 국가다움', '국가의 존재가치'를 먼저 묻는다.

그 국가는 과연 목숨을 바쳐 수호할 가치가 있는 나라인가? "우리나라 불교는 호국불교라고 한다. 그 호국불교는 원칙적으로, 단순히 일개 국가를 수호한다는 것을 주장하는 것이 아니라, 불국토로서의 국가를 수호한다는 것을 주장하는 것이다. 불교에서 호국을 주장할 때에는 그 국가가 과연 수호할 만한 불국토인가를 평가할 필요가 있는 것이다."[33] 박노자는 호국불교론에 대해 더욱 비판적이다. 그는 "단지斷指 등 자해까지 하면서 군역을 완강히 거부한 몇몇 비범한 한국 승려들"이 존재했던 과거의 한국 불교를 상기시키면서, "생명까지 내놓을 각오로 '불살생계'를 지켜야 할 승려들이 오히려 악마적 국가에 영합하려고 '호국'에 안간힘을 썼을 뿐 아니라, 일제가 대동아전쟁 때 쓰던 표현들을 그대로 답습하여 원시 경전에 보이지도 않는 '호국불교'라는 괴상한 논리를 마치 불교 이념처럼 꾸몄다"고 통박했다.[34]

한국사에서 호국불교 사상은 삼국시대 이후 오랜 세월에 걸쳐 다양한 양상으로 전개되었다. 호국불교 사상의 현실적 발현 형태는 호국사찰護國寺刹 건립, 호국법회護國法會 등의 의례 거행, 승군 혹은 승병 활동, 경전 편찬과 대장경大藏經 조성 등 크게 네 가지 범주로 압축될 수 있다. 그러나 한국에서 호국불교가 '학술 담론'으로 형성된 역사는 길지 않았다. 김용태는 호국불교의 학술 담론화 시기를 식민지 시대, 특히 1930~1940년대부터로 잡고 있다. 1930년대 들어 전시체제로 접어든 일본에서 '황도불교皇道佛敎'로 대표되는 호국불교 담론이 본격적으로 제시되자, 그 영향을 받은 식민지 조선에서도 호국불교에 대한 학술적 연구가 활성화되었다는 것이다. 전쟁과 불교의 밀접한 관계를 강조하면서 한국의 호국불교 전통을 부각한 권상로의 『임전臨戰의 조선불교』(1943년)는 그 대표적인 저술이었다.[35] 물론 식민지 시기의 호국불교 담론은 단순히 '학술적 담론'에 그치지 않고, '친일親日 불교'의 핵심적 지표 중 하나이기도 했다.

식민지 시대뿐 아니라 해방 후 현대사에서도 호국불교 담론은 여전히

호국승군단 발단식(1975)

대 한 불 교 조 계 종
호국 승군단 발단식
일시: 75. 12. 17 14:00 장소 조계사

강한 영향을 끼치고 있다. 김종명이 말하듯이, "“호국불교” 개념은 현대의 한국 불교계에서도 여전히 강조되고 있으며, 그 개념은 대규모의 불사佛事 형태로 나타나고 있다."[36] 다시 언급하겠지만, 불교 군종장교들도 호국불교 개념을 적극적으로 수용했다. 한국 불교 지도자들이 한국전쟁이나 베트남전쟁 참전을 지지하거나, 국가안보이데올로기를 강조하는 군사정권들을 지지할 때도 호국불교 개념을 앞세우곤 했다.

(2) 승군 전통

최근의 연구들은 고려시대와 조선시대의 ‘승군 전통’에 대해 많은 새로운 사실들을 알려주고 있다. 안계현의 1972년 연구와 추만호의 1983년 연구 등 몇몇 선구적인 연구에 이어, ‘임진왜란 이전’의 불교 승군에 관한 민순의·고영섭·박재현·김창현·이홍두의 연구들, 그리고 ‘임진왜란 시기 및 그 이후’의 승군·의승군에 관한 진관·운붕·도관·고영섭·김용태·양은용의 연구들이 특히 2000년대 이후에 다수 산출되었다.[37] 이를 통해, 첫째, 승군 전통이 전시戰時인 임진왜란 당시뿐 아니라 평시平時인 ‘임란 이전’ 시기로까지 소급될 수 있으며, 전쟁이 끝난 후인 ‘임란 이후’ 시기로까지 연장된다는 것, 둘째, 호국불교 담론이 승군의 존재를 정당화하는 이념으로 기능했다는 의미에서, 한국 불교의 평화주의적 전환을 가로막는 이념적 요소인 호국불교 전통이 생각보다 뿌리 깊고 강고하다는 사실을 확인할 수 있다. 불교 성직자 혹은 수도자들만으로 구성된 군대인 ‘승군僧軍’은 ‘폭력의 수용도’ 내지 ‘폭력과의 친화성’ 측면에서 군종의 하위범주이자 ‘비무장’을 원칙으로 하는 ‘군승軍僧’과는 차원을 달리한다.

한국사에서 승군은 과연 언제부터 등장했고 언제까지 존속했을까? 고영섭은 승군의 존재가 삼국시대 안시성 전투 당시의 고구려와 같은 고대古代 세계로까지 소급될 수 있다고 보았다.

동아시아 불교사 중 중국과 일본 불교에서는 승군 즉 승려 군인은 없었다. 하지만 한국에서는 승려가 군인으로서 편성된 적이 있었다. 한국사에서 승군의 편성은 불교를 수용한 고대부터 있어온 것으로 짐작된다.……몇몇 기록에 의하면 고구려(366, 372), 백제(384), 가야(41, 452), 신라(262, 527)에 불교가 전래된 이래 어느 시점에 승군이 편성되었던 것으로 짐작된다. 고구려군의 매복에 걸려든 나당 연합군에게 '빨리 병사를 돌리라速還其兵'는 암호풀이를 통해 위기를 면하게 해준 원효(元曉, 613~686)도 전쟁과 관련한 일정한 역할을 하였다고 보인다. 그중에서도 고구려의 특수부대로 알려진 조의선인皂衣先人이 안시성 전투에 참여한 기록을 통해 알려지고 있다. 당시 고구려의 기록에서는 확인할 수 없지만 고려 후기 최영의 진술에서 고구려 당시의 승군에 대해 구명해볼 수 있다.……『고려사』"최영열전"에 실린 최영의 언급에 의하면 당시 군사적으로 열세였던 고구려 5천여 명과 안시성주楊萬春가 승군 3만과 함께 전투를 벌여 물리쳤다는 사실을 알 수 있다. 그 승군들이 '조의선인皂衣先人' 혹은 '선인先人'인지는 확정할 수 없다. 다만 조의선인이 머리를 빡빡 깎고 머리에 검은 두건을 쓰고 검은 옷을 입었으며 검은 말까지 타고 다녔기 때문에 이들이 지나다닐 때 검은 바람이 지나가는 것과 흡사하다 하여 사람들이 '흑풍단黑風團'이라고도 불렀다는 것을 보면 이들은 분명 '승병僧兵' 혹은 '승군僧軍'이라고 볼 수밖에 없다.[38]

민순의는 고려 말부터 조선 초기까지의 승군을 연구했다. 고구려의 전투 승군과는 달리, 여말선초麗末鮮初 시기 승군은 '비군사적' 성격을 띤 이들로서, 승단의 최하층을 이루는 하급 인력으로서의 '승군＝역군役軍＝부역승賦役僧' 성격이 강했다는 게 그의 결론이었다.

임진왜란 시기의 의승군을 연상하며 승군을 쉽게 병력의 표상으로 연결시키는 인지적 경향과는 달리, 사실상 임란 발발 이전의 승군은 거의 다 부역승과 큰 차이가 없이 호칭되었다.……승역을 담당하는 승도들이 빈번히 승군이라 불리며, 역군의 신세로 추락한 병종과 동일 작업장에서 동종의 작업을 담당하곤 했다는 『실록』의 허다한 기록들은, 승단으로부터 징발된 승군이 바로 양인의 군역, 그것도 군제 내의 하급 병종과 등가적으로 간주되었을 가능성을 내포한다.……본고는 전근대 시기, 적어도 여말선초의 '승군'에서 군사軍士적 이미지, 즉 군무軍務를 담당하는 병사兵士로서의 이미지를 거두어낼 것을 주장한다. 당시의 승군은 마치 공역군 즉 역군으로 사용된 병종과 같이 국가가 요구하는 비군사적 업무에 투입된—그러나 원칙적으로 교단에 소속되어 있던—노동력이었으며, '군'이라는 이름과 달리 노역에 동원된 하급의 일반 승도와 차별적으로 간주되지 않았다. 승군은 노역에 동원된 승도의 다른 이름이었으며, 신역身役에 따라 민과 군의 경계를 넘나들며 생산 활동과 국가의 행정적 쓰임에 부응하던 세속의 일반 백성과 마찬가지로 교단 내에서도 하층에 위치하여 교단 안팎의 노역을 담당하던 자들이었다. 그들이 국가가 요구하는 공적 노역에 종사했을 때 때로는 그저 승도로, 또 때로는 승군으로 불렸던 것이다.[39]

한편 임진왜란 시기 승려들의 전쟁·전투 참여 방식은 다시 두 유형으로 구분될 수 있다. 그 하나는 정규군대에 가까운 '승군'이었고, 다른 하나는 의병에 가까운 '의승'이었다. 진관의 연구가 보여주듯이, "조선의 승군은 국가에서 인정한 군인이라고 말할 수 있으며 의승과 그 지위가 다름을 말하고자 한다. 승군의 호칭은 승통이라는 승군의 총칭이고 의승이라는 의미는 의병과 같은 의미이기 때문이다."[40] 부연하자면, "조선에서 승군의 역할은 일반 정규군과 같은 조직으로서의 역할을 수행했다고 말할 수 있다. 조선의 승군 조직은 일종의 국가에서 관리하는 제2의 군조직이었다."[41]

물론 승려 대다수가 전쟁에 참여한 것은 아니었다. 김진영은 전쟁에 대한 승려들의 입장 분화를 두 가지로 대별했다. 정운은 승려들의 입장을 네 가지로 더욱 세분했다.

> 당시 승려의 전쟁 참여에 대해서는 서로 다른 두 가지 관점이 있었다. 승병장으로 활약한 이들은, "산승의 도리로서 편안하지 않지만, 임금을 위한 마음으로 나섰다"(유정), "산승도 이 땅의 백성이다. 임금이 도성을 빼앗기고 피난을 갔는데, 편안히 앉아 보고만 있을 수 없다"(기허 영규)라고 했다. 반면 승려의 본분을 철저히 지키면서 간접적으로만 전란에 참여하자는 주장을 편 이들은, "한사코 승려의 본분을 지켜야 한다"(중관해안), "부처님도 오랫동안 흙 속에 묻혀 있으면 본래의 뜻을 모르고 산다"(정관일선)라고 했다.[42]

> 서산대사의 제자는 70여 명인데, 당시 사회상황에 대처했던 방식에 따라 스님을 네 부류로 나눌 수 있다. 첫째는 의승군을 이끄는 의승장으로 활약했던 대표적인 인물인 서산휴정·기허영규·뇌묵처영·사명유정이다. 둘째는 의승군도 아니고 산중에서 수도하는 것도 아닌 중도적인 입장을 견지했던 분들인데, 평양언기가 이에 해당한다. 셋째는 의승군으로 잠깐 활동했다가 전쟁이 마무리되면서 은둔한 경우인데, 경헌敬軒·청매인오·기암법견 등이다. 넷째는 수도에만 전념하면서 승려의 본분을 지켰던 소요태능·정관일선과 휴정과 동문인 부휴선수 등이다.[43]

전쟁(임진왜란)이 끝난 '이후'에도 승군 조직은 유지되었다. 그러나 승군의 성격은 크게 달라졌다. "선조 시대의 승군은 전투 승군이지만 광해군 시대의 승군은 예비전투 승군이었다."[44] 사실 실전 경험까지 갖춘 무장 승려부대를 계속 유지하는 것은 지배층에게도 위협이자 부담이었을 것이다. 이들이 언제라도 불교에 대한 푸대접을 문제 삼아 반란군으로 돌변할 수 있다고 생각했을 수 있다는 것이다. 전란 이후의 승군은 사고史庫 수직守直, 궁궐 건축, 축성築城과 수성守城, 산성 관리, 노역勞役, 무연고 주검 관리, 왜관倭館 건립, 무덤 지키기 등의 업무에 동원되거나 배치되었다.[45] 승군은 수도首都를 둘러싼 남한산성과 북한산성을 쌓고 지키는 임무도 떠맡았다.[46] 승군제도는 1894년 갑오개혁으로 폐지될 때까지 약 300년 동안이나 유지되었다.[47] 그러나 평시 승군의 지속적 존재는 "승군의 세속화"라는 퇴행을 동반했다.[48] 정관은 임진왜란 이후의 승가를 두고 다음과 같이 개탄했다. "승려들이 절을 떠나 활동하면서 속세의 습관이 싹터서 출가한 뜻을 잊어버리고 계율을 버려둔 채 허명만을 좇고 있다. 교단에 많은 폐해가 생겨나고 있다."[49]

승군의 존재와 활동은 1890년대 동학농민전쟁과 1900년대 대한제국기 의병운동 시기에도 확인된다. 그런데 이 시기의 승군·승병의 성격은 이전의 그것과 근본적으로 달랐다. 이전의 승군이 '국가에 의해' 동원되거나 '국가를 위해' 자발적으로 참여한 것이었다면(여기서 국가는 고려-조선으로 이어진 봉건 왕조들을 가리킨다), 1890~1900년대의 승군은 자신들이 불의하다고 판단한 '국가에 맞서' 봉기한 이들이었다(여기서 국가는 조선왕조와 일본을 가리킨다). 승려 출신 작가 김성동이 2020년에 탈고했지만 사후死後인 2024년에 출간된『미륵뫼를 찾아서』에는 그가 직접 들은 1960년대 중반 한 노승老僧의 증언이 실려 있다. 그 노승은 동학농민전쟁 당시 직접 승병으로 참전했을 뿐 아니라, 해방 후에는 남한에서 빨치산으로도 활동한 바 있는 이였다.[50] 이에 따르면 1894년 동학농민전쟁 당시에는 "불교 비밀 결사체이자 혁명 승려 동아리"인 당취黨聚가 곳곳에 존재했다.[51] 이들은 독자적인 역량 부족을 고려하여 동학농민군의 일부로 참여했는데, 김개남 부대와 손화중 부대에 당취 소속의 승병들이 많았다고 한다. 특히 남접 지도자가 된 승려 출신 서장옥은 금강산당취, 지리산당취, 용문산당취로 구성된 승군을 지휘했다.[52] 동학농민전쟁 이후에도 승병들은 1907~1908년에 항일 의병투쟁에 집단적으로 참여했고, 그중 일부는 조선이 식민지로 전락한 후 만주의 독립군으로 합류하여 1930년대까지 활약했다고 한다.[53] 그러나 1920~1930년대의 만주에서 활동했던 승려 출신 투사들을 어느 정도의 독자적인 집단성을 유지한 승군이나 승병으로 호칭하기는 어려울 것 같다.

"제주도 내 최초이자, 최대 규모의 항일운동"으로 평가되는 1918년 '제주 법정사 항일운동'을 주도한 승려들은 승군 전통이 이어진 마지막 역사적 사례일 것이다.[54] 물론 식민지 시대 제주 승려들의 선택은 당시 식민지 조선 불교계 전체의 동향과는 괴리된, 다분히 '예외적인' 선택에 가까운 것으로 보인다는 점에서 조선 승단僧團의 폭넓은 지지를 받았던 임진왜란 당시의 무장투쟁과는 뚜렷이 구분되지만 말이다. 국가가 조직·운용하는 군대의 공식적인 일부를 이루기는커녕 현존 국가권력에 맞서 싸웠다는 점에서, 법정사 승려들은 동학농민전쟁 및 의병투쟁 시기의 승군과 유사하다고 하겠다. 그러나 법정사 항일운동은 '승려 그룹이 민중을 군대로 조직하고 지휘한 무장투쟁'이었다는 점에서 '성직자·수도자로 구성된 전투부대'인 승군과 엄연히 구별된다. 당시 승려들은 저항 세력을 총지휘(김연일), 좌대장(방동화), 우대장(강민수), 선봉대장(강창규), 모사(박주석, 정구용, 장임호), 선봉집사(최태유, 김봉화), 선봉좌익장(이종창), 선봉우익장(불명), 종군대장(양남구), 선봉대(15명), 선봉(15명과 인근 마을 주민 700명), 후군대장(김삼만) 등 전형적인 군대조직으로 편성했다. 저항 세력은 제주도로부터 식민지배자들을 축출한 후 이를 기반으로 국권을 회복하는 것을 목표로 화승총이나 곤봉 등 무기를 미리 준비했고, 거사 당일인 1918년 10월 7일에는 경찰 주재소와 통신 시설을 파괴하고 일본인들에게 폭력을 행사했다.[55]

3. 전쟁과 폭력의 불교적 정당화 논리

승군과 관련하여 우리가 유의해야 할 대목이 하나 더 있다. 그것은 임진 왜란 당시 승려들이 전쟁에 참여하도록 자극한 '또 다른 동기'와 관련된 것이다. 다시 말해 당시 조선의 승려들은 불교 부흥, 승려 지위 향상, 승과 僧科제도 시행 등 불교 교단 차원의 제도적 이익을 도모하고자 전쟁과 군 대에 참여했던 게 아니냐는 것이다. 그랬음에도 결과는 그다지 만족스럽 지 못했던 것 같지만 말이다.

정운에 의하면, "사명대사는 불교와 관련된 여덟 가지를 제안하는 상 소를 올렸다. 그 가운데 하나는 승려들에 대한 침해가 너무 심해 고통받 고 있으니, 국가적인 배려를 해달라는 요구였다. 선조는 철석같이 약속했 지만, 유생들의 반발로 승려에 대한 사회적 배려는 물거품이 됐다."[56] "휴 정을 중심으로 조선불교를 부흥하려고 하였지만 조선에서는 부흥하지 못 하고 휴정과 의엄, 유정에게만 공과를 치중하고 다른 승려들에게는 공과 를 부여하지 않았다"는 진관의 언급도 유사한 사실을 가리키고 있다.[57] 진 관은 승군에 참여했던 승려들이 승과제도 시행을 소망했다고 해석했다.

전쟁이 종결되고 승군들에게 주어졌으면 한 것은 바로 승과시험을 치 르는 것으로 조선 승려들이 가장 원하는 바람이었다.……전쟁 7년 동 안에 조선의 승려들이 국가를 위해 승군으로서 활동했던 공과를 보더 라도 승과제도를 실시해 조선의 승려들에게 문자를 터득하게 했어야 했다.……승과제도가 없는 불행한 시대, 조선의 승려들에게 주어진 것 은 아무것도 없었다. 조선의 승려들에게 주어야 할 것은 승과제도였 다. 조선의 승려들에게 승과제도를 시행하게 하여 승과시험을 통해서 승려들을 양성하는 조치를 내렸어야 했다. 그러나 조선의 승려들에게 도첩이라는 것을 주어 승려라고 칭했다. 조선의 승려들에게는 참으로 불행한 일이었다. 승려의 지위를 얻으려고 노역을 수행하고 도첩을 받아야 했으니 말이다. 그럼에도 불구하고 그야말로 문자도 모르던 조선불교의 승군들은 망국에 충실했다.……선조는 임진왜란 시기에 활동했던 조선불교에 대하여 아무런 역할도 수임하지 못했다.[58]

승군 지도자들의 간절한 기대에도 불구하고 선조는 과거시험만 실시했을 뿐 승과시험은 끝내 시행하지 않았다. 승과시험 대신 노역과 도첩度牒의 맞교환만이 허용되었다. 승과제도를 통한 '문해文解 승려'의 양성이 아닌, 노역을 통한 도첩 제공을 국가가 고집한 것은 결국 승려를 낮은 계층적 지위에 고착시키는 결과를 낳았다. 조선이라는 국가의 승군에 대한 예우는 "영건도감에서 쓰는 포물布物을 주는 것이 전부"였다.[59] 더구나 인조 시대에는 수도(한양) 출입 금지령까지 추가되었다. "인조 1년 5월 7일에는 경성에 승려들 출입을 금하라는 명을 내리는데……임진왜란, 정유재란에 나라를 구하는 데 참여한 조선의 승군 승려들에게 경성 출입 금지를 명했다는 것은 조선 승군에 대한 정도전의 불씨잡변의 유령이 되살아난 것임을 의미한다."[60]

임진왜란 당시 승군 사례는 이처럼 "교단의 제도적 이익 증진을 목적으로 한 전쟁 참여"라는 새로운 인식으로 우리를 인도한다. 이런 선택은 시대에 따라선 국교의 지위에도 올랐을 정도로 교세는 방대하지만, '국교國敎 시대의 비국교非國敎' 중 하나로서 국가·지배층과 지배종교로부터 차별과 억압을 당하는 처지에 놓인 종교, 한마디로 '거대한 소수large minority' 인 종교의 것이 되기 쉽다. 조선시대의 불교 지도자들은 이런 난국 혹은 위기 상황을 타개하고자 호국불교 기치 아래 승군 활동에 나섰을 가능성이 높다. 고영섭의 말대로, "유교를 통치이념으로 하는 조선시대 불교 보호적 경향은 지극히 미미하였다. 때문에 불자들은 호국적 지향을 통해 불교의 존재감을 스스로 확보해야만 했다."[61]

필자가 보기엔 메이지시대의 일본 불교 역시 임진왜란 당시 조선 불교와 유사한 상황에 놓였던 것 같다. 박노자는 메이지시대의 일본 불교를 "국가주의적, 군사주의적 불교"라고 불렀는데,[62] 이 경우에도 전쟁·폭력·군대와 종교의 수렴이 뚜렷해진다. 1603~1867년의 도쿠가와시대에 불교는 국가종교의 특권적 지위를 점유했지만, 메이지유신 이후 일본 정부는 반봉건 개혁의 일환 혹은 외래종교 배척의 차원에서 억불抑佛정책을 밀고 나갔다. 메이지 정부의 '신도-불교 분리'神佛分離 방침은 불교의 국가종교 지위를 박탈함과 동시에, 신도를 새로운 국가종교로 끌어올림을 의미했다. 4천 개 이상의 사찰이 폐쇄되었고, 불상 등 무수한 불교 유물들이 파괴되었고, 수천 명의 승려들이 환속還俗을 강제당했고, 18~45세의 승려들은 군대로 징집되었다.[63] 국가와 지배층의 탄압에 직면하여 당시 일본 불교계는 내적인 개혁운동을 전개함과 동시에, 천황제와 제국주의를 주축으로 하는 지배이데올로기에 적극적으로 영합·적응하고, "선禪 윤리와 사무라이 윤리(무사도)의 일치"를 주장하면서 폭력마저 긍정하고 나섰다. 심재룡의 설명을 들어보자.

> 서구를 모방하여 근대화를 모색하던 메이지유신 당시 불교계는 타락하고 반사회적인 종교라는 비난과 함께 '폐불훼석廢佛毀釋'이라 불리는 탄압을 받고 있었다. 그러한 탄압에 맞서 일본 불교계에서는 근대적인 지도자들이 나타나……19세기 말부터 20세기 초에 이른바 '신新불교' 운동을 전개하여, 불교가 서구의 경험적·이성적 과학 사조와 조화될 수 있도록 새롭게 구성하였다. 그러면서 그들은 일본 정부가 요구했던 국가의 정체성(코쿠타이[國體]) 확립이라는 이데올로기를 수용하여, 일본이 천황의 신적인 지배 아래 문화적으로 동질적이며 정신적으로 진보하게 되었음을 선전하는 데 앞장섰다. 그리고 일본이 점차 제국주의화함에 따라 그들은 아시아인들의 공통된 문화적·정신적 기반인 불교 또

한 일본에 이르러 가장 진보된 형태로 나타났다는 주장을 펼쳤다. 곧 순수한 불교는 오직 일본에만 남아 있다는 생각이 퍼지기 시작했던 것이다. 여기에서 한걸음 나아가 선禪과 일본의 무사도武士道가 일치한다는 주장이 나오기도 했다. 누카리야 카이텐(忽滑谷快天, 1867~1934)은 『사무라이의 종교』라는 책에서 선의 윤리는 사무라이의 윤리와 동일하며, "무사도는 전장의 군인들뿐만 아니라 생존경쟁을 하고 있는 모든 시민들도 따라야 한다"고 말했다. 그런데 선의 본질이 무사도의 정신 및 일본의 정신과 통한다는 주장은 결국 일본의 제국주의적 정복과 천황에 대한 무조건적인 복종을 미화하는 데 봉사했음을 시사한다. 선의 어용화가 일본의 근대국가로의 진행과 맞물려 있음을 볼 수 있다.[64]

특히 러일전쟁 이후 일본 불교는 국가에 적극 영합했고, 1930년대에는 '황국皇國의 길 불교'마저 출현했다. 국가권력에 예속된 채 불교가 천황에 봉사하고, 사찰이 '국민의 수련장'으로서 국민의 정신을 강화하고 강한 병사를 만드는 도구가 되도록 하자는 것이었다. 1938년에는 사카에 조인 등이 참여한 『호국불교』라는 책도 출간되었다.[65] 급기야 불교와 천황을 동일시하는가 하면, 천황을 '금륜성왕金輪聖王'이나 '속세의 여래如來'로 추앙하는 양상도 나타났다.[66] 이런 상황에서 일본이 자행하는 침략전쟁들은 정의를 실현하고, 붓다의 자비를 현시하고, 전쟁을 제거하고 세계평화를 증진하며, 사회·역사의 진보를 가능하게 하고, 개인과 집단의 완성을 촉진하고, 심지어 적국·적국민에게도 이익이 되는 의로운 전쟁이자 폭력, 자비로운 전쟁·폭력, 선한 전쟁·폭력으로 찬양되었다.[67]

중요한 사실은 이런 일본 불교의 움직임이 일본의 식민지였던 조선의 불교에도 깊고 강한 영향을 미쳤을 가능성이 있다는 점이다. 폭력과 전쟁을 미화하는 이런 흐름은 임진왜란 시기에 종료된 것이 아니고, 일본의 군국주의적 불교를 매개로 친일 성향의 조선인 승려들―그들 대다수가 해방 후에도 불교 권력구조의 상층부를 차지했다—에게도 전달되었을 수 있다. 바로 이런 맥락에서, 우리는 "한국에서 호국불교의 전통은 유구하다"는 명제와 "호국불교 담론은 (일본의 어용적이고 군국주의적인 불교의 영향을 받아) 식민지 시대에 발명되었다"는 명제 모두를 긍정할 수 있게 된다.

지금까지의 논의에 기초하여 폭력·살생 혹은 전쟁을 정당화하는 '불교적 논리'를 세 가지 유형으로 정리할 수 있을 듯하다. 〈표 10-2〉에서 보듯이, 두 가지는 '호국불교 전쟁'으로 귀착되고, 나머지 하나는 '반정부 호교 전쟁'으로 귀착된다. 그러나 "호교와 호국의 논리적 연계"라는 동일한 담론구조를 갖고 있음에도 불구하고 두 유형의 호국불교 전쟁은 전쟁 참여의 동기나 목표 면에서 전혀 다르다. 그 하나는 "호국 전쟁 동참을 통한 불교 기득권 수호"를 추구하는 반면, 다른 하나는 "호국 전쟁 기여를 통한 불교 지위 상승"을 추구한다. 또한 국가가 불교를 억압·차별하는 상황에서도 전혀 다른 대응이 나타날 수 있는데, 어떤 경우에는 "호교와 호국의 논리적 연계"에 기초하여 '호국불교 전쟁'으로 나아갈 수 있는 반면, 어떤 경우에는 "호교와 호국의 논리적 대립"에 기초하여 '반정부 호교 전쟁'으로 나아갈 수도 있는 것이다.

〈표 10-2〉 살생·전쟁 정당화의 불교적 논리 유형

발현 양상	상황	담론구조	목표
호국불교 전쟁(1)	외국·이민족의 침략 (국교 지위)	호교와 호국의 논리적 연계	호국 전쟁 동참을 통한 불교 기득권 수호
호국불교 전쟁(2)	국가의 불교 차별· 주변화(비국교 지위)	호교와 호국의 논리적 연계	호국 전쟁 기여를 통한 불교 지위 상승
반(反)정부 호교 전쟁	국가의 불교 억압 (비국교 지위)	호교와 호국의 논리적 대립	반국가 투쟁을 통한 불교 기득권 방어

승군 전통의 현대적 버전이 '불교 군종장교'라 할 것이다. 실제로 불교계에서는 불교 군종제도를 종종 '군승제도'로 부르고 있기도 하다. 전쟁과 폭력을 미화하는 경향이 강한 불교의 호국불교론이 고위급 군종장교들 사이에서는 여전히 '주류 교학'의 위치를 차지하고 있다. 불교 군종장교들에게 호국불교론은 사실상의 '공식교리' 위치를 차지하고 있다고 해도 과언이 아닐 것이다. 박노자는 전·현직 불교 군종장교 9명에 대한 심층면접조사에 기초하여 작성한 2015년 논문에서, 군법사(불교 군종장교)들이 '군종과 불살생 계율의 충돌'을 편의적으로 재해석하여 호국불교론을 정당화하고 있으며, '사고예방'에 대한 군대 권력자들의 관심에 부응하기 위해 기존 불교 교리를 변형해가면서까지 '남자다운 자기규율'을 강조하고 있다고 분석했다.[68]

호국불교론으로 대표되는 친親폭력·친親전쟁 경향은 비단 군종 승려들에게만 해당하는 것도 아닌 것 같다. 박노자는 2000년 9월 '영국 한국학회BAKS' 학술대회에서 "한국의 호국불교 개념과 파시즘"이라는 주제로 발표한 덴마크인 학자 헨릭 소렌센에 대해 소개한 바 있다. 소렌센은 양심적 병역거부자로서 군복무를 면제받은 뒤 송광사에서 구족계를 받고 승려 생활을 하다 한국 승려사회에 실망하여 환속한 후 고국에서 불교학자로 활동하고 있었다.

> 승려들도 의무적으로 군대에 끌려가는, 일제시대의 일본을 제외하고 어느 불교 국가에도 없는 '승려 징집제'부터 헨릭 씨에게 납득이 되지 않았다. 생사를 벗어나려는 수행자들에게 살생의 업무를 덮어씌우려는 국가란, 이것이 깨달음을 방해하는 마왕魔王의 국가가 아니겠는가?……군대에 갔다 온 승려들이 거기에서 약자·부하에 대한 폭력과 주색, 육식을 배워 이 버릇들을 절간에서도 버리지 못한다는 사실을, 헨릭 씨는 여러 차례 목격하였다. 자신을 이토록 실망시킨 한국 승려

자질 저하의 원인 중 하나가 바로 승려의 군역이 아닌가 생각하기도 하였다. 그런데다 군대에 끌려간 승려들이 베트남에 건너가서 불교계 아시아 민족에 대한 유럽인들의 폭력·약탈에 가담한다는 것은, 그 당시의 헨릭 씨에게는 아예 어불성설이었다.……그러나 '마왕의 국가'인 박정희 정권의 승려사회에 대한 폭력보다도 헨릭 씨를 더 놀라게 했던 것은 승려사회의 반응이었다. 생명까지 내놓을 각오로 부처님께서 내려주신 '불살생계'를 지켜야만 하는 승려들은, 오히려 악마적 국가에 영합하려고 '호국'에 안간힘을 썼다. 일제의 대동아전쟁 때 쓰던 표현들을 그대로 답습하여, 원시 경전에 보이지도 않은 '호국불교'라는 괴상한 논리를 마치 불교의 주요 이념처럼 꾸몄다. 북한에 대한 무력 승리를 비는 기도와 법회라는 독신죄瀆神罪까지도 서슴지 않았던 한국 승가는, 결국 헨릭 씨에게 일종의 파시즘적인 집단으로밖에 보이지 않았다. 단지 등의 자해까지 해서 군역을 완강히 거부했던 몇 명의 비범한 한국 승려들을 헨릭 씨는 매우 존경했지만, 그들은 극소수에 불과했다.[69]

『불광』 2022년 4월호는 "칼을 든 스님: 임진왜란과 승군僧軍"이라는 주제의 특집을 꾸며 임진왜란 당시 승군의 활약상을 다각도로 재조명했다. 논자마다 차이는 있을지라도 호국불교 전통을 옹호하는 기조 면에서는 일맥상통하는 여러 편의 글들이 이 특집에 실려 있다. 조계종 중앙종회는 2023년 4월 3일 "승병장 영규대사·800 의승 명예 회복 촉구 결의문"을 채택했다. 이 결의문의 주요 내용은 다음과 같다.

불교 억압정책을 폈던 조선시대에도 나라가 위험에 처했을 때마다 승려들은 의연하게 승병의 길을 택해 민족과 국토를 지켜왔습니다.……1592년 임진왜란이 일어나자 처음으로 승병을 일으켜 800 승병을 이끌고 최초 육상전투의 승리인 청주성 탈환과 금산 연공평전투에서 영

규대사와 휘하 의승 800여 명이 고귀한 희생을 통해 왜군의 호남 진입
을 막아 곡창지대를 보호하고, 적의 보급로를 끊어버리는 큰 공을 세
웠습니다. 하지만……임진왜란이 발발한 지 430년이 지난 지금까지
영규대사와 800 의승에 대한 국가 차원의 기념비도 위령제도 없고, 기
념식도, 제향도 없습니다.……지금이라도 영규대사와 의승에 대하여
국가적으로 재평가 작업을 해서 의병사를 새로 써야 합니다. 800 의승
의 명예를 회복하고, 금산전투에서 순국한 14명의 의승장 스님들 위패
를 모셔야 합니다. 영규대사를 비롯한 의승들의 위민호국 정신을 잊지
않고 계승하기 위해 정부는 국가와 민족의 이름으로 영규대사와 의승
을 위한 사당, 승장사를 복원하고, 순국충혼 위령탑 '팔백의승탑' 건립
에 적극 나서야 합니다.[70]

전쟁에 참여했던 승려들의 공훈을 인정하여 응분의 예우와 기념 및 현
양顯揚 활동에 나서라고 국가에 요구하는 것이 초기 불교의 평화주의 정
신과 상당히 괴리된 태도임은 분명해 보인다. 이처럼 한국에서 호국불교
전통은 여전히 위력적이다.

지금까지의 고찰을 통해, 비록 표현은 다양할지언정 불교에도 그리스
도교의 정의로운 전쟁과 유사한 입장이 '다수 견해'를 형성하고 있으며,
모든 형태의 전쟁을 거부하는 평화주의적 입장 또한 '소수 견해'로서 공
존하고 있음을 확인할 수 있었다. 또한 양심적 병역거부와 관련된 불교
측의 입장을 확인하기는 어렵지만, 평화주의적 태도를 취하는 불교인들
은 당연히 양심적 병역거부의 권리를 인정해야 한다고 주장할 것이다. '불
교판 정의로운 전쟁론'의 입장을 취하는 이들의 경우 양심적 병역거부에
대해 찬성과 반대 입장이 엇갈릴 가능성이 높다고 판단된다.

4. 이슬람교와 힌두교

지금까지 검토한 그리스도교와 불교 외에, 이슬람교와 힌두교, 유대교를 또 다른 세계종교의 반열에 올릴 수 있겠다. 이번 절에서는 전쟁·폭력에 관한 이슬람교와 힌두교의 교리에 초점을 맞추려 한다. 여기서 유대교를 별도로 다루지는 않을 것이다. 그러나 다른 종교들과 마찬가지로 유대교에도 (그 방대한 문헌과 역사를 통해) 평화와 폭력의 이미지가 모두 각인되어 있다는 점을 기록해 둘 만하다.

많은 후기 고대 랍비 텍스트들이 "최고의 가치는 평화" 혹은 "평화는 위대하다"를 뜻하는 "가돌 하샬롬*Gadol Hashalom*"을 거듭 선언하고 있고, "군사주의에 대한 거부"의 정신이 모든 시대의 유대교 텍스트들에 나타나고 있다.[71] 그러나 오늘날 전쟁과 폭력을 정당화하는 유대교 담론이 도처에서 발견되는 것도 사실이다. 예컨대 2023년 10월에 재점화된 '가자전쟁'에서도 '전투적 유대교*militant Judaism*'가 극성을 부리고 있음을 쉽게 확인할 수 있다. 이스라엘이 레바논을 침공한 가운데 2024년 10월 2일 헤즈볼라와의 전투 중에 8명의 이스라엘 군인이 사망하자, 베냐민 네타냐후 총리는 같은 날 발표한 영상 성명을 통해 "신이 그들을 복수해주시고 그들의 기억이 축복이 되기를 바란다"고 말했다. 아울러 그는 "우리는 우리를 파괴하려는 이란의 악의 축에 맞서 힘든 전쟁을 치르고 있"으며 "신의 도움으로 함께 승리할 것"이라고 강조했다.[72] 네타냐후로 대표되는 전투적 유대교인들은 '복수하는 신', '전쟁하는 신', 그리하여 '전쟁을 승리로 이끄는 신'을 공공연히 언급하고 있는 것이다. 이스라엘 집권 세력 내에서 근본주의적 유대교 정당들의 영향력이 커질수록, 이스라엘 사회에서 '전쟁의 일상화' 현상이 뚜렷해질수록, '유대교적 평화주의'의 목소리는 더욱 위축될 수밖에 없다.

(1) 이슬람과 폭력·전쟁

이슬람을 '폭력적 종교'로 낙인찍는 행위는 본질주의적 오류일 개연성이 높다. 오히려 로빈 라이트는 이슬람이 그리스도교인과 유대교인들을 "같은 경전의 사람들"로, 그리스도교와 유대교 지도자들을 "같은 신의 사람들"로 간주하고 있음을 지적하면서, "실로 그 교리 면에서 이슬람은 세계의 유일신 종교들 가운데 가장 관용적"이라고 주장하기도 했다.[73] 동일한 맥락에서 라이트는 "전투적 무슬림의 최대 적敵"이기도 한 조지 부시 미국 대통령이 9·11 테러 발생 9일 후 의회에서 행한 연설의 일부를 인용한 바 있다: "이슬람의 가르침은 선하고 평화적이며, 알라의 이름으로 악을 저지른 자들은 알라의 이름을 모독하는 것입니다. 테러리스트들은 그 자신의 신앙의 배신자들이며, 사실상 이슬람 그 자체를 공중납치하려 하고 있습니다."[74]

결국 이슬람 교리 및 그 해석의 역사적 가변성에 주목하는 게 타당하고도 안전한 접근일 것이다. 실제로도 폭력과 전쟁에 대한 이슬람의 입장은 시대에 따라 변화를 거듭했다. 주지하듯이 이슬람의 초기 역사는 폭력과 전쟁으로 얼룩져 있다. 이는 초기 그리스도교의 평화주의적·비폭력적 면모와 뚜렷이 대조되며, 그리스도교회가 11세기 말부터 약 200년에 걸쳐 여러 차례 감행한 십자군 원정의 잔혹한 폭력성과 비견될 만하다. 정수일은 이슬람 확산의 특징 중 첫 번째로 '확산의 신속성'을 꼽았다. 그 신속성의 비결은 '이슬람군軍'에 의한 왕성한 정복 활동이었다.

이슬람은 출현 후 약 100년 동안에 동쪽으로는 중앙아시아의 하외 지역과 인더스강, 서쪽으로는 유럽의 이베리아반도와 북아프리카에 이르기까지 3대륙으로 전광석화電光石火 같이 확산되었다. 이는 발생 후 300년이 지난 아소카 왕 시대에 처음으로 영외領外에 포교단을 파견한 불교나, 100년이 지나서야 에데사에 첫 동방기독교의 거점이 형성되고 그로부터 또 300년 후에 핍박에 의한 네스토리우스파의 동전東傳과 서방 로마제국으로의 서전西傳이 가까스로 시작된 기독교와 비교해보면 엄청나게 빠른 확산이 아닐 수 없다. 이러한 종교적 확산을 뒷받침한 군사적 정복 활동을 보면 실상은 더욱더 명백하다. 흔히 인류사상 최대의 군사적 정복 활동으로 기원전 4세기에 있었던 알렉산더의 동정과 기원후 7~8세기에 단행된 이슬람군의 동·서정, 그리고 13세기에 일어난 몽골군의 서정을 꼽는다. 그런데 이 3대 정복 활동 가운데에서도 신속성이나 활동 범위, 여파 면에서 이슬람군의 동·서 정복 활동이 단연 으뜸이다. 종교를 포함해 인류 문명사에서 한 문명 현상이 이토록 종횡무진 급속하게 널리 확산되어 뿌리내리고 지속된 선례는 거의 없다.[75]

이슬람이 초기부터 '정교일치'를 추구했던 점도 전쟁·폭력에 대한 이슬람 지도자들의 긍정적 태도를 조장했을 가능성이 농후하다. 정교분리형 국가에 비해 정교일치형 국가에서 주류·지배 종교는 전쟁과 국가폭력에 대해 관대한 입장을 취하는 경향이 두드러지기 때문이다. 『이슬람』의 저자들이 상기시키듯이, "이슬람이 기독교와 다른 가장 두드러진 차이점은 바로 정교일치 이론"에 있다고 해도 과언이 아니다. "이슬람 법률인 '샤리아'의 채택과 이슬람국가의 수립"을 요구해온 현대의 이슬람 근본주의자들이 복원하려는 "초기 이슬람 정신과 원리"의 핵심 중 하나가 바로 정교일치인 것이다.[76]

래비아 해리스는 '예언자 이후' 시대에도 유사한 상황이 지속되었다고 주장했다. 그에 의하면, "포스트-예언자 시대post-Prophetic period와 근대 여명기 사이의 대다수 무슬림 학자들은 전쟁이라는 쟁점을 법적 관점에서 접근했고, 무슬림에 지배되는 영역과 비무슬림에 지배되는 영역 사이의 공공연한 갈등은 전적으로 불가피하다고 가정했다."[77] 디터 젱하스 역시

모하메드 아르쿤이 말하는 "지배적 이슬람 이성"의 핵심이 오늘날까지 이어지는 "신정-공동체적theonom-kommunitär" 세계관·사회관·인간관에 있다고 보았다. 신의 계시를 담은 코란에 기초하여 형성된 신정-공동체적 세계관·사회관·인간관은 삶의 모든 영역을 지배하면서, 총체적 사고방식을 조장하며, 정치적으로는 전체주의적 성향을 띠게 될 가능성이 높다는 것이다.[78]

필자가 보기에 이슬람교에 대한 젱하스의 접근은 본질주의적이라기보다는 역사적인 접근에 가깝다. 그가 이슬람교와 다원주의적 공존 윤리 사이에 가교를 놓으려 시도했던 허다한 역사적 사례들을 언급하고 있기 때문이다. 그는 다만 그런 시도들이 대부분 실패하고 말았거나, '이슬람 세계 안에서' 주변부에 머물렀음을 강조하고 있는 것이다. '전체로서의 이슬람 세계'에서도 여타 종교·문명에 대한 태도와 정책, 그리고 전쟁·폭력에 대한 입장은 역사에 따라 중요한 변화를 거쳐왔다.

이슬람 전쟁 교리는 10세기를 고비로 크게 변화했던 것 같다. 김정위에 따르면, 이슬람 세계·영역(다르 알 이슬람)과 비이슬람 세계·영역(다르 알 하릅, '전쟁 영역') 사이의 관계를 "항구적 전쟁의 상황" 혹은 "항구적 비승인非承認 상황"으로 접근했던 7~9세기에는 침략전쟁과 방어전쟁을 가리지 않고 모든 전쟁이 '지하드jihad'로 정당화되는 경향이 상대적으로 강했다(필자가 보기에 여기서 지하드는 그리스도교에서 말하는 '정의로운 전쟁'과 '성스러운 전쟁'을 모두 포괄한다). 이슬람 세계의 내부 분열과 십자군·몽골군 등 외부 위협이 중첩되었던 10세기 이후에는 비이슬람 세계를 다시 두 가지 세력—이슬람을 위협·잠식하는 세력과 그렇지 않은 세력—으로 구별하고, 이 가운데 이슬람 세계를 위협·잠식하는 세력에 맞서는 방어전쟁만을 지하드로 재규정하게 되었다. 이런 상황이 대략 15세기까지 지속되었다.[79] 문정인도 9세기 후반 이후 이슬람의 전쟁 및 평화 교리의 역사적 변화를 유사한 방향에서 개관한 바 있다.

평화의 세계와 전쟁의 세계라는 양분법적 논리는 이슬람 제국이 전성기를 이루던 7세기부터 9세기까지 계속되었다. 그러나 9세기 후반에 들어서면서 압바시드 왕조의 영토, 즉 다룰 이슬람이 위축되면서 새로운 현상이 나타나기 시작했다. 그것은 다름 아니라 신정일치 체제(즉, 칼리프제)의 점진적 와해 현상이었다. 과거와 달리 점차 이슬람은 교역이나 사회적 교류를 통해 평화적인 방법으로 포교되기 시작했고 이슬람으로 개종했지만 바그다드의 압바시드 왕조에 대한 정치적 복속을 거부하는 지역들이 늘어나게 되었다. 그뿐만 아니라 비적대적 이교도 집단들과의 관계도 점차 빈번해졌다. 이러한 사태 발전은 다룰 이슬람과 다룰 하르브의 이분법을 넘어서 새로운 국제정치의 영역을 형성했다. 이러한 새로운 영역을 다룰 술(dar al-sulh, 안전 영역 또는 잠정적 평화의 세계) 또는 다룰 아흐드(dar al-ʿahd, 조약 관계의 세계)라고 부른다.[80]

9세기 후반 혹은 10세기부터 형성되어 15세기까지 지속한 새로운 추세는 16세기 이후에도 갈수록 현저해졌다. 이 시기의 핵심적 특징은 이슬람 공동체의 단일성과 보편성이 해체되고 이슬람 세계 자체가 오스만튀르크 제국(수니파), 이란의 사파위 제국(시아파), 인도의 무굴 제국(수니파)에 의해 삼분三分되었다는 사실에 있었다. 이런 변화에 따라, 첫째, 16세기 이후에는 비이슬람 세계의 공격에 대응하는 방어전쟁만을 지하드로 규정하는 경향이 더욱 강화되었다. 둘째, 이슬람 세계 내부의 갈등 곧 이슬람 제국 간의 적대적 경쟁 상황에 직면하자, '이슬람-이슬람 분쟁'에서는 종교와 세속(정치·외교)을 분리한 후 (종교가 아닌) 세속적 방법으로 분쟁 해결을 도모하는 경향이 점차 지배적으로 되어갔다. 셋째, 이슬람 세계 내부에서 정립된 이 같은 원칙을 더욱 확장하면, 비이슬람 국가와의 관계에서도 종교와 정치·외교를 분리하고 세속적 이해에 따라 평화로운 관계를 형성할 수 있게 되며, 이런 경향 역시 16세기 이후 이슬람 세계에서 점점 확산했다.[81]

국제정치 환경의 변화에 초점을 맞춰 이슬람의 전체 역사를 개관하면서 문정인은 다음과 같은 설명을 제공하고 있다.

> 이슬람은 전쟁과 평화에 대해 다분히 모순되는 입장을 취하고 있다. 이는 시공간적 요소에 따른 전쟁과 평화의 맥락 변화 때문이라 추정할 수 있다. 메카 시대(610~622)의 이슬람은 대항 세력인 쿠라이시 부족에 비해 힘이 약했기 때문에 평화와 인내를 강조했는가 하면 메디나 시대(622~632)에는 이슬람의 군사력이 강해졌기 때문에 쿠라이시족에 대해 보다 공세적인 입장을 취한 것으로 볼 수 있다. 우마야드, 압바시드 왕조에서처럼 거대한 이슬람 제국이 형성되었을 때에는 이슬람 영역의 확장이라는 공세적 태도를 취하다가 오스만제국 이후 서구 열강에 협공을 당하면서 보다 방어적인 지하드로 전이하는 경향을 보이고 있다. 따라서 이슬람의 전쟁과 평화 사상을 쿠란과 순나에 따른 정태석 해석도 중요하지만 변화하는 국제 환경에 맞추어 보다 역동적으로 해석할 필요가 있다.[82]

문정인은 현대 이슬람 사상의 흐름을 주류인 '현실주의'를 비롯하여 '자유주의', 근본주의에 뿌리를 둔 '급진주의', 수피즘으로 대표되는 '평화주의' 등 네 가지로 제시하면서,[83] 이슬람의 평화관을 '이상적 현실주의'로 명명한 바 있다. 이에 따르면, "이슬람은 평화주의적 입장을 견지하지만 맹목적 평화주의를 표방하지 않는다. 용서와 인내로써 전쟁의 가능성을 최소화하고 평화의 가능성을 최대화해야 한다는 것이다. 그러나 그것이 불가능해질 때 전쟁이란 선택이 허용된다. 때문에 가능하다면 평화로운 방법으로 사태를 해결하고 불가피할 경우에만 폭력적 수단을 쓰도록 권유하고 있는 것이다.……전쟁과 평화의 혼재, 그리고 이에 대한 슬기로운 대처가 이슬람 평화사상의 기본축을 이루는 것이다."[84] 이집트 출

'이슬람'에는 '평화'의 뜻이 담겨 있다

신의 현대 이슬람 법학자인 무하마드 탈라 알 구나이미는 주류 이슬람의
입장을 대변한다. 그는 '공격적 지하드'를 우선 배제한 후, 지하드가 선포
되고 전개될 수 있도록 허용하는 네 가지의 '목적'(명분·대의)을 명시했다.
그 목적이란 "첫째, 이슬람 공동체에 대한 침략을 막아내는 것, 둘째, 무
슬림들에게 행해진 불의를 교정하는 것, 셋째, 유대교나 기독교같이 유일
신을 믿는 신자들의 자유로운 신앙생활을 허용하는 것, 넷째, 평화와 안
보를 구축하기 위해 다른 국가들과 협력하는 것"을 가리킨다.[85] 아울러
소할리 하시미에 의하면, 지하드의 선포는 자의적이어서는 안되며 다음
의 세 가지 전제조건을 반드시 만족시켜야 한다.

> 첫째, 지하드가 제대로 선포되기 위해서는 그 의도가 의義로워야 한다.
> 특정 개인, 종족, 정권 국가를 위한 도구적 지하드는 허용되지 않는다.
> 이슬람 공동체의 대승적 목적만을 위하여 지하드는 선포될 수 있다. 둘
> 째, 물리적 폭력을 수반하는 끼탈(전투)로서의 지하드는 최후의 선택이
> 어야 한다. 평화적인 방법을 통해 분쟁 해소를 위한 최선의 노력을 하
> 고 이러한 노력이 실패로 돌아갔을 때만 물리적 수단에 의존해야 하는
> 것이다. 마지막으로 지하드는 아무나 선포할 수 있는 것이 아니다. 오
> 로지 정통성을 가진 지도자나 기관만이 지하드를 선포할 수 있다. 시
> 아파에서는 오로지 이맘만이 지하드를 선포할 수 있다. 수니파에서는
> 일반적으로 무프티Mufti, 즉 최고의 종교 지도자만이 이를 선포할 수 있
> 다. 그 외의 기관이나 인사들이 선포하는 지하드는 정통성이 약할 수
> 밖에 없다.[86]

문정인은 하시미의 주장을 소개한 후 "이러한 세 가지 요건을 만족시
켜 성전을 선포하기란 여간 어려운 일이 아니"라고 덧붙였다.[87] 그리하여
현대 주류 이슬람의 경우 전쟁·평화 문제에 대해 그리스도교와 크게 다르

지 않은 입장을 견지하게 되었다. 구나이미가 강조하는 '정의로운 명분', 하시미가 제시하는 '의로운 의도', '최후의 수단', '정당한 권위' 등은 그리스도교에서 정립된 '정의로운 전쟁' 교리와 거의 유사하다. 현대 그리스도교와 이슬람교는 인류의 평화와 화해에 대한 신의 명령에 따라 비폭력적 해결책을 찾아야 하는 일차적인 윤리적 의무를 강조하면서 무력 사용은 최후수단으로 유보되어야 한다고 본다. 불가피하게 전쟁이 발생한 경우에도 양자는 '전쟁 정의의 기준들criteria of justice in warfare'을 준수할 것을 요청하며, 이 기준들은 현대의 국제법, 인권법, 전쟁법과 부합한다. 특정 종교를 수용하도록 설득하는 데 무력이나 강제력을 사용해서는 안된다는 원칙에 대해서도 두 종교는 입장을 같이한다.[88] 비교윤리학자인 존 켈지도 이슬람교와 그리스도교 전쟁 규칙의 '놀라운 유사성'에 주목했다: "이슬람의 전쟁 규칙과 서구의 정의로운 전쟁의 원칙 사이의 형식적 유사성이 놀라울 정도다. 정당한 대의, 올바른 의도, 능력 있는 지도자, 승리를 거둘 수 있을 것이라는 전망, 평화를 목표로 삼는 것……목표물에 차별을 두는 것 등이 그러하다."[89]

1990년대에 영국의 이슬람 학자들이 합의한 바에 따르면, "싸움에 대한 쿠란의 구절들은 '악에 대항하여 투쟁하도록 독려하는 것' 그리고 '그 투쟁 과정에서 끝까지 선함을 견지할 수 있도록 목적(악에 대한 투쟁)을 위한 수단들을 삼가고 제한하는refrain and limit 것', 이 두 가지가 끊임없이 서로 억제하고 균형을 유지하도록check and balance 요구한다."[90] 래비아 해리스는 "정의正義의 수립 그리고 피억압자의 해방을 위한 부단한 활동"을 지하드라고 재해석한다. 나아가 그는 새로운 권력power 관념, 즉 사회적 투쟁이 작은 지하드라면 내면의 투쟁이야말로 큰 지하드라는 '지하드의 우선성 원칙'에 근거하여("그 자신이 정의롭지 못하면 사회적 정의를 확립할 수 없다"), 모든 지배를 종식하고 지배-보복의 악순환을 끝장내는 '내적 평화와 정의'야말로 진정한 권력이라는 관념을 수피즘에서 발견한다. 이 같은 비강압적non-coercive 권력 관념에 근거할 때, '비강제의 원칙principle of no-compulsion'으로 이해된 비폭력의 작용이 진정한 지하드의 뿌리라는 게 해리스의 주장이다.[91]

지금까지 개관한 현대 주류 이슬람의 입장은 지하드를 '소극적인 그리고 온전히 방어적인 개념'으로 해석하려는 근대 이슬람 개혁주의 운동의 맥을 잇는 것이다. 그러나 1950년대 말부터 1970년대 말까지 약 20년 동안 형성된 이슬람 급진주의 혹은 근본주의 단체들이 이와는 판이한 지하드 관념을 견지하고 있다는 것 또한 명백한 사실이다. 현대의 비주류 이슬람 진영을 대표하는 이들은 이집트의 사이드 쿠틉이나 파키스탄의 아불 아으라 알 마우두디 등의 영향을 받아 '범이슬람 국제주의'를 표방하면서 "적극적인 공격적 개념의 지하드를 선포"한다. 이런 적극적 개념에서는 전쟁은 물론, 테러나 암살까지 지하드에 포함될 수 있다는 것이다.[92]

양심적 병역거부권에 대한 이슬람권 국가들의 태도는 매우 부정적이다. 2010년 현재 징병제를 채택하고 있는 이슬람권 국가 가운데 양심적 병역거부권을 인정하고 있는 곳은 1990년대 이전에 사회주의 사회였던 우즈베키스탄, 키르기스스탄, 아제르바이잔, 알바니아 정도에 그친다. 구 사회주의 국가들 중에서도 카자흐스탄과 투르크메니스탄은 2010년 당시 양심적 병역거부권을 인정하지 않고 있었다. 이들을 제외한 중동 및 아프리카의 이슬람권 징병제 국가들, 그리고 유럽의 튀르키예(터키) 역시 2010년 현재 양심적 병역거부권을 인정하지 않고 있었다.[93]

(2) 힌두교와 폭력·전쟁

힌두교의 교리는 여러모로 불교와 유사하다. 수난다 샤스트리와 야즈네슈와 샤스트리에 의하면, 힌두교는 비폭력과 평화를 지향하면서도 사회와 개인 수준에서 폭력·전쟁의 가능성을 열어놓는다. 사회 수준에서, 힌두교도는 사악한 세력의 등장을 평화적 수단에 의해 제압하지 못할 때 사회를 정화하기 위해 전쟁의 길을 선택한다. 전쟁은 사회 정화를 위한 수단으로서, 베다 문헌들은 사악한 사람·세력들과 비진리untruth에 대한 전쟁을 정화의 행동act of purification으로 찬양한다. 아울러 힌두교 문헌들은 사회적 평화social peace를 가져오는 수단으로 엄격한 법과 처벌이 필요하다고 인정한다. 개인 수준에서, 힌두교는 인생의 네 단계 중 학생·은퇴자·수행자 단계에서는 아힘사 교리의 엄격한 준수를 요구하지만, 가장householder 단계에 있는 이들에게는 아힘사의 절대적 형태를 따를 의무를 면제해준다고 한다.[94]

류경희는 힌두 문화에서 정당화된 다섯 가지 폭력 유형에 관한 데니스 비달 등의 논의를 소개한 바 있다. 그것은 ① 희생제물로 바쳐진 동물의 살해를 '의미 있는 폭력' 혹은 '성화한 폭력'으로 간주하는 '희생제의 폭력', ② '희생제의의 내재화'로서, 단식·금욕 등을 통해 자신을 공물로 바침으로써 폭력의 방향을 수행자 자신에게 돌리는 '내면화시킨 폭력', ③ 세계질서인 다르마를 유지하고 보호하기 위한, 왕의 권리이자 의무로서 간주된 '질서 유지를 위한 폭력', ④ 호교, 즉 다르마 수호를 위한 폭력을 정당화하는, '아바타라Avatara 사상에 기초한 폭력', ⑤ '수행자의 폭력', 곧 무슬림에 맞서 힌두 전통을 수호하고자 무장해 싸웠던 수행자들인 나가 사두Naga Sadhu의 폭력을 가리킨다.[95]

전쟁과 평화에 관한 힌두교의 입장은 간디의 비폭력 저항운동을 통해, 특히 이 운동을 지탱하는 아힘사ahimsa, 사티아그라하satyagraha, 아쉬람ashram 등의 용어를 통해 세계에 널리 알려졌다. 특히 간디의 비폭력 저항운동은 1차 세계대전 발발로 극도의 침체에 빠진 유럽과 북아메리카의 평화운동가들에게 크나큰 긍정적 영향을 미쳤다. 그런 면에서 비록 간디를 매개로 한 간접적인 방식일지라도, 힌두교 평화사상 역시 세계 평화운동의 발전에 의미 있는 영향을 미쳤다고 말할 수 있겠다. 다음은 '평화와 자유를 위한 여성국제연맹'의 국제의장을 역임한 엘리스 볼딩의 설명이다.

제1차 세계대전으로 대서양의 양편에서 평화운동은 한동안 몰락하였다. 하지만 인도에서 간디가 지도하는 비폭력운동은 강력해졌다. 간디의 비폭력 평화운동은 전후 기존의 평화운동과 새로운 평화운동이 다시 활발해졌을 때 서구 평화운동에 영감을 제공하였다. 간디는 1917년부터 1948년 그가 죽을 때까지, 힌두교의 비폭력 개념인 아힘사ahimsa와 진실에 대한 믿음으로 거짓 권위에 대한 불복종운동을 벌이는 사티아그라하satyagraha의 정신에 기반하여, 인도의 비폭력적인 독립운동을 이끌었다. 그의 활동에서 독특한 점은 매우 신중하게 비폭력 행동의 순차적 방법을 발전시킨 것이다. ……사티아그라하를 준비하는 정신적 공동체인 아쉬람ashram의 건설이 간디의 비폭력 독립운동의 제도적 기반의 확립에 도움이 되었다.……서구의 평화운동이 인도란 대단히 이질적인 문화에 기반한 비폭력운동을 열정적으로 받아들인 것은 예상치 못한 역사적 사례의 하나이다.……그리고 간디의 운동으로 보다 세속적인 서구의 평화운동에 정신적 요소가 다시 도입되었다.[96]

이 과정을 통해 힌두교는 '비폭력의 종교', '평화의 종교'로 널리 알려지게 되었다. 세계적 수준에서 평화운동에 대한 힌두교의 기여도 상당하다. 간디 이후 아힘사 개념을 더욱 확장하려는 적극적 해석이 종종 시도되었다. 간디에게 아힘사는 "폭력의 악순환을 끊는 최고의 방편"으로 간주되었으며, "'살아 있는 것을 죽이지 않는다不殺生'는 소극적 의미"뿐 아니라 "'생명에 대한 사랑'이라는 적극적 의미", 즉 "악행자에게도 선을 행하는 적극적인 사랑의 행태"를 뜻했다.[97] 간디의 새로운 아힘사 개념은 갈퉁의 평화학에도 중요한 영향을 미쳤다. 갈퉁은 간디를 "위대한 스승"

으로 삼았다.[98] 김명희에 의하면, "소극적 의미의 아힘사는 비폭력, 불상해를 뜻한다면 적극적 의미의 아힘사는 애정, 동정, 자비, 관용, 봉사, 자기희생 등으로 인간이 가까운 관계를 가지는 이들에게 자연스럽게 품고 있는 사랑을 적까지 포함하는 온 인류에게 확대시키는 일을 의미한다. 이러한 간디의 아힘사를 바탕으로 갈퉁도 '평화적 수단에 의한 평화'를 주장하며 적극적 평화를 추구하였던 것이다."[99]

그러나 류경희가 강조하듯이, 힌두교에서 "비폭력 평화정신의 실천은 자기 전통이 위협받지 않는 상황에서 실천 가능한 것으로 이때 상이한 종교사상과 실천 체계들에 대한 관용과 포용적 대응이 가능"하지만, "자기 전통이 위협받는 상황에서 인도의 비폭력 평화정신은 그 한계를 드러내며 자기 수호의 이름으로 폭력이 정당화된다."[100] 결국 특정 시점과 장소에서 힌두교의 교리가 폭력적으로 혹은 평화적으로 재해석될지 여부는 오로지 주어진 상황과 주체의 선택에 달린 것이다.

한편 힌두교권 국가들에서 양심적 병역거부권 문제는 아직 제대로 공론화되지 못한 것으로 보인다. 힌두교 국가라고 할 수 있는 인도와 네팔은 2010년 현재 징병제를 채택하지 않고 있기 때문이다. 총인구 대비 힌두교인구 비율이 상당한 피지, 이보다는 적을지라도 힌두교도가 '비교적 거대한 소수집단'을 이루고 있는 말레이시아와 스리랑카 역시 2010년 현재 징병제를 운용하고 있지 않았다.[101]

제
11
장

2001년 공론화에 대한
주류 종교들의 대응

한국전쟁 시기에 처음 발생했던 한국 종교인들의 양심적 병역거부는 그 후 50년 동안이나 수많은 희생자를 내면서도 침묵과 무관심의 캄캄한 동굴 안에 유폐되어 있었다. 2000년대 들어 이 문제가 공적인 토론의 광장으로 비로소 소환되었다. 특히 2001년 말 이후 그동안 개신교 계통 소수 교파에 한정되었던 양심적 병역거부자들은 비록 극소수이지만 불교와 천주교, 주류 개신교 교파 신자들로 확대되었고, 비非종교인들까지 가세했다. 한편으로 반전평화운동의 맥락에서, 다른 한편으로 인권운동의 맥락에서, 양심적 병역거부 문제는 시민사회와 정치사회의 광범위한 관심과 참여를 불러오기도 했다.

지금까지 양심적 병역거부 문제에 대한 한국 사회 '주류' 종교들의 대응을 추적하고 분석한 연구는 거의 없었다. 이 장은 한국 사회의 종교인구 거의 대부분을 품고 있는 3대 종교, 즉 개신교, 불교, 천주교의 전쟁 및 양심적 병역거부에 대한 입장과 대응 방식을 포괄적으로 살펴보려는 의도에서 집필되었다. 개신교의 경우 입장의 다양성을 고려하여 '진보'와 '보수' 진영을 구분해서 서술하였다.

1. 개신교(1): 자유주의 세력

이 절에서는 한국 개신교 주류 교파들의 전쟁 및 양심적 병역거부에 대한 입장과 대응 방식을 고찰한다. 주요 전쟁들에 대한 개신교계의 대응 및 군종제도 참여 등을 개관한 후, 정의로운 전쟁 이론의 점진적 수용 과정을 자유주의 성향의 개신교 진영을 중심으로 고찰하고, 2001년부터 양심적 병역거부 문제가 한국 사회에서 공론화된 이후 개신교 주류 교파들의 대응 방식이 어떻게 변화되었는가를 제시할 것이다. 양심적 병역거부자를 위한 대체복무제 도입에 가장 강력한 반대 세력으로 역할했던 '보수 개신교' 혹은 '개신교 우파'의 대응에 대해서는 다음 절에서 자세히 다룰 것이다.

(1) '망각의 계곡'의 이편과 저편: 양심적 병역거부, 참전參戰, 군종제도

한국전쟁 당시 징병제가 본격적으로 시행되면서 한국에 진출해 있던 재림교회와 여호와의증인 신자들 가운데 양심적 병역거부 혹은 양심적 집총거부를 선언하면서 국가와 충돌하거나 고통을 겪는 이들이 나타나기 시작했다. 남한에서는 전쟁 발발 직후부터 시작된 충돌이 1953년에 이르러 여호와의증인 신자 한 사람의 투옥으로 이어졌고, 예비군 동원훈련이 시작되자 1956년에 재림교회 신자 3명이 구속되었다. 1958년부터 군 당국이 양심적 거부자들을 일률적으로 군법회의에 회부하여 6개월 이상의 실형을 선고하기 시작하면서 자발적인 감옥행을 택하는 이들이 급증하게 되었다.

같은 시기 한국의 주류 종교들은 이런 사태에 어떻게 대응했는가? 앞에서 살펴본 바와 같이, 한국전쟁이 벌어질 당시 서구의 주류 개신교 교파들은 '정의로운 전쟁' 혹은 '평화주의'의 입장으로 양분되면서, 정의로운 전쟁 교리가 강력한 도전에 직면해 있는 형국이었다. 그러나 한국 개신교 주류 교파들은 아직도 식민지 시대의 '성전' 논리를 그대로 답습하면서, 서구 교회들에서는 이미 1차 대전 이후 폐기되다시피 한 성전·십자군이라는 시대착오적 시각으로 한국전쟁을 해석했다. 또 2차 대전을 전후하여 모든 형태의 공격·침략전쟁은 정의로운 전쟁 교리의 적용 대상에서 제외되었음에도 불구하고, 남한의 일부 전투적인 개신교 반공주의자들은 한국전쟁 이전부터 선제적 무력행사에 의한 '북진통일론'을 주장하고 있었다. "6·25전쟁을 치르고 나서도 나는 한 명의 목사도 전쟁의 잔인함을 비판하는 것을 들어보지 못했다"는 함석헌의 말은 당시의 교계 분위기를 가감 없이 보여준다.[1]

한국전쟁이 발발하자 개신교 지도자들은 이 전쟁을 즉각 성전 혹은 십자군전쟁으로 선포했을 뿐만 아니라, 직접적인 전투 참여를 포함하는 적극적 '참전參戰'을 시도했다. 1950년 7월 초교파적으로 결성된 '대한기독교구국회'와 이 단체가 구성한 3천 명 규모의 '기독교의용대', 1951년 1월 '기독교연합회 전시비상대책위원회'의 결성과 활동, 군종 및 포로수용소 활동, 휴전 반대 운동, 피난민·전상자·고아 등을 위한 구호활동 등이 대표적인 사례들이었다.[2] 한국전쟁 초기인 1951년 초부터 개신교와 천주교에게만 특혜적 접근이 허용된 군종제도가 시행되면서, 개신교와 천주교는 군대와 포로수용소에서 혁혁한 선교 실적을 올리게 되었다. 개신교의 경우 1956년까지 군대에서 약 8만 명의 새 신자를 확보했다. 포로수용소에서는 1951년 5월부터 1년 동안 9백 명의 세례교인과 2천 명의 학습교인을 얻었고, 포로수용소의 각 교회에 등록된 교인이 1만 5천 명에 달했다.[3] 아울러 군 병원에서의 선교 활동 역시 개신교와 천주교에 의해 사실상 독점되었다.

전쟁과 군대는 개신교 주류 교파들에게 "강력한 성장 엔진"이었다. 눈앞의 전쟁이 공공연히 미화되고 군종제도 속에서 선교의 과실을 즐기는

동안, 개신교 소수 교파의 양심적 병역거부자들이 겪었던 동시대의 고난은 망각 지대에 마냥 방치되어 있었다. 주류 교파들의 지독한 무관심과 무시 속에서, 1950년대부터 50년 동안 1만 명 이상의 소수 교파 소속 평화주의자들이 감옥생활을 해야 했다.

베트남전쟁 당시에도 사정은 거의 달라지지 않았던 것으로 보인다. 예컨대 한국기독교교회협의회NCCK의 전신前身인 한국기독교연합회와 가맹 교단들은 베트남전쟁을 "팽창주의적 공산주의 세력과 이를 저지하려는 자유세계 간의 대결"이라는 관점에서 이해했으며, 이런 인식 아래 1960년대 중반 이후 한국군의 베트남전 파병을 적극적으로 지지했다.[4] 또 한국 개신교회들은 군종 활동이라는 형태로 이 전쟁에 능동적으로 참여했다. 서철원은 군목들의 활약상을 다음과 같이 기술했다.

거제포로수용소의 반공포로(1952)

1968년부터 국군의 월남파병 기간 동안 군목들의 종군 업무는 숱한 일화와 미담을 이룰 만큼 주월군駐越軍의 전공戰功에 크게 기여하였다. 저들의 게릴라 소탕 출전 시마다 저들의 승전과 안전 귀환을 위하여 기도하여 주므로 저들의 사기를 진작시켰을 뿐만 아니라 최악의 경우 저들의 영혼을 미쁘신 조물주造物主께 부탁하므로 저들로 용기 있게 싸우게 하였다. 이에서 더 나아가 군목들이 친히 험한 훈련과 공수 작전에 동참하므로 장병들의 사기를 결정적으로 고무하였다. 총과 검으로 부대를 지휘한 것은 아니지만 기도와 말씀으로 자기 부대를 협력한 군목들의 노고가 월남전에서 한국군의 승리에 결정적인 요인으로 작용하였다.[5]

한국의 주류 종교인들은 당면한 전쟁에 대해 매우 호전적인 성전이나 십자군 논리를 함부로 대입해왔으며, 냉전적 세계인식과 강렬한 반공주의로부터 끊임없이 자양분을 공급받으면서 '반공 성전' 혹은 '반공 십자군'의 논리를 체질화하게 된 것으로 보인다. 1970년대 이후 개신교와 천주교의 일부 종교인들이 민주화와 인권을 위한 사회운동에 활발하게 참여해왔고 그 결과 그리스도교 교회들은 우리 사회에서 '인권의 보루'로 평가되어왔지만, 이들의 인권 관념은 아직 종교적 소수자들의 그것에까지 미치지 못했다. 전쟁을 반대하는 종교적 소수자들은 "그리스도교 평화주의자들"이라기보다 "이단자들"로 간주되었다.

(2) 정의로운 전쟁 교리의 수용과 학습

한국전쟁 이후 50여 년 동안 한국 주류 개신교 교파들에서 '성전' 부류의 담론들만 난무했던 것은 아니다. 일각에서나마 몇몇 신학자들을 중심으로 정의로운 전쟁 이론을 소개하거나, 그것마저 넘어서려는 시도가 꾸준히 행해져왔다. 특히 비교적 진보적인 교파들의 연합체인 NCCK 계열의 대한기독교서회가 발간하는『기독교사상』에 관련 글들이 집중적으로 실렸다.

1958년 무렵부터 양심적 병역·집총 거부자의 구속 소속이 언론에 잇따라 보도되는 가운데『기독교사상』1959년 3월호는 두 편의 관련 논문을 게재했다. 먼저, 종교개혁 직후의 초기 개신교 지도자들에 이르기까지 정의로운 전쟁 이론의 역사적 발전과정을 고찰한 이장식은 명확한 개인적 입장 표명 없이 글을 마무리했지만, 확연히 정의로운 전쟁의 입장으로 기울어 있었다.[6] 또 당시 감리교신학교 교장이었던 홍현설의 논문은 5쪽 분량의 비교적 짧은 글로서, 당시 제기된 재림교회 신자("안식교도")와 여호와의증인 신자들의 양심적 병역거부 사건에 대해 매우 전향적인 입장을 피력했다. 홍현설 자신은 정의로운 전쟁 이론의 지지자로서 "절대적인 비전론非戰論"이나 "절대적인 평화주의"가 현대 국가 내에서 실현되기 어려울 것이라고 보고 있지만, 양심적 병역거부자들을 보호하는 법률이 한국에서도 조속히 만들어지기를 기대했다.

내가 바라는 것은 우리나라에도 하루속히 양심적인 비전론자를 보호하는 법령이 만들어지기를 원하는 동시에 그것이 될 때까지는 안식교도들도 전투원은 안될지라도 군의관이 되어서도 국가에 봉사할 수 있도록 국방을 책임 맡은 국민동원 부서에서는, 현명하고 이해 있는 조치를 할 수 있기를 충심으로 바라마지 않는다. 그리하여 우리나라도 문명국이라는 긍지를 계속해서 가질 수 있기를 염원하는 바이다.……우리는 이런 문제를 방관만 하는 태도에서 떠나서 그리스도교회와 정부가 협력하여 그 해결의 길을 찾도록 그 쌍방에 진지한 연구와 노력이 있기를 기대하면서…….[7]

1959년 봄에 발표된 두 편의 글, 특히 "양심적인 비전론자를 보호하는 법령이 만들어지기를 원하는" 홍현설의 선구적 문제 제기는 주류 개신교 교단들에서 별다른 반향을 일으키지 못했고, 이후 한동안 이 주제 자체가 좀처럼 신학적 토론의 초점으로 떠오르지 못했다. 그리고 그 훨씬 이전인 1927년 8월의 '제1회 학생YMCA-YWCA 연합하령회'에서 "기독교의 무저항주의"를 주제로 한 토론회가 열렸을 때 김산이 무저항주의를 "약자의 저항방식"으로 규정하고 무산자의 분배정의 실현과 연결시켰던 바 있었고,[8] 1929년에는 한국 개신교의 대표적인 보수주의 신학자인 박형룡 목사가 그리스도교 평화주의 입장에서 "비전신학非戰神學"을 주장한 바 있었지만,[9] 막상 1950년대와 그 후에는 이 문제에 대해 침묵으로 일관했던 것이다.

한국군의 베트남전 파병은 교계에서 전쟁 문제가 다시금 공론화되는 계기가 되었다. 『기독교사상』 1967년 1월호에 김정권의 "전쟁과 평화에 대한 세계교회의 태도"라는 글이 실렸다. 세계교회협의회 '교회와 사회국局'이 주관한 1966년 7월의 '교회와 사회대회' 문서("다원화된 세계 사회에서의 평화공존을 위하여")를 소개하는 내용이 대부분을 차지하는 이 글은 전통적인 정의로운 전쟁 교리 자체를 비판적으로 재검토해야 할 상황적 변화를 다루고 있다는 점에서 중요한 가치를 지닌다.[10] 1975년 4월의 베트남전 종식 및 베트남 공산화는 전쟁 문제를 토론할 또 한 번의 기회를 제공했다. 1975년 6월에 박봉배와 이장식의 논문이 각각 『기독교사상』과 『신학사상』에 실렸다. 먼저 박봉배는 그리스도교 전쟁윤리의 역사적 변화를 고찰한 후, 서구 신학계의 동향을 소개하는 형식으로 베트남전에 대해 명백히 부정적인 판단을 내리면서, 베트남전과 함께 정의로운 전쟁 이론도 강한 도전에 직면하게 되었음을 밝히고 있다.[11] 그러나 박봉배는 베트남전 이후의 개신교 신학계의 상황을 '핵 평화론'과 '정당한 전쟁 이론'의 두 가지로 대별하면서, 후자를 지지하는 입장을 피력하고 있다.[12]

1959년의 글과 비교할 때 이장식의 1975년 논문은 "절대평화주의 이론"
과 거리를 둔다는 면에서 정의로운 전쟁 전통 안에 여전히 머물러 있지
만, 과거에 비해 정의로운 전쟁 이론을 한층 회의 섞인 눈으로 바라보고
있다. 그는 이제 "동기의 선악 여하를 막론하고 전쟁 행위는 그 자체가 악
이다"라고 단호하게 말한다.[13]

　　1985년에 육군 군종감실이 『군진신학軍陳神學』이라는 단행본을 편찬
하여 출간했다. 이 책에 논문을 기고한 8명의 필자 중 전경연, 맹용길, 이
장식 등이 정의로운 전쟁의 입장을 취하고 있다. 이 중 전경연은 "성전 논
리가 잔존해 있는 정의로운 전쟁의 입장"으로 규정할 수 있을 듯하다.[14]
또 맹용길은 그리스도교인의 전쟁에 대한 태도를 ① 평화론적 태도, ②
정당전쟁의 태도, ③ 십자군적 태도로 나누어 역사적으로 고찰한 후, '평
화론적 태도'와 '십자군적 태도'에 대해 비판적인 평가를 내리고 있다.[15]
맹용길 자신은 "평화론과 정당전쟁론과 정당화되었을 때의 성전聖戰의
개념까지도 함께 수용할 수 있는 통합적 접근"을 추구한다고 주장하지
만,[16] 그의 입장은 정의로운 전쟁 이론에 근접한 것으로 보인다. 이장식
은 이전의 글들과 마찬가지로 그리스도교 전쟁 교리의 역사적 변화를 밝
히는 데 대부분의 지면을 할애하고 있으며, 현대전의 특성으로 인해 정
의로운 전쟁 이론이 심각한 도전에 직면해 있다는 종전의 주장을 반복하
고 있다. 그러나 이번 글에서는 현대전의 특징 중 하나인 '전면전'을 비
판적인 맥락에서가 아니라, 신자들의 전쟁 참여를 촉구하는 맥락에서 다
소 엉뚱하게 해석하고 있다.[17] 1990년에 대한예수교장로회총회 군선교
부는 『군선교신학』이라는 단행본을 출간했는데, 수록된 12편의 논문 중
맹용길의 글은 비교적 분명한 정의로운 전쟁 입장을 표명하고 있다. 그
는 평화주의와 정의로운 전쟁의 두 입장만을 그리스도교적으로 선택할
수 있는 대안으로 제한함으로써, 성전이나 십자군전쟁의 입장과 확연하
게 갈라선다.[18]

　　1991년 초에 발발한 걸프전은 전쟁 문제에 대한 새로운 관심을 촉발하는 계기였다. 이에 맞춰 『기독교사상』 1991년 4월호는 "중동전쟁과 종교"라는 특집을 편성했다. 이 특집에 참여한 필자들은 전쟁을 통한 분쟁해결 방식을 비판함과 동시에, 정의로운 전쟁 이론의 편의적 사용에 대해 강하게 비판하고 있다. 이것은 1990년대에 이르면 개신교의 진보적 신학계가 전쟁 교리에 대한 학습을 어느 정도 끝내고, 세계교회의 흐름에 발맞춰 "평화주의적으로 전환된 정의로운 전쟁 교리"로 입장을 모아가고 있음을 보여준다. 먼저, 한숭홍은 20세기에 발생한 여러 전쟁들을 분석하면서, 정의로운 전쟁 교리가 악용되어왔음을 강하게 비판했다.[19] 같은 맥락에서, 손규태는 걸프전(중동전쟁)이 정의로운 전쟁이라는 미국 측의 주장을 반박했다.[20] 마지막으로, 강사문은 '정의로운 전쟁'이 아니라 '성전'을 의미하는 "하나님의 전쟁"의 입장에서 걸프전을 비판하는 독특한 주장을 폈다.[21]

　　아울러 전쟁 문제에 대한 외국 학자들의 단행본이나 논문들이 1980년대 이후 국내에 번역되어, 이 문제에 대한 체계적인 인식과 함께 서구 교회들의 동향 이해에 큰 도움을 주었다. 롤런드 베인튼의 『전쟁, 평화, 기독교: 그 역사적 연구와 비판적 재평가』(1981년), 알버트 마린의 『전쟁과 그리스도인의 양심』(1982년),[22] 피터 크레이그의 『기독교와 전쟁 문제』(1985년),[23] 조셉 알렌의 『기독교인은 전쟁을 어떻게 볼 것인가』(1993년), 볼프강 후버와 한스-리하르트 로이터의 『평화윤리』(1997년) 등의 단행본들, 그리고 여성의 입장에서 반전 평화주의 사상을 피력하는 크리스틴 헤르조그의 논문[24] 등이 주요 사례들이다. 2000년대로 접어든 직후에도, 박성원은 세계교회협의회 등 세계 각국 교회들에서 진행된 전쟁·평화 논의를 포괄적으로 소개하는 글을 발표했고,[25] 최원경은 "전쟁과 평화"라는 글에서 한국의 평화운동 단체들을 소개한 바 있다.[26]

　　지금까지 간략히 개관했듯이 1950년대 말부터 한국 주류 개신교의 일각에서는 전쟁에 대한 신학적 논의가 간헐적으로 이어져왔고, 다양한 전쟁 관련 주장들이 국내에 소개되었다. 또 그 과정에서 정의로운 전쟁 이론이 진보 성향 신학자들의 지지를 받게 되었다. 그러나 이 입장이 주류 개신교 교단들의 '지배적인' 입장이었던가 하는 데 대해서는 긍정적인 대답을 선뜻 하기 어렵다. 다음에 살펴보겠지만, 주류 개신교의 대종大宗은 의연히 성전이나 십자군 논리에 머물러 있었던 것으로 보이기 때문이다.

그러나 1950년대 말부터 2000년대 초까지 이어진 이런 선先이해와 사전 학습의 과정은 2001년 이후 양심적 병역거부 문제가 한국 사회에서 공론화되었을 때 자유주의 혹은 진보 성향의 주류 개신교 교단들이 자신들의 입장을 정리해가는 데 귀중한 자산으로 활용되었다. 물론 "정의로운 전쟁 이론에 대한 지지"와 "양심적 병역거부에 대한 지지" 사이에는 아직도 좁혀져야 할 상당한 간극이 존재했지만 말이다.

(3) 전환점, 그리고 격화하는 논쟁: 2001년 이후

2001년 2월 초 주간지인 『한겨레21』이 소수자 인권의 차원에서[27] 양심적 병역거부 문제를 제기한 이후 한국 사회는 이 문제를 둘러싸고 뜨거운 논란 속으로 빠져들었다. 이 책 서두에서 언급했듯이, 이 기사가 보도된 이후 개설된 해당 언론사의 토론방에는 불과 두 달 동안 7천 건의 의견 글들이 쏟아졌다. 『한겨레21』과 「한겨레신문」의 후속 보도가 잇따르는 가운데, 3월 말부터 4월 초에 걸쳐 공중파 방송사들까지 이 문제를 심층적으로 다뤘고, 보수언론인 『월간조선』마저 2001년 5월호에 대체복무제 도입을 주장하는 글을 게재했다. 이런 상황에서 그해 4월 초 천정배 의원이 양심적 병역거부권 인정을 골자로 한 법안 추진 계획을 처음 밝혔다. 같은 해 6월에는 양심적 병역거부자들을 공익요원으로 활용하는 병역법 개정안을 준비해온 장영달 의원이 국회 발의를 앞두고 공청회 개최를 예고했다. 뜨거운 논란 자체가 양심적 병역거부 문제를 무서운 속도로 확산시켰다.

2001년 이후 양심적 병역거부 문제의 급속한 공론화에 가장 당혹스러워했던 집단 중 하나가 아마도 한국의 종교계였을 것이다. 특히 개신교의 경우가 그러했을 것이다. 한국의 주류 개신교 교단들은 지배적 담론인 성전·십자군 논리와 소수 담론인 정의로운 전쟁 논리에 안주해 양심적 병역거부 문제를 거의 고민해본 바 없었고, '정통'과 '이단'의 두터운 경계선의 이쪽 편에서 반대편의 "이단적 아웃사이더들"에게 일방적인 적대감만을 표현해왔다. 그러던 주류 교회들이 갑작스럽게 '소수자 인권'과 '그리스도교 평화주의'라는 두 담론의 이중적 도전에 직면하게 되었던 것이다. 2001년 이후 양심적 병역거부 문제에 대한 주류 개신교 교단들의 대응을 간략히 정리해보자.[28]

주류 개신교 측에서 처음 반응한 곳은 부산기독교윤리실천운동본부(부산기윤실)였다. 이 단체는 2001년 3월 15일 양심적 병역거부자들에 대한 대체복무제 도입에 찬성 입장을 공개적으로 밝혔다. 당시 부산기윤실은 "여호와의증인 신도들의 인권 역시 하나님께서 우리에게 부여하신 것과 같은 존귀한 인권"이며, "그들도 명백히 종교적 양심 때문에 감옥에 가는 양심범"이라고 주장했다.[29] 한국기독교총연합회(한기총)가 직접 나선 개신교계의 두 번째 공개 반응은 부산기윤실과 정반대 입장이었다. 이를 계기로 개신교 전반이 격렬한 찬반 논란으로 빠져들었다. 2001년 이후 개신교는 양심적 병역거부에 대한 대응 면에서 진보 진영과 보수 진영으로 확연하게 갈라졌다.

국회에서 대체복무제도 입법 움직임이 가시화되자 개신교 최대의 단체이자 보수 교단들의 연합체이기도 했던 한기총이 같은 해 6월 1일에 강한 반대 입장을 공개 천명했다. '이단사이비대책위원회'의 이름으로 발표된 한기총의 성명서는 국회 일각에서 진행되던 대체복무 입법 움직임을 중단시키는 데 결정적인 역할을 했다. 한기총은 무엇보다 여호와의증인을 가리키는 "이단·사이비 교단"에 대한 대응 차원에서 양심적 병역거부 문제를 해석했다. 철저하게 주류 교단들의 '제도적 이익' 관점에서, 자신들로 대표되는 '정통'교회의 수호를 위한 '이단' 세력 척결의 관점에서 접근했던 것이다.

한기총 이단사이비대책위원회는 2001년 8월 양심적 병역거부라는 "이단·사이비 문제"에 적극적으로 대응하기 위해, 53개 가맹 교단에 공문을 보냈다. 위원회는 "이단 사이비들이 자기들의 주장을 관철시키기 위해 정치권은 물론 입법부와 사법부에까지 손을 뻗치는 등 한국교회에 정면 도전해 대책 마련이 시급하다"면서, "이단 활동에 대한 경각심을 일깨우고 한국교회가 적극적으로 대처할 것"을 요구했다. 이를 위해 "각 교단 정기총회에서 이 문제를 의제로 채택해줄 것" 그리고 "정기총회에서 이단·사이비 종교들이 일으키는 사회적인 문제와 의혹에 대해 당국의 철저한 수사와 규명을 촉구하는 성명서를 채택해 발표해줄 것"을 요청했다. 아울러 "이단·사이비 종교들의 최근 동향과 각 교단의 대책을 점검하고 정보 교류와 공동 대처 방안 등을 논의"하기 위해, 9월 초순 각 교단의 이단·사이비대책위원장과 상담소장 등 관련 부서 책임자를 초청해 간담회를 열기로 했다.[30] 2002년 1월 말 서울지방법원 남부지원 박시환 판사가 여호와의증인 신자인 피고의 요구를 받아들이는 형식으로 병역법 제88조에 대해 위헌법률심판 제청 결정을 내렸을 때도 한기총과 한국교회언론위원회는 즉각 반대 입장을 밝혔다.[31]

NCCK를 중심으로 활동하는 자유주의 성향의 개신교 신학자들은 정의로운 전쟁론을 선호한다. 반면에 보수 혹은 근본주의 성향의 개신교 신학자들은 최근까지도 "거룩한 전쟁", "하나님의 전쟁", "여호와의 전쟁" 등으로 지칭되는 성전론을 선호하고 있는 것으로 보인다. 전쟁은 죄악으로 여겨지기보다는 정당화―심지어 미화―되는 경향이 강하며, 전쟁에는 심원한 종교적 의미가 담겨 있다고 종종 주장된다. 여기에는 세상을 선과 악, 질서와 무질서의 대립으로 보는 윤리적 이원론ethical dualism도 강하게 나타난다. 많은 경우 성전론적 입장은 강한 반공주의와 결합되어 있다. 신(하나님)이 명령한 거룩한 전쟁(성전)에 참여하는 것은 신자들의 '의무'이므로, 양심적 전쟁 거부나 병역거부가 들어설 여지는 아예 없다. 한기총은 이런 호전적인 태도에 입각하여 2000년대 이후 이라크 등 한국군의 해외파병에 대부분 찬성 입장을 표명해왔다.

한기총이 양심적 병역거부 문제를 일차적으로 그리고 최우선적으로 정통과 이단의 문제로 접근하려 했다는 것 또한 비교적 쉽사리 확인된다. 한기총을 중심으로 한 보수적 개신교 인사들은 "전쟁·평화에 대한 태도 문제"를 어떻게든 "정통-이단의 문제"로 치환하려 애쓰는 모습을 보였다. 예컨대 2002년 1월 31일자 「국민일보」의 한 기사에 의하면, "교계에서는 이들이 집총을 거부하는 이유는 전쟁에 반대해 절대 평화를 추구하기 때문이 아니라 지상의 국가를 인정하지 않는 '비상식적'인 교리 때문이라고 지적한다. 사회 일각에서 병역거부자들을 마치 '평화운동가'인 것처럼 미화하는 것은 그래서 위험하다는 것"이다.

한편 상대적으로 진보적인 주류 교단들의 연합단체인 NCCK는 2001년 이후 매우 조심스럽고 신중하게 양심적 병역거부 문제에 접근하는 모습을 보여주었다. 2001년 7월 초부터 NCCK 인권위원회는 여성위원회, 교회와사회위원회 등 5개 위원회 150여 명의 위원들을 대상으로 설문조사를 진행한 후 7월 말까지 입장을 발표할 예정이었다. 이 조사에서 응답자의 70% 정도가 대체복무제 시행에 찬성 의사를 밝혔고, 나머지는 반대 혹은 유보적 입장을 취했다. 그러나 발표시한을 넘긴 그해 8월에 NCCK는 다시금 3명의 인권위원이 전문적인 연구 검토를 한 뒤 세미나를 거쳐 NCCK 총회가 있는 11월까지 결론을 내기로 일정을 조정했다.

"군복무의 형평성"이나 "병역기피 조장", 나아가 "이단인 여호와의증인을 위한 입법 반대" 등을 이유로 NCCK 내부에서도 반발이 만만치 않았던 것이다.[32] 결국 NCCK는 두 번째 시한인 2001년 11월까지도 아무런 공식적 입장 표명을 하지 못했다. 그 대신 이듬해 2월 18일에 NCCK 인권위원회가 전국목회자정의평화실천협의회와 공동으로 '종교·양심적 병역거부와 대체복무 관련 토론회'를 열어 한기총을 포함한 교계 내외의 다양한 목소리를 수렴한 후 공식적 입장을 정하는 것으로 다시금 계획이 수정되었다.

2002년 2월 4일에 29개의 사회·종교단체들이 참여한 가운데 병역거부연대회의가 공식 출범했을 때 개신교 단체 중에는 '기독시민사회연대'가 유일하게 참여했다.[33] 진보적 개신교 단체들의 연합조직인 기독시민사회연대는 이후 '기독교사회선교연대회의'로 개편되었는데, 2005년 8월 현재 기독교사회선교연대회의에는 모두 12개의 개신교 단체들이 소속되어 있었다.[34] 한편 2002년 4월에 전국목회자정의평화실천협의회(목정평)는 제18차 총회 선언문을 통해 "가혹하게 억압받고 있는 양심적 병역거부자들"의 권리에 대해 지지 입장을 밝혔고, 병역거부연대회의에도 곧 합류했다.[35]

2003년 3월에 NCCK는 이라크전을 "정당하지 않은 전쟁"으로 규정하면서 정부의 이라크 파병계획에 반대한다는 성명을 발표했다.[36] NCCK는 같은 해 9월에도 파병 반대의 입장을 재천명했다. 아울러 당시 이라크에서 활동하던 한국군 비전투병들도 철수해야 하며, 10월 15일의 '국제 반전 행동의 날' 행사에 회원 교회들이 적극적으로 참가하도록 권고하기로 했다.[37] NCCK는 그해 11월 17일에 발표된 정기총회 선언문을 통해 "이라크 전투병 파병계획은 즉각 철회되어야 하고, 전쟁은 어떠한 이유에서도 불의不義함"을 주장했다.[38] NCCK가 이처럼 반전·평화 입장을 분명히 하는 와중에 11월 22일 현역 이등병인 강철민이 기독교회관을 찾아 이라크 파병 반대를 주장하면서 병역을 거부한다는 기자회견을 가진 후 그곳에서 농성을 벌였다. NCCK는 양심적 병역거부에 대해 직접적인 지지 의사를 밝히지는 않았지만, 강 이병의 보호 요청을 적극적으로 수용했을 뿐 아니라 농성 기간 중 '강 이병을 위한 긴급기도회'까지 열었다.[39] 2004년 7월 2일에는 '대한예수교장로회총회 인권위원회'가 주최하는 '양심적 병역거부 문제에 대한 공청회'가 열렸고, 7월 13일에는 "양심에 따른 병역거부 인정"을 촉구하는 종교계 대표 기자회견에 NCCK 인권위원들을 비롯한 다수의 개신교 지도자들이 참여했다.

2000년대 중반의 시점에서 보았을 때, 개신교에서 양심적 병역거부권에 대해 적극적인 지지 세력은 기독교사회선교연대회의와 목정평이었다. 반면에 개신교는 말할 것도 없고 한국 사회 전체로 보아서도 한기총은 2001년 이후 내내 양심적 병역거부권에 대해 가장 적극적인 반대세력이었다. 예수교장로회 통합측 및 기독교대한하나님의성회 등 한기총과 NCCK에 이중으로 소속된 교단들의 존재로 인해 NCCK가 양심적 병역거부권에 대해 공개적인 지지 의사를 표명하기는 쉽지 않았을 것이다. 그러나 NCCK 내에서도 최소한 인권위원회만은 사실상 대체복무권 지지 쪽으로 입장을 정했던 것으로 보인다. 세계교회협의회의 '정의·평화·창조질서의 보전JPIC 서울 세계대회'에서 확인할 수 있었던 것처럼 전쟁 교리 면에서 '정의로운 전쟁'과 '평화주의' 사이의 어딘가에 위치하고 있을 NCCK가 양심적 병역거부 문제에 대해 발언을 자제하는 듯 보였던 것은 대부분 '교리적' 이유보다는 다른 '현실적' 이유들 때문이었을 가능성이 높다. 그러나 2003년 11월의 강철민 이병 사건을 통해 NCCK의 실제적인 선택은 어느 정도 드러난 셈이었다.

2. 개신교(2): 보수 개신교 혹은 개신교 우파

이번 절에서는 2000년대에 '보수 개신교' 혹은 '개신교 우파'를 대표했던 한기총을 대상으로, 양심적 병역거부 반대의 주요 논거들을 '성전·십자군 논리'와 '정통-이단 논리'로 압축하여 비판적으로 분석해볼 것이다. 2001년 6~7월의 사태 전개를 통해 잘 드러났듯이, 한기총은 개신교만이 아니라 한국 주류 종교계 전체에서 양심적 병역거부자에 대한 대체복무제 도입에 가장 크고 단단한 장벽이었다. 반대의 이유는 다양하게 제시되었지만,[40] 2001년 7월 초 『한겨레21』 기자와의 인터뷰 과정에서 한기총 사무총장인 정연택 장로는 내내 "대체복무는 이단 종교에 대한 특혜일 뿐 아니라 안보를 위협하는 요인"이라고 강조했다.[41] 필자는 이 간명한 반복적 강조가 양심적 병역거부 및 대체복무제에 대한 한기총의 입장을 가장 잘 대변하고 있다고 생각한다. 요컨대, 양심적 병역거부권 인정과 대체복무제 도입은 ① 성실하게 국방의 의무를 수행하는 이들에게 상대적 불이익을 초래함으로써, (소수자 인권 보호가 아니라) 이단 종교에 대한 특혜라는 결과로 이어진다는 것, ② 병역기피자를 양산함으로써 국가안보를 위협하게 된다는 것이다. 물론 현재 양심적 병역거부자들이 국가에 의해 처벌당하는 현실에 대해서는, 이들이 본래 반국가적·반사회적 신념과 행태를 보이는 데 따른 당연한 대가라는 입장을 취하고 있었다. 결국 한기총은 "정통-이단 갈등"의 도식 혹은 "이단에 대한 통제"라는 시각 그리고 "국가안보이데올로기"라는 시각에서 이 문제에 접근하고 있는 것이다. 이 절에서는 한기총과 함께 보수 신학자들도 분석 대상으로 삼을 것이다.

(1) 한기총의 전쟁이론: 성전·십자군전쟁?

한기총의 '안보 위협론'은 공산주의 집단과의 사활적 대결을 전제하는, 개신교 보수 세력의 "공격적이고 전투적인 반공주의"와 맞닿아 있을 것이다. 필자는 이 문제를 전쟁관과도 관련된 더욱 근원적인 차원에서 검토해볼 수도 있다고 생각한다. 2005년 5월의 한 언론보도에 따르면, 북한 핵 문제에 대한 대책을 논의하는 한기총의 한 모임에서 곧 발표할 성명서 초안 중 "미국이 북한을 선제공격해서는 안된다"는 문구를 둘러싸고 논란이 벌어졌다고 한다. 그런데 "북한이 핵실험을 강행한다면 경우에 따라서는 미국의 대북 선제공격도 필요하고, 북한을 압박하기 위해서라도 선제공격의 여지를 남겨둬야 한다"고 주장하는 "강경파"가 존재할 뿐만 아니라, 놀랍게도 이런 입장을 가진 이들이 "대부분"이었다는 것이다.[42]

그렇다면 우리는 불가피하게 "전쟁에 대한 한기총의 입장은 무엇인가?" 하는 질문에 부딪히게 된다. 2003~2004년의 이라크 파병 문제에서도 유사한 질문이 제기된다. 앞서 지적했듯이 NCCK는 이라크전을 "정당하지 않은 전쟁"으로 규정하고 한국군 파병에 반대했다. 그러나 한기총은 이라크 파병을 적극적으로 지지했다. 예컨대 2003년 10월 한기총이 주최한 '국가와 민족을 위한 한국교회 원로 초청 특별기도회'에서 한국 교계의 원로 목사·장로 100여 명은 시국성명서를 발표하고, "미국에 의해 주도되고 있는 이라크전은 세계평화 질서 교란자인 사담 후세인을 축출함으로써 압박받아온 이라크의 민주화를 가져오게 하는 것"이라며 "인류 정의와 평화, 특히 대한민국의 국익을 위해 이라크에 추가 파병해야 한다"고 주장했다.[43] 한기총의 '한국교회 원로회'는 2004년 6월에도 '국가와 민족을 위한 특별기도회 및 간담회'를 가진 뒤 시국성명서를 발표하여, "상호방위조약에 기반한 한미동맹은 더욱 공고히 해야 하며 이

라크 추가 파병도 이행해야 한다"고 주장했다.[44] 그 직후 한기총은 "전쟁이 있어서는 안되지만 진정한 평화를 위해서는 불가피하다"면서 이라크에 대한 한국군의 조기 추가 파병을 촉구했다.[45]

이라크의 민주화, 인류 정의와 평화, 국익, 한미동맹 등이 전쟁 참여—파병 혹은 추가 파병—를 정당화하는 논리로 동원되었지만, '국익'이나 '한미동맹' 등은 '정의로운 전쟁'을 판정하는 기준이 될 수 없다. "진정한 평화를 위해서는 전쟁이 불가피하다"는 주장도 '전쟁 억제'보다는 '전쟁 정당화' 쪽으로 지나치게 기울어 있다. 이런 주장이야말로 '힘에 의한 평화'를 앞세우는 '군사주의적 현실주의'의 입장을 대변한다. 무엇보다, 북한에 대한 선제공격과 마찬가지로 이라크전도 (유엔의 승인조차 얻지 못한) 미국의 이라크에 대한 선제공격이었는데, 이 역시 모든 형태의 공격전쟁

자이툰부대 창설식(2004)

을 '불의한 전쟁'으로 단죄하는 정의로운 전쟁이론에서 심각하게 일탈한 것이다. 그러므로 한기총의 전쟁이론은 정의로운 전쟁의 입장보다는, 성전이나 십자군전쟁의 입장에 가깝다고 봐야 할 것이다.

앞에서 우리는 『기독교사상』을 중심으로 진보적 혹은 자유주의적 성향의 개신교 신학자들이 정의로운 전쟁론을 선호하고 있음을 확인했지만, 한국의 보수적 혹은 근본주의적 성향의 신학자들은 최근까지도 성전론을 선호하고 있는 것으로 보인다. 보수적 신학자들은 자신들의 입장이 '정당한 전쟁' 혹은 '정의로운 전쟁' 이론에 속하는 것처럼 주장할 때조차, 종종 이 이론을 과도하게 단순화하거나 의미를 축소시키곤 한다. 따라서 이들이 말하는 정의로운 전쟁은 말하자면 "성전론적으로 해석 혹은 채색된 정의로운 전쟁론"이 되고 만다. 다음은 그 몇 가지 사례들이다.

> 전쟁이 정당화되는 단 한 가지의 경우는 정당방위 전쟁이다. 이 정당방위 전쟁이 당사자 자체나 다른 사람들의 눈에도 정당화되고 나아가서 전쟁 수행에 다른 국가들의 원조를 받을 수 있다. 이것이 6·25 한국전쟁의 경우였고 월남파병의 예이다.[46]

> 구약에 나타난 필연적인 전쟁(거룩한 전쟁—인용자)은 한 국가의 성립과 보존이 하나님의 섭리 하에서 이해할 경우 정당하다고 볼 것이며, 전쟁의 살상행위는 액면 그대로 인명 살상이라는 단면적인 현실에 판단할 것이 아닌 하나님의 공의의 심판을 대행하는 것이라는 차원에서 그 판단기준을 삼아야 할 것이므로 6계명과 상반되는 것이 아닌 것이며, 결론적으로 정당한 전쟁이란 긍정적인 차원에서 볼 때 악한 정신에의 항거요 심판이라는 차원에서만 옳은 것이라고 말하여야 할 것이다.[47]

> 오늘날 기독교의 복음이 전파된 지금, 전쟁은 정당성을 가질 수 있는

가?……신약성서에서는 전쟁을 금지하거나 폐지한 사실이 없으며 이
에 관한 규정은 통일성을 인정한다면 정당한 전쟁Just war도 인정할 수
있다. 그러므로 "공적인 형벌"을 위하여 필요할 때에는 정당하게 전쟁
을 수행할 수 있는 것이다. 또한 전쟁 시의 살상행위도 정당한 전쟁의
경우 합법적—다시 말해서 죄악이 아니라는 뜻—일 수 있다. 또 제6계
명은 살인을 금지한 것이지 전쟁 시라는 상황 규정이 없는 것이고 보
면 "긍휼히 보지 말고 진멸하라"는 전쟁 시의 명령은 결코 배치되는 것
이 아니다. 이런 정당한 전쟁은 하나님의 심판 자체를 수행하는 것이
므로 죄가 성립되지는 않는다.[48]

여호와의 전쟁이란 전쟁을 통해서 하나님의 섭리를 역사 속에서 구현
하시는 것이다. 세 가지 면으로 하나님의 뜻이 이해되고 있다. 첫째는
전쟁이란 여호와 하나님에 의하여 계획되고 명령되어지기 때문에 사
람들에게는 절대적인 복종만이 요구된다. 둘째는 전쟁이 하나님의 간
섭에 의해서 진행되고 있다. 마지막으로 전쟁은 하나님에 의해서 주관
되는 재판이므로 재판장이신 하나님의 판결에 따라 승패가 결정되는
것이다.[49]

전쟁과 평화는 하나님의 역사 운행의 양면이다. 그래서 전쟁할 때가
있고 평화할 때가 있다(전 3:1-8)고 전도서 기자는 증언하고 있다. 대량
학살로 야기되는 윤리 문제는 종교적인 측면에서 이해되어야 한다. 여
호와에게 바쳐진 것은 이방 신에게 바쳐질 수 없고 반대로 이방 신에
게 봉헌된 것은 여호와께 봉헌될 수 없고 진멸되어야 한다. 그런 의미
에서 헤렘(Herem, 집단살인을 뜻하는 히브리어—인용자)은 이스라엘 종교의
정결화인 것이다.[50]

파월백마부대 환송국민대회(1965)

신자들이 세상에서 여러 가지 싸움을 경험하지만 실제의 싸움은 혈과 육에 속한 것이 아니라 하늘의 악령과의 싸움이다(엡 6:10). 싸움의 현장은 이 세상이고, 대상은 이 세상의 것이지만 근본적으로 싸움은 영적인 것이고 신앙으로 하는 것이다. 싸움은 한순간도 쉼이 없이 피 흘리고 죽기까지 한다. 그러므로 성경은 모든 신자들에게 전신갑주를 입고 성령의 검으로 싸우라고 명한다. 세상의 싸움에는 타협이 있고 공존도 있지만 영적 전쟁은 한쪽이 망해야만 끝이 나는 처절한 것이다. 그것은 세상 끝날에나 완전히 그쳐질 것이다. 지상의 군대는 하나님의 군대의 모형이다.[51]

정당한 전쟁론은 바울과 어거스틴, 그리고 루터와 칼빈에 이르는 정통 신학의 전통에서는 당연한 것으로 받아들여지고 있다.……악을 멸하고 하나님의 거룩한 뜻을 펴는 것이 전쟁이어야만 한다면 마땅히 바르게 수행되어야 한다.[52]

현실적으로 방어전쟁을 정당전쟁으로 말하면 문제가 없겠다……현재 우리나라는 공산군과 대치 중에 있다.……만약 사단의 세력이 눈에 보이도록 집단화된다고 할 때 현재의 북한 공산당보다 더 분명한 것이 어디 있을까!……우리의 입장에서 볼 때 북한에 대한 방어전쟁은 정당한 전쟁일 뿐 아니라 필요불가결한 것이다. 그러므로 더욱 충실한 투사가 되어야 한다.[53]

크리스천 군인들은 공산주의 사상의 배경이 악한 사단의 세력임을 믿는다.……이들의 무신론적 반기독교적 사상과 우리는 싸워야 한다.[54]

군복음화후원회 이사장을 역임한 곽선희 목사는 "전쟁의 의의"를 세

가지로 정리한 바 있다. 첫째, "전쟁에는 하나님의 심판이, 즉 공의가 나타나 있으며, 이 전쟁을 통해 의와 불의를 나누신다", 둘째, "전쟁에는 하나님의 백성에 대한 훈련의 의미가 있다", 셋째, "하나님께서 이 전쟁을 그의 선교적 역사로 회전시킨다"는 것이다.[55] 국방부 군종실장을 역임한 김기태 목사는 크리스천 군인들을 "거룩한 싸움에 나선 신령한 싸움의 군사"라고 규정했다.[56] 그는 "여호와 전쟁(성전)의 구속사적 의의"를 강조하면서 이를 세 가지로 정리했다. "① 하나님은 자기 계시의 강제적 수단으로 전쟁을 사용하셨다. ② 하나님은 전쟁을 '그 이름의 거룩성'을 지키기 위해 이용하셨다. ③ 하나님은 자기 백성의 죄를 응징하는 수단으로 전쟁을 이용하셨다."[57]

간략히 살펴보았듯이, 보수적 개신교 신학자들은 대개 성전론의 입장을 취하거나, 성전론적으로 해석되거나 채색된 정의로운 전쟁론의 입장을 취하고 있다. 우리는 양심적 병역거부를 둘러싼 논쟁 과정에서 한기총의 입장을 대변하는 이들이 이와 유사한 성전론 식의 전쟁 이론을 개진하는 모습을 자주 발견한다. 다음은 몇 가지 사례들이다.

> 살인하지 말라는 십계명 때문에 군입대를 거절하는 여호와의증인에게는 다음과 같은 잘못이 있다.……이들의 말에 의하면 십계명을 주신 하나님 자신이 악한 신이 되고 만다. 왜냐하면 하나님은 수도 없이 전쟁을 하라고 하였고, 심지어 "가축은 살리고 어른은 물론 어린아이까지 죽이라"고 한 경우가 많기 때문이다(삼상15:1-3).[58]

> 병역을 거부하는 것, 총을 들지 않고 군인이 되기를 거부하는 것이 성경적으로 과연 타당한 것일까?……우선 성경은 전쟁사라고 할 만큼 전쟁에 관한 사건이 많이 나온다는 것을 상기해야 할 것이다.……성경의 전쟁은 계시적인 의미가 있다. 그것은 하나님의 공의의 심판을 나타낸

다. 하나님은 사랑의 하나님이시지만 심판을 행하시는 공의의 하나님
이시다.······성경에서는 전쟁이라는 상황에서 서로 죽이는 것과 개인
적인 원한으로 살인하는 것을 똑같은 살인이라는 관점으로 접근하지
않는다. 또한 전쟁은 개인과 개인의 원한 관계가 아니라 나라와 나라
또는 민족과 민족 간의 다툼 문제이기 때문에, 그리고 전쟁에서는 개
인의 권리를 주장할 수 없는 상황 때문에 전쟁에서의 살상을 살인과 같
은 어떤 죄로 취급하지 않는다는 것이다.[59]

군대가 그렇게 나쁜 곳만은 아니다.······한국 교회는 군대에 큰 빚을
지고 있다. 한국의 기독교가 세계사에 유례없이 단기간에 부흥한 것도
군 선교의 역할이 상당하다.······사람들은 군대에서 진정한 애국심과
민족의식을 배운다. 군대에서 사회에 필요한 인재와 기술을 양성하는
측면도 무시 못할 부분이다.······예수님은 "검으로 망한다"고 말씀하
셨지만 동시에 "검을 주러 왔다"고도 하셨다. 이는 상황에 따라 대처
방법이 다르다는 이야기다. 지금은 검을 준비해야 하는 시기이다. 평
화를 원하면 전쟁을 준비하라는 말이 있다. 북한의 위협이 상존하는
지금 군대를 무장해제할 수는 없다.[60]

조셉 알렌에 의하면, 성전 혹은 십자군전쟁 논리는 ① 절대적이고 분
명한 도덕적 구별에 기초하여 전쟁을 선한 세력과 악한 세력 사이의 갈
등으로 간주하는 것, ② 절대적이고 무제한적인unlimited 목표의 추구, ③
전투 수단의 무제한성, ④ 전면전의 촉진이라는 특징들을 보여준다.[61] 알
렌은 또 성전·십자군 논리에 내재한 문제점을 다음의 네 가지로 요약한
다: "① 하나님께서 적은 돌보지 않으시고 오직 우리 편을 위해서만 섭리
하시는 분이라고 말할 뿐만 아니라 하나님께서 적진敵陣의 인명 손실에
대해서는 전혀 비탄하시지 않는 것처럼 말하는, 부적절한 하나님 이해,

② 도덕성의 정도 차이 문제를 양자택일의 문제로, 즉 선과 악 사이 갈등의 문제로 바꾸어버리는 지나친 도덕적 단순화와 그로 인한 독선self-righteousness, ③ 성전을 통해 이 세상 안에 완전한 상태perfect conditions를 가져올 수 있다고 하는 그릇된 가정, ④ 적국의 국민에 대하여 무차별적인indiscriminate 전쟁 방식."[62] 필자는 앞서 브루스 링컨의 논의를 빌어 전쟁·살인의 정당화 논리가 (적과 아군 모두를 포함하는) "인간의 탈인간화·물화"를 동반한다고 말한 바 있는데, 이런 경향은 성전 혹은 십자군 논리에서 가장 명료히 나타날 가능성이 높다고 하겠다.

그러나 이미 확인했듯이 1차 세계대전을 겪은 후 서구 그리스도교 교회들에서 성전·십자군전쟁의 이념은 거의 사라졌다. 더욱이 20세기 중반에 이르면 평화주의적 입장의 강력한 도전 속에서 정의로운 전쟁 교리에 대한 대대적 수정이 가해졌기 때문에, 성전·십자군 논리와 정의로운 전쟁 논리의 공존이 명백히 불가능해졌다. 그런데 한기총을 지배하는 전쟁이론이 호전적인 성전·십자군의 논리이고 그것이 양심적 병역 거부에 대한 강력한 반대 입장을 뒷받침해왔다면, 이것은 시대착오적일 뿐만 아니라 매우 위험스럽기도 하다. 더구나 호전적인 전쟁 교리와 평화주의 결핍은 비단 몇몇 개신교 신학자들과 목회자들에 국한된 현상이 아닌 것으로 보인다. 이런 관점에서 필자는 최근 "군사주의화된 개신교militarized Protestantism"라는 관점에서 현대 한국 개신교를 분석한 바 있다. 거기서 필자는 종교화된 반공주의, 널리 퍼진 영적 전쟁 담론, 성직자 권위주의와 공격적 선교전략 등에서 나타나는 군사주의적 교회문화 등이 "군사화/군사주의화된 개신교"의 등장과 지속으로 이어지고 있음을 밝혔다.[63]

(2) 정통-이단의 관점

어느 종교든 정통-이단 간의 갈등은 어느 정도 불가피한 측면이 있다. 정통교리의 정립이 종교 간의 경계boundaries를 명확히 함으로써 신자들의 상대적으로 안정된 종교적 정체성identity을 제공한다는 점에서는 어느 정도 필요하기도 하다. 그러나 정통-이단 갈등은 자주 '종교적 폭력'의 문제와 연결되며, 바로 이 경우 정통-이단 갈등은 종교 영역을 넘어 심각한 사회적·정치적 문제가 될 수 있는 것이다. 우리 논의의 맥락에서 중요한 점은 다음의 두 가지인 것으로 보인다: ① '이단의 정치학politics of heresy' 자체에 내재해 있는 폭력성의 문제, ② '국가폭력에 대한 정당화'라는 형태로 나타날 수 있는 종교적 폭력의 문제.

우선, 쿠르츠는 '이단의 정치학'을 거론하면서 "종교적 갈등의 가장 강렬한 형태는 이단과 종교 권위 간의 갈등, 즉 한 전통 내의 갈등"이라고 말한 바 있다.[64] 이단-정통의 도식이 적용될 때, 종교 간 갈등은 고도로 폭력적이고 격렬한 양상으로 나타나기 쉽다는 것이다. 현대사회 안에서는 "이탈자에 대한 폭력적 통제"라는 형태로 주로 신종교들에서 나타나고 있지만, 역사적으로 보면 종교적 다수파가 소수파를 폭력의 희생자로 만든 경우가 훨씬 많았다. 중세 유럽의 마녀사냥이나 종교개혁 이후 150년 동안이나 계속된 수많은 종교전쟁이 바로 그런 예들이라고 할 수 있겠다. 또 현재의 지구 곳곳에서도 전투적인 근본주의자들(혹은 전통주의자들)이 "신앙을 내부로부터 좀먹는" 개혁주의자들이나 온건파들에게 폭력을 행사하는 경우를 자주 볼 수 있다.

한국 사회에서도 이와 유사한 '이단의 정치학'이 작용할 가능성이 있다. '이단'으로 간주된 양심적 거부자들이 개신교 계통의 소수 교파들이기 때문에, 한국의 다른 어떤 종교보다도 개신교에서 이 문제로 인한 갈등과 반목이 심각하게 나타났다. 양심적 병역거부 문제를 둘러싼 개신교의 정통-이단 시비가 폭력적인 양상을 띠지는 않았지만, 한기총 이단 사이비대책위원회가 2001년 8월 회원 교단들로 보낸 공문에 등장하는, "이단 사이비들이 자기들의 주장을 관철시키기 위해 정치권은 물론 입법부와 사법부에까지 손을 뻗치는 등 한국 교회에 정면 도전해 대책 마련이 시급하다"거나, "교단 정기총회에서 이단·사이비 종교들이 일으키는 사회적인 문제와 의혹에 대해 당국의 철저한 수사와 규명을 촉구하는 성명서를 채택해 발표해줄 것"과 같은 표현들은 '이단의 정치학'이 당시에도 이미 작동하고 있었음을 보여준다.

두 번째로, '국가폭력에 대한 정당화'라는 형태로 나타나는 종교적 폭력의 문제이다. 앞에서 이미 언급한 바 있듯이, 서구 사회에서 주류 종교들은 사형이나 전쟁의 형태를 취하는 국가폭력을 지지해왔다. 주류 종교들은 부당한 폭압적 통치나 독재, 정복 등을 포함하는 국가 지배state domination를 지지하거나 정당화하는 방식으로 종교적 폭력을 행사할 수도 있다.[65]

NCCK와 한기총의 엇갈리는 입장은 국가폭력을 바라보는 근본적인 시각 차이에서 비롯되는 것일 수도 있다. 이와 관련된 두 가지 쟁점이 제기될 수 있다. 우선, 2000년대의 맥락과 관련해서 문제가 되는 것은 주류 종교들이 소위 '이단'에 대한 통제를 위해 국가권력을 동원하려는, 혹은 국가권력에 의존하려는 경우이다. 바로 위에서 언급한 공문에서 "이단·사이비 종교들이 일으키는 사회적인 문제와 의혹에 대해 당국의 철저한 수사와 규명을 촉구"하는 등의 행위가 이에 해당할 수도 있을 것이다. 다음으로, 보다 본질적인 문제는 "양심적 병역거부자들에 대한 지금까지 국가의 대응 방식이 '부당한 국가폭력'에 해당되는가?" 하는 것이다. 만약 이것이 "부당한 국가폭력"으로 인정된다면, 기존 대응 방식을 지속하도록 압력을 가하는 주류 종교들의 행위는 '종교적 폭력'의 한 형태가 된다고 할 것이다. 필자가 보기에 한기총은 양심적 병역거부자를 처벌하는 국가의 폭력 사용을 "정당하고 올바른 공권력 행사", 나아가 "종교적으로도 정당화되는 폭력"의 하나로 간주하는 경향이 강했다. 말하자면, 분단 특수성을 앞세운 양심의 자유 제한이나 양심적 병역거부자에 대한 처벌은 아예 "국가폭력"이 아니라거나, "정당한 국가폭력"으로 해석되는 것이다.

그러나 필자가 보기에 징병제를 시행한 세계의 많은 나라들이 양심적 병역거부 문제로 인한 진통을 겪었지만 한국은 매우 독특한 사례에 속한다. 그중에서도 양심적 병역거부자들에 대한 국가의 탄압과 처벌이 매우 높은 수준에서 반세기 동안이나 지속되었다는 점은 한국만의 대표적인 특징이었다. 국가의 강도 높은 탄압과 처벌 일변도 정책은 특정 교단의 핵심적인 교리를 수정하게 만들거나, 교단 내부의 혼란과 균열을 초래하는 등의 파괴적이고 파국적인 결과들을 빚어냈다. 군대에서—그리고 부분적으로는 학교의 교련교육 현장에서도—양심적 집총거부자들에 대한 육체적 학대가 만연했으며, 구타로 인해 사망하거나 장애를 얻는 일도 종종 일어났다. 초법적인 강제입영 조치를 비롯하여, 서너 차례나 반복하여 감옥생활을 하도록 만드는 일이 자주 있었다. 양심적 병역거부자들은 감옥 안에서도 종교의 자유를 박탈당했다. 필자가 보기에 이것은 특정 종교인들의 신앙 고백적 결단에 대해 가혹한 처벌만을 고집함으로써, 국가가 (교단의 정통교리를 따르는 개별 신자들을 처벌한다는 점에서) '배교'를, 그리고 (교단으로 하여금 정통교리를 포기하거나 수정하도록 압박한다는 점에서) '이단'을 강요하는 '현대의 야만'이었고, 이 과정에서 국가는 '종교적 박해자'로 처신했다. 주류 종교들이 자신들의 강력한 정치적·사회적 영향력을 활용하여 "양심적 병역거부자들에 대한 과도한 국가폭력 행사"라는 상태를 지속하도록 국가와 정치인들에게 압력을 가하는 것은 종교폭력에 다름 아닌 것이다.

3. 천주교

한국전쟁이 벌어질 당시 서구 천주교회들에서는 정의로운 전쟁 교리가 위기에 직면하면서 한층 정교화되었고, 그런 와중에 평화주의적 입장이 확산되었다. 반면 한국 천주교회는 성전·십자군이라는 시대착오적 시각으로 한국전쟁을 해석했다. 당시 한국 천주교회의 수장首長 격인 노기남 주교는 1949년 3월 남북통일을 위해서라면 북한에 대한 공격전쟁도 불사하겠다는, 정의로운 전쟁론과 정면으로 충돌하는 견해를 공공연히 밝히기도 했다. 한국전쟁이 발발하자 천주교 지도자들은 이 전쟁을 즉각 성전 혹은 십자군전쟁으로 선포했을 뿐만 아니라, 직접적인 전투 참여를 포함하는 적극적 참전을 시도했다. 교회는 3천 명 규모의 '가톨릭청년 결사대' 조직 시도, 군종 및 포로수용소 활동, 휴전 반대 운동, 각종 구호 활동 등 전쟁 수행에 협력하는 다양한 활동들을 펼쳤다.[66]

전쟁 초기인 1951년 초부터 개신교와 천주교에게만 접근이 허용된 군종제도가 시행되면서, 천주교는 군대와 포로수용소에서 경이적인 선교 실적을 올리게 되었다. 1950년에 50명이었던 군인 영세자 수가 군종제도가 시작된 1951년 이후에는 1953년까지 매년 1,500명 선으로 급증했다. 또 1951년부터 1953년의 반공포로 석방 때까지 포로수용소에서 배출한 신규 영세자가 1만 6천 명에 달했다.[67] 아울러 군 병원에서의 선교 활동 역시 개신교와 천주교에 의해 독점되었다. 개신교와 마찬가지로 한국전쟁 시기부터 전쟁과 군대는 천주교에게도 강력한 양적 성장의 동력으로 자리 잡았던 것이다. 군대는 '선교의 황금어장'이었고, 군종제도는 풍요로운 결실이 약속된 군 선교에 대한 특혜적 접근을 보장하는, 교회에게 매우 유용하고도 소중한 제도였다.

많은 젊은 사제들이 군종신부로 선발되어 수년에서 수십 년 동안 군대에서 생활해왔고, 이들을 통해 군부엘리트들의 사고방식과 국가안보

이데올로기가 교회 안으로 자연스럽게 스며들었다. 클라우스너의 지적처럼 "군대 안에서 교회를 대표하는" 군종장교는 장기적인 군대 내 경험을 거치면서 "교회 안에서 군대를 대표하는" 경향이 있으며, 또 스윔리의 지적처럼 군종장교의 기능은 종교에 대한 군대식 해석military version of religion을 민간 교회들civilian churches 내에 확산시키는 것이 될 가능성이 높다.[68] 동시에, 한국교회는 『한국사제양성지침』을 통해 신학생들의 군복무를 필수적인 '사회체험(모라토리엄)'의 일환으로 간주해왔다. 이 지침의 10장(양성 과정)에는 "학부(또는 3학년)가 끝나면 군복무 또는 사회체험Moratorium을 하게 된다. 신학생들은 군대를 포함하여 일정 기간 동안 사회생활 체험을 하며 인간 성숙과 사목적 판단의 능력을 함양하도록 한다"는 내용이 포함되어 있다.[69]

1960년대의 한국군 베트남 파병은 군종 활동의 범위를 국제화하는 계기가 되었고, 이후 전장戰場에서의 선교 활동이 재차 활성화되었다. 천주교는 1970년대 초반에 벌어진 전군신자화운동에도 적극적으로 참여했다. 이 과정에서 교회는 합동 영세식 18회를 포함하여 19,284명의 새 신자를 얻을 수 있었다.[70] 양심적 병역거부자들이 가장 혹독한 고난을 당했던 시기에, 천주교회는 군종제도 속에서 풍성한 선교 과실을 즐기고 있었다.

한국 천주교 내부에서는 전쟁에 관한 신학적·교리적 논의 자체가 거의 존재하지 않았다. 이 때문에 한국전쟁 당시의 성전·십자군 논리에 대해 차분히 반성해볼 기회 자체가 주어지지 않았다. 다만 『사목』 1968년 2월호와 5월호로 나뉘어 연재되었던 "평화와 전쟁에 관한 역대 교황들의 태도"라는 논문은 19세기 이후 천주교 전쟁 교리의 역사적 변화를 보여주는, 2001년 이전에 소개된 거의 유일한 글로서 주목할 가치가 있다. 『헤르더 코레스폰던스Herder Correspondence』 1967년 10월호에 실렸던 글을 당시 서울소신학교 부교장이던 정진석 신부가 번역한 것으로, 편집자의 짧은 안내 글에도 나타나 있듯이 "제1차 바티칸공의회와 제2차 바티칸 공의회 사이에 '의로운 전쟁'에 대한 전통적인 윤리 토대를 무너뜨리는 경향으로 기울고 있는 중대한 변화"가 상세하게 서술되고 있다. 특히 1·2차 대전을 통해 '정의로운 전쟁 교리' 자체가 위기와 도전에 직면하게 되었다는 점, 그리고 이런 상황을 배경으로 요한 23세와 제2차 바티칸공의회가 정의로운 전쟁 교리에 대해 대대적인 수정과 보완 작업을 시도했다는 점 등이 언급되고 있다. 아울러 공의회의 산물인『현대세계의 교회에 관한 사목헌장』이 지닌 특징 중 "가장 현저한 것은, 전쟁에 대한 양심적 반대의 권리가 (삐오 12세[비오 12세]의 1956년의 발언을 뒤엎고) 명백히 선언되었다"는 데 있다는 점도 분명히 지적하고 있다.[71] 이처럼 2001년 이전에 한국인 신학자들의 관련 주장이나 논문 자체가 거의 발견되지 않는 현실 속에서, 전쟁 교리들을 부분적으로 담고 있는 사회교리 관련 문서나 교황 회칙들은 비교적 신속하게 번역되었다.[72] 이 문헌들을 통해 단편적이나마 정의로운 전쟁 교리가 소개되었다고 할 수는 있겠지만, 예컨대 1985년 한국교회사연구소에 의해 발간된『한국가톨릭대사전』에는 '양심적 병역거부'라는 항목이 아예 발견되지 않는 사실에서 보듯이, 가톨릭 전쟁 교리나 양심적 병역거부 등의 용어 자체가 한국교회에는 여전히 낯선 것으로 남아 있었다. 그런 와중에도 분도출판사가『평화 추구』, 『성서로 본 평화와 폭력』,『화해를 위하여: 그리스도교적으로 본 평화의 실천』, 그리고 짐 포리스트의『잣대는 사랑: 도로시 데이 전기』등 평화주의에 입각한 네 권의 책들을 1987년, 1988년, 1990년, 1991년에 각각 출간했던 것은 주목할 만한 일이었다.[73]

교황청이 양심적 병역거부권 인정을 공식교리로 확정한 만큼, 이를 따라야 할 '의무'를 지고 있는 한국 천주교회는 양심적 병역거부자를 위한 대체복무제 도입에 찬성해야 마땅했다. 그러나 실제 상황은 미묘하고 복잡했다.[74] 양심적 병역거부 문제가 빠르게 공론화되던 2001년에 한국 천주교는 대체로 침묵에 가까운 태도를 유지했다. 예컨대 이 문제가 소수자의 '인권'이나 '양심·종교의 자유' 차원에서 제기되고 있었음에도 불구하고 천주교인권위원회는 2001년 7월 "종교 간 갈등 양상으로 비칠 우려가 있어 천주교인권위 차원의 입장 표명은 어렵다"면서도 "천주교인권위 소속 단체인 '군의문사 진상규명과 군폭력 근절을 위한 가족모임' 차원에서 양심적 병역거부자를 위한 사회단체 모임에 참가할 것"이라는 모호한 태도를 보였다.[75]

다른 한편으로, 한국천주교중앙협의회CCK가 발행하는 『경향잡지』 2001년 5월호의 '이 시대의 징표' 난에는 이재승 국민대 교수가 쓴 "다수가 지켜주어야 할 소수의 인권"이라는 글이 실렸다. 제목 자체에 양심적 병역거부에 대한 이 교수의 입장이 잘 나타나 있다. 다음은 이 교수의 글 일부이다.

> 한 개인이 인간으로서 공동체에 봉사할 기회를 감옥에서 탕진하게 하는 일은 무의미할 뿐만 아니라 공동체가 그 개인에게 중대한 죄악을 저지르는 것이다. 여호와의증인을 감옥에 보내는 대신에 군사적 목적을 지니지 않는 여러 가지 사회적 봉사활동에 복무하게 함으로써 그들에게 범죄자의 낙인을 하루속히 벗겨주고 우리의 이웃이 되도록 해야 한다.……이와 같은 법을 제정하는 것은 국가의 의무이다. 그리고 이러한 법이 조속히 제정되도록 캠페인을 전개할 의무는 신앙상의 다수자인 가톨릭 신자들의 몫이다. 그리고 이러한 캠페인을 통해서, 곧 소수자의 인권을 보장하는 과정을 통해서 우리는 모두 인간의 존엄성을 깨닫게 되고, 세상살이의 참맛을 느끼지 않을까. 내 신앙이 또 다른 신앙으로 인하여 고통받는 그들에게 도움이 되지 못한다면 내 신앙은 정녕 무엇에 쓸꼬![76]

또 다른 교회 기관지인 『사목』도 2002년 2월호에서 "전쟁과 테러"라는 주제의 특집을 편성하여 전쟁 문제를 본격적으로 다루기 시작했다. 여기에는 안동교구장 권혁주 주교의 "전쟁과 평화"라는 권두언을 비롯하여, 김정우 신부의 "가톨릭교회의 전쟁에 대한 이해",[77] 이원웅 교수의 "아프간 전쟁의 요인과 국제 정의", 또 "이웃 종교의 전쟁에 대한 이해"라는 제하의 "불교의 전쟁관"(김용표), "개신교의 전쟁에 대한 태도"(신원하), "이슬람의 지하드聖戰"(이주화) 등과 같은 논문들이 포함되었다. 『사목』은 2003년 3월호의 "양심과 실정법"이라는 특집에 양심적 병역거부자를 위한 대체복무제 도입을 주장하는 이재승 교수의 글("양심적 병역거부와 대체복무제에 대한 이해")을 실었다. 같은 호의 권두언("양심과 실정법")을 집필한 권혁주 주교 역시 "대부분의 민주주의 국가에서 헌법상의 권리로 인정되고 있으며 국제법으로도 승인되었을 뿐만 아니라, 교회에서도 받아들이고 있는 양심상의 무기 사용 거부에 대해서도 신중하게 재고해볼 필요가 있을 것"이라고 주장했다.[78]

2002년 2월 초 병역거부연대회의가 결성될 당시 천주교에서는 '천주교정의구현전국연합'이 참여했다. 2005년 10월 현재 천주교정의구현전국연합에는 가톨릭노동사목전국협의회, 새 세상을 여는 천주교여성공동체, 열린신앙인사회학교, 전국가톨릭대학생대표자협의회, 전국가톨릭청년단체협의회, 천주교도시빈민회, 천주교인권위원회, 천주교장기수가족후원회, 한국가톨릭농민회, 천주교정의구현목포연합, 천주교정의구현상주연합, 인천가톨릭청년연대, 도서출판 공동선, 평화를 여는 가톨릭청년, 우리신학연구소, 천주교청년공동체 등 16개 천주교 단체가 가입되어 있었다.[79] 2002년 3월 29일에는 김수환 추기경이 〈교육방송〉의 한 프로그램에 출연하여 "신앙에 의한 양심적인 병역거부는 존중돼야 한다"면서, "개인의 양심이 모든 사람의 선에 해를 끼쳐서는 안되지만 개인적 양심에 따라 병역을 거부하는 것이 국가의 안보를 크게 해치지 않는다면 병역의무에 못지않은 사회봉사로 대체하는 것도 괜찮다고 생각한다"고 말했다.[80] 양심적인 병역거부를 존중하지만 대체복무 도입에는 "국가의 안보를 크게 해치지 않는다면"이라는 단서를 붙이는 모순적 태도에도 불구하고, 추기경의 발언으로 양심적 병역거부에 대한 한국 천주교의 입장은 찬성 쪽으로 조금 더 기울게 되었다. 2003년 10월 이라크 파병 문제가 한국 사회의 첨예한 쟁점으로 부각되었을 때, 주교회의 사회주교위원회는 10월 13일에 "우리는 어떤 명분의 전쟁도 단호히 거부한다"며 사실상 파병 반대의 뜻을 밝혔다.[81] 정의로운 전쟁의 입장에 서서 특정한 전쟁을 비판하고 반대한다는 것은 '모든' 전쟁에 반대하는 것이 아니라 스스로 불의하다고 판단하는 '특정한' 전쟁에 대해서만 참여나 협력을 거부하는 것, 곧 '선택적인 양심적 거부'를 승인하는 태도를 취하는 것과 별로 다를 바 없다. 같은 해 11월 20일에는 양심적 병역거부 관련 다큐멘터리인 〈총을 들지 않는 사람들〉의 상영회가 광주대교구 정의평화위원회에서 열리기도 했다.[82]

2005년 10월 19일 가톨릭대학생회에서 활동하던 고동주가 천주교 신자로는 처음으로 양심적 병역거부를 선언하면서 천주교의 대체복무제 도입 운동이 급속히 활성화되었다. 고동주는 "서로 사랑하며 살라"는 예수의 가르침에 근거한 그리스도교 평화주의를 내세웠고, "칼을 쳐서 보습을 만드는 것이 가톨릭 교인의 길"이라고 주장했다. 나아가 그는 "병역거부 이유서"에서 양심적 병역거부자에게 대체복무 기회를 제공해야 한다고 했던 『현대세계의 교회에 관한 사목헌장』 79항의 구절을 지적하면서, 자신이 원하는 민간대체복무가 '정당한 가톨릭적 요구'임을 강조했다.[83] 천주교인권위원회와 우리신학연구소는 10월 24일에 "고동주(비오) 학생의 신념에 따른 병역거부 선언을 어떻게 볼 것인가?"라는 주제로 '긴급토론회'를 열어 고동주의 선택이 정당함을 뒷받침해주었다. 또 이날 토론회에서는 천주교정의구현전국사제단, 한국천주교여자수도장상

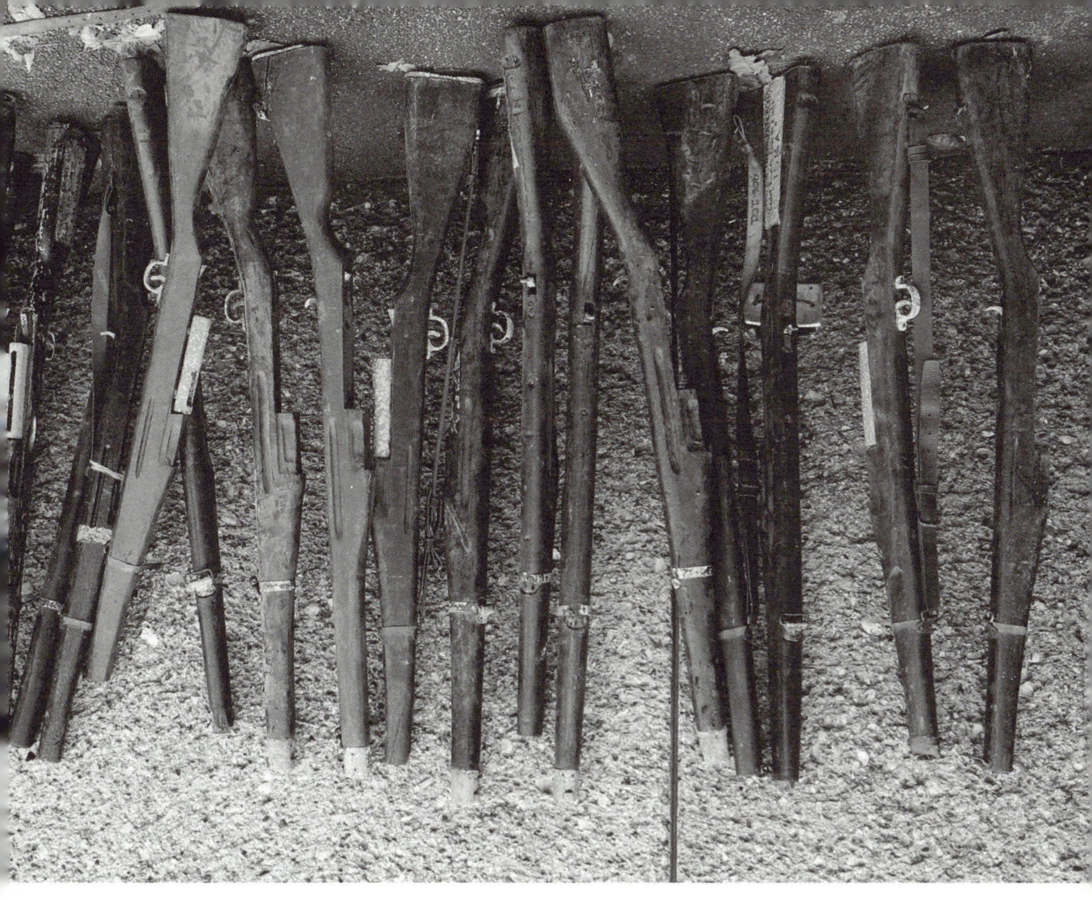

연합회 사회사목분과, 한국남자수도회·사도생활단장상협의회 정의평
화환경위원회, 천주교정의구현전국연합, 가톨릭청년포럼 등 9개 천주교
단체들에 의해 "종교적 신념에 따른 병역거부자 고동주(비오)의 선택에
대한 우리의 입장"이라는 성명서가 발표되었다. 이 단체들은 고동주의
선택을 "평화를 위해 일하는 사람을 축복하신 예수의 가르침을 따르고
자 하는 신앙인의 결단"으로 인정하면서, "양심적 병역거부자들에 대해
불구속 수사"를 촉구하는 한편 "대체복무제도 도입을 위한 병역법 개정
을 서둘러 착수"하라고 국회에 요구했다.

우리신학연구소, 천주교인권위원회, 천주교정의구현전국사제단, 한

뒤집어진 총구

국남자수도회·사도생활단장상협의회 정의평화환경위원회, 천주교정의 구현전국연합 등은 개신교 및 불교 단체들과 함께 2005년 12월 12일에 도 "한국 종교와 양심적 병역거부"라는 주제로 공개토론회를 열었다. 그 직전인 12월 5일에 열린 주교회의 정의평화위원회의 연차 정기총회에서 는 "가톨릭교회 교리가 대체복무제도의 필요성을 인정하고 있음을 확인 하면서도 남북이 군사적으로 대치, 징병제도가 실시되고 있는 안보현실 을 감안할 때 양심적 병역거부와 대체복무제 도입은 시기상조"라는 입 장을 표명했다. 그러나 "고동주 학생에 대한 불구속 기소를 촉구하고, 장 기적으로는 양심상 이유로 병역을 거부하는 이들을 위해 다양한 대체복 무제도를 도입해야 하며, 나아가 한국 사회에서 대체복무제에 대한 신중 한 논의가 진지하게 이뤄질 수 있기를 기대"한다고 했다.[84] 주교회의 산 하 위원회들 가운데 가장 진보적인 정의평화위원회의 이런 '혼란스런 절 충주의' 태도는 이 무렵 한국 천주교 상층부의 보수성이 어느 정도였는 가를 여실히 드러내는 것이기도 했다.

그럼에도 불구하고 2005년 10월에 있은 고동주의 병역거부 선언은 이 전까지 공식적인 입장 발표를 꺼리던 조직들을 포함하여 대부분의 천주 교 사회사목·사회운동 관련 단체들이 공개적으로 양심적 병역거부 및 대체복무제 도입 지지의 입장을 밝히는 계기로 작용했다. 고동주의 병 역거부 이후 약 4년이 지난 2009년 9월 9일 서울대교구 가톨릭대학생연 합회에서 활동했던 백승덕이 천주교에서는 두 번째로, 2001년 이후 여 호와의증인 신자가 아닌 이들 중에는 마흔 번째로 병역거부를 선언했 다.[85] 2011년 8월 23일에는 수도자의 길을 준비해온 홍원석이 천주교 신 자로는 세 번째로 양심적 병역거부를 선언하고 스스로 감옥행을 선택했 다.[86] 결코 많지는 않지만 2005년 이후 천주교에서도 양심적 병역거부 자들이 이어진 것이다. 홍원석 역시 "병역거부 소견서"에서 『간추린 사 회교리』나 공의회 문헌인 『사목헌장』 등을 인용하면서 천주교의 반전 평화주의와 양심적 병역거부권 옹호 전통을 소개했다. 그리고 다음과 같이 덧붙였다.

> 나 또한 가톨릭 신앙인이다. 태어나던 그해 유아세례를 받았으니 28년째 신자로서 살아오고 있는 셈이다. 그리고 외국의 에큐메니컬 공동체에 입회하여 수도자로서 살아가는 꿈을 갖고 있는 성소자이기도 하다.……신앙 안에서 살아가기를 결심하고 난 뒤에 우연히도 앞서 인용한 교회의 문헌들을 발견했다. 내 앞에 놓인 병역이란 문제에 대해 판단할 수 있는 준거들을 발견한 것이라 생각했다. 한국 가톨릭교회가 침묵하고 있을 때에도 소수이지만 병역거부자들이 나타나고 있다. 이미 병역거부가 보편적 인권으로 받아들여지고 교회의 공식교리가 이러한 상황에서 더 이상 침묵만 하지는 않기를 바란다.[87]

2005년 이후에도 주교회의로 대표되는 한국 천주교 차원의 공식적 입장 표명은 여전히 조심스럽고 소극적이던 것이 현실이었다. 특히 오늘날 천주교회 내에서 정의로운 전쟁 입장을 지지하는 이들과 평화주의 입장을 지지하는 이들 모두가 "정의를 겸비한 평화peace with justice"를 공통의 구호로 외치고 있는 상황에서, 정작 "정의평화"위원회가 "안보현실"을 운운하며 대체복무제 도입이 "시기상조"라고 주장했던 것은 자가당착이거나 본연의 임무를 방기하는 태도였다. 더욱이 이런 주장은 교황청을 정점으로 한 세계교회 차원에서 '정통교리'의 형식으로 결정한 구속력 있는 입장을 (말로는 인정하는 듯하면서도) 특수한 현실을 앞세워 수용하기를 실질적으로 거부하는 행위이기도 했다. 강력한 전쟁 반대 입장을 천명함으로써 이라크전에 대해 사실상 '불의한 전쟁'이라고 판정해놓고도, 한국군이 대규모로 파병된 채 여전히 전쟁이 계속되고 있는 상황에서 양심적 전쟁·병역 반대를 선언한 청년 신자들을 외면하는 행동 역시 앞뒤가 맞지 않기는 마찬가지였다. 인간 생명에 대한 조직적·지속적·대규모적 파괴행위라는 점에서 전쟁은 가장 '반反생명적인' 현상이다. 그런 면에서 전쟁을 적극적으로 반대하는 신자들의 움직임을 저지하고 나서는 교회 지도층의 모습은 그토록 강조해온 '생명운동'과도 명백히 충돌한다. 이처럼 여러모로 모순적인 교회 지도층의 태도 자체가 교회 내에서 상당한 균열과 갈등, 논란을 불가피하게 만들었다.

4. 불교

제10장에서 살펴보았듯이, 한국 불교 역사에서는 '호국불교'와 '승군'이라는, 서로 긴밀히 연결되어 있기도 하고 서로 중첩되어 있기도 한 '두 전통'이 전쟁과 병역을 정당화하는 양대 담론으로 제시되어왔다. 한국 불교의 이론가들은 통상 호국불교의 연원을 신라시대 원광법사의 세속오계世俗五戒 중 살생유택殺生有擇 항목이나 원효대사의 보살행에서 찾고 있다. 또 최근의 연구들을 통해 승군은 조선시대 임진왜란 시기에만 활약했던 것이 아니라, 임진왜란 이전인 고구려시대나 고려시대, 조선조 초기에도 존재했고, 임진왜란이 끝난 이후에도 존재했던 것으로 밝혀지고 있다. 승군제도는 1894년 갑오개혁 때에 가서야 비로소 폐지되었다.

이처럼 호국불교와 승군의 양대 전통은 전쟁과 군대의 존재를 적극적으로 정당화해왔다. 한국전쟁 시기에도 마찬가지였다. 개신교나 천주교에서 그랬던 것처럼, 전쟁 당시 불교계에서도 성전 담론이 등장했다. 1951년 3월 결성된 '불교종군포교사회'의 취지문이 대표적인 사례 중 하나였다.

불교도는 세계의 불교도와 더불어 타종교와도 보조를 일치一致하여,

공산주의를 무찔러야 할 것이며, 성전 완수聖戰完遂에 적극 협력해야 할 것이다. 그러나 돌이켜 생각하건대 일선에서 피 흘리고 용전하는 용사들이 오히려 원광圓光법사의 오계五戒를 지켜 화랑花郎의 정신으로 싸우되,……이때에 교단이 속수무책 방관하고 있으니, 불교를 위하여 피 흘려 돌아가신 선사先師들을 무슨 낯으로 뵈옵고, 후세 국민에 무슨 면목이 있어 대할 것이냐.……성전聖戰에 이바지하기 위해 교계를 대표하여 무고히 돌아가신 영령英靈들을 위로하고 도탄에 헤매는 국민의 정신적 위안자가 되어 싸우는 조국의 멸공통일滅共統一에 조금이나마 도움이 될까 하여, 나아가서는 대한 불교를 부흥하여 세계불화佛化 운동의 굳센 걸음을 내딛고자 조직하노라.[88]

한국전쟁 당시 불교계 역시 개신교나 천주교에 비해서는 규모가 적었지만 구호 및 군종 활동, 휴전 반대 운동 등을 전개했다. 자세한 활동상은 알려지지 않고 있으나 전쟁 중에 '불교구국총연맹'이 결성되기도 했으며,[89] 전쟁 말엽인 1953년 6월에는 '승려반공단僧侶反共團'을 중심으로 '통일 없는 휴전 반대' 시위를 벌이기도 했다. 불교 역시 '불교종군포교사회'를 통하여 본격적인 군 포교를 시도했고, 이 과정에서 불교도 군종제도에 동등하게 참여하게 해달라고 요청했지만 수용되지 않았다.[90] 동국대 석림동문회가 편찬한 『한국불교현대사』에 의하면, "1952년 5월 6일 종군포교사회는 국방부 장관에게 군종포교의 필요성과 허락을 요청하는 건백서建白書를 제출하였다. 종군포교사들의 신분 보장을 위해 소령급 이상의 문관증을 발급할 것과 국방부 군목과를 군신과로 개칭하는 등을 요망하는 건백서를 제출하여 군종제도에 불교가 동등하게 참여할 것을 희망하였으나, 군종 활동을 허락받는 정도에 그치고 말았다."[91] 한국전쟁 당시 한국 최대 규모 종교이던 불교는 그리스도교에 유리하게 설계된 특권적 군종제도에서 철저히 배제당했다.

이처럼 불교계의 숙원이던 군종제도 참여는 1960년대 말에 비로소 성사되었다. 1970년대 초에는 예비군 대상의 '향승제鄕僧制'도 시작되었다. 어떻게 이런 변화가 가능했을까? 한국의 베트남전 참전이 1951년 이래 불교계가 염원하던 군종제도 진입의 결정적 계기로 작용했다. 필자는 『종교와 군대』에서 다음과 같이 썼다.

> 왜 조계종단이 1960~1962년이 아니라 1964년 봄이라는 시점에 가서야 군종 청원서를 제출했는지를 해명하려면 베트남전쟁 파병이라는 요인이 반드시 고려되어야 한다. 불교 측도 베트남전쟁 파병의 중요성을 인정하고 있다. "때마침 65년도부터 시작된 국군의 월남 파병은 목하 추진 중에 있던 군승제도 실시의 노력을 더욱 촉진시키는 한 촉매제가 되기도 했다"는 것이다. 1965년 3월부터 불교국가인 베트남으로 한국군이 본격적으로 파병되기 시작했던 상황이 불교계의 군종 참여를 촉진했음은 분명한 사실일 것이다. 더구나 1966년에는 주월한국군 사령부의 수장이자 개신교 신자인 채명신 장군도 이런 흐름에 힘을 보탰다.……그는 또 "앞으로 군승은 시급히 파견되어야 할 뿐만 아니라, 그 인원도 대대적으로 늘려 종교로써 월남 국민의 마음을 수습토록 하는 것이 월남전을 조속히 승리로 이끄는 방책의 하나가 될 것으로 생각한다"고 말했다.[92]

불교 지도자들에게 베트남전쟁은 '성스러운 전쟁'일 뿐 아니라, '은혜와 축복의 전쟁'이기도 했다. 한국전쟁 참여와 지지를 정당화했던 호국불교라는 명분은 군승제도의 도입을 계기로 더욱 강력해졌다. 군종제도는 한국전쟁 이후 한국의 지배블록 내 핵심 파워엘리트로 부상하고 군사쿠데타로 그 지위가 정점에 도달한 군부엘리트와 불교 지도자들의 교류 채널로도 대단히 유용했음을 지적해야 할 것이다. 나아가, 군종제도는

1970년대 이후 개신교와 천주교 지도자들이 군사정권을 상대로 힘겹게 민주화 투쟁을 전개하는 와중에도 불교와 국가 간의 '안보동맹'을 공고화하는 토대로 작용했다.

전쟁과 폭력, 국가폭력에 대한 비판적 성찰이 결여된 채 호국불교 담론의 지배력이 강하게 유지될 때, 한국 불교는 점점 "군사화된/군사주의화된 불교militarized Buddhism"에 가까워질 것이다. 군사화된 불교는 "전쟁·폭력·군대와 불교의 수렴"을 특징으로 한다. 그것은 메이지 시대부터 태평양전쟁 시기까지 극성했던, (앞서 인용한 바 있는 박노자의 표현을 빌리자면) 일본의 "국가주의적, 군사주의적 불교"와 여러모로 닮은꼴일 수밖에 없다.[93] 필자가 보기에 '호국불교 담론'과 '군사화된 불교'의 친화성은 비교적 분명한 것 같다.

호국불교라는 요란한 구호 속에 머물면서 '비폭력'과 '평화'의 오랜 전통을 망각하다시피 했던 불교계의 지도자들은 양심적 병역거부 문제가 공론화된 2001년 이후의 사태 전개에 상당한 당혹감을 느끼지 않을 수 없었을 것이다.[94] 박노자는 대부분의 승려들이 군복무를 통해 '폭력과 무력에 친화적인' 태도를 체화했을 가능성을 제기했다. 그에 의하면, "북한에 대한 무력 승리를 비는 기도회와 법회를 서슴지 않고 여는 한국 승가"의 이면에는 젊은 승려들이 군복무 과정에서 "약자와 부하에 대한 폭력과 주색, 육식 따위"를 배울 뿐 아니라, 군대에서 사찰로 복귀한 후에도 그런 부정적 습관들을 쉽사리 떨쳐내지 못한다는 사실도 숨겨져 있었다.[95]

그러나 개신교와는 달리 2001년 이후 불교 내부에서 양심적 병역거부자들의 대체복무권에 대한 직접적인 반대의 목소리나 움직임이 공식화된 바는 없다. 오히려 이와는 반대로, 대체복무제 도입이 거론되던 초기부터 군복무 과정에서 환속하는 승려들의 높은 비율 등으로 고민해오던 불교계에서는 공감과 환영의 기류가 꽤 퍼져 있었던 것 같다.[96] 그러면서도 불교 종단이나 단체들은 공식적 입장 표명을 미루면서 조심스럽게 사태를 관망하는 태도를 취했다. 예컨대 불교인권위원회는 2001년 5월 31일 인권운동사랑방, 민주노동당 등 9개 단체·정당이 주관하고 민변 등 4개 단체가 후원한 '양심·종교의 자유와 군 대체복무를 위한 토론회'에 주관단체 중 하나로 참여했지만, 같은 해 7월까지도 공식적 입장 표명을 유보하고 있었다.[97]

2001년 12월 17일에 불교 신자인 오태양이 공개적으로 양심적 병역 거부 의사를 밝히고 국가인권위원회에 양심적 병역거부자의 인권 보장을 요구하는 진정서를 제출한 사건은 불교계 전반에 큰 충격을 주었다. 이 사건의 의미를 「법보신문」은 다음과 같이 정리했다.

> 오태양 씨가 밝힌 것처럼 전투 훈련을 받는 군복무는 불교의 계율 가운데 가장 기본 계율인 '불살생계不殺生戒'에 위배되는 행위라는 것은 의심할 여지가 없다는 것이 스님과 불교학자들의 주장이다. 또 강제적인 육식 문화와 고참들에 의한 강압적인 술·담배는 스님들을 파계로 이끄는 가장 큰 요인으로 공공연하게 지목돼왔다. 그러나 호국불교護國佛敎 이론에 익숙한 불교계로서는 군복무와 계율과의 상관관계를 진지하게 고민해볼 기회를 가지지 못한 것이 사실이다.[98]

오태양은 "군사훈련 대신 사회봉사로서 병역의무를 이행하고픈 젊은 이가 국민 여러분께 드리는 호소문"에서 자신은 "'불살생과 생명 존중'의 종교적 신념과 평화·봉사의 인생관에 따른 양심적 결단을 지키고자, 총검술을 비롯한 군사훈련에 참여해야 하는 현재의 병역의무를 도저히 이행할 수가 없"으며, "양심적 병역거부자들의 행위를 '국민적 기본권으로 인정'하고, 이에 대한 법적·제도적 보장으로서 '민간 대체 봉사활동'을 통해 비전투 분야에서의 병역의무를 이행할 수 있도록 구제해줄 것을 호소"했다. 그는 자신의 희생적인 행위를 통해 한국의 종교인들에게도 경종을 울리려 했다. "성경은 우리에게 '네 이웃을 네 몸과 같이 사랑하라', '원수를 사랑하라'고 가르치고 있습니다. 불교의 전통적 가르침은 '살생하지 말며(불살생), 살생을 목적으로 하는 도구도 보관하지 말라(불축살생구계)'고 우리에게 이릅니다. '살인하지 말라'는 종교적 가르침에 따라 일체의 군사훈련과 집총 명령을 거부하여 감옥에 구속되어 있는 1,594명의 양심적 병역거부자들에 대해 누구보다 먼저 이 땅의 종교인들이 나서서 그들을 구제할 수 있는 지지와 연대의 노력을 간절히 부탁드립니다."99

오태양의 양심적 병역거부 선언을 계기로 진보 불교계의 움직임은 신속하게 대체복무제 지지 쪽으로 결집되었다. 동시에 이 과정에서 교단 내의 반대 목소리도 불거져 나왔다. 조계종을 중심으로 한 2002년 초의 불교계 정황을 「법보신문」은 다음과 같이 소개하고 있다.

> 정작 당사자의 한 축을 형성하고 있는 불교계는 합의된 의견을 마련하지 못한 채 물밑 논쟁만을 거듭하고 있다. 특히 불교계의 공식 입장을 밝혀야 할 조계종이 뒷짐을 지고 있어 문제로 지적되고 있다. 현재 진행 중인 논의들은 대체복무제가 호국불교 전통 훼손과 군포교 활성화에 찬물을 끼얹고 있다는 견해와 이들 주장이 대체복무제에 대한 잘못된 이해에서 비롯된 편견이라는 의견이 팽팽히 맞서고 있는 것으로 대별할 수 있다. 대체복무제 도입 반대 입장에 서 있는 사람들은 나라가 외적의 침입으로 위기에 처해 있을 때 떨쳐일어나 국가와 민족을 보호했던 것이 우리나라 호국불교의 전통인데, 대체복무제를 주장하는 것은 참다운 불자로서의 행동이 아니라고 밝히고 있다. 또 "불자들이 불교적 신념을 지킨다며 군대를 가지 않으면, 군 장병에 대한 포교는 과연 누가 할 것이냐"며 군 대체복무제가 생기면 병역기피자를 양산하게

될 뿐이라는 주장을 펴고 있다. 그러나 군 대체복무제 도입을 적극 지
지하는 사람들은 이런 견해들이 한마디로 군 대체복무제에 대한 잘못
된 이해에서 비롯된 편견이라고 일축하고 있다.[100]

2002년 2월에 병역거부연대회의가 출범했을 때 불교인권위원회, 참
여불교재가연대 등이 참여했다. 1970년대 말 한국 불교 최초의 양심적
병역거부로 옥고를 치른 당사자이자 당시 실천불교전국승가회 부의장
이던 효림 스님은 병역거부연대회의 공동대표로 선출되었다.[101] 당시
효림 스님은 "모든 스님이 군법사로 군복무를 이행하기 힘든 현실적 상
황에서 대체복무제의 개선은 절실한 문제"라고 주장했다.[102] 2002년 9
월 현재 병역거부연대회의에는 불교인권위원회, 실천불교전국승가회,
전국불교운동연합, 좋은벗들, 참여불교재가연대, 한국대학생불교연합
회 등 6개 불교 단체들이 참여하고 있었음을 확인할 수 있다.[103]

오태양에 대한 두 번째 구속영장이 신청되었던 2002년 2월 15일에 경
제정의실천불교시민연합, 대한불교청년회 등 13개 불교 단체들이 '종교
와 양심에 따른 병역거부자에 대한 정부의 대책을 촉구하는 기자회견'을
가졌다. 이 단체들은 성명서를 통해 "불자들의 인생지표인 오계를 보더
라도 가장 먼저 생명을 존중하는 불살생 계율부터 수계한다"면서 "양심
적 병역거부는 부처님의 근본 가르침에 따르는 행위이며 소수자 인권 차
원에서도 보호되어야 한다"고 밝혔다. 또한 "정부는 유엔 규약에 따라
양심적 병역거부가 인권문제임을 인식하고, 이들이 대체복무를 통해 사
회 공익에 기여할 수 있도록 적절한 대책을 세울 것을 강력히 촉구"했다.
이와 동시에 기자회견에 참여한 단체들을 중심으로 "양심적 병역거부자
를 위한 불교계 차원의 대책기구"를 구성하기로 의견이 모아졌다고 한
다.[104] 이에 따라 2월 25일에는 '종교와 양심에 따른 병역거부와 대체복
무 대안 마련을 위한 범불교대책위원회' 구성 준비를 위한 첫 회의가 열

렸다.[105] 역시 범불교대책기구 준비작업의 일환으로 3월 4일에는 경제정의실천불교시민연합, 실천불교전국승가회, 인드라망생명공동체, 좋은벗들, 한국대학생불교연합회, 참여불교재가연대 등 8개 불교단체들이 공동으로 '불교의 평화사상으로 본 양심에 따른 병역거부권 실현과 대체복무제 개선을 위한 토론회'를 개최했다. 이 토론회를 주관한 8개 단체들은 '종교와 양심에 따른 병역거부권 실현과 대체복무제 개선을 위한 불교대책위원회' 구성을 다시금 불교계에 제안했다.[106]

2002년 3월 23일에는 '불교 사회단체 활동가 워크숍'이 양심적 병역거부를 주제로 열렸다. 워크숍 참가자들은 공동성명에서 "한국 불교의 전통은 결코 호국불교가 아니며 비폭력 평화정신의 실현"이라고 전제하고, "양심에 따른 병역거부자들에게 대체복무제의 길을 열라"고 촉구했다.[107] 앞서 양심적 병역거부 관련 토론회를 열었던 8개 단체들은 2004년 3~4월 열리는 제58차 유엔인권위원회에 양심적 병역거부를 인정하라는 성명서를 제출하기로 했다.[108] 유엔인권위원회가 2004년 4월 23일 양심적 병역거부에 대한 결의안을 만장일치로 통과시키자, 8개 불교단체들은 중앙승가대와 석림회 등에 소속된 젊은 승려들에게 '양심적 병역거부권 실현과 대체복무제 마련을 위한 불교대책협의회' 활동에 동참할 것을 권유하고 나섰다.[109]

2002년 5월 14일에는 '양심에 따른 병역거부권 실현과 대체복무제 개선을 위한 불교연대'(대체복무제불교연대)가 정식으로 창립되었다. 여기에는 경제정의실천불교시민연합, 불교인권센터, 불교인권위원회, 실천불교전국승가회, 좋은벗들, 인드라망생명공동체, 참여불교재가연대, 한국대학생불교연합회 등 8개 단체들이 참여했다. 대체복무제불교연대는 5월 12일에 '대체복무 입법청원을 위한 연등축제 캠페인'을 벌인 데 이어, 5월 말부터 한 달 동안에는 병역거부연대회의와 함께 '양심적 병역거부권 실현과 대체복무제 개선을 위한 서명운동' 등 거리 홍보 캠페인에 나섰다. 6월 17일에는 박노자 교수를 초청하여 "호국불교와 폭력의 문화를 넘어: 양심적 병역거부의 의미를 묻는다"는 주제의 강연회를 열기도 했다.[110] 2003년 4월 30일에 한국대학생불교연합회 간부인 김도형이 오태양에 이어 "부처님의 가르침인 자비와 계율 중 하나인 불살생계를 실천하기 위해 병역을 거부한다"고 선언했다.[111]

김도형의 기자회견을 개최한 불교 단체들은 "종교적 신념과 개인의 양심을 언제까지 철창 속에 가두어둘 셈인가!"라는 제목의 성명서를 발표하여, 양심적 병역거부에 대한 지지를 표명함과 동시에 대체복무제 도입을 거듭 요구했다. 아울러 그해 4월 30일 단행된 사면복권 조치에서 양심적 병역거부자들이 제외된 것에 대해 정부를 비판했다.[112] 2006년 3월 28일에는 불교 신자이자 초등학교 교사인 김훈태가 병역거부를 선언했다. 그는 종교를 묻는 기자의 질문에 "불교 평화주의"라고 답했다고 한다.[113] 2010년 6월 15일에는 부친이 출가한 불교 승려인 대학생 이조은이 그 뒤를 이었다.[114]

불교는 양심적 병역거부 및 대체복무제 도입에 대해 한국의 주류 종교 중 가장 전향적인 태도를 보여왔다. 불교계는 2002년 2월 초 구성된 병역거부연대회의에도 가장 적극적으로 참여했고, 같은 해 5월에는 독자적으로 대체복무제불교연대를 구성했다. 조계종 총무원 등 개별 종단 조직이나 종단협의체 등이 대체복무제를 지지하는 공식 입장을 표명한 적이 없는 것은 사실이었다. 그러나 (개별적인 반대 목소리는 나올지라도) 불교 내부의 조직적인 반발 움직임 또한 거의 발견되지 않았다.

5. 소결과 평가

전체적으로 볼 때, 2001년 이후 양심적 병역거부와 관련된 상황 변화를 바라보는 한국 사회 주류 종교들의 반응은 조심스럽고 다양했으며 때론 모순적이기도 했던 게 사실이었다. 이 문제는 자주 이단 시비에 연루되곤 했던 개신교 계통의 소규모 교단과 주로 관련되어 있었고, 전쟁이나 군대 등과 관련된 교리상의 차이까지 겹쳐 있었다. 양심적 병역거부는 종교·양심의 자유와 직결된 쟁점이었음에도 불구하고, 한국에서 이의 의제화·공론화를 주도한 이들은 종교인이 아니었다. 처음 몇 달 동안 한국의 종교 지도자들은 당혹스런 표정을 감추지 못한 채 폭발적으로 확산되는 논전을 그저 지켜보기만 했다.

대다수 주류 종교 지도자들에게 양심적 병역거부는 아주 낯선 문제였다. 이 주제에 정통한 종교 지도자는 거의 없었다. 양심적 병역거부 논쟁은 전쟁·평화와 관련된 한국 주류 종교의 인식 수준이나 교리화敎理化 정도가 얼마나 낮았는지를 적나라하게 드러냈다. 개신교의 진보적 목소리를 대변해 왔던 NCCK는 이 문제에 관한 한 오랫동안 침묵에 가까운 태도를 유지했다. 당시 교단 차원의 공식적 입장 표명이 없기는 불교와 천주교도 마찬가지였다. 개신교 보수 교단들의 연합체인 한기총만이 예외적으로 일찍부터 그리고 일관되게 대체복무 입법 움직임에 강하고 또렷한 반대 목소리를 냈다. 그러나 이들 역시 자신의 입장을 '전쟁·평화 교리'가 아닌, 익숙한 '정통-이단 논리'와 '분단·안보 논리'에서 도출해냈다.

주류 종교들, 특히 한국 종교인구의 거의 전부를 포괄하는 3대 종교의 양심적 병역거부에 대한 초기 대응을 자세히 들여다보면, '부정적 반응'이라는 공통점에도 불구하고 의미 있는 차이 또한 발견할 수 있다. 이를 천주교의 경우 "당혹감 속의 외면"으로, 개신교의 경우 "분열 속의 중구난방"으로, 불교의 경우 "분주한 침묵"으로 요약해볼 수도 있겠다.

우선, 천주교 지도자들이야말로 양심적 병역거부 문제의 갑작스런 돌출로 가장 곤혹스러웠을 이들이었다. 천주교에서는 1960년대 이래 정의로운 전쟁 교리에 기초한 양심적 병역거부권 지지 입장이 이미 정통교리로 정립돼 있었고, 이 교리에서 직접 도출되는 '선택적 병역거부'도 당연히 인정되었다. 그러나 한국 천주교 지도부는 이런 정통교리에 아예 무지하거나, 이를 소극적으로만 수용하여 사실상 불수용에 가까운 태도로 일관하거나, 거리를 두고 불편한 침묵을 고수했다. 정통교리를 인정할 수도 배반할 수도 없는 이율배반의 딜레마 속에서 대다수 천주교 지도자들은 당면한 현실로부터 시선을 돌려 외면하는 선택을 했다.

둘째, 개신교의 경우 진보-보수 세력 사이에, 그리고 진보 분파들 내부에서 분열이 발생했다. 분열로 인한 소음과 중구난방이 개신교의 특징이었다고 하겠다. WCC(세계교회협의회)-NCCK(한국기독교교회협의회) 계열의 진보파는 초기엔 우왕좌왕하다 양심적 병역거부권 인정과 대체복무제 도입을 대체로 수용하는 편이었지만, 내부의 반대자도 여전히 많았다. 한국 개신교의 압도적 다수파인 보수 개신교 세력들은 대체복무제에 대해 강한 반대 입장을 줄곧 견지했다.

셋째, 불교 지도자들은 양심적 병역거부권과 대체복무제 문제에 대해 소극적인, 나아가 득실得失의 엇갈림을 계산하는 듯한 모습을 보였다. 교단 내 보수파는 말할 것도 없고, 군종 활동의 활성화를 원하는 쪽에서는 군부가 분단 현실 및 국가안보 논리와 병역기피자 양산 우려를 내세워 강력히 반대하는 대체복무제에 공개적인 찬성 입장을 내세우기 어려웠을 것이다. 그러나 다른 한편으로는, 공개적으로 입장 표명을 하지는 않을지언정 집총·살상 훈련과 군복무로 인한 젊은 승려들의 심리적 갈등과 딜레마, 그로 인한 파계破戒와 환속의 위험을 최소화하기 위해 (특히 젊은 승려들을 위한) 대체복무제 도입을 은근히 바라는 듯한 분위기도 감지되었다. 이런 복잡한 내부 기류에도 불구하고 교단, 특히 불교인구 대부분을 차

지하는 조계종의 입장은 '무대응'과 '침묵'이었다.

앞서 살펴본 대로 불교와 천주교에서는 해당 종교의 몇몇 신자들이 양심적 병역거부를 선언한 것을 계기로 이를 지지하는 움직임이 급속히 조직되고 지지 여론이 확산했다. 자기 교단 소속의 양심적 병역거부자가 등장하면서, 불교와 천주교의 경우 고위 지도자들이 대체복무제 입법에 대해 공개적으로 반대 입장을 표명할 가능성은 현저히 감소했다. 고위 지도자들이 교단의 공식적 입장 발표를 미뤘던 것은 어떤 '교리적인' 이유 때문이라기보다는, 군종제도에 참여하고 있는 상황에서 대체복무제의 강력한 반대 세력인 군 당국의 입장을 고려하는 등의 '현실적인' 이유 때문이었던 것으로 보인다. 1990년대 이후 주요 종교들의 신자증가율이 정체 혹은 하락 추세를 보임에 따라 종교 간 경쟁 압력이 고조되고 있는 현실에서, 대체복무 권리 도입으로 인해 일차적인 이익을 향유할 가능성이 높은 평화주의적인 개신교 소수 교파들이 장기적으로 자기 교단의 '제도적 이익'을 위협하게 될지도 모른다는 우려 또한 작용하고 있었던 듯하다.

2001년의 대전환 이후에도 상황은 여전히 유동적이었다. 반복하거니와 주류 종교의 최고지도자들이 양심적 병역거부 문제에 대한 입장을 공개적으로 밝히는 데 소극적이었음은 분명했다. 그러나 또 하나 분명한 사실은 주류 종교들 내부에서 평화주의적 입장을 받아들인 이들이 2001년 이후 비교적 빠르게 증가했고, 이들 간의 연대 움직임도 점차 조직화되었다는 점이다. 2002년 2월 이후 병역거부연대회의라는 광범위한 채널을 통해 불교와 천주교, 개신교의 많은 단체들이 양심적 병역거부자들을 위한 대체복무권 도입 운동에 동참했다. 뿐만 아니라 원불교의 '원불교사회개벽교무단' 역시 병역거부연대회의의 창립 멤버였다. 양심적 병역거부자에 대한 대법원의 최종 선고를 앞둔 2004년 7월 13일에는 불교, 개신교, 천주교, 원불교의 지도자 100여 명이 기자회견을 열고 "양심적 병역거부는 특정 종교인들의 문제가 아니라 인류 양심의 보편적 가치에 기초한 행위"이므로, 대법원과 헌법재판소가 "양심적 병역거부자들이 종교와 양심의 자유를 침해당하지 않도록" 그리고 "한국 정부가 유엔인권위원회 회원국으로서, 양심적 병역거부에 대한 법·제도적 보장과 이행에 찬성 결의를 했던 사실을 존중"하는 판결을 내려달라고 촉구하기도 했다.[115]

한국 사회 전체로도 이 문제를 둘러싼 찬반양론이 팽팽했고 안보 담론 등 이데올로기 대립을 일부 포함한 '한국판 문화전쟁culture war'의 양상을 띠었지만, 전쟁과 평화에 대한 해당 종교의 포괄적 입장이 응축된 양심적 병역거부 문제는 2001년 이후 종교계 내부에서도 격렬한 논란과 균열의 불씨로 작용할 가능성이 점점 커져갔다. 이 문제는 저마다 평화와 비폭력을 고창高唱해온 주류 종교들의 진정성authenticity을 테스트해볼 시험대가 되었다.

공론화 직후 양심적 병역거부에 대한 주류 종교계의 대응과 관련하여, 몇 가지 추가적인 논의를 이어갈 수 있을 것 같다.

첫째, 종교 지도자들은 항상 종교 내부(신자)와 외부(공중)의 '두 청중two audiences'을 상대한다. 그런데 종교적 언어religious language는 '신자'와 '공중public'에게 다르게, 심지어 대립적으로 받아들여질 수 있다. 그럴수록 (신자들에게는 매력적이고 설득력 있게 보이는) '종파적sectarian 언어'와 '공중의 언어public language' 사이의 괴리는 더 커질 수 있다.[116] 이 경우 역설적으로, 열성적인 신자들을 가장 잘 동원할 수 있는 종교적 언어는 종종 광범위한 공중의 의심을 야기할 가능성이 높은 언어가 되어간다.[117]

필자가 보기에, 보수 개신교 세력이 즐겨 사용하는 정통-이단의 담론은 두 청중 사이에 대립적으로 해석될 가능성이 매우 높았다. 양심적 병역거부자들에 대한 국가의 대응을 "심각한 국가폭력이요 인권유린 행위”로 보는 시민사회와 이를 “(이단 세력에 대한) 바람직하거나 당연한 법 집행”으로 보는 종교인들 사이에는 엄청난 간극이 존재한다. “정통-이단” 담론은 시민사회의 “인권-관용” 담론과도 충돌하기 쉽다. 이런 상태에서 “우리가 보기엔 그들(양심적 병역거부자들)이 명백한 이단이고, 우리는 이단과 도저히 타협할 수 없다. 그러기에 반대하는 것이다. 그런데 왜 자꾸 이걸 문제 삼느냐?”고 항변할수록, 시민사회의 반응은 갈수록 냉담해질 가능성이 높았다. 더욱이 주류 종교 및 세속적인 양심적 병역거부자들이 다수 등장한 2002년 이후 보수 개신교 세력의 정통-이단 도식은 더 이상 적절치 않을뿐더러, 시민사회의 저항마저 초래할 가능성이 높아졌다. 이런 접근법에서는 양심적 병역거부를 선언한 불교와 천주교 신자들을 모두 ‘이단’으로 단죄하는 꼴이 되며, 종교와 상관없는 이들—곧 정치적, 이데올로기적 이유로 양심적 병역거부를 감행하는 이들—에게까지 무리하게 이단 낙인을 찍는 결과가 되기 때문이다. 이런 상황이 지속될 경우 시민사회에서의 고립과 외면은 불가피해지며, 장기적으로는 신자 증가의 정체를 결과하게 되기 쉽다. 2001년 이후의 한국 사회에서 양심적 병역거부권 도입에 찬성하는 여론이 비교적 빠르게 확산했음을 감안할 때, 특히 이런 변화를 젊은층이 주도했음을 감안할 때, 2000년대 들어 불교를 물리치고 ‘한국 최대 종교’의 지위에 등극한 개신교의 압도적 다수 세력이 강경한 반대 입장을 고수했던 것은 한국 개신교에 대한 청년층의 반감을 자극했을 가능성이 높다.

둘째, 양심적 병역거부 문제를 정통-이단 도식으로 접근하여 부정적인 태도를 취한 것은 개신교 내부에서조차 비판과 저항에 부딪히기 쉬웠다. 근본적으로 정통-이단 논리는 양심적 병역거부자들이 갈망하는 종교·양심의 자유와 양립할 수 없기 때문이다. 1975년 케냐 나이로비에서 열린 세계교회협의회 5차 총회는 종교의 자유에 대해 논하면서 “어떠한 종교공동체도 다른 종교공동체의 신앙과 기본 인권을 적극적으로 존중하지 않은 채 종교적 자유를 주장할 수 없다"고 뜻을 모았다.[118] 1959년에 홍현설은 다음과 같이 주장했다.

> 만일에 그들이 양심적인 반전론자였었다면 자기들의 종교적인 양심 때문에 이런 길을 취한 데 대해서 이를 비난할 권리도 우리에게는 없는 것이다.……우리는 평화주의자와 비평화주의자의 쌍방의 신념을 다 같이 존중해야 한다. 왜냐하면 어떤 사람이 평화주의자가 되고 혹은 비평화주의자가 되는 것은 그의 부르심(Vocation; Calling)에 관계되는 문제이기 때문이다.[119]

> 기독자는 평화주의자도 될 수 있고 비평화주의자도 될 수 있다. 이 경우에 이 두 종류의 사람들은 다 같이 진실된 크리쓰찬이다.……우리가 이 두 가지 태도 중의 어느 편에 서느냐? 의 문제는 위에서 말한 대로 각자가 하나님께 기도하는 중 자기 양심에 물어보아야 할 것이고 아무도 이렇게 하라 저렇게 하라 지시하거나 명령할 성질의 것이 아니다.[120]

2001년 당시 거의 최초의 개신교계 입장 표명이었던 부산기독교윤리실천운동본부의 성명 역시 대동소이한 입장을 취했었다. 마지막으로 기독교윤리학자인 정종훈의 글을 일부 인용해보도록 하자.

> 양심적 병역거부자들이 주로 기독교의 이단인 여호와증인의 신도들이라는 사실은 분명하다. 그러나 이 사실이 양심적 병역거부라는 객관적인 사실 자체를 논쟁하는 데 중요한 변수로 작용하고 있다면, 이는 중요한 인권침해가 된다. 법치국가에서 특정 종교를 위한 특별한 법의 제정도 허용될 수 없지만, 특정 종교를 반대하는 특별한 법의 제정도 허용해서는 안되며, 특정 종교의 신앙인이라고 해서 보편 인권으로부

터 배제해서도 안된다. 기독교윤리는 너무도 당연한 인권의 문제를 이 단이라는 색안경으로 바라봄으로써 양심적 병역거부의 논쟁을 객관화하지 못하고 왜곡하는 현실 앞에서 버팀목이 되어야 한다. 또한 이 과정에서 인권침해를 당하는데도 방치되고 있는 여호와증인의 신도들을 위해서 그들의 인권을 대변하는 역할까지 감당해야 한다.[121]

셋째, 그것이 개신교든 불교든 천주교든 이슬람교든, 주류 종교들의 전쟁·평화 교리는 '정의로운 전쟁론'과 유사해지는 강력한 경향이 있다. 그런데 양심적 병역거부자, 특히 선택적 거부자에 대한 대체복무권 부여는 정의로운 전쟁 논리 자체의 "필연적" 요청이기도 하다. 정의로운 전쟁론의 입장을 취하는 이들은 "반드시" 양심적 병역거부자의 대체복무권을 인정해야만 하며, 이 문제를 "예외적 시혜"처럼 접근할 수 없다. 우선, 이 입장 자체가 '정의롭지 않은', 즉 '불의한' 전쟁의 가능성을 논리적·현실적으로 전제하고 있으며, 따라서 '불의한 전쟁'에 대해서는 이에 불참하거나 반대할 자유가 반드시 필요하기 때문이다. 다음으로, 지난 수십 년간—특히 2차 세계대전 이후—정의로운 전쟁의 조건들이 매우 세분되고 다양해지고 까다로워져서 평화주의와 정의로운 전쟁의 입장이 서로 수렴되는 양상을 보이고 있기 때문이다. 따라서 "양심적 병역거부권을 인정하지 않는 정의로운 전쟁론"은 불완전하고, 나아가 기만적인 것이 되기 쉬워졌다.

넷째, 종교공동체의 분열을 막기 위해서, 또 평화주의·평화운동에 동조하는 신자들의 이탈을 막기 위해서라도 양심적 병역거부자에 대한 대체복무권 부여가 필요하게 되었다. 이런 취지에서 정종훈은 "평화주의에 근거한 양심적 병역거부도 인정하고, 정당전쟁의 이론에 근거한 군복무의 책임도 인정함으로써 상호 보충성의 원칙을 견지하는 것이 필요하다"고 주장했다.[122] 2차 대전 이후 그리스도교 교회들이 평화주의와 정의로운 전쟁론으로 양분된 가운데 평화주의자의 숫자가 점점 증가해온 상황을 감안할 때, 평화주의와 정의로운 전쟁론 모두를 인정하는 이런 '포용적' 입장이야말로 종교공동체의 내적 통합성을 유지하기 위한 "최선의 길이자 유일하게 현실적인 길"이 되어갔다. 이런 선택이 "유일하게 현실적"이라는 것은, 그렇지 않을 경우 그리스도교 공동체가 이 쟁점으로 인해 심각하게 분열될 가능성이 높아졌기 때문이다. 자신의 소속 교단이 대체복무권에 대해 소극적인 태도를 취하고 있다고 느낄 경우, 평화주의로 기울거나 평화주의를 지지하는 신자들의 교단 이탈 현상이 언제든 현실화할 수 있게 된 것이다.

필자가 보기에 한국 주류 종교들은 앞으로 두 가지를 진지하게 고려해야 할 것 같다. 우선, 늦었지만 지금이라도 양심적 병역거부권 인정 및 대체복무제 지지 입장을 공식적으로 천명해야 할 것 같다. 이를 총회 결의사항이나 공식 교리서에 포함시켜 종교적·신학적 정당성을 부여할 필요가 있다. 요컨대 신자들의 선택 대상으로 군복무와 양심적 병역거부 '모두'를 인정하라는 것이다. 두 번째로, 대체복무제도의 향후 변화에 미리 대비할 필요가 있다. 대체복무 문제로 진통을 미리 겪어본 '대체복무 선진국들'의 사례를 보면, 민간 부문을 포함하여 양심적 병역거부자들의 복무 분야·업무·기관이 확대되는 것은 불가피해 보이며, 대체복무제 운영의 주체 및 주도권도 점차 민간 주도 혹은 민관 협력의 방향으로 나아갈 가능성이 높다. 대체복무의 기간도 현역 군복무자와 유사한 수준으로 단축될 가능성이 높다. 복무 분야 확대, 민간 주도성 강화, 복무기간 단축이라는 "삼중적三重的 변화"가 중첩될 경우 대체복무 신청자의 숫자가 상당히 증가할 가능성이 높다. 따라서 주류 종교들이 산하의 의료·복지 시설들을 '대체복무 기관'으로 인정받을 준비를 차분히 해나가는 것이 좋지 않을까. 이 경우 교회 이탈 흐름이 뚜렷한 청년층의 교회 잔류 및 회귀에도 도움이 되지 않을까.

「독수리(잊힌 군인)」(1881)

양심적 병역거부 주제는 '인권'과 '평화'라는 두 가치와 관련된다. 인권의 차원에서 양심적 병역거부는 양심의 자유, 종교의 자유와 주로 연관된다. 평화의 차원에서 양심적 병역거부는 전쟁 예방과 반대, 전쟁 준비 반대와 군비축소, 전쟁의 구조적 원인을 제거하는 사회정의 실현 등과 주로 연관된다. 이처럼 양심적 병역거부라는 화두는 인권, 자유, 평화라는 중요한 가치들을 동시에 조망할 수 있는 유리한 입지를 제공한다. 필자는 앞으로 인권·자유·평화의 연관성을 강조하면서 치열하게 파고든다면 양심적 병역거부 주제를 이해하는 데 더욱 풍요롭고 독창적인 사고의 지평이 열리리라 기대한다.

확실히 양심적 병역거부 공론화 이후 지난 20여 년의 시간은 우리 사회 구성원들이 양심의 자유와 종교의 자유 문제를 더 깊게 인식하는 계기로 작용한 것 같다. 2001년 이후 "새로운 유형의 거부자들", 즉 평화주의 성향의 주류 종교인과 비종교인들로 구성된 "정치적 거부자들"이 속출했던 상황은 한국 사회에서 낯설던 평화운동이 급속히 발전하는 데 촉진 요인으로도 작용했다. 양심적 병역거부운동 자체가 평화운동의 가장 중요한 일부를 이루기도 했다. 2001년 이후 양심적 병역거부운동은 병

평화주의자들의 힘과 목소리를 더욱 키워
"현실주의와 자유주의의 건강한 균형"을 만들어내는 게 당장의 과제라 하겠다
장기적으로는 "현실주의와 평화주의의 양자 구도 구축"을
목표로 삼을 수도 있을 것이다. 세계와 한국 모두에서 양심적 병역거부운동이
평화운동의 한몫을 차지하면서 평화주의자들의 힘과 목소리를 증폭시키는 데
크게 기여해왔음은 말할 것도 없다
아마 앞으로도 꽤 오래도록 그 역할을 감당해야 할 것 같다

역법 개정을 중심으로 한 국회의 입법 시도, 하급심 판사들의 연이은 위헌법률심판 제청, 심지어 무죄 판결 등 괄목할 변화를 이끌어냈다. 국가인권위원회와 군의문사진상규명위원회를 한편으로, 국방부·병무청과 법무부를 다른 한편으로 상이한 목소리들이 나오는 등 행정부 내에서조차 균열의 조짐이 나타났다. 양심적 병역거부를 바라보는 국내 여론지형에서도 더디지만 의미 있는 진전이 있었다.

보다 심층적인 변화도 진행되었다. 양심적 병역거부 공론화는 국가안보나 국방의무 등의 헌법적 원칙이 양심·종교의 자유라는 또 다른 헌법적 원칙을 항상 내리누르던, 그래서 거의 상식처럼 치부되던 대중의 뿌리 깊은 군사주의적 사고 습속習俗을 조금씩 동요시켰다. 양심적 병역거부는 우리 사회에서 민주주의 심화의 지표이기도 했다. '국가안보'나 '사회질서'가 지고의 가치로 인정되고, 이를 내세우면 지배층이 양심·종교의 자유를 거침없이 제약할 수 있고, 피지배 대중마저 이를 당연시하거나 적극 지지하는 상황은 경찰국가나 안보국가의 위험한 특징 중 하나일 것이다. 분단 한국에서는 반공 권위주의, 반공 집단주의, 나아가 반공 전체주의가 양심적 병역거부자들의 목소리를 질식시켜왔다. 국방의무가

신성시되고 군복무가 남성의 통과의례로 간주되는 곳에서는 종종 징병제가 남성중심주의와 결합한다. 양심적 병역거부권 인정은 한국 '자유' 민주주의에서 여전히 남아 있는 장애물이자 아킬레스건인, "마초macho 국가주의"라고도 부를 말한 큰 장벽을 넘어서는 일이기도 하다. 양심적 병역거부자들의 존재와 비폭력 저항이 뭇사람들의 이성적·비판적 사고를 마비시키는 어떤 집단적 아비투스를 크게 흔들어댄 것만은 틀림없는 듯하다. 그 뿌리가 군사주의이든 국가주의이든 말이다.

양심적 병역거부자에 대한 파상적 공격과 처벌은 20세기 후반 '대한민국'의 대표적인 야만 중 하나였다. 법인격을 부여받고 면세 혜택을 누리는 등 종교단체로서의 합법적인 지위를 인정받고 있음에도 불구하고, 또 그 교리가 살인하지 말라는 보편적인 도덕률에 부합하는 데도, 자신이 신앙하는 종교 교리에 충실하면 강하게 처벌받아야 했고, 심지어 재림교회는 극심한 압박에 시달린 끝에 집총거부 교리까지 변경해야 했다. 다만 2009년 9월 군의문사진상규명위원회가 김종식(1975년 사망), 이춘길(1976년), 정상복(1976년), 김선태(1981년), 김영근(1985년) 등 여호와의증인 신자 5명을 "국가폭력에 의한 사망자"로 인정한 게 양심적 병역거부와 관련하여 이행기 정의가 구현된 거의 유일한 사례이자 성과였다. 위원회의 이런 결정 덕분에 2010년 8월 서울고등법원에서 최초의 손해배상 판결이 나올 수 있었다.[1]

양심적 병역거부 공론화의 예상치 못한 결과 중 하나는 이 문제가 이른바 '국격國格'과 직결된다는 인식이 퍼진 것이었다. 1987년부터 개시된 한국의 민주화 이행은 양심적 병역거부 쟁점의 국제적 공론화에 유리한 여건을 마련해주었다. 한국은 1990년에 '시민적 및 정치적 권리에 관한 국제규약'(국제인권규약B)에 가입했다. 민주화가 국제인권규약 가입을 촉진했음은 명백했다. 그런데 이 규약의 18조 2항은 스스로 선택하는 신념을 가질 자유를 침해하게 될 어떠한 강제도 받지 않는다고 명시했다.

아이러니하게도 민주화 시대의 한국 정부가 스스로 지키겠다고 국제사회에 약속한 바로 그 법적 규범 때문에, 정부는 양심적 병역거부권을 수용하라는 부단한 국제적 압력에 직면하게 되었다. 시간이 지날수록 이 쟁점은 국제무대에서 한국의 국익과 국격을 손상하는, 정부로서는 무척 난처한 사안이 되어갔다. 국익이나 국격을 지키기 위해서라도 대체복무권을 허용해야 하는 모순적인 상황 속에 정부 스스로 갇혀버린 것이다. 한국인이 유엔 사무총장이 되자 곤혹스러움은 배가되었다. 민주화가 국제인권사회의 국내 개입을 초래하고, 이를 매개로 군사주의 문화 균열과 인권 확장이라는 난제의 해결이 성큼 앞당겨진 것이다. 누구도 예상치 못한 사태 전개였다.

역으로, 이런 상황은 국내의 취약하고 협소한 기반 때문에 고심하던 양심적 병역거부자들과 평화운동가들에게 '국제연대'가 얼마나 중요한가를 새삼 깨닫게 해주었다. 평화운동가들은 국내에서도 큰 업적을 이뤘지만, 양심적 병역거부 문제를 유엔과 국제시민사회 등 국제무대로 가져감으로써 크나큰 성과를 거둘 수 있었다. 국제사회가 공인해준 굳건한 정당성과 타당성, 국제사회가 보내준 다양하고도 실질적인 지원과 지지·격려, 한국 정부에 대한 국제여론의 파상적인 압력이 (국제사회의 보편적 기준과 선명하게 대조되는) 국내의 여전한 마녀사냥 분위기에도 불구하고 양심적 병역거부운동이 지속될 수 있었던 비결 중 하나였다.

양심적 병역거부가 공론화된 2001년 이후부터 지금까지 거의 사반세기가 흘렀다. 지난 시간을 크게 세 단계로 구분해볼 수 있을 것 같다. 첫 번째 단계는 최초 공론화 시기인 2001년부터 대체복무제 도입이 결정된 2007년까지인데, 김대중-노무현 정부로 이어지는 자유주의 혹은 중도·개혁 세력의 집권 시기에 해당한다. 두 번째 단계는 대체복무제 도입 방침이 철회된 2008년부터 헌법재판소와 대법원이 대체복무제 도입을 강제하는 판결을 내린 2018년까지 10년간이다. 이명박-박근혜 정권으로 이어지는 보수 세력 집권 시기가 대부분을 차지하지만, 박근혜 대통령의 탄핵으로 들어선 중도·개혁(자유주의) 성향의 문재인 정부 초기가 그 일부를 이루기도 한다. 세 번째 단계는 2019년 이후로서, 문재인 정부와 여당 주도로 대체복무제 도입을 위한 법제화, 제도 형성 및 실행 과정이 이어졌다.

1단계와 2단계의 경로나 성격은 크게 달랐다. 1단계의 경우, 대체로 "언론사 → 사회운동/거부자들 → 정치사회(여당·국회)/국제사회 → 국가(행정부·대통령)"의 문제 해결 경로를 밟아갔다. 진보 성향의 언론사들, 평화운동을 비롯한 진보적 사회운동, 정치적 병역거부자들이 '공론화 이후' 과정을 주도했다. 여기에 집권 여당과 국회 일부가 동조했고, 유엔 인권기구를 포함하는 국제적 지원도 받는 가운데, 궁극적으로는 대통령의 결단에 의해 대체복무제 도입이 결정되었다. 다소 뒤늦긴 했지만 행정부를 중심으로 한 국가가 시민사회·정치사회·국제사회의 움직임에 긍정적으로 반응했던 편이었다.

이에 비해 2단계의 경우 "사회운동/거부자들 → 사법부(하급법원)/국제사회 → 사법부(상급법원)"의 경로를 따라갔다. 1단계처럼 사회운동(평화운동), 정치적 거부자들, 진보 언론이 주도적인 역할을 수행하는 가운데, 2단계에는 이전에 비해 정치사회(정당·의회)의 역할이 축소된 반면 하급심을 중심으로 사법부의 역할이 커졌다. 국제사회의 지원 활동도 1단계보다 강화되었다. 1단계에서는 행정부 수장인 대통령이 최종적인 해결사 역할을 맡았지만, 2단계에서는 사법부의 정점에 위치한 두 기관인 헌법재판소와 대법원이 동일한 역할을 담당했다.

2단계에서 행정부와 대통령을 중심으로 한 국가의 입장은 양심적 병역거부권 인정에 대해 내내 부정적이었다. 양심적 병역거부 공론화 원년인 2001년에 설립된 국가인권위원회만이 예외적으로 일관되게 대체복무제 도입을 지지했다. 2017년에 보수 세력에서 중도·개혁(자유주의) 세력으로 정권이 교체되었음에도 불구하고, 의회 다수파는 대체복무제를 지지하지 않았다. 정권은 교체되었지만 의회는 여소야대인 상황에서 정치사회와 행정부의 소극성은 국방부·병무청 등 군 관련 기관들이 제도 설계와 운영을 주도하도록 대체복무제 법률이 제정되고 관련 시행령·시행규칙이 제정되는 데 결정적인 요인이었던 것으로 보인다.

앞으로 한국의 대체복무제는 어떻게 될까? 지나치게 경직되고 가혹한 현행 대체복무제의 개선이 필요하다는 데는 상당한 공감대가 형성되어 가고 있는 것 같다. 그러나 완전히 인간화된 대체복무제, 이를테면 민간 부문이 주도하는 철저히 비군사화된 대체복무, 양심심사마저 폐지된 대체복무, 선택적 거부자뿐 아니라 절대적 거부자까지 포용하는 대체복무제에 이르는 데는 오랜 시간이 필요할 것이다. 징병제마저 폐지되고 대체복무제 자체가 사라지는 데는 훨씬 오랜 세월이 소요될 것이고, 어쩌면 그런 미래는 영영 오지 않을지도 모른다.

그러나 필자는 최근 상황이 그리 나쁘지 않다고 생각한다. 현행 대체복무제도에는 제도 도입 당시의 갈등 구도와 정치적·사회적 역학 관계가 각인되어 있다. 기존 갈등 구도와 세력 관계가 변하지 않는 한 대체복무제의 인간화 전망도 요원할 것이다. 대체복무제의 미래, 제도 변화의 방향과 속도는 이 갈등 및 세력 구도의 복잡한 함수관계를 통해서만 예측될 수 있을 것이다. 돌이켜보면, 2020년 총선거에서 중도·개혁 세력이 의회를 장악한 와중에도 2022년 대통령선거에서 보수 세력이 재집권함에 따라 "한국형 대체복무제도의 보수성"이라는 현상 또한 지속될 가능성이 높아졌다. 실제 상황 역시 그렇게 흘러갔다. 그러나 2024년 12월 3일의 계엄령 선포 사태를 계기로 한 대통령 탄핵은 정국을 급반전시켰다. 기존 정치지형이 다시 한바탕 요동칠 가능성이 커졌다. 향후 변화가 대체복무제 인간화에 유리하게 작용할지는 아직 불분명하나 상황은 낙관적인 편이다. 2025년 6·3 대통령선거를 통해 대체복무제를 둘러싼 갈등 구도와 세력 관계가 제도 개선에 한결 우호적으로 바뀌었기 때문이다.

대체복무권을 인정받은 거부자들의 복무기간이나 복무기관 등에 대해서는 2023년 3월 대체역심사위원회가 제시한 '대체역 제도개선안'과 같은 해 4월 국가인권위원회가 내놓은 '권고'가 이미 존재한다. 집권 정치세력과 대통령의 결단만으로도 이를 당장 수용할 수 있고, 대통령령인 대체역법 시행령 개정은 의회를 거칠 필요도 없다. 더구나 대체역심사위원회와 국가인권위원회의 제안들은 윤석열 정부 시기에 이루어진 것이라 정치적 반대도 상대적으로 약할 수밖에 없다. 대체역법에서는 "대체복무 기관"을 "교정시설 등"(제16조)으로 규정하여, 교정시설을 넘어 확대할 수 있는 길을 이미 열어놓았다. 아울러 처음부터 국방부 장관에게 귀속된 '복무기간 조정 재량권' 조항, 즉 "국방부 장관은 현역병의 복무기간이 조정되는 경우에는 병무청장의 요청에 따라 국무회의의 심의를 거치고 대통령의 승인을 받아 대체복무 요원의 복무기간을 6개월의 범위에서 조정할 수 있다"(제19조)는 조항까지 두고 있었다.[2] 따라서 현 집권 세력과 대통령의 결단이 무엇보다 중요하다. 지금이야말로 제도 개선의 적기이다. 대체복무제 인간화로의 길은 여전히 멀고 험하지만, 그 첫걸음을 내딛는 것은 당장이라도 가능하다.

평화주의자들은 몽상가나 이상주의자일지 모른다. 그들은 항상 "현실 너머"를 꿈꾸고 상상하고 희망한다. 이 점이 평화주의자의 강점이자 약점이다. 현실주의자들은 평화주의의 약점을 호시탐탐 파고든다. 장차 도래할 그 무엇으로서의 평화주의는 현실을 초월하는 힘, 기득권의 '불가능 선언'을 무효화하고 해체하는 힘으로 작용한다. 현실주의는 평화주의의 몽상적 일탈을 제어하는 힘으로 작용하면서, 평화주의와 일종의 대리보충supplement 관계를 유지한다. 그러므로 한 사회에 합리적이고 도덕적으로 건전한 현실주의자들이 많다는 건 좋은 일이다.

근대의 국제질서는 현실주의자realists와 자유주의자liberalists의 생산적인 경합과 소통을 통해 형성·변화되어왔다. 평화주의자들은 자유주의 진영의 일부를 구성하고 있다. 결국 정답은 "현실주의와 자유주의 사이" 어딘가에 있을 것이다. 그런데 문제는 어디서나 현실주의자들의 힘과 목소리가 너무 크다는 것이다. 반면에 평화주의는 현실주의에 비해 너무 왜소하고, 자유주의 진영 내에서조차 소수파이다. 따라서 평화주의자들의 힘과 목소리를 더욱 키워 "현실주의와 자유주의의 건강한 균형"을 만들어내는 게 당면 과제라 하겠다. 장기적으로는 "현실주의와 평화주의의 양자 구도 구축"을 목표로 삼을 수도 있을 것이다. 세계와 한국 모두에서 양심적 병역거부운동이 평화운동의 한몫을 차지하면서 평화주의자들의 힘과 목소리를 증폭시키는 데 크게 기여해왔음은 말할 것도 없다. 아마 앞으로도 꽤 오래도록 그 역할을 감당해야 할 것 같다.

주

―――

참 고 문 헌

―――

찾 아 보 기

제1부 대전환

제1장 2001년의 거대한 전환: 양심적 병역거부의 공론화

1) 임재성,『삼켜야 했던 평화의 언어: 병역거부가 말했던 것, 말하지 못했던 것』, 그린비, 2011, 7, 30쪽.

2) 신윤동욱, ""차마 총을 들 수가 없어요": 묻혀져왔던 '여호와의 증인'의 양심적 병역거부자들, 그들이 갈 곳은 감옥뿐인가",『한겨레21』, 2001.2.7, 28-29쪽.

3) 신윤동욱, "지금은 대체복무제 입안 전야",『한겨레21』, 2001.4.19, 34쪽.

4) 임재성,『삼켜야 했던 평화의 언어』, 118-122쪽.

5) 위의 책, 121-122쪽.

6) 위의 책, 122-123, 128, 130-131쪽.

7) 신윤동욱, ""징집거부권, 더 많이 알려야 한다": 세계의 평화단체와 양심적 병역거부 운동가들이 한국에 모여 '감히 징병제를 논하다'",『한겨레21』, 2001.3.29, 106-107쪽.

8) 임재성,『삼켜야 했던 평화의 언어』, 123, 128쪽.

9) 백호정, "3년 동안 대체봉사를 시키자",『월간조선』, 2001년 5월호, 428-435쪽.

10) 이남석,『양심에 따른 병역거부와 시민불복종』, 그린비, 2004, 233쪽.

11) 임재성,『삼켜야 했던 평화의 언어』, 132쪽.

12) 신윤동욱, "지금은 대체복무제 입안 전야", 34쪽.

13) 신윤동욱, "이단의 가시관 쓴 대체복무제: 한국기독교총연합회 반발로 국회 공청회 무기한 연기…인권이냐 종교갈등이냐", 『한겨레21』, 2001.7.19, 28쪽.

14) 안경환·장복희 편, 『양심적 병역거부』, 사람생각, 2002.

15) 홍영일, "양심적 병역거부와 관용의 증가", 이석우 편, 『양심적 병역거부: 2005년 현실진단과 대안 모색』, 사람생각, 2005, 18쪽.

16) 임재성, 『삼켜야 했던 평화의 언어』, 137쪽.

17) 위의 책, 135-136쪽.

18) 위의 책, 136-137쪽.

19) 「시민의신문」 2001년 12월 31일자의 관련 기사를 볼 것.

20) 인권하루소식, 2002.2.5.

21) 최정민, "양심에 따른 병역거부, 유엔 인권위원회에 가다: 제58차 유엔 인권위원회 참가기", 『당대비평』 19, 2002년 여름, 93-98쪽.

22) 인권하루소식, 2002.5.10.

23) 백기철, "'양심적 병역거부' 대체복무 본격 논의", 「한겨레」, 2002.7.8.

24) 이재승, "양심적 병역거부권과 대체복무제", 『민주사회와 정책연구』 7, 2005, 282-283쪽.

25) 인권하루소식, 2002.7.9; 연합뉴스, 2002.7.9.

26) 신윤동욱, "양심의 자유, 처음 만나는 자유", 『한겨레21』, 2004.6.3, 80쪽.

27) 대체역심사위원회, 『제1차 대체역심사위원회 연간보고서: 2020.6.30~2021.6.30』, 대체역심사위원회, 2021, 130-131쪽.

28) 임재성, 『삼켜야 했던 평화의 언어』, 137-140쪽.

29) 한국의 과거청산 과정과 이를 둘러싼 정치(과거청산 정치)에 대해서는, 강인철, 『시민종교의 탄생: 식민성과 전쟁의 상흔』, 성균관대학교출판부, 2019, 제2부를 볼 것.

30) 강인철, 『민중, 시대와 역사 속에서: 민중의 개념사, 통사』, 성균관대학교출판부, 2023, 390-397쪽.

31) 우석훈, "87년 이후 20년, 민중의 시대가 다시 도래하는가?", 『사회비평』 36, 2007, 30쪽.

32) 서보혁·정욱식, 『평화학과 평화운동』, 모시는사람들, 2016, 168쪽. 한국의 평화운동 연구자들은 1990년대 이전의 평화운동 사례로 김구, 최능진, 여호와의증인과 재림

교회 신자들, 김낙중, 조봉암, 함석헌, 장일순, 문익환, 원폭피해자 후원활동(한국교회여성연합회, YWCA) 등을 제시하고 있다(같은 책, 108-114쪽; 서보혁·정주진, 『평화운동: 이론·역사·영역』, 진인진, 2018, 166-168쪽).

33) 서보혁·정주진, 『평화운동』, 116-121쪽; 서보혁·정욱식, 『평화학과 평화운동』, 168-170쪽.

34) 서보혁·정주진, 『평화운동』, 121쪽; 서보혁·정욱식, 『평화학과 평화운동』, 170쪽.

35) 서보혁·정주진, 『평화운동』, 121쪽.

36) 임재성, 『삼켜야 했던 평화의 언어』, 131-132쪽.

37) 대체복무제가 도입되기 전의 대만에서는 7년 형 이상 선고를 받고 4년 이상 수감생활을 해야 군복무가 면제되었고, 형량이 누적되지 않아서 연속된 수감 기간이 4년에 하루라도 부족하면 45세가 될 때까지 감옥행을 반복해야 했다. 신윤동욱, "“우리는 감옥에 가지 않아요": 양심적 병역거부와 대체복무제를 아시아 최초로 도입한 대만, 그 현장을 가다", 『한겨레21』, 2001.3.29, 102쪽.

38) 임재성, 『삼켜야 했던 평화의 언어』, 129쪽.

39) 서보혁·정주진, 『평화운동』, 105쪽.

40) 1990년대 통일운동은 "평화운동의 잠재력" 못지않게 "군사주의적 의식에 포획될 위험"에서 완전히 자유롭지 못할 수 있었다. 예컨대 어떤 통일운동은 강대국들로 둘러싸인 한반도의 지정학적 특성을 강조하면서 "통일된 군사 강국"을 추구할 수도 있다.

41) 임재성, 『삼켜야 했던 평화의 언어』, 131쪽.

42) 이재승, "판례를 통해서 본 양심적 병역거부", 이석우 편, 『양심적 병역거부: 2005년 현실진단과 대안 모색』, 사람생각, 2005, 73쪽.

43) 임재성, 『삼켜야 했던 평화의 언어』, 132쪽.

44) 희생제의는 "개인 혹은 집단이 그(그들)에게 매우 가치 있는 것을 파괴하는 폭력적인 방법으로 초월적 존재(신 등)에게 바치는 일련의 과정"으로, "집단적 의례이고, 그 집단에 매우 가치가 있는 것을 폭력적인 방법으로 파괴하는 의식이며, 사회적 위기의 시기에 그 집단의 신앙 대상에게 드리는 종교적 의례"이다. 이처럼 희생제의는 폭력적 방법, 가치 있는 것이 희생제물로 선택되는 것, 종교의례 혹은 성스러운 행동으로 간주된다는 점 등의 특징을 보인다. 류성민, 『성스러움과 폭력』, 살림, 2003, 19, 29쪽.

45) René Girard, *Violence and the Sacred*, Patrick Gregory tr., Baltimore: The Johns Hopkins University Press, 1977; 르네 지라르, 『폭력과 성스러움』, 김진식·박무호 역, 민음사, 1997; 르네 지라르, 『희생양』, 김진식 역, 민음사, 1998; 르네 지라르, "지금 벌어지고 있는 현상은 전 세계적 차원에서의 모방적 라이벌 의식의 구현이다: 르네 지라르와 「르몽드」의 대담", 『비평』 6, 2001; 에스펜 달, "지라르, 종말과 테러리즘에 대하여", 제임스 루이스 편, 『종교와 테러리즘』, 하홍규 역, 한울아카데미, 2020.

46) 임재성, 『삼켜야 했던 평화의 언어』, 173쪽.

47) 홍영일, "양심적 병역거부와 관용의 증가", 28-31쪽.

48) 위의 글, 29쪽.

49) 위의 글, 16-18쪽.

50) 위의 글, 15쪽.

51) 이재승, "판례를 통해 본 양심적 병역거부", 77쪽.

52) 위의 글, 85쪽.

53) 육군교도소는 한국의 유일한 군교도소로서 육군, 해군, 공군, 해병대 소속 범법자들이 모두 수용되어 있다. 2001년의 경우 일일 평균 수감자 숫자가 수용인원을 초과하는 500여 명에 이르렀고, 고질적인 과잉수용으로 인한 수감자들의 농성이나 폭동이 1990년대에만도 세 차례나 있었다. 그러나 2001년 8월 이후에는 과잉수용 문제가 말끔히 해결되었다. 2012년 2월 현재 육군교도소 수감자 수는 120여 명에 그치고 있다. 양낙규, "군교도소의 변천사", 「아시아경제」(온라인판), 2012.2.28.

54) 동아일보, 2002.2.6.

55) 한겨레, 2002.5.15.

56) 동아일보, 2002.6.15.

57) 중앙일보, 2002.3.31.

58) 한국일보, 2002.1.4.

59) 인권하루소식, 2001.10.6.

60) 대체역심사위원회, 『제1차 대체역심사위원회 연간보고서』, 130쪽.

61) 한겨레, 2001.5.19.

62) 국제민주연대 외 16개 단체, "(성명서) 양심적 병역거부자들을 위한 실질적 대안이 마련되어야 한다!", 2001.10.10, http://www.cathrights.or.kr(천주교인권위원회).

63) 한겨레, 2002.2.1, 2002.2.23 등 참조.

64) 한겨레, 2002.2.1; 대한매일, 2002.2.19.

65) 세계일보, 2002.2.1.

66) 황교안, 『종교활동과 분쟁의 법률지식』, 청림출판, 1998, 222-224쪽 참조.

67) 동아일보, 2002.3.11 참조.

68) 2001년 말 양심적 병역거부를 선언했던 불교 신자 오태양이 그 주인공이었다.

69) 한국아나뱁티스트센터 홈페이지(https://kac.or.kr)의 'KAC 소개' 중 '설립 배경' (2022.5.20 검색). 인용자가 문단을 임의로 조정했음.

70) http://www.withoutwar.org/?dc_member=%ec%9d%b4%ec%83%81%eb%af%bc-2014-4-30(2015.2.12 검색).

71) 재림마을 뉴스센터(www.adventist.or.kr/nc), 2002.7.5 참조. 여기서 MCC는 'medical cadet corps'의 이니셜을 딴 약어로, 군 의무대를 가리킨다. 한국 재림교회는 '비무장 군복무'라는 목적을 위해 징병 대상인 청년 신자들을 전원 의무대로 입대시키기 위해 'MCC 교육'을 시행해왔다.

72) 이지춘, "한국 재림교회 역사 속의 종교자유 논쟁", 삼육대학교 박사학위논문, 2020, 77쪽.

73) 이남석, 『양심에 따른 병역거부와 시민불복종』, 68쪽; 오마이뉴스, 2004.6.18.

74) 김범태, "대법원, '양심적 집총거부' 현역병 항소 기각: 1년 6월 형 원심 확정…평화적 군복무 신념 요구 끝내 물거품", 「오마이뉴스」, 2005.9.9.

75) 이지춘, "한국 재림교회 역사 속의 종교자유 논쟁", 77-78쪽.

76) 위의 글, 84-88쪽. 교단의 이런 태도는 실제로 대체복무제가 도입되었을 때 재림교회 신자들이 여호와의증인 신자들처럼 양심심사에서 유리한 입지를 차지하는 데 도움이 되었다고 한다(같은 글, 87-88쪽).

1) 프레시안, 2004.5.21.

2) 임재성,『삼켜야 했던 평화의 언어』, 101쪽.

3) 한겨레, 2011.11.26.

4) 불교정보센터(www.budgate.net/Scripts/news), 2003.4.30.

5) 오만규,『집총거부와 안식일 준수의 신앙양심』, 삼육대학교 선교와사회문제연구소, 2002, 360쪽; 법보신문, 2002.2.13; 이용석,『병역거부의 질문들: 군대도, 전쟁도 당연하지 않다』, 오월의봄, 2021, 24-25쪽.

6) 강인철,『민주화와 종교: 상충하는 경향들』, 한신대학교출판부, 2012, 276쪽.

7) 다음 블로그 〈주님과 함께 걷는 길〉(blog.daum.net/tellingant)의 2005년 5월 13일자 "양심적 병역거부 진술서" 참조.

8) 전쟁없는세상 홈페이지(www.withoutwar.org)의 '병역거부자 만나기'(2004.12.10 검색); 데일리서프, 2006.7.1.

9) 오마이뉴스, 2008.11.12; 에이블뉴스, 2008.11.12.

10) 가톨릭뉴스 지금여기, 2009.7.7, 2009.9.25; 프로메테우스, 2009.7.13; 프레시안, 2009.7.14.

11) 임재성,『삼켜야 했던 평화의 언어』, 174-175쪽. 이 밖에도 이남석,『양심에 따른 병역거부와 시민불복종』, 229쪽에 오태양 이후 2004년 1월까지 출현한 양심적 병역거부자 11명의 종교, 소속, 병역거부 선언 요지, 선언 날짜 등이 소개되어 있다. 또 전쟁없는세상·한홍구·박노자,『총을 들지 않는 사람들: 병역거부자 30인의 평화를 위한 선택』, 철수와영희, 2008, 343쪽에도 2001년 12월부터 2007년 12월까지 등장한 31명의 양심적 병역거부자들의 병역거부 선언 및 구속 일자, 형량, 수감 교도소 등이 소개되어 있다.

12) 이남석,『양심에 따른 병역거부와 시민불복종』, 13-14쪽.

13) 정종훈, "기독교윤리 차원에서 본 양심적 병역거부의 논쟁과 대안 모색", 베스 엘렌 보일 편,『양심적 병역거부 관련 종교적 진술』, 한국기독교교회협의회, 2009, 57-65쪽. 이 논문은 2002년에 발표된 논문을 수정한 것이다(정종훈, "기독교윤리적 논점에서 본 양심적 병역거부의 논쟁과 대안 모색",『한국기독교신학논총』26, 2002).

14) 이남석, 『양심에 따른 병역거부와 시민불복종』, 39쪽.

15) 위의 책, 39-40쪽.

16) 연합뉴스, 2004.5.21.

17) 홍영일, "양심적 병역거부와 관용의 증가", 23-24쪽.

18) 나윤경·이석우, "양심적 병역거부 무죄 판결에 대한 언론 보도 경향 분석", 이석우 편, 『양심적 병역거부: 2005년 현실진단과 대안 모색』, 사람생각, 2005, 230쪽.

19) 이재승, "양심적 병역거부권과 대체복무제", 265쪽.

20) 나윤경·이석우, "양심적 병역거부 무죄 판결에 대한 언론 보도 경향 분석", 229-230쪽의 통계를 필자가 표로 작성한 것임.

21) 이재승, "양심적 병역거부권과 대체복무제", 265-266쪽.

22) 위의 글, 266쪽.

23) 신윤동욱, "유죄의 절망, 대체복무제의 희망!", 『한겨레21』, 2004.7.29, 70-73쪽.

24) 동아일보, 2004.8.27.

25) 전쟁없는세상 편, 『우리는 군대를 거부한다: 양심에 따른 병역거부자 53인의 소견서』, 포도밭출판사, 2014, 136쪽.

26) 이재승, "판례를 통해서 본 양심적 병역거부", 64-86쪽.

27) 위의 글, 64쪽.

28) 위의 글, 76쪽.

29) 위의 글, 86쪽.

30) 이기철, "양심의 자유와 국방의 의무가 충돌하는 경우 국가는 Leviathan이어야 하는가?: 양심적 병역거부에 결정과 관련하여(헌법재판소 2004.8.26. 선고 2002헌가1 결정; 대법원 2004.7.15. 선고 2004도2965 판결)", 『한양법학』 17, 2005. 대법원과 헌법재판소 결정 직후 박종보도 상이한 접근으로 주목할 만한 해석을 내놓았다. 그는 양심적 병역거부 문제를 "양심의 자유와 국방의 의무의 충돌"이라는 프레임으로 접근하는 것은 "근본적 오류"라고 주장했다. 그에 따르면, "헌법상의 의무는 헌법상 기본권과 등위의 가치를 지닌 것이 아니며 국방의 의무가 반드시 집총 병역의 의무를 의미하지 않기 때문에, 이 문제를 같은 권리주체의 기본권과 기본의무의 충돌로 이해하는 데는 근본적인 오류가 있다. 문제를 인식하는 기본틀은 양심의 자유가 공익적 필요에 의하여 제한된다는 것이어야 한다. 그리고 그 공익적 요청은 국가의 안전보

장, 구체적으로는 국방력의 강화와 병역의무의 형평 문제이다. 여기서 서로 실제적 조화를 이루도록 조정하여야 할 것은 양심적 병역거부자의 양심의 자유와 집총 병역 이행자의 평등권이다"(박종보, "양심의 자유와 병역거부", 『민주사회와 정책연구』 7, 2005, 309쪽). 이런 문제의식에서 그는 대안의 방향을 이렇게 제시했다: "양심의 보호와 형평의 문제를 동시에 해결할 수 있는 대안으로서 대체복무제의 도입은 현실적으로 가능하며, 다수의 국가에서 이미 오래전부터 성공적으로 시행되고 있다는 사실이 이를 증명한다. 양심적 병역거부자에 대한 예외 인정과 관련하여 가장 중요한 것은 병역의무의 형평성 확보이다. 입법자에게 주어진 과제는 복무기간, 고역의 정도 등을 종합하여 대체복무의 부담과 현역복무 사이에 등가관계가 성립되도록 하는 것, 그리고 진정한 양심적 병역거부자를 가려내는 엄격한 사전심사 절차와 사후관리 장치를 마련하는 것이다"(박종보, 같은 글, 319쪽).

31) 양심에 따른 병역거부권 실현과 대체복무제도 개선을 위한 연대회의 외, "제60차 유엔인권위원회 공동보고서: 한국의 양심에 따른 병역거부 현황과 인권", 이석우 편, 『양심적 병역거부: 2005년 현실진단과 대안 모색』, 사람생각, 2005, 177쪽.

32) 임종인, "추천의 글", 이남석, 『양심에 따른 병역거부와 시민불복종』, 그린비, 2004, 5쪽. 신윤동욱 기자는 2004년 7월 대법원 판결의 긍정적인 측면을 다음과 같이 요약했다. "비록 '유죄' 판결을 내리기는 했지만, 이번 대법원 판결은 지금까지의 대법원 판례에 비해서는 진일보한 측면이 있다. 양심에 따른 병역거부자에 대한 대법원의 1969년, 85년, 92년의 판결은 한결같이 "종교의 교리를 내세워 법률이 규정한 병역의 의무를 거부하는 것은 헌법에서 보장한 종교와 양심의 자유에 속하는 것이 아니다"라고 판시해왔기 때문이다. 여호와의증인 정운영씨는 "대법원이 지금까지는 병역거부를 '양심의 자유'의 영역이 아니라 이단의 교리로만 해석해왔다"며 "병역거부를 양심의 자유에 해당한다고 인정한 것만으로도 진전"이라고 평가했다. 또 "입법자의 광범위한 입법 재량권을 언급해 대체복무제 입법의 길을 열어주었다"고 덧붙였다. 양심의 자유를 우선한 소수의견이 나온 것도, 대체복무제 도입의 필요성을 제기한 보충의견이 덧붙여진 것도 처음 있는 일이다"(신윤동욱, "유죄의 절망, 대체복무제의 희망!", 72쪽).

33) 홍영일, "양심적 병역거부와 관용의 증가", 23, 25쪽.

34) 임종인, "추천의 글", 6쪽.

35) 평화박물관 건립추진위원회, 『총을 들지 않는 사람들』, 평화박물관 건립추진위원회, 2005, 107쪽; 연합뉴스, 2005.3.13.

36) 장복희, "양심적 병역거부에 대한 국제법, 국가 관행 및 국내적 실천", 이석우 편, 『양심적 병역거부: 2005년 현실진단과 대안 모색』, 사람생각, 2005, 99쪽.

37) 연합뉴스, 2005.10.19; 서울신문, 2005.12.27; 한국일보, 2005.12.27.

38) 이석우, "국제법상 양심적 병역거부자의 권리보호 방안에 대한 고찰: 주제별 인권 보호 장치를 중심으로", 이석우 편, 『양심적 병역거부: 2005년 현실진단과 대안 모색』, 사람생각, 2005, 119쪽.

39) 위의 글, 109-118쪽.

40) 장복희, "양심적 병역거부에 대한 국제법, 국가 관행 및 국내적 실천", 90-94쪽.

41) 전쟁저항자인터내셔널, 『병역거부: 변화를 위한 안내서』, 여지우·최정민 역, 경계, 2018, 22쪽.

42) 노컷뉴스, 2004.10.18.

43) 장복희, "양심적 병역거부에 대한 국제법, 국가 관행 및 국내적 실천", 94쪽.

44) United Nations Human Rights Committee, CCPR/C/88/D/1321-1322/2004, January 23, 2007.

45) OHCHR, "Conscientious objection to military service", http://www.ohchr.org/EN/Issues/RuleOfLaw/Pages/ConscientiousObjection.aspx(2020.12.25 검색).

46) 자유권규약위원회 견해, 인권이사회 권고의 요약본은, 한인섭·이재승 편, 『양심적 병역거부와 대체복무제』, 경인문화사, 2013, 621-673쪽을 참조할 것.

47) 전쟁저항자인터내셔널, 『병역거부』, 116쪽.

48) 위의 책, 131쪽.

49) 임재성, 『삼켜야 했던 평화의 언어』, 162-165쪽 참조.

제3장 양심적 병역거부운동의 분화와 전환

1) 임재성, 『삼켜야 했던 평화의 언어』, 128쪽.

2) 정용욱, "양심에 따른 병역거부운동의 현황과 전망", 윤수종 외, 『우리 시대의 소수자

운동』, 이학사, 2005, 268쪽.

3) 임재성, "평화운동으로서 한국 병역거부운동 연구: '양심의 자유'와 '반군사주의' 간
   의 긴장 관계를 중심으로", 서울대학교 석사학위논문, 2009; 임재성, "평화운동으로
   서의 한국 양심적 병역거부운동 연구", 『민주주의와 인권』 10(3), 2010.

4) 임재성, 『삼켜야 했던 평화의 언어』, 306-307쪽.

5) 위의 책, 18쪽.

6) 위의 책, 338쪽.

7) 이남석, 『양심에 따른 병역거부와 시민불복종』, 52, 54쪽.

8) 위의 책, 52-53쪽.

9) 위의 책, 6, 9쪽.

10) 위의 책, 50-52쪽.

11) 임재성, 『삼켜야 했던 평화의 언어』, 166쪽.

12) 이남석, 『양심에 따른 병역거부와 시민불복종』, 8쪽.

13) 임재성, 『삼켜야 했던 평화의 언어』, 17쪽.

14) 이남석, 『양심에 따른 병역거부와 시민불복종』, 65쪽.

15) 정용욱, "양심에 따른 병역거부운동의 현황과 전망", 267-268쪽.

16) 위의 글, 267, 269-270쪽.

17) 위의 글, 269쪽.

18) 이남석, 『양심에 따른 병역거부와 시민불복종』, 215-216쪽.

19) 위의 책, 216쪽.

20) 위의 책, 8-9쪽.

21) 서보혁·정욱식, 『평화학과 평화운동』, 179쪽.

22) 병역거부운동이 인권운동의 성격을 띠게 된 것을 한국 평화운동의 '확대 및 발전'을
    보여주는 지표로 해석하는 시각도 있다. 서보혁·정주진, 『평화운동: 이론·역사·영
    역』, 107쪽.

23) 임재성, 『삼켜야 했던 평화의 언어』, 17, 165-168쪽.

24) 위의 책, 171쪽.

25) 전쟁없는세상 홈페이지의 '전쟁없는세상 소개',
    http://www.withoutwar.org/?page_id=10658(2024.6.20 검색).

26) 임재성,『삼켜야 했던 평화의 언어』, 180쪽.

27) 위의 책, 172쪽.

28) 위의 책, 176-177쪽.

29) 위의 책, 216쪽.

30) 위의 책, 172-173쪽.

31) 위의 책, 177-182쪽.

32) 위의 책, 147-149, 157-158쪽.

33) 이남석,『양심에 따른 병역거부와 시민불복종』, 55-58쪽.

34) 임재성,『삼켜야 했던 평화의 언어』, 337쪽.

35) 위의 책, 163-164쪽.

36) 위의 책, 168쪽.

37) 권김현영, "병역의무의 성별 정치학",『당대비평』19, 2002년 여름, 45쪽.

38) 임재성,『삼켜야 했던 평화의 언어』, 249쪽.

39) 정희진, "'양심적 병역기피'를 옹호함",『씨네21』(온라인판), 2005.12.30. 강인화와 김성민의 연구가 이런 문제의식을 이어받았다. 강인화, "한국 사회의 병역거부운동을 통해 본 남성성 연구", 이화여자대학교 석사학위논문, 2007; 강인화, "병역, 기피·비리·거부의 정치학",『여성과 평화』5, 2010; 김성민, "양심적 병역거부",『여성이론』24, 2011.

40) 임재성,『삼켜야 했던 평화의 언어』, 10-11, 22, 31, 38-40, 211-213, 236-238, 244-252, 308-309쪽 등을 볼 것.

41) 위의 책, 169쪽.

42) 현민,『감옥의 몽상』, 돌베개, 2018, 318-319쪽.

43) 위의 책, 321-325쪽.

44) 오세영, "삶의 한 방식/과정으로서의 병역거부: 구술을 통해 본 2000년대 이후 '정치적' 병역거부자의 자기생애 인식", 성공회대학교 석사학위논문, 2014, 17-18쪽 참조.

45) 전쟁없는세상,『우리는 군대를 거부한다』, 15쪽; 전쟁없는세상·한홍구·박노자,『총을 들지 않는 사람들』, 199-200쪽.

46) 갈퉁은『평화적 수단에 의한 평화』에서 "비폭력의 실용성"을 강조한 바 있다. 그는 1920년 이후 간디의 자치운동에서 냉전을 종식시킨 동독의 '한마음 단결 운동'에 이

르기까지 10건의 성공적인 비폭력 투쟁 사례를 소개하면서, "'비폭력은 효력이 없다'는 주장은 정보의 부족에서 오는 결과"이며, 20세기 후반에 있었던 "놀랄 만한 비폭력의 성공 사례가 더욱 그러하다"고 말했다. 반면에, "비폭력을 사용하는 대신 착취받거나 위협받고 억압받는 자들이 대규모 폭력에 가담했다면 그것은 또 다른 대규모의 대항적 폭력을 유발했을지도 모를 뿐만 아니라 억압적인 상태도 전혀 변화시키지 못하고 남아 있었을지도 모른다"면서, 실제로도 그렇게 될 가능성이 매우 높다고 보았다(요한 갈퉁, 『평화적 수단에 의한 평화』, 강종일 외 역, 들녘, 2000, 260-261쪽). 에리카 체노웨스와 마리아 스테판은 비폭력 저항의 효과에 대해 보다 체계적인 연구를 진행했다. 그들은 1900~2006년 사이의 저항운동 사례 323건을 분석하여 평화적 시위의 성공 비율이 폭력적 시위보다 두 배 이상임을 밝혀냈다(에리카 체노웨스·마리아 J. 스티븐, 『비폭력 시민운동은 왜 성공을 거두나?』, 강미경 역, 두레, 2019, 25쪽). 프리데만 카릭 역시 저항자들이 사용하는 폭력은 저항자들에게 불리하게, 적대자들에게 유리하게 작용할 가능성이 높음을 지적했다(프리데만 카릭, 『우리의 싸움은 아직 시작도 하지 않았다: 멈춰버린 세상을 앞으로 나아가게 하는 법』, 김희상 역, 원더박스, 2024, 178-179쪽). 심지어 평화적 저항운동은 "운동 이후"에도 고유한 장점을 발휘한다(에리카 체노웨스·마리아 J. 스티븐, 『비폭력 시민운동은 왜 성공을 거두나?』, 306, 311쪽).

47) 특히 권인숙, 『대한민국은 군대다: 여성학적 시각에서 본 평화, 군사주의, 남성성』, 청년사, 2005를 보라. 아울러, 이남희, 『민중 만들기: 한국의 민주화운동과 재현의 정치학』, 유리·이경희 역, 후마니타스, 2015; 김원, 『잊혀진 것들에 대한 기억: 1980년대 대학의 하위문화와 대중정치』, 이매진, 2011도 볼 것.

48) 서보혁·정주진, 『평화운동』, 30-32, 81-82쪽.

49) 현민, 『감옥의 몽상』, 326쪽.

제4장 거부자들: 병역에 저항하는 다양한 양심적 동기들

1) 임재성, 『삼켜야 했던 평화의 언어』, 228쪽.

2) 한국기독교교회협의회 인권위원회 편, 『한국교회 인권운동 30년사』, 한국기독교교

회협의회, 2005, 284, 321-323쪽.

3) 임재성, 『삼켜야 했던 평화의 언어』, 221, 227, 230쪽.

4) 전쟁없는세상 편, 『저항하는 평화: 전쟁, 국가권력에 저항하는 평화주의자들의 대담』, 오월의봄, 2015.

5) 현민, 『감옥의 몽상』; 이용석, 『평화는 처음이라』, 빨간소금, 2021; 이용석, 『병역거부의 질문들』; 김동주, 『총으로 글을 쓸 수는 없지 않은가?』, 도서출판 각, 2013.

6) 임재성, "평화운동으로서의 한국 양심적 병역거부운동 연구." 임재성의 석사학위논문과 2010년 논문에서는 정치적 병역거부자만이 아니라, 병역거부운동 활동가도 심층면접 대상으로 선정되어 있다.

7) 임재성, 『삼켜야 했던 평화의 언어』, 314쪽.

8) 강인화에 의하면, 2001년 직후 양심적 병역거부권에 대한 여론의 강한 반대에 직면하자, 양심적 거부자들은 자신들에 대한 부정적인 의심과 낙인 속에서, 그리고 그런 의심과 낙인에 저항하여, 양심적 병역거부를 정당화하기 위한 '운동 논리'를 내세우게 되었다. 그런데 그런 선택이 '저항운동 영웅'이나 '강인한 저항자'와 같은 이미지를 조장하는 방식으로 남성중심주의를 강화하는 의도치 않은 결과로 이어졌다는 것이다. 강인화, "한국 사회의 병역거부운동을 통해 본 남성성 연구", iv쪽.

9) 윌리엄 제임스, 『종교적 경험의 다양성』, 김재영 역, 한길사, 2000, 261-335쪽 참조.

10) 임재성, 『삼켜야 했던 평화의 언어』, 186-190, 192-198쪽.

11) 오태양·박노자, "폭력을 거부하는 마음은 인간의 동심이자 본심이다", 『당대비평』 19, 2002년 여름, 52쪽.

12) 위의 글, 55쪽.

13) 현민, 『감옥의 몽상』, 313쪽.

14) 임재성, 『삼켜야 했던 평화의 언어』, 190-192쪽.

15) 위의 책, 192쪽.

16) 위의 책, 245쪽.

17) 위의 책, 31-32쪽.

18) 위의 책, 212쪽.

19) 현민, 『감옥의 몽상』, 316-317쪽.

20) 위의 책, 317쪽.

21) 위의 책, 314-315쪽.

22) 임재성, 『삼켜야 했던 평화의 언어』, 235-236쪽.

23) 위의 책, 22-23쪽.

제2부 대체복무제의 갈등적 도입과 시행

제5장 대체복무제 도입 결정과 좌초, 심화하는 국제 고립

1) 한나 아렌트, 『폭력의 세기』, 김정한 역, 이후, 1999, 88, 132쪽.

2) 한홍구, "한국의 징병제와 병역거부의 역사", 전쟁없는세상·한홍구·박노자, 『총을 들지 않는 사람들: 병역거부자 30인의 평화를 위한 선택』, 철수와영희, 2008, 334-335쪽.

3) 위의 글, 333쪽.

4) 위의 글, 334쪽.

5) 위의 글, 336-337, 339쪽.

6) 위의 글, 341-342쪽.

7) 국방부 홍보관리관실, "국방부 대국민 발표문(2007.9.18)", 한인섭·이재승 편, 『양심적 병역거부와 대체복무제』, 경인문화사, 2013, 805-809쪽.

8) 임재성, 『삼켜야 했던 평화의 언어』, 70-71쪽.

9) 한홍구, "한국의 징병제와 병역거부의 역사", 341쪽.

10) 임재성, 『삼켜야 했던 평화의 언어』, 45-46쪽.

11) 위의 책, 72쪽.

12) 위의 책, 72-73쪽.

13) 위의 책, 283쪽.

14) 위의 책, 47쪽.

15) 신윤동욱·정인환, "양심적 병역거부 1만 2324명 2만 5483년", 『한겨레21』, 2007.3.20, 70-71쪽.

16) 한겨레, 2011.9.1, 2011.11.26; 오마이뉴스, 2011.9.15; 연합뉴스, 2012.1.22.

17) 대체역심사위원회, 『제1차 대체역심사위원회 연간보고서』, 136쪽.

18) 한겨레, 2009.1.16.

19) 연합뉴스, 2010.8.4.

20) 홍영일, "시대의 물결이 만들어내는 굴곡들", 한인섭·이재승 편, 『양심적 병역거부와 대체복무제』, 경인문화사, 2013, 419쪽.

21) 매일경제(온라인판), 2012.3.8; 뉴시스, 2012.12.10.

22) 평화박물관 건립추진위원회, 『총을 들지 않는 사람들』, 113쪽.

23) 오마이뉴스, 2011.9.15.

24) 한겨레, 2016.10.11, 2018.6.28.

25) 한겨레, 2011.11.26; 연합뉴스, 2012.1.22.

26) 「한겨레」 2012년 5월 12일자, 11면의 "진보·보수 균형 무너진 대법…소수자 얘기가 안 들린다" 제하 기사(여현호 기자)의 일부임.

27) 연합뉴스, 2006.12.8, 2007.3.18, 2011.4.13; 오마이뉴스, 2010.5.8; 한겨레, 2011.4.14, 2012.10.29 참조.

28) 한겨레, 2008.9.23; 시사코리아저널(온라인판), 2011.4.13.

29) 한겨레, 2012.10.29.

30) 연합뉴스, 2011.12.15; 박병국, "동성애 병역거부자 첫 망명과 잇따른 망명 신청", 「헤럴드경제」(온라인판), 2011.12.15.

31) 박현정, "한국인 인수 씨는 왜 난민이 됐나", 『한겨레21』, 2013.7.22.

32) 안악희, "망명 25시: 예다링과 함께 한 격동의 4일", 「오마이뉴스」, 2014.10.10, 2014.10.19, 2014.10.28, 2014.11.11 등 4회 연재된 인터뷰 기사를 볼 것. 아울러, 박현정, "한국인 예다 씨, 왜 무국적 난민을 택했나", 『한겨레21』, 2013.10.22도 볼 것.

33) 박현정, ""한국은 내게 스트레스"…'헬조선' 청년은 또다시 난민이 됐다", 「한겨레」, 2017.7.8, 13면.

34) 대체역심사위원회, 『제1차 대체역심사위원회 연간보고서』, 131-133쪽.

35) 위의 책, 133쪽.

36) 임재성, 『삼켜야 했던 평화의 언어』, 65쪽.

37) 류영재, "양심적 병역거부는 병역비리가 아니다", 「한겨레」, 2024.3.18, 27면.

38) 대체역심사위원회, 『제1차 대체역심사위원회 연간보고서』, 132쪽.

1) 임재성, 『삼켜야 했던 평화의 언어』, 283쪽.

2) 위의 책, 286-288쪽.

3) 서보혁·정주진, 『평화운동』, 179쪽.

4) 위의 책, 179-180쪽.

5) 김신숙, 『역사와 쟁점으로 살펴보는 한국의 병역제도』, 메디치미디어, 2020, 14쪽.

6) "병역법 위반: 대법원 2018.11.1, 선고, 2016도10912, 전원합의체 판결", 법제처 국가
   법령정보센터(www.law.go.kr)(2022.4.18 검색).

7) 정희완, "대체역심사위, 대체복무 기간 9개월 단축안 제안", 『주간경향』(온라인판),
   2023.7.3.

8) 홍영일, "양심적 병역거부와 관용의 증가", 33쪽.

9) 임재성, 『삼켜야 했던 평화의 언어』, 311-312쪽.

10) 문장렬, "징병제 지속 불가능…전 국민 공익복무하는 '공역제' 어떨까", 「한겨레」,
    2024.2.24, 14면.

11) 임재성, 『삼켜야 했던 평화의 언어』, 312쪽.

12) 위의 책, 275쪽.

13) 예컨대 대체복무제 도입이 이미 기정사실이 된 2018년 이후에도 1년 6개월 미만의
    실형을 선고받아 곤욕을 치른 사례가 나타났다. 이 경우 해당 거부자는 형기를 마친
    다음에도 '보충역 대상'으로 분류되어 군사훈련을 받고 사회복무를 추가로 이행해
    야 한다. 다시 말해 1년 6개월 미만의 실형을 선고받으면, 군복무를 면제받는 '전시
    근로역'이 아니라, 추가적인 사회복무와 그 이전의 집총 군사훈련을 이수해야 하는
    '보충역' 대상 처분을 받게 된다. 정욱이 비운의 주인공이었다. 이주빈, "1년 복역한
    뒤 3년 대체복무…정욱씨는 정말 기뻤다", 「한겨레」, 2022.1.18, 10면.

14) 김나루, "유럽의 양심적 병역거부자를 위한 대체복무제의 비교법적 연구", 『유럽헌
    법연구』 29, 2019, 48쪽.

15) 황일호, "양심적 병역거부자 대체복무제도에 대한 비판", 『교정연구』 30(1), 2020, 20쪽.

16) 김나루, "유럽의 양심적 병역거부자를 위한 대체복무제의 비교법적 연구", 48-49쪽.

17) 이용석, 『평화는 처음이라』, 183쪽.

18) 위의 책, 181쪽.

19) 김나루, "유럽의 양심적 병역거부자를 위한 대체복무제의 비교법적 연구", 50-51쪽.

20) 국가인권위원회, "국가인권위원회 군인권보호위원회 결정"(결정문), 2023.4.13, 6, 11쪽.

제7장 대체복무제 도입 이후

1) 편집부 편, "정의·평화·창조질서의 보전 서울 세계대회 최종문서", 『기사연무크』 2, 한국기독교사회문제연구원, 1990, 178쪽. 이것은 조세저항운동 차원에서 행해지는 '군대·전쟁을 위한 납세 거부(conscientious objection to military taxation)', 이렇게 거부한 세금으로 평화기금(Peace Tax Fund)을 조성하는 사회운동과 관련된다(Calista King ed., *Your Beliefs Vs. Your Tax Bill: A Guide to Tax Resistance, Including Tax Revolt, Conscientious Objection, Media, Campaigns, and More*, USA: CPSIA, pp. 34-40 참조. 이 책에는 출판 연도와 출판 도시가 명시돼 있지 않음). 아울러 Melvin D. Schmidt, "Tax Refusal as Conscientious Objection to War," *The Mennonite Quarterly Review* 43(3), 1969; Ed Hedemann, *War Tax Resistance: A Guide to Withholding Your Support from the Military*, 4th edition, Gabriola Island: New Society Publishers, 1992 등을 볼 것.

2) 법제처 국가법령정보센터(www.law.go.kr)의 '대체역의 편입 및 복무 등에 관한 법률' 항목 참조.

3) 박승홍, "대체역심사위원회 출범 2년의 발자취", 『대전투데이』(온라인판), 2022.10.18.

4) 유균혜, "새로운 병역제도, '대체역' 시행 1년 성과와 과제", 『국방일보』(온라인판), 2021.8.13.

5) 법제처 국가법령정보센터(www.law.go.kr)의 '대체역의 편입 및 복무 등에 관한 법률 시행령' 항목 참조. 구체적으로, ① 소집 월부터 4개월까지는 이등병의 보수, ② 소집 월부터 5개월에서 16개월까지는 일등병의 보수, ③ 소집 월부터 17개월에서 28개월까지는 상등병의 보수, ④ 소집 월부터 29개월 이상은 병장의 보수를 지급하도록 했다. 아울러, 대체복무기관의 장은 보수 외에 "대체업무 수행에 필요한 여비 등 실비(實費)를 지급"하고, "합숙근무에 따른 숙식과 일상용품을 제공"하도록 규정했다.

6) 허욱, "전쟁 게임 즐기며 "폭력 반대"…양심적 입영 거부자 징역형", 「조선일보」(온라인판), 2024.2.5.

7) 대체역심사위원회, 『제1차 대체역심사위원회 연간보고서』, 16-17쪽.

8) 위의 책, 39쪽.

9) 황일호, "양심적 병역거부자 대체복무제도에 대한 비판", 19쪽.

10) 대체역심사위원회, 『제1차 대체역심사위원회 연간보고서』, 50-51쪽.

11) 위의 책, 51, 53쪽.

12) 대체역심사위원회, 『제2차 대체역심사위원회 연간보고서: 2021.7.1~2022.12.31』, 대체역심사위원회, 2023, 15쪽.

13) 대체역심사위원회, 『제1차 대체역심사위원회 연간보고서』, 47쪽.

14) 대체역심사위원회, "대체역 심사위원회, 그동안 천 이백여 명 심사·의결, 첫 '기각' 사례도 나와"(보도자료), 2021.5.3.

15) 대체역심사위원회, 『제1차 대체역심사위원회 연간보고서』, 54쪽.

16) 위의 책, 43, 47쪽.

17) 위의 책, 54-56, 98-118쪽.

18) 대체역심사위원회, 『제3차 대체역심사위원회 연간보고서: 2023년』, 대체역심사위원회, 2024, 15쪽.

19) 위의 책, 20쪽.

20) 이영근·여성국, "대체복무 후 여호와의증인 신도 급증? '여증 코인'의 반전", 「중앙일보」(온라인판), 2022.8.3.

21) 국가인권위원회, "국가인권위원회 군인권보호위원회 결정", 11쪽.

22) 황일호, "양심적 병역거부자 대체복무제도에 대한 비판"; 김나루, "유럽의 양심적 병역거부자를 위한 대체복무제의 비교법적 연구"; 심민석, "대체복무제도의 제한조건과 양심적 병역거부: 유럽인권재판소의 판례를 중심으로", 『유럽헌법연구』 31, 2019 등 참조.

23) 정재영, "대체역심사위원회의 복무기간 단축 제안을 환영한다", 「한겨레」, 2023.7.18, 25면.

24) 국가인권위원회, "국가인권위원회 군인권보호위원회 결정", 6-7쪽.

25) 황일호, "양심적 병역거부자 대체복무제도에 대한 비판", 23-24쪽.

26) 하어영, "복무와 수감 사이…'다나까'는 없고 부동자세는 있고", 「한겨레」, 2020.11.21, 3-4면.

27) 이영근·여성국, "2040년 징집 인원 15만 명 뿐..대체복무제 이대로도 괜찮은가", 「중앙일보」(온라인판), 2022.8.7.

28) 여성국·이영근, "한의사 아빠는 교도소에 산다..'감옥합숙' 택한 장경진씨 사연", 「중앙일보」(온라인판), 2022.8.2.

29) 이영근·여성국, "대체복무 후 여호와의증인 신도 급증? '여증 코인'의 반전", 「중앙일보」(온라인판), 2022.8.3.

30) 정재영, "대체역심사위원회의 복무기간 단축 제안을 환영한다", 「한겨레」, 2023.7.18, 25면.

31) 여성국·이영근, "한의사 아빠는 교도소에 산다..'감옥합숙' 택한 장경진씨 사연", 「중앙일보」(온라인판), 2022.8.2; 이영근·여성국, "2040년 징집 인원 15만 명 뿐. 대체복무제 이대로도 괜찮은가", 「중앙일보」(온라인판), 2022.8.7.

32) 황일호, "양심적 병역거부자 대체복무제도에 대한 비판", 18-19쪽.

33) 이용석, 『병역거부의 질문들』, 164-166쪽.

34) 황일호, "양심적 병역거부자 대체복무제도에 대한 비판", 19-20쪽.

35) 류인선, "여호와증인 신도, 총 들 일 없는 '사회복무요원' 거부…대법 "병역법 위반"", 「뉴시스」, 2023.3.26.

36) 송진원, "사회복무요원 소집 거부한 여호와의증인 신도 1심 무죄", 「연합뉴스」, 2019.1.23.

37) 대체역심사위원회, 『제1차 대체역심사위원회 연간보고서』, 119쪽.

38) 국가인권위원회, "국가인권위원회 군인권보호위원회 결정", 2쪽.

39) 황일호, "양심적 병역거부자 대체복무제도에 대한 비판", 21쪽.

40) 국가인권위원회, "국가인권위원회 군인권보호위원회 결정", 9-10쪽.

41) 위의 글, 4, 12쪽.

42) 대체역심사위원회, 『제3차 대체역심사위원회 연간보고서: 2023년』, 22-24쪽.

43) 정희완, "대체역심사위, 대체복무 기간 9개월 단축안 제안", 『주간경향』(온라인판), 2023.7.3.

44) 양심에 따른 병역거부권 실현과 대체복무제도 개선을 위한 연대회의, 『양심에 따른

병역거부자들을 위한 가이드북』, 양심에 따른 병역거부권 실현과 대체복무제도 개

　　선을 위한 연대회의, 2004, 36쪽.

45) 위의 책, 37쪽.

46) 이용석, 『병역거부의 질문들』, 7-8쪽.

47) 대체역심사위원회, 『제1차 대체역심사위원회 연간보고서』, 119쪽.

48) 구체적으로, 양심적 병역거부자에 대한 반복처벌은 동일 범법행위에 대한 중복 재

　　판·처벌을 자의적 구금으로 보는 자유권규약 14조, 비인도적·치욕적 처우(inhuman

　　and degrading treatment)를 금지한 자유권규약 3조, (처벌 위협을 통해 개인의 확

　　신·의견을 변경시키려 한다는 점에서) 종교·신념의 보호를 규정한 자유권규약 18조

　　에 위반된다는 것이다. Office of the High Commissioner on Human Rights,

　　Conscientious Objection to Military Service, Geneva: United Nations Publication,

　　2012, pp. 34-37.

49) 양심에 따른 병역거부권 실현과 대체복무제도 개선을 위한 연대회의, 『양심에 따른

　　병역거부자들을 위한 가이드북』, 36-37쪽.

50) 홍영일, "시대의 물결이 만들어내는 굴곡들", 418쪽.

51) 양심에 따른 병역거부권 실현과 대체복무제도 개선을 위한 연대회의, 『양심에 따른

　　병역거부자들을 위한 가이드북』, 37쪽.

52) 이석우, 『양심적 병역거부』, 176쪽.

53) 김범태, "예비군도 '양심적 집총거부': 삼육대 신학과 이윤길씨 등 7명 집총 거부…

　　군 당국 고발 조치", 「오마이뉴스」, 2004.6.18.

54) 김범태, "대법원, '양심적 집총거부' 현역병 항소 기각: 1년 6월 형 원심 확정…평화적

　　군복무 신념 요구 끝내 물거품", 「오마이뉴스」, 2005.9.9.

55) 김유진·백지수, ""군대 가기 싫어요" 양심적 병역거부자, 하루 2명 감옥行", 「머니투

　　데이」(온라인판), 2015.5.13.

56) 신민정, "병역거부, 끝나지 않은 싸움…"처벌받아도 총을 들 수 없는 게 내 양심"",

　　「한겨레」, 2021.6.23, 1면, 8면.

57) 김민경, "예비군도, 양심의 자유에 따르고 싶다", 「한겨레」, 2018.11.20, 2면.

58) 이세현, "대법원, '비종교적 신념' 따른 양심적 병역거부 첫 인정", 「뉴스1」, 2021.

　　2.25.

59) 법제처 국가법령정보센터(www.law.go.kr)의 '대체역의 편입 및 복무 등에 관한 법률' 및 '대체역의 편입 및 복무 등에 관한 법률 시행령' 항목 참조.

60) 대체역심사위원회, 『제1차 대체역심사위원회 연간보고서』, 43쪽.

61) 한겨레, 2023.5.11, 10면.

62) 이세영, "“빨간 해병대가 떠내려간다”", 「한겨레」, 2023.7.27, 27면.

63) 이지혜, "다양성 강조 '김명수 코트' 노동·인권 큰 진전…사법농단 면죄부 오욕", 「한겨레」, 2023.9.25, 5면.

64) 이지혜, "병무청은 “대체복무” 허용했는데…양심적 병역거부자 징역형 선고한 대법", 「한겨레」, 2024.2.5, 10면.

65) 임재성, 『삼켜야 했던 평화의 언어』, 77쪽.

66) 전쟁저항자인터내셔널, 『병역거부』, 201쪽.

67) 위의 책, 183쪽.

68) 여성국·이영근, "“총 못 잡겠다” 이 신청서 하나면 대체복무할 수 있는 나라", 「중앙일보」(온라인판), 2022.8.4; 여성국·이영근, "핀란드, 병원·학교 대체복무 다양..한국 “사회적 합의 먼저”", 「중앙일보」(온라인판), 2022.8.5; 이영근·여성국, "나토 가입 서명한 핀란드 외무장관, 그도 대체복무 출신이다", 「중앙일보」(온라인판), 2022.8.6.

69) 전쟁저항자인터내셔널, 『병역거부』, 196-198쪽.

70) 경향신문(온라인판), 2023.2.28; 국민일보(온라인판), 2023.1.30.

71) 오연서, "우크라 전쟁 반대한 러시아인, 난민 지위 첫 인정한 법원", 「한겨레」, 2024.6.13, 10면.

제3부 종교와 양심적 병역거부

제8장 종교와 폭력, 군대, 전쟁

1) 요한 갈퉁, 『평화적 수단에 의한 평화』, 414쪽.

2) 위의 책, 19, 88쪽.

3) 위의 책, 19쪽.

4) 요한 갈퉁·이케다 다이사쿠, 『평화를 위한 선택: 요한 갈퉁·이케다 다이사쿠 대담
　　집』, 손대준 역, 신영미디어, 1997, 7쪽.

5) 요한 갈퉁, 『평화적 수단에 의한 평화』, 19, 412, 424-437쪽 등을 참조.

6) 위의 책, 20쪽.

7) 디터 젱하스, 『문명 내의 충돌』, 이은정 역, 문학과지성사, 2007, 123, 128쪽.

8) 이런 관심 이동은 직접적 폭력에서 구조적 폭력으로의 이동, 그리고 다시 구조적 폭
　　력에서 문화적 폭력으로의 이동 등 두 단계를 거쳤던 것으로 보인다. 高柳先男, "평화연구", 일본평화학회 편집위원회
　　편, 『평화학: 이론과 과제』, 이경희 역, 문우사, 1987, 17쪽을 볼 것.

9) 슬라보예 지젝, 『폭력이란 무엇인가: 폭력에 대한 6가지 삐딱한 성찰』, 이현우·김희
　　진·정일권 역, 도서출판 난장이, 2011, 36쪽.

10) 위의 책, 특히 283-286, 292-293쪽 참조.

11) 이찬수, "평화가 종교다: 폭력과 평화로서 종교에 대하여", 『가톨릭평론』 43, 2024년
　　봄, 152쪽.

12) 임재성, 『삼켜야 했던 평화의 언어』, 39쪽.

13) 김명희, "종교·폭력·평화: 요한 갈퉁의 평화이론을 중심으로", 『종교연구』 56, 2009,
　　124쪽.

14) 요한 갈퉁, 『평화적 수단에 의한 평화』, 36쪽.

15) 서보혁·정욱식, 『평화학과 평화운동』, 36쪽.

16) 위의 책, 40, 44쪽.

17) 위의 책, 44-45쪽.

18) 김명섭, "평화학의 현황과 진망", 하영선 편, 『21세기 평화학』, 풀빛, 2002, 142쪽.

19) 서보혁·정욱식, 『평화학과 평화운동』, 68쪽.

20) 야누즈 시모니데스·키쇼르 싱, "평화의 문화 구축을 위한 시론", 하영선 편, 『21세기
　　평화학』, 풀빛, 2002, 301쪽.

21) 서보혁·정욱식, 『평화학과 평화운동』, 37-38쪽; 서보혁·정주진, 『평화운동』, 97-101쪽.

22) 서보혁, "폭력 연속체", 서보혁·이성용·허지영 편, 『폭력개념 연구: 열 가지 사나운
　　힘의 해부』, 모시는사람들, 2024, 290, 316쪽.

23) 이찬수, 『평화와 평화들: 평화다원주의와 평화인문학』, 모시는사람들, 2016, 18, 52,

54-55, 59, 67쪽.

24) 이성용·서보혁, "결장: 비폭력주의와 한반도", 서보혁·이성용·허지영 편, 『폭력개념
연구: 열 가지 사나운 힘의 해부』, 모시는사람들, 2024, 321-325쪽. 여기서 '비폭력'은
"물리적 해를 가하지 않거나, 타인의 필수자원을 박탈하거나 최소 수준 이하로 줄이
지 않는 행위"를 의미한다(같은 글, 321쪽).

25) 평화주의의 여러 유형들에 대해서는, 이남석, 『양심에 따른 병역거부와 시민불복종』,
53쪽; 존 하워드 요더, 『그럼에도 불구하고, 평화: 종교적 평화주의의 다양성과 약점』
(개정증보판), 박예일·윤성현 역, 대장간, 2015; 서보혁·정욱식, 『평화학과 평화운
동』, 21-28쪽 등을 볼 것.

26) 서보혁·정주진, 『평화운동』, 19쪽.

27) 高柳先男, "평화연구", 18쪽.

28) 서보혁·정주진, 『평화운동』, 10쪽.

29) 서보혁·정욱식, 『평화학과 평화운동』, 65쪽.

30) 엘리스 보울딩, "평화운동의 조직형태: 평화문화의 모태", 하영선 편, 『21세기 평화
학』, 풀빛, 2002, 341-342쪽.

31) 서보혁, "폭력 연속체", 290, 297, 316쪽.

32) 강인철, 『전쟁과 종교』, 한신대학교출판부, 2003, 5쪽; Lester Kurtz, *Gods in the
Global Village: The World's Religions in Sociological Perspective*, Thousand Oaks:
Pine Forge Press, 1995, p. 220.

33) Samuel Z. Klausner, "Violence," Mircea Eliade ed., *The Encyclopedia of Religion*,
vol.15, New York: Macmillan, 1987, p. 268.

34) *ibid.*, p. 269.

35) 대니얼 스미스-크리스토퍼가 편찬한 책에서 이 점을 잘 확인할 수 있다. Daniel L.
Smith-Christopher ed., *Subverting Hatred: The Challenge of Nonviolence in Religious
Traditions*, Maryknoll, New York: Orbis Books, 2007.

36) 류제동, "불교에서의 폭력과 평화", 『종교문화비평』 18, 2010, 81-82쪽.

37) 위의 글, 99쪽.

38) 조지프 나이, 『국제분쟁의 이해: 이론과 역사』, 양준희 역, 한울아카데미, 2000, 47쪽.

39) 엘리스 보울딩, "평화운동의 조직형태", 341쪽.

40) 김명섭, "평화학의 현황과 전망", 136-138쪽.

41) 박영대, "평화에 관한 가톨릭 사회적 가르침과 평화운동", 『종교문화비평』 18, 2010, 107쪽.

42) 유엔종교간평화추진한국협회 편, 『세계 종교간 화합과 평화에 관한 UN총회 결의문집』, 행복한숲, 2012, 54-55쪽.

43) 이남석, 『양심에 따른 병역거부와 시민불복종』, 53쪽.

44) '슐라이트하임 고백서'는 초기 아나뱁티스트 운동의 가장 중요한 문서 중 하나로서 1527년에 작성되었다.

45) 존 D. 로스, 『역사: 메노나이트의 존재방식』, 김복기 역, 대장간, 2020, 102쪽.

46) 김형민, "그리스도교의 폭력과 유일신 신앙", 『종교문화비평』 18, 2010, 137쪽.

47) 위의 글, 153-154쪽.

48) 위의 글, 139-152쪽.

49) 예컨대, 지크문트 프로이트, 『인간 모세와 유일신교』, 이은자 역, 부북스, 2016, 87쪽을 볼 것. 프로이트는 저명한 지식인들의 국제적 서명운동이었던 1930년의 "징병제와 청소년 군사훈련에 반대한다(Against Conscription and the Military Training of Youth)" 선언에 참여한 평화주의자이기도 했다[Guest Editorial, "Manifesto against Conscription and the Military System," Gandhi Information Center(Berlin), Satyagraha Foundation for Non-violence Studies, December 23, 2013, https://www.satyagrahafoundation.org/guest-editorial-manifesto-against-conscription-and-the-military-system(2024.11.20 검색)].

50) 얀 아스만, 『이집트인 모세: 서구 유일신교에 새겨진 이집트의 기억』, 변희수 역, 그린비, 2010, 14-15, 53, 303, 305, 307쪽 참조.

51) 위의 책, 17, 368, 382-383쪽.

52) 김명희, "현대 평화연구에서 종교의 위치", 『종교문화비평』 18, 2010, 25-26쪽.

53) 존 그레이, 『추악한 동맹: 종교적 신념이 빚어낸 현대 정치의 비극』, 추선영 역, 도서출판 이후, 2011, 269-270쪽.

54) 로버트 퍼트넘·데이비드 캠벨, 『아메리칸 그레이스: 종교는 어떻게 사회를 분열시키고 통합하는가』, 정태식 외 역, 페이퍼로드, 2013, 593쪽.

55) 울리히 벡, 『자기만의 신: 우리에게 아직 신이 존재할 수 있는가』, 홍찬숙 역, 길,

2013, 93-94쪽. 벡은 개인화된 신앙(자기만의 신)은 신들 간의, 종교들 간의 "주관적인 권력분립"을 반드시 거치게 마련인데, 이 과정에서 종교적 관용성은 증가하고 종교의 폭력 잠재력은 축소된다고 주장한다(같은 책, 118쪽).

56) 요한 갈퉁, 『평화적 수단에 의한 평화』, 특히 그리스도교와 불교에 대한 체계적이고 집중적인 비교가 이루어지는 2부 2장 "갈등의 주기 또는 순환"(187-201쪽), 그리스도교, 힌두교, 불교에 대한 다차원적인 비교를 시도한 4부 "문명 이론"의 2~5장(446-558쪽)을 볼 것. 서구 평화운동가 대다수가 아나뱁티스트나 퀘이커의 프리즘에 의거한 '그리스도교적 평화주의'를 통해, 혹은 주류 그리스도교의 '정의로운 전쟁'의 세속화된 버전들을 통해 평화·전쟁 문제에 접근했다면, 갈퉁은 힌두교와 불교를 통해 평화·전쟁 문제에 접근했다. 그는 1988년에 처음 출간된 『불교: 일치와 평화에 대한 추구』라는 책에서는 불교학자의 면모마저 보여주었다(Johan Galtung, *Buddhism: A Quest for Unity and Peace*, Colombo: Sarvodaya Book Publishing Services, 1993). 1995년에 나온 이케다 다이사쿠와의 대담집 『평화를 위한 선택(*Choose Peace*)』도 불교에 관한 논의가 큰 비중을 차지하고 있다.

57) 요한 갈퉁·이케다 다이사쿠, 『평화를 위한 선택』, 5쪽.

58) 김명희, "현대 평화연구에서 종교의 위치", 28-31쪽; Johan Galtung, "Religions, Hard and Soft", *Cross Currents*, Winter 1997-1998, 특히 442쪽의 〈표 2〉 참조.

59) 존 그레이, 『추악한 동맹』, 15, 39, 263, 290쪽.

60) 데이비슨 뢰어, 『아메리카, 파시즘 그리고 하느님: 다른 믿음과 생각을 부정하는 종교와 정치는 얼마나 위험한가』, 정연복 역, 샨티, 2007, 229쪽.

61) 닐스 닐슨, 『종교 근본주의, 무엇이 문제인가』, 한귀란 역, 글로벌콘텐츠, 2012, 34-35쪽.

62) 박종균, "하버마스의 종교론에 대한 비판적 연구", 『기독교사회윤리』 7, 2004, 106쪽; 이세환·오세일, "코로나 시대의 불안과 종교의 공적 역할: 하버마스와 테일러의 후기 세속사회 논쟁 고찰", 『사회이론』 60, 2021, 44쪽. 근대사회에서 종교의 공적 영향력을 과소평가해온 하버마스는 1980년대 이후 종교의 공적·정치적 영향력을 재평가하게 되었을 뿐 아니라, 사회통합과 연대를 위한 종교의 긍정적인 기여 가능성도 인정하면서 세속적 이성과 종교 전통 사이의 대화와 상호적 학습의 필요성을 강조하게 되었다(이세환·오세일, "코로나 시대의 불안과 종교의 공적 역할", 41-45쪽; 김민

아, "종교의 시민사회 참여에 대한 이론적 고찰", 『인문학연구』 33, 2020, 38-40쪽).
종교에 대한 하버마스의 입장 변화는 '포스트-세속 사회(post-secular society)'라는
용어에 압축되어 있다. 종교의 끈질긴 생명력, 종교의 긍정적인 사회적 기능 인정,
'공공의식의 근대화'를 위한 신앙 시민과 비신앙 시민들 간의 상호 보완적 학습이 필
요하다는 규범적 인식 증가 등이 이 개념에 담겨 있다(위르겐 하버마스·베네딕토 16
세, 『대화: 하버마스 대 라칭거 추기경』, 새물결, 2009, 49-54쪽을 볼 것).

63) 마크 릴라, 『사산된 신』, 마리오 역, 바다출판사, 2009, 특히 304, 311-313쪽을 볼 것.

64) 강인철, 『전쟁과 종교』, 78-79쪽.

65) 존 티한, 『신의 이름으로: 종교 폭력의 진화적 기원』, 박희태 역, 이음, 2011, 31, 280-
281쪽.

66) 위의 책, 302-306쪽.

67) 샘 해리스, 『기독교 국가에 보내는 편지』, 박상준 역, 동녘, 2008, 106쪽.

68) 위의 책, 98쪽.

69) 강인철, 『전쟁과 종교』, 74-84쪽.

70) 브루스 링컨, 『거룩한 테러: 9·11 이후 종교와 폭력에 관한 성찰』, 김윤성 역, 돌베개,
2005, 11쪽.

71) 위의 책, 7, 48쪽.

72) 위의 책, 10쪽.

73) Kurtz, *Gods in the Global Village*, p. 218.

74) Klausner, "Violence," p. 270.

75) Mark Juergensmeyer, *The New Cold War?: Religious Nationalism Confronts the
Secular State*, Berkeley: University of California Press, 1993, p. 156.

76) 마크 주어겐스마이어, "종교가 테러리즘을 유발하는가?", 제임스 루이스 편, 『종교
와 테러리즘』, 하홍규 역, 한울아카데미, 2020, 35-37쪽.

77) Klausner, "Violence," p. 268.

78) Bruce Lincoln, "War and Warriors: An Overview," Mircea Eliade ed., *The Encyclo-
pedia of Religion*, vol.15, New York: Macmillan, 1987, pp. 341-344.

79) 존 그레이, 『추악한 동맹』, 44-46쪽.

80) 박충구, 『종교의 두 얼굴: 평화와 폭력』, 홍성사, 2013, 217-220쪽.

81) 류경희, "인도 종교문화의 비폭력(아힘사) 평화사상과 종교폭력", 『종교문화비평』 18, 2010, 73-74쪽.

82) 류제동, "불교에서의 폭력과 평화", 82-83쪽.

83) 박충구, 『종교의 두 얼굴』, 219, 220-221쪽.

84) 존 티한, 『신의 이름으로』, 288-297, 308-319, 328쪽.

85) 데이비슨 뢰어, 『아메리카, 파시즘 그리고 하느님』, 184쪽.

86) 찰스 킴볼, 『종교가 사악해질 때: 타락한 종교의 다섯 가지 징후』, 김승욱 역, 현암사, 2020, 261쪽.

87) 정태식, 『거룩한 제국: 아메리카·종교·국가주의』, 페이퍼로드, 2015, 5-6쪽.

88) 브루스 링컨, 『거룩한 테러』, 12쪽.

89) 슬라보예 지젝, 『폭력이란 무엇인가』, 193-194쪽.

90) 강인철, 『전쟁과 종교』, 45쪽.

91) 폴 토머스 체임벌린, 『아시아 1945~1990: 서구의 번영 아래 전쟁과 폭력으로 물든』, 김남섭 역, 이데아, 2023, 특히 559-561쪽을 볼 것.

92) 데이비드 치데스터, 『구원과 자살: 짐 존스·인민사원·존스타운』, 이창익 역, 청년사, 2015, 326-328, 383, 387쪽.

93) 위의 책, 40, 47, 69쪽, 아울러 16, 19, 33-41쪽을 볼 것.

94) 위의 책, 319-320, 336, 383-384, 401, 402쪽.

95) Jessica Stern, *Terror in the Name of God: Why Religious Militants Kill*, New York: HarperCollins Publishers, 2003.

96) John R. Hall, "Religion and Violence: Social Processes in Comparative Perspective," Michele Dillon ed., *Handbook of the Sociology of Religion*, New York: Cambridge University Press, 2003, p. 372.

97) Robin Wright, *Sacred Rage: The Wrath of Militant Islam*, New York: Simon & Schuster, 2001, pp. 13, 18-19, 27, 158.

98) 론 도슨, "자생 테러리즘 설명에서 종교 무시", 제임스 루이스 편, 『종교와 테러리즘』, 하홍규 역, 한울아카데미, 2020, 53-66쪽.

99) 스콧 애트런, "전쟁, 혁명 그리고 테러리즘에서 헌신된 행위자의 역할", 제임스 루이스 편, 『종교와 테러리즘』, 하홍규 역, 한울아카데미, 2020, 111쪽.

100) 위의 글, 109쪽.

101) 피터르 나닝하, "야만의 의미: 테러, 종교 그리고 이슬람국가(IS)", 제임스 루이스 편, 『종교와 테러리즘』, 하홍규 역, 한울아카데미, 2020, 227쪽.

102) 위의 글, 234, 237-242쪽.

103) Martin E. Marty and R. Scott Appleby, "Introduction," Martin E. Marty and R. Scott Appleby eds., *Fundamentalisms Comprehended*, Chicago: The University of Chicago Press, 1995, p. 5.

104) Gabriel A. Almond, Emmanuel Sivan and R. Scott Appleby, "Fundamentalism: Genus and Species," Martin E. Marty and R. Scott Appleby eds., *Fundamentalisms Comprehended*, Chicago: The University of Chicago Press, 1995, p. 410의 표.

105) 디터 젱하스, 『문명 내의 충돌』, 80, 84쪽.

106) Gabriel A. Almond, Emmanuel Sivan and R. Scott Appleby, "Examining the Cases," Martin E. Marty and R. Scott Appleby eds., *Fundamentalisms Comprehended*, Chicago: The University of Chicago Press, 1995, pp. 445-481.

107) 강인철, 『전쟁과 종교』, 66쪽.

108) 정태식, 『거룩한 제국』, 7, 124-126, 146쪽.

109) 존 그레이, 『추악한 동맹』, 260쪽.

110) 데이비슨 뢰어, 『아메리카, 파시즘 그리고 하느님』, 18, 206쪽; 최천식·김상구, 『전쟁과 기독교: 미 제국의 두 기둥』, 책과나무, 2013, 314-319쪽.

111) Hall, "Religion and Violence," p. 368.

112) Klausner, "Violence," p. 269.

113) 강인철, 『전쟁과 종교』, 63-71쪽.

114) 강인철, 『종교와 군대: 군종, 황금어장의 신화는 어떻게 만들어졌나?』, 현실문화, 2017, 15-18쪽. 아울러, 서구 사회들의 군종제도 역사에 대해서는 다음을 참조할 것. Doris L. Bergen ed., *The Sword of the Lord: Military Chaplaincy from the First to the Twenty-First Century*, Notre Dame: University of Notre Dame Press, 2004.

115) 강인철, 『종교와 군대』, 35-49쪽.

116) 위의 책, 116-122, 147-157쪽.

117) 위의 책, 31-84쪽.

118) 위의 책, 158-169쪽.

119) 최천식·김상구, 『전쟁과 기독교』, 190-201쪽.

120) Ann C. Loveland, "From Morale Builders To Moral Advocators: U.S. Army Chaplains in the Second Half of the Twentieth Century," Doris L. Bergen ed., *The Sword of the Lord: Military Chaplaincy from the First to the Twenty-First Century*, Notre Dame: University of Notre Dame Press, 2004.

121) 이탈리아 군종교구, 『정의와 평화의 봉사자: 제1차 이탈리아 군종교구 시노드』, 이경상 역, 가톨릭대학교출판부, 2009, 225, 229, 232쪽.

122) 강인철, 『종교와 군대』, 134-143쪽.

123) 위의 책, 138-139쪽.

124) 전군신자화운동은 공식적으로 1970년 9월부터 1981년 6월까지 지속되었고, 그 전성기는 1972~1974년이었다. 위의 책, 186쪽.

125) 위의 책, 79-81, 211쪽.

126) 강인철, 『전쟁과 종교』, 83-84쪽.

127) Klausner, "Violence," p. 269.

128) 예컨대, 가이 허쉬버그, 『전쟁, 평화, 무저항: 신앙과 실천으로 보는 메노나이트의 평화 개념』, 최봉기 역, 대장간, 2012, 129-130쪽을 볼 것.

129) J. Milton Yinger, *The Scientific Study of Religion*, London: Macmillan, 1970, pp. 425-430.

130) 박노자, 『붓다를 죽인 부처』, 인물과사상사, 2011, 229, 233, 268쪽. 박노자에 의하면, "군주와 도적을 독사(毒蛇)처럼 피해야 할 위험하고 부정(不淨)한 존재"로 멀리하던 "초기 불교의 탈(脫)국가적 정신"이 "불교가 지배계급의 종교가 되어 '주류화'"된 이후 퇴색했을 뿐 아니라, 국가로부터 거대한 특혜를 제공받아 기득권 세력이 되는 대신 국가권력에 예속되어 승려가 왕의 신하임을 자처하면서 충성을 서약하고, "국가와 군주의 이상화(理想化)"에 앞장서게 되었다(같은 책, 220, 229-230, 232-233쪽).

131) 강인철, 『한국의 종교, 정치, 국가: 1945~2012』, 한신대학교출판부, 2013, 28-33쪽.

132) Yinger, *The Scientific Study of Religion*, p. 460.

133) 존 그레이, 『추악한 동맹』, 35쪽.

제9장 양심적 병역거부와 종교(1): 그리스도교

1) 천주교와 개신교의 입장을 각각 다루는 이 장의 1절과 2절은 필자의 기존 논문과 책을 확장하고 보완한 것이다. 특히 천주교 관련 내용을 대폭 확장했다. 강인철, "한국 개신교와 양심적 병역거부: '정통'과 '이단'을 넘어서", 『한신인문학연구』 6, 2005, 96-103쪽; 강인철, "양심적 병역거부에 대한 한국 주류 종교들의 태도 및 대응: 천주교, 불교를 중심으로", 『우리신학』 4, 2006, 148-158쪽; 강인철, 『전쟁과 종교』, 235-260쪽.

2) John P. Langan, S.J., "The Elements of St. Augustine's Just War Theory," *Journal of Religious Ethics* 12(1), 1984, p. 36.

3) Judith W. DeCew, "Codes of Warfare," *Encyclopedia of Applied Ethics*, vol.4, San Diego: Academic Press, 1998, p. 500.

4) 존 하워드 요더, 『비폭력 평화주의의 역사: 예수와 비폭력 해방』, 채충원 역, 대장간, 2015, 84-85쪽.

5) 존 하워드 요더, 『그럼에도 불구하고, 평화』, 40쪽.

6) 존 하워드 요더, 『비폭력 평화주의의 역사』, 86-88쪽.

7) 위의 책, 88쪽.

8) 위의 책, 89쪽.

9) 이남석, 『양심에 따른 병역거부와 시민불복종』, 182-183쪽.

10) 위와 같음.

11) 정진석 역(저자 미상), "평화와 전쟁에 관한 역대 교황들의 태도(Ⅰ)", 『사목』, 1968년 2월호, 78-85쪽 참조.

12) 롤런드 H. 베인튼, 『전쟁, 평화, 기독교』, 채수일 역, 대한기독교출판사, 1981, 267-282쪽 참조.

13) 정진석 역(저자 미상), "평화와 전쟁에 관한 역대 교황들의 태도(Ⅱ)", 『사목』, 1968년 5월호, 77-81쪽; 윌리엄 W. 스위이트, 『미국교회사』, 김기달 역, 대한기독교서회, 1978, 554-555쪽 참조.

14) 볼프강 후버·한스-리하르트 로이터, 『평화윤리』, 김윤옥·손규태 역, 대한기독교서회, 1997, 226-230쪽 참조.

15) 존 하워드 요더, 『비폭력 평화주의의 역사』, 94-95쪽.

16) 볼프강 후버·한스-리하르트 로이터, 『평화윤리』, 237-238쪽 참조.

17) R. A. Mccormick and D. Christiansen, "Morality of War," *New Catholic Encyclopaedia*, 2nd ed., vol.14, Detroit: Gale, 2003, pp. 638-639 참조.

18) 베스 엘렌 보일, 『양심적 병역거부 관련 종교적 진술』, 한국기독교교회협의회, 2009, 37-38쪽.

19) www.cbck.or.kr/publish/docucatholic/2000/13/peaceday.htm(2002.7.1 검색).

20) 한국천주교중앙협의회 편역, 『가톨릭교회 교리서』, 한국천주교중앙협의회, 2003, 827-831쪽.

21) National Conference of Catholic Bishops, "The Harvest of Justice Is Sown in Peace," Gerard F. Powers, Drew Christiansen, S.J. and Robert T. Hennemeyer eds., *Peacemaking: Moral and Policy Challenges for a New World*, Washington, DC: The United States Catholic Conference, Inc., 1994, pp. 320-321.

22) Judith W. DeCew, "Codes of Warfare," pp. 500-503.

23) 존 하워드 요더, 『그럼에도 불구하고, 평화』, 35-36쪽.

24) 위의 책, 33-34쪽.

25) 위의 책, 43-44쪽.

26) CCIA & PCJP eds., *Peace and Disarmament: Documents of the World Council of Churches and Roman Catholic Church*, Geneva: WCC, 1982, p. 137.

27) 베스 엘렌 보일, 『양심적 병역거부 관련 종교적 진술』, 42-43쪽.

28) 위의 책, 46-47쪽.

29) 이남석, 『양심에 따른 병역거부와 시민불복종』, 191-193쪽.

30) 존 하워드 요더, 『그럼에도 불구하고, 평화』, 36쪽.

31) 신원하, "개신교의 전쟁에 대한 태도", 『사목』, 2002년 2월호, 37쪽.

32) Yinger, *The Scientific Study of Religion*, p. 467.

33) 윌리엄 W. 스위이트, 『미국교회사』, 496-544쪽; 롤런드 H. 베인튼, 『전쟁, 평화, 기독교』; 조셉 L. 알렌, 『기독교인은 전쟁을 어떻게 볼 것인가』, 김흥규 역, 대한기독교서회, 1993 등 참조.

34) 신원하, "개신교의 전쟁에 대한 태도", 39-40쪽.

35) 세계교회협의회 편, 『세계교회협의회 역대 총회 종합보고서』, 이형기 역, 한국장로
교출판사, 1993, 61-62쪽.

36) 위의 책, 62쪽.

37) 위의 책, 140쪽.

38) 위의 책, 특히 215쪽을 보라.

39) 위의 책, 289쪽.

40) 위의 책, 462-463쪽.

41) 편집부, "정의·평화·창조질서의 보전 서울 세계대회 최종문서", 150쪽.

42) 위의 글, 177쪽.

43) 위의 글, 178쪽. '정의로운 평화' 교리에 대해서는, 세계교회협의회 편, 『정의로운 평
화동행』, 기독교평화센터 편역, 대한기독교서회, 2013을 볼 것. '정의로운 평화 만들
기(just peacemaking)'는 '새로운 평화·전쟁 윤리 패러다임' 중 하나로도 자리 잡아가
는 중이다. 이에 대해서는, Glen H. Stassen ed., *Just Peacemaking: The New Paradigm
for the Ethics of Peace and War*, New edition, New York: Pilgrim Press, 2008을 볼 것.

44) 세계교회협의회, 『세계교회협의회 역대 총회 종합보고서』, 518쪽.

45) 위의 책, 532쪽.

46) 박성원, "전쟁을 울려보내고 평화를 맞아들이자!", 『기독교사상』, 2000년 2월호, 265쪽.

47) 서보혁·정욱식, 『평화학과 평화운동』, 26쪽.

48) 찰스 킴볼, 『종교가 사악해질 때』, 302-303쪽.

49) Paul Ramsey, "The Vatican Council on Modern War," *Theological Studies* 27, 1966,
p. 195.

50) 세계교회협의회, 『세계교회협의회 역대 총회 종합보고서』, 148쪽.

51) 위의 책, 290쪽.

52) 위의 책, 464쪽.

53) 편집부, "정의·평화·창조질서의 보전 서울 세계대회 최종문서", 178쪽.

54) 베스 엘렌 보일, 『양심적 병역거부 관련 종교적 진술』, 19-24쪽.

55) 홍영일, "양심적 병역거부와 여호와의증인", 안경환·장복희 편, 『양심적 병역거부』,
사람생각, 2002, 247쪽.

56) 베스 엘렌 보일, 『양심적 병역거부 관련 종교적 진술』, 25-34쪽.

57) 위의 책, 35-36, 50쪽.

58) Mccormick & Christiansen, "Morality of War," pp. 637-638 참조.

59) Yinger, *The Scientific Study of Religion*, p. 460.

60) R. T. Powers, T. Heath and M. W. Hovey, "Conscientious Objection," *New Catholic Encyclopaedia*, 2nd edition, vol. 4, Detroit: Gale, 2003, p. 149.

61) Larry May, "Contingent Pacifism and Selective Refusal," *Journal of Social Philosophy* 43(1), 2012.

62) 한인섭, "양심적 병역거부: 헌법적·형사법적 검토", 안경환·장복희 편, 『양심적 병역거부』, 사람생각, 2002, 15쪽.

63) 이남석도 인도주의나 반핵(反核)주의에 기반하여 명령 불복종이나 특정 무기 사용 거부를 감행하는 '재량적 거부'를 '선택적 거부'의 일부 혹은 일종으로 보고 있다. 이 남석, 『양심에 따른 병역거부와 시민불복종』, 233쪽.

64) 위의 책, 54쪽.

65) 위의 책, 70-72쪽.

66) 홍영일, "양심적 병역거부와 여호와의증인", 248쪽.

67) 베스 엘렌 보일, 『양심적 병역거부 관련 종교적 진술』, 25-26쪽.

68) 홍영일, "양심적 병역거부와 여호와의증인", 247쪽.

69) 베스 엘렌 보일, 『양심적 병역거부 관련 종교적 진술』, 28쪽.

70) 세계교회협의회, 『세계교회협의회 역대 총회 종합보고서』, 464쪽.

71) 박성원, "전쟁을 울려보내고 평화를 맞아들이자!", 268쪽.

72) 조셉 그레밀리온, 『정의와 평화의 복음』, 한용희 역, 성바오로출판사, 1979, 100쪽. 물론 여전히 베트남전쟁을 지지했던 고위 성직자들도 있었다. 예컨대 뉴욕대교구의 스펠만 추기경은 베트남전쟁을 "문명을 위한 투쟁"으로 규정하면서 미국의 "전면 승리"를 요청했다(짐 포리스트, 『잣대는 사랑: 도로시 데이 전기』, 유영난 역, 분도출판사, 1991, 183쪽).

73) National Conference of Catholic Bishops, "The Harvest of Justice Is Sown in Peace," p. 323.

74) "'Human Life in Our Day'"(Editorial), *Christian Century*, November 27, 1968, p. 1495.

75) LeRoy Walters, "A Historical Perspective on Selective Conscientious Objection," *Journal of the American Academy of Religion* 41(2), 1973.

76) Robert H. Springer, "Notes on Moral Theology: July, 1969~March, 1970," *Theological Studies* 31, 1970, pp. 490-491.

77) National Conference of Catholic Bishops, "The Harvest of Justice Is Sown in Peace," p. 323.

78) 베스 엘렌 보일, 『양심적 병역거부 관련 종교적 진술』, 43쪽.

79) Powers & Heath & Hovey, "Conscientious Objection," p. 151.

80) 미해결 상태인 또 하나의 법적 쟁점은 '절대적인 양심적 병역거부(absolutist conscientious objection)', 즉 대체복무 역시 군대 체제를 전제하고 있으며 군대를 사용하는 국가의 권위를 인정할 수 없다면서 군복무만이 아니라 일체의 민간대체복무까지 거부하는 이들과 관련된다. 절대적 거부자에게 병역면제 혜택을 제공하는 나라도 거의 없으며, 따라서 세계의 절대적 거부자들은 거의 모두 투옥되고 있다.

81) Center on Conscience & War, "Who is a Military Conscientious Objector?," http://www.centeronconscience.org/who-is-military-co(2020.12.25 검색).

82) 진석용, "'양심적 병역거부'의 현황과 법리", 한인섭·이재승 편, 『양심적 병역거부와 대체복무제』, 경인문화사, 2013, 221쪽.

83) Adi Livny, "A Matter of Security? Conscientious Objection and State Recognition," *LawLog*, Center for Global Constitutionalism, 2015, p. 2, http://lawlog.blog.wzb.eu/2015/10/31(2020.12.25 검색).

84) 대체역심사위원회, 『제1차 대체역심사위원회 연간보고서』, 140-141쪽; Moira Coombs, *Conscientious Objection to Military Service in Australia*, Melbourne: Parliamentary Library, 2003, http://apo.org.au/node6651(2020.12.25 검색); Neil James, "Conscientious Objection to War as a Model for Resolving Other Moral Dilemmas," ABC, September 11, 2017, http://www.abc.net.au/religion/conscientious-objection-to-war-as-a-model-for-resolving-other-moral-dilemmas(2020.12.25 검색).

85) 대체역심사위원회, 『제1차 대체역심사위원회 연간보고서』, 53쪽.

1) "The World Fellowship of Buddhists shall refrain from involving itself directly or indirectly in any political activity," http://www.wfb-hq.org/intro1.htm 참조 (2006.1.10 검색).

2) WFB, *Record of Proceedings of the 22th General Conference of The World Fellowship of Buddhists(WFB)*, 2002, p. 76. 전체 문서를 http://www.wfb-hq.org/WFBrop2002. html에서 볼 수 있다(2006.1.10 검색).

3) 진석용, "'양심적 병역거부'의 현황과 법리", 217-218쪽 참조.

4) 불교성전편찬회 편, 『불교성전』(재개정판), 동국역경원, 2021, 627-653쪽.

5) 서상문, "'불살생계(不殺生戒)'와 전쟁의 영원한 이율배반, 불교의 전쟁관과 국방관", 『군사논단』 60, 2009, 252쪽.

6) 프리드리히 스트랭, "불교의 비폭력주의", 소흥렬 외 편, 『누가 인류를 위해 말하는가?』, 이화여자대학교출판부, 1984, 170-171쪽.

7) 박노자, 『붓다를 죽인 부처』, 139쪽.

8) 위의 책, 227-228쪽.

9) 디터 젱하스, 『문명 내의 충돌』, 99-100쪽에서 재인용.

10) 칼 야스퍼스, 『야스퍼스의 불교관』, 정병조 편역, 동국대학교 부설 역경원, 1978, 82-83쪽.

11) 市川白弦, "불교에 있어서 평화", 이재창 외, 『현대사회와 불교』, 한길사, 1981, 223쪽.

12) 디터 젱하스, 『문명 내의 충돌』, 100쪽.

13) Christopher S. Queen, "The Peace Wheel: Nonviolent Activism in the Buddhist Tradition," Daniel L. Smith-Christopher ed., *Subverting Hatred: The Challenge of Nonviolence in Religious Traditions*, Maryknoll, New York: Orbis Books, 2007, pp. 15, 23-27.

14) 트레버 킹, "불교·전쟁·평화: 동남아의 경우", 이재창 외, 『현대사회와 불교』, 한길사, 1981.

15) 조일훈, "불교에선 전쟁을 어떻게 보나", 『록원』 2, 1957, 18-19쪽. 인용문의 단락 번호는 인용자가 임의로 매긴 것이다.

16) 김호성, "'정의의 전쟁'론은 정의로운가: 힌두교와 불교의 논의를 중심으로", 『동서철학연구』 28, 2003.

17) 김용표, "불교의 전쟁관", 『사목』, 2002년 2월호, 33-34쪽. 인용문의 단락 번호는 인용자가 임의로 매긴 것이다.

18) 권기종, "불교와 전쟁", 『기독교사상』, 1971년 2월호, 156쪽.

19) 위와 같음.

20) 김용표, "불교의 전쟁관", 34-35쪽.

21) 위의 글, 35쪽.

22) 정웅기, "불교평화주의자의 삶으로 본 평화운동", 『참여불교』, 2002년 9·10월호, 55-56쪽.

23) 이병욱, "불교의 평화관의 재구성: 요한 갈퉁의 평화 개념을 중심으로", 『대동철학』 51, 2010, 46-47쪽; 심재룡, "불교와 전쟁: 불살생과 대량살생", 『불교평론』 15, 2003, 69-70쪽; 류제동, "불교에서의 폭력과 평화", 82-83쪽 참조.

24) 정승석, "호국불교의 인도적 연원", 『대각사상』 30, 2018, 208-215쪽.

25) 위의 글, 202쪽.

26) 조준호, "경전 상에 나타난 호국불교의 검토", 『대각사상』 17, 2012, 35쪽.

27) 김종명, "'호국불교' 개념의 재검토: 고려 인왕회의 경우", 『불교연구』 17, 2000, 175쪽.

28) 서상문, "'불살생계(不殺生戒)'와 전쟁의 영원한 이율배반, 불교의 전쟁관과 국방관", 254쪽.

29) 물론 특정 국가가 불교를 국교로 숭앙하고 있다면, 외부 비(非)불교 세력의 침략에 맞서는 것도 호법 행위가 될 수 있다. 이 경우 '호법'과 '호국'은 사실상 동의어가 될 것이다.

30) 정승석, "호국불교의 인도적 연원", 216쪽.

31) 위의 글, 218쪽.

32) 고영섭, "국가불교의 "호법"과 참여불교의 "호국"", 『불교학보』 64, 2013, 103, 110-112쪽.

33) 류제동, "불교에서의 폭력과 평화", 85쪽.

34) 박노자, 『당신들의 대한민국(1)』, 한겨레출판, 2001, 91-92쪽.

35) 김용태, "한국불교사의 호국 사례와 호국불교 인식", 『대각사상』 17, 2012, 45쪽.

36) 김종명, "'호국불교' 개념의 재검토", 175쪽.

37) 안계현, "조선 전기의 승군", 『동방학지』 13, 1972; 추만호, "고려승군고", 고려대학교 석사학위논문, 1983; 양은용, "임진왜란과 호남의 불교 의승군", 『한국종교』 19, 1994; 김종명, "'호국불교' 개념의 재검토"; 이홍두, "고려시대의 군제와 승군: 수원 승도의 정규군 편성을 중심으로", 『백산학보』 72, 2005; 박재현, "조선 전기 불교의 이념적 변화 과정 연구: 의승병(義僧兵)을 중심으로", 『불교학연구』 26, 2010; 김용태, "임진왜란 의승군 활동과 그 불교사적 의미", 『보조사상』 37, 2012; 고영섭, "조선 후기 승군제도의 불교사적 의미", 『한국사상과 문화』 72, 2014; 김창현, "고려시대 승병의 성격과 역할", 『동국사학』 59, 2015; 김용태, "조선 중기 의승군 전통에 대한 재고: 호국불교의 조선적 발현", 『동국사학』 61, 2016; 진관, 『조선 승군의 임진왜란 참여 연구: 휴정, 의엄, 유정, 처영, 영규를 중심으로』, 한강출판사, 2017; 고영섭, "한국 승군(僧軍)의 역사와 사상사적 의미", 『문학·사학·철학』 58·59, 2019; 진관·운봉·도관, 『조선 승군 사상사 연구: 조선 승통 시대를 중심으로』, 한강출판사, 2019; 민순의, "여말선초의 승군(僧軍) 개념: 국가권력의 승단 관리와 승도의 개념 및 범주의 관점에서", 『동아시아불교문화』 44, 2020; 김진영, "사명당의 의병과 고뇌", 『불교문화』, 2021년 9월호; 박현욱, "남한산성과 북한산성을 쌓다: 임진왜란 이후의 승군의 역할", 『불광』, 2022년 4월호; 정운, "전쟁 참여냐, 본분을 지킬 것이냐: 전쟁과 살생, 스님들의 고뇌", 『불광』, 2022년 4월호; 박재광, "임진왜란 발발과 전투에 참여한 스님들: 승군, 북을 울리다", 『불광』, 2022년 4월호; 김남수, "승군이 참여한 주요 전투", 『불광』, 2022년 4월호; 송은일, "바다에서 적을 무찌르다: 이순신과 함께한 의승수군", 『불광』, 2022년 4월호; 신성민, "왜군과 함께 온 일본 스님들: 임진왜란과 종군승", 『불광』, 2022년 4월호; 오경후, "억불 시대의 승군, 불교를 일으키다: 의승군의 불교사적 가치", 『불광』, 2022년 4월호 등 참조.

38) 고영섭, "한국 승군(僧軍)의 역사와 사상사적 의미", 108-111쪽.

39) 민순의, "여말선초의 승군(僧軍) 개념", 320쪽.

40) 진관, 『조선 승군의 임진왜란 참여 연구』, 261쪽.

41) 위의 책, 260쪽.

42) 김진영, "사명당의 의병과 고뇌", 32쪽.

43) 정운, "전쟁 참여냐, 본분을 지킬 것이냐", 62쪽.

44) 진관·운붕·도관, 『조선 승군 사상사 연구』, 394쪽.

45) 위의 책, 391-429쪽.

46) 박현욱, "남한산성과 북한산성을 쌓다", 98-111쪽.

47) 위의 글, 111쪽.

48) 김진영, "사명당의 의병과 고뇌", 29쪽.

49) 정운, "전쟁 참여냐, 본분을 지킬 것이냐", 64쪽.

50) 김성동, 『미륵뫼를 찾아서: 김성동 유고 역사 에세이』, 도서출판 작은숲, 2024, 74, 111, 701, 703쪽.

51) 위의 책, 75쪽.

52) 위의 책, 74-76, 90, 113-115, 134, 701쪽.

53) 위의 책, 405-408, 701쪽.

54) 제주항일기념관에 따르면 '법정사 항일운동'은 3·1운동 당시의 '조천만세운동', 1930년대의 '해녀항일운동'과 함께 "제주의 3대 항일운동"으로, "3·1운동 이전 최대 규모의 단일 투쟁", "3·1운동 이전 일제에 저항한 최대 규모의 항일운동"으로 평가되고 있다. 제주항일기념관, 『제주도에서 일어난 독립운동은 무엇이 있었을까?』, 5쪽; 제주특별자치도, 〈제주항일기념관〉, 7쪽. 두 자료에는 제작 시기가 명시되어 있지 않으나, 필자는 이를 2023년 6월 16일 제주시 조천읍 소재 제주항일기념관에서 입수했다.

55) 서귀포교육지원청·제주특별자치도세계유산본부, 〈제주 법정사 항일운동〉, 2쪽. 이 팸플릿에는 제작 시기가 명시되어 있지 않지만, 필자는 이를 2023년 4월 22일 제주 송악도서관에서 입수했다.

56) 정운, "전쟁 참여냐, 본분을 지킬 것이냐", 66쪽.

57) 진관, 『조선 승군의 임진왜란 참여 연구』, 260쪽.

58) 위의 책, 237-240쪽.

59) 위의 책, 236쪽.

60) 진관·운붕·도관, 『조선 승군 사상사 연구』, 404쪽.

61) 고영섭, "국가불교의 "호법"과 참여불교의 "호국"", 110쪽.

62) 박노자, 『붓다를 죽인 부처』, 218쪽.

63) 브라이언 다이젠 빅토리아, 『전쟁과 선』, 정혁현 역, 인간사랑, 2009, 33-37쪽.

64) 심재룡, "불교와 전쟁", 49-50쪽.

65) 브라이언 다이젠 빅토리아, 『전쟁과 선』, 153-154, 203-204, 232-234쪽.

66) 위의 책, 155, 158, 161, 166쪽.

67) 위의 책, 18, 165-173, 203쪽.

68) Vladimir Tikhonov, "Militarized Masculinity with Buddhist Characteristics: Buddhist Chaplains and Their Role in the South Korean Army," *The Review of Korean Studies* 18(2), 2015.

69) 박노자, "왜 "아니오"라고 못하는가: 한국에서 승려 생활했던 스칸디나비아 불교학자 헨릭 씨의 한국 불교와 한국론", 『한겨레21』, 2000.9.28, 111쪽.

70) 서현욱, "영규대사·의승 국가적 재평가…800 의승 명예회복", 「불교닷컴」, 2023.4.5.

71) Jeremy Milgrom, ""Let your love for me vanquish your hatred for him": Nonviolence and Modern Judaism," Daniel L. Smith-Christopher ed., *Subverting Hatred: The Challenge of Nonviolence in Religious Traditions*, Maryknoll, New York: Orbis Books, 2007, pp. 156-160, 168.

72) 이창규, "이스라엘군, 헤즈볼라와 교전 중 8명 전사…"이런 일 다신 없을 것"", 「뉴스1」, 2024.10.3.

73) Wright, *Sacred Rage*, pp. 19-20.

74) *ibid.*, p. 287.

75) 정수일, 『이슬람문명』, 창작과비평사, 2002, 52쪽.

76) 이희수 외, 『이슬람: 이슬람 문명 올바로 이해하기』, 청아출판사, 2001, 200쪽.

77) Rabia Terri Harris, "Nonviolence in Islam: The Alternative Community Tradition," Daniel L. Smith-Christopher ed., *Subverting Hatred: The Challenge of Nonviolence in Religious Traditions*, Maryknoll, New York: Orbis Books, 2007, p. 117.

78) 디터 젱하스, 『문명 내의 충돌』, 81쪽.

79) 김정위, "이슬람, 평화의 종교", 김정위 편저, 『이슬람 입문』, 한국외국어대학교출판부, 1998, 293-302쪽. 정수일은 지하드를 "내면적·평화적 성격을 띠는 개인적인 신앙 차원의 노력"을 뜻하는 '노력 지하드'와 "외향적·전투적 성격을 띠는 집단적인 공헌 차원의 분투"를 뜻하는 '성전 지하드'로 구분하면서, 후자인 성전 지하드도 대상에 따라 수행 방법이 각기 달라진다고 보았다(정수일, 『이슬람문명』, 178-182쪽). 문정인은 '형태'에 따라 개인적 지하드, 언술적(verbal) 지하드, 물리적 지하드를, 그 '성

격'에 따라 방어적 지하드와 공격적 지하드로 구분한 바 있다(문정인, "이슬람의 평화사상", 하영선 편, 『21세기 평화학』, 풀빛, 2002, 58-60쪽).

80) 문정인, "이슬람의 평화사상", 50쪽.

81) 김정위, "이슬람, 평화의 종교", 302-309쪽.

82) 문정인, "이슬람의 평화사상", 62-63쪽.

83) 위의 글, 64-69쪽.

84) 위의 글, 57쪽.

85) 위의 글, 61쪽.

86) 위의 글, 62쪽.

87) 위와 같음.

88) Harfiyah Abdel Halee et al. eds., *The Crescent and the Cross: Muslim and Christian Approaches to War and Peace*, London: Macmillan, 1998, pp. 104-132, 특히 128-129.

89) 찰스 킴볼, 『종교가 사악해질 때』, 291-292쪽에서 재인용.

90) Halee et al., *The Crescent and the Cross*, p. 98.

91) Harris, "Nonviolence in Islam," pp. 108, 116-123.

92) 장병옥, "이슬람 원리주의와 테러리즘", 『공동선』 50, 2003, 27쪽.

93) 진석용, "'양심적 병역거부'의 현황과 법리", 217-218쪽 참조.

94) Sunanda Y. Shastri and Yajneshwar S. Shastri, "Ahimsa and the Unity of All Things," Daniel L. Smith-Christopher ed., *Subverting Hatred: The Challenge of Nonviolence in Religious Traditions*, Maryknoll, New York: Orbis Books, 2007, pp. 68-71.

95) 류경희, "인도 종교문화의 비폭력(아힘사) 평화사상과 종교폭력", 70-74쪽.

96) 엘리스 보울딩, "평화운동의 조직형태", 348-349쪽.

97) 김명희, "종교·폭력·평화", 141쪽.

98) 김명희, "현대 평화연구에서 종교의 위치", 25쪽.

99) 위의 글, 27쪽.

100) 류경희, "인도 종교문화의 비폭력(아힘사) 평화사상과 종교폭력", 75쪽.

101) 진석용, "'양심적 병역거부'의 현황과 법리", 217-218쪽 참조.

1) 김성수, 『함석헌 평전』, 삼인, 2001, 105쪽.

2) 김흥수, 『한국전쟁과 기복신앙 확산 연구』, 한국기독교역사연구소, 1999, 59-71, 86-97쪽.

3) 위의 책, 86-88쪽.

4) Ryu Dae Young, "Korean Protestant Churches' Attitude Toward War: With a Special Focus on the Vietnam War," *Korea Journal* 44(4), 2004.

5) 서철원, "조직신학적 견지에서의 군진신학 고찰", 육군본부 군종감실 편, 『군진신학』, 군복음화후원회, 1985, 47-48쪽.

6) 이장식, "역사적으로 본 전쟁과 평화에 대한 그리스도인의 태도", 『기독교사상』, 1959년 3월호, 특히 18쪽 참조.

7) 홍현설, "안식교도의 집총거부 사건에 대하여", 『기독교사상』, 1959년 3월호, 36쪽.

8) 장규식, 『일제하 한국기독교민족주의 연구』, 혜안, 2001, 191쪽.

9) 박형룡, "전쟁에 대한 기독교의 태도", 『신학지남』, 1929년 3월호, 5월호.

10) 김정권, "전쟁과 평화에 대한 세계교회의 태도: WCC의 태도를 중심으로", 『기독교사상』, 1967년 1월호.

11) 박봉배, "전쟁에 대한 기독교적 이해", 『기독교사상』, 1975년 6월호, 특히 45-46쪽 참조.

12) 위의 글, 46-51쪽.

13) 이장식, "전쟁과 인간공동체의 위기", 『신학사상』 9, 1975년 여름, 255쪽.

14) 전경연, "신약의 케리그마와 군진신학", 육군본부 군종감실 편, 『군진신학』, 군복음화후원회, 1985.

15) 맹용길, "군진신학의 기독교윤리적 과제: 정당전쟁론을 중심으로", 육군본부 군종감실 편, 『군진신학』, 군복음화후원회, 1985, 165, 169-170쪽.

16) 위의 글, 178쪽.

17) 이장식, "전쟁과 그리스도인: 교회사적 고찰", 육군본부 군종감실 편, 『군진신학』, 군복음화후원회, 1985, 특히 318쪽 참조.

18) 맹용길, "군선교 입장에서 본 기독교윤리의 과제", 대한예수교장로회총회 군선교부 편, 『군선교신학』, 대한예수교장로회총회출판국, 1990, 특히 46쪽 참조.

19) 한숭홍, "전쟁과 위기 속에 있는 창조질서", 『기독교사상』, 1991년 4월호.

20) 손규태, "중동전쟁의 종교적 성격", 『기독교사상』, 1991년 4월호.

21) 강사문, "정당전쟁론에 대한 성서적 해석", 『기독교사상』, 1991년 4월호.

22) 알버트 마린 편, 『전쟁과 그리스도인의 양심』, 오만규 역, 성광문화사, 1982.

23) 피터 C. 크레이그, 『기독교와 전쟁 문제』, 김갑동 역, 성광문화사, 1985.

24) 크리스틴 헤르조그, "평화적인 여성: 여성, 전쟁과 평화라는 논제에 대한 신학적 조
      망", 『신학사상』 58, 1987년 가을.

25) 박성원, "전쟁을 울려보내고 평화를 맞아들이자!"

26) 최원경, "전쟁과 평화", 『기독교사상』, 2000년 6월호.

27) 1장에서도 언급했듯이, 신윤동욱 기자가 쓴 이 최초의 기사는 '마이너리티'난에 실
      렸다.

28) 개신교와 관련된 이하의 서술은, 강인철, "한국 개신교와 양심적 병역거부", 113-127
      쪽의 내용을 압축하면서 새로운 고찰을 약간 추가한 것이다.

29) 신윤동욱, "이단의 가시관 쓴 대체복무제", 29쪽.

30) 한겨레, 2001.8.31; 국민일보, 2001.8.25.

31) 교회연합신문, 2002.2.10; 뉴스앤조이, 2002.2.4.

32) 신윤동욱, "이단의 가시관 쓴 대체복무제", 28-29쪽; 신윤동욱, "입법추진은 계속된
      다", 『한겨레21』, 2001.8.2, 38쪽; 한겨레, 2001.8.31; 경향신문, 2001.6.1. 등 참조.

33) 뉴스앤조이, 2002.2.4.

34) 기독교사회선교연대회의 홈페이지(kcao.urm.or.kr)의 단체소개 부분 참조(2005.
      9.30 검색).

35) 전국목회자정의평화실천협의회 홈페이지(peacepastor.hompy.com) '자료실'의
      "18차 총회선언문", 2002.5.2 참조(2005.9.30 검색).

36) 연합뉴스, 2003.3.15.

37) 한겨레, 2003.10.10.

38) 뉴스앤조이, 2003.11.22.

39) 조선일보(온라인판), 2003.11.26; 뉴스앤조이, 2003.11.22; 한겨레, 2003.11.22; 연합
      뉴스, 2003.11.22.

40) 최삼경, "그들은 양심불량 범죄집단!", 『한겨레21』, 2004.6.10, 82-83쪽; 박형택, "여

호와증인들의 병역거부 과연 성경적인가", 『교회와 신앙』, 2002년 3월호; 국민일보, 2002.1.31 등을 볼 것.

41) 신윤동욱, "인터뷰: "기독교인도 넘어갈 수 있다"", 『한겨레21』, 2001.7.19, 29쪽.

42) 노컷뉴스, 2005.5.22.

43) 국민일보, 2003.10.15.

44) 동아일보, 2004.6.9.

45) 한국일보, 2004.7.1.

46) 서철원, "조직신학적 견지에서의 군진신학 고찰", 72쪽.

47) 김갑동, "구약에서 본 전쟁과 신앙인", 육군본부 군종감실 편, 『군진신학』, 군복음화후원회, 1985, 264-265쪽.

48) 위의 글, 279쪽.

49) 강사문, "전쟁에 대한 성경적 이해", 대한예수교장로회총회 군선교부 편, 『군선교신학』, 대한예수교장로회총회출판국, 1990, 70쪽.

50) 위의 글, 77쪽.

51) 김기홍, "군선교의 역사와 신학", 대한예수교장로회총회 군선교부 편, 『군선교신학』, 대한예수교장로회총회출판국, 1990, 120쪽.

52) 위의 글, 123쪽.

53) 위의 글, 131-132쪽.

54) 강창희, "신약성경의 승리자 그리스도의 주제와 군선교", 대한예수교장로회총회 군선교부 편, 『군선교신학』, 대한예수교장로회총회출판국, 1990, 302-303쪽.

55) 곽선희, "군선교신학의 의의: 전쟁신학의 입장", 대한예수교장로회총회 군선교부 편, 『군선교신학』, 대한예수교장로회총회출판국, 1990, 92쪽.

56) 김기태, "여호와의 전쟁의 구원신학적 고찰", 대한예수교장로회총회 군선교부 편, 『군선교신학』, 대한예수교장로회총회출판국, 1990, 268쪽.

57) 위의 글, 247-258쪽.

58) 최삼경, "그들은 양심불량 범죄집단!", 83쪽.

59) 박형택, "여호와 증인들의 병역거부 과연 성경적인가", 『교회와 신앙』(온라인판), 2002.3.1.

60) 군목 출신인 장병선 목사가 2002년 2월 18일에 열린 한국기독교교회협의회 인권위

원회와 전국목회자정의평화실천협의회 주최의 토론회에서 발언한 내용이다. 뉴스

앤조이, 2002.2.18.

61) 조셉 L. 알렌,『기독교인은 전쟁을 어떻게 볼 것인가』, 16-24쪽.

62) 위의 책, 25-29쪽.

63) Kang In-Cheol, "Militarism and Korean Protestant Churches," *Korea Journal* 58(3),

2018.

64) Kurtz, *Gods in the Global Village*, pp. 213-214.

65) Hall, "Religion and Violence," p. 371.

66) 강인철,『전쟁과 종교』, 7장, 9장.

67) 윤선자, "공덕종,"『교회와 역사』193, 1991, 21쪽; 육사본당 30년사 편찬위원회 편,

『씨앗이 열매로』, 천주교육사교회, 1990, 54-56쪽.

68) Klausner, "Violence," p. 269.

69) 한국천주교중앙협의회,『한국천주교주교회의 회보』114, 2001.8.1,

http://www.cbck.or.kr/mae/fr_index.asp(2002.7.1 검색) 참조.

70) 육군본부 군종감실 편,『육군군종사』, 육군본부, 1975, 82-83쪽 참조.

71) 정진석 역(저자 미상), "평화와 전쟁에 관한 역대 교황들의 태도(II)", 84쪽.

72) 관련 문서들의 번역 과정에 대해서는, 강인철, "한국교회의 사회참여와 제2차 바티

칸공의회",『교회사 연구』25, 2005, 18-19쪽 참조.

73) 김종민 편역,『평화 추구: 그리스도교와 학문에 바탕한 평화학습장』, 분도출판사, 1987;

허먼 헨드릭스,『성서로 본 평화와 폭력』, 이현주 역, 분도출판사, 1988; 요셉 블랑크,

『화해를 위하여: 그리스도교적으로 본 평화의 실천』, 이경우 역, 분도출판사, 1990.

74) 천주교와 관련된 이하의 서술은, 강인철, "양심적 병역거부에 대한 한국 주류 종교들

의 태도 및 대응", 170-175쪽의 내용을 압축하면서 새로운 고찰을 약간 추가한 것이다.

75) 신윤동욱, "이단의 가시관 쓴 대체복무제", 29쪽.

76) 이재승, "다수가 지켜주어야 할 소수의 인권",『경향잡지』, 2001년 5월호, 29쪽.

77) 대구가톨릭대 교수인 김정우 신부는 2005년에도 "양심적 병역거부에 대한 윤리신학

적 고찰"(『가톨릭사상』33, 2005)이라는 논문을 통해 양심적 병역거부권 인정과 대

체복무제 도입을 요구했다.

78) 권혁주, "양심과 실정법",『사목』, 2003년 3월호, 5-6쪽.

79) 천주교정의구현전국연합 홈페이지(www.kcfj.org)의 '단체소개' 부분 참조(2005.
9.30 검색).

80) 한겨레, 2002.3.30; 동아일보, 2002.3.30 등 참조.

81) 한겨레, 2003.10.17.

82) 병역거부연대회의 홈페이지(corights.net)의 '연대회의 소개' 중 "주요 일지" 참조
(2005.9.30 검색).

83) 오마이뉴스, 2005.10.22.

84) 평화신문, 2005.12.11; 가톨릭신문, 2005.12.11.

85) 한겨레, 2009.9.9; 프레시안, 2009.9.9, 2009.12.22; 가톨릭뉴스 지금여기, 2009.9.10.

86) 가톨릭뉴스 지금여기, 2011.11.24.

87) 홍원석, "병역거부 소견서",『전쟁없는세상 소식지』32, 2011, 3쪽.

88) 박노자,『붓다를 죽인 부처』, 212-213쪽; 석림동문회 편,『한국불교현대사』, 시공사,
1997, 182-183쪽.

89) 주간종교사 편,『한·일 종교총람』, 성화사, 1976, 29쪽.

90) 석림동문회,『한국불교현대사』, 182-194쪽.

91) 위의 책, 183쪽.

92) 강인철,『종교와 군대』, 59쪽.

93) 박노자,『붓다를 죽인 부처』, 218쪽.

94) 불교와 관련된 이하의 서술은, 강인철, "양심적 병역거부에 대한 한국 주류 종교들의
태도 및 대응", 176-181쪽의 내용을 압축하면서 새로운 고찰을 약간 추가한 것이다.

95) 박노자,『당신들의 대한민국(1)』, 91-92쪽.

96) 문화일보, 2001.5.26; 경향신문, 2001.6.1; 한겨레, 2001.8.31 등 참조.

97) 인터넷신문「대자보」의 '공고',
http://www.jabo.co.kr/60th/60_gongko.htm(2004.12.20 검색); 신윤동욱, "이단의
가시관 쓴 대체복무제", 29쪽 참조.

98) 법보신문, 2001.12.26.

99) 오마이뉴스, 2001.12.17.

100) 법보신문, 2002.3.27.

101) 뉴스앤조이, 2002.1.16, 2002.2.4.

102) 법보신문, 2002.2.13.

103) 병여거부연대회의 홈페이지(corights.net) '자료실'의 "9월 12일의 병역거부 기자 회견 자료입니다", 2002.9.12 참조(2004.12.20 검색).

104) 신윤동욱, ""오태양의 자유를 지키련다": 법원 '양심적 병역거부' 불구속 결정…불교 사회단체, 인권 차원의 대책 마련 촉구", 『한겨레21』, 2002.2.28, 14쪽; 대한매일, 2002.2.19.

105) "병역거부권 실현과 대체복무제도 개선을 위한 범불교대책위원회 구성", "병역거부와 대체복무 개선을 위한 범불교대책위원회(준) 회의", 불교인권센터(www.humankorea.org), 2002.2.21(2004.12.20 검색).

106) 밀교신문, 2002.3.16; 병역거부연대회의 홈페이지(corights.net)의 '연대회의 소개' 중 "주요 일지" 참조(2004.12.20 검색).

107) 뉴스앤조이, 2002.4.4.

108) 법보신문, 2002.3.27.

109) 법보신문, 2002.5.1.

110) "양심에 따른 병역거부권 실현과 대체복무제 개선을 위한 불교연대 발족", 불교인권센터(www.humankorea.org), 2002.4.24(2004.12.20 검색); "초청 강연회 내용", 불교인권센터, 2002.5.30(2004.12.20 검색); 병역거부연대회의 홈페이지(corights.net)의 '연대회의 소개' 중 "주요 일지"(2004.12.20 검색); 법보신문, 2002.6.5.

111) 불교정보센터(www.budgate.net/Scripts/news), 2003.4.30(2004.12.20 검색).

112) 위와 같음.

113) 오마이뉴스, 2006.3.28.

114) 이조은, "조은의 병역거부 소견서", 『전쟁없는세상 소식지』 28, 2010.

115) 한겨레, 2004.7.13; 조선일보, 2004.7.13.

116) 이때 공중의 언어는 대개 종파적이라기보다 '포괄적'이고, 비관적이라기보다 '진보적·낙관적인' 성격을 지니며, 관용·인권·공동선·사회정의·평등·책임·삶의 질……등의 보다 '보편적인' 가치들을 선호한다.

117) Rhys H. Williams, "Religious Social Movement in the Public Sphere: Organization, Ideology, and Activism," Michele Dillon ed., *Handbook of the Sociology of Religion*, Cambridge: Cambridge University Press, 2003, pp. 326-327 참조.

118) 세계교회협의회, 『세계교회협의회 역대 총회 종합보고서』, 381쪽.

119) 홍현설, "안식교도의 집총거부 사건에 대하여", 34쪽.

120) 위의 글, 36쪽.

121) 정종훈, "기독교윤리적 논점에서 본 양심적 병역 거부의 논쟁과 대안 모색", 206쪽.

122) 위의 글, 200쪽.

맺음말

1) 연합뉴스, 2010.8.4.

2) 법제처 국가법령정보센터(www.law.go.kr)의 '대체역의 편입 및 복무 등에 관한 법률' 항목 참조.

가이 허쉬버그, 『전쟁, 평화, 무저항: 신앙과 실천으로 보는 메노나이트의 평화 개념』, 최봉기 역, 대장간, 2012.

강사문, "전쟁에 대한 성경적 이해", 대한예수교장로회총회 군선교부 편, 『군선교신학』, 대한예수교장로회총회출판국, 1990.

______, "정당전쟁론에 대한 성서적 해석", 『기독교사상』, 1991년 4월호.

강인철, 『전쟁과 종교』, 한신대학교출판부, 2003.

______, "한국교회의 사회참여와 제2차 바티칸공의회", 『교회사 연구』 25, 2005.

______, "한국 사회와 양심적 병역거부: 역사와 특성", 『종교문화연구』 7, 2005.

______, "한국 개신교와 양심적 병역거부: '정통'과 '이단'을 넘어서", 『한신인문학연구』 6, 2005.

______, "양심적 병역거부에 대한 한국 주류 종교들의 태도 및 대응: 천주교, 불교를 중심으로", 『우리신학』 4, 2006.

______, 『민주화와 종교: 상충하는 경향들』, 한신대학교출판부, 2012.

______, 『한국의 종교, 정치, 국가: 1945~2012』, 한신대학교출판부, 2013.

______, 『종교와 군대: 군종, 황금어장의 신화는 어떻게 만들어졌나?』, 현실문화, 2017.

______, 『시민종교의 탄생: 식민성과 전쟁의 상흔』, 성균관대학교출판부, 2019.

______, 『민중, 시대와 역사 속에서: 민중의 개념사, 통사』, 성균관대학교출판부, 2023.

강인화, "한국 사회의 병역거부운동을 통해 본 남성성 연구", 이화여자대학교 석사학위 논문, 2007.

______, "병역, 기피·비리·거부의 정치학", 『여성과 평화』 5, 2010.

강창희, "신약성경의 승리자 그리스도의 주제와 군선교", 대한예수교장로회총회 군선교부 편, 『군선교신학』, 대한예수교장로회총회출판국, 1990.

고영섭, "국가불교의 "호법"과 참여불교의 "호국"", 『불교학보』 64, 2013.

______, "조선 후기 승군제도의 불교사적 의미", 『한국사상과 문화』 72, 2014.

______, "한국 승군(僧軍)의 역사와 사상사적 의미", 『문학·사학·철학』 58·59, 2019.

곽선희, "군선교신학의 의의: 전쟁신학의 입장", 대한예수교장로회총회 군선교부 편, 『군선교신학』, 대한예수교장로회총회출판국, 1990.

국가인권위원회, 『양심적 병역거부 관련 대체복무제 도입방안 실태조사: 2018년도 인권상황 실태조사 연구용역 보고서』, 국가인권위원회, 2018.

______, "국가인권위원회 군인권보호위원회 결정"(결정문), 2023.4.13.

______ 편, 『양심적 병역거부 관련 청문회 자료집』, 국가인권위원회, 2005.10.19.

권기종, "불교와 전쟁", 『기독교사상』, 1971년 2월호.

권김현영, "병역의무의 성별 정치학", 『당대비평』 19, 2002년 여름.

권인숙, 『대한민국은 군대다: 여성학적 시각에서 본 평화, 군사주의, 남성성』, 청년사, 2005.

권혁주, "전쟁과 평화", 『사목』, 2002년 2월호.

김갑동, "구약에서 본 전쟁과 신앙인", 육군본부 군종감실 편, 『군진신학』, 군복음화후원회, 1985.

김기태, "여호와의 전쟁의 구원신학적 고찰", 대한예수교장로회총회 군선교부 편, 『군선교신학』, 대한예수교장로회총회출판국, 1990.

김기홍, "군선교의 역사와 신학", 대한예수교장로회총회 군선교부 편, 『군선교신학』, 대한예수교장로회총회출판국, 1990.

김나루, "유럽의 양심적 병역거부자를 위한 대체복무제의 비교법적 연구", 『유럽헌법연구』 29, 2019.

김남수, "승군이 참여한 주요 전투", 『불광』, 2022년 4월호.

김동주, 『총으로 글을 쓸 수는 없지 않은가?』, 도서출판 각, 2013.

김두식, 『칼을 쳐서 보습을: 양심에 따른 병역거부와 기독교 평화주의』, 뉴스앤조이, 2002.

김명섭, "평화학의 현황과 전망", 하영선 편, 『21세기 평화학』, 풀빛, 2002.

김명희, "종교·폭력·평화: 요한 갈퉁의 평화이론을 중심으로", 『종교연구』 56, 2009.

_______, "현대 평화연구에서 종교의 위치", 『종교문화비평』 18, 2010.

김민아, "종교의 시민사회 참여에 대한 이론적 고찰", 『인문학연구』 33, 2020.

김성동, 『미륵뫼를 찾아서: 김성동 유고 역사 에세이』, 작은숲, 2024.

김성민, "양심적 병역거부", 『여성이론』 24, 2011.

김성수, 『함석헌 평전: 신의 도시와 세속 도시 사이에서』, 삼인, 2001.

김신숙, 『역사와 쟁점으로 살펴보는 한국의 병역제도』, 메디치미디어, 2020.

김용태, "한국불교사의 호국 사례와 호국불교 인식", 『대각사상』 17, 2012.

_______, "임진왜란 의승군 활동과 그 불교사적 의미", 『보조사상』 37, 2012.

_______, "조선 중기 의승군 전통에 대한 재고: 호국불교의 조선적 발현", 『동국사학』 61, 2016.

김용표, "불교의 전쟁관", 『사목』, 2002년 2월호.

김원, 『잊혀진 것들에 대한 기억: 1980년대 대학의 하위문화와 대중정치』, 이매진, 2011.

김정권, "전쟁과 평화에 대한 세계교회의 태도: WCC의 태도를 중심으로", 『기독교사상』, 1967년 1월호.

김정우, "가톨릭교회의 전쟁에 대한 이해", 『사목』, 2002년 2월호.

_______, "양심적 병역거부에 대한 윤리신학적 고찰", 『가톨릭사상』 33, 2005.

김정위, "이슬람, 평화의 종교", 김정위 편저, 『이슬람 입문』, 한국외국어대학교출판부, 1998.

김종명, "'호국불교' 개념의 재검토: 고려 인왕회의 경우", 『종교연구』 21, 2000.

김종민 편역, 『평화 추구: 그리스도교와 학문에 바탕한 평화학습장』, 분도출판사, 1987.

김진영, "사명당의 의병과 고뇌", 『불교문화』, 2021년 9월호.

김창현, "고려시대 승병의 성격과 역할", 『동국사학』 59, 2015.

김형민, "그리스도교의 폭력과 유일신 신앙", 『종교문화비평』 18, 2010.

김호성, "'정의의 전쟁'론은 정의로운가: 힌두교와 불교의 논의를 중심으로", 『동서철학연구』 28, 2003.

김흥수, 『한국전쟁과 기복신앙 확산 연구』, 한국기독교역사연구소, 1999.

나윤경·이석우, "양심적 병역거부 무죄 판결에 대한 언론 보도 경향 분석", 이석우 편,

『양심적 병역거부: 2005년 현실진단과 대안 모색』, 사람생각, 2005.

닐스 닐슨, 『종교 근본주의, 무엇이 문제인가』, 한귀란 역, 글로벌콘텐츠, 2012.

대체역심사위원회, 『제1차 대체역심사위원회 연간보고서: 2020.6.30~2021.6.30』, 대체역심사위원회, 2021.

______, 『대체역 제도의 현황과 발전 방향』(대체역심사위원회 설립 1주년 기념 학술토론회 자료집), 대체역심사위원회, 2021.12.1.

______, 『제2차 대체역심사위원회 연간보고서: 2021.7.1~2022.12.31』, 대체역심사위원회, 2023.

______, 『제3차 대체역심사위원회 연간보고서: 2023년』, 대체역심사위원회, 2024.

대한예수교장로회총회 군선교부 편, 『군선교신학』, 대한예수교장로회총회 출판국, 1990.

데이비드 치데스터, 『구원과 자살: 짐 존스·인민사원·존스타운』, 이창익 역, 청년사, 2015.

데이비슨 뢰어, 『아메리카, 파시즘 그리고 하느님: 다른 믿음과 생각을 부정하는 종교와 정치는 얼마나 위험한가』, 정연복 역, 샨티, 2007.

디터 젱하스, 『문명 내의 충돌』, 이은정 역, 문학과지성사, 2007.

로버트 퍼트넘·데이비드 캠벨, 『아메리칸 그레이스: 종교는 어떻게 사회를 분열시키고 통합하는가』, 정태식 외 역, 페이퍼로드, 2013.

론 도슨, "자생 테러리즘 설명에서 종교 무시", 제임스 루이스 편, 『종교와 테러리즘』, 하홍규 역, 한울아카데미, 2020.

롤런드 H. 베인튼, 『전쟁, 평화, 기독교: 그 역사적 연구와 비판적 재평가』, 채수일 역, 대한기독교출판사, 1981.

류경희, "인도 종교문화의 비폭력(아힘사) 평화사상과 종교폭력", 『종교문화비평』 18, 2010.

류성민, 『성스러움과 폭력』, 살림, 2003.

류제동, "불교에서의 폭력과 평화", 『종교문화비평』 18, 2010.

르네 지라르, 『폭력과 성스러움』, 김진식·박무호 역, 민음사, 1997.

______, 『희생양』, 김진식 역, 민음사, 1998.

______, "지금 벌어지고 있는 현상은 전 세계적 차원에서의 모방적 라이벌 의식의 구현이다: 르네 지라르와 「르몽드」의 대담", 『비평』 6, 2001.

마크 릴라, 『사산된 신』, 마리오 역, 바다출판사, 2009.

마크 주어겐스마이어, "종교가 테러리즘을 유발하는가?", 제임스 루이스 편, 『종교와 테러리즘』, 하홍규 역, 한울아카데미, 2020.

맹용길, "군진신학의 기독교윤리적 과제: 정당전쟁론을 중심으로", 육군본부 군종감실 편, 『군진신학』, 군복음화후원회, 1985.

______, "군선교 입장에서 본 기독교윤리의 과제", 대한예수교장로회총회 군선교부 편, 『군선교신학』, 대한예수교장로회총회출판국, 1990.

문정인, "이슬람의 평화사상", 하영선 편, 『21세기 평화학』, 풀빛, 2002.

민순의, "여말선초의 승군(僧軍) 개념: 국가권력의 승단 관리와 승도의 개념 및 범주의 관점에서", 『동아시아불교문화』 44, 2020.

박노자, "왜 "아니오"라고 못하는가: 한국에서 승려 생활했던 스칸디나비아 불교학자 헨릭 씨의 한국 불교와 한국론", 『한겨레21』, 2000.9.28.

______, 『당신들의 대한민국(1)』, 한겨레출판, 2001.

______, 『붓다를 죽인 부처』, 인물과사상사, 2011.

박봉배, "전쟁에 대한 기독교적 이해", 『기독교사상』, 1975년 6월호.

박성원, "전쟁을 울려보내고 평화를 맞아들이자!", 『기독교사상』, 2000년 2월호.

박영대, "평화에 관한 가톨릭 사회적 가르침과 평화운동", 『종교문화비평』 18, 2010.

박재광, "임진왜란 발발과 전투에 참여한 스님들: 승군, 북을 울리다", 『불광』, 2022년 4월호.

박재현, "조선 전기 불교의 이념적 변화 과정 연구: 의승병(義僧兵)을 중심으로", 『불교학연구』 26, 2010.

박종균, "하버마스의 종교론에 대한 비판적 연구", 『기독교사회윤리』 7, 2004.

박종보, "양심의 자유와 병역거부", 『민주사회와 정책연구』 7, 2005.

박충구, 『종교의 두 얼굴: 평화와 폭력』, 홍성사, 2013.

박현욱, "남한산성과 북한산성을 쌓다: 임진왜란 이후의 승군의 역할", 『불광』, 2022년 4월호.

박형룡, "전쟁에 대한 기독교의 태도(1)", 『신학지남』 44, 1929년 3월호.

______, "전쟁에 대한 기독교의 태도(2)", 『신학지남』 45, 1929년 5월호.

박형택, "병역거부, 과연 성경적인가", 『교회와 신앙』, 2002년 3월호.

백호정, "3년 동안 대체봉사를 시키자", 『월간조선』, 2001년 5월호.

베스 엘렌 보일 편, 『양심적 병역거부 관련 종교적 진술』, 한국기독교교회협의회, 2009.

볼프강 후버·한스-리하르트 로이터, 『평화윤리』, 김윤옥·손규태 역, 대한기독교서회, 1997.

불교성전편찬회 편, 『불교성전』(재개정판), 동국역경원, 2021.

브라이언 다이젠 빅토리아, 『전쟁과 선』, 정혁현 역, 인간사랑, 2009.

브루스 링컨, 『거룩한 테러: 9·11 이후 종교와 폭력에 관한 성찰』, 김윤성 역, 돌베개, 2005.

샘 해리스, 『기독교 국가에 보내는 편지』, 박상준 역, 동녘, 2008.

서보혁·이성용·허지영 편, 『폭력개념 연구: 열 가지 사나운 힘의 해부』, 모시는사람들,
       2024.

서보혁·정욱식, 『평화학과 평화운동』, 모시는사람들, 2016.

서보혁·정주진, 『평화운동: 이론·역사·영역』, 진인진, 2018.

서상문, "'불살생계(不殺生戒)'와 전쟁의 영원한 이율배반, 불교의 전쟁관과 국방관",
       『군사논단』 60, 2009.

서철원, "조직신학적 견지에서의 군진신학 고찰", 육군본부 군종감실 편, 『군진신학』,
       군복음화후원회, 1985.

석림동문회 편, 『한국불교현대사』, 시공사, 1997.

세계교회협의회 편, 『세계교회협의회 역대 총회 종합보고서』, 이형기 역, 한국장로교출
       판사, 1993.

_____ 편, 『정의로운 평화동행』, 기독교평화센터 편역, 대한기독교서회, 2013.

손규태, "중동전쟁의 종교적 성격", 『기독교사상』, 1991년 4월호.

송은일, "바다에서 적을 무찌르다: 이순신과 함께한 의승수군", 『불광』, 2022년 4월호.

스콧 애트런, "전쟁, 혁명 그리고 테러리즘에서 헌신된 행위자의 역할", 제임스 루이스
       편, 『종교와 테러리즘』, 하홍규 역, 한울아카데미, 2020.

슬라보예 지젝, 『폭력이란 무엇인가: 폭력에 대한 6가지 삐딱한 성찰』, 이현우·김희진
       ·정일권 역, 도서출판 난장이, 2011.

신성민, "왜군과 함께 온 일본 스님들: 임진왜란과 종군승", 『불광』, 2022년 4월호.

신원하, "개신교의 전쟁에 대한 태도", 『사목』, 2002년 2월호.

신윤동욱, ""차마 총을 들 수가 없어요": 묻혀져왔던 '여호와의 증인'의 양심적 병역거
       부자들, 그들이 갈 곳은 감옥뿐인가", 『한겨레21』, 2001.2.15.

______, ““징집거부권, 더 많이 알려야 한다”: 세계의 평화단체와 양심적 병역거부 운동 가들이 한국에 모여 ‘감히 징병제를 논하다’”,『한겨레21』, 2001.3.29.

______, ““우리는 감옥에 가지 않아요”: 양심적 병역거부와 대체복무제를 아시아 최초로 도입한 대만, 그 현장을 가다”,『한겨레21』, 2001.3.29.

______, “지금은 대체복무제 입안 전야”,『한겨레21』, 2001.4.19.

______, “이단의 가시관 쓴 대체복무제”,『한겨레21』, 2001.7.19.

______, “입법 추진은 계속된다”,『한겨레21』, 2001.8.2.

______, ““오태양의 자유를 지키련다”: 법원 ‘양심적 병역거부’ 불구속 결정…불교 사회 단체, 인권 차원의 대책 마련 촉구”,『한겨레21』, 2002.2.28.

______, “양심의 자유, 처음 만나는 자유”,『한겨레21』, 2004.6.3.

______, “유죄의 절망, 대체복무제의 희망!”,『한겨레21』, 2004.7.29.

______, “다양한 양심, 감옥행 시작되다”,『한겨레21』, 2004.7.29.

신윤동욱·정인환, “양심적 병역거부 1만 2324명 2만 5483년”,『한겨레21』, 2007.3.20.

심민석, “대체복무제도의 제한조건과 양심적 병역거부: 유럽인권재판소의 판례를 중심 으로”,『유럽헌법연구』 31, 2019.

심재룡, “불교와 전쟁: 불살생과 대량살생”,『불교평론』 15, 2003.

안경환·장복희 편,『양심적 병역거부』, 사람생각, 2002.

안계현, “조선 전기의 승군”,『동방학지』 13, 1972.

알버트 마린 편,『전쟁과 그리스도인의 양심』, 오만규 역, 성광문화사, 1982.

야누즈 시모니데스·키쇼르 싱, “평화의 문화 구축을 위한 시론”, 하영선 편,『21세기 평 화학』, 풀빛, 2002.

얀 아스만,『이집트인 모세: 서구 유일신교에 새겨진 이집트의 기억』, 변희수 역, 그린비, 2010.

양심에 따른 병역거부권 실현과 대체복무제도 개선을 위한 연대회의,『양심에 따른 병 역거부자들을 위한 가이드북』, 양심에 따른 병역거부권 실현과 대체복무제도 개 선을 위한 연대회의, 2004.

양심에 따른 병역거부권 실현과 대체복무제도 개선을 위한 연대회의 외, “제60차 유엔 인권위원회 공동보고서: 한국의 양심에 따른 병역거부 현황과 인권”, 이석우 편, 『양심적 병역거부: 2005년 현실진단과 대안 모색』, 사람생각, 2005.

양은용, "임진왜란과 호남의 불교 의승군", 『한국종교』 19, 1994.

에리카 체노웨스·마리아 J. 스티븐, 『비폭력 시민운동은 왜 성공을 거두나?』, 강미경 역,
　　두레, 2019.

에스펜 달, "지라르, 종말과 테러리즘에 대하여", 제임스 루이스 편, 『종교와 테러리즘』,
　　하홍규 역, 한울아카데미, 2020.

엘리스 보울딩, "평화운동의 조직형태: 평화문화의 모태", 하영선 편, 『21세기 평화학』,
　　풀빛, 2002.

오경후, "억불 시대의 승군, 불교를 일으키다: 의승군의 불교사적 가치", 『불광』, 2022년
　　4월호.

오만규, 『집총거부와 안식일 준수의 신앙양심』, 삼육대학교 선교와사회문제연구소,
　　2002.

오세영, "삶의 한 방식/과정으로서의 병역거부: 구술을 통해 본 2000년대 이후 '정치적'
　　병역거부자의 자기생애 인식", 성공회대학교 석사학위논문, 2014.

오태양·박노자, "폭력을 거부하는 마음은 인간의 동심이자 본심이다", 『당대비평』 19,
　　2002년 여름.

요셉 블랑크, 『화해를 위하여: 그리스도교적으로 본 평화의 실천』, 이경우 역, 분도출판
　　사, 1990.

요한 갈퉁, 『평화적 수단에 의한 평화』, 강종일 외 역, 들녘, 2000.

요한 갈퉁·이케다 다이사쿠, 『평화를 위한 선택: 요한 갈퉁·이케다 다이사쿠 대담집』,
　　손대준 역, 신영미디어, 1997.

우석훈, "87년 이후 20년, 민중의 시대가 다시 도래하는가?", 『사회비평』 36, 2007.

울리히 벡, 『자기만의 신: 우리에게 아직 신이 존재할 수 있는가』, 홍찬숙 역, 길, 2013.

위르겐 하버마스·베네딕토 16세, 『대화: 하버마스 대 라칭거 추기경』, 새물결, 2009.

윌리엄 W. 스위이트, 『미국교회사』, 김기달 역, 대한기독교서회, 1978.

윌리엄 제임스, 『종교적 경험의 다양성』, 김재영 역, 한길사, 2000.

유엔종교간평화추진한국협회 편, 『세계 종교간 화합과 평화에 관한 UN총회 결의문집』,
　　행복한숲, 2012.

육군본부 군종감실 편, 『육군군종사』, 육군본부, 1975.

　　＿＿＿편, 『군진신학』, 군복음화후원회, 1985.

육사본당 30년사 편찬위원회 편, 『씨앗이 열매로』, 천주교육사교회, 1990.

이기철, "양심의 자유와 국방의 의무가 충돌하는 경우 국가는 Leviathan이어야 하는가?: 양심적 병역거부에 결정과 관련하여(헌법재판소 2004.8.26. 선고 2002헌가1 결정; 대법원 2004.7.15. 선고 2004도2965 판결)", 『한양법학』 17, 2005.

이남석, 『양심에 따른 병역거부와 시민불복종』, 그린비, 2004.

이남희, 『민중 만들기: 한국의 민주화운동과 재현의 정치학』, 유리·이경희 역, 후마니타스, 2015.

이병욱, "불교의 평화관의 재구성: 요한 갈퉁의 평화 개념을 중심으로", 『대동철학』 51, 2010.

이석우 편, 『양심적 병역거부: 2005년 현실진단과 대안 모색』, 사람생각, 2005.

이성용·서보혁, "결장: 비폭력주의와 한반도", 서보혁·이성용·허지영 편, 『폭력개념 연구: 열 가지 사나운 힘의 해부』, 모시는사람들, 2024.

이세환·오세일, "코로나 시대의 불안과 종교의 공적 역할: 하버마스와 테일러의 후기 세속사회 논쟁 고찰", 『사회이론』 60, 2021.

이용석, 『평화는 처음이라』, 빨간소금, 2021.

______, 『병역거부의 질문들: 군대도, 전쟁도 당연하지 않다』, 오월의봄, 2021.

이장식, "역사적으로 본 전쟁과 평화에 대한 그리스도인의 태도", 『기독교사상』, 1959년 3월호.

______, "전쟁과 인간공동체의 위기", 『신학사상』 9, 1975.

______, "전쟁과 그리스도인: 교회사적 고찰", 육군본부 군종감실 편, 『군진신학』, 군복음화후원회, 1985.

이재승, "다수가 지켜주어야 할 소수의 인권", 『경향잡지』, 2001년 5월호.

______, "양심적 병역거부와 대체복무제에 대한 이해", 『사목』, 2003년 3월호.

______, "양심적 병역거부권과 대체복무제", 『민주사회와 정책연구』 7, 2005.

______, "판례를 통해서 본 양심적 병역거부", 이석우 편, 『양심적 병역거부: 2005년 현실진단과 대안 모색』, 사람생각, 2005.

이지춘, "한국 재림교회 역사 속의 종교자유 논쟁", 삼육대학교 박사학위논문, 2020.

이찬수, 『평화와 평화들: 평화다원주의와 평화인문학』, 모시는사람들, 2016.

______, "평화가 종교다: 폭력과 평화로서 종교에 대하여", 『가톨릭평론』 43, 2024년 봄.

市川白弦, "불교에 있어서 평화", 이재창 외, 『현대사회와 불교』, 한길사, 1981.

이탈리아 군종교구, 『정의와 평화의 봉사자: 제1차 이탈리아 군종교구 시노드』, 이경상 역, 가톨릭대학교출판부, 2009.

이홍두, "고려시대의 군제와 승군: 수원승도의 정규군 편성을 중심으로", 『백산학보』 72, 2005.

이희수 외, 『이슬람: 이슬람 문명 올바로 이해하기』, 청아출판사, 2001.

일본평화학회 편집위원회 편, 『평화학: 이론과 과제』, 이경희 역, 문우사, 1987.

임재성, "평화운동으로서 한국 병역거부운동 연구: '양심의 자유'와 '반군사주의' 간의 긴장 관계를 중심으로", 서울대학교 석사학위논문, 2009.

______, "평화운동으로서의 한국 양심적 병역거부운동 연구", 『민주주의와 인권』 10(3), 2010.

______, 『삼켜야 했던 평화의 언어: 병역거부가 말했던 것, 말하지 못했던 것』, 그린비, 2011.

______, "군사주의에 갇힌 헌법재판소: '국가안보' 관련 헌법재판소 결정문에 대한 비판적 담론 분석", 『민주법학』 51, 2013.

장규식, 『일제하 한국기독교민족주의 연구』, 혜안, 2001.

장병옥, "이슬람 원리주의와 테러리즘", 『공동선』 50, 2003.

장복희, "양심적 병역거부에 대한 국제법, 국가 관행 및 국내적 실천", 이석우 편, 『양심적 병역거부: 2005년 현실진단과 대안 모색』, 사람생각, 2005.

전경연, "신약의 케리그마와 군진신학", 육군본부 군종감실 편, 『군진신학』, 군복음화후원회, 1985.

전쟁없는세상 편, 『우리는 군대를 거부한다: 양심에 따른 병역거부자 53인의 소견서』, 포도밭출판사, 2014.

______ 편, 『저항하는 평화: 전쟁, 국가권력에 저항하는 평화주의자들의 대담』, 오월의봄, 2015.

전쟁없는세상·한홍구·박노자, 『총을 들지 않는 사람들: 병역거부자 30인의 평화를 위한 선택』, 철수와영희, 2008.

전쟁저항자인터내셔널, 『병역거부: 변화를 위한 안내서』, 여지우·최정민 역, 경계, 2018.

정수일, 『이슬람문명』, 창작과비평사, 2002.

정승석, "호국불교의 인도적 연원", 『대각사상』 30, 2018.

정용욱, "양심에 따른 병역거부운동의 현황과 전망", 윤수종 외, 『우리 시대의 소수자 운동』, 이학사, 2005.

정운, "전쟁 참여냐, 본분을 지킬 것이냐: 전쟁과 살생, 스님들의 고뇌", 『불광』, 2022년 4월호.

정웅기, "불교평화주의자의 삶으로 본 평화운동", 『참여불교』, 2002년 9·10월호.

정종훈, "기독교윤리적 논점에서 본 양심적 병역거부의 논쟁과 대안 모색", 『한국기독교신학논총』 26, 2002.

______, "기독교윤리 차원에서 본 양심적 병역거부의 논쟁과 대안 모색", 베스 엘렌 보일 편, 『양심적 병역거부 관련 종교적 진술』, 한국기독교교회협의회, 2009.

정진석 역(저자 미상), "평화와 전쟁에 관한 역대 교황들의 태도(I)", 『사목』, 1968년 2월호.

______, "평화와 전쟁에 관한 역대 교황들의 태도(II)", 『사목』, 1968년 5월호.

정태식, 『거룩한 제국: 아메리카·종교·국가주의』, 페이퍼로드, 2015.

제임스 루이스 편, 『종교와 테러리즘』, 하홍규 역, 한울아카데미, 2020.

조셉 그레밀리온, 『정의와 평화의 복음』, 한용희 역, 성바오로출판사, 1979.

조셉 L. 알렌, 『기독교인은 전쟁을 어떻게 볼 것인가』, 김홍규 역, 대한기독교서회, 1993.

조일훈, "불교에선 전쟁을 어떻게 보나", 『록원』 2, 1957.

조준호, "경전 상에 나타난 호국불교의 검토", 『대각사상』 17, 2012.

조지프 나이, 『국제분쟁의 이해: 이론과 역사』, 양준희 역, 한울아카데미, 2000.

존 그레이, 『추악한 동맹: 종교적 신념이 빚어낸 현대 정치의 비극』, 추선영 역, 도서출판 이후, 2011.

존 D. 로스, 『역사: 메노나이트의 존재방식』, 김복기 역, 대장간, 2020.

존 티한, 『신의 이름으로: 종교 폭력의 진화적 기원』, 박희태 역, 이음, 2011.

존 하워드 요더, 『비폭력 평화주의의 역사: 예수와 비폭력 해방』, 채충원 역, 대장간, 2015.

______, 『그럼에도 불구하고, 평화: 종교적 평화주의의 다양성과 약점』(개정증보판), 박예일·윤성현 역, 대장간, 2015.

주간종교사 편, 『한·일 종교총람』, 성화사, 1976.

지크문트 프로이트, 『인간 모세와 유일신교』, 이은자 역, 부북스, 2016.

진관,『조선 승군의 임진왜란 참여 연구: 휴정, 의엄, 유정, 처영, 영규를 중심으로』, 한강출판사, 2017.

진관·운붕·도관,『조선 승군 사상사 연구: 조선 승통 시대를 중심으로』, 한강출판사, 2019.

진석용, "'양심적 병역거부'의 현황과 법리", 한인섭·이재승 편,『양심적 병역거부와 대체복무제』, 경인문화사, 2013.

진석용정책연구소,『종교적 사유 등에 의한 입영거부자 사회복무체계 편입 방안 연구』(연구보고서), 병무청, 2008.

짐 포리스트,『잣대는 사랑: 도로시 데이 전기』, 유영난 역, 분도출판사, 1991.

찰스 킴볼,『종교가 사악해질 때: 타락한 종교의 다섯 가지 징후』, 김승욱 역, 현암사, 2020.

최원경, "전쟁과 평화",『기독교사상』, 2000년 6월호.

최정민, "양심에 따른 병역거부, 유엔 인권위원회에 가다: 제58차 유엔 인권위원회 참가기",『당대비평』 19, 2002년 여름.

최천식·김상구,『전쟁과 기독교: 미 제국의 두 기둥』, 책과나무, 2013.

추만호, "고려승군고", 고려대학교 석사학위논문, 1983.

칼 야스퍼스,『야스퍼스의 불교관』, 정병조 편역, 동국대학교 부설 역경원, 1978.

크리스틴 헤르조그, "평화적인 여성: 여성, 전쟁과 평화라는 논제에 대한 신학적 조망",『신학사상』 58, 1987년 가을.

高柳先男, "평화연구", 일본평화학회 편집위원회 편,『평화학: 이론과 과제』, 이경희 역, 문우사, 1987.

트레버 킹, "불교·전쟁·평화: 동남아의 경우", 이재창 외,『현대사회와 불교』, 한길사, 1981.

편집부 편, "정의·평화·창조질서의 보전 서울 세계대회 최종문서",『기사연무크』 2, 한국기독교사회문제연구원, 1990.

평화박물관 건립추진위원회,『총을 들지 않는 사람들』, 평화박물관 건립추진위원회, 2005.

폴 토머스 체임벌린,『아시아 1945~1990: 서구의 번영 아래 전쟁과 폭력으로 물든』, 김남섭 역, 이데아, 2023.

프리데만 카릭, 『우리의 싸움은 아직 시작도 하지 않았다: 멈춰버린 세상을 앞으로 나아가게 하는 법』, 김희상 역, 원더박스, 2024.

프리드리히 스트렝, "불교의 비폭력주의", 소흥렬 외 편, 『누가 인류를 위해 말하는가?』, 이화여자대학교출판부, 1984.

피터 C. 크레이그, 『기독교와 전쟁 문제』, 김갑동 역, 성광문화사, 1985.

피터르 나닝하, "야만의 의미: 테러, 종교 그리고 이슬람국가(IS)", 제임스 루이스 편, 『종교와 테러리즘』, 하홍규 역, 한울아카데미, 2020.

하영선 편, 『21세기 평화학』, 풀빛, 2002.

한국기독교교회협의회 인권위원회 편, 『한국교회 인권운동 30년사』, 한국기독교교회협의회, 2005.

한국천주교중앙협의회 편역, 『가톨릭교회 교리서』, 한국천주교중앙협의회, 2003.

한나 아렌트, 『폭력의 세기』, 김정한 역, 이후, 1999.

한숭홍, "전쟁과 위기 속에 있는 창조질서", 『기독교사상』, 1991년 4월호.

한인섭, "양심적 병역거부: 헌법적·형사법적 검토", 안경환·장복희 편, 『양심적 병역거부』, 사람생각, 2002.

한인섭·이재승 편, 『양심적 병역거부와 대체복무제』, 경인문화사, 2013.

한홍구, "한국의 징병제와 병역거부의 역사", 전쟁없는세상·한홍구·박노자, 『총을 들지 않는 사람들: 병역거부자 30인의 평화를 위한 선택』, 철수와영희, 2008.

허먼 헨드릭스, 『성서로 본 평화와 폭력』, 이현주 역, 분도출판사, 1988.

현민, 『감옥의 몽상』, 돌베개, 2018.

홍영일, "양심적 병역거부와 여호와의증인", 안경환·장복희 편, 『양심적 병역거부』, 사람생각, 2002.

______, "양심적 병역거부와 관용의 증가", 이석우 편, 『양심적 병역거부: 2005년 현실 진단과 대안 모색』, 사람생각, 2005.

______, "시대의 물결이 만들어내는 굴곡들", 한인섭·이재승 편, 『양심적 병역거부와 대체복무제』, 경인문화사, 2013.

홍현설, "안식교도의 집총거부 사건에 대하여", 『기독교사상』, 1959년 3월호.

황교안, 『종교활동과 분쟁의 법률지식』, 청림출판, 1998.

황일호, "양심적 병역거부자 대체복무제도에 대한 비판", 『교정연구』 30(1), 2020.

Almond, Gabriel A., Emmanuel Sivan and R. Scott Appleby, "Fundamentalism: Genus and Species," Martin E. Marty and R. Scott Appleby eds., *Fundamentalisms Comprehended*, Chicago: The University of Chicago Press, 1995.

________, "Examining the Cases," Martin E. Marty and R. Scott Appleby eds., *Fundamentalisms Comprehended*, Chicago: The University of Chicago Press, 1995.

Bergen, Doris L. ed., *The Sword of the Lord: Military Chaplaincy from the First to the Twenty-First Century*, Notre Dame: University of Notre Dame Press, 2004.

Braithwaite, Constance, *Conscientious Objection to Various Compulsions under British Law*, York: William Sessions, 1995.

CCIA & PCJP eds., *Peace and Disarmament: Documents of the World Council of Churches and Roman Catholic Church*, Geneva: World Council of Churches, 1982.

Center on Conscience & War, "Who is a Military Conscientious Objector?", http://www.centeronconscience.org/who-is-military-co.

Coombs, Moira, *Conscientious Objection to Military Service in Australia*, Melbourne: Parliamentary Library, 2003, http://apo.org.au/node6651.

DeCew, Judith W., "Codes of Warfare," *Encyclopedia of Applied Ethics*, vol.4, San Diego: Academic Press, 1998.

Galtung, Johan, *Buddhism: A Quest for Unity and Peace*, Colombo: Sarvodaya Book Publishing Services, 1993.

________, "Religions, Hard and Soft", *Cross Currents*, Winter 1997-1998.

Girard, René, *Violence and the Sacred*, Patrick Gregory tr., Baltimore: The Johns Hopkins University Press, 1977.

Guest Editorial, "Manifesto against Conscription and the Military System," Gandhi Information Center(Berlin), Satyagraha Foundation for Non-violence Studies, December 23, 2013.

Halee, Harfiyah Abdel, et al. eds., *The Crescent and the Cross: Muslim and Christian Approaches to War and Peace*, London: Macmillan, 1998.

Hall, John R., "Religion and Violence: Social Processes in Comparative Perspective," Michele Dillon ed., *Handbook of the Sociology of Religion*, New York: Cambridge University Press, 2003.

Harris, Rabia Terri, "Nonviolence in Islam: The Alternative Community Tradition," Daniel L. Smith-Christopher ed., *Subverting Hatred: The Challenge of Nonviolence in Religious Traditions*, Maryknoll, New York: Orbis Books, 2007.

Hedemann, Ed, *War Tax Resistance: A Guide to Withholding Your Support from the Military*, 4th edition, Gabriola Island: New Society Publishers, 1992.

Juergensmeyer, Mark, *The New Cold War?: Religious Nationalism Confronts the Secular State*, Berkeley: University of California Press, 1993.

Kang, In-Cheol, "Militarism and Korean Protestant Churches," *Korea Journal* 58(3), 2018.

Kimball, Charles, *When Religion Becomes Evil: Five Warning Signs*, New York: HarperCollins Publishers, 2002.

King, Calista ed., *Your Beliefs VS. Your Tax Bill: A Guide to Tax Resistance, Including Tax Revolt, Conscientious Objection, Media, Campaigns, and More*, USA: CPSIA(출판 지역·출판 연도 미상).

Klausner, Samuel Z., "Violence," Mircea Eliade ed., *The Encyclopedia of Religion*, vol.15, New York: Macmillan, 1987.

Kurtz, Lester, *Gods in the Global Village: The World's Religions in Sociological Perspective*, Thousand Oaks: Pine Forge Press, 1995.

Langan, John P., S.J., "The Elements of St. Augustine's Just War Theory," *Journal of Religious Ethics* 12(1), 1984.

Lincoln, Bruce, "War and Warriors: An Overview," Mircea Eliade ed., *The Encyclopedia of Religion*, vol.15, New York: Macmillan, 1987.

Livny, Adi, "A Matter of Security? Conscientious Objection and State Recognition," *LawLog*, Center for Global Constitutionalism, 2015, http://lawlog.blog.wzb.eu/2015/10/31.

Loveland, Ann C., "From Moral Builders To Moral Advocators: U.S. Army Chaplains in the Second Half of the Twentieth Century," Doris L. Bergen ed., *The Sword of the Lord: Military Chaplaincy from the First to the Twenty-First Century*, Notre Dame: University of Notre Dame Press, 2004.

Marty, Martin E., and R. Scott Appleby, "Introduction," Martin E. Marty and R. Scott Appleby eds., *Fundamentalisms Comprehended*, Chicago: The University of Chicago Press, 1995.

May, Larry, "Contingent Pacifism and Selective Refusal," *Journal of Social Philosophy* 43(1), 2012.

Mccormick, R. A., and D. Christiansen, "Morality of War," *New Catholic Encyclopaedia*, 2nd edition, vol.14, Detroit: Gale, 2003.

Milgrom, Jeremy, ""Let your love for me vanquish your hatred for him": Nonviolence and Modern Judaism," Daniel L. Smith-Christopher ed., *Subverting Hatred: The Challenge of Nonviolence in Religious Traditions*, Maryknoll, New York: Orbis Books, 2007.

National Conference of Catholic Bishops, "The Harvest of Justice Is Sown in Peace," Gerard F. Powers, Drew Christiansen, S.J. and Robert T. Hennemeyer eds., *Peacemaking: Moral and Policy Challenges for a New World*, Washington, DC: The United States Catholic Conference, Inc., 1994.

Office of the High Commissioner on Human Rights, *Conscientious Objection to Military Service*, Geneva: United Nations Publication, 2012.

Powers, Gerard F., Drew Christiansen and Robert T. Hennemeyer eds., *Peacemaking: Moral and Policy Challenges for a New World*, Washington, DC: The United States Catholic Conference, Inc., 1994.

Powers, R. T., T. Heath and M. W. Hovey, "Conscientious Objection," *New Catholic Encyclopaedia*, 2nd edition, vol.4, Detroit: Gale, 2003.

Queen, Christopher S., "The Peace Wheel: Nonviolent Activism in the Buddhist Tradition," Daniel L. Smith-Christopher ed., *Subverting Hatred: The Challenge of Nonviolence in Religious Traditions*, Maryknoll, New York: Orbis Books, 2007.

Ramsey, Paul, "The Vatican Council on Modern War," *Theological Studies* 27, 1966.

Ryu, Dae Young, "Korean Protestant Churches' Attitude Toward War: With a Special Focus on the Vietnam War," *Korea Journal* 44(4), 2004.

Schmidt, Melvin D., "Tax Refusal as Conscientious Objection to War," *The Mennonite Quarterly Review* 43(3), 1969.

Shastri, Sunanda Y., and Yajneshwar S. Shastri, "Ahimsa and the Unity of All Things," Daniel L. Smith-Christopher ed., *Subverting Hatred: The Challenge of Nonviolence in Religious Traditions*, Maryknoll, New York: Orbis Books, 2007.

Smith-Christopher, Daniel L. ed., *Subverting Hatred: The Challenge of Nonviolence in Religious Traditions*, Maryknoll, New York: Orbis Books, 2007.

Springer, Robert H., "Notes on Moral Theology: July, 1969~March, 1970," *Theological Studies* 31, 1970.

Stassen, Glen H. ed., *Just Peacemaking: The New Paradigm for the Ethics of Peace and War*, New edition, New York: Pilgrim Press, 2008.

Stern, Jessica, *Terror in the Name of God: Why Religious Militants Kill*, New York: HarperCollins Publishers, 2003.

Tikhonov, Vladimir, "Militarized Masculinity with Buddhist Characteristics: Buddhist Chaplains and Their Role in the South Korean Army," *The Review of Korean Studies* 18(2), 2015.

Walters, LeRoy, "A Historical Perspective on Selective Conscientious Objection," *Journal of the American Academy of Religion* 41(2), 1973.

Williams, Rhys H., "Religious Social Movement in the Public Sphere: Organization, Ideology, and Activism," Michele Dillon ed., *Handbook of the So-*

ciology of Religion, Cambridge: Cambridge University Press, 2003.

Wright, Robin, *Sacred Rage: The Wrath of Militant Islam*, New York: Simon & Schuster, 2001.

Yinger, J. Milton, *The Scientific Study of Religion*, London: Macmillan, 1970.

29쪽 『양심적 병역거부』(2002, 출처 서울대학교 공익인권법센터)

32쪽 9.11테러(2001, 출처 wikimedia commons)

40쪽 걸프전 파병 반대 관련 기사(『한겨레신문』 1991년 2월 20일자)

41쪽 타이베이시 대체역센터(2019, 출처 wikimedia commons)

44쪽 휴전선 경비(1974, 출처 국가기록원)

73쪽 대한민국 헌법재판소 대심판정(출처 헌법재판소 청사안내 사이버투어 캡처)

100쪽 전쟁저항자인터내셔널 로고(출처 wikimedia commons)

109쪽 병역거부연대회의가 주관한 자료전 '총을 들지 않는 사람들' 포스터(2005, ⓒ연
대회의 보도자료)

115쪽 전투경찰 병역거부와 양심선언으로 투옥된 연성흠이 고난함께 송병구 목사에게
보낸 편지(1990, 출처 국사편찬위원회 전자사료관)

129쪽 자이툰부대 창설식(2004, 출처 국가기록원)

133쪽 고교교련총검술실기대회(1975, 출처 국가기록원)

152쪽 한미합동군사훈련 항의시위를 대비해 작전 중인 전투경찰(2007, 출처 wikimedia
commons)

161쪽 역사상 처음으로 중동지역에 파견된 서희·제마부대(2003, 출처 「이라크 파병의
성과와 교훈: 국익과 세계평화를 위한 이라크 파병의 전말」(2008, 대통령자문정
책기획위원회 참여정부정책보고서 2-47), 노무현사료관)

197쪽 의문사진상규명 결과 대국민 보고회(2002, 출처 『의문사진상규명위원회 1기 보
고서』(2002, 대통령소속 의문사진상규명위원회), 출처 국회도서관)

215쪽 상비군 폐지론을 언급한 칸트의 『영구평화론』(1795, 출처 wikimedia commons)

217쪽 대만 대체역 훈련반 훈련 모습(2013, wikimedia commons)

총서 知의회랑을 기획하며

대학은 지식 생산의 보고입니다. 세상에 바로 쓰이지 않더라도 언젠가는 반드시 인류에 필요할 지식을 생산하고 축적하며 발전시키는 일을 끊임없이 해나갑니다. 오랫동안 대학에서 생산한 지식은 책이란 매체에 담겨 세상의 지성을 이끌어왔습니다. 그 책들은 콘텐츠를 저장하고 유통시키며 활용하게 만드는 매체의 차원을 넘어, 인간의 비판적 사유 능력과 풍부한 감수성을 자극하는 촉매의 역할을 충실히 해왔습니다.

이와 같은 '책을 읽는다'는 것은 단순히 지식과 정보를 습득하는 데 멈추지 않고, 시대와 현실을 응시하고 성찰하면서 다시 그 너머를 사유하고 상상함을 의미합니다. 그러므로 '세상의 밑그림'을 그리는 책무를 지닌 대학에서 책을 펴내는 것은 결코 가벼이 여겨선 안 될 일입니다.

이제 우리는 다양한 방식으로 존재하는 지식과 정보, 그리고 사유와 전망을 담은 책을 엮어 현존하는 삶의 질서와 가치를 새롭게 디자인하고자 합니다. 과거를 풍요롭게 재구성하고 미래를 창의적으로 기획하는 작업이 다채롭게 펼쳐질 것입니다.

대학의 심장부에 해당하는 도서관이 예부터 우주의 축소판이라 여겨져 왔듯이, 그곳에 체계적으로 배치된 다양한 책들이야말로 이른바 학문의 우주를 구성하는 성좌와 다름없습니다. 우리는 그 빛이 의미 없이 사그라들지 않기를, 여전히 어둡고 빈 서가를 차곡차곡 채워가기를 기대합니다.

앎을 쉽게 소비하는 시대를 살고 있지만, 다양한 앎을 되새김함으로써 학문의 회랑에서 거듭나는 지식의 필요성에 우리는 공감합니다. 정보의 홍수와 유행 속에서도 퇴색하지 않을 참된 지식이야말로 인간이 가야 할 길에 불을 밝혀줄 수 있기 때문입니다. 앞으로 대학이란 무엇을 하는 곳이며, 왜 세상에 남아 있어야 하는 곳인지 끊임없이 되물으며, 새로운 지의 총화를 위한 백년 사업을 시작하겠습니다.

총서 '知의회랑' 기획위원

안대회 · 김성돈 · 변혁 · 윤비 · 오제연 · 원병묵

출간 예정

사대부가의 편지들 신현 외/하영휘 외

김태준, 식민지 국학 이용범

조선 노장철학사 조민환

한국의 사회계층 장상수

조상을 위한 기도 심일종

고대 로마 종교사 최혜영

성균관과 문묘 현판의 사회사 이천승

한국 아동 잡지사 장정희

서양 중세 제국 사상사 윤 비

일제 강점기 황도유학 신정근

'트랜스Trans'의 한 연구 변 혁

위계와 증오 엄한진

조선 땅의 프로필 박정애

예정된 전쟁, 병자호란 김영진

북한 직업 사회사 김화순

제국 일본의 해체와 동아시아 영화 함충범

J. S. 밀과 현대사회의 쟁점 강준호

문학적 장면들, 고소설의 사회사 김수연

제주형 지역공동체의 미래 배수호

식민지 학병의 감수성 손혜숙

제국의 시선으로 본 동아시아 소수민족 문혜진

루쉰, 수치와 유머의 역사 이보경

남북한 공통-시 읽기 최현식

피식민자의 계몽주의 한기형

국가처벌과 미래의 형법 김성돈

제국과 도시 기계형

플라톤의 『테아이테토스』 연구 정준영

출토자료를 통해 본 고구려의 한자문화 권인한

지은이 강인철

1994년 서울대학교 사회학과에서 박사학위를 받았고, 1997년부터 2025년까지 한신대학교 종교문화학과 교수로 재직했다. 시민종교, 전사자 숭배, 한국의 종교정치, 군종제도, 종교와 전쟁, 양심적 병역거부, 종교사회운동, 종교권력, 개신교 보수주의, 한국 천주교, 북한 종교, 민중 개념사, 광주항쟁 등을 탐구해왔다. 현재는 기독교사회주의 운동, 그리고 종교와 폭력·평화의 관계에 대해 연구 중이다.

이번에 나온 '양심적 병역거부 2부작'을 포함해 지금까지 20권의 단독 저서를 출간했다. 2023년 여름에는 '민중 개념사 2부작'인 『민중, 저항하는 주체』와 『민중, 시대와 역사 속에서』를, 광주항쟁 40주년을 맞는 2020년 5월에는 『5·18 광주 커뮤니타스』를 선보였다. 또 2019년 초에는 '한국 시민종교 3부작'을 이루는 『시민종교의 탄생』, 『경합하는 시민종교들』, 『전쟁과 희생』을 동시에 펴냈다. 2017년에는 『종교와 군대』를, 2012~2013년에는 '한국 종교정치 5부작'인 『한국의 종교, 정치, 국가』, 『종속과 자율』, 『저항과 투항』, 『민주화와 종교』, 『종교정치의 새로운 쟁점들』을 차례로 상재한 바 있다. 이 밖에도 『종교권력과 한국 천주교회』(2008), 『한국의 개신교와 반공주의』(2007), 『한국 천주교회의 쇄신을 위한 사회학적 성찰』(2007), 『한국 천주교의 역사사회학』(2006), 『전쟁과 종교』(2003), 『한국 기독교회와 국가, 시민사회: 1945~1960』(1996) 등의 저서가 있다.

知의회랑
arcade of knowledge
053

평화의 전환
공론화 이후 한국의 양심적 병역거부

1판 1쇄 인쇄 2025년 10월 20일
1판 1쇄 발행 2025년 10월 30일

지 은 이   강인철
펴 낸 이   유지범
책임편집   현상철
편   집   신철호·구남희
마 케 팅   박정수·김지현

펴 낸 곳   성균관대학교출판부
등   록   1975년 5월 21일 제1975-9호
주   소   03063 서울특별시 종로구 성균관로 25-2
전   화   02)760-1253~4 팩스 02)762-7452
홈페이지   http://press.skku.edu

ISBN 979-11-5550-679-0 93300

ⓒ 2025, 강인철
값 37,000원

⊙ 잘못된 책은 구입한 곳에서 교환해드립니다.
⊙ 이 저서는 2020년 대한민국 교육부와 한국연구재단의
   지원을 받아 수행된 연구임(NRF-2020S1A5B1104481).